国外电子与通信教材系列

MATLAB 实用教程

(第二版)

MATLAB for Engineers, Second Edition

［美］ Holly Moore 著

高会生 刘童娜 李聪聪 译

電子工業出版社·

Publishing House of Electronics Industry

北京 · BEIJING

内 容 简 介

本书分三个部分介绍了 MATLAB 原理及其应用，共有 13 章。第一部分重点介绍 MATLAB 的基本原理、基本函数和图形化功能；第二部分介绍 MATLAB 编程方法、函数工具箱的使用方法和数据输入/输出方法；第三部分介绍方程组求解、符号数学包应用、曲线拟合以及数据可视化方法。本书在内容组织上深入浅出，力求通俗易懂，注重工程实用。书中提供的大量实例来自非常普通、非常基础的学科领域，内容丰富，叙述简明，同时还配有插图，给读者以轻松明快的感觉。每章结束附有习题，供练习巩固之用。

本书的最大特点是不要求读者掌握高深的数学知识和计算机理论，就可以轻松简单地学会 MATLAB 原理，并能在实际工程中予以应用。因此，本书适用于任何工科专业的低年级大学生，既可以作为理想的教学用书，也可以作为自学参考书。

版权贸易合同登记号　图字：01-2009-1389

图书在版编目（CIP）数据

MATLAB 实用教程：第 2 版/（美）穆尔（Moore, H.）著；高会生，刘童娜，李聪聪译.
—北京：电子工业出版社，2010.1
（国外电子与通信教材系列）
书名原文：MATLAB for Engineers, 2/e
ISBN 978-7-121-10179-3

Ⅰ. M… Ⅱ. ①穆…②高…③刘…④李… Ⅲ. 算机辅助计算－软件包，MATLAB－教材 Ⅳ. TP391.75

中国版本图书馆 CIP 数据核字（2010）第 000250 号

策划编辑：马　岚
责任编辑：史　平
印　　刷：北京天宇星印刷厂
装　　订：三河市鹏成印业有限公司
出版发行：电子工业出版社
　　　　　北京市海淀区万寿路 173 信箱　　邮编：100036
开　　本：787×1092　1/16　印张：30.25　字数：774 千字
印　　次：2012 年 5 月第 4 次印刷
定　　价：59.00 元

凡所购买电子工业出版社图书有缺损问题，请向购买书店调换。若书店售缺，请与本社发行部联系，联系及邮购电话：(010) 88254888。

质量投诉请发邮件至 zlts@phei.com.cn，盗版侵权举报请发邮件至 dbqq@phei.com.cn。

服务热线：(010) 88258888。

译 者 序

　　本书是由犹他州盐湖城社区学院 Holly Moore 教授编写的一本高等学校教材。该书一经出版就得到了广泛的赞誉，并被众多所高校采用，其突出亮点是注重通用性和基础性，尤其适合于工科低年级大学生阅读和参考。鉴于本书的内容和风格被广泛认同，Prentice Hall 出版公司于 2008 年 11 月出版了该书的第二版。在第二版中，作者将软件版本更新为 MATLAB 7.5，以适应技术的发展，同时扩展了内容，增加了习题和实例，使其更加完善和全面。本次翻译工作是在第二版的基础上进行的。

　　本书作者从事了多年的 MATLAB 教学工作，积累了丰富的教学经验。在内容组织上，作者立足于通用性和实用性，使得教材更适用于工科低年级大学生学习和阅读。书中提供有大量翔实的实例和练习，可以帮助学生理解和掌握 MATLAB 原理，以及利用 MATLAB 求解工程问题的方法。

　　本书的内容分为三部分。第一部分介绍 MATLAB 原理，主要包括 MATLAB 环境、基本运算、内置函数、矩阵运算和图形功能。第二部分介绍 MATLAB 的编程方法，主要包括自定义函数、接口函数和程序控制结构。第三部分为 MATLAB 概念的提高与深入，重点介绍线性方程求解、数据变量类型、符号运算、数值分析和数据可视化等内容。结合 MATLAB 内容的介绍，本书还提供了大量的实例、习题和练习，并对关键概念和知识要点进行了标注。特别是在解题方法上，本书给出了 5 个规范的解题步骤，并将其运用到每一个实例中。

　　本书由华北电力大学的部分教师和研究生，以及河北农业大学的李聪聪老师完成翻译工作。高会生教授负责全书的统稿，并参加了第 1 章、第 2 章、第 8 章和第 13 章的翻译工作。刘童娜老师完成了第 3 章至第 7 章的翻译。李聪聪老师完成第 9 章至第 12 章的翻译。张谦和何玉钧两位老师完成了附录的翻译和部分章节的校对工作。研究生郭静、王东蕊、金鑫、许玲玲、王晓媛同学也参加了部分章节的翻译和校对工作。

　　由于本书涉及的内容较多，实例覆盖的学科范围较广，加之译者水平有限，书中难免有疏漏和错误之处，欢迎广大读者批评指正。

序　言

我在盐湖城社区学院从事 MATLAB 和计算机语言课程的教学工作，授课对象是工科一年级大学生。在教学工作中我发现，虽然有关 MATLAB 的参考书已经出版了很多，但是这些参考书要求读者应该具有较深的数学基础和计算机技术，因此不适合低年级工科大学生的学习和阅读。另外，MATLAB 作为一种数学工具最早被工程师用于信号处理和电气工程领域，一些 MATLAB 教科书大多从这两个领域收集实例素材，因此这类教科书对其他工科专业缺乏通用性。鉴于此，在对教学工作进行经验总结的基础上，我计划编写一本适合于工科低年级大学生的通用 MATLAB 教材。本书从基本代数理论出发，讲述 MATLAB 如何应用于不同的工程领域。本书的实例取材于学生已经学过的物理和化学课程，让学生掌握用统一的方法解决不同工程领域的问题。

本书的读者应该掌握基本的高等代数知识，并了解三角函数的概念。通过课程学习，学生的数学水平可迅速得到提高。因为 MATLAB 主要依赖于统计学和矩阵论，所以，学生应该具有这方面的基础知识。除此之外，本书的一些章节也介绍了微分方程，主要是为了说明如何利用 MATLAB 进行数值计算。这些章节可以供数学基础较好的学生选修，也可以在作为其他工程类课程的参考书籍时起效用。

本书是一本很好的使用手册。学生可以将书中的实例直接输入到计算机中运行，体验 MATLAB 的计算能力。本书在每一章中都提供了大量有关复数计算的实例，这些实例可以使学生加深对数学基本概念的理解。每一章的后面附有习题，可以使学生尽快熟悉计算方法和 MATLAB 使用技巧。附录 B 给出了一个完整的应用实例。

本书的内容分为三个部分。第一部分介绍 MATLAB 原理，具体内容如下。

- 第 1 章介绍 MATLAB 基本计算方法，以及如何使用这些方法解决基本工程问题。
- 第 2 章介绍 MATLAB 环境和基本运算，对 M 文件进行了说明，有助于学生尽快掌握基本的编程方法。
- 第 3 章介绍如何使用 MATLAB 内置函数进行问题求解，提供了大量有关正态随机数和均匀随机数等函数的背景素材，有助于学生正确使用这些函数。
- 第 4 章介绍 MATLAB 中的矩阵表示及其应用，通过函数 meshgrid 说明求解两变量问题的方法。
- 第 5 章介绍 MATLAB 的二维和三维图形功能，以及如何利用命令窗口和 M 文件创建图形，本章还介绍了利用工作区直接进行图形创建和编辑的方法。

MATLAB 既是一种功能强大的计算工具，也是一种编程语言。它的语法结构与其他编程语言类似。同时，MATLAB 也是一种脚本语言，与 C++之类的传统语言相比，MATLAB 具有非常便捷的程序调试环境。对初学者而言，它是一种能够帮助学习其他编程语言的有价值的工具。本书的第二部分介绍 MATLAB 编程方法，具体内容如下：

- 第 6 章介绍自定义函数的创建和使用方法，以及函数工具箱的使用方法。
- 第 7 章介绍接口函数，这些函数包括用户自定义输入、格式化输出和图形化输入等内容。本章还介绍了创建 M 文件的元胞模式技术，描述了 MATLAB 从多种不同格式的文件中导入数据的 I/O 函数。

- 第 8 章重点介绍 for、while 和 if 等逻辑函数，以及如何在控制结构上利用这些函数进行 MATLAB 编程，有编程经验的读者可以体会到 MATLAB 内置矩阵功能的优势。

本书的第三部分为 MATLAB 概念的提高与深入。本书的第 1 章至第 8 章内容是按顺序进行组织的，但后面几章的内容却是相互独立的，彼此之间没有依赖关系。这些内容的任何一章或全部都可以作为入门学习内容，或作为自学参考内容，绝大多数内容适用于低年级学生。在教学安排上，第 1 章至第 9 章的内容可以作为 2 学分的课程，全部 13 章内容可以作为 3 学分的课程。由于本书中 11.4 节、11.5 节、12.4 节、12.5 节和 12.6 节等的内容涉及微积分和微分方程求解，所以这部分内容最好设为选修。本部分内容有助于学生掌握解决实际工程问题的能力。具体内容如下：

- 第 9 章讨论矩阵的点运算，以及线性方程组的求解方法。
- 第 10 章介绍 MATLAB 中数据和变量的类型，这些内容对电气工程和计算机工程专业的学生非常有参考价值。
- 第 11 章介绍 MATLAB 的符号数学包，在 Maple 10 引擎基础上，学生可以利用它进行问题求解。实践证明，这些内容对于提高学生的数学能力非常有帮助。
- 第 12 章介绍不同应用领域的数值求解方法，特别是曲线拟合和统计分析。学生可以将这些方法直接用于物理和化学实验中的实验数据处理，也可以将这些方法用于热传导、流体力学和材料强度等专业性实验中，进行数据处理。
- 第 13 章介绍如何利用图形功能实现数据可视化。这些方法可以用于结构分析、流体力学计算和热传导计算中，实现结果数据的可视化处理。

在本书中，附录 A 列出了本书涉及的所有特殊字符和函数。附录 B 给出了一个完整的 MATLAB 应用实例。附录 C 介绍了线性图形数据的变比技术。采用本书作为教材的教师可获得以下教辅资料：
(1) M 文件格式的练习答案。
(2) M 文件格式的例题答案。
(3) M 文件格式的家庭作业答案。
(4) 每一章节的 PowerPoint 讲稿。
(5) 用于课堂讲授的一系列实用讲稿和说明。
获取方式详见书末所附"教学支持说明"。

第二版出版说明

MATLAB 的版本更新周期是 6 个月。与以前的版本相比，MATLAB 7.5 增加了很多新的内容，针对这些内容本书的第二版进行了补充。另外，在每章的结尾处又增加了很多习题，补充了实例。在第 6 章有关子函数的介绍中，对函数句柄的处理进行了扩展，同时，对结构和循环内容进行了扩充。应广大读者要求，本书的第二版又增加了一些新的函数。

致谢

在本书的撰写过程中，我的家人给予我工作和生活上的极大帮助，否则，我很难完成本书的写作。特别感谢 Mike、Heidi、Meagan、Dave 和 Vinnie 以及我的丈夫 Steven Purcell 博士。

谨以此书献给我的父亲 George Moore 教授。他在南达科他州矿业技术学院电气工程系从教 20 余年，并且曾是美国空军的一名飞行员，成绩卓著。我的父亲 Moore 教授在他 54 岁时才获得大学文凭，他的生活经历给我以启迪，让我真正认识到年龄不是学习的绊脚石。我的母亲 Jean Moore 经常鼓励我父亲和她的两个女儿，要勇于探索未知世界。母亲的爱激发了我们姐妹俩投身工程化领域的工作热情。早在 20 世纪 70 年代，妇女选择这些领域工作是很难得的。我衷心希望广大读者感谢那些帮助你实现梦想的人们。衷心感谢我的父亲和母亲。

Holly Moore

犹他州盐湖城社区学院

目　录

第 1 章   关于 MATLAB

学习目的

通过阅读本章，读者可以掌握如下内容：

- 了解什么是 MATLAB，了解 MATLAB 为什么广泛用于科学研究和工程实践。
- 了解 MATLAB 教学版所具有的优势和不足。
- 运用结构化方法对问题进行系统化求解。

1.1   什么是 MATLAB

MATLAB 是一种商业化的数学运算工具，能够有效地进行复杂的数学运算，包括 Maple、Mathematica 和 MathCad 等部分。尽管它的每个部分在数学计算方面各有优势，但是，没有哪个单独部分是最佳的，各自都存在优势和不足。每个部分都能实现基本的数学运算，但在实现符号运算或完成更全面数学运算过程的方法上存在差异，矩阵运算就是一个典型的例子。MATLAB（Matrix Laboratory 的缩写）在矩阵计算方面具有优势，而 Maple 在符号计算方面功能强大。MATLAB 程序可以简单地视为利用计算机实现烦琐计算的计算器，但事实上它可以实现更为复杂的科学计算。如果在办公桌上有一台计算机，那么，人们更喜欢使用 MATLAB 而不使用计算器，即便是平衡收支情况之类的最简单计算也是如此。在工程领域，MATLAB 程序正逐步取代传统的计算机语言，成为工程师和科学家的标准运算工具，但这并不意味着人们不需要学习掌握 C++和 FORTRAN 之类的高级语言。

由于 MATLAB 使用方便，所以可用来完成很多编程工作，但 MATLAB 并不是所有程序的最佳实现手段。MATLAB 主要适用于进行数值计算，特别是在矩阵运算和数据图形化方面，MATLAB 功能强大，但它不适合编写文字处理程序。对于操作系统和设计类软件等大型应用程序而言，一般选择 C++或 FORTRAN 作为编程语言。事实上，MATLAB 最初是一个用 FORTRAN 语言编写的大型应用程序，后来用 C 语言进行了重新编写，而 C 语言是 C++语言的前身。其他编程语言在图形处理方面不及 MATLAB 功能强大。通常高级语言较难访问图形应用功能，而 MATLAB 在这方面却具有优势。MATLAB 和其他高级语言的相同之处在于"数值计算"。MATLAB 在数值计算方面同样具有优势，可以在短时间内完成大量数据的重复计算和处理。一般来说，用 C++或 FORTRAN 语言编写的计算程序运算速度很快，但是，如果用 MATLAB 编写数值处理程序，特别是程序中包含矩阵运算，运算速度将大大提高。MATLAB 更适合于矩阵运算，不论哪一类问题，只要将其归纳为矩阵求解，那么，MATLAB 的运算速度比一般高级语言要快得多。

MATLAB 分为专业和教学两个版本。专业版适用于在高等院校的计算机机房或实验室里安装，教学版适用于家庭安装。MATLAB 会定期升级，本书的内容是基于 MATLAB 7.5 编写的，MATLAB 7.5 和 MATLAB 6 差别很小，然而，它与 MATLAB 5.5 却有一些实质性的差别。

MATLAB 专业版的标准安装可以解决广泛的工程计算问题，函数工具箱可以提供多种扩展功能，并可以根据具体需要分别进行购买。登录 The MathWorks 网站 www.mathworks.com 可以查询到完整的 MATLAB 产品列表。

关键概念： MATLAB 适用于矩阵运算。

1.2　MATLAB 教学版

MATLAB 的专业版和教学版非常相近,初学者不会察觉到二者的区别。教学版适用于 Microsoft Windows、Mac OS X 和 Linux 等操作系统,可以从大学书店购买得到,也可以在 www.mathworks.com 网站的 The MathWorks 上在线使用。

The MathWorks 把软件打包成组,将这些组称为"发布"。R2007b 是一种发布,它由 MATLAB 7.5 和 Simulink 7.1 两个软件产品打包而成。MATLAB 的版本每 6 个月更新一次,教学版和专业版具有相同的发布号,但教学版可能比专业版要滞后几个月发布。R2007b 的教学版包括以下内容:

- 完整的 MATLAB。
- 可以创建 1000 个模块的 Simulink(专业版没有限制模块数量)。
- 符号数学工具箱的主要部分。
- 信号处理工具箱。
- 信号处理模块组。
- 统计工具箱。
- 优化工具箱。
- 图像处理工具箱。
- MATLAB 7.5 和 Simulink 软件操作手册。
- 一张包括完整电子文件的 CD 光盘。
- 单用户授权,仅限于学生用来完成作业(专业版可以是单用户授权也可以是多用户授权)。

没有包含在教学版中的工具箱可以单独购买。

值得注意的是,教学版和专业版的最大区别是命令提示符不同,在专业版中命令提示符为

```
>>
```

在教学版中命令提示符为

```
EDU>>
```

关键概念: MATLAB 版本可以定期更新。

1.3　MATLAB 在工业工程中的应用

在许多工程领域,具备 MATLAB 等软件工具的运用能力已经成为对员工的基本要求。在 Monster.com 网站上的一则招工广告是这样写的:

……招聘一名具有航空电子技术经验的系统测试工程师……工作内容包括 MATLAB 编程、 Simulink 仿真和结果数据分析。招聘人员必须熟练掌握 MATLAB、Simulink 以及 C++编程。

此类广告并不少见,进一步查找发现,有近 75 家不同的公司都对初级工程师提出了 MATLAB 应用技能的专门要求。MATLAB 在不同的工程技术和科学研究领域得到了广泛应用,特别是在电气工程领域中应用更加普遍。本章的后续部分将介绍 MATLAB 的几个主要工程应用。

关键概念: MATLAB 得到了广泛的工程应用。

1.3.1　电气工程

在电气工程中,MATLAB 广泛用于信号处理。犹他大学的科学家在实验室里利用半导体传感器

对苍蝇的碰撞检测方法进行了仿真研究，得到了几幅图片，如图 1.1 所示。该项研究成果可以用来指导一种计算机芯片的设计与制造，该芯片能够提前感知碰撞的发生。这对基于视觉导航的自动机器人设计具有潜在的应用价值，特别是在汽车安全驾驶保障系统中具有重要的工程意义。

图 1.1 利用斜视的鱼眼镜头模仿苍蝇大脑的视觉系统所进行的图像处理(犹他大学 Reid Harrison 博士授权使用)

1.3.2 生物医药工程

医学图像一般以 dicom(Digital Imaging and Communications in Medicine standard)文件的形式存储，dicom 文件的扩展名是.dcm。MathWorks 提供了图像处理工具箱，通过它 MATLAB 可以读取并利用这些数据。图像处理工具箱包含在教学版软件中，也可供专业版选择。图像处理工具箱有很多专门针对医学图像的功能。一个有限的 MRI 数据集合可以转换成与 MATLAB 兼容的格式，并被标准的 MATLAB 程序处理。

标准的 MATLAB 配置功能或者扩展的图像工具箱可以使用这些数据实现图像处理功能。图 1.2 显示了根据 MRI 数据得到的 6 张人脑的水平切片图像。

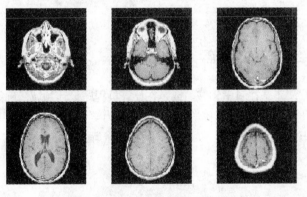

图 1.2 基于 MATLAB 样本数据文件产生的人脑水平切片图像

利用这些相同的数据集，还可以构建如图1.3所示的三维图像，详细的构建过程可参见 MATLAB 软件的帮助信息。

图 1.3 基于 MATLAB 样本数据文件产生的三维可视化 MRI 数据图像

1.3.3 流体动力学

在某些领域里计算流体运动的速度和方向是非常重要的。航空工程师特别关心空间飞行器外部和燃烧室内部的气体运动情况。通过肉眼观察液体或气体的三维运动是很困难的，而 MATLAB 提供的很多工具能够使这一问题变得简单。图 1.4 给出了用箭图表示的推力矢量控制设备的流场计算结果。推力矢量控制就是通过推动驱动器(汽缸活塞式设备)来改变喷嘴点(或是火箭行进)方向的过程。图中所示的模型显示气体由高压气体油罐(压力通风系统)进入活塞并控制驱动器活塞的过程。

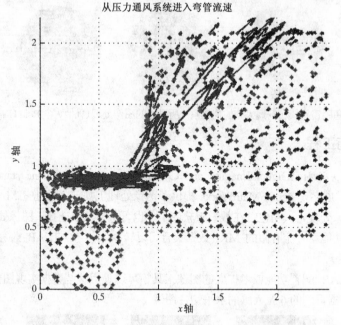

图 1.4　推力矢量控制设备中气体运动的矢量场图

1.4　工程和科学问题的求解

无论是在工程领域，还是在科学领域，或是在计算机程序设计领域，确定解决技术问题的一致性方法都是非常重要的。本节重点介绍化学、物理学、热力学和工程设计学问题的求解方法，当然，这些方法也可以应用于经济学和社会学。尽管人们对这些求解方法的定义方式不同，但这些方法的基本形式是相同的。

- 问题描述
  - 在这一步骤中应充分利用作图等手段。
  - 对所求解的问题有清晰的理解。
- 输入量(已知)和输出量(未知)描述
  - 在对输入/输出量进行描述时要注意单位，草率处置会导致错误的结果。
  - 标示出计算中用到的常数，例如理想气体常数、重力加速度常数等。
  - 如果可能，就把已经确定的数据绘制成图表。
- 手工分析。在计算机应用中，算法设计是由手工完成的，需要
  - 标示所有已知或未知的关系表达式。
  - 利用手算的方法或使用计算器对问题进行简单的处理。
- MATLAB 实现。在本书中，这一步骤包括创建 MATLAB 求解方法。
- 结果验证
  - 初步判断结果是否合理。
  - 比较结果和手工分析结果是否吻合。

○ 分析所得到的答案是否真正回答了问题。

○ 利用图表检查计算结果的合理性。

上述结构化的求解方法可以使问题变得更容易解决。例 1.1 对这种方法进行了说明。

关键概念：使用系统化的问题求解策略。

例 1.1 质能转换

阿尔伯特·爱因斯坦(见图 1.5)是 20 世纪最著名的物理学家。爱因斯坦于 1879 年出生在德国，曾在德国和瑞士读书。在德国专利局任职期间，他提出了著名的相对论，就是最著名的质能转换公式

$$E = mc^2$$

这个简单的公式把物质和能量两个独立的领域联系在一起，用于计算核反应过程中物质所释放出的能量。

太阳能够释放 385×10^{24} J/s 的能量，这些能量全部都是由核反应产生的。使用 MATLAB 工具对爱因斯坦方程式进行计算，就可以知道一天中太阳释放的能量需要多少物质进行转换。

1. 问题描述

计算太阳每天释放的能量需要多少物质进行转换。

2. 输入/输出描述

输入

能量： $E = 385 \times 10^{24}$ J/s，太阳一天释放的总能量。

光速： $c = 3.0 \times 10^8$ m/s。

输出

物质的质量 m，单位是 kg。

3. 手工分析

太阳一天释放的能量为

图 1.5 阿尔伯特·爱因斯坦(国会图书馆许可证，LCUSZ62-60242)

$$385 \times 10^{24} \frac{J}{秒} \times 3600 \frac{秒}{小时} \times 24 \frac{小时}{天} \times 1 \text{ 天} = 3.33 \times 10^{31} \text{ J}$$

求解方程 $E = mc^2$ 中的 m，必须已知 E 和 c 的数值，将 E 和 c 代入公式得到

$$m = \frac{E}{c^2}$$

$$m = \frac{3.33 \times 10^{31} \text{ J}}{(3.0 \times 10^8 \text{ m/s})^2}$$

$$= 3.7 \times 10^{14} \frac{J}{m^2/s^2}$$

所要计算的物质的质量用 kg 表示，对上式进行单位转换得到

$$1 \text{ J} = 1 \text{ kg m}^2/s^2$$

$$= 3.7 \times 10^{14} \frac{\text{kg m}^2/s^2}{m^2/s^2} = 3.7 \times 10^{14} \text{ kg}$$

4. MATLAB 实现

尽管还没有学习 MATLAB 编程，但是下面给出的 MATLAB 代码语法非常简单，与很多计算器的公式输入方法类似。在提示符(>>)后输入 MATLAB 命令，执行结果在下一行显示。代码如下所示：

```
>> E=385e24
E =
```

```
   3.8500e+026
>> E=E*3600*24
E =
   3.3264e+031
>> c=3e8
c =
   300000000
>> m=E/c^2
m =
   3.6960e+014
```

由此可以看出，在命令窗口中描述交互过程不显示提示符。

5. 结果验证

通过比较可知，使用 MATLAB 计算出的结果与手工分析的结果相吻合，10^{14} 是一个很大的数，太阳的质量是 2×10^{30} 千克。如果太阳每天按照 3.7×10^{14} 千克/天的速度消耗自身物质，那么，太阳将需要多长时间就会将其自身的物质消耗完？可以通过下式计算：

$$时间 = (太阳的质量)/消耗速率$$

$$时间 = \frac{2 \times 10^{30} \text{ 千克}}{3.7 \times 10^{14} \text{千克/天}} \times \frac{\text{年}}{365 \text{ 天}} = 1.5 \times 10^{13} \text{ 年}$$

结果是 15 万亿年！因此，没必要担心太阳结束质/能转换后会发生什么。

第 2 章 MATLAB 环境

学习目的

通过阅读本章，读者可以掌握如下内容：

- 启动 MATLAB 程序，并在命令窗口中进行简单计算。
- 理解 MATLAB 中矩阵的应用。
- 使用不同的 MATLAB 窗口。
- 定义和使用简单的矩阵。
- 命名和使用变量。
- 理解 MATLAB 的运算顺序。
- 理解 MATLAB 中标量、数组和矩阵运算的区别。
- 用浮点或科学记数法表示数字。
- 调整在命令窗口中显示数字的格式。
- 保存 MATLAB 中变量的数值。
- 保存 M 文件。

2.1 MATLAB 入门

初步使用 MATLAB 是一件很容易的事，但是完全掌握 MATLAB 却需要很长时间。本章重点介绍 MATLAB 环境，并描述如何进行基本的数学运算。通过本章的学习，读者可以在工作和学习中使用 MATLAB。如果能完成本章后面的习题训练，对 MATLAB 就会有更深入的了解。

MATLAB 的安装与操作系统和计算环境有关，在此假定计算机中已经安装了 MATLAB。在 Windows 或 Apple 环境下，单击桌面上的图标或在开始菜单中选择程序就可以启动 MATLAB 程序。在 UNIX 环境下，在系统提示符后输入 Matlab 即可。不管通过哪种方式，一旦 MATLAB 被启动，就可以看到 MATLAB 的提示符(>>或 EDU>>)。在 MATLAB 提示符后输入 quit 或 exit 就可以退出 MATLAB 程序，若使用 Windows 菜单，则可以在 File 菜单项中选择 EXIT MATLAB 或者单击屏幕右上角图标(×)，退出 MATLAB 程序。启动 MATLAB 后的默认窗口如图 2.1 所示。

初步使用 MATLAB 时，仅需要了解命令窗口(在屏幕的右侧)即可。在 MATLAB 命令窗口中进行计算，大部分的语法规则和一般的科学计算相同。例如，计算 5 的平方，输入命令

```
5^2
```
输出显示为
```
ans =
    25
```
计算 $\cos(\pi)$ 的数值，输入
```
cos(pi)
```
输出结果为
```
ans =
    -1
```
MATLAB 按照标准的算术运算顺序进行计算，这一点对于多重算术运算非常重要。这些规则将在 2.3.2 节中介绍。注意，上述运算中的 pi 是 MATLAB 的内置函数，不需要输入数值。

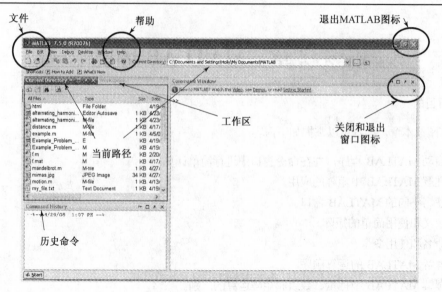

图 2.1　MATLAB 的打开窗口。MATLAB 运行环境包括很多窗口，
默认窗口有四个，其他窗口根据计算需要可以随时打开

提　　示

有些例子可能过于简单，自己不必输入练习，只需看一下就足够了。然而，如果边读边
练，则对内容掌握得会更好一些。

关键概念：MATLAB 的运算顺序和标准算术运算顺序相同。

在进一步学习之前，先做练习 2.1。

练习 2.1

在 MATLAB 的命令提示符下输入下列表达式，观察计算结果：

1. 5 + 2

2. 5 * 2

3. 5/2

4. 3 + 2 * (4 + 3)

5. 2.54 * 8/2.6

6. 6.3 - 2.1045

7. 3.6^2

8. 1+ 2^2

9. sqrt(5)

10. cos(pi)

提　　示

在 MATLAB 中，命令窗口把所有输入的命令创建成一张表，不论输入的命令是否正确，均
被执行，命令执行后不能重写，因此，要尽量输入正确命令。MATLAB 提供了多种方法可以简化
这种过程。一种方法是使用箭头键，向上键"↑"可以把列表中执行过的命令移下来，进行编辑
修改后再执行。

2.2　MATLAB 窗口

MATLAB 有多个显示窗口，默认的有四个窗口，如图 2.1 所示。命令窗口(command windows)面积较大，部署在右侧；当前路径(current directory)、工作区(workspace)和历史命令窗口(command history windows)堆叠在左侧。窗口左上方的标签可以用来打开隐藏的窗口。左下角 start 键代替旧版本中的 launch pad 窗口。此外，文档窗口(document windows)、图形窗口(graphics windows)和编辑窗口(editing windows)可以在需要时自动打开，后续部分将对这些内容进行详细介绍。图 2.1 所示的 MATLAB 还包括一个内置的帮助(help)功能，可以从主菜单进入。为了使桌面人性化，可以重新调整窗口的大小，关闭不用的窗口，或者用每个窗口右上角的 undock 键⌐退出。

2.2.1　命令窗口

命令窗口位于 MATLAB 默认视图的右侧，如图2.1 所示。命令窗口提供一个类似于便笺的环境，利用它可以保存计算结果，但不能保存命令。如果要保存命令，需要使用编辑窗口创建 M 文件，M 文件将在 2.4.2 节中加以介绍。这两种命令输入方式都是有用的，在没有了解 M 文件之前，可以先使用命令窗口的方式进行运算。

关键概念： 命令窗口类似于便笺的功能。

2.2.2　历史命令窗口

历史命令窗口记录所有运行过的命令。当退出 MATLAB 或运行 clc 命令时，命令窗口将会被清空，但历史命令窗口仍然会保存所有运行过的命令，使用编辑菜单可以清空所有历史命令。如果使用公用的计算机，作为一种安全措施，在退出 MATLAB 时将默认清空所有的历史命令。上述例子中已经输入的命令会重复出现在历史命令窗口中，通过这个窗口可以了解 MATLAB 命令的执行过程，并可以把这些命令复制到命令窗口中。例如，输入

```
clc
```
可以清空命令窗口中的内容。

该命令可以清空命令窗口的内容，但不会清除历史命令窗口中的数据。双击历史命令窗口中的命令行就可以把该命令调回命令窗口并运行，或单击并拖拽命令代码到命令窗口加以执行。在历史命令窗口双击

```
cos(pi)
```
该命令被复制到命令窗口并执行，返回如下结果：
```
ans =
      -1
```
在历史命令窗口单击并拖拽到命令窗口：

```
5^2
```
此命令不会自动执行，单击 Enter 按钮后才会得到如下结果：
```
ans =
      25
```
在命令窗口中进行复杂计算时，历史命令窗口的作用会变得更加明显。

2.2.3　工作区窗口

工作区记录命令窗口中已经运行过的变量。MATLAB 完成前面给出的例子后，工作区就会显示一个变量 ans，其数值为 25，类型为双精度数组：

Name	Value	Class
⊞ ans	25	double

MATLAB 的安装配置不同，工作区窗口风格可能会稍有不同。

关键概念：工作区列出的信息描述程序创建的所有变量。

通过右键单击栏框里的列标签，可以在工作区窗口中显示更多的变量信息，这是 MATLAB 7 新增的功能，在旧版本中没有。除 name、value 和 class 以外，可以检查变量的大小(size)和字节数量(bytes)。调整窗口的大小可以显示所有的列信息，工作区窗口如下：

Name	Value	Size	Bytes	Class
⊞ ans	25	1×1	8	double

黄色的格状标记说明变量 ans 是一个数组，其大小为 1×1，是一个单值变量(一行一列)，属于标量，它需要 8 字节的内存空间。MATLAB 是用 C 语言编写的，从 C 语言的类定义中可知 ans 是双精度浮点类型的数组。按照计算要求，变量 ans 可以存储为一个浮点数(十进制小数)。事实上，不论是否输入小数点，MATLAB 都将其视为浮点数。

关键概念：矩阵中存储数据的默认类型是双精度浮点数。

除了数组大小和数据类型等信息外，工作区窗口还可以显示存储数据的统计信息。右键单击工作区列名栏，可以选择不同的统计方式，例如最大值、最小值或平均值。

每当命令窗口定义了新的变量，工作区窗口里将会同步列出相应的变量。例如，输入

```
A = 5
```
返回
```
A =
     5
```
变量 A 已经添加到了工作区，并按照字母顺序进行了排列。大写字母的变量排列在前，小写字母的变量排列在后。

Name	Value	Size	Bytes	Class
⊞ A	5	1×1	8	double
⊞ ans	25	1×1	8	double

在 2.3.2 节将会详细介绍 MATLAB 中矩阵的输入方法，在此仅给出简单的一维矩阵的输入方法：

```
B = [1, 2, 3, 4]
```
此命令返回
```
B =
     1     2     3     4
```
其中逗号可有可无，不输入逗号也可以得到同样的结果：
```
B = [ 1  2  3  4]
B =
     1     2     3     4
```
注意，变量 B 已经被添加到了工作区中，它是一个 1×4 的数组。

Name	Value	Size	Bytes	Class
⊞ A	5	1×1	8	double
⊞ B	[1 2 3 4]	1×4	32	double
⊞ ans	25	1×1	8	double

可以用类似的方式定义二维矩阵。每一行用分号隔开，例如，输入

```
C = [ 1 2 3 4; 10 20 30 40; 5 10 15 20]
```

则输出为

```
C =
```

1	2	3	4
10	20	30	40
5	10	15	20

Name	Value	Size	Bytes	Class
⊞ A	5	1×1	8	double
⊞ B	[1 2 3 4]	1×4	32	double
⊞ C	<3×4 double>	3×4	96	double
⊞ ans	25	1×1	8	double

注意，在工作区中，C是一个 3×4 矩阵。为了节省空间，没有列出矩阵中存储的数值。

输入变量名可以重新获得该变量的值。例如，输入

```
A
```

输出

```
A =
    5
```

在上例中仅介绍了矩阵变量，其他类型的变量依此类推。

如前所述，命令 clc 是一个清空窗口的命令，执行此命令后将命令窗口清空，留下一个空白页，但这并不意味着从内存中删除了所创建的变量。命令 clear 可以删除所有存储的变量，执行完命令 clear 后，工作区中的内容也会受到影响。在命令窗口中输入

```
clear
```

工作区窗口将被清空为

Name	Value	Size	Bytes	Class

关闭工作区窗口后仍然可以通过命令 whos 找到前面所定义的变量：

```
whos
```

如果在执行命令 clear 前先执行命令 whos，则会输出

Name	Size	Bytes	Class
A	1×1	8	double
B	1×4	32	double
C	3×4	96	double
ans	1×1	8	double

2.2.4　当前路径窗口

当前路径窗口列出了该路径下计算机文件夹里的所有文档。除非特别指定路径，MATLAB 存储或打开文件都要使用当前路径。当前默认路径与软件版本和安装方式有关。当前路径在主窗口顶部显示，通过下拉菜单和浏览计算机文件可以选择其他的路径作为当前路径。浏览要使用浏览按钮，该按钮位于下拉菜单的旁边，如图 2.2 所示。

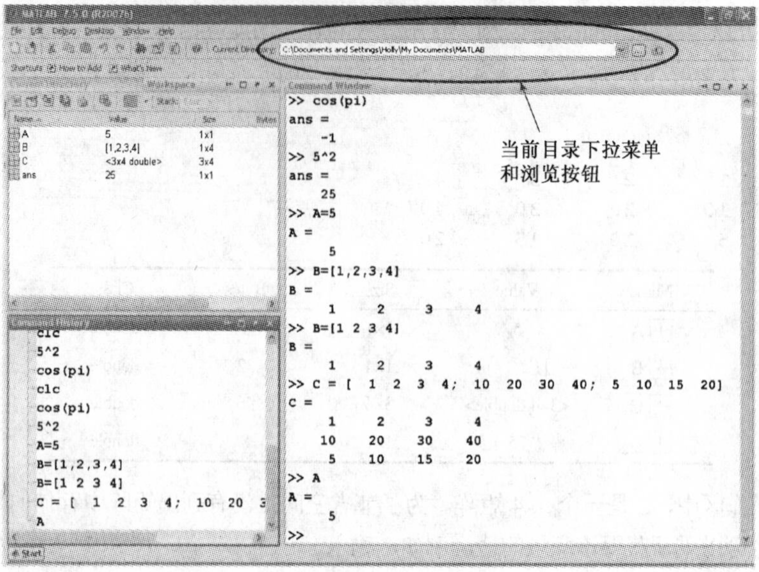

图 2.2   当前路径窗口列出了该路径的所有文件，使用下拉菜单或浏览按钮可以改变当前路径

2.2.5　文档窗口

    双击工作区的任何一个变量就会自动打开文档窗口，该窗口包括一个数组编辑器（array editor）。变量的数值以一种表格的形式显示，数值在数组编辑器里进行修改，也可以增加新的值。例如，如果还没有输入三维数组 C，则可以在命令窗口中输入以下命令：

      C = [1 2 3 4; 10 20 30 40; 5 10 15 20];

    在命令行后面加分号能抑制显示输出结果，这样就不会在命令窗口中重复出现该变量的值，但 C 会显示在工作区窗口中。双击该变量名则会出现数组编辑器，如图 2.3 所示。此时就可以增添或修改矩阵 C 中的数据。

    关键概念：在命令窗口中，命令行最后的分号会抑制显示输出结果。

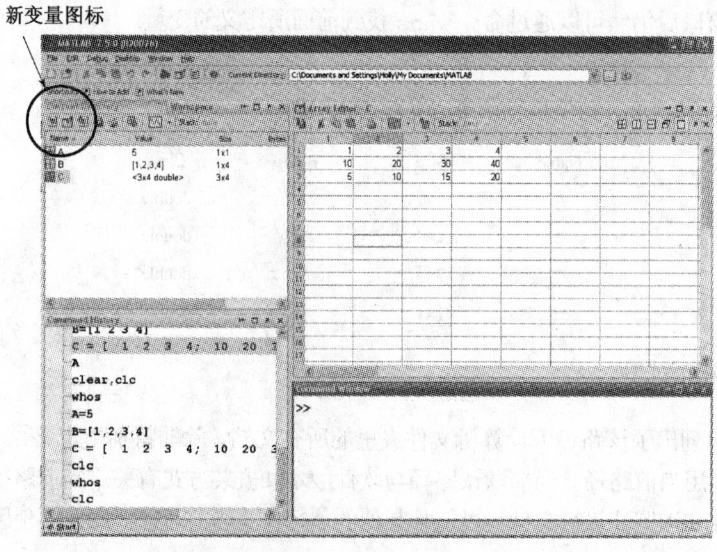

图 2.3   文档窗口显示的数组编辑器

文档窗口/数组编辑器可以与工作区窗口配合使用创建新的数组。用鼠标在工作区窗口的顶部快捷键上慢慢划过，就会看到各个图标的相应功能。单击创建新变量图标，在变量列表中出现一个新的变量 unnamed。单击右键在弹出菜单中选择 rename，可以修改变量名；双击变量名，可以通过数组编辑器给变量赋值。这个新变量按钮是 MATLAB 7.5 的新增功能，如果使用的 MATLAB 是旧版本，就不能通过此方式创建变量。

新变量创建结束后可以关闭文档窗口。

2.2.6   图形窗口

在需要作图时，图形窗口会自动弹出。为了说明这种功能，首先创建数组 x：

```
x = [ 1 2 3 4 5];
```

命令行后面用分号抑制显示输出结果，在工作区中出现新变量 x。

创建数组

```
y = [10 20 30 40 50];
```

使用下面的绘图命令输出图形：

```
plot(x,y)
```

图形窗口自动打开，如图 2.4 所示。注意在窗口顶部的任务栏中增加了一个新的窗口标志，根据使用的软件版本是教学版还专业版的不同，其图标的标题分别是<Student Version> Figure...和简单的 Figure 1。除非在 MATLAB 里专门输入命令打开一个新的图形窗口，否则任何新添加的图形都会覆盖掉原来的图形。

MATLAB 可以很容易地通过增加标题、改变 x 轴标记和 y 轴标记等方式对图形进行修正，这些修正的图形内容对工程技术人员来说是非常重要的。本书将用单独一章来介绍图形的绘制方法。

关键概念：必须在绘制好的图形上增加标题和坐标名称。

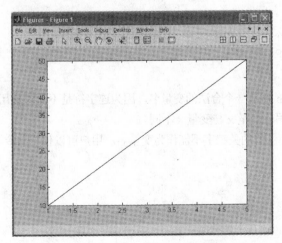

图 2.4   MATLAB 可以方便地创建图形

2.2.7   编辑窗口

从菜单项中选择 File，然后单击 New，最后选择 M-file（File→New→M-file），这样就可以打开编辑窗口。在编辑窗口中输入和保存多个命令，但并不一定执行。在命令提示符后输入 edit 或在工具栏里选择 New File 按钮也可以打开编辑窗口。

2.2.8 开始按钮

开始按钮位于 MATLAB 窗口的左下角，通过它可以直接打开 MATLAB 的各个窗口，如帮助功能、网上发布的产品、示例和 MATLAB 工具箱。MATLAB 工具箱为不同领域的应用者提供了更多的计算功能，因此，工具箱对于工程技术人员来说是非常重要的。开始按钮是 MATLAB 7.5 中新增功能，取代了 MATLAB 6 中的 launchpad 窗口。

2.3 使用 MATLAB 求解问题

命令窗口是一个功能强大的、求解工程问题的工具。为了能有效地利用它，读者需要更多地了解 MATLAB 的使用方法。

2.3.1 变量的使用

MATLAB 可以像计算器一样当做求解工程问题的工具，但如果以变量的形式进行数值计算，则使用起来会更加方便。MATLAB 变量的命名规则和其他程序设计语言相同：

- 变量名必须以字母开始。MATLAB 7.5 所允许的最长变量名为 63 个字符，后续的其他字符无效，命令 namelengthmax 用于保证这一点。尽管 MATLAB 允许使用较长的变量名，但变量名太长容易产生错误。变量名一般使用小写字母，常数名一般使用大写字母，但习惯上用小写字母表示的常数可以不必受此限制。例如，在物理学教科书中光速习惯上用小写字母 c 表示，在 MATLAB 中可以不必用大写表示。变量名应该简短易记，描述性强。

- 变量名允许使用的字符仅包括字母、数字和下画线。用命令 isvarname 来核实变量名的有效性，与其他计算机语言类似，数字 1 表示 true，数字 0 表示 false。因此
  ```
  isvarname time
  ans =
       1
  ```
  表示 time 是一个合法的变量名。
  ```
  isvarname cool-beans
  ans =
       0
  ```
  表示 cool-beans 不是一个合法的变量名，因为连字符是不允许使用的字符。

- 变量名区分大小写。变量 x 与变量 X 不同。

- MATLAB 程序中保留的关键字不能作为变量名。用户可以使用命令 iskeyword 查看系统预定义的关键字：
  ```
  iskeyword
  ans =
    'break'
    'case'
    'catch'
    'classdef'
    'continue'
    'else'
    'elseif'
    'end'
    'for'
    'function'
    'global'
    'if'
  ```

```
'otherwise'
'parfor'
'persistent'
'return'
'switch'
'try'
'while'
```

● MATLAB 允许重新指定内置函数名作为变量名。例如，用户创建一个名为 sin 的变量，使用如下命令：

```
sin = 4
```
输出结果
```
sin =
      4
```

这样做显然很危险，因为函数 sin(也就是 sine)就不能再被使用了。如果使用这个重新定义过的函数，那么将得到一个错误的提示：
```
sin(3)
??? Index exceeds matrix dimensions.
```
用户可以使用命令 which 检查一个变量是否为 MATLAB 的内置函数：
```
which sin
 sin is a variable.
```
可以输入下述命令将 sin 恢复到函数功能：
```
clear sin
```
再输入
```
which sin
```
响应
```
built-in (C:\Program
   Files\MATLAB\R2007b\toolbox\matlab\elfun\@double\sin)
% double method
```

这说明了内置函数的存储位置。

练习 2.2

判断下面哪些变量名可以在 MATLAB 中使用。先初步判断，然后用 isvarname、iskeyword 和 which 等命令进行测试。

1. test
2. Test
3. if
4. my-book
5. my_book
6. Thisisoneverylongnamebutisitstillallowed?

7. 1stgroup
8. group_one
9. zzaAbc
10. z34wAwy?12#
11. sin
12. log

2.3.2　MATLAB 中的矩阵

MATLAB 中的基本数据类型是矩阵。单值变量称为标量，可以表示成 1×1 的矩阵。按列或按行排列的一组数据就是一维矩阵，称为矢量。数据表称为二维矩阵。本章主要介绍标量、矢量和二维矩阵，当然，MATLAB 也具有处理高阶数组的能力。

关键概念：矩阵是 MATLAB 中的主要数据类型。同其他类型信息一样，可以使用矩阵进行数据处理。

矢量：包含单行或单列数据的矩阵。

按照数学命名规则，矩阵用行和列表示：

$$A = [5] \qquad B = [2 \qquad 5] \qquad C = \begin{bmatrix} 1 & 2 \\ 5 & 7 \end{bmatrix}$$

在这个例子里，A 是一个 1×1 矩阵，B 是一个 1×2 矩阵，C 是一个 2×2 矩阵。用矩阵表示的优点是整组信息可以用一个名字来表示。由于大多数人习惯用一个变量名表示一个数值，所以，本书从 MATLAB 如何处理标量开始介绍，逐步过渡到复杂的矩阵运算。

标量运算

MATLAB 处理两个标量之间的运算方法与其他计算机程序相同，甚至和计算器都是一样的。加、减、乘、除以及指数运算的语法如表 2.1 所示。

表2.1　两个标量之间的算术运算(二元运算)

运　算	算术语法	MATLAB 语法
加	$a+b$	a + b
减	$a-b$	a - b
乘	$a \times b$	a * b
除	$\dfrac{a}{b}$ 或 $a \div b$	a / b
指数	a^b	a ^ b

标量：只有一个数值的矩阵。
命令

    a = 1 + 2

应读做"将 1 与 2 之和赋值给 a"，这就是两个固定标量的加法运算，两个变量标量之间的算术运算规则与之相同。举例说明，前面已定义了变量 a 的值为 3，b 的值由下式定义：

    b = 5

然后

    x = a + b

返回结果

    x =
        8

等号(=)在 MATLAB 中称为赋值运算符。赋值运算符将运算结果存到内存中，在上例中，数值 8 赋值给了 x。如果在 MATLAB 中输入变量名：

    x

则得到下面的结果：

    x =
        8

赋值运算符显然不同于"等于"。考虑下面的语句：

    x = x + 1

因为 x 显然不等于 x + 1，所以这不是一个有效的数学表达式。但是，如果把它视为赋值语句，那么，它的含义就是在 x 原来值的基础上加 1，所得到的新值取代 x 的原来数值存储在内存中。

关键概念：赋值运算符不同于等号。

由于前面存储在 x 中的值为 8，因此返回的语句是

```
x =
        9
```

这表明内存中名字为 x 的位置所存储的值已经变为 9。赋值语句和所熟悉的保存文件的过程类似。开始先保存一个 Word 文件，并赋予它一个名字，然后对文件进行了修改，需要重新保存文件，但是仍然用同一个文件名。前后两个文件内容并不相同，最新的文件内容被保存到该文件对应的内存位置上。

运算顺序

在所有的数学运算中，理解运算执行的顺序都是非常重要的问题。MATLAB 遵循标准的代数运算顺序：

- 首先完成括号内的运算，从里到外，逐级进行。
- 其次进行指数运算。
- 接着，从左到右进行乘除运算。
- 最后，从左到右进行加减运算。

为了更好地理解运算顺序的重要性，考虑正圆柱体表面积的计算过程。

圆柱体表面积是两个圆形底面积和在两个底面之间的柱体面积之和，如图 2.5 所示。假设圆柱体的高为 10 cm，半径为 5 cm，下面的 MATLAB 代码可以计算出表面积：

```
radius = 5;
height = 10;
surface_area = 2*pi*radius^2 + 2*pi*radius*height
```

执行结果为

```
surface_area =
            471.2389
```

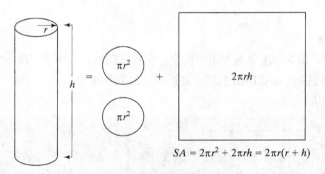

图 2.5　利用加、乘和指数运算计算正圆柱体的表面积

在这个例子中，MATLAB 首先进行的是幂运算，将半径取平方。接着从左到右，先计算等式中第一部分的乘积，再计算第二部分的乘积，最后，把两部分的结果相加。也可以用下面的表达式代替：

```
surface_area = 2*pi*radius*(radius + height)
```

得出同样的结果

```
surface_area =
          471.2389
```

在这个例子中，MATLAB 先求出半径与高的和，然后从左到右进行乘法运算。如果丢掉括号，那么，将会得到

```
surface_area = 2*pi*radius*radius + height
```

程序先计算 `2*pi*radius*radius`，然后再加上 `height`，这显然会得出错误的结果。括号前的乘号是必需的，因为 MATLAB 不会假定任何运算符，而且会对下式做出错误的解释：

```
radius(radius + height)
```

半径与高相加，其值为 15(半径 = 10 而高 = 5)，MATLAB 会在表示半径的数组中找第 15 个元素作为半径的值。这种错误的解释会导致下面的错误语句：

```
??? Index exceeds matrix dimensions.
```

把数学表达式转换成 MATLAB 语句时要特别注意，应该在所书写的表达式中适当增加括号，这些括号能使所编写的程序易于阅读和理解。

另一种提高代码可读性的方法是把长的表达式分解成多条语句分别输入。例如，等式

$$f = \frac{\log(ax^2 + bx + c) - \sin(ax^2 + bx + c)}{4\pi x^2 + \cos(x-2)*(ax^2 + bx + c)}$$

这个等式的输入非常容易按错键，为了减少这种情况的发生，将等式拆成几部分。例如，首先对 x、a、b、c 四个变量赋值：

```
x = 9;
a = 1;
b = 3;
c = 5;
```

然后分别定义多项式和分母：

```
poly = a*x^2 + b*x + c;
denom = 4*pi*x^2 + cos(x - 2)*poly;
```

最终将这两部分内容合并成一个等式：

```
f = (log(poly) - sin(poly))/denom
```

结果是

```
f =
    0.0044
```

这种输入方法可以最大限度地减少出错概率，多项式的输入只需要一次，而不是三次，因为每次都有出错的风险。这样的 MATLAB 代码更加准确，也更容易理解。

关键概念：减少出错的机会。

提　示

　　MATLAB 不区分"空格"，用户可以在命令中加入一些空格，但不会影响其含义。用户可以在加号(+)或减号(−)的前后加入空格，以使表达式的可读性更强，但不能在乘号(*)和除号(/)的前后加入空格。

练习 2.3

首先手工计算下述 MATLAB 表达式的结果，然后，在命令窗口中输入这些表达式，并得到执行结果，比较这两种结果是否一致：

1. `6/6+5`
2. `2*6^2`
3. `(3+5)*2`
4. `3+5*2`
5. `4*3/2*8`
6. `3-2/4+6^2`
7. `2^3^4`
8. `2^(3^4)`
9. `3^5+2`
10. `3^(5+2)`

利用 MATLAB 求解下列表达式，并用计算器手工检查计算结果：

11. $\dfrac{5+3}{9-1}$　　　　　12. $2^3 - \dfrac{4}{5+3}$　　　　　13. $\dfrac{5^{2+1}}{4-1}$

14. $4\dfrac{1}{2} * 5\dfrac{2}{3}$　　　　　15. $\dfrac{5+6*\dfrac{7}{3}-2^2}{\dfrac{2}{3}*\dfrac{3}{3*6}}$

例2.1　标量运算

　　风洞对研究高性能飞行器的性能起着重要作用，如图 2.6 所示。为了对风洞数据进行分析，工程师需要了解气体的运动情况。描述气体运动特性的基本方程是理想气体状态方程，此内容在大学一年级化学专业课上进行过详细阐述，该方程的表达式是

$$PV = nRT$$

其中，P 为压力，单位是 kPa；V 为体积，单位是 m^3；n 为气体的摩尔数；R 为理想气体常数，单位是 8.314 kPa m^3 kmol K；T 为热力学温度。

　　另外，已知气体的摩尔数等于气体质量除以摩尔质量，如下式所示：

$$n = m / MW$$

其中，m 为质量，单位为 kg；MW 为摩尔质量，单位为 kg/kmol。

　　等式中各个变量的单位不同，理想气体常数 R 的单位也要随之变化。

　　假设风洞中气体的体积为 1000 m^3，风洞运行之前，气体的温度是 300 K，气压是 100 kPa，气体的平均摩尔质量约为 29 kg/kmol。计算风洞内气体的质量。

　　此问题的求解过程如下：

　　1. 问题描述

　　对问题进行求解时，最好使用自己熟悉的语言对问题进行重新描述：计算风洞内气体的质量。

　　2. 输入/输出描述

输入

体积	$V = 1000\ m^3$
温度	$T = 300\ K$
压强	$P = 100\ kPa$
分子量	$MW = 29\ kg/kmol$
气体常数	$R = 8.314\ kPa\ m^3/kmol\ K$

图 2.6　风洞用来对设计的飞行器进行测试

输出

质量	$m = ?\ kg$

　　3. 手工分析

　　通过手工或计算器计算，可得到这个问题的计算方法，然后再将其转化成 MATLAB 代码。为了保证运算的正确性，不妨先用简单的数据对运算结果加以验证。求解此问题需要已知两个方程和一些相关的数据：

$PV = nRT$　　　　　　理想气体状态方程

$n = m/MW$　　　　　　质量与摩尔数的关系

首先计算理想气体的摩尔数 n。代入给定数值：

$$n = PV/RT$$

$$= \frac{(100 \text{ kPa} \times 1000 \text{ m}^3)}{8.314 \text{ kPa} \dfrac{\text{m}^3}{\text{kmol K}} \times 300 \text{ K}}$$

$$= 40.0930 \text{ kmol}$$

利用质量与摩尔数的关系式，把摩尔数转换成质量：

$$m = n \times \text{MW} = 40.0930 \text{ kmol} \times 29 \text{ kg/kmol}$$

$$m = 1162.70 \text{ kg}$$

4. MATLAB 实现

首先，进行清屏和清理内存操作：

```
clear, clc
```

在命令窗口中进行如下计算：

```
P = 100
P =
        100
T = 300
T =
        300
V = 1000
V =
        1000
MW = 29
MW =
        29
R = 8.314
R =
        8.3140
n =(P*V)/(R*T)
n =
        40.0930
m = n*MW
m =
        1.1627e+003
```

在使用 MATLAB 进行问题求解时，需要注意如下两个方面：一，由于表达式后没有分号，变量值会在赋值语句后重复显示；二，计算 n 时也要注意括号的使用，分母上必须有括号，分子上可以不必有括号。在分子和分母上都使用括号能够增加代码的可读性。

5. 结果验证

通过此例可以看出，MATLAB 的计算结果与手工计算结果完全相同，然而，MATLAB 可以允许输入多种不同的数据，得到不同的结果，便于求解更为复杂的问题。用于求解该问题的 MATLAB 程序截图如图 2.7 所示。

在工作区窗口中，列出了所有在命令窗口中定义的变量。历史命令窗口列出了在命令窗口执行过的所有命令。向上滚动历史命令窗口，就可以看到以前的 MATLAB 命令，用户可以方便地把这些命令移到命令窗口中使用。

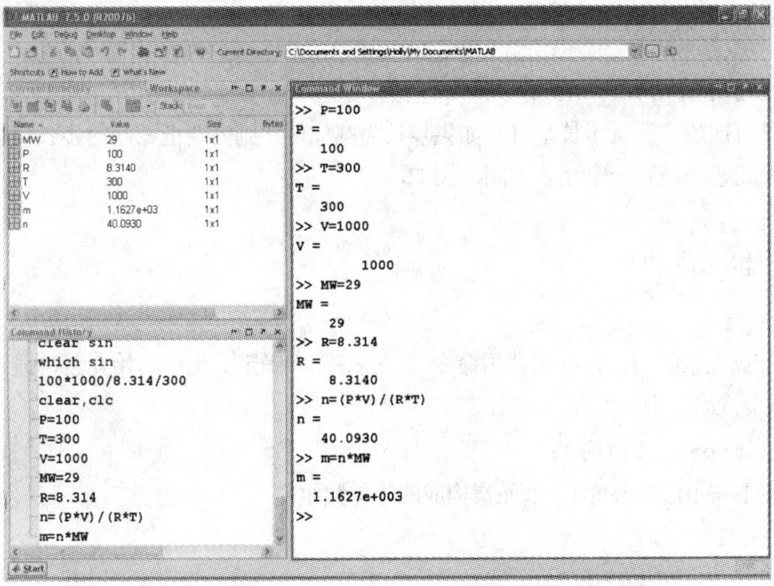

图 2.7　用于求解理想气体质量问题的 MATLAB 屏幕截图

数组运算

　　MATLAB 可以简单地当做计算器来使用,但它真正的优势在于矩阵运算。正如前面所描述的,定义矩阵的最简单方法就是列出所有数据,称为显示列表。命令

```
x = [1 2 3 4]
```

返回行矢量

```
x =
     1 2 3 4
```

在定义矢量时,可以使用逗号也可以不使用。用分号表示新的一行开始,用如下方法可以定义列矢量:

```
y = [ 1; 2; 3; 4]
```

创建一个二维数组可以使用下面的语句:

```
a = [ 1 2 3 4; 2 3 4 5 ; 3 4 5 6]
```

输出结果是

```
a =
     1 2 3 4
     2 3 4 5
     3 4 5 6
```

提　　示

创建矩阵最简单的方法是逐行输入。

```
a = [1 2 3 4;
2 3 4 5;
3 4 5 6]
```

复杂矩阵只能手工输入,但等差和等比矩阵却可以很方便地创建。命令

```
b = 1:5
```

和命令

```
b = [1:5]
```

的结果相同，都会输出矩阵

```
b =
    1 2 3 4 5
```

其中的方括号是可选的，默认步长是 1。如果步长为其他值，则需要把相应的步长值放于等号右边等差数组的第一个元素和最后一个元素中间。例如，

```
c = 1:2:5
```

表明步长是 2，输出结果为

```
c =
    1    3    5
```

    如果需要计算元素间的步长，则使用命令 linspace。确定数组中初始元素、最终元素和步数，就可以得到相应的数组。例如，

```
d = linspace(1,10,3)
```

返回的结果是在 1 与 10 之间，由三个元素构成的等差数组：

```
d =
    1    5.5    10
```

用命令 logspace 可以创建一个等比数组，需要三个输入值。前两个数值分别作为 10 的指数，最后一个值是数组中元素的个数。命令行如下：

```
e = logspace(1,3,3)
```

输出的三个值是

```
e =
    10   100   1000
```

注意第一个元素是 10^1，最后一个是 10^3。

提   示

初学者在使用 logspace 时经常会输入数组第一个和最后一个元素的实际值，而不是 10 的指数。例如，

```
logspace(10, 100, 3)
```

MATLAB 认为要创建一个在 10^{10} 与 10^{100} 之间有三个元素的数组，结果是

```
ans =
1.0e + 100*
 0.000  0.0000  1.0000
```

结果中乘数(1×10^{100})是公用的，由于前两个数值与第三个数值比较起来太小，所以近似认为是 0。

提   示

矩阵定义中可以使用算术运算。例如，a = [0:pi/10:pi]。

    矩阵和标量经常进行运算。若 a = [1 2 3]，则用下面的语句实现该矩阵中每个元素加 5：

```
b = a + 5
```

执行结果为

```
b =
    6    7    8
```

该方法适用于加减运算，但乘除运算略有不同。在矩阵运算中，乘号(*)有特殊的意义。因为 **MATLAB** 所有运算都涉及矩阵，所以需要一个用于对应元素相乘的新运算符，该运算符是 .*(称之

为点乘运算或数组乘运算）。例如，

```
a.*b
```

其结果是：矩阵 a 的第一个元素乘以矩阵 b 的第一个元素，矩阵 a 的第二个元素乘以矩阵 b 的第二个元素，矩阵 a 的第 n 个元素乘以矩阵 b 的第 n 个元素。

若 a（其值为 [1 2 3]）和 b（其值为 [6 7 8]）进行点乘运算：

```
a.*b
```

则运算结果是

```
ans =
        6      14      24
```

读者可以自行验证该结果的正确性。

因为 a 和 b 两个矩阵不符合矩阵代数的乘法运算规则，所以，如果使用 * 运算符进行矩阵乘运算，在上例中会输出错误结果。在进行矩阵间对应元素相乘运算时必须正确使用运算符。

对应元素间相除（./）和幂运算（.^）的运算规则与点乘的运算规则类似：

```
a./b
a.^2
```

下面给出了一些练习，以便加深理解。首先对两个表达式的运算结果进行初步计算，然后用 MATLAB 进行验证。

练习 2.4

完成下列计算，理解 * 和 .*，/ 和 ./，^ 和 .^ 运算符之间的差异。

1. 定义矩阵 a = [2.3 5.8 9] 为 MATLAB 变量。
2. 计算 a 的正弦值。
3. 对 a 中每个元素加 3。
4. 定义矩阵 b = [5.2 3.14 2] 为 MATLAB 变量。
5. a 和 b 中对应元素相加。
6. a 和 b 中对应元素相乘。
7. a 中的每个元素求平方。
8. 创建一个矩阵 c，c 的元素为 0~10 的等差数列，步长为 1。
9. 创建一个矩阵 d，d 的元素为 0~10 的等差数列，步长为 2。
10. 利用 linspace 命令创建一个 10~20 且有 6 个元素的矩阵。
11. 利用 logspace 命令创建一个 10~100 且有 5 个元素的矩阵。

关键概念：MATLAB 的矩阵计算能力适合进行重复运算。

MATLAB 的矩阵计算能力适合进行重复运算。举例说明，假设需要把多个角度值转换成弧度值。首先输入矩阵的值，角度值分别为 10, 15, 70 和 90，输入

```
degrees = [ 10 15 70 90];
```

若将其转换成弧度，则需要乘以 $\pi/180$

```
radians = degrees*pi/180
```

此命令执行后返回一个弧度矩阵 radians，在此例中，因为该运算是在矩阵 degrees 与两个标量 pi 和 180 之间进行的，所以，运算符既可以用 .*，也可以用 *，输入命令为

```
radians = degrees.*pi/180
```

矩阵的另一个常用运算符是转置。转置运算就是将矩阵的行和列进行位置互换。例如，

```
degrees'
```

返回是

```
ans =
    10
    15
    70
    90
```

利用转置可以方便地创建表格。例如，创建一个角度与弧度对应关系的表格，输入

```
table = [degrees', radians']
```

上述命令完成矩阵 table 的创建，矩阵的第一列是 degrees，第二列是 radians：

```
table =
    10.0000    0.1745
    15.0000    0.2618
    70.0000    1.2217
    90.0000    1.5708
```

二维矩阵的转置就是将所有的行变为列，所有的列变为行。例如，命令

```
table'
```

结果输出

```
    10.0000    15.0000    70.0000    90.0000
     0.1745     0.2618     1.2217     1.5708
```

注意，table 并非是一个 MATLAB 命令，而是一个变量名。用户也可以使用其他更具实际意义的名称命名，如 conversions 或 degrees_to_radians 等。

例2.2　矩阵与标量的运算

科学数据经常是以国际单位制 SI(System International)表示，比如风洞试验中采集得到的数据。然而，许多美国生产的设备使用美国标准单位(或称 American Engineering 或 American Standard)，为了实现数据共享，需要对数据的单位进行统一。最严重的由数据单位体制不统一引发的事件发生在火星气候探测器(Mars Climate Orbiter)上，如图 2.8 所示，它是火星勘探者计划(Mars Surveyor Program)的第二次飞行。由于飞行器软件中的一个查询表出现问题，飞行器于 1999 年 9 月在火星轨道上烧毁。在该表中，飞行器程序中使用的数据采用牛顿作为力的单位，而风洞测试的数据却采用磅作为力的单位。

在本例中，利用 MATLAB 创建一个将磅换算成牛顿的列表，此表从 0~1000 磅，其换算关系为

$$1 \text{ lbf} = 4.448\ 221\ 6 \text{ N}$$

1. 问题描述

创建一个将磅换算成牛顿的表格。

2. 输入/输出描述

输入

表格的起始值：　　　　　　　　　　　　0 lbf

表格的最后值：　　　　　　　　　　　　1000 lbf

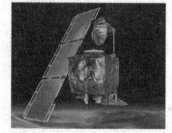

图 2.8　火星气候探测器(美国航空航天局提供)

步长:　　　　　　　　　　　　100 lbf

lbf 与 N 之间的换算关系是:　　　　1 lbf = 4.448 221 6 N

输出

用表格显示磅和牛顿两个力学单位之间的关系。

3. 手工分析

为了保证所创建表格的正确性，选择一些不同的数值进行初步检验，所选的数值应该容易手工计算，并且具有检验的价值:

0	*	4.448 221 6 = 0
100	*	4.448 221 6 = 444.822 16
1000	*	4.448 221 6 = 4448.221 6

4. MATLAB 实现

```
clear, clc
lbf = [0:100:1000];
N = lbf * 4.44822;
[lbf',N']
ans =
  1.0e+003 *
        0         0
   0.1000    0.4448
   0.2000    0.8896
   0.3000    1.3345
   0.4000    1.7793
   0.5000    2.2241
   0.6000    2.6689
   0.7000    3.1138
   0.8000    3.5586
   0.9000    4.0034
   1.0000    4.4482
```

在输入命令之前，首先清空工作区和命令窗口。在工作区中 lbf 和 N 分别是 1x11 的矩阵，输出的表格 ans 是 11x2 的矩阵。前两个命令行后面带分号，避免重复显示。如果将步长变为 10，甚至变为 1，表格中会产生更多的数据。将运算结果乘以 1 000 才是正确答案，在 MATLAB 表格上方直接显示了公共标度因数。

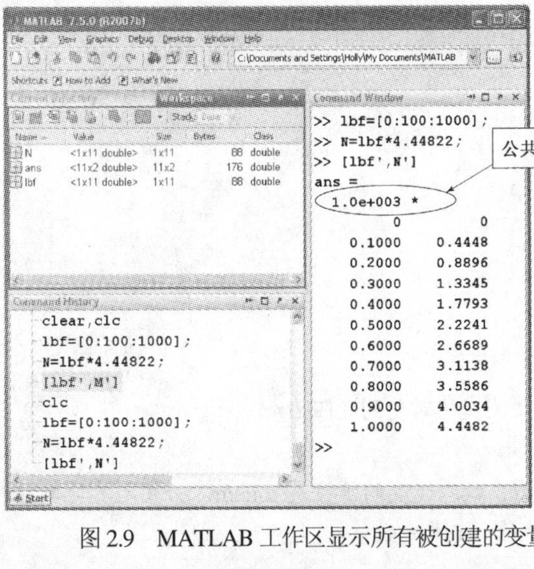

图 2.9　MATLAB 工作区显示所有被创建的变量

5. 结果验证

把 MATLAB 的计算结果和手工计算结果进行比较，二者结果相同。结果检验正确后，就可以按照同样的算法创建其他的换算表格。例如，创建一个把牛顿换算成磅的表格，数值从 0 N 到 1000 N，步长为 10 N。

例2.3　阻力计算

在风洞中开展研究的一项主要内容是空气阻力问题。在轨道调整过程中，火星气候探测器与火星大气层之间会产生摩擦力，这种力可能会导致飞行器燃烧。除此之外，阻力在着陆飞行器的设计中也是非常重要的，见图 2.10。

阻力是飞机等物体在流体中运动产生的。在风洞中，气流通过静止物体所产生的阻力与物体运动所产生的阻力具有相同的方程式。阻力是多种复杂因素作用的结果，这些因素包括飞行器表面的摩擦系数、气流特性和飞行器外部形状等。阻力可以通过阻力方程计算：

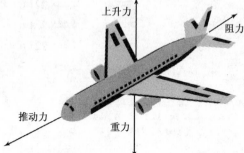

图 2.10　阻力是固体通过流体时产生的机械力

$$阻力 = C_d \frac{\rho V^2 A}{2}$$

其中，C_d 为阻力系数，通过风洞实验确定；ρ 为空气密度；V 为飞行器速度；A 为参考面积，在此为空气流过的表面积。

尽管阻力系数不属于常数，但在低速条件下(低于 200 mph)可以认为是常数。假设以下数据可以在风洞中测量得到：

阻力	20 000 N
ρ	1×10^{-6} kg/m³
V	100 mph(需要将此值转换为 mps)
A	1 m²

利用这些实验数据可以初步确定风速在 0 mph 到 200 mph 之间变化时飞行器的阻力系数。

1. 问题描述

根据风洞中的实验数据计算阻力系数，利用计算出的阻力系数确定不同速度条件下飞行器所受的阻力。

2. 输入/输出描述

输入

阻力	20 000N
气体密度 ρ	1×10^{-6} kg/m³
速度 V	100 mph
表面积 A	1 m²

输出

阻力系数

速度在 0 mph 与 200 mph 之间变化时受到的阻力

3. 手工分析

首先根据实验数据求出阻力系数。速度的单位是 mile/h，必须与其他数据的单位统一，将其换算成 m/s，在工程计算中数据的单位一定要一致。

$$C_d = 阻力 \times 2/(\rho \times V^2 \times A)$$

$$= \frac{(20\,000\ \text{N} \times 2)}{1 \times 10^{-6}\ \text{kg/m}^3 \left(100\ \text{miles/h} \times 0.4470\ \dfrac{\text{m/s}}{\text{miles/h}}\right)^2 \times 1\ \text{m}^2}$$

$$= 2.0019 \times 10^7$$

因为 1 牛顿等于 1 kgm/s^2，所以阻力系数无量纲。

用阻力系数计算不同速度下的阻力：

$$阻力 = C_d \times \rho \times V^2 \times A/2$$

用计算器计算出 $V = 200$ mph 时的阻力：

$$阻力 = \frac{2.0019 \times 10^7 \times 1 \times 10^{-6}\ \text{kg/m}^3 \times \left(200\ \text{miles/h} \times 0.4470\ \dfrac{\text{m/s}}{\text{miles/h}}\right)^2 \times 1\ \text{m}^2}{2}$$

$$阻力 = 80\,000\ \text{N}$$

4. MATLAB 实现

```
drag = 20000;                          定变量，把 V 换算成 SI 单位。
density = 0.000001;
velocity= 100*0.4470;
area = 1;
cd = drag*2/(density*velocity^2*area)  计算阻力系数。
cd =
 2.0019e+007
velocity = 0:20:200;                   重新将 V 定义为矩阵，并进行单位换算，
velocity = velocity*0.4470;            计算阻力。
drag = cd*density*velocity.^2*area/2;
table = [velocity', drag']
table =
  1.0e+004 *
    0          0
0.0009     0.0800
0.0018     0.3200
0.0027     0.7200
0.0036     1.2800
0.0045     2.0000
0.0054     2.8800
0.0063     3.9200
0.0072     5.1200
0.0080     6.4800
0.0089     8.0000
```

在下面的阻力计算公式中：

```
drag = cd * density * velocity.^2 * area/2;
```

使用了 .^ 运算符，该运算符可以对速度矩阵里的每个值进行平方运算，而不是将速度矩阵自己相乘。若仅使用幂运算符(^)，则会出现一个出错消息提示。更为严重的是使用了错误的运算符，没有错误提示，却给出了错误的运算结果。因此第五步的结果验证就显得尤为重要。

5. 结果验证

经验证，MATLAB 的运算结果和手工计算相同，如图 2.11 所示。在计算结果和样本数据相吻合的前提下，可以增加新的数据进行计算。理想情况下，计算结果应该与实验数据相比较，以证实所使用的公式是对真实物理过程的精确建模。

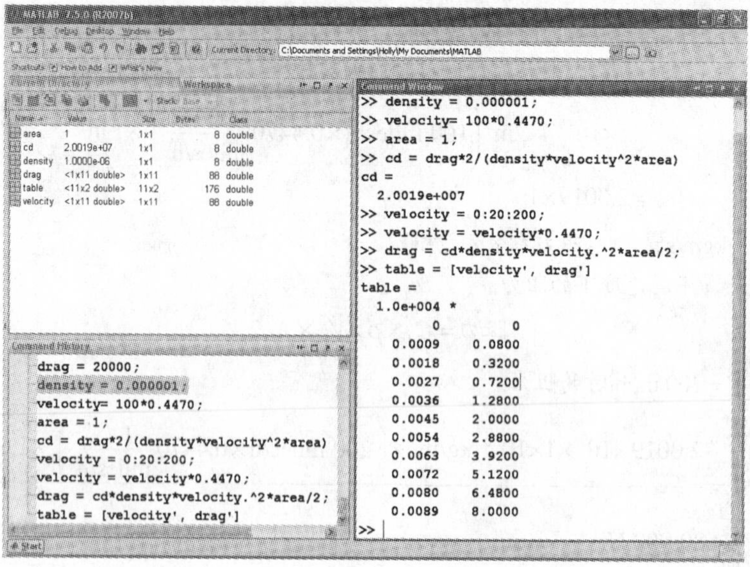

图 2.11　历史命令窗口产生了一个命令列表记录

2.3.3　数值显示

科学记数法

一般情况下，十进制数可以表示所有数值，但太大或太小的数值难以用基本的十进制数表示。例如，在化学中，经常使用的阿弗加德罗常数有四位有效数字，它的值是 602 200 000 000 000 000 000 000。类似地，一个铁原子的直径近似是 140 皮米，即 0.000 000 000 140 m。科学计数法是用一个在 1 和 10 之间的数乘以 10 的幂(指数)来表示数值。这样，阿弗加德罗常数应为 6.022×10^{23}，铁原子的直径为 1.4×10^{-10} 米。在 MATLAB 中，科学计数法是在十进制小数部分与指数部分之间放置字母 e，与计算器的记数方法类似。例如，

```
Avogadro's_constant = 6.022e23;
Iron_diameter = 140e-12;或
Iron_diameter = 1.4e-10;
```

十进制小数与指数之间不设空格。MATLAB 认为

```
6.022    e23
```

是 6.022 和 10^{23} 两个数值。

科学记数法：用 1~10 之间的数乘以 10 的幂表示的数。

> **提　示**
>
> 一般来说，科学记数法采用 10 的幂来表示，但很多人经常把这种命名方法与数学上的自然数 e 相混淆，e 等于 2.718 3。e 的指数用 exp 函数表示，例如 exp(3) 等于 e^3。

显示格式

在 MATLAB 里有多种显示格式，无论选择哪一种，MATLAB 都使用双精度浮点数进行计算。双精度浮点数有 16 位十进制有效数字，改变显示方式不会改变计算结果的精确度。与其他的编程语言不同，MATLAB 把整数和小数都视为浮点数。

关键概念: 除非调用特殊的函数, 否则 MATLAB 不区分整数和浮点数。

关键概念: 不论用哪种显示格式, 进行运算时使用双精度浮点数。

在 MATLAB 里矩阵中的整数不用小数点, 但十进制小数默认为小数点后四位有效数字。

```
A = 5
```

输出是

```
A =
        5
```

但是

```
A = 5.1
```

输出是

```
A =
        5.1000
```

而且

```
A = 51.1
```

输出是

```
A =
        51.1000
```

MATLAB 允许指定特殊的显示方式, 以便显示额外的位数。若需要显示小数点后 15 位, 则可以使用命令

```
format long
```

后续的显示将都变为此格式

```
A
```

输出

```
A =
        51.100000000000001
```

舍入误差导致最后一位小数是 1。当显示格式指定为 `format bank` 时, 只显示两位小数:

```
A =
     51.10
```

这种显示方式只适合于显示实数不能显示复数。输入

```
A = 5+3i
```

在此模式下会得出结果

```
A =
     5.00
```

使用 `format long` 命令则返回

```
A =
      5.000000000000000 + 3.000000000000000i
```

利用下列命令可以显示 4 位有效数字:

```
format short
```

为了验证结果, 可以重新调用一下 A 的值:

```
A
A =
     5.0000 + 3.0000i
```

当被显示的数值太大或太小, 以至于不能用默认的格式显示时, MATLAB 自动用科学记数法来显示。若在 MATLAB 中输入阿弗加德罗常数

```
a = 602000000000000000000000
```

则程序输出为

```
a =
        6.0200e+023
```

利用命令 format short e(4 位有效数字)或 format long e(15 位有效数字)可以指定 MATLAB
用科学记数法显示所有的数值。例如

```
format short e
x = 10.356789
```

结果

```
x =
        1.0357e+001
```

经常使用的另外两个数值显示格式命令是 format short eng 和 format long eng，这两种
显示方式类似于科学计数法，但 10 的指数必须是 3 的整倍数，这与物理量的单位换算规则相符合。
例如，

$$1 \text{毫米} = 1 \times 10^{-3} \text{米}$$
$$1 \text{微米} = 1 \times 10^{-6} \text{米}$$
$$1 \text{纳米} = 1 \times 10^{-9} \text{米}$$
$$1 \text{皮米} = 1 \times 10^{-12} \text{米}$$

下面的例子是先将数据格式转化为工程化格式，然后输入 y 的值:

```
format short eng
y = 12000
```

结果

```
y =
        12.0000e+003
```

当矩阵在屏幕上显示时，若矩阵元素出现太大或太小的情形，则在矩阵中添加一个公共标度因数，此
因数与数值同时输出。例如，在命令窗口输入

```
format short
```

例 2.3 的结果将变成

```
table =
1.0e+005 *
            0           0
        0.0002      0.0400
        0.0004      0.1602
        0.0006      0.3603
        0.0008      0.6406        etc...
```

还有两种比较常用的显示格式是 format+和 format rat。用 format+格式显示矩阵时，只显示
元素的正负号。如果元素是正的，就会输出正号；如果元素是负的，就会输出负号；如果元素为 0，
则没有输出。这种格式可以显示大型矩阵元素的符号:

```
format +
B = [1, -5, 0, 12; 10005, 24, -10,4]
B =
        +- +
        ++-+
```

命令 format rat 指定用有理数(分数)的形式显示数值。因此，

```
format rat
x = 0:0.1:0.5
```

结果

```
x =
        0        1/10        1/5        3/10        2/5        1/2
```

有理数: 能用分数表示的数。

使用 `format short g` 或 `format long g` 命令可以自动选择定点或浮点的最佳显示格式。

`format` 命令还可以调整命令窗口中显示数据的疏密程度,默认方式(`format loose`)是用户输入的信息和计算机返回的信息之间相隔一行,`format compact` 命令能够将这些空行去掉。本书提供的实例均采用 `format compact` 命令,使显示空间更加紧凑。表 2.2 列出了 π 值的不同显示格式。

表 2.2　数值的显示格式

MATLAB 命令	显　示	实　例
`format short`	4 位有效数字	3.1416 123.4568
`format long`	14 位有效数字	3.14159265358979 1.234567890000000e+002
`format short e`	4 位有效数字的科学记数法	3.1416e+000 1.2346b+002
`format long e`	14 位有效数字的科学记数法	3.141592653589793e+000 1.234567890000000e+002
`format bank`	仅显示实际值的 2 位有效数字	3.14
`format short eng`	4 位有效数字的工程记数法	3.1416e+000 123.4568e+000
`format long eng`	14 位有效数字的工程记数法	3.141592653589793e+000 123.456789000000e+000
`format +`	+, −, 符号	+
`format rat`	分数形式	355/113
`format short g`	MATLAB 选择最佳格式	3.1416 123.46
`format long g`	MATLAB 选择最佳格式	3.14159265358979 123.456789

若上述显示格式还不能满足用户要求,则可以用函数 `fprintf` 单独地控制某一行的输出,这在后面章节中详细介绍。

2.4　内容保存

在工作窗口内输入命令类似于在计算器上进行计算。关闭计算器或者退出程序就意味着运算过程结束。命令 `diary` 可以保存命令窗口内定义的和工作区内显示的各种变量值,还可以保存产生这些结果的命令。MAT 文件和 DAT 文件两个文件可以用来保存或查找变量,在编辑窗口可以创建和编辑脚本 M 文件,同时也可以保存和执行。编写好的 MATLAB 程序保存在 M 中,使用起来非常方便。

2.4.1　日志

日志功能可以把 MATLAB 的工作过程记录在一个文档里,以便日后使用。MATLAB 命令行和运行结果,乃至错误信息都能够被保存下来。在命令提示符后输入下列命令可激活日志功能:

```
diary
```

或

```
diary on
```

在此状态下输入命令 `diary` 或 `diary off`,则终止记录功能,并在当前目录中产生一个日志文档。双击日志文件名就可以打开文件，所记录的内容就会出现在编辑窗口中。使用"记事本"之类的文本编辑器可以对文件进行编辑。后续的记录内容可以添加到文件的末尾处，若希望存储在不同的文件里，则需要指定文件名：

```
diary <filename>
```

或

```
diary('filename')
```

本书中用角括号(< >)来表示用户定义的文件名，若用户指定文件名为 My_diary_file，则需输入

```
diary My_diary_file
```

或

```
diary('My_diary_file')
```

2.4.2 变量存储

为了保存命令窗口创建的变量(MATLAB 主界面左侧工作区窗口显示的变量)，需要把工作区的内容保存到文件里。文件的默认格式是名为 MAT 文件的二进制文件。在命令提示符后输入下列信息可把工作区中的变量保存到文档里：

```
save < file_name >
```

其中，save 是 MATLAB 命令，file_name 为用户定义的文件名，该文件名要符合 MATLAB 变量的命名规则。实际上，专门指定文件名是没有必要的，若不指定文件名，则 MATLAB 会自动将文件命名为 matlab.mat。在主菜单中选择

```
File → Save Workspace As
```

此时提示输入文件名。输入下列内容可恢复工作区：

```
load < file_name >
```

其中，load 是命令，file_name 是用户定义的文件名。若输入 load 命令，则 MATLAB 会打开一个默认的 matlab.mat 文件。

被存储的文件保存在当前目录中。

输入命令

```
clear, clc
```

可清空工作区和命令窗口。输入命令

```
whos
```

可确认工作区是否为空。定义多个变量

```
a = 5;
b = [1,2,3];
c = [ 1, 2; 3,4];
```

再次检查工作区内容会发现这些变量已经存储在工作区中了。如下操作可把工作区的内容保存到 my_example_file 中：

```
save my_example_file
```

一个新的文件被保存在当前目录中。若需要将文件保存在其他目录中，则单击浏览按钮，选择相应的目录，如图 2.2 所示。退出系统后，当前目录会随之消失。

输入命令

```
clear, clc
```

清空工作区和命令窗口内容。为恢复已清除的数据，可加载文件(my_example_file.mat)到工作区中。

```
load my_example_file
```

所加载的文件必须是在当前路径下，否则 MATLAB 将找不到该文件。在命令窗口中输入

```
a
```

返回

```
a =
    5
```

输入

```
b
```

返回

```
b =
    1  2  3
```

输入

```
c
```

返回

```
c =
    1  2
    3  4
```

利用下面的命令，MATLAB 在当前路径中可保存一个或多个矩阵：

```
save <file_name> <variable_list>
```

其中，file_name 是用户定义的文件名，指定信息在内存中的存储位置；variable_list 是需要存储到文件中的变量名列表。

```
save my_new_file a b
```

上述命令把变量 a 和 b 保存到 my_new_file.mat 中。

以.mat 作为扩展名的文件属于 MATLAB 专用，不能被其他程序(C 或 C++)调用。若要实现不同计算机平台间的文件共享，则 MATLAB 允许将文件存储为 ASCII 码的文件格式，操作如下：

```
save <file_name> <variable_list> -ascii
```

ASCII 码：一种二进制数据存储格式。

命令-acsii 表明文件以标准的 8 位文本格式存储数据，ASCII 文件被保存为.dat 或.txt 文件格式，而不是.mat 格式，在输入的文件名后一定要加扩展名，否则会默认为.mat 格式：

```
save my_new_file.dat a b -ascii
```

在上述命令中，若文件名不带.dat，则文件将存为.mat 格式。

若需要较高的数据精度，则可以保存成 16 位文本格式：

```
save file_name variable_list -ascii -double
```

关键概念：只需保存工作区变量和变量的值，无须保存执行的命令。

在当前路径下，用户可以使用命令 load 恢复数据：

```
load <file_name>
```

创建矩阵 z 并把它以 8 位文本格式存储到文件 data_2.dat 中，使用以下命令：

```
z = [5 3 5; 6 2 3];
save data_2.dat z -ascii
```

在数据文件中，矩阵 z 中的每一行数据都单独占用一行。在当前路径中双击文件名可以浏览 date_2.dat 文件，见图 2.12。访问 ASCII.dat 文件的最简单方法是使用命令 load，后面加文件名，文件信息会被读取到与文件名相同的矩阵中。还可以使用 MATLAB 中的导入(Import Wizard)功能加载数据。当双击当前目录中的文件名时，Import Wizard 自动弹出。根据操作指示就可以把数据加载到工作区，变量名与数据文件中的变量名相同。使用同样的方法还可以从 Excel 电子表格等其他程序中导入数据，或者在菜单栏中选择 File→Import Data…。

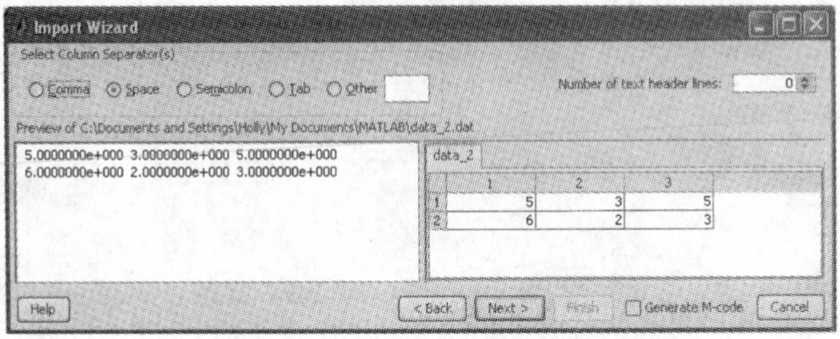

图 2.12 双击命令路径中的文件名弹出 Import Wizard 对话框

2.4.3 脚本 M 文件

命令窗口是一种既简单又强大的计算工具，但是，MATLAB 程序一旦退出，所有的计算内容都会丢失，所幸的是 MATLAB 还提供一种功能强大的编程语言，用户可以在 M 文件中进行编码，并随时重用这些文件进行多次计算。M 文件是一个 ASCII 文本文件，类似于 C 或 FORTRAN 源代码。可以使用 MATLAB M 文件编辑器/调试工具对 M 文件进行创建和编辑(2.2.7 节讨论编辑窗口的功能)，也可以使用其他文本编辑器。打开编辑窗口需要在 MATLAB 主菜单中选择

     File → New → M-file

MATLAB 编辑窗口如图 2.13 所示。许多用户喜欢利用窗口右上角的缩进箭头把编辑窗口放在 MATLAB 主界面的顶端，这样既可以看到 M 文件的内容又可以看到程序的执行结果。M 文件的运行结果在命令窗口中显示。

图 2.13 MATLAB 编辑窗口，或称为编辑器/调试工具

M 文件：一种专门存储 MATLAB 命令列表的文件。

如果使用其他文本编辑器，则文件必须保存为 ASCII 码格式。"记事本"是一种文本编辑器，它的默认文件格式是 ASCII 码。WordPerfect 和 Word 等其他文字软件的默认文件存储格式是自定义的，与 ASCII 码不兼容，在保存文件时应指定 ASCII 码结构，否则，会产生意想不到的结果。

M 文件保存在当前路径下，文件名应符合 MATLAB 变量的命名规则，文件名以字母开头，仅能包含字母、数字和下画线，不允许有空格，详见 2.3.1 节。

　　M 文件有两种类型，即脚本文件和函数文件。脚本 M 文件以.m 作为扩展名，保存 MATLAB 的语句清单，脚本文件可以使用工作区窗口中的所有变量。在脚本文件里创建的所有变量也会在文件编译完成后添加到工作区窗口中。在 MATLAB 编辑窗口创建的脚本文件可以通过选择菜单栏中的 Save and Run 图标进行执行，如图 2.13 所示。Save and Run 图标是 MATLAB 7.5 的新变化，在旧版中此项功能的图标类似于惊叹号。执行一个脚本文件可以有两种方法：一种方法是输入文件名；另一种方法是在命令窗口中执行命令，如表 2.3 所示。

　　关键概念：M 文件有脚本文件和函数文件两种类型。

　　在命令窗口里输入

```
what
```
可以查找当前路径下的 M 文件和 MAT 文件，也可以直接在当前路径下查找。

　　使用脚本 M 文件可以保存命令列表，以备将来使用。为了使用方便，在文件中应对命令进行注释。在 MATLAB 中，百分号是注释运算符，比如

```
% This is a comment
```
注释行中的任何代码都不会被 MATLAB 执行。

　　在命令行的结束处可以添加注释，但必须是同一行：

```
a = 5          %The variable a is defined as 5
```
写到 M 文件里的求解例 2.3 的 MATLAB 代码如下：

```
clear, clc
% A Script M-file to find Drag
% First define the variables
drag = 20000;            %Define drag in Newtons
density= 0.000001;       %Define air density in kg/m^3
velocity = 100*0.4470;   %Define velocity in m/s
area = 1;                %Define area in m^2
% Calculate coefficient of drag
cd = drag *2/(density*velocity^2*area)
% Find the drag for a variety of velocities
velocity = 0:20:200;     %Redefine velocity
velocity = velocity*.4470  %Change velocity to m/s
drag = cd*density*velocity.^2*area/2;  %Calculate drag
table = [velocity',drag'] %Create a table of results
```

表2.3　在命令窗口中执行脚本 M 文件的方法

MATLAB 命令	说　明
myscript	输入文件名，假设是.m 文件
run myscript	使用执行命令加文件名的形式
run('myscript')	使用执行命令的函数形式

　　上述代码既可以在命令窗口中运行，也可以通过 M 文件运行。这两种方法的运行结果都可以在命令窗口中呈现出来，并且，所使用的变量都会存储在工作区中。二者的不同之处在于，M 文件可以存储起来日后重用。

提　示

　　如果需要执行 M 文件中的一部分内容，则可以先选中相应部分，然后单击右键选择 Evaluate Section。也可以注释掉一些不需要执行的语句，保留需要执行的部分，然后执行。在调试程序过程中，这些方法是很有效的。

本章最后一个例子是利用脚本 M 文件计算航天器在离开太阳系时的速度和加速度。

例 2.4 创建 M 文件计算航天器的加速度。

在没有阻力时,航天器的推进力起着决定性作用。根据物理学中的基本公式

$$F = ma$$

力(F)等于质量(m)乘以加速度(a),功(W)是力与位移(d)的乘积,由于功率(P)是单位时间内所做的功,所以,功率就是力与速度(v)的乘积:

$$W = Fd$$

$$P = \frac{W}{t} = F \times \frac{d}{t} = F \times v = m \times a \times v$$

这意味着航天器的功率取决于它的质量、速度和加速度。如果没有力的作用,航天器就会保持当前速度匀速飞行。只要航天器保持匀速,其轨道修正所需要的功率就很小。航天器的主要消耗功率用于通信、内务整理和科学实验与观测,而不是用于导航。

旅行者 1 号和 2 号航天器在 20 世纪 70 年代开始探索外太阳系(见图 2.14),旅行者 1 号曾到过木星和土星,旅行者 2 号不仅到过木星和土星,还继续探访天王星和海王星。旅行者计划取得了巨大的成功,旅行者号航天器在离开太阳系的过程中还不断地发回信息。航天器的动力来源为核反应堆,预计可以工作到 2020 年。钚-238 在衰变过程中释放出的热量用于发电,以此作为航天器的能源。航天器在发射的时候发动机输出功率为 470 瓦,由于钚的衰变,在 1997 年也就是发射后的 20 年,输出功率减少到 335 瓦。这些能量可以用于科学实验,也可以转化为推动力。若把这些能量转化为推动力,那么,航天器会产生多大的加速度?旅行者 1 号目前的飞行速度是 3.50 天文单位/年,旅行者 2 号的飞行速度是 3.15 天文单位/年。两个航天器的质量都是 721.9 kg。

图 2.14 旅行者 1 号和旅行者 2 号在 1977 年发射升空并已离开太阳系(美国航空航天局提供)

1. 问题描述

计算航天器发动机的输出功率能产生多大的加速度。

2. 输入/输出描述

输入

航天器质量 = 721.9 kg。

功率 = 335 瓦 = 335 J/s。

旅行者 1 号的速度 = 3.50 天文单位/年。

旅行者 2 号的速度 = 3.15 天文单位/年。

输出

每个航天器的加速度，用 m/s/s 单位表示。

3. 手工分析

已知

$$P = m \times a \times v$$

改写为

$$a = P/(m \times v)$$

计算的难度在于单位的换算。首先，把速度单位换算成 m/s。旅行者 1 号的速度为

$$v = 3.50\frac{\text{天文单位}}{\text{年}} \times \frac{150 \times 10^9\text{米}}{\text{天文单位}} \times \frac{\text{年}}{365\text{天}} \times \frac{\text{天}}{24\text{小时}} \times \frac{\text{小时}}{3600\text{秒}} = 16\,650\frac{\text{米}}{\text{秒}}$$

计算加速度：

$$a = \frac{335\dfrac{\text{J}}{\text{s}} \times 1\dfrac{\text{kg} \times \text{m}^2}{\text{s}^2\text{J}}}{721.9\,\text{kg} \times 16\,650\dfrac{\text{m}}{\text{s}}} = 2.7 \times 10^{-5}\frac{\text{m}}{\text{s}^2}$$

4. MATLAB 实现

```
clear, clc
%Example 2.4
%Find the possible acceleration of the Voyager 1
%and Voyager 2 Spacecraft using the on board power
%generator
format short
mass=721.9;        %mass in kg
power=335;        % power in watts
velocity=[3.5 3.15];       % velocity in AU/year
%Change the velocity to m/sec
velocity=velocity*150e9/365/24/3600
%Calculate the acceleration
acceleration=power./(mass.*velocity)
```

在命令窗口中输出结果，如图 2.15 所示。

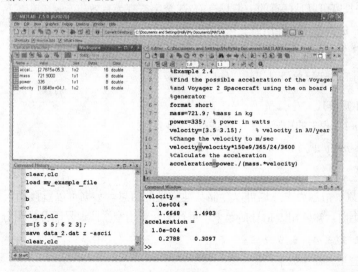

图 2.15　M 文件的执行结果直接显示在命令窗口中，所创建的变量出现在工作区窗口。
　　　　当前目录窗口是 M 文件的清单，历史命令窗口显示了 M 文件的部分命令

5. 结果验证

通过对 MATLAB 和手工计算的结果进行比较，可以看出，两种计算方法所得到的旅行者 1 号的速度和加速度相同。此加速度看起来很小，但经过数周或数月后，如此小的加速度也能使速度显著变化。加速度为 2.8×10^{-5} m/s^2 的物体在一个月内其速度会提高 72 m/s，计算过程如下：

$$2.8 \times 10^{-5} \text{ m/s}^2 \times 3600 \text{ s/ 小时} \times 24 \text{ 小时/天} \times 30 \text{ 天/月} = 72.3 \text{ m/s}$$

通过这样简单的实例，读者可以掌握 MATLAB 编程方法，并进一步解决更复杂的问题。

本章小结

本章主要介绍了 MATLAB 的基本结构。MATLAB 环境包括多个窗口，其中四个为默认窗口，分别是

- 命令窗口。
- 历史命令窗口。
- 工作区窗口。
- 当前路径窗口。

此外还有

- 文档窗口。
- 图形窗口。
- 编辑窗口。

需要时可以打开相应的窗口。

MATLAB 的变量定义规则与其他编程语言的变量定义规则相同。

- 必须以字母开头。
- 可以使用字母、数字和下画线。
- 变量名区分大小写。
- 变量名的长度可以是任意的，但只有前 63 个字符视为有效。
- MATLAB 的关键字不能用做变量名。
- MATLAB 允许使用函数名作为变量名，但不建议这样使用。

MATLAB 的基本运算单位是矩阵，矩阵可以是

- 标量(1×1 矩阵)。
- 矢量($1 \times n$ 或 $n \times 1$ 的矩阵，行矢量或列矢量)。
- 二维数组($m \times n$ 或者 $n \times m$)。
- 多维数组。

矩阵以存储数字信息为主，也可以存储其他类型的信息。数据可以直接输入也可以从数据文件中导入。输入数据时，矩阵用方括号括起来，每行的元素用空格或逗号隔开，用分号重起一行：

```
a = [1 2 3 4; 5 6 7 8]
```

等差矩阵用冒号产生，命令如下：

```
b = 0:2:10
```

该命令可以创建一个在 0~10 之间，步长为 2 的递增矩阵。函数 linspace 和 logspace 可以用

来产生指定起始数据、结束数据和步长的等间隔矩阵，前者指定的是线性等间隔，后者指定的是对数等间隔，MATLAB 的帮助文件详细描述了这些函数的语法。

MATLAB 遵循标准的代数运算规则，它所支持的运算符在本章的小结部分详细列出。

MATLAB 支持标准的十进制记数法和科学记数法，也支持其他方法。无论数值以何种格式显示，其存储格式都是双精度浮点数。

MATLAB 命令清单可以保存在脚本 M 文件里，MATLAB 变量可以在.MAT 和.DAT 等类型文件里存储或导出。扩展名为.MAT 的文件是 MATLAB 的特有文件格式，与其他格式的文件相比，它具有更高效的数据存储能力。文件.DAT 使用标准的 ASCII 码格式，可以和其他计算机程序共享数据。

MATLAB 小结

下面列出了本章介绍的 MATLAB 特殊字符、命令和函数。

特殊字符	
[ ]	构成矩阵
( )	在语句中用于划分计算顺序；定义矩阵元素
,	矩阵元素或下标的分隔符
;	矩阵换行符；用于命令行结尾抑制显示输出结果
:	用于生成矩阵；表示所有行或列
=	赋值运算符，把一个值赋给内存，不同于等号
%	M 文件中的注释
+	标量和数组相加
–	标量和数组相减
.	标量和矩阵的乘运算
.*	数组乘（点乘或点星）
/	标量和矩阵的除运算
./	数组除（点除）
^	标量和矩阵的幂运算
.^	数组幂运算（点幂）

命令和函数	
ans	计算结果的默认变量名
ascii	数据按 ASCII 码格式存储
clc	清空命令窗口
clear	清空工作区
diary	创建记录工作区窗口执行的所有命令和运行结果的日志
exit	终止 MATLAB
format +	设为只显示正、负符号的格式
format compact	设为紧凑的格式
format long	设为 14 位有效数字格式
format long e	设为 14 位有效数字的科学记数法格式
format long eng	设为 14 位有效数字的工程记数法格式
format long g	设为 14 位有效数字格式，由 MATLAB 选择最佳格式(浮点数或定点数)
format loose	设为默认的、非紧凑的格式
format short	设为默认的 4 位有效数字格式
format short e	设为默认的 4 位有效数字的科学记数法格式

(续表)

命令和函数	
format short eng	设为默认的 4 位有效数字的工程记数法格式
format short g	设为默认的 4 位小数格式，由 MATLAB 选择最佳格式(浮点数或定点数)
format rat	设为分数格式
help	激活帮助功能
linspace	线性等步长矢量函数
load	从文件中调入矩阵
logspace	对数等步长矢量函数
pi	π 的近似值
quit	终止 MATLAB
save	把变量保存到文件中
who	列出内存中的变量
whos	列出变量及大小

习题

求解下列问题。读者可以直接在命令窗口中进行计算，也可以通过创建 M 文件计算。在解决实际问题时，创建 M 文件的方法更为方便。

2.1　利用 MATLAB 求解下列问题，并用手工计算的方法对结果进行检验。

1 + 3/4

5 * 6 * 4/2

5/2 .* 6 * 4

5^2 * 3

5^ (2 * 3)

1 + 3 + 5/5 + 3 + 1

(1 + 3 + 5)(5 + 3 + 1)

2.2　判断下列变量名哪些是合法的 MATLAB 变量。

fred	fred!
book_1	book-1
2ndplace	Second_Place
#1	No_1
vel_5	vel.5
tan	while

使用函数 isvarname 对上述变量名进行检验，执行命令

```
isvarname fred
```

若变量名有效，则返回 1，否则返回 0。函数名最好不要作为变量名使用。用 which 命令可以检验一个变量名是否为函数名。执行下面的命令，可以知道 sin 是变量名还是函数名。

```
which sin
```

2.3　编写 MATLAB 代码完成下列运算：

5^2

$$\frac{5+3}{5 \cdot 6}$$

$\sqrt{4+6^3}$ (提示：均方根等同于 1/2 次幂。)

$$9\frac{6}{12} + 7 \cdot 5^{3+2}$$

$$1 + 5 \cdot 3/6^2 + 2^{2-4} \cdot 1/5.5$$

利用计算器对上述 MATLAB 计算结果进行验证。

图 P2.4(a)

2.4 (a) 圆的面积公式是 πr^2。用 MATLAB 计算半径 r 为 5 的圆面积。

(b) 球的表面积公式是 $4\pi r^2$。用 MATLAB 计算半径为 10 ft 的球体表面积。

(c) 球的体积公式是 $4/3\pi r^3$。用 MATLAB 计算半径为 2 ft 的球体体积。

2.5 (a) 正方形面积是边长的平方($A =$ 边长 ^{2})。利用 MATLAB 计算边长为 5 的正方形面积。

(b) 正方体表面积是棱长平方的 6 倍(SA = 6 × 边长 ^{2})。利用 MATLAB 计算棱长为 10 的正方体表面积。

(c) 正方体的体积是棱长的立方($V =$ 边长 ^{3}),利用 MATLAB 计算棱长为 12 的正方体体积。

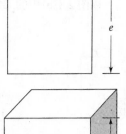

2.6 如图 P2.6 所示的杠铃

(a) 每个球的半径是 10 cm,两个球之间连接杆的长度是 15 cm,杆的直径为 1 cm,计算杠铃的体积。

(b) 计算杠铃的表面积

图 P2.5(a-c)

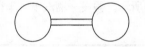

图 P2.6 杠铃的几何形状可以建模为两个球体与一个连接杆

2.7 例 2.1 介绍的理想气体状态方程描述了压强(P)、温度(T)、体积(V)和气体摩尔数(n)之间的关系:

$$PV = nRT$$

其中,R 是理想气体常数。理想气体状态方程描述的是低压强和高温度时气体的特性。在 1873 年,范德瓦尔斯(见图 P2.7)对这个方程进行了修正,使其能够更好地描述气体在不同压强和温度条件下的状态。该方程被称为范德瓦尔斯方程:

$$\left(P + \frac{n^2 a}{V^2}\right)(V - nb) = nRT$$

该方程新增了 a 和 b 两个变量,用来表示纯净气体的属性。

利用理想气体状态方程和范德瓦尔斯方程计算水蒸气的温度,得到如下数据

图 P2.7 J. D. 范德瓦尔斯

压强,P	220 bar
摩尔数,n	2 mol
体积,V	1 L
a	5.536 L²bar/mol² *
b	0.030 49 L/mol *
理想气体常数,R	0.083 144 72 L bar /K mol

*来源: Weast, R. C. (Ed.), *Handbook of Chemistry and Physics* (53rd Edn.), Cleveland: Chemical Rubber Co., 1972.

2.8　(a) 圆柱的体积公式是 $\pi r^2 h$。半径 r 为 3，高度 h 的矩阵为

```
h = [1, 5, 12]
```

计算圆柱的体积[见图 P2.8(a)]。

(b) 三角形面积是底乘高的二分之一，底边 b 定义为矩阵

```
b = [ 2, 4, 6]
```

高度 h 是 12，计算三角形的面积，见图 P2.8(b)。

(c) 柱体的体积是底面积乘以高，柱体的底面可以是圆形、正方形和三角形等任何形状，如图 P2.8(c) 所示。

以图 2.8(b) 中的三角形为底面，计算高为 6 的三棱柱体积。

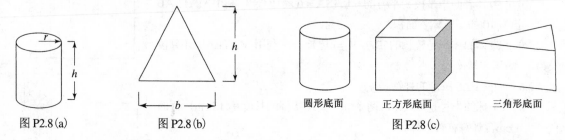

图 P2.8(a)　　　　　图 P2.8(b)　　　　　　　圆形底面　　　正方形底面　　　三角形底面

图 P2.8(c)

2.9　一辆汽车燃烧一加仑的汽油会产生 19.4 磅的二氧化碳。依据 EPA2008 标准，汽车制造厂商网站提供了不同型号汽车的燃油效率报告，如下表所示。假设一辆汽车一年行驶 12 000 英里，计算下列车型一年产生的二氧化碳量。

2008	Smart Car Fortwo	37 mpg
2008	Civic Coupe	29 mpg
2008	Civic Hybrid	43 mpg
2008	Chevrolet Cobalt	30 mpg
2008	Toyota Prius (Hybrid)	46 mpg
2008	Toyota Yaris	32 mpg

2.10　(a) 创建一个在 1 与 20 之间、步长为 1 的等差矢量。

(b) 创建一个在 0 与 2π 之间、步长为 $\pi/10$ 的矢量。

(c) 创建一个在 4 与 20 之间，元素数为 15 的矢量(提示：使用 linspace 命令。若对语法不熟悉，则通过输入 help linspace 获得帮助)。

2.11　(a) 创建一个英尺与米之间的换算表。范围从 0 到 10 英尺，步长为 1(从相关教材或网上查找换算关系)。

(b) 创建一个弧度和度之间的换算表。弧度的范围从 0 到 π，步长为 0.1π(从相关教材或网上查找换算关系)。

(c) 创建一个 mi/h 和 ft/s 之间的换算表，从 0 mi/h 到 100 mi/h，要求表中有 15 组数据(从相关教材或网上查找换算关系)。

(d) 溶液的酸碱度通常用 pH 值表示。溶液的 pH 值是对氢离子浓度取以 10 为底的对数再取负号得到，即用$-\lg$定义。创建一个氢离子浓度和 pH 值之间的对应表，表中有 10 组数据，采用对数等步长，从 0.001~0.1mol/l。假设氢离子浓度为 H_conc，对浓度取对数的命令为

```
log10(H_conc)
```

2.12　忽略空气摩擦力，计算自由落体位移的公式为

$$d = \frac{1}{2}gt^2$$

设 $g = 9.8 \text{ m/s}^2$。创建一个时间与位移的关系表，时间在 $0 \sim 100$ s 之间，选择合适的时间增量创建时间矢量。（提示：正确使用运算符，t^2 是一个数组运算。）

2.13 由牛顿的万有引力定律可知，两个质点所受的引力为

$$F = G\frac{m_1 m_2}{r^2}$$

实验测定的万有引力常数 G 为

$$G = 6.673 \times 10^{-11} \text{ N m}^2/\text{kg}^2$$

两个质点的质量分别为 m_1 和 m_2，r 为质点间距离。设地球的质量约为 6×10^{24} kg，月球的质量约为 7.4×10^{22} kg，地球与月球之间的平均距离为 3.9×10^{8} m，利用万有引力定律计算地球和月球之间的引力。

2.14 地球和月球间的距离并不总是固定不变的。将 3.8×10^{8} m 到 4.0×10^{8} m 的距离变化 10 等分，计算对应不同距离时月球对地球的引力。

2.15 习题 2.7 中理想气体方程为

$$PV = nRT$$

范德瓦尔斯理想气体方程为

$$\left(P + \frac{n^2 a}{V^2}\right)(V - nb) = nRT$$

利用习题 2.7 所给的数据，计算温度值。条件为

(a) 体积为 1 l，压强在 0 bar 和 400 bar 之间的 10 个值。

(b) 压强为 220 bar，体积在 0.1 l 和 10 l 之间的 10 个值。

2.16 创建矩阵 a，其值为[-1/3, 0, 1/3, 2/3]，分别利用下列不同的格式显示。

```
format short（默认）
format long
format bank
format short e
format long e
format short eng
format long eng
format short g
format long g
format +
format rat
```

2.17 (a) 创建一个名为 D_to_R 的矩阵，它有两列元素：一列元素表示角度，另一列表示对应的弧度，元素值任选。

(b) 把矩阵保存到文件 degrees.dat 中。

(c) 文件保存后，清空工作区，再从文件中导出数据。

2.18 在本章习题中任选一个作为例子，创建一个脚本 M 文件。文件中包括对问题和计算过程的说明，以及个人姓名和日期等其他信息的描述。

第3章 MATLAB中的函数

学习目的

通过阅读本章，读者可以掌握如下内容：

- 理解和使用普通数学函数。
- 理解和使用 MATLAB 中的三角函数。
- 理解和使用统计与数据分析函数。
- 创建均匀随机数矩阵和高斯随机数矩阵。
- 理解 MATLAB 计算结果的极限。
- 认识和使用 MATLAB 函数与特殊值。

引言

大多数的工程计算都需要用到复杂的数学函数，其中包括对数函数、三角函数和统计分析函数。为了运算方便，MATLAB 提供了丰富的内置函数。

3.1 内置函数的使用

MATLAB 的许多内置函数与 C 语言、FORTRAN 和 Java 语言中的函数名相同。例如，求变量 x 的平方根，输入

```
b = sqrt(x)
```

MATLAB 的最大优势是，函数的自变量既可以是标量也可以是矩阵。在上例中，若 x 是标量，则返回的结果也是标量。语句

```
x = 9;
b = sqrt(x)
```

的输出是一个标量

```
b =
     3
```

若平方根函数 sqrt 的自变量是矩阵，则输出结果是原数组中每个元素的平方根。

```
x = [4, 9, 16];
b = sqrt(x)
```

输出

```
b =
     2      3      4
```

关键概念：MATLAB 中的大部分函数名和其他编程语言中的函数名相同。

函数由三部分组成：名称、输入和输出。在上面的例子中，函数名是 sqrt。括号内是输入也称为自变量，自变量既可以是标量也可以是矩阵。输出为计算的结果，在本例中，输出变量为 b。

自变量：函数的输入

有些函数有多个输入，如余项函数 rem(x, y) 就有被除数和除数两个输入。用

```
rem(10,3)
```

计算 10 除以 3 的余数

```
ans =
        1
```

有些函数有多个输出，如函数 size 求矩阵的行数和列数。两个输出存储在一个数组里，分别是矩阵的行数和列数：

```
d = [1,  2,  3;  4,  5,  6];
f = size(d)
```

输出一个 1×2 的矩阵

```
f =
      2        3
```

也可以用赋值语句直接赋值给两个变量：

```
[rows,cols] = size(d)
```

输出

```
rows =
        2
cols =
        3
```

还可以使用函数嵌套实现更复杂的表达式。如

```
g = sqrt(sin(x))
```

可以求矩阵 x 正弦值的平方根。如果 x 的值为 2，则

```
x = 2;
```

输出

```
g =
    0.9536
```

嵌套：一个函数是另一个函数的输入。

函数嵌套会导致 MATLAB 编码变得复杂，为了简单化，往往把函数嵌套分解成两个赋值语句：

```
a = sin(x);
g = sqrt(a)
```

上式与 g = sqrt(sin(x)) 的输出结果相同，但表达式比较简单。

提　　示

很多 MATLAB 函数的名称和语法具有对应关系，但必须正确使用函数进行运算。

3.2　帮助功能

MATLAB 为用户提供了非常完善的帮助系统。有两种方法可以获取帮助信息，一种方法是在命令行中直接输入 help 命令；另一种方法是在主菜单中选择 help，或者按下 F1 功能键在命令窗口中直接输入 helpwin 就能够打开一个 HTML 格式的帮助文件。按 Start 键或选择菜单上的 Help 图标可以获取在线 HTML 格式的帮助信息。用户可以使用任何一种方法获取函数的帮助信息。

关键概念：使用帮助信息有助于理解 MATLAB 内置函数的用法。

为了演示利用命令行使用帮助功能，可在命令窗口中输入 `help`：

```
help
```

会显示以下帮助主题：

```
HELP topics:

MATLAB\general    — General-purpose commands
MATLAB\ops        — Operators and special characters
MATLAB\lang       — Programming language constructs
MATLAB\elmat      — Elementary matrices and matrix
                    manipulation
MATLAB\elfun      — Elementary math functions
MATLAB\specfun    — Specialized math functions

and so on
```

输入 `help<topic>`可以获取特定函数的帮助信息。注意，MATLAB 语句中不包括尖括号<和>，尖括号只是提示输入信息。

为了获取函数 `tangent` 的帮助信息，可输入

```
help tan
```

显示以下信息：

```
TAN        Tangent of argument in radians.
    TAN(X)  is the tangent of the elements of X.
See also atan, tand, atan2.
```

在菜单栏中选择 Help→MATLAB Help，可以打开帮助窗口，由帮助导航进入相应的帮助主题，也可以直接从命令窗口输入 `doc<topic>`。欲获取正切函数的帮助信息，可输入

```
doc tan
```

这两种方法获取的帮助信息略有不同。如果对获得的帮助信息不满意，则可以尝试另一种方法。帮助窗口中有 MATLAB 的学习指南，窗口左边是按类别和字母顺序排列的帮助内容，可以方便地查找 MATLAB 函数。例如，对一个计算结果进行四舍五入，可利用 MATLAB 帮助窗口确定正确的 MATLAB 函数。

单击 MATLAB Functions-By Category（见图 3.1），选择 Mathematics 链接（见图 3.2）。

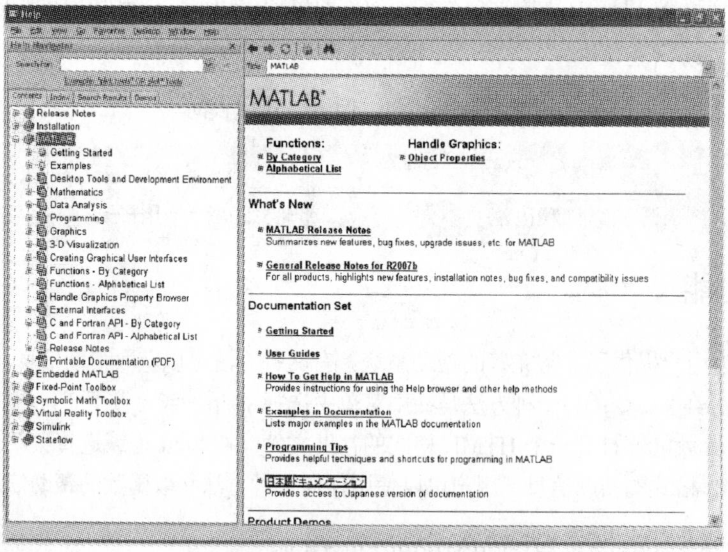

图 3.1　MATLAB 帮助环境

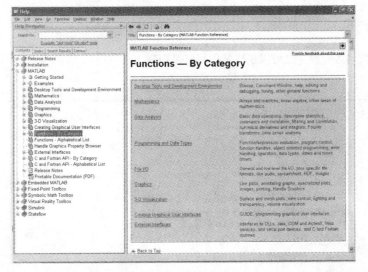

图 3.2　Functions-By Category 帮助窗口。注意右边窗口中函数 Mathematics 的链接

在页面的中间部分是 Elementary Math 分类，见图 3.3。选择 round，打开链接就可以获得取整函数的帮助信息。例如，函数 round 实现数值的四舍五入功能。

选择 Functions–Alphabetical List 可以查到函数 round 的语法。

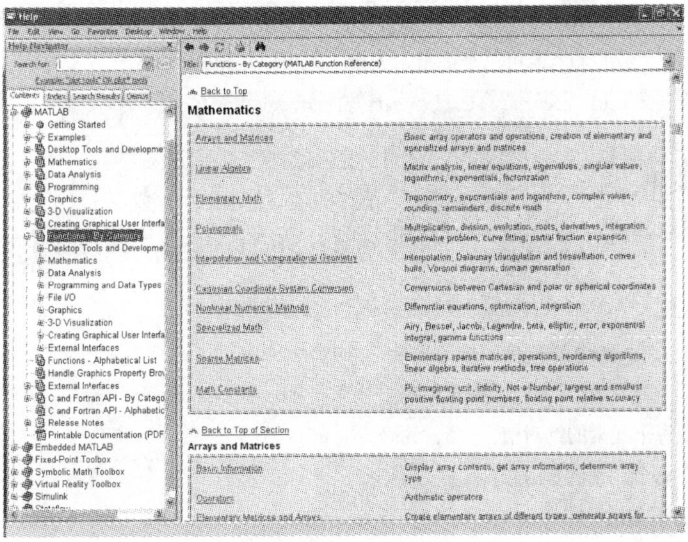

图 3.3　Mathematics 帮助窗口

练习 3.1

1. 在命令窗口中输入 help，获取下列函数的语法：
   a. cos　　b. sqrt　　c. exp
2. 使用主菜单中的窗口帮助功能，获取上题中函数的语法。
3. 使用在线帮助 www.mathworks.com 获取上题中函数的语法。

3.3　初等数学函数

初等数学函数包括对数函数、指数函数、绝对值函数、四舍五入函数和离散数学中的函数。

3.3.1　常用计算

表 3.1 中函数输入变量 x 既可以是标量也可以是矩阵。

表 3.1　常用数学函数

abs(x)	求 x 的绝对值	abs(-3) ans = 3
sqrt(x)	求 x 的平方根	sqrt(85) ans = 9.2195
Nthroot(x,n)	求 x 的 n 次方实数根，函数的输出结果不能是复数。因此，和(−2)^(1/3)的计算结果不同，但都是−2 开三次方的合法结果	nthroot(-2, 3) ans = -1.2599 (-2)^(1/3) ans = 0.6300 + 1.0911i sign(-8) ans = -1
sign(x)	如果 x 大于 0 输出 1 如果 x 等于 0 输出 0 如果 x 小于 0 输出-1	
rem(x,y)	求 x/y 的余数	rem(25, 4) ans = 1
exp(x)	计算 e^x，其中 e 是自然对数的底，数值约等于 2.7183	exp(10) ans = 2.2026e + 004
log(x)	计算 ln(x)，它是 x 的自然对数(底为 e)	log(10) ans = 2.3026
log10(x)	计算 lg(x)，x 的常用对数(底为 10)	log10(10) ans = 1

关键概念：大部分函数的输入既可以是标量、矢量，也可以是矩阵。

> **提　　示**
>
> 在所有的计算机语言中，对数函数是指自然对数，这一点在数学教科书中并没有明确规定，对初学者来说，需要进行区分。若求以 10 为底的对数，则使用函数 log10。MATLAB 还提供函数 log2，以其他数值为底的对数运算需要间接求得，MATLAB 没有提供通用的对数运算函数。

练习 3.2

1. 创建矢量 x，在−2 到+2 范围内，步长为 1。x 应为
$$x = \begin{bmatrix} -2, & -1, & 0, & 1, & 2 \end{bmatrix}$$
   a. 求矢量中每个元素的绝对值。
   b. 求矢量中每个元素的平方根。

2. 求−3 和 +3 的平方根。
   a. 使用函数 sqrt。
   b. 使用函数 nthroot(输入−3 时会出现错误提示)。
   c. 求−3 和+3 的 1/2 次幂。
   比较三种运算结果有何不同？

3. 创建矢量 x，在−9 到 12 之间，步长为 3。
   a. 求 x 除以 2 的商。
   b. 求 x 除以 2 的余数。

4. 用题 3 中的矢量求 e^x。

5. 用题 3 中的矢量
   a. 求 x 的自然对数 ln(x)。

　　b. 求 x 的常用对数 lg(x)。

　　并对结果进行分析。

6. 用函数 sign 确定矢量 x 中的哪些元素值为正。

7. 将显示格式变为 rat，显示 x 除以 2 的结果(完成后，把显示方式改回 format short 方式)

提　示

　　在 MATLAB 语法中，e 的指数表达式与数学中的表达式形式不同。在数学表达式中 e 的 3 次方表示为 e^3，在 MATLAB 语法中则表示为 exp(3)，数值 5e3 表示 $5×10^3$。

例 3.1　克劳修斯-克拉贝龙方程

　　为了准确预报天气情况，气象学家对大气环境进行研究，见图 3.4。由于数据量很大，天气预报是非常复杂的过程。气象学家需要了解化学、物理学、热动力学、地理科学和关于大气运动的专业知识。在天气预报过程中，常常会用到克劳修斯-克拉贝龙方程。在化学课程或热动力学课程中对这个方程都有详细的介绍。早在 18 世纪中期，物理学家鲁道夫·克劳修斯和克拉贝龙就开始了热动力学的研究，见图 3.5(a)和图 3.5(b)。

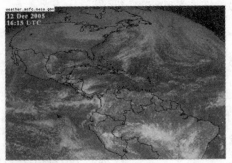

图 3.4　从太空中观测到的地球大气层的景象(由 NASA/喷射推进实验室提供)

　　在气象学中，克劳修斯-克拉贝龙方程确定了饱和水蒸气压强和大气温度的关系。若已知空气中水蒸气的压强，就可以计算空气的相对湿度，而天气预报中的一个非常重要的参数就是相对湿度。

　　克劳修斯-克拉贝龙方程为

$$\ln\left(\frac{P^0}{6.11}\right)=\left(\frac{\Delta H_v}{R_{air}}\right)*\left(\frac{1}{273}-\frac{1}{T}\right)$$

其中

P^0 = 温度为 T 时，饱和水蒸气的压强，单位为 mbar。

ΔH_v = 水蒸气的相对潜热，$2.453×10^6$ J/kg。

R_{air} = 潮湿气体的气体常数，461 J/kg。

T = 热力学温度，单位为 K。

图 3.5(a)　鲁道夫·克劳修斯

图 3.5(b)　克拉贝龙

地球表面温度一般在–60°F 到 120°F 之间。利用克劳修斯-克拉贝龙方程求出在这个温度范围内饱和气体的压强。结果用华氏温度与饱和气体压强的对应表格的形式显示出来。

1. 问题描述

利用克劳修斯-克拉贝龙方程求出温度在–60°F 到 120°F 范围内的饱和气体压强。

2. 输入/输出描述

输入

$$\Delta H_v = 2.453 \times 10^6 \text{ J/kg}$$
$$R_{air} = 461 \text{ J/kg}$$
$$T = -60°\text{F} \text{ 到 } 120°\text{F}$$

因为没有指定温度值的个数，所以，每隔 10°F 进行一次计算。

输出

饱和气体压强

3. 手工分析

克劳修斯-克拉贝龙方程中所有变量的单位必须是一致的，因此温度 T 的单位应换算为开氏温度，在网上或书上可以查找华氏温度换算成开氏温度的公式：

$$T_k = \frac{(T_f + 459.6)}{1.8}$$

求解克劳修斯-克拉贝龙方程，可以计算出饱和气体压强 P^0 等于

$$\ln\left(\frac{P^0}{6.11}\right) = \left(\frac{\Delta H_v}{R_{air}}\right) \times \left(\frac{1}{273} - \frac{1}{T}\right)$$
$$P^0 = 6.11 \times e^{\left(\left(\frac{\Delta H_v}{R_{air}}\right) \times \left(\frac{1}{273} - \frac{1}{T}\right)\right)}$$

当 $T = 0°\text{F}$ 时，开氏温度值为

$$T = \frac{(0 + 459.6)}{1.8} = 255.3333 \text{ K}$$

将该值代入方程，得

$$P^0 = 6.11 \times e^{\left(\left(\frac{2.453 \times 10^6}{461}\right) \times \left(\frac{1}{273} - \frac{1}{255.3333}\right)\right)} = 1.5836 \text{ mbar}$$

4. MATLAB 实现

在 M 文件中编写 MATLAB 程序，并运行。

```
%Example 3.1
%Using the Clausius-Clapeyron Equation, find the
%saturation vapor pressure for water at different
temperatures

TempF=[-60:10:120];              %Define temp matrix in F
TempK=(TempF + 459.6)/1.8;       %Convert temp to K
Delta_H=2.45e6;                  %Define latent heat of
                                 %vaporization
R_air = 461;                     %Define ideal gas constant for air
%
%Calculate the vapor pressures
Vapor_Pressure=6.11*exp((Delta_H/R_air)*(1/273 - 1./TempK));
```

```
%Display the results in a table
my_results = [TempF',Vapor_Pressure']
```

为了便于理解和调试，编写 MATLAB 程序时最好加入注释行(以%开头)。程序中大部分命令以分号结尾来抑制显示输出结果，在命令窗口中只显示输出的表格my_results：

```
my_results =
   -60.0000    0.0698
   -50.0000    0.1252
   -40.0000    0.2184
   ...
   120.0000  118.1931
```

5. 结果验证

把 $T = 0°F$ 时 MATLAB 的计算结果和手工计算结果进行比较。

计算值：　　　　　　　　　　　　$P^0 = 1.5888$ mbar

MATLAB 计算结果：　　　　　　　$P^0 = 1.5888$ mbar

克劳修斯-克拉贝龙方程不仅可以计算湿度问题，改变 ΔH 和 R 的值还可以计算其他气体的参数。

3.3.2　取整函数

MATLAB 中有几种不同的取整函数，见表3.2，其中最常用的是四舍五入。然而取上近似还是下近似要根据具体情况而定。例如，在杂货店买水果，苹果 0.52 美元一个，5 美元能买几个？在数学上应该用下式计算：

$$\frac{5.00}{0.52/苹果} = 9.6154\ 苹果$$

在现实生活中，显然不能买半个苹果，而且也不能四舍五入到 10。所以，只能向下取近似值 9，MATLAB 中对应的函数是 fix：

```
fix(5/0.52)
```

输出结果

```
ans =
     9
```

表 3.2　取整函数

round(x)	对 x 四舍五入	round(8.6)
		ans = 9
fix(x)	对 x 取整，舍弃小数点后的数值	fix(8.6)
		ans = 8
		fix(-8.6)
		ans = -8
floor(x)	对 x 负向取整	floor(-8.6)
		ans = -9
ceil(x)	对 x 正向取整	ceil(-8.6)
		ans = -8

3.3.3　离散数学

MATLAB 中求因子个数、公因数、公倍数、阶乘和素数的函数见表 3.3，这些函数的输入都是整数，函数 rats 可以把浮点数表示成分数形式。离散数学就是有关数的数学，也就是中学代数里的因式分解、求最大公因数和最小公倍数，此外还有统计学和概率论中的阶乘运算。

表3.3 离散数学中的函数

factor(x)	对 x 进行因式分解	factor(12) ans = 2 2 3
gcd(x, y)	找出 x 和 y 的最大公因数	gcd(10, 15) ans = 5

lcm(x, y)	找出 x 和 y 的最小公倍数	lcm(2, 5)
		ans =
		  10
		lcm(2, 10)
		ans =
		  10

rats(x)	用分数表示 x	rats(1.5) ans = 3/2
factorial(x)	计算 x 的阶乘，如 6! = 6×5×4×3×2×1 = 720	factorial(6) ans = 720
nchoosek(n, k)	计算 n 中选 k 的组合数。如 10 中选 3 的可能组合数为#	nchoosek(10, 3) ans = 120
primes(x)	找出小于 x 的素数	primes(10) ans = 2 3 5 7

isprime(x)	检查 x 是否为素数。若 x 是素数，则返回 1；否则，返回 0	isprime(7)
		ans =
		  1
		isprime(10)
		ans =
		  0

阶乘是从 1 到给定数值之间所有正整数相乘，3 的阶乘即 3!等于 3×2×1= 6。阶乘主要在概率论中应用。五张卡片的排列方式有 5×4×3×2×1=5!=120 种，第一张卡片可以有五种选择，第二张卡片有四种选择，依次分别为三种、两种和一种，一般称为组合数学或组合学。在 MATLAB 中用函数 factorial 计算阶乘：

```
        factorial(5)
    ans =
        120
```

下式与之具有相同的结果：

```
    5*4*3*2*1
    ans =
        120
```

阶乘的数值会迅速变大，10 的阶乘是 3 628 800。MATLAB 能处理的最大阶乘是 170!，若超出所能表示的最大实数值，则数据会溢出，显示 Inf：

```
factorial(170)
        ans =
        7.2574e+306
factorial(171)
        ans =
              Inf
```

阶乘常用来计算排列组合问题。排列就是对大样本集合中的分组如何进行排序的问题，排序的过程中必须考虑元素的排列次序。如对四个人进行两两组合，每种组合中考虑元素的排列次序，以每组的第一个人为组长，一共会有几种可能？用字母代表人，共有以下几种可能的组合：

AB	BA	CA	DA
AC	BC	CB	DB
AD	BD	CD	DC

每一组的组长有四种可能，第二个人有三种可能，所以有 4×3 = 12 种分组，可以用 4!/2! 表示。一般来说，n 个不同元素中取 m 个元素按顺序排列，则可能的排列个数为

$$\frac{n!}{(n-m)!}$$

如有 100 个人，任选 2 人进行排列，则排列数为

$$\frac{100!}{(100-2)!}=9900$$

若不考虑元素的排列次序，AB 和 BA 一样，则组合数为

$$\frac{n!}{(n-m)! \times m!}$$

用函数 factorial 可以计算组合数，函数 nchoosek 也可以计算出结果，但当数值很大时最好使用函数 nchoosek。例如，求 100 中选 2 的组合数，应使用下述语句：

```
nchoosek(100,2)
ans =
     4950
```

若使用函数 factorial 进行计算，当样本数超过 170 时，就会导致数据溢出。但函数 nchoosek 却允许样本数大于 170：

```
nchoosek(200,2)
ans =
    19900
         factorial(200)/(factorial(198)*factorial(2))
         ans =
               NaN
```

练习 3.3

1. 求 322 的因数。
2. 找出 322 和 6 的最大公约数。
3. 检验 322 是否为素数。
4. 计算从 0 到 322 之间素数的个数。
5. 用分数近似表示 π 的值。
6. 求 10 的阶乘 10!。
7. 不考虑次序求 20 人中选 3 人的组合数 (20 选 3)。

3.4　三角函数

MATLAB 包含所有标准三角函数和双曲三角函数，大部分函数角变量用弧度表示。利用弧度 π 等于 180 度的关系可以进行弧度和角度的相互转换：

$$角度 = 弧度\left(\frac{180}{\pi}\right) 和弧度 = 角度\left(\frac{\pi}{180}\right)$$

关键概念：绝大多数三角函数的角变量用弧度表示。

角度和弧度换算的 MATLAB 程序代码如下：

```
degrees = radians * 180/pi;
radians = degrees * pi/180;
```

π 值是 MATLAB 的内置常数 pi。由于 π 值不能表示成浮点数，所以常数 pi 只是 π 的近似值。通常情况下，这不会影响最后结果，但有时会输出意外的结果。例如，sin(π)应等于零，但输出为

```
sin(pi)
ans =
    1.2246e-016
```

在主菜单中单击帮助，会列出 MATLAB 中的所有三角函数。表 3.4 列出了一些比较常用的三角函数。

提　示

数学教科书中经常用 arcsin(x)表示反正弦函数，但表达式

$$a = sin^{-1}(x)$$

不是一个正确的 MATLAB 语句，应写为

$$a = asin(x)$$

这两个式子非常容易混淆。

表 3.4　三角函数

sin(x)	x 用弧度表示，计算 x 的正弦值		sin(0) ans = 0
cos(x)	x 用弧度表示，计算 x 的余弦值		cos(pi) ans = -1
tan(x)	x 用弧度表示，计算 x 的正切值		tan(pi) ans = -1.2246 e -016
asin(x)	x 的取值在[-1,1]区间内，计算反正弦值，返回值在[π/2,π/2]区间内		asin(-1) ans = -1.5708
sinh(x)	x 用弧度表示，计算 x 的双曲正弦值		sinh(pi) ans = 11.5487
asinh(x)	计算 x 的反双曲正弦值		asinh(1) ans = 0.8814
sind(x)	x 用角的度数表示，计算 x 的正弦值		sind(90) ans = 1
asind(x)	计算反正弦，结果用角的度数表示		asind(90) ans = 1

练习 3.4

完成下列计算，注意数学表达式和 MATLAB 表达式的不同。

1. $\sin(2\theta)$，$\theta = 3\pi$。
2. $\cos(\theta)$，$(0 \leq \theta \leq 2\pi)$，步长为 0.2π。
3. $\arcsin(1)$。
4. $\arccos(x)$，取值范围$-1 \leq x \leq 1$，步长为 0.2。
5. 求 45°角的余弦值。
   a. 把角度换算成弧度，用函数 cos 求余弦。
   b. 直接用函数 cosd 求余弦。
6. 求 0.5 的反正弦值，注意区分结果为角度还是弧度。
7. 求 60 度角的余割。读者可以使用帮助功能找到相应的语法。

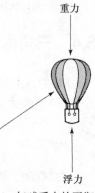

图 3.6　气球受力的平衡

例 3.2　三角函数的使用

工程中一种最基本的计算就是求物体不同方向上力的矢量和。气球上升过程中的受力如图 3.6 所示。

气球所受的力是气球的重力、浮力和风的作用力三者之和。一种方法是先求各个力在 x 方向和 y 方向的分量，再进行叠加。

利用三角几何可以求得力在 x 方向和 y 方向上的分量

$F =$ 合力

$F_x = x$ 方向上的力

$F_y = y$ 方向上的力

正弦是三角形的对边比斜边

$$\sin(\theta) = F_y / F$$

因此

$$F_y = F \sin(\theta)$$

同理，余弦是三角形的邻边比斜边，

$$F_x = F \cos(\theta)$$

把 x 方向和 y 方向的力进行叠加得到合力：

$$F_{x\,total} = \Sigma F_{xi} \qquad F_{y\,total} = \Sigma F_{yi}$$

为了计算 F_{total} 的大小和方向，利用正切函数进行计算。正切是三角形对边比邻边：

$$\tan(\theta) = \frac{F_{y\,total}}{F_{x\,total}}$$

求反正切：

$$\theta = \arctan\left(\frac{F_{y\,total}}{F_{x\,total}}\right)$$

一旦求出角度 θ，则利用正弦或余弦运算可以求出 F_{total} 的大小和方向：

$$F_{x\,total} = F_{total} \cos(\theta)$$

整理后得到

$$F_{total} = \frac{F_{x\,total}}{\cos(\theta)}$$

设图 3.6 中气球受到竖直向下方向的重力为 100 N，竖直向上方向的浮力为 200 N。与水平线成 30 度角方向风的推力为 50 N，求气球所受的合力。

1. 问题描述

计算气球所受重力、浮力和风力三者的合力。

2. 输入/输出描述

输入

力	大　小	方　向
重力	100 N	−90 度
浮力	200 N	+90 度
风力	50 N	+30 度

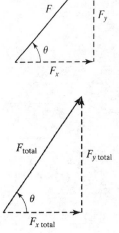

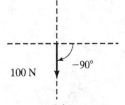

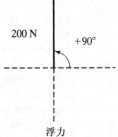

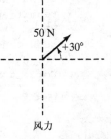

输出

合力的大小和方向。

3. 手工分析

先求各个作用力在 x 和 y 方向上的分量，再进行叠加。

力	水 平 分 量	垂 直 分 量
重力	$F_x = F\cos(\theta)$ $F_x = 100\cos(-90°) = 0\ \text{N}$	$F_y = F\sin(\theta)$ $F_y = 100\sin(-90°) = -100\ \text{N}$
浮力	$F_x = F\cos(\theta)$ $F_x = 200\cos(+90°) = 0\ \text{N}$	$F_y = F\sin(\theta)$ $F_y = 200\sin(+90°) = +200\ \text{N}$
风力	$F_x = F\cos(\theta)$ $F_x = 50\cos(+30°) = 43.301\ \text{N}$	$F_y = F\sin(\theta)$ $F_y = 50\sin(+30°) = +25\ \text{N}$
合力	$F_{x\,\text{total}} = 0 + 0 + 43.301$ $= 43.301\ \text{N}$	$F_{y\,\text{total}} = -100 + 200 + 25$ $= 125\ \text{N}$

计算合力的方向

$$\theta = \arctan\left(\frac{F_{y\,\text{total}}}{F_{x\,\text{total}}}\right)$$

$$\theta = \arctan\frac{125}{43.301} = 70.89°$$

计算合力的大小：

$$F_{\text{total}} = \frac{F_{x\,\text{total}}}{\cos(\theta)}$$

$$F_{\text{total}} = \frac{43.301}{\cos(70.89°)} = 132.29\ \text{N}$$

4. MATLAB 实现

程序代码如下：

```
%Example 3_2
clear, clc
%Define the input
Force =[100, 200, 50];
theta = [-90, +90, +30];
%convert angles to radians
theta = theta*pi/180;
%Find the x components
ForceX = Force.*cos(theta);
%Sum the x components
ForceX_total = sum(ForceX);
%Find and sum the y components in the same step
ForceY_total = sum(Force.*sin(theta));
%Find the resulting angle in radians
result_angle = atan(ForceY_total/ForceX_total);
%Find the resulting angle in degrees
result_degrees = result_angle*180/pi
%Find the magnitude of the resulting force
Force_total = ForceX_total/cos(result_angle)
```

运行结果

```
result_degrees =
    70.8934

Force_total =
    132.2876
```

为了使程序更具一般性，力的大小和方向用数组表示。角的度数换算成弧度。最后只显示运算结果，若需要显示中间结果，则去掉程序中的分号。

5. 结果验证

把 MATLAB 的计算结果和手算结果进行比较，结果一致。可以定义受力矢量 Force 和角度矢量 theta，进一步计算更复杂的合力。本题仅对力进行了二维分解，根据具体情况也可以扩展到三维分解。

3.5　数据分析函数

在 MATLAB 中，矩阵是数据的基本表现形式，还有大量的内置数据分析函数可以非常容易地实现数据分析和统计功能。

3.5.1　最大值和最小值

表 3.5 列出了在数据集中求最大值和最小值的函数。

表 3.5　最大值和最小值

max(x)	求出矢量 x 的最大值。例如 x = [1 5 3]的最大值是 5	x=[1, 5, 3]; max(x) ans= 5
	创建一个包含矩阵 x 中每列最大值的行矢量。若 x = $\begin{bmatrix} 1 & 5 & 3 \\ 2 & 4 & 6 \end{bmatrix}$，则列 1 的最大值为 2，列 2 的最大值为 5，列 3 的最大值为 6	x=[1, 5, 3;2, 4, 6]; max(x) ans = 2 5 6

[a,b] = max(x)	求矢量 x 中元素的最大值和最大值的位置，函数中 a 表示最大值，b 表示最大值的位置。设 x = [1, 5, 3]，调用函数后，a = 5，b = 2	x=[1, 5, 3];
		[a, b] = max(x)
		a =
		  5
		b =
		  2

	若 x 是矩阵，此函数生成两个行矢量，一个行矢量表示 x 各列的最大值，另一个行矢量对应最大值元素的位置。例如 x = $\begin{bmatrix} 1 & 5 & 3 \\ 2 & 4 & 6 \end{bmatrix}$，各列元素的最大值分别为 2，5，6，对应位置是 2，1，2，运算结果为 a = [2, 5, 6]，b = [2, 1, 2]	x=[1, 5, 3; 2, 4, 6];
		[a, b] = max(x)
		a =
		  2 5 6
		b =
		  2 1 2

max(x,y)	矩阵 x 和 y 具有相同的行和列，用两个矩阵中相同位置元素的最大值创建一个新的矩阵。例如，x = $\begin{bmatrix} 1 & 5 & 5 \\ 2 & 4 & 6 \end{bmatrix}$ 和 y = $\begin{bmatrix} 10 & 2 & 4 \\ 1 & 8 & 7 \end{bmatrix}$，则结果为 x = $\begin{bmatrix} 10 & 5 & 4 \\ 2 & 8 & 7 \end{bmatrix}$	X=[1, 5, 3; 2, 4, 6];
		y=[10, 2, 4; 1, 8, 7];
		max(x, y)
		ans =
		  10 5 4
		  2 8 7

min(x)	求矢量 x 的最小值。例如，x = [1 5 3]，则最小值是 1	x = [1, 5, 3]; min(x) ans = 1
	创建一个包含矩阵 x 中每列最小值的行矢量。若 x = $\begin{bmatrix} 1 & 5 & 3 \\ 2 & 4 & 6 \end{bmatrix}$，则列 1 的最小值为 3，列 2 的最小值为 4，列 3 的最小值为 3	x = [1, 5, 3; 2, 4, 6]; min(x) ans = 1 4 3

[a, b] = min(x)	求矢量 x 的最小值和最小值的位置。函数中 a 表示最小值，b 表示对应最小值的位置。设 x = [1 5 3]，调用函数后，a = 1，b = 1	x=[1, 5, 3]; [a, b] = min(x) a = 　1 b = 　1
	当 x 是矩阵时，此函数生成两个行矢量，一个行矢量表示矩阵 x 各列的最小值，另一个行矢量对应最小值元素的位置。例如，x = $\begin{bmatrix} 1 & 5 & 3 \\ 2 & 4 & 6 \end{bmatrix}$，各列元素的最小值分别为 1，4，3，对应的位置是 1，2，1	x = [1, 5 3; 2, 4, 6]; [a, b] = min(x) a = 　1 4 3 b = 1 2 1
min(x, y)	矩阵 x 和 y 具有相同的行列数，用两个矩阵中相同位置元素的最小值创建一个新的矩阵。例如，x = $\begin{bmatrix} 1 & 5 & 3 \\ 2 & 4 & 6 \end{bmatrix}$，y = $\begin{bmatrix} 10 & 2 & 4 \\ 1 & 8 & 7 \end{bmatrix}$，则结果为 $\begin{bmatrix} 1 & 2 & 3 \\ 1 & 4 & 6 \end{bmatrix}$	x = [1, 5, 3; 2, 4, 6]; y = [10, 2, 4; 1, 8, 7] min(x, y) ans = 　1 2 3 　1 4 6

提　示

　　本节所有函数都是按二维矩阵的列进行运算的，若需要按行运算，则必须先对矩阵进行转置，将行变成列，列变成行，转置运算符是单引号(')。矩阵 x 如下：

$$x = \begin{bmatrix} 1 & 5 & 3 \\ 2 & 4 & 6 \end{bmatrix}$$

计算矩阵的行最大值，输入命令

```
max(x')
```
输出结果为
```
ans=
     5     6
```

练习 3.5

已知矩阵

$$x = \begin{bmatrix} 4 & 90 & 85 & 75 \\ 2 & 55 & 65 & 75 \\ 3 & 78 & 82 & 79 \\ 1 & 84 & 92 & 93 \end{bmatrix}$$

1. 求每列的最大值。
2. 求最大值的位置。
3. 求每行的最大值(先对矩阵进行转置，然后求解每行的最大值)。
4. 求最大值的位置。
5. 求矩阵中所有元素的最大值。

平均值：数据集中所有数据的平均数值。

中间值：数据集的中间值。

3.5.2　平均值和中间值

　　在数据集中求平均值的方法有很多。在统计学中，平均值就是所有数据之和除以数据的个数。另一种均值就是中间值，大于中间值和小于中间值的数据个数相同。众数就是数据集中出现次数最多的数。MATLAB 中提供了求平均值、中间值和众数的函数，如表 3.6 所示。

表 3.6　平均

max(x)	求矢量 x 的平均值。若 x = [1 5 3]，则平均值是 3	x = [1, 5, 3]; mean(x) ans = 　3.0000
	当 x 为矩阵时，返回值是含有各列平均值的行矢量。例如，$x = \begin{bmatrix} 1 & 5 & 3 \\ 2 & 4 & 6 \end{bmatrix}$，第 1 列的平均值是 1.5，第 2 列的平均值是 4.5，第 3 列的平均值是 4.5	x = [1, 5, 3; 2, 4, 6]; mean(x) ans = 　1.5　4.5　4.5
median(x)	求矢量 x 元素的中间值。若 x = [1 5 3]，则中间值是 3	x = [1, 5, 3] median(x) ans = 　3
	当 x 为矩阵时，返回值是含有各列中间值的行矢量。例如，$x = \begin{bmatrix} 1 & 5 & 3 \\ 2 & 4 & 6 \\ 3 & 8 & 4 \end{bmatrix}$，第 1 列的中间值是 2，第 2 列的中间值是 5，第 3 列的中间值是 4	x = [1, 5, 3; 2, 4, 6; 3, 8, 4]; median(x) ans = 　2　5　4
mode(x)	求数组中出现次数最多的数，即众数。数组 x = [1, 2, 3, 3] 的众数是 3	x = [1, 2, 3, 3] mode(x) ans = 　3

练习 3.6

已知矩阵

$$x = \begin{bmatrix} 4 & 90 & 85 & 75 \\ 2 & 55 & 65 & 75 \\ 3 & 78 & 82 & 79 \\ 1 & 84 & 92 & 93 \end{bmatrix}$$

1. 求每列的平均值。
2. 求每列的中间值。
3. 求每行的平均值。
4. 求每行的中间值。
5. 求矩阵的众数。
6. 求矩阵 x 所有元素的平均值。

3.5.3　求和与乘积

MATLAB 提供了矩阵元素求和与乘积的函数。如表 3.7 所示。

函数 cumsum 不是把每个元素简单地相加，而是把数组中前面的数累加，产生一个求中间和的新数组，主要用于序列的计算。调和级数为

$$\sum_{k-1}^{n} \frac{1}{k}$$

它等于

$$\frac{1}{1} + \frac{1}{2} + \frac{1}{3} + \frac{1}{4} + \cdots + \frac{1}{n}$$

用 MATLAB 创建序列中前 5 个数：

```
k = 1:5;
sequence = 1./5
```

输出

```
sequence =
    1.0000    0.5000    0.3333    0.2500    0.2000
```

用分数形式表示上述序列，可以得到分数序列

```
format rat
sequence =
      1          1/2        1/3        1/4        1/5
```

用函数 cumsum 计算序列前 5 项的累加和

```
format short
series = cumsum(sequence)
series =
   1.0000   1.5000   1.8333   2.0833   2.2833
```

同理，函数 cumprod 可以求数组的累积。

表 3.7   求和与乘积

sum(x)	求矢量 x 各元素之和。x = [1 5 3]的元素之和是 9	`x = [1, 5, 3];`
		`sum(x)`
		`ans =`
		`   9`

	若 x 是矩阵，返回结果是包含各列元素之和的行矢量。$x = \begin{bmatrix} 1 & 5 & 3 \\ 2 & 4 & 6 \end{bmatrix}$，第 1 列元素之和是 3，第 2 列元素之和是 9，第 3 列元素之和是 9	`x = [1, 5, 3; 2, 4, 6];`
		`sum(x)`
		`ans =`
		`   3   9   9`

prood(x)	求矢量 x 元素的乘积，x = [1 5 3]的元素积是 15	`x = [1, 5, 3]`
		`prod(x)`
		`ans =`
		`   15`

	若 x 是矩阵，返回结果是包含各列元素乘积的行矢量。$x = \begin{bmatrix} 1 & 5 & 3 \\ 2 & 4 & 6 \end{bmatrix}$，第 1 列元素积是 2，第 2 列元素积是 20，第 3 列元素积是 18	`x = [1, 5, 3; 2, 4, 6];`
		`prod(x)`
		`ans =`
		`   2   20   18`

cumsum(x)	求 x 元素的累加和。设 x = [1 5 3]，累加和函数的输出为 x = [1 6 9]	`x = [1, 5, 3];`
		`cumsum(x)`
		`ans =`
		`   1   6   9`

	若 x 是矩阵，计算矩阵各列元素的累加和。设 $x = \begin{bmatrix} 1 & 5 & 3 \\ 2 & 4 & 6 \end{bmatrix}$，输出 $x = \begin{bmatrix} 1 & 5 & 3 \\ 3 & 9 & 9 \end{bmatrix}$	`x=[1, 5, 3; 2, 4, 6];`
		`cumsum(x)`
		`ans =`
		`   1   5   3`
		`   3   9   9`

cumprod(x)	求 x 的累积。设 x = [1 5 3]，输出 x = [1 5 15]	`x = [1, 5, 3];`
		`cumprod(x)`
		`ans =`
		`   1   5   15`

	若 x 是矩阵，计算矩阵 x 各列元素的累积。设 $x = \begin{bmatrix} 1 & 5 & 3 \\ 2 & 4 & 6 \end{bmatrix}$，输出 $x = \begin{bmatrix} 1 & 5 & 3 \\ 2 & 20 & 18 \end{bmatrix}$	`x = [1, 5, 3; 2, 4, 6];`
		`cumprod(x)`
		`ans =`
		`   1   5   3`
		`   2   20   18`

3.5.4 排序

表 3.8 列出了矩阵排序命令。定义数组 x

```
x = [ 1 6 3 9 4]
```

用函数 sort 对数据进行排序

```
sort(x)
ans =
      1        3        4        6        9
```

默认的排列状态为升序，使用字符串'descend'可以强制函数按降序排列，

```
sort(x, 'descend')
ans =
      9   6   4   3   1
```

与其他 MATLAB 函数一样，sort 命令按列进行升序排序。设

```
x = [ 1 3; 10 2; 3 1; 82 4; 5 5]
```

表 3.8　排序函数

sort(x)	对矢量 x 按升序排序。x = [1 5 3]，输出 x = [1 3 5]	x = [1, 5, 3];
		sort(x)
		ans =
		  1 3 5
		x = [1, 5, 3; 2, 4, 6];
		sort(x)
		ans =
		  1 4 3
		  2 5 6

	若 x 是矩阵，则按列进行升序排序。若 $x = \begin{bmatrix} 1 & 5 & 3 \\ 2 & 4 & 6 \end{bmatrix}$，则输出结果为 $x = \begin{bmatrix} 1 & 4 & 3 \\ 2 & 5 & 6 \end{bmatrix}$	

sort(x, 'descend')	各列按降序排序	x = [1, 5, 3; 2, 4, 6];
		sort(x, 'descend')
		ans =
		  2 5 6
		  1 4 3

sortrows(x)	以矩阵第一列数据为标准，升序排序矩阵的各行。设 $x = \begin{bmatrix} 3 & 1 & 2 \\ 1 & 9 & 3 \\ 4 & 3 & 6 \end{bmatrix}$，使
	
	用 sortrows 命令后，矩阵的中间一行进行了移动
		x = [3, 1, 3; 1, 9, 3; 4,
		3, 6]
		sortrows(x)
		ans =
		  1 9 3
		  3 1 2
		  4 3 6

sortrows(x, n)	以矩阵第 n 列的数据为标准，按升序排序矩阵的各行。若 n 为负数，则按降序排序。如果没有指定 n 的值，则以第一列为标准，按升序行排序	sortrows(x, 2)
		ans =
		  3 1 2
		  4 3 6
		  1 9 3

等价为
```
x =
      1      3
     10      2
      3      1
     82      4
      5      5
```

使用排序命令
```
sort(x)
```
每列数据按升序排序
```
ans =
      1      1
      3      2
      5      3
     10      4
     82      5
```

函数 sortrows 可以按指定列为标准，对各行排序。命令
```
sortrows(x,1)
```
以第一列数据为标准对行进行排序，列与列之间的对应关系保持不变。
```
ans =
      1   3
      3   1
      5   5
     10   2
     82   4
```

同理，可以将第二列数据作为标准，对行进行排序

```
sortrows(x,2)
ans =
     3   1
    10   2
     1   3
     2   4
     5   5
```

排序函数主要用于数据分析。表 3.9 是 2006 年奥林匹克男子 500 m 速滑比赛的结果。表中每名运动员都有一个随机的号码，比赛结束后会按第二列比赛用时进行排序。

```
skating_results =    [1.0000    42.0930
                      2.0000    42.0890
                      3.0000    41.9350
                      4.0000    42.4970
                      5.0000    42.0020]

sortrows(skating_results,2)
ans =
     3.0000    41.9350
     5.0000    42.0020
     2.0000    42.0890
     1.0000    42.0930
     4.0000    42.4970
```

结果表明，3 号运动员阿波罗·安东·奥诺获胜。

表 3.9　2006 年奥林匹克速滑时间

运动员编号	时间(min)
1	42.093
2	42.089
3	41.935
4	42.497
5	42.002

函数 sortrows 也可以降序排序，但和函数 sort 的语法有所不同。在排序的列号前加负号就可以降序排序。因此

```
sortrows(skating_results, -2)
```

以第二列数据为标准，对各行进行降序排序。结果为

```
ans =
     4.0000    42.4970
     1.0000    42.0930
     2.0000    42.0890
     5.0000    42.0020
     3.0000    41.9350
```

3.5.5　确定矩阵的规模

MATALB 提供函数 size 和 length，用来确定矩阵的规模。函数 size 求矩阵的行数和列数，函数 length 求矩阵的长度，规模函数如表 3.10 所示。例如，

```
x = [1 2 3; 4 5 6];

size(x);
```

表 3.10　规模函数

size(x)	求矩阵 x 的行数和列数。若 x 为多维数组，则 size 用来求数组的维数和长度	x = [1, 5, 3; 2, 4, 6]; size(x) ans = 　2　3
[a, b] = size(x)	确定矩阵 x 的行数和列数，a 表示行数，b 表示列数	[a, b] = size(x) a = 　2 b = 　3
length(x)	确定矩阵 x 的最大长度	x = [1, 5, 3; 2, 4, 6]; length(x) ans = 　3

执行结果为

```
    ans =
        2       3
```

说明矩阵 x 有两行三列。用 length 函数

```
    length(x)
```

输出

```
    ans =
        3
```

说明矩阵的最大长度是 3。在循环语句中经常使用函数 length，它可以确定循环的次数，而循环次数往往由数组的最大长度决定。

例 3.3　气象数据

美国国家气象局(NWS)每天收集大量的气象数据(见图 3.7)，这些数据通过在线代理服务 http://cdo.ncdc.noaa.gov/CDO/cdo 向公众提供。由于数据量很大，对数据进行全面分析比较困难，最好的办法是先选取部分数据进行分析，然后，再将方法扩展到大的数据集上。

从美国国家气象局获得某地 1999 年的降水量信息，存储到 Weather_Data.xls 文件中，扩展名.xls 说明数据是以 Excel 格式存储的。数据集共有 12 行，每一行代表一个月的降水量。每一列代表一天的数据，天数从 1 到 31，共有 31 列。由于每个月天数不同，有的列缺少数据，这些缺少的数据用–99999 代替。降水量的单位是 0.01 英寸。例如，2 月 1 日的降水量为 0.61 英寸，4 月 1 日的降水量为 2.60 英寸。数据样本如表 3.11 所示。为清楚起见，数据表格中增加了标题。除此之外，文件中的数据均为数值类型。

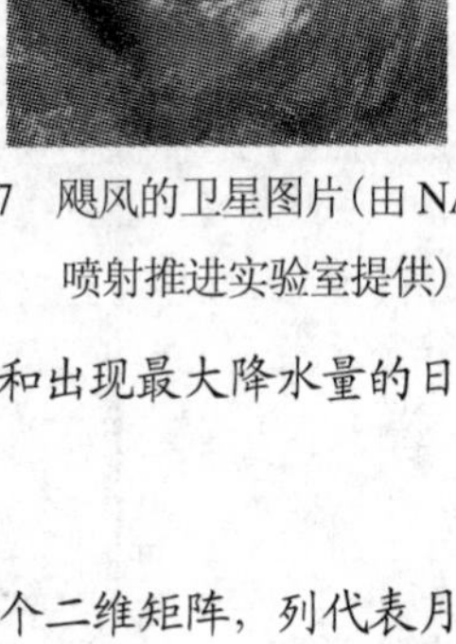

利用文件中的数据完成如下计算：

a. 每个月的总降水量。

b. 一年的总降水量。

c. 一年中降水量最大的日期。

图 3.7　飓风的卫星图片(由 NASA/喷射推进实验室提供)

1. 问题描述

根据文件 Weather_Data.xls 中提供的数据，计算月降水量、年降水量和出现最大降水量的日期。

2. 输入/输出描述

输入

该例的输入量是数据文件 Weather_Data.xls，此数据文件实际上是一个二维矩阵，列代表月，行代表日。

表 3.11   北卡罗来纳的阿什维尔降水量数据

1999	Day1	Day2	Day3	Day4		Day28	Day29	Day30	Day31
January	0	0	272	0	...	0	0	33	33
February	61	103	0	2		62	−99999	−99999	−99999
March	2	0	17	27		0	5	8	0
April	260	1	0	0		13	86	0	−99999
May	47	0	0	0		0	0	0	0
June	0	0	30	42		14	14	8	−99999
July	0	0	0	0		5	0	0	0
August	0	45	0	0		0	0	0	0
September	0	0	0	0		138	58	10	−99999
October	0	0	0	14		0	0	0	1
November	1	163	5	0		0	0	0	−99999
December	0	0	0	0		0	0	0	0

输出

输出量是每个月的总降水量、每年的总降水量和最大降水量出现的日期。由于没有专门指定降水量的单位，因此，在本题中用英寸表示降水量。

3. 手工分析

选取表 3.11 中的一部分数据进行手工计算。一月份 1 到 4 日的总降水量是

$$total\_1 = (0 + 0 + 272 + 0)/100 = 2.72 \text{ in}$$

二月份 1 到 4 日的总降水量是

$$total\_2 = (61 + 103 + 0 + 2)/100 = 1.66 \text{ in}$$

把所有月份的降水量相加可得到全年总降水量。假设所谓"一年"仅有一月和二月两个月份，则"一年"的总降水量为

$$总量 = total\_1 + total\_2 = 2.72 + 1.66 = 4.38 \text{ in}$$

为了计算出现最大降水量的日期，先确定表中数据的最大值，再确定最大值的位置。通过手算可以理清 MATLAB 的解题步骤。

4. MATLAB 实现

将 Excel 格式的数据文件保存到 MATLAB 中去的最简单方法就是使用 Import Wizard。双击当前路径窗口中的数据文件，弹出 Import Wizard。

Import Wizard 一旦执行完毕，在工作区窗口就会出现变量名 Sheet1，见图 3.8。也可以将变量命名为 Weather_data。

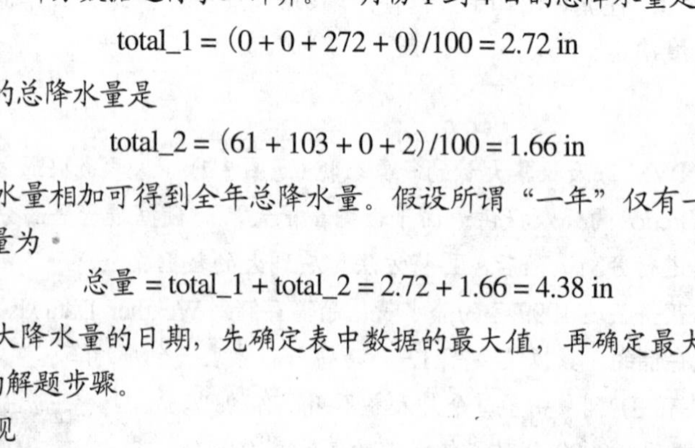

图 3.8   MATLAB Import Wizard

有的月份不满 31 天，空缺数据填入 – 99999。在工作区中双击变量名 Sheet1 将这些伪数据改为 0，见图 3.9。

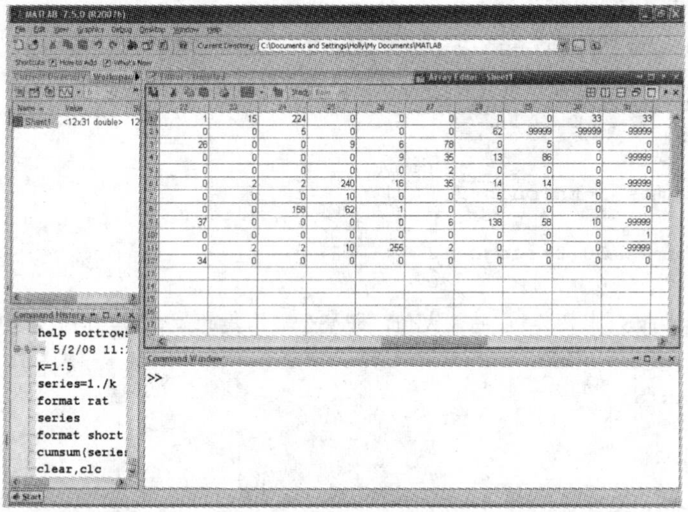

图 3.9　MATLAB 数组编辑器。在数组编辑器中修改数据并把伪数据 –99999 改为 0

下面编写脚本 M 文件对这一问题进行求解。

```
clc
%Example 3.3 - Weather Data
%In this example we will find the total precipitation
%for each month, and for the entire year, using a data file
%We will also find the month and day on which the
%precipitation was the maximum
weather_data=Sheet1;
%Use the transpose operator to change rows to columns
weather_data = weather_data';
%Find the sum of each column, which is the sum for each
%month
monthly_total=sum(weather_data)/100
%Find the annual total
yearly_total = sum(monthly_total)
%Find the annual maximum and the day on which it occurs
[maximum_precip,month]=max(max(weather_data))
%Find the annual maximum and the month in which it occurs
[maximum_precip,day]=max(max(weather_data'))
```

在编写代码时，没有以 clear 和 clc 命令开始，因为 clear 和 clc 命令会清除工作区的内容，同样会清除变量 Sheet1。接下来，把 Sheet1 改名为 weather_data。

对矩阵 weather_data 进行转置，各月的数据由行变为列，以便用函数 sum 求各月的总降水量。

把 12 个月的总降水量相加得到一年的降水总量：

```
yearly_total = sum(sum(weather_data))
```

求日降水量的最大值很容易，关键的问题是确定日期。输入命令

```
[maximum_precip,month] = max(max(weather_data))
```

为了便于理解，把上面的语句分解成两个语句：

```
[a,b] = max(weather_data)
```

输出变量 a 是原矩阵各列的最大值，即各月降水量的最大值。变量 b 是最大值在各列中的位置。运行结果为

```
a =
    Columns 1 through 9
     272    135     78    260    115    240    157    158    138
    Columns 10 through 12
     156    255     97
b =
    Columns 1 through 9
       3     18     27      1      6     25     12     24     28
    Columns 10 through 12
       5     26     14
```

然后，再次利用命令 max 求矩阵 a 的最大值，即整个数据集的最大值。同时求出该最大值所对应的位置：

```
[c,d]=max(a)
c =
    272
d =
    1
```

结果说明，最大值在矩阵 a 的第一列，这意味着最大降水量发生在一月份。

同理，对 weather_data 进行转置可求出最大值所对应的日期。

在图 3.10 中有几个问题需要注意，在工作区中有两个矩阵 Sheet1 和 weather_data。Sheet1 是一个 12×31 矩阵，weather_data 是一个 31×12 矩阵。执行 M 文件后，命令窗口中的这些变量都是有效的。例如，将 maximum_precip 的数值由百分之几英寸换算成英寸，输入

```
maximum_precip = maximum_precip/100
```

文件 Weather_Data.xls 仍在当前目录里保持不变。在历史命令窗口中只显示命令窗口执行过的命令，而不是 M 文件执行过的命令。

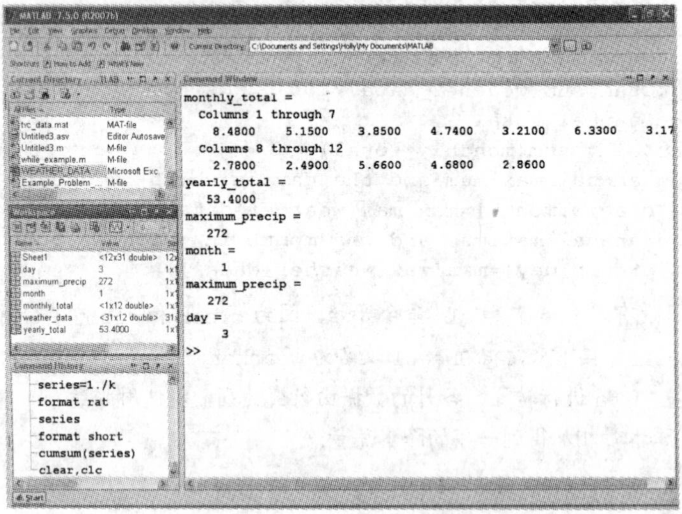

图 3.10　降水量的计算结果

5. 结果验证

打开 Weather_Data.xls，可以看出最大降水量出现在 1 月 3 日。这个程序可以用来分析国家气象局提供的其他数据。

3.5.6　方差和标准差

数据集中数据的离散程度一般用方差和标准差来反映。在考试中，平均分是很重要的指标，但最高分和最低分也是评价学生水平的重要方面。工程中的大部分数据和考试成绩类似，都服从正态分布，分布函数曲线呈"钟"形。在正态分布中，有 68%的数据在一倍标准差($\pm\sigma$)之内，有 95%的数据在两倍标准差($\pm 2\sigma$)之内，99%的数据在三倍标准差($\pm 3\sigma$)之内(见图 3.11)。通常，标准差和方差仅对庞大的数据集才有实际意义。

练习 3.7

已知矩阵

$$x = \begin{bmatrix} 4 & 90 & 85 & 75 \\ 2 & 55 & 65 & 75 \\ 3 & 78 & 82 & 79 \\ 1 & 84 & 92 & 93 \end{bmatrix}$$

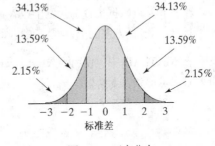

34.13%　　34.13%
13.59%　　13.59%
2.15%　　2.15%

-3 -2 -1 0 1 2 3
标准差

图 3.11　正态分布

1. 用函数 size 计算矩阵的行数和列数。
2. 用函数 sort 对矩阵的各列按升序排序。
3. 用函数 sort 对矩阵的各列按降序排序。
4. 用函数 sortrows 按第一列元素的升序排序，各行仍保留原有数据。结果应为

$$x = \begin{bmatrix} 1 & 84 & 92 & 93 \\ 2 & 55 & 65 & 75 \\ 3 & 78 & 82 & 79 \\ 4 & 90 & 85 & 75 \end{bmatrix}$$

5. 在上述结果的基础上，用函数 sortrows 对矩阵按第三列元素降序排序。

如图 3.12 所示，两个数据集的平均分都是 50。但数据集 1 的方差大于数据集 2。

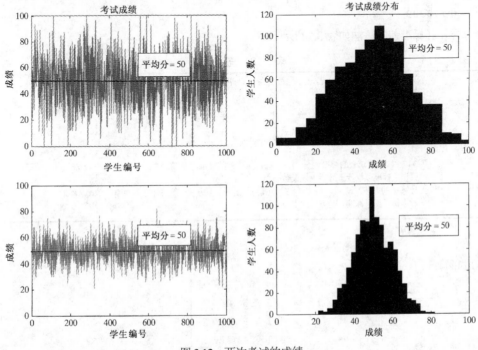

图 3.12　两次考试的成绩

方差的数学定义是

$$方差 = \sigma^2 = \frac{\sum_{k=1}^{N}(x_k - \mu)^2}{N-1}$$

在等式中，μ 表示 x_k 的平均值，$x_k - \mu$ 表示实际数值和平均值的差，将其平方后相加得

$$\sum_{k=1}^{N}(x_k - \mu)^2$$

平方和除以数据集合中元素个数 N 减 1 得到平均值。

标准差 (σ) 是方差的平方根，在实际中标准差比方差更常用。

在 MATLAB 中，使用函数 std 求标准差。当利用函数 std 求图 3.12 所示大规模统计数据的标准差时，可得到以下结果：

```
std(scores1)
ans =
    20.3653
std(scores2)
ans =
    9.8753
```

换句话说，第一个数据集中 68%的数据介于平均值 50 ± 20.3653 之间，第二个数据集中 68%的数据介于 50 ± 9.8753 之间。

用函数 var 求方差

```
var(scores1)
ans =
    414.7454
var(scores2)
ans =
    97.5209
```

计算方差和标准差的语法如表 3.12 所示。

表 3.12　统计函数

std(x)	计算矢量 x 的标准差。若 x = [1 5 3]，标准差是 2，但标准差一般只计算大规模数据集	`x = [1, 5, 3];`
		`std(x)`
		`ans =`
		` 2`

	计算矩阵各列数据的标准差。设 $x = \begin{bmatrix} 1 & 5 & 3 \\ 2 & 4 & 6 \end{bmatrix}$，第一列的标准差是 0.7071，第二列的标准差是 0.7071，第三列的标准差是 2.1213。再次强调，标准差仅限于分析大规模数据集	`x = [1, 5, 3; 2, 4, 6];`
		`std(x)`
		`ans =`
		`0.7071  0.7071`
		`2.1213`

var(x)	计算 x 的方差。设 x = [1 5 3]，其方差是 4，但方差一般只计算大规模数据集，而且标准差是方差的平方根	`var(x)`
		`ans =`
		`4`

练习 3.8

已知矩阵

$$x = \begin{bmatrix} 4 & 90 & 85 & 75 \\ 2 & 55 & 65 & 75 \\ 3 & 78 & 82 & 79 \\ 1 & 84 & 92 & 93 \end{bmatrix}$$

1. 求各列的标准差。

2. 求各列的方差。

3. 计算各列方差的平方根。

4. 比较题 1 和题 3 的结果。

例 3.4　气象数据

气象学家通过研究气象数据随时间的长期变化可以建立气象模型。自 1850 年起，美国开始记录气象数据，但大部分观测点是在 1930 年到 1940 年间建立的(见图 3.13)。气象学家对收集的数据进行统计分析。根据某年某地区气象数据 Weather_Data.xls 统计每月的平均日降水量、一年的平均日降水量和标准差。

1. 问题描述

根据 Weather_Data.xls 中的数据求每月的平均日降水量、一年的平均日降水量和标准差。

2. 输入/输出描述

输入　Weather_Data.xls…

输出　确定

各月的平均日降水量。

一年的平均日降水量。

各月的日降水量的标准差。

一年的日降水量的标准差。

3. 手工分析

用每月前四天的数据进行计算:

月平均值 $= (0+0+272+0)/4 = 68$，即 0.68 英寸。

根据下式求标准差

图 3.13　佛罗里达飓风(由 NASA/喷射推进实验室提供)

$$\sigma = \sqrt{\dfrac{\sum\limits_{k=1}^{N}(x_k - \mu)^2}{N-1}}$$

计算一月份前 4 天实际数值和平均值之差的平方和

$$(0-68)^2 + (0-68)^2 + (272-68)^2 + (0-68)^2 = 55\,488$$

再除以数据个数减 1

$$55\,488/(4-1) = 18\,496$$

最后求平方根。降水量为 1.36 英寸。

4. MATLAB 实现

导入 Weather_Data.xls 文件，去除伪数据–99999。因为需要用到例 3.3 中的数据，所以最简单的方法就是把例 3.3 中的数据保存到文件中备用。若保存整个工作区内容，则输入

```
save <filename>
```
其中，`filename` 是用户定义的文件名。若只保存一个变量，则输入命令

```
save <filename>  <variable_name>
```
上述命令可以保存一个变量或一组变量。若需要保存 `weather_data` 中的所有变量，则输入

```
save weather_data weather_data
```

此命令把矩阵 `weather_data` 保存到文件 `weather_data.mat` 中去，检查当前路径确保文件 `weather_data.mat` 已经保存好(见图 3.14)。

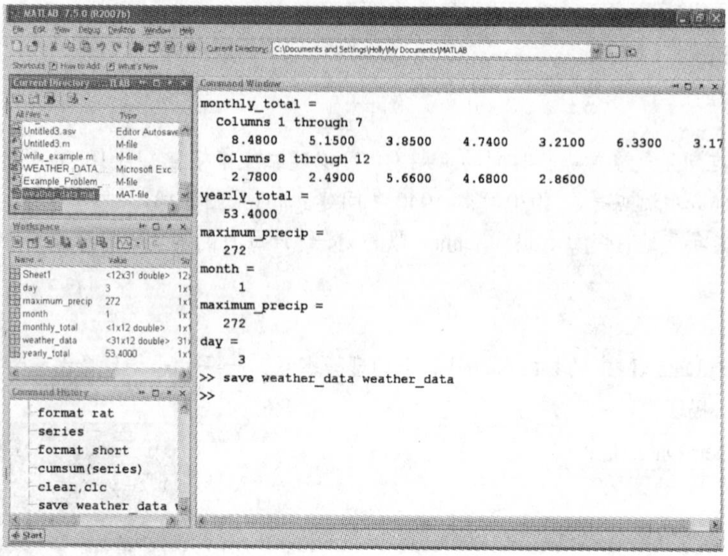

图 3.14　当前路径记录了所保存的文件

此时，所创建的 M 文件可以自动导入数据。

```
clear, clc
%   Example 3.4 Climatological Data
%   In this example, we find the mean daily
%   precipitation for each month
%   and the mean daily precipitation for the year
%   We also find the standard deviation of the data
%
%   Changing the format to bank often makes the output
%   easier to read
format bank
%   By saving the variable weather_data from the last exam-
ple, it is
%   available to use in this problem
load weather_data
Average_daily_precip_monthly = mean(weather_data)
Average_daily_precip_yearly = mean(weather_data(:))
%   Another way to find the average yearly precipitation
Average_daily_precip_yearly = mean(mean(weather_data))
% Now calculate the standard deviation
Monthly_Stdeviation = std(weather_data)
Yearly_Stdeviation = std(weather_data(:))
```

命令窗口显示输出结果

```
Average_daily_precip_monthly =
  Columns 1 through 3
     27.35  16.61  12.42
  Columns 4 through 6
     15.29  10.35  20.42
  Columns 7 through 9
     10.23   8.97   8.03
```

```
Columns 10 through 12
    18.26   15.10   9.23
Average_daily_precip_yearly =
    14.35
Average_daily_precip_yearly =
    14.35
Monthly_Stdeviation =
  Columns 1 through 3
    63.78       35.06       20.40
  Columns 4 through 6
    48.98       26.65       50.46
  Columns 7 through 9
    30.63       30.77       27.03
  Columns 10 through 12
    42.08       53.34       21.01
Yearly_Stdeviation =
    39.62
```

计算一年内的日平均降水量有两种方法。一种方法是先计算每月的平均值，然后再计算全年的平均值。另一种方法是对全年每一天的数据求和再平均。输入

```
weather_data(:)
```

把二维矩阵 weather_data 转换成一维矩阵，然后直接求出平均值。

直接计算一年的日平均降水量的标准差：

```
std(weather_data(:))
```

如果按照前面介绍的第一种方法求两次标准差，结果就会有错误。

5. 结果验证

先检查结果的合理性。在第一次执行 M 文件时，文件 weather_data 包含伪数据-99999，计算出的平均值可能小于 0，降水量不可能为负数，这个结论显然不合理。尽管手工计算可以很容易检查，但工作量很大。利用 MATLAB 的命令窗口可以直接计算平均值，而不必利用已定义函数来计算每个月的日平均降水量。在命令窗口中输入下述命令

```
load weather_data
sum(weather_data(:,1))    %Find the sum of all the rows in
                          %column one of matrix weather_data
ans =
    848.00
ans/31
ans =
    27.35
```

将此结果与一月份的数据进行比较，可以得到相同的结果。

提　示

利用冒号运算符可以把二维矩阵转换成一维矩阵。

```
A = A(:)
```

3.6　随机数

在工程计算中经常用随机数来模拟测量数据。因为实际测量数据一般不能完全符合数学模型，所以，在数学模型上叠加一个小的随机数就能很好地模拟实际系统。在机会对策模型中也会用到随机数。MATLAB 可以生成两种不同的随机数，分别是均匀随机数和高斯随机数(或称正态分布随机数)。

3.6.1   均匀随机数

函数 rand 可以生成在 0 和 1 之间均匀分布的随机数，它的详细用法可以用 help 进行查询。表 3.13 列出了生成随机数的 MATLAB 命令。

利用函数 rand 也可以生成其他范围内的随机数。例如，生成 100 个在 0 到 5 之间均匀分布的随机数，首先，生成一组 0 到 1 之间的随机数

```
r = rand(100,1);
```
返回结果是一个 100×1 的矩阵，然后，再乘以 5 就可以把范围扩展到 0 到 5 之间

```
r = r * 5;
```
如果产生 5 到 10 之间的均匀随机数，则需要把数组中的每个数再加 5。

```
r = r + 5;
```
最后生成一组从 5 到 10 的均匀随机数。可以用下面的等式表示运算过程：

$$x = (max - min)*random\_number\_set + mean$$

表 3.13   随机数产生函数

rand(n)	产生一个 0 到 1 区间内的 n × n 的均匀随机数矩阵	rand(2)
		ans =
		    0.9501 0.6068
		    0.2311 0.4860

rand(m, n)	产生一个 0 到 1 区间内的 m × n 的均匀随机数矩阵	rand(3, 2)
		ans =
		    0.8913 0.0185
		    0.7621 0.8214
		    0.4565 0.4447

randn(n)	产生一个均值为 0，方差为 1 的 n × n 的高斯随机数矩阵	randn(2)
		ans =
		   -0.4326 0.1253
		   -1.6656 0.2877

randn(m, n)	产生一个均值为 0，方差为 1 的 m × n 的高斯随机数矩阵	randn(3, 2)
		ans =
		   -1.1465 -0.0376
		    1.1909 0.3273
		    1.1892 0.1746

3.6.2   高斯随机数

高斯随机数服从正态分布，如图 3.11 所示。高斯随机分布的数据集没有绝对的上限或下限，只是与平均值的差值越大，数据量就越少。高斯随机数一般用均值和标准差表示。

MATLAB 中函数 randn 用于产生均值为 0、方差为 1 的高斯随机数。例如，

```
randn(3)
```
返回一个 3×3 的矩阵：

```
ans =
   -0.4326    0.2877    1.1892
   -1.6656   -1.1465   -0.0376
    0.1253    1.1909    0.3273
```

先创建一个默认的数据集，再修改参数产生一个任意均值和标准差的随机矩阵。默认数据集的标准差是 1、均值是 0，根据要求可做相应的修改。

$$x = standard\_deviation \cdot random\_data\_set + mean$$

例如，创建一个数据集，它由 500 个服从高斯随机分布的数据构成，数据集的均值是 3，标准差是 2.5。输入

```
x = randn(1,500)*2.5 + 3;
```

注意，函数 rand 和 randn 的输入变量既可以是一个也可以是两个。如果只有一个输入变量，则输出结果是方阵；如果有两个输入变量，则这两个值分别是输出矩阵的行数和列数。

练习 3.9

1. 创建一个 3×3 的均匀随机数矩阵。
2. 创建一个 3×3 的正态随机数矩阵。
3. 创建一个 100×5 均匀随机数矩阵，抑制输出。
4. 求题 3 中矩阵的最大值、标准差、方差和均值。
5. 创建一个 100×5 的正态随机数矩阵，抑制输出。
6. 求题 5 中矩阵的最大值、标准差、方差和均值。
7. 对题 4 和题 6 的不同之处做出说明。

例 3.5　噪声

收音机的静态噪声可以用随机数进行仿真。在一个存储音乐的数据文件上叠加这样一个噪声，就可以研究静态噪声对乐曲产生的影响。图 3.15 显示了美国犹他州交响乐团的照片。

在 MATLAB 中可以使用函数 sound 播放音乐文件。为了演示这一功能，MATLAB 内置了 Handel 的 Messiah 音乐片段。首先，用函数 randn 产生噪声数据，然后，再把噪声叠加到乐曲片段中去。

MATLAB 将音乐存为从 −1 到 1 之间的数值数组。为了将这一数组转化为音乐，函数 sound 需要输入采样的频率。文件 handel.mat 既包含了存储音乐的数组还包含了采样频率。要演奏音乐片段 Messiah，必须利用下述命令导入文件

```
load handel
```
导入 handel 文件后，在工作区中会增加两个新的变量 y 和 Fs。输入下述命令演奏音乐

```
sound(y, Fs)
```
输入不同的 Fs 值，可以听到不同采样频率下的音乐。

1. 问题描述

给 MATLAB 中的音乐文件 Handel 的 Messiah 叠加噪声信号。

2. 输入/输出描述

输入

数据文件 handel 中存储的乐曲 Handel 的 Messiah。

输出

存储乐曲 Messiah 的数组，在数组中的前 200 个元素上叠加噪声信号。

3. 手工分析

音乐文件中的数据在 −1 到 +1 之间，因此噪声的幅度不能太大。叠加的噪声均值为 0、标准差为 0.1。

图 3.15　犹他州交响乐团

4. MATLAB 实现

```
%Example 3.5
%Noise
load handel     %Load the music data file
sound(y,Fs)     %Play the music data file
pause           %Pause to listen to the music
% Be sure to hit enter to continue after playing the music
```

```
% Add random noise
noise=randn(length(y),1)*0.10;
sound(y+noise,Fs)
```

这段程序可以在有叠加噪声或没有噪声的情况下演奏乐曲 Messiah。读者可以通过调整噪声系数观察叠加噪声的幅度变化所产生的影响。例如，

```
noise=randn(length(y),1)*0.20
```

5. 结果验证

除了能够播放没有噪声和叠加噪声两种情况下的音乐外，MATLAB 还可以将音乐波形画出来。由于原文件数据量很大，共有 73 113 个元素，因此只画出了其中前 200 个数据点。

```
%   Plot the first 200 data points in each file
t=1:length(y);
noisy = y + noise;
plot(t(1,1:200),y(1:200,1),t(1,1:200),noisy(1:200,1),':')
title('Handel"s Messiah')
xlabel('Element Number in Music Array')
ylabel('Frequency')
```

上述程序画出一个直角坐标系，x 轴是数据索引号，y 轴是音乐数组中的数据值。

在图 3.16 中，实线代表原始数据，虚线代表叠加噪声后的数据。当噪声幅度过大时，数据曲线的变化将与原始数据的变化规律存在较大差异。

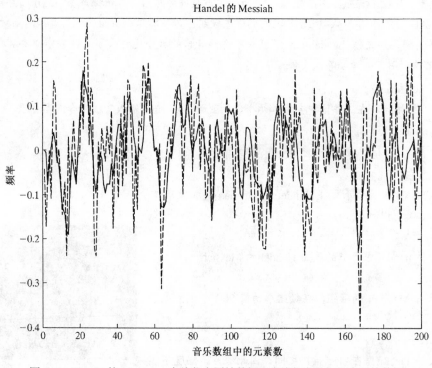

图 3.16 Handel 的 Messiah。实线代表原始数据，虚线代表叠加噪声后的数据

3.7 复数

MATLAB 包含许多复数运算函数。复数由实部和虚部构成，例如，

$$5 + 3i$$

是一个实部为 5、虚部为 3 的复数。在 MATLAB 中输入复数有两种方法，一种是直接输入法，例如，

```
A = 5 + 3i      或      A = 5+3*i
```

一种是函数 complex 输入法，例如，

```
A = complex(5,3)
```

返回

```
A =
   5.0000 + 3.0000i
```

复数：既有实部又有虚部的数。

函数 complex 的输入可以是两个标量，也可以是两个数组。如果 x 和 y 定义为

```
x = 1:3;
y = [-1,5,12];
```

那么，函数 complex 定义的复数数组为

```
complex(x,y)
ans =
   1.0000 - 1.0000i   2.0000 + 5.0000i   3.0000 +12.0000i
```

函数 real 和 imag 用于区分复数的实部和虚部。若 A = 5 + 3 * i，则

```
real(A)
ans =
   5
imag(A)
ans =
   3
```

函数 isreal 可以判断变量是否是实数。如果变量是实数，则返回 1；如果变量是复数，则返回 0。因为 A 是复数，所以

```
isreal(A)
ans =
   0
```

返回值是 0，表示函数 isreal 的结果为 false。

如果两个复数实部相同，虚部相反，则这两个复数称为共轭复数。在 MATLAB 中用函数 conj 求共轭复数：

```
conj(A)
ans =
   5.0000 - 3.0000i
```

此外，还可以用转置运算符求数组的共轭复数，但同时会把矩阵的行转换成列，列转换成行：

```
A'
ans =
   5.0000 - 3.0000i
```

其中 A 是标量。用复数 A 以及加法运算和乘法运算产生一个复数数组 B：

```
B = [A, A+1, A*3]
B =
   5.0000 + 3.0000i   6.0000 + 3.0000i   15.0000 + 9.0000i
```

B 的转置是

```
B'
ans =
    5.0000 - 3.0000i
    6.0000 - 3.0000i
   15.0000 - 9.0000i
```

复数通常用直角坐标上的点来描述，横坐标代表实部，纵坐标代表虚部，如图 3.17(a)所示。复

数也可以用半径和角度表示成极坐标上的点，如图 3.17(b)所示。MATLAB 提供将复数从直角坐标转换为极坐标的函数。

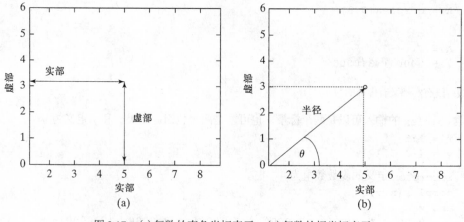

图 3.17　(a)复数的直角坐标表示；　(b)复数的极坐标表示

极坐标：用角度和距离描述坐标平面上的点。

利用绝对值函数对复数进行运算可以得到复数的模，等价于利用勾股定理计算半径。

```
abs(A)
ans =
    5.8310
```

$$半径 = \sqrt{(实部)^2 + (虚部)^2}$$

由于实部是 5，虚部是 3，所以：

$$半径 = \sqrt{5^2 + 2^2} = 5.8310$$

也可以用前面介绍的函数 real 和 imag 计算半径：

```
sqrt(real(A).^2 + imag(A).^2)
ans =
    5.8310
```

同理，利用函数 angle 计算复数的角度：

```
angle(A)
ans =
    0.5404
```

计算结果用弧度表示。函数 abs 和 angle 的输入变量既可以是标量和也可以是数组。例如，B 是一个 1×3 的复数组：

```
B =
    5.0000 + 3.0000i  6.0000 + 3.0000i  15.0000 + 9.0000i
```

函数 abs 的输出等于复数在极坐标系中的半径：

```
abs(B)
ans =
    5.8310    6.7082   17.4929
```

用函数 angle 求极坐标中复数的水平夹角：

```
angle(B)
ans =
    0.5404    0.4636    0.5404
```

在表 3.14 中总结了 MATLAB 中的复数运算函数。

表 3.14　复数函数

abs(x)	用勾股定理计算复数的模(或实数的绝对值)。在极坐标系中，复数的模等于半径。若 x = 3 + 4i，则其绝对值为 $\sqrt{3^2 + 4^2} = 5$	x = 3 + 4i; abs(x) ans = 　5
angle(x)	当复数用极坐标表示时，计算半径与水平方向的夹角	x = 3 + 4i; angle(x) ans = 　0.9273

complex(x, y)	创建一个实部为 x，虚部为 y 的复数	x = 3;
		y = 4;
		complex(x, y)
		ans =
		　3.0000 +
		　4.0000i

real(x)	求复数的实部	x = 3 + 4i; real(x) ans = 　3
imag(x)	求复数的虚部	x = 3 + 4i; imag(x) ans = 　4
isreal(x)	判断数组是否为实数。若数组是实数，则返回 1，否则返回 0	x = 3 + 4i; isreal(x) ans = 　0
coni(x)	求 x 的共轭复数	x = 3 + 4i; coni(x) ans = 　3.0000-4.0000i

练习 3.10

1. 创建下列复数

a. A = 1 + i

b. B = 2 - 3i

c. C = 8 + 2i

2. 创建复数矢量 D，实部分别为 2，4，6，虚部分别为-3、8、-16。

3. 计算题 1 和题 2 中矢量的模(绝对值)。

4. 计算题 1 和题 2 中矢量的角度。

5. 计算矢量 D 的共轭复数。

6. 用转置运算符计算矢量 D 的共轭复数。

7. 计算复数 A 与其共轭的乘积，然后计算平方根。并将运算结果与 A 的模(绝对值)做比较。

3.8　计算的极限

　　在计算机中存储的变量可以认为具有非常大的范围。在大多数计算机中，计算范围可以扩展到 10^{-308} 和 10^{308} 之间，这可以满足绝大多数的计算需求。在 MATLAB 中可以运用函数查看程序中数据的极限，例如 MATLAB 所能表示的最大实数和最大整数，如表 3.15 所示。

　　关键概念：计算机程序能够处理的数据是有限的。

　　因为计算机采用二进制运算方法，函数 realmax 近似等于 2^{1024}。当然，计算时可能会出现大于或小于极值的情况。例如，执行下列命令：

```
x = 2.5e200;
y = 1.0e200;
z = x*y
```

MATLAB 输出

```
z =

      Inf
```

显然，运算结果 `2.5e400` 超出了 MATLAB 允许的范围。因为计算结果的指数部分太大，超出了计算机允许的存储范围，所以，由此而产生的错误被称为指数上溢。

表 3.15   计算的极限

realmax	返回 MATLAB 能够使用的最大浮点数	realmax ans = 1.7977e + 308
realmin	返回 MATLAB 能够使用的最小浮点数	realmin ans = 2.2251e-308
intmax	返回 MATLAB 能够使用的最大整数	intmax ans = 2147483647
intmin	返回 MATLAB 能够使用的最小整数	intmin ans = -2147483648

上溢：计算结果太大超出计算机处理范围。

下溢：计算结果太小，程序认定为 0。

同理，由于数据过小而产生的错误被称为指数下溢。以下几个命令会出现指数下溢：

```
x = 2.5e-200;
y = 1.0e200
z = x/y
```

返回

```
z = 0
```

指数下溢的结果是 0。

众所周知，除数不能为 0。如果表达式中的除数为 0，则运算结果为无穷大：

```
z = y/0
z =

      Inf
```

MATLAB 会显示一个警告消息，提示除数不能为 0。

关键概念：尽量避免出现上溢或下溢。

在计算很大或很小的数时，应进行必要的整理避免出现溢出错误。例如，乘法运算

$$(2.5\times10^{200})\times(2\times10^{200})\times(1\times10^{-100})$$

的运算结果是 5×10^{300}，它在 MATLAB 所允许的范围内。但是，当把上述问题输入到 MATLAB 后，会产生溢出错误

```
2.5e200*2e200*1e-100
ans =

      Inf
```

这是由于 MATLAB 按照从左到右的顺序进行计算，第一个乘法运算 5×10^{400} 超出计算极限，输出为无穷大。如果按照下面的算式输入

```
2.5e200*1e-100*2e200
ans =
5.0000e+300
```

就不会溢出，从而得出正确的答案。

3.9　特殊值和辅助功能

在 MATLAB 中，有的函数没有输入参数，例如，表3.16 中的函数都没有输入参数，这些函数常作为标量或者常数使用。

表 3.16　特殊函数

函数	说明	示例

pi	数学常数 π	`pi`
		`ans =`
		` 3.1416`

i	虚数	`i`
		`ans =`
		` 0 + 1.0000i`

j	虚数	`j`
		`ans =`
		` 0 + 1.0000i`

Inf	无穷大，数据溢出或除数为 0 时的输出	`5/0`
		`Warning:Divide by zero.`
		`ans =`
		` Inf`

NaN	非数，当计算没有被定义时发生	`0/0`
		`Warning:Divide by zero.`
		`ans =`
		` NaN`
		`inf/inf`
		`ans =`
		` NaN`

clock	当前时间
	返回有六个数的数组[年、月、日、时、分、秒]。若函数 clock 的调用时间是 July 19, 2008, at 5:19 P.M.和 30.0 seconds，则 MATLAB 返回右边的结果
	为了增加可读性，函数 clock 常和函数 fix 一起使用
	函数 fix 实现取整功能，可以得到 format bank 格式的输出结果
		`clock`
		`ans =`
		` 1.0e + 00.3*`
		`2.0080  0.0070  0.0190`
		`0.0170  0.0190  0.0300`
		`fix(clock)`
		`ans =`
		` 2008  7  19`
		` 17  19  30`

date	当前日期。该函数与 clock 类似，不同之处在于返回的日期采用字符串格式	`date`
		`ans =`
		`19-Jul-2008`

eps	最接近 1 的双精度浮点数与 1 的距离，即 MATLAB 中的最小极限	`eps`
		`ans =`
		` 2.2204e-016`

　　MATLAB 允许对这些特殊值进行重新定义，但输出可能出现错误。下面的代码尽管并不好，但确是合法有效的：

```
pi = 12.8;
```

赋值语句执行后，变量 pi 就相当于具有了新的数值。同理，把任何一个函数定义成一个变量

```
sin = 10;
```

通过清空工作区的方式才能把 sin 恢复成三角函数，或者将 pi 恢复为默认值。

```
clear
```

此时，再查看 π 的值

```
pi
```

返回

```
pi =
     3.1416
```

提　示

函数 pi 经常会被不经意地定义成某个变量。

练习 3.11

1. 用函数 clock 在工作表中添加时间和日期。
2. 用函数 date 在工作表中添加日期。
3. 把下列计算过程编写成 MATLAB 代码，并加以解释：

   a. 322!（注意，! 在数学表达式中是阶乘运算符）

   b. 5×10^{500}

   b. $1/5 \times 10^{500}$

   c. 0/0

本章小结

本章介绍了 MATLAB 的预定义函数，主要包括以下内容：

- 一般数学函数，如
  - 指数函数
  - 对数函数
  - 根
- 近似函数
- 离散数学函数，如
  - 因数函数
  - 素数函数
- 三角函数，如
  - 标准三角函数
  - 反三角函数
  - 双曲三角函数
  - 使用角度表示的三角函数
- 数据分析函数
  - 最大值和最小值
  - 平均值（平均值和中间值）
  - 求和与求积
  - 排序
  - 标准差和方差
- 随机数产生函数
  - 均匀分布的随机数
  - 高斯（正态）分布的随机数
- 与复数有关的函数

MATLAB 计算的极限和特殊值，如 pi。

MATLAB 小结

下面对本章中介绍的 MATLAB 特殊变量、命令和函数进行总结。

特殊变量和函数	
eps	可区分的最小值
i	虚数
clock	返回时间
date	返回日期
Inf	无穷大
intmax	MATLAB 中的最大整数
intmin	MATLAB 中的最小整数
J	虚数
NaN	非数
pi	数学常数 π
realmax	MATLAB 中最大的浮点数
realmin	MATLAB 中最小的浮点数

命令和函数	
abs	求实数的绝对值或复数 a 的模
angle	在极坐标中复数的角度
asin	求反正弦(arcsin)
asind	求反正弦，结果用角度表示
ceil	向正无穷大方向取整
complex	定义复数
conj	求共轭复数
cos	求余弦
cumprod	求数组的累积
cumsum	求数组的累加和
erf	求误差函数
exp	计算 e^x
factor	求素数因子
factorial	求阶乘
fix	向零方向取整
floor	负向取整
gcd	求最大公因数
help	帮助函数
helpwin	打开帮助窗口
imag	求复数的虚部
isprime	判断是否为素数
isreal	判断是实数还是复数
lcn	求最小公因数
lengh	求数组的长度
log	求自然对数，或以 e 为底的对数
log10	求常用对数，或以 10 为底的对数
log2	求以 2 为底的对数
max	求数组中的最大值并确定最大值的位置
mean	求数组元素的平均值

（续表）

命令和函数	
median	求数组元素的中间值
min	求数组的最小值并确定最小值的位置
mode	求众数
nchoosek	求从 n 中取 k 的组合
nthroot	求 n 次方根
primes	求小于输入的素数
prod	求数组的积
rand	产生均匀分布的随机数
randn	产生正态分布的随机数
rats	采用分数形式输出
real	求复数的实部
rem	求余数
round	四舍五入取整
sign	符号函数(正或负)
sin	求正弦，输入是弧度
sind	求正弦，输入是角度
sinh	求双曲正弦
size	确定数组的行、列数
sort	数组排序
sortrows	以第一列为标准对行排序
sound	回放音乐
sqrt	求平方根
std	求标准差
sum	数组求和
tan	求正切
var	求方差

习题

初等数学函数

3.1 用函数 nthroot 求–5 的立方根和–5 的 1/3 次方，并做比较。解释这两种方法的不同。再对结果求立方证明这两种方法的正确性。

3.2 MATLAB 可以直接求自然对数(ln)、以 10 为底的对数(lg)和以 2 为底的对数(lb)。如果计算以任意数 b 为底的对数，则可以根据下述公式：

$$\log_b(x) = \frac{\log_e(x)}{\log_e(b)}$$

设 b 从 1 到 10 变化，步长为 1，求 10 的 $\log_b$。

3.3 种群繁殖符合指数规律

$$P = P_0 e^{rt}$$

其中，P 为目前的种群数，P_0 为原始种群数，r 为持续增长率，t 为时间。

现有 100 只兔子，持续增长率是每年 90%($r = 0.9$)，10 年后会有多少只兔子？

3.4　化学反应速度和速率常数 k 成正比，k 与温度有关，阿列纽斯方程如下：

$$k = k_0 e^{-Q/RT}$$

对某一化学反应过程，有

$$Q = 8000 \text{ cal/mol}$$

$$R = 1.987 \text{ cal/mol K}$$

$$k_0 = 1200 \text{ min}^{-1}$$

计算温度在 100 K 与 500 K 之间变化，按步长为 50 K 递增，求所对应的速度常数 k 的值。列表显示输出结果。

3.5　房间的空调需求如图 P3.5 所示。室内的主要热源是照明、电气设备、户外和人体散发的热量。为保持恒温，需要排除这些热量。假设有 20 只照明灯，每只灯释放的热能为 100 J/s；有 4 台家电，每台家电释放的热量为 500 J/s；房间从户外吸入的热量为 3000 J/s。

(a) 空调每秒钟 (s) 应该从房间内排出多少热量？

(b) 一台空调可调节的热量为 2000 J/s，要使房间保持常温需要几台空调？

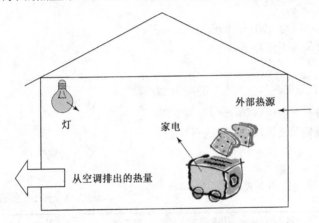

图 P3.5　空调机必须将不同热源产生的热量排放出去

3.6　(a) 4 个人排成一队共有多少种不同的方法？

(b) 10 块不同的砖共有多少种不同的排列方法？

3.7　(a) 将 12 个人每 2 人分成 1 组，共有多少种分法？

(b) 班级 30 个学生组建 11 人足球队，有多少种组队方法？

(c) 若考虑队员的顺序，则有多少种组队方法？

3.8　桌上有 52 张牌，一次拿 5 张牌，共有多少种可能？

3.9　密码学中经常会用到素数。在 10 000 到 20 000 之间共有多少个素数？（提示：用函数 primes 和 length。）

三角函数

3.10　为方便计算，常把正弦、余弦和正切的计算结果用表格形式输出。计算 0 到 2π 之间，步长 0.1 rad，所有角度的三角函数值，用表格显示输出结果。而且，表中应有角度、正弦值、余弦值和正切值等几项内容。

3.11　弹簧的位移如图 P3.11 所示，可用下式进行描述：

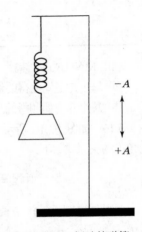

图 P3.11　振动的弹簧

$$x = A\cos(\omega t)$$

其中，

$x =$ 时间 t 内的位移

$A =$ 最大位移

$\omega =$ 角频率，它与弹簧系数和弹簧质量有关

$t =$ 时间

当最大位移 A 为 4 cm，角频率为 0.6 rad/s 时，计算 1 到 10 秒的位移。列表显示位移和时间。

3.12　上题中弹簧的加速度为

$$a = -A\omega^2\cos(\omega t)$$

根据上题所给参数，计算 0 到 10 秒的加速度。列表显示时间、位移和加速度。

3.13　如图 P3.13 所示，利用三角函数可以测量建筑物的高度。已知观测的仰角和观测点到建筑物的距离，根据以下公式可计算建筑物的高度：

$$\tan(\theta) = h/d$$
$$h = d\,\tan(\theta)$$

观测点到建筑物的距离为 120 m，仰角为 $30° \pm 3°$。计算测得的建筑物高度的最大值和最小值。

3.14　上题中，

（a）建筑物高 200 英尺，与观测点的距离为 20 英尺。求观测时的仰角为多少？（假设头部即为水平面。）

（b）观测者头部到建筑物顶端的距离为多少？

数据分析函数

3.15　反应器的温度变化如下表所示：

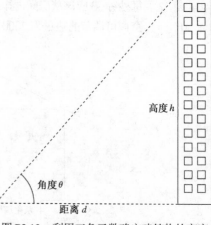

图 P3.13　利用三角函数确定建筑物的高度

热电偶1	热电偶2	热电偶3	热电偶1	热电偶2	热电偶3
84.3	90.0	86.7	85.3	89.5	85.4
86.4	89.5	87.6	85.3	88.9	86.3
85.2	88.6	88.3	85.2	89.1	85.3
87.1	88.9	85.3	82.3	89.5	89.0
83.5	88.9	80.3	84.7	89.4	87.3
84.8	90.4	82.4	83.6	89.8	87.2
85.0	89.3	83.4			

利用 MATLAB，计算

（a）每个热电偶测得的最高温度。

（b）每个热电偶测得的最低温度。

3.16　如图 P3.16 所示，射击角度为 θ，初始速度与射击角度的关系式如下：

$$射程 = \frac{v_0^2}{g}\sin(2\theta)$$

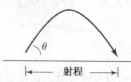
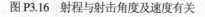

图 P3.16　射程与射击角度及速度有关

θ 的取值范围为 $0 \le \theta \le \pi/2$，忽略空气阻力，取 $g = 9.81$ m/s^2，初始速度为 100 m/s。若 θ 在 $[0, 2\pi]$ 范围内按步长 $\pi/100$ 均匀变化，则可以近似计算出最大射程发生在 $\theta = \pi/2$ 处，但不能精确计算出 θ 的取值。

3.17　矢量

G = [68, 83, 61, 70, 75, 82, 57, 5, 76, 85, 62, 71, 96, 78, 76, 68, 72, 75, 83, 93]

表示热动力学课程的考试成绩分布。用 **MATLAB** 计算该矢量的平均值、中间值、众数和标准差。在平均值、中间值和众数这三个值中，哪一个数最能代表整体水平？为什么？并按升序排列。

3.18　利用 **MATLAB** 产生 10 000 个高斯随机数，其平均值是 80，标准差是 23.5。编程时注意抑制输出，否则会溢出命令窗口。用函数 mean 证明平均值是 80，用函数 std 证明标准差是 23.5。

3.19　用函数 date 将当前日期加在工作单中。

随机数

3.20　在游戏中经常会用到两个骰子，每个骰子上有 1 到 6 六个数字。

(a) 用函数 rand 和取整函数模拟骰子每个面的数字。

(b) 在前述结果的基础上，模拟第二个骰子的数字。

(c) 综合前两个问题的结果，模拟两个骰子的数字组合情况。

(d) 用程序模拟棋盘游戏中掷骰子的过程，玩如图 P3.20 所示的游戏。

3.21　设计一个在两所医院间运送特殊药品的盒子，该盒子的内部需要保持常温。建立模型预测外界温度对盒子的影响，并进行仿真。

(a) 温度服从正态分布(高斯分布)，平均值是 70°F，标准差是 2°F，持续两个小时。从 0 到 120 分钟内，每分钟测量一次温度，有 121 个数据。

(b) 利用 **MATLAB** 中的函数 plot(x, y)，在直角坐标系中描绘各点。

(c) 求该时间段内的最高温度和最低温度。

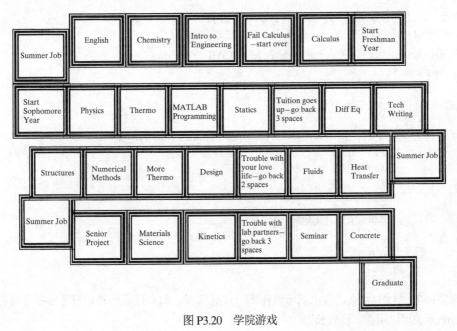

图 P3.20　学院游戏

第4章　MATLAB的矩阵运算

学习目的

通过阅读本章，读者可以掌握如下内容：

- 矩阵运算。
- 从矩阵中提取数据。
- 利用矩阵变量进行数值计算。
- 创建和使用特殊矩阵。

4.1　矩阵运算

本章主要介绍与矩阵运算有关的内容，包括创建矩阵、矩阵合并、从矩阵中提取信息和矩阵特性的运用等。

4.1.1　矩阵定义

在 MATLAB 中，在方括号内直接输入数据就可以定义矩阵。数据之间要用空格或逗号隔开，行与行之间用分号隔开。例如，

```
A = [3.5];
B = [1.5, 3.1]; 或 B = [1.5   3.1];
C = [-1, 0, 0; 1, 1, 0; 0, 0, 2];
```

矩阵的行数据也可以单独占一行，输入 MATLAB 命令

```
C =    [-1,  0,  0;
         1,  1,  0;
         1, -1,  0;
         0,  0,  2]
```

采用这种方法定义时，也可以不用分号。例如下面 4×3 矩阵的定义：

```
C =    [-1,  0,  0
         1,  1,  0
         1, -1,  0
         0,  0,  2]
```

同理，可以用下面的方法定义矩阵：

```
A =
       1
       2
       3
```

如果矩阵的一行中元素过多，则可以在下一行继续写，但本行后面要用逗号和省略号(…)表示未完。省略号也可以用在其他较长语句中。

省略号：省略号表示本行未完，转入下一行。

可以采用下面的方法定义一个有 10 个元素的矩阵 F：

```
F = [1, 52, 64, 197, 42, -42, 55, 82, 22, 109]; 或
```

```
F = [1, 52, 64, 197, 42, -42, ...
        55, 82, 22, 109];
```

在 MATLAB 中也可以用已经定义的矩阵来定义其他矩阵。例如,

```
B = [1.5, 3.1];
S = [3.0, B]
```

返回

```
S =
    3.0    1.5    3.1
```

同理,

```
T = [ 1, 2, 3; S]
```

返回

```
T =
    1     2     3
    3    1.5    3.1
```

如果需要对矩阵的内容进行修改和添加,则可以直接用序号定义元素,这个过程叫索引数组。输入命令

```
S(2) = -1.0;
```

把矩阵 S 中的第二个元素由原来的 1.5 改为–1。在命令窗口中输入矩阵名

```
S
```

返回

```
S =
    3.0    -1.0    3.1
```

还可以在原有矩阵中增加新的元素。输入

```
S(4) = 5.5;
```

可以把矩阵 S 由原来的 3 个元素扩展成 4 个。若

```
S(8) = 9.5;
```

则矩阵 S 会自动扩展成 8 个元素,其中,S(5)、S(6) 和 S(7) 的值都置为 0。

输入

```
S
```

返回

```
S =
    3.0    -1.0    3.1    5.5    0    0    0    9.5
```

4.1.2　冒号的使用

冒号运算符常用于定义一个新矩阵或修改原有矩阵。先用冒号定义一个等差矩阵。例如,

```
H = 1:8
```

返回

```
H =
    1    2    3    4    5    6    7    8
```

上述矩阵的默认步长等于 1。如果 3 个数之间使用冒号,则中间的数值为步长。因此,

```
time = 0.0 : 0.5 : 2.0
```

返回

```
time =
    0    0.5000    1.0000    1.5000    2.0000
```

在进行数值计算时,常用冒号从矩阵中提取数据。如果冒号用在代表行或列的序号位置,则表示所有的行或所有的列。

定义矩阵 M 为

```
M =     [1 2 3 4 5;
         2 3 4 5 6;
         3 4 5 6 7];
```

提取矩阵 M 第一列的命令为

```
x = M(:, 1)
```

返回

```
x =
     1
     2
     3
```

上面的语句可以理解为提取"第 1 列的所有行"。同理可以提取任何一列数据。例如,

```
y = M(:, 4)
```

返回

```
y =
     4
     5
     6
```

上面的语句可以理解为"第 4 列的所有行"。同理,还可以提取行数据。例如,

```
z = M(1,:)
```

返回

```
z =
     1     2     3     4     5
```

上面的语句可以理解为"第 1 行的所有列"。

如果不需要提取整行或整列,冒号可理解为"从_行到_行"或"从_列到_列"。若提取矩阵 M 最下面两行,则输入

```
w = M(2:3,:)
```

返回

```
w =
     2     3     4     5     6
     3     4     5     6     7
```

语句的含义为提取"第 2 行到第 3 行的所有列"。同理,提取矩阵 M 右下角的四个数:

```
w = M(2:3, 4:5)
```

返回

```
w =
     5     6
     6     7
```

语句的含义为提取"第 2 行到第 3 行的第 4 列到第 5 列"数据。

在 MATLAB 中矩阵可以为空。例如,下面两条语句都可以产生一个空矩阵:

```
a = [ ];
b = 4:-1:5;
```

如果在矩阵名后直接加上冒号:

```
M(:)
```

就会把原矩阵转换成一个长的列矢量。

新矩阵是把原矩阵的第 2 列加在第 1 列下面,然后是第 3 列,依此类推。事实上,在计算机内部并不是按照二维的形式存储二维矩阵的,而是把矩阵看成是一个长的列表,与左边矩阵 M 一样。

如果需要从矩阵中提取数字，则可以采用两种方法，即用序号标示或用行和列标示。例如，用以下的命令提取第 2 行、第 3 列的数值：

```
M =
   1
   2
   3
   2
   3
   4
   3
   4                M
   5                M =
   4                      1      2      3      4      5
   5                      2      3      ④      5      6
   6                      3      4      5      6      7
   5                M(2, 3)
   6                ans =
   7                      4
```

关键概念：矩阵中的元素既可以用序号标示，也可以用行列标示。

另一种方法是用序号标示元素。例如矩阵 M 中第 2 行、第 3 列元素序号是 8（数完第 1 列，接下来再数 2 列，直到第 3 列才是对应的元素）。MATLAB 程序代码为

```
M(8)
ans = 4
```

提　　示

如果不知道矩阵有多少行或多少列，则可以用单词 end 表示最后一行或最后一列，例如，

```
M(1,end)
```

返回

```
M(1,end)
ans =
      5
```

输入

```
M(end, end)
```

返回

```
ans =
      7
```

同理

```
M(end)
ans =
      7
```

练习 4.1

在 MATLAB 中创建下列矩阵，完成下面的练习：

$$a = \begin{bmatrix} 12 & 17 & 3 & 6 \end{bmatrix} \qquad b = \begin{bmatrix} 5 & 8 & 3 \\ 1 & 2 & 3 \\ 2 & 4 & 6 \end{bmatrix} \qquad c = \begin{bmatrix} 22 \\ 17 \\ 4 \end{bmatrix}$$

1. 将矩阵 a 的第二列元素赋值给变量 x1。在数学教科书中矩阵 a 的第二列元素有时表示为 $a_{1,2}$，x1 表示为 $x1 = a_{1,2}$。

2. 将矩阵 b 的第三列元素赋值给变量 x2。

3. 将矩阵 b 的第三行元素赋值给变量 x3。

4. 将矩阵 b 对角线上的元素赋值给变量 x4（即元素 $b_{1,1}$，$b_{2,2}$ 和 $b_{3,3}$）。

5. 将矩阵 a 的前三个元素作为变量 x5 的第一行元素，矩阵 b 作为变量 x5 的第二到第四行元素。

6. 变量 x6 的第一列等于矩阵 c，第 2、3、4 列等于矩阵 b，最后一行等于矩阵 a。

7. 用单个序号定义的方法定义变量 x7 等于矩阵 b 的第 8 个元素。

8. 把矩阵 b 转换成列矢量，并命名为 x8。

例 4.1　温度数据的使用

美国国家气象局搜集了大量气象数据，但收集到的数据并不总是按照统一格式进行组织的。以 1999 年北卡罗莱纳州阿西维尔的气候数据为例，利用这些数据可以构成多个矩阵，然后对这些数据进行提取或重组，构成一个新的矩阵。图 4.1 显示了由温度数据创建的伪色图。

数据来源于 Excel 文件 Asheville_1999.xls（见附录 B）。用 MATLAB 计算年平均最高气温和最低气温，以及年最高气温和年最低气温，并将计算结果放在新矩阵 temp_data 中。

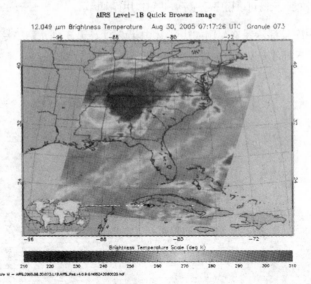

图 4.1　用气象卫星提供的温度数据所创建的伪色图（由 NASA 喷射推进实验室提供）

1. 问题描述

计算 1999 年北卡罗莱纳州阿西维尔的年平均最高气温、年平均最低气温、年最高气温和年最低气温。

2. 输入/输出描述

输入：数据文件 Asheville_1999.xls。

输出：年平均最高气温、年平均最低气温、年最高气温和年最低气温。

输出一个矩阵，矩阵中应包含年平均最高气温、年平均最低气温、月最高气温和月最低气温，但不包括年度数据。

3. 手工分析

用计算器对数据表中第 2 列的 12 个月天气数据求平均。

4. MATLAB 实现

首先，从 Excel 中导出数据，保存到当前目录的 Asheville_1999.mat 文件中。数据可以通过 M 文件导入工作区。

```
%  Example 4.1
%  In this example, we extract data from a large matrix and
%  use the data analysis functions to find the mean high
%  and mean low temperatures for the year and to find the
%  high temperature and the low temperature for the year
%
clear, clc
%  load the data matrix from a file
load asheville_1999
%  extract the mean high temperatures from the large matrix
mean_max = asheville_1999(1:12,2);
%  extract the mean low temperatures from the large matrix
mean_min = asheville_1999(1:12,3);
%  Calculate the annual means
annual_mean_max = mean(mean_max)
annual_mean_min = mean(mean_min)
%  extract the high and low temperatures from the large
%  matrix
high_temp = asheville_1999(1:12,8);
low_temp = asheville_1999(1:12,10);
%  Find the max and min temperature for the year
max_high = max(high_temp)
min_low = min(low_temp)
%  Create a new matrix with just the temperature
%  information
new_table =[mean_max, mean_min, high_temp, low_temp]
```

在命令窗口中显示如下结果:

```
annual_mean_max =
    68.0500
annual_mean_min =
    46.3250
max_high =
    96
min_low =
    9
new_table =
    51.4000    31.5000    78.0000     9.0000
    52.6000    32.1000    66.0000    16.0000
    52.7000    32.5000    76.0000    22.0000
    70.1000    48.2000    83.0000    34.0000
    75.0000    51.5000    83.0000    40.0000
    80.2000    60.9000    90.0000    50.0000
    85.7000    64.9000    96.0000    56.0000
    86.4000    63.0000    94.0000    54.0000
    79.1000    54.6000    91.0000    39.0000
    67.6000    45.5000    78.0000    28.0000
    62.2000    40.7000    76.0000    26.0000
    53.6000    30.5000    69.0000    15.0000
```

5. 结果验证

把计算结果与 1999 年北卡罗莱纳州阿西维尔的气候数据表的最后一行数据进行比较，确定结果是否正确，这一步非常必要。

4.2 双变量问题的求解

到目前为止，所有的计算问题都只限于一个变量。但是，大多数物理现象要受到多方面因素的影响。本节主要介绍变量为矢量时，问题的求解方法。

先看下面的 MATLAB 语句：

```
x = 3;
y = 5;
A = x * y
```

其中，x, y 都是标量，很容易得到计算结果：$x \cdot y = 15$，或者

```
A =
        15
```

如果 y 是标量，x 是矩阵，

```
x = 1:5;
```

x 有 5 个值，y 是标量，只有一个值(5)，那么

```
A = x * y
```

返回

```
A =
        5       10      15      20      25
```

计算依然很简单。但如果 y 也是矢量，

```
y = 1:3;
A = x * y
```

则会提示出错：

```
??? Error using ==> *
Inner matrix dimensions must agree.
```

通过错误提示可知，星号是矩阵乘法运算符，应该使用点积(.*)求元素间的乘法。矩阵 x 和 y 的大小必须相等才能做乘法运算。输入

```
y = linspace(1,3,5)
```

就会创建一个新的有 5 个元素的等差矢量 y，

```
y =
      1.0000    1.5000    2.0000    2.5000    3.0000
A = x .* y
A =
      1       3       6       10      15
```

关键概念：两个矩阵运算时，矩阵的大小必须一致。

尽管上述运算过程可以进行下去，但是运算结果显然不是所希望的。这个结果相当于是矩阵的对角线元素。

利用上述方法不能求矢量 x 第 3 个元素和矢量 y 第 5 个元素的乘积。若矢量 x 和矢量 y 相乘的结果 A 为二维矩阵，那么两个输入矢量必须是二维矩阵。MATLAB 内置函数 meshgrid 可以把输入矢量转换成二维矩阵，这样即使 x 和 y 的大小不同，也可以进行乘法运算。

先把 y 改为一个三元素矢量：

```
y = 1:3;
```

然后用函数 meshgrid 产生两个新的二维矩阵 new_x 和 new_y：

```
[new_x, new_y]=meshgrid(x,y)
```

关键概念：利用函数 meshgrid 把两个一维变量映射成两个大小相同的二维矢量。

函数 meshgrid 有两个输入矢量，可以产生两个新的二维矩阵，每个矩阵的行列数都相同。列数等于矢量 x 的元素个数，行数等于矢量 y 的元素个数。这种运算称为把矢量映射成二维数组：

```
new_x =
     1     2     3     4     5
     1     2     3     4     5
     1     2     3     4     5
new_y =
     1     1     1     1     1
     2     2     2     2     2
     3     3     3     3     3
```

映射后，new_x 的所有行相同，new_y 的所有列相同。可以进行矩阵相乘，并得到一个二维矩阵

```
A = new_x.*new_y
A =
     1     2     3     4     5
     2     4     6     8    10
     3     6     9    12    15
```

对应元素相乘的结果如表 4.1 所示。

表 4.1　对应元素相乘的结果

				x		
		1	2	3	4	5
	1.0	1				
	1.5		3			
y	2.0			6		
	2.5				12	
	3.0					15

练习 4.2

使用函数 meshgrid

1. 矩形面积等于长乘以宽（见图 4.2）（面积 = 长×宽）。求长分别为 1 cm、3 cm、5 cm，宽等于 2 cm、4 cm、6 cm 和 8 cm 的矩形面积（应该有 12 个结果）。

2. 圆柱体体积为 $\pi r^2 h$。求半径为 0~12 m，高度为 10~20 m 的圆柱体体积。半径步长为 3 m，高度步长为 2 m。

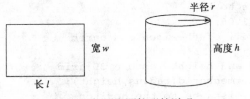

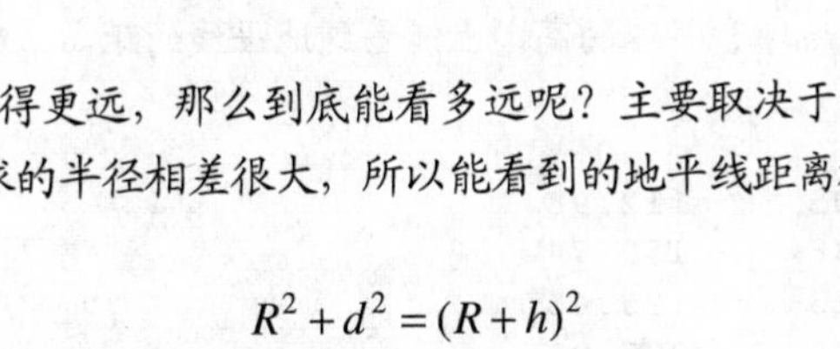

图 4.2　矩形和圆柱形的说明

例 4.2　地平线的距离

一般来说，站得高会看得更远，那么到底能看多远呢？主要取决于山的高度和地球的半径，如图 4.3 所示。由于月球和地球的半径相差很大，所以能看到的地平线距离相差也很远。

根据勾股定理可知

$$R^2 + d^2 = (R + h)^2$$

可以求出 $d = \sqrt{h^2 + 2Rh}$ 。

　　已知地球半径是 6378 km，月球半径是 1737 km，根据上面的等式可以计算地球和月球的地平线距离。站在 0 到 8000 m 高的山上(珠穆朗玛峰海拔 8850 m)看到地平线的距离分别是多少？

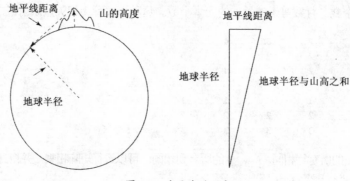

图 4.3　地平线的距离

1. 问题描述

从地球和月球的高山上能看到地平线的距离。

2. 输入/输出描述

输入　月球半径为 1737 km，地球半径为 6378 km，山高 0~8000 m。

输出　地平线的距离，单位为 km。

3. 手工分析

$$d = \sqrt{h^2 + 2Rh}$$

已知地球半径，山的高度为 8000 m，于是

$$d = \sqrt{(8 \text{ km})^2 + 2 \times 6378 \text{ km} \times 8 \text{ km}} = 319 \text{ km}$$

4. MATLAB 实现

```
%Example 4.2
%Find the distance to the horizon
%Define the height of the mountains
% in meters
clear, clc
format bank
%Define the height vector
height=0:1000:8000;
%Convert meters to km
height=height/1000;
%Define the radii of the moon and earth
radius = [1737      6378];
%Map the radii and heights onto a 2D grid
[Radius,Height]=meshgrid(radius,height);
%Calculate the distance to the horizon
distance=sqrt(Height.^2 + 2*Height.*Radius)
```

执行 M 文件，计算出在地球和月球的高山上能看到地平线的距离，列表显示结果。

```
distance =
         0              0
     58.95         112.95
     83.38         159.74
    102.13         195.65
    117.95         225.92
```

131.89	252.60
144.50	276.72
156.10	298.90
166.90	319.55

5. 结果验证

由手工计算可知，站在 8000 m 的山峰上看到的地平线距离是 319 km，与 MATLAB 计算结果相符。

例 4.3　自由落体运动

计算自由落体下降距离的公式是（忽略空气阻力）

$$d = \frac{1}{2}gt^2$$

其中，d 为距离，g 为重力加速度，t 为时间。

当卫星绕行星飞行时，它处于自由落体的状态。很多人认为航天器进入轨道后不受重力作用，其实，正是由于重力的作用飞行器才能在轨道上正常飞行。飞行器（或卫星）在飞行时实际上是逐渐下降的（见图 4.4）。如果水平方向上的速度很快，飞行器仍然会在轨道上飞行，否则，飞行器就会降落到地面上。

重力加速度 g 是一个常数，其数值取决于行星的质量。不同的星球具有不同的重力加速度（见表 4.2）。

计算太阳系各大行星以及月球上一个物体在 100 s 之内下落的距离。

1. 问题描述

计算在 100 s 之内物体在各星球不同重力加速度的作用下，自由下落的距离。

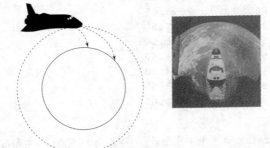

图 4.4　空间飞行器总是朝着地球降落（由 NASA//喷射推进实验室提供）

表 4.2　太阳系各个星球的重力加速度

星球	重力加速度	星球	重力加速度
水星	$g = 3.7\ \text{m/s}^2$	木星	$g = 23.12\ \text{m/s}^2$
金星	$g = 8.87\ \text{m/s}^2$	土星	$g = 8.96\ \text{m/s}^2$
地球	$g = 9.8\ \text{m/s}^2$	天王星	$g = 8.69\ \text{m/s}^2$
月球	$g = 1.6\ \text{m/s}^2$	海王星	$g = 11.0\ \text{m/s}^2$
火星	$g = 3.7\ \text{m/s}^2$	冥王星	$g = .58\ \text{m/s}^2$

2. 输入/输出描述

输入：各大行星和月球的重力加速度，时间由 0 到 100 s。

输出：各大行星和月球上自由下落的距离。

3. 手工分析

在水星上自由下落 100 s 的距离。

$$d = 1/2\ gt^2$$
$$d = 1/2 \times 3.7\ \text{m/s}^2 \times 100^2\ \text{s}^2$$
$$d = 18\,500\ \text{m}$$

4. MATLAB 实现

```
%Example 4.3
%Free fall
clear, clc
%Try the problem first with only two planets, and a coarse
%  grid
format bank
%Define constants for acceleration due to gravity on
%Mercury and Venus
acceleration_due_to_gravity = [3.7, 8.87];
time=0:10:100;        %Define time vector
%Map acceleration_due_to_gravity and time into 2D matrices
[g,t]=meshgrid(acceleration_due_to_gravity, time);
%Calculate the distances
distance=1/2*g.*t.^2
```

运行 M 文件，计算出在水星和金星上自由下落的距离：

```
distance =
                0                0
           185.00           443.50
           740.00          1774.00
          1665.00          3991.50
          2960.00          7096.00
          4625.00         11087.50
          6660.00         15966.00
          9065.00         21731.50
         11840.00         28384.00
         14985.00         35923.50
         18500.00         44350.00
```

5. 结果验证

利用 MATLAB 计算出物体在水星上下落 100 s 的距离为 18 500 m，这和前面手工计算的结果相吻合。

M 文件不但可以计算出在水星和金星上物体自由下落的距离，也可以求出在其他行星上物体自由下落的距离。若检验后程序没有错误，就可以用于计算物体在其他星球上自由下落的距离：

```
%Redo the problem with all the data
clear, clc
format bank
%Define constants
acceleration_due_to_gravity  = [3.7, 8.87, 9.8, 1.6, 3.7,
23.12 8.96, 8.69, 11.0, 0.58];
time=0:10:100;
%Map acceleration_due_to_gravity and time into 2D matrices
[g,t]=meshgrid(acceleration_due_to_gravity,time);
%Calculate the distances
d=1/2*g.*t.^2
```

对于图 4.5 中给出的计算结果，有几点需要注意。首先，工作区的 acceleration_due_to_gravity 是一个 1×10 的矩阵(每个星球对应一个值)，time 是一个 1×11 的矩阵，函数 meshgrid 把矢量 g,t 都映射成 11×10 的矩阵。在命令窗口上用 format bank 命令显示出计算结果。

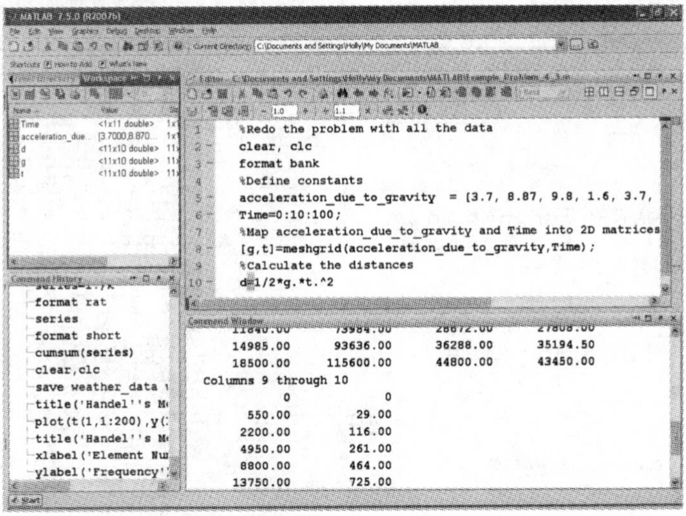

图 4.5　物体在每一星球上自由下落的距离计算结果

提　　示

　　在编辑窗口中编写 MATLAB 程序，对程序中的部分代码可以进行注释，或取消注释。对程序代码的注释可以采用逐行添加%的方法，也可以成块添加%的方法，后者操作起来更方便。首先选中需要注释的内容，然后在 text 下拉菜单中选中 comment 即可完成注释。当需要取消注释时，选中已注释的代码内容，从 text 下拉菜单中选择 uncomment(text→uncomment)完成取消过程。在编辑窗口中单击鼠标右键也可以调出菜单，完成此项功能。

4.3　特殊矩阵

　　表 4.3 列出了定义特殊矩阵的 MATLAB 函数。

表 4.3　矩阵生成和矩阵运算的函数

zeros(m)	创建 m×m 的全零矩阵	zeros(3) ans = 　0　0　0 　0　0　0 　0　0　0
zeros(m, n)	创建 m×n 的全零矩阵	zeros(2, 3) ans = 　0　0　0 　0　0　0
ones(m)	创建 m×m 的全 1 矩阵	ones(3) ans = 　1　1　1 　1　1　1 　1　1　1
ones(m, n)	创建 m×n 的全 1 矩阵	ones(2, 3) ans = 　1　1　1 　1　1　1
diag(A)	提取二维矩阵 A 中的对角元素	A = [1 2 3; 3 4 5; 1 2 3]; diag(A) ans = 　1 　4 　3

	以矢量 A 中的元素为对角元素创建一个方阵。
	通过帮助功能可以了解更多函数 diag 的使用方法
		`A = [1 2 3]`
		`diag(A)`
		`ans =`
		`　1　0　0`
		`　0　2　0`
		`　0　0　3`

fliplr	对矩阵的列进行左右对称翻转	`A = [1 0 0; 0 2 0; 0 0 3]`
		`fliplr(A)`
		`ans =`
		`　0　0　1`
		`　0　2　0`
		`　3　0　0`

flipud	对矩阵的行进行上下对称翻转	`flipud(A)`
		`ans =`
		`　0　0　3`
		`　0　2　0`
		`　1　0　0`

magic(m)	创建 m×m 的魔方矩阵	`magic(3)`
		`ans =`
		`　8　1　6`
		`　3　5　7`
		`　4　9　2`

4.3.1　全零矩阵

使用函数 zeros 可以在 MATLAB 中创建一个全零矩阵，如果函数 zeros 的输入参数是一个标量，则产生一个方阵：

```
A = zeros(3)
A =
     0     0     0
     0     0     0
     0     0     0
```

如果函数 zeros 的输入参数是两个标量，则第一个参数代表全零矩阵的行数，第二个参数代表全零矩阵的列数：

```
B = zeros(3,2)
B =
     0     0
     0     0
     0     0
```

4.3.2　全 1 矩阵

函数 ones 与函数 zeros 类似，只是它产生一个全 1 矩阵：

```
A = ones(3)
A =
     1     1     1
     1     1     1
     1     1     1
```

同理，函数 ones 有两个参数，可以用来定义全 1 矩阵的行数和列数：

```
B = ones(3,2)
B =
     1     1
     1     1
     1     1
```

函数 zeros 和 ones 主要用于创建"占位"矩阵，元素值以后添加。例如，创建一个有 5 个元素的矢量，其中每个元素的数值都等于 π。首先要创建一个全 1 矩阵：

```
a = ones(1,5)
```
输出
```
a =
    1    1    1    1    1
```
然后乘以 π,
```
b = a*pi
```
结果为
```
b =
    3.1416    3.1416    3.1416    3.1416    3.1416
```
全零矩阵加 π 也可以得到同样的结果。例如,
```
a = zeros(1,5);
b = a+pi
```
输出
```
b =
    3.1416    3.1416    3.1416    3.1416    3.1416
```
全零矩阵和全 1 矩阵常用做占位矩阵,用于程序的循环结构,这样可以提高运行速度。

关键概念: 全零矩阵和全 1 矩阵主要用于占位。

4.3.3　对角矩阵

用函数 diag 可以提取矩阵对角线上的元素。例如,定义方阵
```
A = [1 2 3; 3 4 5; 1 2 3];
```
用
```
diag(A)
```
提取主对角线上的元素,输出
```
ans =
    1.00
    4.00
    3.00
```
定义函数 diag 的第二个输入参数 k,可以提取出其他对角线上的元素。若 k 为正数,则提取矩阵右上角对角线上的元素;若 k 为负数,则提取左下角对角线上的元素,如图 4.6 所示。

命令
```
diag(A,1)
```
返回
```
ans =
    2
    5
```
如果函数 diag 的输入不是二维矩阵,而是矢量
```
B = [1 2 3];
```
那么,MATLAB 会把输入矢量作为对角线元素产生一个新的矩阵,并将新矩阵的其他元素置为零:
```
diag(B)
ans =
    1    0    0
    0    2    0
    0    0    3
```

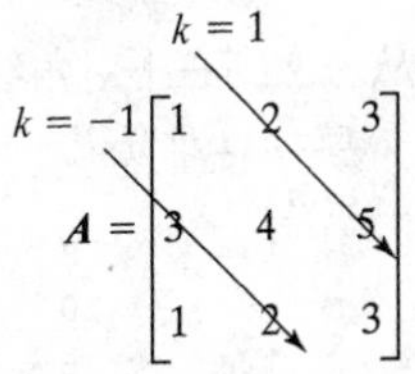

图 4.6　利用参数 k 可以描述矩阵中任何一个对角线

通过定义第二个输入参数，可以把矢量中的元素定义成矩阵的任何一个对角线：

```
diag(B,1)
ans =
     0     1     0     0
     0     0     2     0
     0     0     0     3
     0     0     0     0
```

4.3.4　魔方矩阵

在 MATLAB 中用函数 `magic` 可以产生一种有趣但没有实际用途的特殊矩阵，即魔方矩阵。在魔方矩阵中，所有的行、列以及对角元素之和均相等，例如，

```
A = magic(4)
A =
    16     2     3    13
     5    11    10     8
     9     7     6    12
     4    14    15     1
sum(A)
ans =
    34    34    34    34
```

对矩阵进行转置，求矩阵各行的和：

```
sum(A')
ans =
    34    34    34    34
```

在魔方矩阵中不仅所有行、列元素之和相等，对角线元素之和也相等。从左到右提取对角线元素：

```
diag(A)
ans =
    16
    11
     6
     1
```

对角线元素之和与所有行、列元素之和都相等：

```
sum(diag(A))
ans =
    34
```

为了求从左上到右下对角线元素之和，需要先对矩阵翻转，然后再进行对角元素求和：

```
fliplr(A)
ans =
    13     3     2    16
     8    10    11     5
    12     6     7     9
     1    15    14     4
diag(ans)
ans =
    13
    10
     7
     4
sum(ans)
ans =
    34
```

阿尔布雷特·丢勒 1514 年创作的木雕《忧郁》是最早有关魔方矩阵的记载，如图 4.7 所示。学者认为魔方矩阵和当时风靡一时的炼金术有关。创作时间 1514 是方阵最底下一行中间的两个数字，如图 4.8 所示。

几个世纪以来，魔方矩阵吸引了无数的学者和数学爱好者。例如，本杰明·富兰克林做过关于魔方矩阵的实验。在 MATLAB 中可以产生任何大于 2×2 的魔方矩阵，魔方矩阵的解不是唯一的，也可能有其他的解。

图 4.7　阿尔布雷特·丢勒 1514 年创作的木　　　　图 4.8　阿尔布雷特·丢勒将木雕的创作时间(1514)
　　雕《忧郁》(国会图书馆提供)　　　　　　　　　　刻在了魔方中(国会图书馆提供)

练习 4.3

1. 创建一个 3×3 的全零矩阵。
2. 创建一个 3×4 的全零矩阵。
3. 创建一个 3×3 的全 1 矩阵。
4. 创建一个 5×3 的全 1 矩阵。
5. 创建一个 4×6 的矩阵，矩阵中所有元素都等于 π。
6. 用函数 diag 创建一个对角线元素为 1、2、3 的矩阵。
7. 创建一个 10×10 的魔方矩阵。
   a. 提取矩阵对角线上的元素。
   b. 提取矩阵左下角到右上角对角线上的元素。
   c. 证明矩阵所有行、列及对角线元素之和相等。

本章小结

本章主要介绍了矩阵的运算。通过冒号运算符，可以用小规模矩阵构建大规模矩阵，以及在矩阵中提取相应的元素。其中冒号可以视为"所有行"或"所有列"。如果冒号在行序号和列序号中间时可理解为"几到几(行或列)"。例如，

```
A(:,2:3)
```

可理解成"矩阵 A 的第 2 列到第 3 列之间所有行的值"。冒号单独使用时表示把二维矩阵转换成列矢量，如 A(:)。事实上在计算机内部是以列表的形式存储数据的，可以用序号或行列号标识数据的位置。

函数 meshgrid 用于把矢量映射成二维矩阵，以便对长度不同的矩阵进行运算。

MATLAB 还有一些创建特殊矩阵的函数：

- zeros，创建全零矩阵。
- ones，创建全 1 矩阵。
- diag，提取矩阵对角线元素。当输入为矢量时，产生方阵。
- magic，创建一个所有的行、列、对角线元素之和相等的方阵。

此外，MATLAB 中还有对矩阵进行左右或上下翻转的函数。

MATLAB 小结

在 MATLAB 小结中，列出本章介绍的符号、命令和函数。

特殊符号	
:	冒号
…	省略号，表示下一行继续
[ ]	空矩阵

命令和函数	
meshgrid	把变量映射为二维数组
zeros	创建全零矩阵
ones	创建全 1 矩阵
diag	提取矩阵对角线元素
fliplr	矩阵左右翻转
flipud	矩阵上下翻转
magic	创建魔方矩阵

习题

4.1　创建下面的矩阵并完成下列习题：

$$a = \begin{bmatrix} 15 & 3 & 22 \\ 3 & 8 & 5 \\ 14 & 3 & 82 \end{bmatrix} \qquad b = \begin{bmatrix} 1 \\ 5 \\ 6 \end{bmatrix} \qquad c = [12\ 18\ 5\ 2]$$

(a) 用矩阵 a 的第三列元素组成一个新矩阵 d。

(b) 把矩阵 b 和 d 合并成一个三行两列的二维矩阵 e。

(c) 把矩阵 b 和 d 合并成一个六行一列的矩阵 f。

(d) 将矩阵 c 作为前三个元素，与矩阵 a 组成一个四行三列的矩阵 g。

(e) 创建一个矩阵 h，它的第一个元素是 $a_{1,3}$，第二个元素是 $c_{1,2}$，第三个元素是 $b_{2,1}$。

4.2　导入数据文件 thermo_scores.dat，或把本题(e)结果的数据直接输入矩阵 thermo_scores 中。

(a) 提取学生 5 的成绩及学号，放入行矢量 student_5 中。

(b) 把考试 1 的成绩存入列矢量 test.1 中。

(c) 计算每次考试的标准差和方差。

(d) 假设每次考试满分为 100 分，求每个学生的总成绩和平均成绩(注意学号不能求和)。

(e) 在原始表格后加上平均分与总成绩这两项内容。

(f) 保持行数据不变，按照平均分从高到低对矩阵降序排序(通过 help 了解正确的语法)。

学　　号	考试 1	考试 2	考试 3	学　　号	考试 1	考试 2	考试 3
1	68	45	92	11	62	34	87
2	83	54	93	12	71	45	85
3	61	67	91	13	96	56	45
4	70	66	92	14	78	65	87
5	75	68	96	15	76	43	97
6	82	67	90	16	68	76	95
7	57	65	89	17	72	65	89
8	5	69	89	18	75	67	88
9	76	62	97	19	83	68	91
10	85	52	94	20	93	90	92

4.3　根据下表回答问题:

时间 (hr)	热电偶 1 °F	热电偶 2 °F	热电偶 3 °F	时间 (hr)	热电偶 1 °F	热电偶 2 °F	热电偶 3 °F
0	84.3	90.0	86.7	14	85.3	89.5	85.4
2	86.4	89.5	87.6	16	85.3	88.9	86.3
4	85.2	88.6	88.3	18	85.2	89.1	85.3
6	87.1	88.9	85.3	20	82.3	89.5	89.0
8	83.5	88.9	80.3	22	84.7	89.4	87.3
10	84.8	90.4	82.4	24	83.6	89.8	87.2
12	85.0	89.3	83.4				

(a) 创建一个列矢量 times，范围在 0 到 24 之间，步长为 2 小时。

(b) 导入热电偶温度数据文件 thermocouple.dat，或根据表格中的数据直接输入矩阵 thermocouple 中。

(c) 用题(a)中创建的变量 times 以及矩阵 thermocouple 中的数据创建一个与本题表格对应的矩阵。

(d) 函数 max 和 min 不仅能按列查找最大值或最小值，还可以输出极值的位置，使用函数 max 和 min 求各列出现最大值和最小值时所对应的采样时间 times。

4.4　文件 sensor.dat 包含从传感器上搜集的数据。导入数据文件或根据下表直接输入数据:

时间（s）	传感器 1	传感器 2	传感器 3	传感器 4	传感器 5
0.0000	70.6432	68.3470	72.3469	67.6751	73.1764
1.0000	73.2823	65.7819	65.4822	71.8548	66.9929
2.0000	64.1609	72.4888	70.1794	73.6414	72.7559
3.0000	67.6970	77.4425	66.8623	80.5608	64.5008
4.0000	68.6878	67.2676	72.6770	63.2135	70.4300
5.0000	63.9342	65.7662	2.7644	64.8869	59.9772
6.0000	63.4028	68.7683	68.9815	75.1892	67.5346
7.0000	74.6561	73.3151	59.7284	68.0510	72.3102
8.0000	70.0562	65.7290	70.6628	63.0937	68.3950
9.0000	66.7743	63.9934	77.9647	71.5777	76.1828
10.0000	74.0286	69.4007	75.0921	77.7662	66.8436
11.0000	71.1581	69.6735	62.0980	73.5395	58.3739
12.0000	65.0512	72.4265	69.6067	79.7869	63.8418
13.0000	76.6979	67.0225	66.5917	72.5227	75.2782
14.0000	71.4475	69.2517	64.8772	79.3226	69.4339
15.0000	77.3946	67.8262	63.8282	68.3009	71.8961
16.0000	75.6901	69.6033	71.4440	64.3011	74.7210
17.0000	66.5793	77.6758	67.8535	68.9444	59.3979
18.0000	63.5403	66.9676	70.2790	75.9512	66.7766
19.0000	69.6354	63.2632	68.1606	64.4190	66.4785

每隔一秒从传感器上采集一次数据，第一行是第 0 秒时采集的数据，第二行是 1 秒后采集的数据，依此类推。

(a) 读取数据文件，提取传感器的个数和采样次数(提示：使用函数 size)。

(b) 找出各传感器采样数据的最大值和最小值,用 MATLAB 求出最大值和最小值对应的采样时刻。

(c) 计算各传感器采样数据的平均值和标准差。注意,第 1 列数据是采样时刻而不是采样数据。

4.5　三角形的面积为底乘高除以 2,如图 P4.5 所示,计算底在 0~10 m 之间,高在 2~6 m 之间的三角形面积。选择合适的步长完成相应的计算,计算结果应该是二维矩阵。

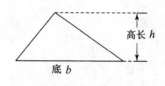

图 P4.5　三角形面积

4.6　气压计主要用于测量大气压强,如图 P4.5 所示。气压计中的液体一般密度较高,过去常常使用水银。但由于水银有毒,现在常用其他液体代替。测量的大气压强等于液面高度 h 乘以液体密度 ρ,再乘以重力加速度 g,即

$$P = h\rho g$$

整理后,得到液面高度 h 为

$$h = \frac{P}{\rho g}$$

现有两个气压计,一个气压计中的液体是水银,密度为 13.56 g/cm³(13 560 kg/m³);另一个气压计中的液体是水,密度为 1.0 g/cm³(1000 kg/m³)。重力加速度为 9.81 m/s²。计算大气压强在 0 到 100 kPa 范围内变化时,两个气压计的液面高度。输出为二维矩阵,计算前需要统一单位。大气压强的单位是帕斯卡(Pa),等于 1 kg/ms²,一个 kPa 是 1000 帕斯卡。

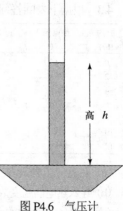

图 P4.6　气压计

4.7　理想气体定律 $Pv = RT$ 描述了气体的运动规律。利用下式可以计算气体比容 v(单位为 m³/kg):

$$v = \frac{RT}{P}$$

计算温度在 100~1000 K 之间、压强在 100~1000 kPa 之间时,气体的比容。空气的 R 值为 0.2870 kJ/(kgK),在理想气体定律中,气体成分不同,R 值也不同。有的公式中,R 为常数,这和气体的摩尔质量有关。化学和热力学课程会详细介绍这个方程。输出结果应该是一个二维矩阵。

4.8　创建与习题 4.1 中矩阵 a、b、c 规模相同的全 0 矩阵(使用函数 size 完成本题)。

4.9　创建一个 6×6 的魔方矩阵,计算:

(a) 每一行之和　　　　　　(b) 每一列之和　　　　　　(c) 对角线之和

4.10　在题 4.9 中,从魔方矩阵的左上角提取一个 3×3 的矩阵,判断这个矩阵是否仍是魔方矩阵。

4.11　创建一个 5×5 的魔方矩阵 a。

(a) 矩阵 a 乘以一个常数(例如 2)后是否还是一个魔方矩阵?

(b) 矩阵 a 中每个元素都做平方运算,新产生的矩阵是否还是魔方矩阵?

(c) 矩阵 a 的每个元素都加上一个常数,新产生的矩阵是否还是魔方矩阵?

(d) 创建一个由下面几部分组成的 10×10 矩阵,如图 P4.11 所示:

● 矩阵 a。

● 2 倍的矩阵 a。

● a 的元素的平方矩阵。

● 矩阵 a 加上 2。

结果是魔方矩阵吗? 矩阵的顺序会不会影响最后结果?

a	$2*a$
a^2	$a+2$

图 P4.11　用矩阵构造矩阵

第5章 绘 图

学习目的

通过阅读本章，读者可以掌握如下内容：

- 绘制二维图形，并对二维图形进行标注。
- 调整图形。
- 子图窗口的划分。
- 绘制三维图形。
- 使用交互绘图工具。

引言

大规模的数据表格很难直观表现信息内容，而工程师利用图形化技术可以使信息更加容易理解。图形化技术可以直观地反映出数据的变化趋势、最大值和最小值，也可以非常容易地检查出因计算或测量引起的错误数据点。而且，图形化数据可以让人迅速准确地判断所编写的计算程序是否能够得出正确的结果。

5.1 二维图

在工程中最常用的图形是 x-y 坐标图。x-y 坐标图就是用一系列有序数据标识出的二维坐标平面上的点，然后把这些点用直线连起来就构成二维图形。通过测量或计算得到 x 和 y 的坐标值，一般情况下，自变量 x 的值描绘在 x 轴上，因变量 y 的值描绘在 y 轴上。

5.1.1 基本绘图

简单的 x–y 坐标图

已知矢量 x、y 的值，就可以根据 x、y 的值绘制图形。假设根据测量结果获得一组时间和距离的数据。

x 是时间矢量(用户可以根据需要给变量命名)，y 是距离矢量：

```
x = [0:2:18];
y = [0, 0.33, 4.13, 6.29, 6.85, 11.19, 13.19, 13.96,
    16.33, 18.17];
```

以 x、y 为参数，用 plot 命令描绘各点：

```
plot(x,y)
```

图形窗口自动打开，相关数据点如图 5.1 所示。根据图形窗口的大小，图形标度会有些变化。

标题、标注和栅格

在实际工程中往往要给出图形的标题，以及坐标轴上变量的单位。用以下命令可以在图形上添加相应的标题、x 轴和 y 轴的标注，以及栅格：

```
plot(x,y)
xlabel('Time, sec' )
ylabel('Distance, ft')
grid on
```

关键概念：图形中的坐标轴要有单位。

时间（s）	距离（ft）
0	0
2	0.33
4	4.13
6	6.29
8	6.85
10	11.19
12	13.19
14	13.96
16	16.33
18	18.17

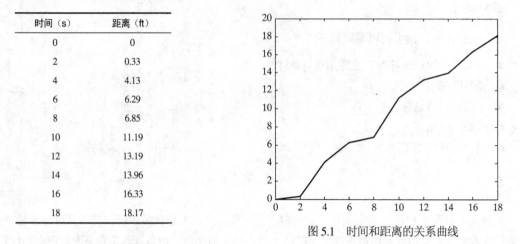

图 5.1　时间和距离的关系曲线

以上命令生成的图形如图5.2所示。也可以将上述语句合并在一起，用逗号隔开写成一行或两行：

```
plot(x,y) , title('Laboratory Experiment 1')
xlabel('Time, sec' ), ylabel('Distance, ft'), grid
```

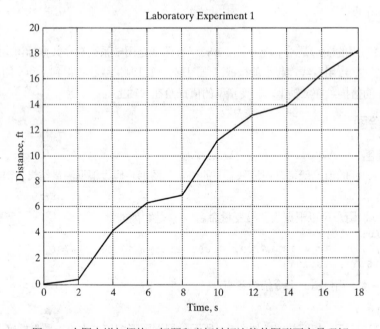

图 5.2　在图中增加栅格、标题和坐标轴标注能使图形更容易理解

字符串：用单引号括起来的一串字符。

输入上面的命令时，单引号(·)后的内容变为红色，用于提示输入字符串。输入后面的单引号后颜色变成紫色，提示输入的字符串结束。这些提示可以避免输入错误。MATLAB 6 版本的提示颜色可能不同，但作用是相同的。

如果当前窗口是命令窗口，则图形窗口在所有窗口最上面弹出，如图 5.3 所示。单击命令窗口或把图形窗口最小化，可以继续在命令窗口编写程序。用户可以随时调节图形窗口的大小，或单击图形窗口右上角的缩进箭头进行调节。

提　　示
单击命令窗口后，会隐藏图形窗口。选择屏幕最下面 Windows 任务栏的图形窗口，图形窗口就会自动弹出。

提　　示
添加标题和坐标轴标注前要先创建图形，否则绘图命令会删除前面已经设置的标注。

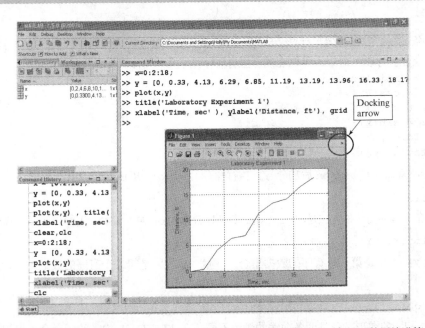

图 5.3　图形窗口在命令窗口上弹出，用户可以调节图形窗口的大小，也可以使用缩进箭头

提　　示
命令 xlabel、ylabel 和 title 中的字符串一般用单引号结束，在 MATLAB 中也可以使用撇号（如 it's）。输入两个单引号中间可以用撇号隔开，但不能使用双引号，如 xlabel('Holly's Data')。

创建多个图形

编程过程中经常需要绘制完图形后继续进行计算，然后，又绘制图形。MATLAB 可以随时生成和显示图形窗口，但生成的第二幅图形会覆盖掉第一幅图形。解决这个问题的方法有两个，一是用 pause 命令暂停程序，二是用 figure 创建新的图形。

使用 figure 重新打开一个新的图形窗口，并在窗口中绘制图形。例如，输入

```
figure(2)
```

会出现一个新的图形窗口，名称为 Figure 2，可以在此窗口中绘制下一个图形。若 figure 没有输入参数，MATLAB 会自动产生图形编号。若当前图形窗口是 Figure 2，那么，再次执行 figure 后就会打开名为 Figure 3 的图形窗口。表 5.1 总结了简单的图形命令。

表 5.1　基本绘图功能

plot	创建一个 *x-y* 坐标图	plot(x, y)
title	添加标题	title('My Graph')
xlabel	添加 *x* 轴标注	xlabe('Independent Variable')
ylabel	添加 *y* 轴标注	ylabe('Dependent Variable')
gride	添加栅格	grid 　grid on 　grid off
pause	暂停程序，观察图形	pause
figure	定义当前图形	figure 　figure(2)
hold	保持图形	hold on hold off

绘制多条曲线

绘制多条曲线的方法有很多种。一般来说，后面的 plot 语句会覆盖掉前面的图形。图形保持用 hold on 命令。执行以下命令，可以在同一坐标轴下绘制如图 5.4 所示的两条曲线：

```
x = 0:pi/100:2*pi;
y1 = cos(x*4);
plot(x,y1)
y2 = sin(x);
hold on;
plot(x, y2)
```

语句 plot 和语句 hold on 后加分号。执行命令 hold off 可以覆盖原有的图形。

```
hold off
```

绘制多条曲线的另一种方法是用 plot。MATLAB 根据 plot 输入参数 x 矢量和 y 矢量分别绘制曲线：

```
plot(X1, Y1, X2,Y2)
```

其中，变量 X1、Y1 是第一个有序的数据集合，变量 X2、Y2 是第二个有序的数据集合。使用上例中的数据，

```
plot(x,y1, x, y2)
```

生成与图 5.4 相同的图形，只是两条曲线的颜色不同。在 MATLAB 中，绘图命令画出的第一条曲线以蓝色为默认颜色。在使用 hold on 方法中，每条线都是由不同的绘图命令完成的，分两次完成图形绘制，所以，两条曲线的颜色相同。plot(x, y1, x, y2)语句是一次画出两个图形，为了方便区分，第二个图形默认颜色是绿色。

如果函数 plot 的输入参数是一个单独的矩阵，则 MATLAB 对矩阵的每一列单独绘图。矩阵的行下标矢量作为 *x* 轴坐标(1:k)，其中 *k* 是矩阵的行数，每列所对应的数值作为 *y* 轴坐标绘制曲线。此过程可绘出一个等步长的图形，也就是线性图。如果 plot 有两个自变量，一个是矢量，一个是矩阵，那么，MATLAB 按行依次绘制图形。例如，把 y1 和 y2 合并成一个矩阵

```
Y = [y1; y2];
plot(x,Y)
```

该命令产生的图形与图 5.4 相同，具有两条形状相同、颜色不同的曲线。

关键概念：工程中最常用的是 *x-y* 坐标图。

更为复杂的例子是

```
X = 0:pi/100:2*pi;
Y1 = cos(X)*2;
Y2 = cos(X)*3;
```

```
Y3 = cos(X)*4;
Y4 = cos(X)*5;
Z = [Y1; Y2; Y3; Y4];
plot(X, Y1, X, Y2, X, Y3, X, Y4)
```

运行结果如图 5.5 所示，与之等价的命令为

```
plot(X, Z)
```

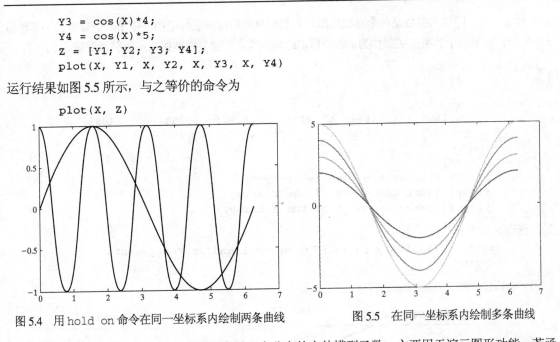

图 5.4 用 hold on 命令在同一坐标系内绘制两条曲线   图 5.5 在同一坐标系内绘制多条曲线

函数 peaks 是 MATLAB 中的双变量正态分布的实体模型函数，主要用于演示图形功能。若函数 peaks 只有一个自变量 n，则会产生一个 $n \times n$ 的矩阵，函数 peaks 创建的矩阵可以作为函数 plot 的自变量。命令

```
plot(peaks(100))
```

产生的图形如图 5.6 所示。函数 plot 的输入是由 peaks 产生的一个 100×100 的矩阵。注意，x 轴的坐标从 1 到 100 表示数据的序号，根据每列的数据绘制 100 条曲线。

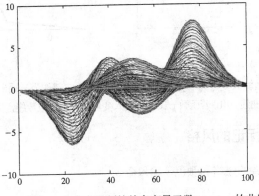

图 5.6 用 plot 命令绘制的单自变量函数 peaks 的曲线

复数数组绘图

如果 plot 的输入为一个复数数组，则 MATLAB 以复数的实部为 x 轴，虚部为 y 轴进行绘图。例如，

```
A = [0+0i,1+2i, 2+5i, 3+4i]
```

则

```
plot(A)
title('Plot of a Single Complex Array')
xlabel('Real Component')
ylabel('Imaginary Component')
```

输出的图形如图 5.7(a) 所示。

如果 `plot` 的输入参数是两个复数数组，则忽略复数的虚部进行绘图。以第一个数组的实部作为 x 轴坐标，以第二个数组的实部作为 y 轴坐标，绘制曲线。创建复数数组 `A` 的正弦运算数组 `B`：

```
B = sin(A)
```
返回
```
B =
    0   3.1658 + 1.9596i   67.4789 -30.8794i   3.8537 -27.0168i
```

而下述程序：

```
plot(A,B)
title('Plot of Two Complex Arrays')
xlabel('Real Component of the X array')
ylabel('Real Component of the Y array')
```

返回错误提示

```
Warning: Imaginary parts of complex X and/or Y arguments
ignored.
```

但仍然会输出如图 5.7(b) 所示的图形。

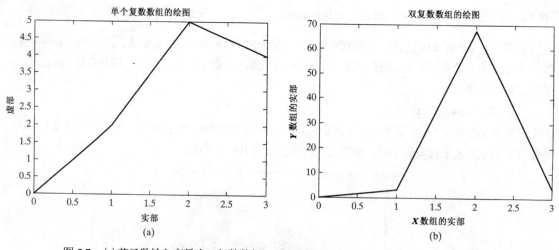

图 5.7 (a)若函数输入变量为一复数数组，则以复数的实部作为 x 轴坐标，虚部作为 y 轴坐标绘制曲线。(b)若函数 plot 的输入变量为两个复数数组，则忽略复数的虚部

5.1.2 线条、颜色和标记的风格

用户可以自行定义线条的风格和颜色，输入命令

```
help plot
```
可以看到所有的可选项。用户可以选择实线(默认)、虚线、点和点画线作为绘图线，选择加号、星形、圆圈和 x 形状作为标记。此外，还可以选择不同的绘图颜色，见表 5.2。

下面的例子可以说明线条、颜色和标记风格的使用方法：

```
x = [1:10];
y = [ 58.5, 63.8, 64.2, 67.3, 71.5, 88.3, 90.1, 90.6,
     89.5,90.4];
plot(x,y,':ok')
```

程序运行后会生成一条用圆圈标识数据点的黑色虚线，如图5.8(a)所示。这些标识符在程序中用字符串的形式表示，并用单引号隔开，标识符的前后顺序不影响输出结果。

表 5.2　线条、标记和颜色的选项

线 条 类 型	标 识 符	点 类 型	标 识 符	颜 色	标 识 符
实线	-	点	.	蓝色	b
点	:	圆圈	o	绿色	g
点画线	-.	x形状	×	红色	r
虚线	--	加号	+	青色	c
		星号	*	洋红色	m
		方形	s	黄色	y
		菱形	d	黑色	k
		下三角	v	白色	w
		上三角	^		
		左三角	<		
		右三角	>		
		五角星	p		
		六角星	h		

为了便于观察，每组数据后都用字符串对线条、标记和颜色加以区分。如果没有注明，则使用默认参数。例如，

```
plot(x,y,':ok',x,y*2,'--xr',x,y/2,'-b')
```

输出图形如图 5.8(b)所示。

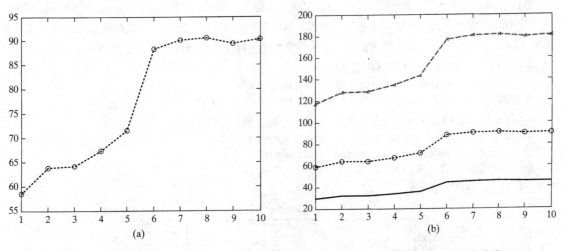

图 5.8　(a) 调整线条、标记和颜色的风格。(b) 使用不同的线条、颜色和风格绘制多条曲线

命令 plot 可以控制线条的粗细，使得图中线条具有较好的视觉效果。利用 help 可以查到更多关于命令 plot 的图形输出方法，也可以采用 5.5 节提供的方法。

5.1.3　坐标轴定标和图例标注

MATLAB 自动选择适当的 x 轴和 y 轴坐标，也可以使用函数 axis 实现对坐标轴的定标，如表 5.3 所示。不需要输入任何参数，直接执行函数 axis 可以使得图形坐标保持不变：

```
axis
```

若使用命令 hold on 增加第二条线，则坐标轴的标度不会发生变化。为了恢复对坐标轴标度的控制能力，可再次执行函数 axis。

表 5.3　坐标轴定标和图形说明

axis	如果没有输入参数，就将坐标轴固定在当前配置状态。再次输入 axis 就会恢复对坐标轴的控制
axis(v)	axis 的输入参数是一个四维矢量，分别定义了 x 轴和 y 轴的最小值和最大值，例如[xmin,xmax,ymin,ymax]
legend('string1', 'string2', etc)	添加图例，对不同曲线加以说明
text(x_coordinate, y_coordinate, 'string')	在图形的不同位置添加文本框，输入参数为文本框的位置和内容
gtext('string')	添加文本框，框的位置由鼠标操作确定，该命令与函数 text 类似

函数 axis 也可以根据输入自变量参数定义 x 轴和 y 轴的坐标。输入的参数矩阵有四个变量，分别为

- x 轴的最小值。
- x 轴的最大值。
- y 轴的最小值。
- y 轴的最大值。

输入命令
```
axis([-2, 3, 0, 10])
```
把 x 轴限定在−2 到+3 范围内，把 y 轴限定在 0 到 10 范围内。

MATLAB 提供了很多对图形进行标注的函数，如表5.3 所示。使用函数 legend 为图形添加图例以区分不同曲线，图例一般位于图形的右上角，用字符串表示。函数 text 可以对图形进行文本注释。前两个输入参数确定标注左边界的位置，第三个参数确定标注的文本内容。下面的代码说明了 legend 和 text 的用法，输出图形如图 5.8(b) 所示。
```
legend('line 1', 'line 2', 'line3')
text(1,100,'Label plots with the text command')
```
添加 x 轴和 y 轴标记并确定坐标轴范围，同时添加图形标题：
```
xlabel('My x label'), ylabel('My y label')
title('Example graph for Chapter 5')
axis([0,11,0,200])
```
运行结果如图 5.9 所示。

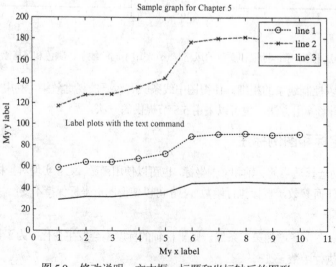

图 5.9　修改说明、文本框、标题和坐标轴后的图形

提 示

若用希腊字母做标记，则需要输入反斜杠(\)加字母名称。例如，

```
title('\alpha \beta \gamma')
```

得到图形标题为

$$\alpha\beta\gamma$$

创建上标使用插字号。例如，

```
title('x^2')
```

输出

$$x^2$$

创建下标使用下划线。例如，

```
title('x_5')
```

输出

$$x_5$$

当多个字符作为上标或下标时，需要用大括号将多个字符括起来，例如，

```
title('k^{-1}')
```

返回

$$k^{-1}$$

使用 MATLAB 中内置的 TEX 标记语言可以在图形标题、坐标轴标注和其他文本说明中定义复杂的数学表达式。用户可以通过 help 查询"text properties"的具体用法。

练习 5.1

1. 画出 $y = \sin(x)$ 的曲线。其中 x 的范围在 0 与 2π 之间，步长为 0.1π。
2. 给上图添加标题和坐标轴标注。
3. y_1 和 y_2 的表达式分别为 $y_1 = \sin(x)$ 和 $y_2 = \cos(x)$，画出 x 与 y_1 和 y_2 的图形。其中 x 的范围为 0 与 2π 之间，步长为 0.1π。给图形添加标题和坐标轴标注。
4. 重画练习 3 中的图形，要求 $\sin(x)$ 曲线用红色虚线，$\cos(x)$ 曲线用绿色点线。
5. 给练习 4 添加图形说明。
6. 调整坐标轴使 x 轴的范围在 -1 与 $2\pi+1$ 之间，y 轴的范围在 -1.5 与 $+1.5$ 之间。
7. 创建矢量 $a = \cos(x)$，其中 x 的范围在 0 与 2π 之间，步长 0.1π。绘制曲线 a(plot(a))并观察结果，并与曲线 a(plot(x,a))进行对比。

例 5.1 克劳修斯-克拉贝龙方程的应用

用克劳修斯-克拉贝龙方程可以求出不同温度时空气中饱和水蒸气的压强。相对湿度是天气预报的重要内容，在已知空气中水的负压情况下，饱和水蒸气压强可以用来计算空气的相对湿度。

下表是根据克劳修斯-克拉贝龙方程得到的不同温度条件下饱和水蒸气的压强。

空 气 温 度	饱和水蒸气压强	空 气 温 度	饱和水蒸气压强
−60.0000	0.0698	40.0000	8.4102
−50.0000	0.1252	50.0000	12.2458
−40.0000	0.2184	60.0000	17.5747
−30.0000	0.3714	70.0000	24.8807
−20.0000	0.6163	80.0000	34.7729
−10.0000	1.0000	90.0000	48.0098
0	1.5888	100.0000	65.5257
10.0000	2.4749	110.0000	88.4608
20.0000	3.7847	120.0000	118.1931
30.0000	5.6880		

用图形显示这个结果。

已知克劳修斯-克拉贝龙方程

$$\ln(P^0/6.11)=\left(\frac{\Delta H_v}{R_{\text{air}}}\right)*\left(\frac{1}{273}-\frac{1}{T}\right)$$

其中，P^0 为温度 T 时的饱和水蒸气压强，单位为 mbar；ΔH_v 为水蒸气的潜热，2.453×10^6 J/kg；R_v 为潮湿空气气体常数，461 J/kg；T 为开氏温度。

1. 问题描述

用克劳修斯-克拉贝龙方程求温度变化范围在−60 °F 到120 °F 之间时，所对应的饱和气体压强。

2. 输入/输出描述

输入

$$\Delta H_v = 2.453\times10^6\,\text{J/kg}$$

$$R_{\text{air}} = 461\,\text{J/kg}$$

$$T = -60\,^\circ\text{F} \sim 120\,^\circ\text{F}$$

因为温度值没有专门指定，所以每隔 10 °F 计算一个温度值。

输出   温度与饱和气体压强的关系表。

温度与饱和气体压强的关系图。

3. 手工分析

先把华氏温度转换成开氏温度:

$$T_k = \frac{(T_f + 459.6)}{1.8}$$

代入克劳修斯-克拉贝龙方程求饱和气体压强(P^0):

$$\ln\left(\frac{P^0}{6.11}\right)=\left(\frac{\Delta H_v}{R_{\text{air}}}\right)\times\left(\frac{1}{273}-\frac{1}{T}\right)$$

$$P^0 = 6.11*\exp\left(\left(\frac{\Delta H_v}{R_{\text{air}}}\right)\times\left(\frac{1}{273}-\frac{1}{T}\right)\right)$$

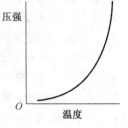

由上式可以看出，饱和气体压强 P^0 的表达式为指数形式，因此，画出的曲线应符合指数规律。

4. MATLAB 实现

```
%Example 5.1
%Using the Clausius-Clapeyron equation, find the
%saturation vapor pressure for water at different
%temperatures
%
  TF=[-60:10:120];          %Define temp matrix in F
  TK=(TF + 459.6)/1.8;      %Convert temp to K
  Delta_H=2.45e6;           %Define latent heat of
                            %vaporization
  R_air = 461;              %Define ideal gas constant
                            %for air
%
%Calculate the vapor pressures
  Vapor_Pressure=6.11*exp((Delta_H/R_air)*(1/273 - 1./TK));
  %Display the results in a table
   my_results = [TF',Vapor_Pressure']
%
```

```
%Create an x-y plot
  plot(TF,Vapor_Pressure)
  title('Clausius-Clapeyron Behavior')
  xlabel('Temperature, F')
  ylabel('Saturation Vapor Pressure, mbar')
```

输出数据表:

```
my_results =
     -60.0000    0.0698
     -50.0000    0.1252
     -40.0000    0.2184
     -30.0000    0.3714
     -20.0000    0.6163
     -10.0000    1.0000
            0    1.5888
      10.0000    2.4749
      20.0000    3.7847
      30.0000    5.6880
      40.0000    8.4102
      50.0000   12.2458
      60.0000   17.5747
      70.0000   24.8807
      80.0000   34.7729
      90.0000   48.0098
     100.0000   65.5257
     110.0000   88.4608
     120.0000  118.1931
```

图形窗口显示的输出曲线如图 5.10 所示。

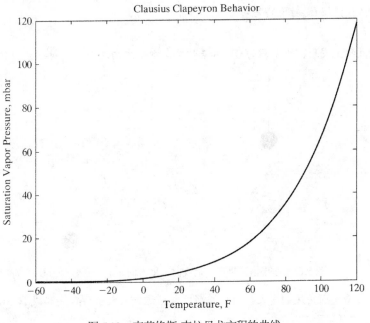

图 5.10 克劳修斯-克拉贝龙方程的曲线

5. 结果验证

输出曲线符合指数规律，相比之下，图形输出结果比数据表格更容易理解。

例 5.2 弹道学

物体发射示意图如图 5.11 所示，发射角度为 θ，发射速度为 v_0，射程为

$$R(\theta) = \frac{v^2}{g}\sin(2\theta) , \qquad 0 \le \theta \le \frac{\pi}{2} \quad (\text{忽略空气阻力})$$

设 $g=9.9$ m/s^2，发射速度为 100 m/s，通过计算可知，当 $\theta=\pi/4$ 时射程最大。θ 的变化范围为

$$0 \le \theta \le \frac{\pi}{2}$$

步长为 0.05，计算不同发射角度时所对应的射程，并用图形表示。

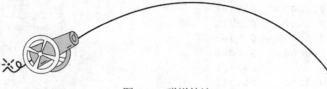

图 5.11   弹道轨迹

设发射速度为 50 m/s，重复上述计算，把两次计算结果分别绘制成图形。

1. 问题描述

根据发射角度计算射程。

2. 输入/输出描述

输入 $g=9.9$ m/s^2。

            $\theta=0$ 到 $\pi/2$，步长为 0.05。

            $v_0=50$ m/s 和 100 m/s。

输出   射程 R。

            绘制射程和发射角的关系曲线。

3. 手工分析

如果炮弹竖直向上发射，则射程为 0；如果炮弹向水平方向发射，则射程也为 0。参见图 5.12。

图 5.12   如果炮弹竖直向上或向水平方向发射，则射程为 0

这就意味着随着发射角度的增大，射程逐渐增大，达到最大值后再逐渐减小。以发射角为 45 度为例（$\pi/4$ rad），

$$R(\theta) = \frac{v^2}{g}\sin(2\theta)$$

$$R\left(\frac{\pi}{4}\right) = \frac{100^2}{9.9}\sin\left(\frac{2 \cdot \pi}{4}\right) = 1010 \text{ m，发射速度为 } 100 \text{ m/s}$$

4. MATLAB 实现

```
%Example 5.2
%The program calculates the range of a ballistic projectile
%
% Define the constants
  g = 9.9;
  v1 = 50;
  v2 = 100;
% Define the angle vector
  angle = 0:0.05:pi/2;
% Calculate the range
  R1 = v1^2/g*sin(2*angle);
  R2 = v2^2/g*sin(2*angle);
%Plot the results
  plot(angle,R1,angle,R2,':')
  title('Cannon Range')
  xlabel('Cannon Angle')
  ylabel('Range, meters')
  legend('Initial Velocity=50 m/s', 'Initial Velocity=100 m/s')
```

在 plot 命令中，第二组数据是用虚线描绘的，并添加了图形标题、坐标轴标注和图形说明。运行结果如图 5.13 所示。

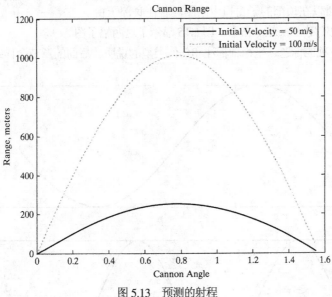

图 5.13　预测的射程

5. 结果验证

把 MATLAB 的计算结果和手算结果作对比，可知两条曲线的初始值和最终值都是零，当发射速度是 100 m/s 时，射程的最大值约为 1000 m，这和手工计算结果 1010 m 相吻合。两次计算结果都在 0.8 rad 时达到射程最大，π/4 大约是 0.785 rad，符合题目中的假设，即发射角为 π/4 (45°) 时，射程最大。

提　示

清除图形用 clf 命令，关闭图形窗口用 close 命令。

函数 gtext 与函数 text 类似，用户可以在图形的任何位置加入文本说明。gtext 只有一个参数，即需要显示的字符串：

```
gtext('This string will display on the graph')
```

命令执行后，在图中会显示一个十字准线，按任意键或单击鼠标，字符说明就会添加到准线所在的位置。

5.2　子图

使用 `subplot` 命令可以把图形窗口分成 m 行 n 列的多个区域。函数

```
subplot(m,n,p)
```

把图形窗口分成 $m \times n$ 个小窗口，在第 p 个小窗口绘制下一个图形。例如，输入命令

```
subplot(2,2,1)
```

就会把图形窗口分成了两行两列，在左上角子窗口中绘制图形，如图 5.14 所示。

窗口按从左到右，从上到下的顺序编号。下面的程序把绘图窗口分成上下两个子窗口：

```
x = 0:pi/20:2*pi;
subplot(2,1,1)
plot(x,sin(x))
subplot(2,1,2)
plot(x,sin(2*x))
```

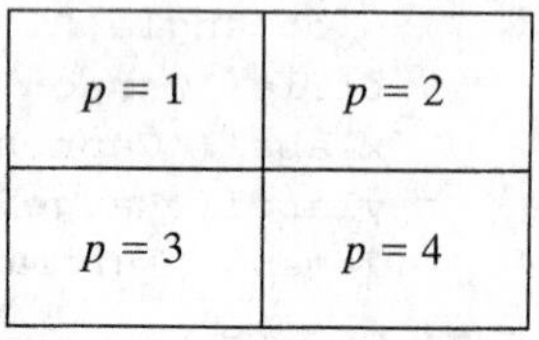

$p = 1$	$p = 2$
$p = 3$	$p = 4$

图 5.14　子图功能用于将图形窗口划分为 $m \times n$ 个区域矩阵

因为 `p = 1`，所以在顶部的子窗口中绘图。若在底部子窗口绘图，则需要再次使用 `subplot` 命令。图 5.15 显示了这两幅子图。

每幅子图都有单独的标题、坐标轴标注和任何类型的说明。后面的章节会详细介绍 `subplot` 命令的用法。

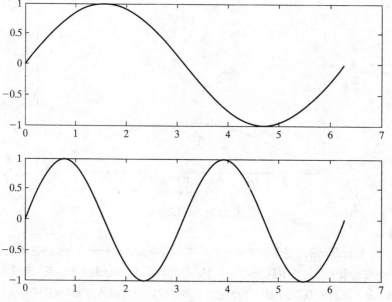

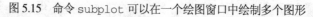

图 5.15　命令 `subplot` 可以在一个绘图窗口中绘制多个图形

练习 5.2

1. 把图形窗口分成两行一列。

2. 在上面的子窗口中，绘出 $y = \tan(x)$ 的曲线，其中 $-1.5 \le x \le 1.5$，步长 0.1。

3. 在图中添加标题和坐标轴标注。

4. 在下面的子窗口中，绘出 $y = \sinh(x)$ 的曲线，x 的范围同上题。

5. 在图中添加标题和坐标轴标注。

6. 把图形窗口由原来的垂直方向划分改变为水平方向划分。重复前述的绘图过程。

5.3 其他类型的二维图形

除了最常用的 x–y 线性图形外，还可以采用其他方法绘制二维图形，用户可以根据具体情况选择合适的绘图方法。

5.3.1 极坐标图

在 MATLAB 中可以绘制极坐标图。

```
polar(theta, r)
```

根据输入角度(一般用弧度表示)和半径 r 绘制极坐标图。

输入程序代码

```
x = 0:pi/100:pi;
y = sin(x);
polar(x,y)
```

画出的图形如图 5.16 所示。利用常用的方法给图形添加标题：

```
title('The sine function plotted in polar coordinates is a circle.')
```

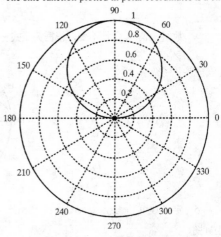

图 5.16　正弦函数的极坐标图

练习 5.3

1. 定义数组 theta，范围从 0 到 2π，步长 0.01π。定义半径数组 r = 5*cos(4*theta)。根据 theta 和 r 的值绘制极坐标图。

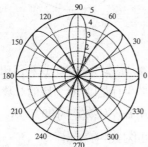

2. 用 hold on 命令保持原有图形。再根据关系式 r = 4*cos(6*theta) 绘制图形，并添加标题。

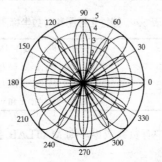

3. 数组 theta 保持不变，根据关系式 r = 5-5*sin(theta) 绘制极坐标图。

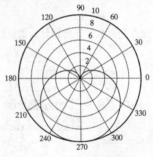

4. 数组 theta 保持不变，根据关系式 r = sqrt(5^2*cos(2*theta)) 绘制极坐标图。

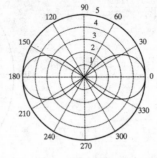

5. 定义数组 theta = pi/2:4/5*pi:4.8*pi，创建 6 个元素的全 1 数组 r，根据 theta 和 r 绘制极坐标图。

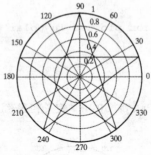

5.3.2 对数图

绝大多数图形的 *x* 坐标和 *y* 坐标都是均匀分割的，这种图称为线性图或直角坐标图。当变量的变化范围很大时，需要用到对数坐标，即坐标是以 10 为底的对数表示。按指数规律变化的数据一般用对数坐标表示。附录 C 详细说明了使用各种对数坐标图的方法。

关键概念：呈指数规律变化的数据常用对数坐标表示。

表 5.4 列出了 MATLAB 中创建线性坐标图和对数坐标图的命令。

表 5.4   线性坐标图和对数坐标图

plot(x, y)	创建矢量 x 和 y 的线性坐标图
semilogx(x, y)	创建单对数坐标图，*x* 轴为对数坐标，*y* 轴为线性坐标
semilogy(x, y)	创建单对数坐标图，*x* 轴为线性坐标，*y* 轴为对数坐标
loglog(x, y)	创建双对数坐标图，*x* 和 *y* 均为对数坐标

负数和零没有对数，如果数据中有负数或零，则 MATLAB 会提示错误信息，并且只画出正常的数据点而不画有问题的点。

与线性坐标绘图函数 plot(y) 一样，对数坐标绘图命令可以仅有一个自变量。这种情况把矢量 y 元素的索引号作为 x 坐标值。

共有四种坐标组合，分别是线性坐标图、x 轴的半对数坐标图、y 轴的半对数坐标图和双对数坐标图。利用这四种坐标图表示曲线 $y = 5x^2$，如图 5.17 所示。用函数 subplot 把这四幅图画在同一个图形窗口中。程序代码如下：

```
x = 0:0.5:50;
y = 5*x.^2;
subplot(2,2,1)
plot(x,y)
    title('Polynomial - linear/linear')
    ylabel('y'), grid
subplot(2,2,2)
semilogx(x,y)
    title('Polynomial - log/linear')
    ylabel('y'), grid
subplot(2,2,3)
semilogy(x,y)
    title('Polynomial - linear/log')
    xlabel('x'), ylabel('y'), grid
subplot(2,2,4)
loglog(x,y)
    title('Polynomial - log/log')
    xlabel('x'), ylabel('y'), grid
```

为了方便代码阅读，在程序语句中加入了 MATLAB 可以忽略的空格。在创建的图中，只有最底部的两个子图有 x 轴标记。

关键概念： MATLAB 忽略空格，因此加入空格可以使代码的可读性更强。

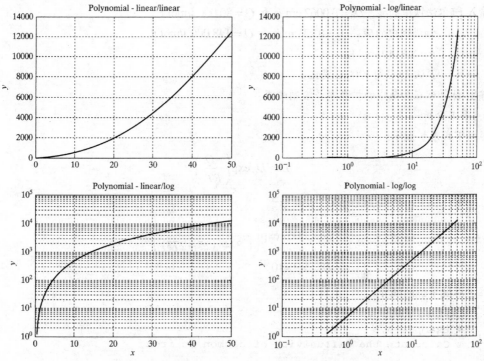

图 5.17 使用子图函数显示线性坐标图和对数坐标图

例5.3　扩散率

因为金属具有坚固耐磨的特点，所以金属物品不易变形。为了实现金属的这一特性，首先对软金属进行加工，然后再对金属表面做硬化处理。经过处理后的金属柔韧性好，而且耐磨性强。

有一种硬化过程叫渗碳。该过程就是将金属放入炭粉中，让碳扩散到金属中去，使其硬度提高。在低温环境下渗碳速度非常缓慢，随着温度不断升高，碳的扩散速度就会逐渐加快。扩散率是衡量碳在金属中扩散速度快慢的参数，可以用下面的式子表示：

$$D = D_0 \exp\left(\frac{-Q}{RT}\right)$$

其中，D 为扩散率，cm^2/s；D_0 为扩散系数，cm^2/s；Q 为激活能量，J/mol, 8.314 J/mol K；R 为理想气体常数，J/mol K；T 为温度，K。

当金属受热时，其结构不同扩散特性也不相同。下表列出了不同金属结构，碳的扩散系数 D_0 和激活能量 Q 的数值：

金属类型	D_0 (cm²/s)	Q (J/mol K)
阿尔法铁(BCC)	0.0062	80.000
伽玛铁(FCC)	0.23	148.000

根据所提供的数据，绘制扩散率和温度($1/T$)的关系曲线。分别用线性坐标、半对数坐标和双对数坐标显示结果，并比较采用哪一种坐标表示更合适。假设温度的变化范围在室温(25℃)到1200℃之间。

1. 问题描述

计算碳在金属中的扩散率。

2. 输入/输出描述

输入 阿尔法铁中的碳，$D_0 = 0.0062$ cm²/s 和 $Q = 80\,000$ J/mol K。

　　　　伽玛铁中的碳，$D_0 = 0.23$ cm²/s 和 $Q = 148\,000$ J/mol K。

　　　　$R = 8.314$ J/mol K。

　　　　T 从 25℃ 到 1200℃ 变化。

输出 计算碳在金属中的扩散率并绘制曲线。

3. 手工分析

根据下式求扩散率：

$$D = D_0 \exp\left(\frac{-Q}{RT}\right)$$

在室温环境中，阿尔法铁的碳扩散率等于

$$D = .0062 \exp\left(\frac{-80\,000}{8.314 \cdot (25 + 273)}\right)$$

$$D = 5.9 \times 10^{-17}$$

注意温度单位的换算。

4. MATLAB 实现

```
% Example 5.3
% Calculate the diffusivity of carbon in iron
```

```
    clear, clc
  % Define the constants
    D0alpha = .0062;
    D0gamma = 0.23;
    Qalpha = 80000;
    Qgamma = 148000;
    R = 8.314;
    T = 25:5:1200;
  % Change T from C to K
    T = T+273;
  % Calculate the diffusivity
    Dalpha = D0alpha*exp(-Qalpha./(R*T));
    Dgamma = D0gamma*exp(-Qgamma./(R*T));
  % Plot the results
    subplot(2,2,1)
    plot(1./T,Dalpha, 1./T,Dgamma)
    title('Diffusivity of C in Fe')
    xlabel('Inverse Temperature, K^{-1}'),
    ylabel('Diffusivity, cm^2/s')
    grid on

    subplot(2,2,2)
    semilogx(1./T,Dalpha, 1./T,Dgamma)
    title('Diffusivity of C in Fe')
    xlabel('Inverse Temperature, K^{-1}'),
    ylabel('Diffusivity, cm^2/s')
    grid on

    subplot(2,2,3)
    semilogy(1./T,Dalpha, 1./T,Dgamma)
    title('Diffusivity of C in Fe')
    xlabel('Inverse Temperature, K^{-1}'),
    ylabel('Diffusivity, cm^2/s')
    grid on

    subplot(2,2,4)
    loglog(1./T,Dalpha, 1./T,Dgamma)
    title('Diffusivity of C in Fe')
    xlabel('Inverse Temperature, K^{-1}'),
    ylabel('Diffusivity, cm^2/s')
    grid on
```

在图5.18中使用了子图功能，把一个图形窗口分成四幅子图，在最下面的两幅图中标记了 x 轴，为了避免背景太乱，只有第一幅图有说明。在半对数图中，输出为一条直线，通过该图可以方便地观察温度和扩散率的关系。在教科书和手册中，一般都是用半对数图来显示扩散率的值。

5. 结果验证

将 MATLAB 的计算结果与手工计算的结果进行比较，检验结果是否正确。

阿尔法铁在 25℃ 时的扩散率是

$$5.9 \times 10^{-17} \, cm^2/s \text{ （在 25 ℃ 时）}$$

把 25℃ 换算成开氏温度，再取倒数：

$$\frac{1}{(25+273)} = 3.36 \times 10^{-3}$$

从图 5.18 左下角的半对数图中，可以得出阿尔法铁的扩散率大约是 10^{-17}。

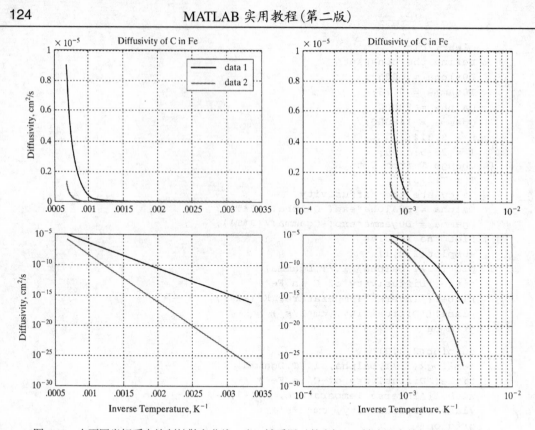

图 5.18　在不同坐标系中绘制扩散率曲线。当 y 轴采用对数坐标，x 轴为温度的倒数时曲线为直线

练习 5.4

根据下面的表达式创建数组 x 和 y。用 subplot 命令把图形分成四个部分，分别画出下列图形：

- 线性坐标图
- x 半对数坐标图
- y 半对数坐标图
- 双对数坐标图

1. y = 5x + 3　　　　2. y = 3x　　　　3. y = 12e$^{(x+2)}$　　　　4. y = 12x

上面的几个图形中哪条曲线是直线？

5.3.3　条形图和饼图

条形图、柱状图和饼图是三种最常用的图形表现形式。表 5.5 列出了 MATLAB 中创建条形图和饼图的函数。

表 5.5　条形图和饼图

bar(x)	若 x 为矢量，绘制垂直条形图；若 x 为二维矩阵，则按行分组显示
barh(x)	若 x 为矢量，则绘制水平条形图。若 x 为二维矩阵，则按行分组显示
bar3(x)	绘制三维条形图
bar3h(x)	绘制三维水平条形图
pie(x)	绘制饼图。矩阵 x 的元素用饼图中的一部分表示
pie3(x)	绘制三维饼图。矩阵 x 中的元素用饼图的一部分表示
hist(x)	绘制柱状图

用函数 subplot 分别显示四种不同形式的图形，如图 5.19 所示。

```
clear, clc
x = [1,2,5,4,8];
y = [x;1:5];
subplot(2,2,1)
  bar(x),title('A bar graph of vector x')
subplot(2,2,2)
  bar(y),title('A bar graph of matrix y')
subplot(2,2,3)
  bar3(y),title('A three-dimensional bar graph')
subplot(2,2,4)
  pie(x),title('A pie chart of x')
```

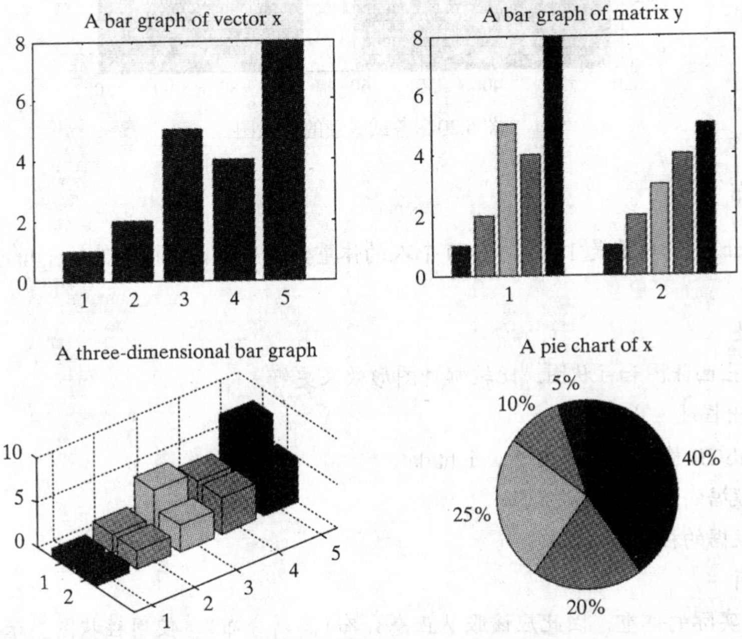

图 5.19 采用子图功能显示条形图和饼图

5.3.4 柱状图

柱状图是一种主要用于数据统计分析的图形，通过它可以显示出数据的分布情况。在 MATLAB 中，一般将数据从最大值到最小值之间等分成 10 份，用柱状图显示。定义矩阵 x 是《工程导论》课程的期末考试成绩。图 5.20 就是用柱状图显示的结果。

程序代码为

```
x = [100,95,74,87,22,78,34,35,93,88,86,42,55,48];
hist(x)
```

关键概念：柱状图多用于统计分析。

数据被等分成 10 份，如果原始数据量很大，可以分成更多的份。下面的命令把柱状图分成 25 份：

```
hist(x, 25)
```

如果把函数 hist 赋值给一个变量：

```
A = hist(x)
```

那么，图中每个条形中的数据就会存储在矩阵 A 中：

```
A =
    1   2   1   1   1   0   1   1   3   3
```

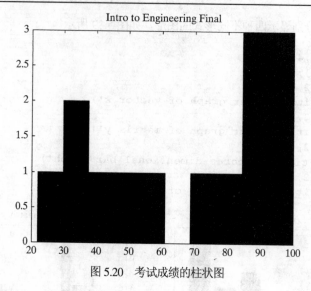

图 5.20 考试成绩的柱状图

例 5.4 体重分布

18 岁美国人的平均体重是 152 磅。100 个人的体重数据存储在数据文件 weight.dat 中。用图形显示该统计数据。

1. 问题描述

根据数据画出曲线图和柱状图。比较哪种图形效果更好。

2. 输入/输出描述

输入　　ASCII 格式的数据文件 weight.dat。

输出　　数据的曲线图。

　　　　数据的柱状图。

3. 手工分析

样本数据是实际的体重，因此应该服从正态分布(高斯分布)，使用柱状图显示数据分布效果更好。

4. MATLAB 实现

程序代码如下，输出的图形如图 5.21 所示

```
% Example 5.4
% Using Weight Data
%
load weight.dat
% Create the line plot of weight data
subplot(1,2,1)
plot(weight)
title('Weight of Freshman Class Men')
xlabel('Student Number')
ylabel('Weight, lb')
grid on
% Create the histogram of the data
subplot(1,2,2)
hist(weight)
xlabel('Weight, lb')
ylabel('Number of students')
title('Weight of Freshman Class Men')
```

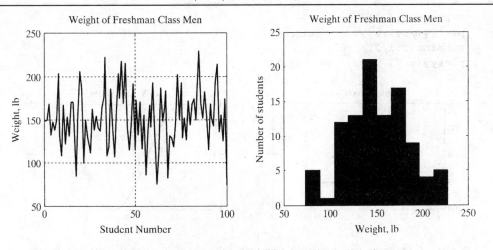

图 5.21　柱形图和曲线图是数值信息的两种可视化方法

5. 结果验证

如前所述，平均体重是 150 磅，体重的样本数据服从正态分布。

计算数据的平均值、标准差、最大值和最小值的 MATLAB 程序代码如下：

```
average_weight    = mean(weight)
standard_deviation = std(weight)
maximum_weight    = max(weight)
minimum_weight    = min(weight)
```

输出

```
average_weight =
   151.1500
standard_deviation =
   32.9411
maximum_weight =
   228
minimum_weight =
   74
```

5.3.5　双 y 轴图

在解决实际问题时，有时需要把两个 x–y 坐标图输出到同一坐标图中。在这种情况下，如果两个 y 轴的数据相差很多，就很难看出数据的变化情况。下面的程序代码在一幅图上输出 $\sin(x)$ 和 e^x 两条曲线，如图 5.22 所示：

```
x = 0:pi/20:2*pi;
y1 = sin(x);
y2 = exp(x);
subplot(2,1,1)
plot(x,y1,x,y2)
```

由于坐标刻度的原因，曲线 $\sin(x)$ 近似于 $x=0$。利用函数 `plotyy` 可以在一张图中使用两个不同的 y 轴坐标作图，左边是第一组数据的 y 轴坐标，右边是第二组数据的 y 轴坐标：

```
subplot(2,1,2)
plotyy(x,y1,x,y2)
```

图形的标题和坐标轴标注可以用常规的方法添加，由于结果是无量纲的，因此不对 y 轴进行标注。

函数 `plotyy` 通过输入图形名称的字符串，可以选择不同的绘图类型。下面的程序代码采用的是对数坐标图，如图 5.23 所示。

```
subplot(2,1,1)
plotyy(x,y1,x,y2, 'semilogy')
subplot(2,1,2)
plotyy(x,y1,x,y2,'semilogx')
```

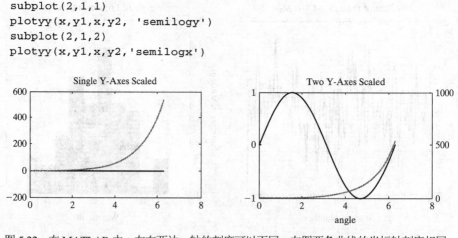

图 5.22　在 MATLAB 中，左右两边 y 轴的刻度可以不同。左图两条曲线的坐标轴刻度相同，
　　　　右图正弦曲线是按左边坐标轴的刻度绘制的，指数曲线是按右边坐标轴的刻度绘制的

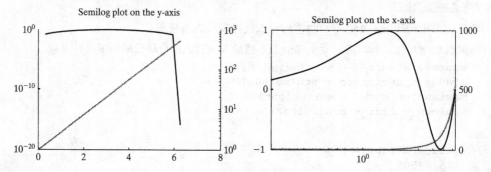

图 5.23　函数 plotyy 可以绘制 x 轴半对数坐标、y 轴半对数坐标和双对数坐标等三种类型的图形

例 5.5　元素的周期特性

元素周期表中，同一行或同一列的元素都具有相近的特性。按照不同元素在周期表中的顺序，元素特性会呈现出确定的变化趋势，这种特性称为元素的周期特性。例如，在元素周期表中，同一列元素的熔点由上到下是逐渐降低的。原子核之间的距离增大，导致原子间的作用力减小。原子核外的电子数目的增多，电子绕原子核运动的轨道半径增大，导致原子的半径也增大。画出熔点、原子半径和原子量的关系曲线。

1. 问题描述

画出Ⅰ族元素熔点、原子半径和原子量的关系曲线，并做相应的注释。

2. 输入/输出描述

输入　　Ⅰ族元素的原子量、熔点和原子半径，如表 5.6 所示。

输出　　在同一坐标图中画出熔点和原子半径的变化曲线。

表 5.6　族元素及其部分物理特性

元　素	原 子 数	熔点（℃）	原子半径（pm）
锂	3	181	0.1520
钠	11	98	0.1860
钾	19	63	0.2270
铷	37	34	0.2480
铯	55	28.4	0.2650

3. 手工分析

输出结果类似于图 5.24 中的曲线。

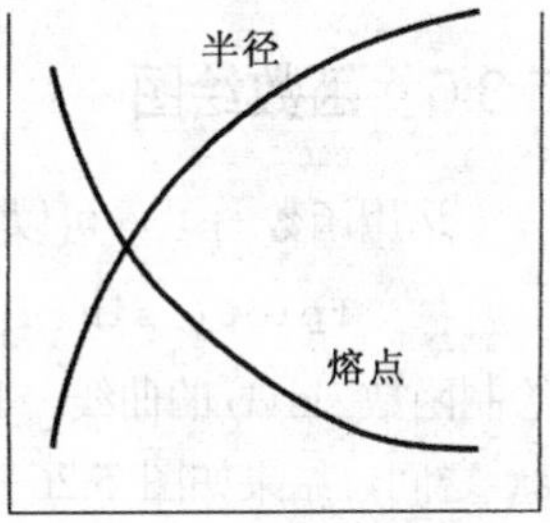

4. MATLAB 实现

下述程序代码输出如图 5.25 所示的图形。

```
% Example 5.5
clear, clc
% Define the variables
atomic_number = [ 3, 11, 19, 37, 55];
melting_point = [181, 98, 63, 34, 28.4];
atomic_radius = [0.152, 0.186, 0.227, 0.2480, 0.2650];
% Create the plot with two lines on the same scale
subplot(1,2,1)
plot(atomic_number,melting_point,atomic_number,atomic_radius)
title('Periodic Properties')
xlabel('Atomic Number')
ylabel('Properties')
% Create the second plot with two different y scales
subplot(1,2,2)
plotyy(atomic_number,melting_point,atomic_number,atomic_radius)
title('Periodic Properties')
xlabel('Atomic Number')
ylabel('Melting Point, C')
```

图 5.24　预测数据曲线

在绘制第二幅子图时，并没有采用函数 plot，而是采用函数 plotyy，这样分别在图的左右两侧建立两个不同标度的 y 轴坐标。这样做的原因是，原子半径和熔点具有不同的单位和数值，其曲线的变化幅度存在较大差异。在第一幅子图中几乎看不出原子半径的变化曲线，由于它的数值非常小，接近于 x 轴。可以在命令行中增加第二幅子图右侧的 y 轴标注，但比较困难，较简单的方法是在菜单选项中单击 Insert 来添加标注，这样做的不足在于程序重新执行时所添加的内容会消失。

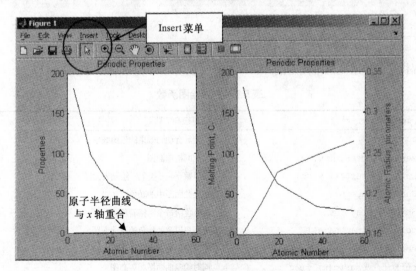

图 5.25　左侧子图的两组数据采用相同的 y 轴坐标，右侧子图采用了不同的 y 轴坐标

5. 结果验证

对比 MATLAB 的计算结果，元素的熔点变化趋势与预测图形相吻合。从图中明显看出，绘制双 y 轴线性坐标图更能体现数值的变化趋势。

5.3.6　函数绘图

运用函数 `fplot` 可以在不定义 x 和 y 轴坐标数组的条件下绘制某个函数的图形,输入代码:

```
fplot('sin(x)',[-2*pi,2*pi])
```

绘制函数 $\sin(x)$ 的曲线,其中 x 的范围在-2π 与 2π 之间,结果如图 5.26 所示。MATLAB 自动计算 x 的间隔,并做出平滑的曲线。函数 `fplot` 的第一个自变量是字符串表示的绘图函数的名称,第二个自变量是数组。如果绘图的函数很复杂,输入字符串很不方便,则可以定义一个匿名函数,然后直接输入函数的句柄。下一章将详细介绍匿名函数和函数句柄的使用方法。

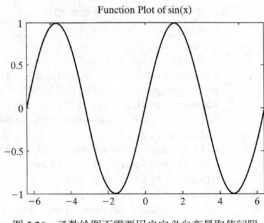

图 5.26　函数绘图不需要用户定义自变量取值间隔

练习 5.5

用 `fplot` 绘制下列函数的图形。选择合适的取值范围,并添加图形标题和坐标轴标注。

1. $f(t) = 5t^2$
2. $f(t) = 5t^2$
3. $f(t) = te^t$
4. $f(t) = \ln(t) + \sin(t)$

提　示

在 MATLAB 语法中,数学表达式 $\sin^2(t)$ 应为 `sin2(t).^2`。

5.4　三维绘图

表 5.7 提供了大量绘制三维图形的 MATLAB 命令。

表 5.7　三维绘图函数

`plot3(x, y, z)`	绘制三维线图
`come3(x, y, z)`	绘制具有动画效果的三维线图
`mesh(z)`或`mesh(x, y, z)`	绘制网格曲面图
`surf(z)`或`surf(x, y, z)`	与函数 mesh 类似,绘制表面图
`Shading interp`	渲染曲面图中的颜色
`Shading flat`	用纯色给每个网格着色
`colormap (map_name)`	按用户设定的颜色绘制曲面图
`contour(z)`或`contour(x, y, z)`	绘制三维等高图
`surfc(z)`或`surfc(x, y, z)`	同时绘制曲面图和等高图
`pcolor(z)`或`pcolor(x, y, z)`	绘制伪色图

5.4.1　三维线图

与 `plot` 类似,函数 `plot3` 是三维绘图的基本函数,它通过 x、y、z 三个输入矢量在三维空间绘制曲线图。例如,

```
clear, clc
x = linspace(0,10*pi,1000);
y = cos(x);
z = sin(x);
plot3(x,y,z)
grid
xlabel('angle'), ylabel('cos(x)') zlabel('sin(x)') title('A Spring')
```

结果如图 5.27 所示,在图中添加了图形标题、坐标标注和网格,同时,利用 zlabel 给出了 z 轴的标注。

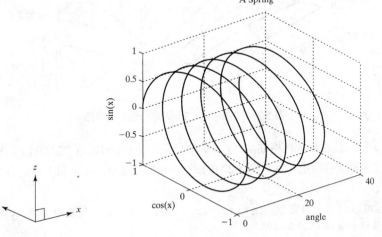

图 5.27 三维螺旋线

为了符合工程习惯,三维绘图函数 plot3 采用右手坐标系。

关键概念: 三维图形的坐标轴一般遵循右手法则

提 示

用函数 comet3 重画图 5.27:

```
comet3(x,y,z)
```

函数 comet3 表现三维图形的动画效果,若绘图程序的执行速度很快,则需要较多的数据点。使用函数 comet 可以绘制二维线图。

5.4.2 曲面图

曲面图就是把数据绘制成三维曲面,mesh 图和 surf 图是两种常用的曲面图。

mesh 图

绘制 mesh 图的方法有很多种。若函数自变量是一个二维 $m \times n$ 矩阵,则矩阵中元素的数值为 z 轴坐标,元素的位置分别是 x 轴和 y 轴坐标。简单矩阵

```
z = [1,  2,  3,  4,  5,  6,  7,  8,  9,  10;
     2,  4,  6,  8, 10, 12, 14, 16, 18,  20;
     3,  4,  5,  6,  7,  8,  9, 10, 11,  12];
```

输入程序

```
mesh(z)
xlabel('x-axis')
ylabel('y-axis')
zlabel('z-axis')
```

绘制的图形如图 5.28 所示。

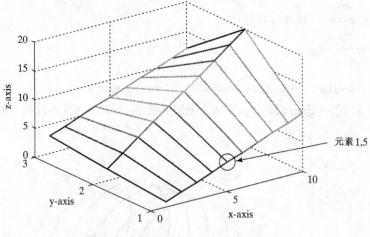

图 5.28　根据简单二维矩阵绘制的网格图

根据矩阵 z 的数值绘制成网格曲面。x 轴的取值范围是 0 到 10，y 轴的取值范围是 0 到 3，矩阵中对应元素的位置就是相应的坐标。图 5.28 中圈注的坐标点是矩阵 z 中第 1 行、第 5 列的元素 $z_{1,5}$，其数值为 5。

函数 mesh 可以有三个自变量：mesh(x,y,z)。其中，x,y 和 z 分别是 x 轴、y 轴和 z 轴的坐标。

```
x = linspace(1,50,10)
y = linspace(500,1000,3)
z = [1,  2,  3,  4,  5,  6,  7,  8,  9, 10;
     2,  4,  6,  8, 10, 12, 14, 16, 18, 20;
     3,  4,  5,  6,  7,  8,  9, 10, 11, 12]
```

矢量 x 的元素个数必须和矩阵 z 的列数相同，矢量 y 的元素个数必须和矩阵 z 的行数相同。输入命令

```
mesh(x,y,z)
```

绘制的图形如图 5.29(a)所示。x 轴的刻度范围在 0 到 60 之间，仅画出了 1 到 50 的数据点。该图与图 5.28 存在差异，在图 5.28 中，x 和 y 的坐标分别为 z 矩阵元素的行列位置号。

surf 图

surf 图和 mesh 图类似，不同之处在于，surf 图绘制的是着色的三维曲面图，其颜色由 z 值决定。

surf 的输入参数和 mesh 相同，可以有一个输入变量也可以有三个输入变量。surf(z)以 z 的行列编号作为 x 轴和 y 轴坐标。图 5.29(b)是把图 5.29(a)中的 mesh 改成 surf 后绘制出的图形。

使用 shading 命令可以控制图形的阴影效果。图 5.29(b)为默认的效果图，渲染阴影图会产生如图 5.29(c)所示的美妙效果。在前面的程序清单中增加命令

```
shading interp
```

输出图形如图 5.29(c)所示。去掉着色图中的网格，需要输入

```
shading flat
```

输出图形如图 5.29(d)所示。

函数 colormap 可以控制曲面图的颜色。语句

```
colormap(gray)
```

输出一个灰色系的曲面图，这条语句主要用于输出黑白图形，使用 colormap 还可以选择其他色系，如

autumn	bone	hot
spring	colorcube	hsv
summer	cool	pink
winter	copper	prism
jet（默认）	flag	white

使用 help 命令可以查看更多的选项：

```
help colormap
```

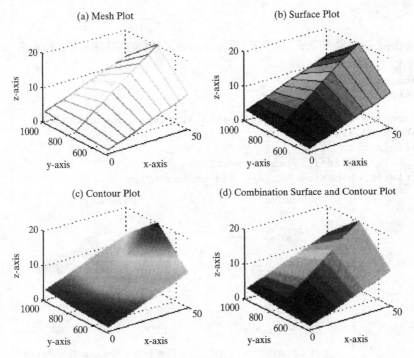

图 5.29   由三个输入变量创建的 mesh 图和 surf 图

其他实例

计算 z 的值，并作出曲面图：

```
x= [-2:0.2:2];
y= [-2:0.2:2];
[X,Y] = meshgrid(x,y);
Z = X.*exp(-X.^2 - Y.^2);
```

在这段程序中，函数 meshgrid 根据矢量 x 和 y 创建出二维矩阵 X 和 Y，然后，计算 Z 的值。曲面图绘制程序如下：

```
subplot(2,2,1)
mesh(X,Y,Z)
title('Mesh Plot'), xlabel('x-axis'), ylabel('y-axis'),
zlabel('z-axis')

subplot(2,2,2)
surf(X,Y,Z)
title('Surface Plot'), xlabel('x-axis'), ylabel('y-axis'),
zlabel('z-axis')
```

不论矢量 x、y 还是矩阵 X、Y 都可以用于定义 x 轴和 y 轴。图 5.30(a) 和图 5.30(b) 分别表示给定函数的 mesh 图和 surf 图。

等高图

等高图是根据三维曲面绘制的二维图形。命令 contour 绘制的等高图如图 5.30(c) 所示,命令 surfc 绘制的图形如图 5.30(d) 所示。

```
subplot(2,2,3)
contour(X,Y,Z)

xlabel('x-axis'), ylabel('y-axis'), title('Contour Plot')
subplot(2,2,4)
surfc(X,Y,Z)
xlabel('x-axis'), ylabel('y-axis')
title('Combination Surface and Contour Plot')
```

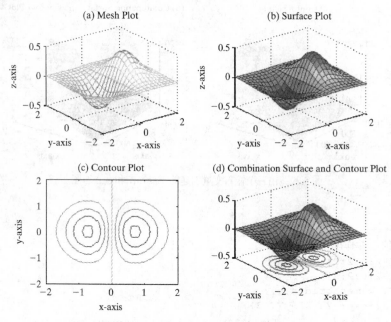

图 5.30　相同数据的曲面图和等高图

伪色图

伪色图和等高图类似,不同之处在于伪色图是用带栅格的二维阴影图代替等高图中的轮廓线。根据 MATLAB 的实体模型函数 peaks 中的输入参数矩阵 x、y、z 作出伪色图,输出结果是一个类似山峰的曲面:

　　　[x,y,z] = peaks;

利用下面的代码说明伪色图的绘制过程,输出结果如图 5.31 所示:

```
subplot(2,2,1)
pcolor(x,y,z)
```

颜色渲染功能去掉了三维图形的网格:

```
subplot(2,2,2)
pcolor(x,y,z)
shading interp
```

利用覆盖等高绘图功能在图形上叠加等高线：

```
subplot(2,2,3)
pcolor(x,y,z)
shading interp
hold on
contour(x,y,z,20,'k')
```

其中，20 代表绘制 20 条等高线，'k'代表线条的颜色为黑色。如果不指定黑色，则等高图的颜色与伪色图的颜色相同，使得两种图形无法区分。叠加一幅简单的等高图进行对比：

```
subplot(2,2,4)
contour(x,y,z)
```

其他三维绘图函数，请查看帮助。

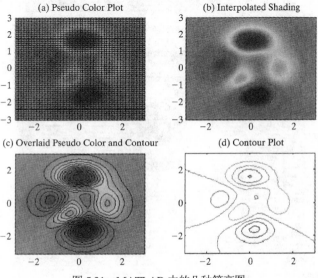

图 5.31　MATLAB 中的几种等高图

5.5　图形窗口的菜单操作

除了使用 MATLAB 命令外，还可以使用菜单对图形进行编辑。图 5.32 所示的图形是用 MATLAB 中的命令 sphere 绘制出来的，sphere 和 peaks 都是 MATLAB 中的实体模型函数，主要用于绘图演示。

```
sphere
```

在图形窗口中，选择 Insert 可以添加坐标轴标注、图形标题、说明和文本框等。选择 Tools 可以改变图形的外观，例如放大或缩小，改变长宽比等。菜单栏下面是图形工具栏，可以选择相应的图标对图形进行各种编辑。

关键概念：程序一旦返回，使用菜单编辑图形的所有改动都会复原。

图 5.32 中的图形没有坐标轴标注和图形标题，图形颜色变化不均匀，形状也不像球体。对该图进行相应的编辑：

● 在菜单栏中选择 Edit→Axis Properties。
● 在 Property Editor-Axis window，中选择 More Properties→Data Aspect Ratio Mode。
● 把方式改为手动（见图 5.33）。

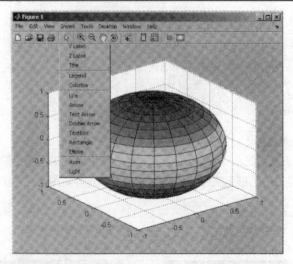

图 5.32　MATLAB 提供 Insert 等交互工具用来调整图形的外观

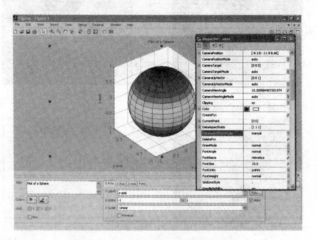

图 5.33　使用工具栏对图形进行编辑

　　使用属性编辑器可以添加坐标轴标注、图形标题和色条(见图 5.34),也可以在 Insert 菜单中进行设置。这种方法具有很好的交互性,可以随时调整图形的外观。但这种方法存在的问题是再次运行程序时,所有的修改都会无法保存。

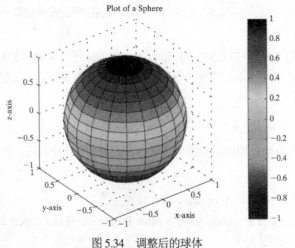

图 5.34　调整后的球体

提　示

用户可以使用 `axis equal` 命令将每个坐标轴设置为均匀的刻度间隔。在 M 文件中使用命令 `axis equal` 能够保存所做的修改。

5.6　在工作区中创建图形

MATLAB 7 的最大特点之一就是可以在工作区中创建图形。在工作区窗口中，先选择变量，然后打开绘图图标的下拉菜单（如图 5.35 所示）。MATLAB 能根据变量中的数据列出几种常用的绘图方式，选择合适的方式就可以在图形窗口生成相应的图形。绘制图形时可以在菜单中选择 More plots...，就会弹出一个新的窗口。新窗口中列出了所有可能的绘图方式供用户选择。从 MATLAB 内置的 seamount 数据集中导出矩阵 x 和 y，绘制矩阵 x 和 y 的散点图，如图 5.35 所示。

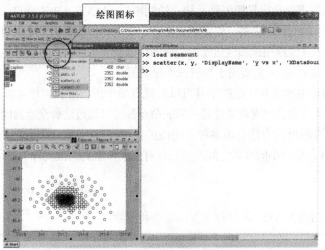

图 5.35　用绘图工具在工作区绘制图形

如果绘制图形所需的变量不止一个，则首先选中第一个变量，按 Ctrl 键选择其余的变量。然后，按照 5.5 节介绍的方法可以对图形进行编辑。这种互动的绘图环境有助于程序的开发和测试。

5.7　图形的保存

在 MATLAB 中有以下几种保存图形的方法：

● 如果程序代码保存在 M 文件中，直接运行程序就可以绘制出图形。

● 在菜单中选择 Save as，就会出现下列选项：

1. 保存为 MATLAB 特有的.fig 文件。在当前路径中双击文件名，就可以打开图形。

2. 保存为标准的图片格式，例如，.jpg 格式或.emf 格式。这种格式的图片可以在任何文档中使用，比如 Word 文档。

3. 在 Edit 中选择 copy figure，把图形粘贴到其他文件中。

4. 打开文件菜单，创建 M 文件，重新生成图形。

练习 5.6

绘制曲线 $y=\cos(x)$，保存该图，并把该图插入到 Word 文件中。

本章小结

在工程中，最常用的是二维 *x-y* 坐标系。二维图形使数据和数学方程可视化，无论它表示什么内容，图形中都应该包含标题、坐标轴标注和单位，如 ft/s 或 kJ/kg。

MATLAB 有很多方法可以对图形进行编辑。用户可以选择不同的颜色、线条和标记；在图中增加栅格；调整坐标的范围；在图中用文本框对内容进行说明。使用子图功能可以把绘图窗口划分为 $m \times n$ 个部分，在每个子窗口中单独绘制图形。

除了 *x-y* 坐标系以外，MATLAB 还提供了其他绘图方法，包括极坐标图形、饼图、柱状图以及双 *y* 轴图。通过调用函数实现对坐标轴的控制，绘制 *x* 轴对数图、*y* 轴对数图或双对数图。在工程应用中还常使用双对数图把数据表示成一条直线。

函数 fplot 可以根据函数定义的矢量 x 和 y 绘制图形。MATLAB 能够自动选择适当的数据点和数据间距以便产生光滑的曲线。另外，给定函数名称，使用符号工具箱来绘制函数的图形。

在 MATLAB 中，三维绘图选项包括线图、曲面图以及等高图。大多数二维绘图方法也可以在三维图形中应用。函数 meshgrid 主要用于绘制三维曲面图。

使用图形窗口菜单中的交互式绘图工具可以对现有图形进行编辑，还可以直接在工作区中绘制图形。读者在开发和实践中会发现许多处理图形的命令都可以通过这种交互的绘图工具来实现。

MATLAB 中保存图形的方法有很多种。生成的图形可以保存、编辑或者插入到其他文件中。MATLAB 的图形文件占用较小的存储空间，而且具有适于移植到其他文件中的标准文件格式。

MATLAB 小结

下面列出本章介绍的 MATLAB 特殊字符、命令和函数。

特 殊 字 符					
线　型	符　号	点　型	符　号	颜　色	符　号
实线	-	点号	.	蓝色	b
点线	:	圆圈	o	绿色	g
点画线	-.	叉号	x	红色	r
虚线	--	加号	+	青色	c
		星号	*	洋红	m
		方形	s	黄色	y
		菱形	d	黑色	k
		下三角	v	白色	w
		上三角	^		
		左三角	<		
		右三角	>		
		五角星	p		
		六角星	h		

命令和函数	
autumn	曲面图的配色选项
axis	控制坐标轴的刻度，或定义轴维数
axis equal	设置相同的坐标刻度
bar	绘制条形图
bar3	绘制三维条形图

（续表）

命令和函数	
barh	绘制水平条形图
bar3h	绘制三维水平条形图
bone	曲面图的配色选项
colorcube	曲面图的配色选项
colormap	曲面图的配色选项
comet	绘制 *x-y* 的动画效果图形
comet3	绘制三维动画效果线图
contour	绘制三维等高图
cool	曲面图的配色选项
copper	曲面图的配色选项
figure	生成绘图窗口
flag	曲面图的配色选项
fplot	根据指定函数绘图
gtext	与 text 相似，在鼠标单击处放置文本框
grid	在图形中添加栅格
grid off	取消栅格
grid on	显示栅格
hist	绘制柱状图
hold off	关闭当前图形
hold on	保持当前图形
hot	曲面图的配色选项
hsv	曲面图的配色选项
jet	曲面图的默认配色方案
legend	添加图形说明
linspace	创建线性矢量
loglog	绘制双对数坐标图
mesh	绘制网格曲面图
meshgrid	由数组产生网格矩阵
pause	暂停程序，按任意键后开始
pcolor	绘制伪色图
peaks	演示绘图函数的实体模型函数
pie	绘制饼图
pie3	绘制三维饼图
pink	曲面图的配色选项
plot	创建 *x-y* 图
plotyy	创建双 *y* 轴图
polar	创建极坐标图
prism	曲面图的配色选项
semilogx	创建 *x* 轴半对数图
semilogy	创建 *y* 轴半对数图
shading flat	用纯色给每个网格着色
shading interp	渲染曲面图中的颜色
sphere	演示绘图函数的实体模型函数
spring	曲面图的配色选项
subplot	把绘图窗口划分为多个子图
summer	曲面图的配色选项

(续表)

命令和函数	
surf	绘制曲面图
surfc	同时绘制曲面图和等高图
text	给图形添加文本说明
title	在图形中添加标题
white	曲面图的配色选项
winter	曲面图的配色选项
xlabel	对 x 轴进行标注
ylabel	对 y 轴进行标注
zlabel	对 z 轴进行标注

习题

5.1　根据下列函数绘制图形，其中 x 的范围在 0 到 10 之间：

(a) $y = e^x$。

(b) $y = \sin(x)$。

(c) $y = ax^2 + bx + c$，其中 $a = 5, b = 2$ 和 $c = 4$。

(d) $y = \sqrt{x}$。

图中应包含标题、x 轴和 y 轴标注以及栅格。

5.2　根据以下数据绘制图形：

$$y = [12, 14, 12, 22, 8, 9]$$

用元素的序号作为 x 轴坐标。

5.3　在同一坐标中绘制下列函数，其中 x 的范围在 $-\pi$ 到 π 之间，选择合适的数据间距画出平滑的曲线。

$$y_1 = \sin(x)$$
$$y_2 = \sin(2x)$$
$$y_3 = \sin(3x)$$

(提示：$2x$ 在 MATLAB 中的正确语法为 `2*x`。)

5.4　对题 5.3 中绘制的图形进行修改：

● 曲线 1 用红色虚线。

● 曲线 2 用蓝色实线。

● 曲线 3 用绿色点线。

一般情况下，只给测量数据做标记，而不是给图中的所有数据点做标记，利用函数计算出的数据不做任何标记。

5.5　对图 5.4 中绘制的图形进行修改，x 轴坐标在 -6 到 6 之间：

● 给图形添加图形说明。

● 给图形添加文本标注，并做简要说明题。

根据下列信息求解题 5.6 到题 5.10：

当发射角 θ 一定时，炮弹的飞行轨迹是时间的函数。若把炮弹的飞行轨迹分解成水平方向和垂直方向两个分量，则计算公式为

$$\text{horizontal}(t) = tV_0 \cos(\theta)$$

和

$$\text{vertical}(t) = tV_0 \sin(\theta) - \frac{1}{2}gt^2$$

其中，horizontal 为炮弹在 x 轴方向的位移；vertical 为炮弹在 y 轴方向的位移；V_0 为初始速度；g 为重力加速度，$9.8\ \text{m/s}^2$；t 为时间，单位 s。

5.6　若炮弹的初始速度为 $100\ \text{m/s}$，发射角为 $\pi/4(45°)$。求时间在 0 到 20 s 之间炮弹的水平位移和垂直位移（x 轴方向和 y 轴方向）。设时间间隔为 $0.01\ \text{s}$。

（a）绘制水平位移和时间的关系曲线。

（b）在新的图形窗口中，绘制垂直位移与时间的关系曲线。

图中应有必要的图形标题和坐标轴标注。

5.7　用 x 轴表示水平方向位移，y 轴表示垂直方向位移，在新的图形窗口中绘制该曲线。

5.8　利用函数 `comet`，画出水平方向和垂直方向的动画效果图形。适当调整时间参数，控制绘图速度，以便得到良好的绘图效果。

5.9　假设发射角分别为 $\pi/2$、$\pi/4$ 和 $\pi/6$，计算炮弹的垂直方向位移（v_1，v_2，v_3）和水平方向位移（h_1，h_2，h_3）。

- 针对三种情况，在新的绘图窗口中画出水平位移和垂直位移的曲线（应输出三条曲线）。其中 x 轴为水平位移，y 轴为垂直位移。
- 三条曲线分别用实线、虚线和点画线表示，并添加图形说明。

5.10　用矩阵 `theta` 表示发射角 $\pi/2$、$\pi/4$ 和 $\pi/6$。使用函数 `meshgrid` 画出矢量 `theta` 和时间（t）的关系曲面。根据这两个变量重新计算水平位移（h）和垂直位移（v），输出结果应该是一个 2001×3 的矩阵。使用命令 `plot` 画出 h 和 v 的关系曲线，x 轴表示 h，y 轴表示 v。

5.11　拉力测试装置如图 P5.11（a）所示，测试原理如图 P5.11（b）所示。在测试过程中，被测样本受均匀外力的作用产生形变。

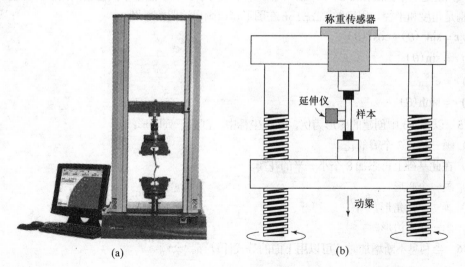

(a)　　　　　　　　　　　(b)

图 P5.11　拉力测试装置用于检测材料受力时的形变（照片引自 Instron®）

表 P5.11 中显示的是一组拉力测试数据。根据以下公式计算应力与形变：

$$\sigma = \frac{F}{A} \qquad 和 \qquad \varepsilon = \frac{l - l_0}{l_0}.$$

其中，σ 是产生的应力，单位为 lbf/in^2(psi)；F 为施加的外力，单位为 lbf；A 为样本的截面积，单位为 in^2；ε 为产生的形变，单位为 in/in；l 为样本的长度；l_0 为样本的原始长度。

(a) 测试样本是直径为 0.505 in 的金属杆，根据直径可以计算出金属杆的截面积，进一步利用所提供的数据计算金属杆的应力和形变。

(b) 以形变为 x 轴，应力为 y 轴，作 x-y 线图。用黑色实线连接各数据点，并用圆圈标出各实测数据点。

(c) 添加标题和坐标轴的标注。

表 P5.11　拉力测试数据

(William Callister, *Materials Science and Engineering, An Introduction*, 5th ed., p. 149)

负　载	长　度	负　载	长　度
0	2	7750	2.010
1650	2.002	8650	2.020
3400	2.004	9300	2.040
5200	2.006	10100	2.080
6850	2.008	10400	2.120

(d) 屈服应力或屈服点是指图形从陡峭的直线变成平滑曲线所对应的点，在屈服点附近测试样本的特性会发生显著变化。在屈服点之前，测试样本发生弹性形变，即当外力消失时，形变也消失，与橡皮筋类似。若继续增大外力作用，则测试样本会发生永久变形，也称塑性变形。在图中对屈服点做出标注。

5.12　用 MATLAB 中的函数 subplot 在图形窗口中画出题 5.1 中的四幅子图。

5.13　用 MATLAB 中的函数 subplot 在图形窗口中画出题 5.6、题 5.7 及题 5.9 中的四幅子图。

5.14　创建一个范围在 0 到 2π 之间的角度矢量，用 polar 画出下列函数的图形，polar 的输入参数分别是角度和半径。用函数 subplot 在图形窗口画出这四幅子图。

(a) $r = \sin^2(\theta) + \cos^2(\theta)$

(b) $r = \sin(\theta)$

(c) $r = e^{\theta/5}$

(d) $r = \sinh(\theta)$

5.15　以题 5.3 中创建的图形为例，在极坐标中，创建下列图形：

(a) 画一朵有 3 个瓣的花。

(b) 在此基础上再添加 8 个小一半的花瓣。

(c) 画一个心形。

(d) 画一个六角形。

(e) 画一个六边形。

5.16　当利息不断增加时，可以用下面的等式计算存款余额：

$$P = P_0 e^{rt}$$

其中，

P 为当前存款余额。

P_0 为初始存款余额。

r 为增长常数，用小数表示。

t 为投资时间。

假设在银行中存入\$1000，利率为 8%(0.08)，存 30 年，计算每年年底的账户余额，把结果绘制成表格。

以时间作为 x 轴，当前的存款余额 P 作为 y 轴，在四幅子图中分别画出下面不同形式的 t 和 P 关系曲线。

(a) 在第一幅子图中为线性直角坐标。

(b) 在第二幅子图中 x 轴为对数坐标。

(c) 在第三幅子图中 y 轴为对数坐标。

(d) 在第四幅子图中为双对数坐标。

对比这四种绘图方法，你认为哪种方法最好？

5.17　摩尔定律是由 Intel 公司创始人戈登·摩尔(见图 P5.17)于 1965 年提出的。根据摩尔定律，半导体集成电路芯片中每平方英寸晶体管的数量每两年就会翻一番。虽然有的报道认为每 18 个月就会翻一番，但这是不正确的。在集成度提高的同时，芯片的性能也在不断提高。所以，确切的提法是随着晶体管数目的增加，芯片的性能每隔 18 个月提高一倍。2005 年距摩尔定律的提出相隔 40 周年，在过去的 40 年里，集成电路的发展验证了摩尔先生的预言。在 1965 年，每平方英寸的芯片上能集成 30 个晶体管。根据摩尔定律晶体管的密度可以用 $d(t)=30\left(2^{t/2}\right)$ 计算，其中 t 代表年份。

(a) 令 $t=0$ 代表 1965 年，$t=45$ 代表 2010 年，预测从 1965 年到 2010 年这 45 年间每平方英寸芯片上晶体管的数目。每隔两年计算一次，把计算结果绘制成表格，一列表示年份，一列表示晶体管数目。

(b) 用函数 subplot，分别在 x-y 线性直角坐标系、x 轴对数坐标系、y 轴对数坐标系和双对数坐标系中画出关系曲线，并添加标题和坐标轴标注。

5.18　在过去 35 年里，集成电路中晶体管数目变化如表 P5.18 所示。根据实际数据创建 y 轴对数坐标图，其中数据点用圆圈表示。根据摩尔定律计算晶体管数目变化，以 1971 年的数值为起点绘制第二条曲线，并添加图形说明。

图 P5.17　半导体工业的先驱戈登·摩尔

(Copyright © 2005 Intel Corporation)

表 P5.18　集成电路中晶体管数目的指数增长[①]

微处理器	晶体管数目	生产日期	生产商
Intel 4004	2 300	1971	Intel
Intel 8008	2 500	1972	Intel
Intel 8080	4 500	1974	Intel
Intel 8088	29 000	1979	Intel
Intel 80286	134 000	1982	Intel
Intel 80386	275 000	1985	Intel
Intel 80486	1 200 000	1989	Intel
Pentium	3 100 000	1993	Intel
AMD K5	4 300 000	1996	AMD
Pentium II	7 500 000	1997	Intel
AMD K6	8 800 000	1997	AMD

（续表）

微 处 理 器	晶体管数目	生 产 日 期	生 产 商
Pentium III	9 500 000	1999	Intel
AMD K6-III	21 300 000	1999	AMD
AMD K7	22 000 000	1999	AMD
Pentium 4	42 000 000	2000	Intel
Barton	54 300 000	2003	AMD
AMD K8	105 900 000	2003	AMD
Itanium 2	220 000 000	2003	Intel
Itanium 2 with 9MB cache	592 000 000	2004	Intel
Cell	241 000 000	2006	Sony/IBM/Toshiba
Core 2 Duo	291 000 000	2006	Intel
Core 2 Quad	582 000 000	2006	Intel
G80	681 000 000	2006	NVIDIA
POWER6	789 000 000	2007	IBM
Dual-Core Itanium 2	17 000 000 000	2006	Intel
Quad-Core Itanium Tukwila (processor)[1]	2 000 000 000	2008	Intel

① 引自 Wikipedia, http://en.wikipedia.org/wiki/Transistor_count。

5.19 许多物理现象可以用阿伦尼乌斯方程描述。化学反应中的反应率常数可以用下面的公式表示：

$$k = k_0 e^{(-Q/RT)}$$

其中，k_0 为常数，单位取决于反应情况；Q 为激活能量，单位为 kJ/kmol；R 为理想气体常数，单位为 kJ/kmol K；T 为温度，单位为 K；在某一化学反应中有

$$Q = 1000 \text{ J/mol},$$
$$k_0 = 10 \text{ s}^{-1}$$
$$R = 8.314 \text{ J/mol K},$$

温度在 300 K 到 1000 K 之间变化。计算 k 值，并在一个窗口中创建两幅子图：

(a) 以 T 为 x 轴，k 为 y 轴绘制曲线。

(b) 以 k 的常用对数为 y 轴，$1/T$ 为 x 轴绘制曲线。

5.20 已知矢量

G = [68, 83, 61, 70, 75, 82, 57, 5, 76, 85, 62, 71, 96, 78, 76, 68, 72, 75, 83, 93]

为工程学的期末考试成绩。

(a) 用 MATLAB 对数据进行分类，并画出条形图。

(b) 画出柱状图。

5.21 在题 5.20 的工程学考试成绩中，有

　　　　2 个 A　　　　4 个 B　　　　8 个 C　　　　4 个 D　　　　2 个 E

(a) 创建一个成绩分布矢量

grades= [2, 4, 8, 4, 2]

画出该矢量的饼图，并添加对各分数段的图形说明。

(b) 使用菜单添加图形说明，并把编辑好的图形保存为.fig 文件。

(c) 根据所给数据绘制三维饼图。在 MATLAB 中给三维图形添加图形说明会出现很多问题，因此本题中的图形说明可能会和饼图不相符。

5.22 某种型号螺丝钉的库存数量如下表所示：

	2004	2005
January	2345	2343
February	4363	5766
March	3212	4534
April	4565	4719
May	8776	3422
June	7679	2200
July	6532	3454
August	2376	7865
September	2238	6543
October	4509	4508
November	5643	2312
December	1137	4566

根据数据绘制条形图。

5.23 用函数 randn 创建 1000 个服从正态分布的随机数，分布的均值为 70，标准差为 3.5，根据数据绘出柱状图。

5.24 在题 5.6 至题 5.9 中，炮弹的飞行轨迹是时间的函数：

$$\text{Horizontal}(t) = tV_0 \cos(\theta)$$

$$\text{Vertical}(t) = tV_0 \sin(\theta) - \frac{1}{2}gt^2$$

假设发射角为 45 度（$\pi/4$ rad），初始速度为 100 m/s，重力加速度 g 等于 9.8 m/s。在同一坐标中分别画出炮弹水平方向位移和垂直方向位移随时间变化的两条曲线，时间变化范围为 0~20 s，每条曲线有各自的 y 轴坐标。

5.25 炮弹在垂直方向上的位移是时间的函数：

$$\text{Vertical}(t) = tV_0 \sin(\theta) - 1/2gt^2$$

根据上式，可以计算出垂直方向上的速度：

$$\text{Velocity}(t) = V_0 \sin(\theta) - gt$$

已知发射角 θ 等于 $\pi/4$，初始速度为 100 m/s，时间矢量 t 在 0~20 s 之间。分别计算垂直方向上的位移和速度，并在一个坐标系中绘制两条曲线，每条曲线有各自的 y 轴坐标。

当炮弹在垂直方向上的位移最大时，其垂直方向上的速度应该等于 0。通过作图验证这一结果。

5.26 形变会改变金属的物理特性。对金属进行冷处理可以增加强度，下表是金属在进行冷处理过程中的强度和延展性数据。

冷处理程度	屈服强度(MPa)	延展性(%)
10	275	43
15	310	30
20	340	23
25	360	17
30	375	12
40	390	7
50	400	4
60	407	3
68	410	2

在 x-y 坐标系中绘制数据的双 y 轴图。

5.27　创建矢量 x，范围在 0~20π 之间，步长为 π/100。矢量 y 和 z 分别等于

$$y = x\sin(x)$$

和

$$z = x\cos(x)$$

(a) 在 *x-y* 坐标系中画出 x 和 y 的关系曲线。

(b) 在极坐标系中画出 x 和 y 的关系曲线。

(c) 画出 x、y 和 z 的三维线图，并在图中添加标题和坐标轴标注。

5.28　为了产生图 P5.28 所示的类似龙卷风的曲线应如何调整题 5.27 中函数 plot3 的输入参数。用 comet3 代替 plot3 绘制曲线。

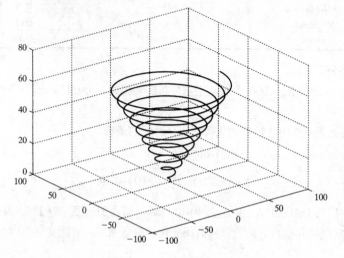

图 P5.28　龙卷风曲线图

5.29　创建矢量 x 和 y，数据变化范围从 −5 到 +5，步长为 0.5。用函数 meshgrid 将矢量 x 和 y 映射为两个新的二维矩阵 x 和 y，根据下述公式计算矢量 z：

$$Z = \sin\left(\sqrt{X^2 + Y^2}\right)$$

(a) 用函数 mesh 创建 z 的三维图。

(b) 用函数 surf 创建 z 的三维图。比较单个输入变量(z)和三个输入变量(x，y，z)时输出结果的区别。

(c) 给输出的曲面图增加渲染阴影效果，并用 colormaps 尝试不同的颜色。

(d) 绘制 z 的等高图。

(e) 绘制 z 的曲面图并加上等高线。

第6章　自定义函数

学习目的

通过阅读本章，读者可以掌握如下内容：

- 创建单输入/输出和多输入/输出的自定义函数。
- 在工具箱中保存或调用自定义函数。
- 创建和使用匿名函数。
- 创建和使用函数句柄。
- 创建和使用子函数和嵌套函数。

引言

MATLAB 是一种基于函数的编程语言。函数就是由用户输入参数、返回输出结果的程序。函数可以使编程更有效率，避免重复编写代码。比方说，大部分编程语言中都有求正弦值的函数。在 MATLAB 中，函数 sin 就可以调用一系列命令来完成正弦值的计算。用户只需输入角度就可以得到计算结果，而不需要知道 MATLAB 是如何计算 sin(x)的。

6.1　创建函数的 M 文件

用户可以使用 MATLAB 的内置函数，也可以使用自定义函数。用户自定义函数保存在 M 文件中，只要当前目录中存在函数的 M 文件，MATLAB 就可以随时调用函数。

6.1.1　语法

自定义函数和 MATLAB 的内置函数具有相同的结构，函数中必须包括函数名、输入参数和输出结果三项内容。例如，函数

```
cos(x)
```

- 名称为 cos。
- 小括号里的 x 是输入参数。
- 该函数可以计算出结果。

用户只能看到计算结果，而看不到计算过程。自定义函数的用法和 MATLAB 内置函数的用法相同。使用下面的语句创建函数 my_function：

```
my_function(x)
```

定义好函数的功能并输入参数 x，在命令窗口就会输出计算结果。

关键概念：使用函数可以使编程效率更高。

自定义函数在 M 文件中编写代码。第一行是函数的定义行，它应包括：

- 引导词 function。

- 输出变量。
- 函数名称。
- 输入变量。

一个函数的定义如下：

```
function   output = my_function(x)
```

上述语句是用户自定义函数 my_function 的定义行，有一个输入变量 x，返回一个输出变量 output。函数名、输入变量和输出变量都由用户定义。下面是函数 calculation 的定义行：

```
function   result = calculation(a)
```

其中，函数名是 calculation，函数的输入变量是 a，输出变量是 result。在 MATLAB 中可以使用任何有效的函数名，但所定义的函数名和变量名最好具有实际意义。

函数: 一段有输入变量，经过计算产生输出结果的程序代码。

> **提　　示**
>
> 　初学者往往把函数中的单词 input 与命令 input 混淆起来，在函数中，放在小括号中的"input"表示输入变量，而不是命令 input，二者有本质的区别。

下面是一个计算多项式数值的简单 MATLAB 函数实例：

```
function output = poly(x)
%This function calculates the value of a third-order
%polynomial
output = 3*x.^3 + 5*x.^2 - 2*x +1;
```

函数名是 poly，输入变量是 x，输出变量是 output。

调用函数前，必须把函数的文件先保存到当前目录中。为了便于查找，文件名必须和函数名相同。函数的命名应该遵循前面介绍过的 MATLAB 命名规则，即

- 函数名必须以字母开头。
- 可以包括字母、数字和下划线。
- 不能使用预留的名称。
- 长度没有限制，但最好不要太长。

关键概念: 根据 MATLAB 变量命名规则命名函数。

在命令窗口、脚本 M 文件或其他函数中可以调用保存好 M 文件的自定义函数。但在 M 文件中不能直接调用函数 M 文件本身，这是因为在命令窗口或脚本 M 文件调用函数前，输入变量没有定义。以前面已经定义的函数 poly 为例，在命令窗输入

```
poly(4)
```

返回

```
ans =
     265
```

若令输入变量 a 等于 4，则输出结果和前面的相同

```
a = 4;
poly(a)

ans =
     265
```

若函数的输入定义为矢量，那么函数的输出也是矢量。

```
    y = 1:5;
    poly(y)
```

输出

```
    ans =
         7    41   121   265   491
```

如果在菜单栏中选择"save-and-run"图标，执行该函数，就会提示以下错误信息：

```
    ???Input argument "x" is undefined.
    Error in ==> poly at 3
    output = 3*x.^3 + 5*x.^2 - 2*x +1;
```

无论是在命令窗口中还是在脚本 M 文件中调用函数，都要首先给 x 赋值。

提　示

创建函数时，很可能需要输出中间结果。但调试结束后，应该抑制输出中间结果。否则会输出多余信息。

练习 6.1

用 MATLAB 创建下列数学函数(函数的命名应有实际意义)，并进行测试。在命令窗口或在脚本 M 文件中进行函数测试。注意，每个函数都需要创建一个 M 文件。

1. $y(x) = x^2$。

2. $y(x) = e^{1/x}$。

3. $y(x) = \sin(x^2)$。

用 MATLAB 创建单位换算函数(从参考书或 Internet 上查询换算公式)。在命令窗口或脚本 M 文件中对函数进行测试。

4. 英寸转换为英尺。

5. 卡转换为焦耳。

6. 瓦特转换为 BTU/h。

7. 米转换为英里。

8. 英里每小时(mph)转换为 ft/s。

例 6.1　角度和弧度的换算

在工程中，往往用度数表示角的大小。但在计算机程序中三角函数的输入参数是用弧度表示的。创建函数 DR 把角的度数换算成弧度，函数 RD 把弧度换算成角度。函数的输入参数既可以是标量也可以是矢量。

1. 问题描述

编写函数 DR 和 RD，实现角度和弧度的相互换算(见图 6.1)。

2. 输入/输出描述

输入　　角度矢量。

　　　　弧度矢量。

图 6.1　三角函数中的角一般用弧度表示。三角学多用于工程制图

输出　　角度到弧度的换算表。

　　　　弧度到角度的换算表。

3. 手工分析

$$角度 = 弧度 \times 180 / \pi$$

$$弧度 = 角度 \times \pi / 180$$

角度到弧度	
角　　度	弧　　度
0	0
30	$30(\pi/180) = \pi/6 = 0.524$
60	$60(\pi/180) = \pi/3 = 1.047$
90	$90(\pi/180) = \pi/2 = 1.571$

4. MATLAB 实现

```
%Example 6.1
%
clear, clc
%Define a vector of degree values
degrees = 0:15:180;
% Call the DR function, and use it to find radians
radians = DR(degrees);
%Create a table to use in the output
degrees_radians =[degrees;radians]'
%Define a vector of radian values
radians = 0:pi/12:pi;
%Call the RD function, and use it to find degrees
degrees = RD(radians);
radians_degrees = [radians;degrees]'
```

程序中调用的函数用以下程序代码定义:

```
function output = DR(x)
%This function changes degrees to radians
output = x*pi/180;
```

和

```
function output = RD(x)
%This function changes radians to degrees
output = x*180/pi;
```

为了使脚本 M 文件能找到所定义的函数, 必须在当前路径中用文件名 DR.m 和 RD.m 保存这两个自定义函数。程序的执行结果显示在命令窗口中:

```
degrees_radians =
     0        0.000
    15        0.262
    30        0.524
    45        0.785
    60        1.047
    75        1.309
    90        1.571
   105        1.833
   120        2.094
   135        2.356
   150        2.618
   165        2.880
   180        3.142

radians_degrees =
   0.000         0.000
   0.262        15.000
   0.524        30.000
   0.785        45.000
```

1.047	60.000
1.309	75.000
1.571	90.000
1.833	105.000
2.094	120.000
2.356	135.000
2.618	150.000
2.880	165.000
3.142	180.000

5. 结果验证

将 MATLAB 计算结果与手工计算的结果相比较，输出的表格形式能够更容易看出两种结果的一致性。

例 6.2　ASTM 晶粒度

通常人们很难把金属和晶体联系在一起，但事实上金属就是晶体。用显微镜观察光滑金属表面，可以看到清晰的晶体结构，如图 6.2 所示。每个晶体结构(冶金学中称之为晶粒)的大小和形状都不同。晶粒的大小能够影响金属强度，晶粒越细小，金属强度越大。

图 6.2　放大 400 倍后铁的典型结构(引自 *Metals Handbook*, 9th ed.,

Vol. 1, American Society of Metals, Metals Park, Ohio, 1978.)

晶粒的平均尺寸是很难确定的，ASTM(美国材料实验学会的简称)制定了确定金属晶粒度的相关标准。晶粒度可以用放大 100 倍后的金属样本，每平方英寸面积中晶粒的数目来表示。即金属的晶粒度可以由下式确定：

$$N = 2^{n-1}$$

其中，n 为 ASTM 晶粒度，N 为金属样本放大 100 倍后每平方英寸面积内的晶粒数。根据上述公式求出 n 的值：

$$n = \frac{(\ln(N) + \ln(2))}{\ln(2)}$$

该方程很简单，但计算起来比较麻烦。编写 MATLAB 函数 grain_size 进行相关计算。

1. 问题描述

创建函数 grain_size 计算金属的 ASTM 晶粒度。

2. 输入/输出描述

为了对函数进行检验，需要多组晶粒数据。

输入　　放大 100 倍后每平方英寸有 16 个晶粒。

输出　　ASTM 晶粒度。

3. 手工分析

$$n = \frac{(\ln(N) + \ln(2))}{\ln(2)}$$

$$n = \frac{(\ln(16) + \ln(2))}{\ln(2)} = 5$$

4. MATLAB 实现

在 M 文件中创建函数:

```
function output = grain_size(N)
%Calculates the ASTM grain size n
output = (log10(N) + log10(2))./log10(2);
```

在当前目录中,保存为 grain_size.m 文件。在命令窗口中调用该函数:

```
grain_size(16)
ans =
      5
```

5. 结果验证

通过对函数作图,画出每平方英寸面积内的晶粒数和ASTM 晶粒度的关系曲线,结果如图 6.3 所示。MATLAB 的计算结果和手算结果相同。

```
%Example 6.2
%ASTM Grain Size

N = 1:100;
n = grain_size(N);
plot(N,n)
title('ASTM Grain Size')
xlabel('Number of grains per square inch at 100x')
ylabel('ASTM Grain Size')
grid
```

从图中可以看出,随着每平方英寸面积内晶粒数目的增加,金属的晶粒度也增大。

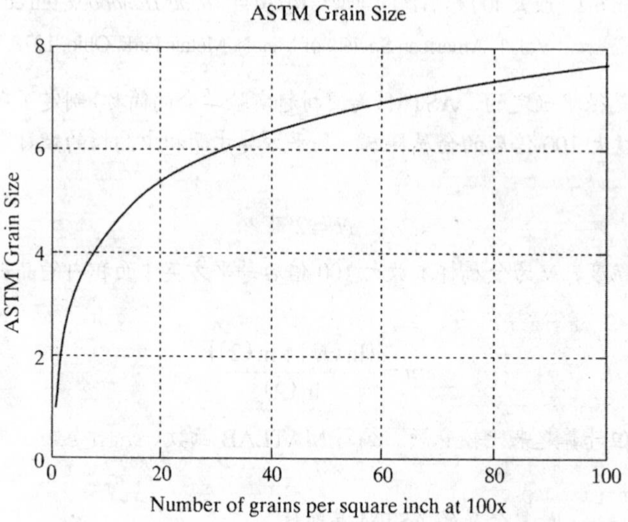

图6.3　对函数作图是检查程序是否正确的有效途径

6.1.2　注释

为了使程序的可读性更强,需要对程序代码进行注释。编写 MATLAB 函数程序时,一般在函数的定义行后加以注释。在命令窗口中用 help 查询函数功能时,就会自动返回该行的注释信息。例如,下面的函数:

```
function results = f(x)
%This function converts seconds to minutes
results = x./60;
```

在命令窗口中调用 help 功能:

```
help f
```

返回

```
This function converts seconds to minutes
```

关键概念: 用户使用 help 时会显示函数的注释。

6.1.3 多输入/输出函数

MATLAB 函数的输入变量和输出变量可以有多个,用户可以进行定义。余项函数是求除法运算中余数的函数,需要用户输入除数和被除数两个变量。若求 5/3,函数的语法是

```
rem(5,3)
```

输出

```
ans =
      2
```

同理,自定义函数也可以有两个输入矢量:

```
function output = g(x,y)
% This function multiplies x and y together
% x and y must be the same size matrices
a = x .*y;
output = a;
```

在命令窗口中分别定义 x 和 y,并调用函数 g,就会返回输出矢量

```
x = 1:5;
y = 5:9;
g(x,y)
ans =
    5    12    21    32    45
```

用户可以对输入变量和函数进行注释。在上面这个例子中,需要计算一个中间结果 a,函数的输出结果 output 是一个有多个元素的矩阵,但仍把它视为一个变量。

自定义函数与其他内置函数一样,可以有多个输出变量。例如,函数 max 不但会输出矩阵的最大值,还会输出最大值的位置。在自定义函数中也可以把所有的变量合并成一个矩阵输出:

```
function      [dist, vel, accel] = motion(t)
% This function calculates the distance, velocity, and
% acceleration of a car for a given value of t
accel = 0.5 .*t;
vel = accel .* t;
dist = vel.*t;
```

把函数 motion 保存到当前目录中,给定时间值,可以利用该函数计算出 distance、velocity 和 acceleration 相应的数值:

```
[distance, velocity, acceleration] = motion(10)

distance =
      500
velocity =
      50
acceleration =
      5
```

若调用函数 motion 时没有指定全部三个输出变量,则只输出第一个变量:

```
motion(10)
ans =
        500
```

MATLAB 中所有的变量都是矩阵,为确保元素之间的乘法运算,在本题中必须使用 .* 运算符。例如,函数 motion 的输入时间矢量从 0 到 30,变化量为 10,则

```
time = 0:10:30;
[distance, velocity, acceleration] = motion(time)
```

返回的三个输出矢量为

```
distance =
        0     500    4000    13500
velocity =
        0      50     200     450
acceleration =
        0       5      10      15
```

为了使结果更加清楚明白,把所有矢量合并成一个矩阵:

```
results =[time',distance',velocity',acceleration']
```

返回

```
results =
        0           0           0           0
       10         500          50           5
       20        4000         200          10
       30       13500         450          15
```

由于 time、distance、velocity 和 acceleration 都是行矢量,所以在合并时应先对这些矢量做转置运算转换成列矢量。

练习 6.2

假设矩阵的维数一致,创建 **MATLAB** 函数计算下列多输入、单输出的简单数学函数,并对结果进行检验:

1. $z(x, y) = x + y$
2. $z(a, b, c) = ab^c$
3. $z(w, x, y) = we^{(x/y)}$
4. $z(p, t) = p/\sin(t)$

假设矩阵的维数一致,创建 **MATLAB** 函数计算下列单输入、多输出的简单数学函数,并对结果进行检验:

5. $f(x) = \cos(x)$
   $f(x) = \sin(x)$
6. $f(x) = 5x^2 + 2$
   $f(x) = \sqrt{5x^2 + 2}$
7. $f(x) = \exp(x)$
   $f(x) = \ln(x)$

假设矩阵的维数一致,创建 **MATLAB** 函数计算下列多输入矢量、多输出矢量的简单数学函数,并对结果进行检验。

8. $f(x, y) = x + y$
   $f(x, y) = x - y$
9. $f(x, y) = ye^x$
   $f(x, y) = xe^y$

例 6.3　晶粒度对金属强度的影响：三输入变量的函数

金属的晶粒越小，金属强度越大。根据 Hall-Petch 方程，可知金属的屈服强度(金属发生永久性变形时所受的应力)和晶粒的平均直径有关：

$$\sigma = \sigma_0 + Kd^{-1/2}$$

其中，σ_0 和 K 为常数，不同金属的 σ_0 和 K 也不相同。

创建的函数名为 HallPetch，它有三个输入变量：σ_0、K 和 d，一个输出变量：金属的屈服强度。根据所给的 σ_0 和 K 的值，调用此函数可以计算金属的屈服强度。MATLAB 程序先要给出 σ_0 和 K 的值，然后再调用函数进行计算，并做出金属屈服强度和晶粒直径的关系曲线。

1. 问题描述

创建函数 HallPetch，根据 Hall-Petch 方程计算某种金属的屈服强度，并画出屈服强度和晶粒直径的关系曲线。

2. 输入/输出描述

输入　$K = 9600 \text{ psi}/\sqrt{\text{mm}}$

　　　$\sigma_0 = 12\,000 \text{ psi}$

　　　$d = 0.1 \sim 10 \text{ mm}$

输出　　屈服强度和晶粒直径的关系曲线。

3. 手工分析

由 Hall-Petch 方程

$$\sigma_0 = \sigma_0 + Kd^{-1/2}$$

令 σ_0 和 K 分别等于 $12\,000 \text{ psi}$ 和 $9600 \text{ psi}\sqrt{\text{mm}}$，代入方程得

$$\sigma = 12\,000 + 9600 d^{-1/2}$$

当 $d = 1 \text{ mm}$ 时，

$$\sigma = 12\,000 + 9600 = 21\,600$$

4. MATLAB 实现

在 M 文件中创建函数

```
function output = HallPetch(sigma0,K,d)
%Hall-Petch equation to determine the yield
%strength of metals
output = sigma0 + K*d.^(-0.5);
```

以文件名 HallPetch.m 保存到当前目录中。主程序为

```
%Example 6.3
clear,clc
format compact
s0 = 12000
K = 9600
%Define the values of grain diameter
diameter = 0.1:0.1:10;
yield = HallPetch(s0,K,d);
%Plot the results
figure(1)
plot(diameter,yield)
title('Yield strengths found with the Hall-Petch equation')
xlabel('diameter, mm')
ylabel('yield strength, psi')
```

程序中输出的图形如图 6.4 所示。

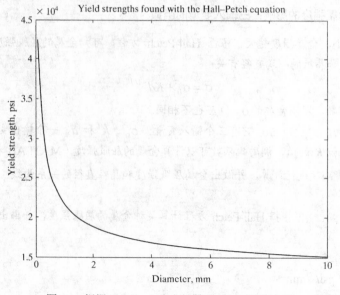

图 6.4   根据 Hall-Petch 方程计算出的屈服强度曲线

5. 结果验证

把输出的图形和手算的结果进行对比，结果相同。

例 6.4   动能：两输入变量的函数

运动物体(图 6.5)的动能公式如下：

$$KE = 1/2\,mv^2$$

创建函数 KE，计算质量为 m，速度为 v 的汽车所具有的动能。

1. 问题描述

创建函数 KE，计算汽车的动能。

2. 输入/输出描述

输入   汽车的质量，单位 kg。

　　　　汽车的速度，单位 m/s。

输出   汽车所具有的动能，单位焦耳(J)。

图 6.5   赛车具有的动能非常大
(Rick Graves/Getty Images)

3. 手工分析

若汽车质量是 1000 kg，速度为 25 m/s，则

$$KE = 1/2 \times 1000 \text{ kg} \times (25 \text{ m/s})^2 = 312.500 \text{ J} = 312.5 \text{ kJ}$$

4. MATLAB 实现

```
function    output = ke(mass,velocity)
output = 1/2*mass*velocity.^2;
```

5. 结果验证

```
v = 25;
m = 1000;
ke(m,v)
ans =
      312500
```

该计算结果与手算结果一致，说明创建的函数计算正确，可以在较大的 MATLAB 程序中使用。

6.1.4　没有输入或输出变量的函数

大部分函数都至少有一个输入或输出变量，但有的函数没有输入或输出变量。例如，函数 star 是一个在极坐标系中描绘星形的函数：

```
function [] = star( )
theta = pi/2:0.8*pi:4.8*pi;
r=ones(1,6);
polar(theta,r)
```

函数定义行里的方括号说明函数没有任何输出变量，即不返回任何值。圆括号中没有任何值，说明没有输入变量。在命令窗口输入

```
star
```

没有任何返回值，只是在图形窗口的极坐标系中有五角星的图案，如图 6.6 所示。

有许多 MATLAB 内置函数也没有输入变量。例如，

```
A = clock
```

返回当前时间：

```
A =
  1.0e+003 *
  Columns 1 through 4
    2.0050    0.0030    0.0200    0.0150
  Columns 5 through 6
    0.0250    0.0277
```

关键概念：并不是所有函数都需要输入变量。

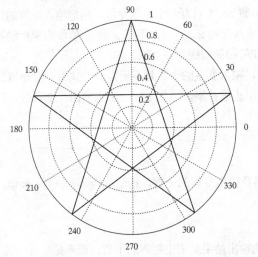

图 6.6　自定义函数 star 既没有输入变量也没有输出变量，但可在极坐标系中描绘出五角星

提　　示

函数 star 只是描绘出一个五角星图案，不返回任何输出变量。如果调用函数时定义一个返回值，即输入语句

```
A = star
```

就会产生错误提示，因为函数 star 没有任何输出变量，所以没有任何值可以赋给变量 A。

还有函数 pi：

```
A = pi
```

返回数学常数 π 的值:

```
A =
   3.1416
```

如果把 MATLAB 函数 tic 赋值给变量 A, 就会出现错误提示。这是因为函数 tic 没有输出变量:

```
A = tic
???Error using ==> tic
Too many output arguments.
```

函数 tic 的功能是启动一个计时器, 常和函数 toc 配合使用。

6.1.5 确定输入/输出变量的数目

MTALAB 提供了两个内置函数, 用来获得函数输入/输出变量的个数。

关键概念: 函数 nargin 和 nargout 用于确定函数输入/输出变量的个数。

函数 nargin 可以求内置函数或自定义函数中输入变量的个数, 它的输入是以字符串表示的函数名, 例如,

```
nargin('sin')
ans =
   1
```

由下列语句可知, 余项函数 rem 有两个输入变量:

```
nargin('rem')
ans =
   2
```

在自定义函数中可以用函数 nargin 获取输入变量的个数。有些函数的输入变量个数是不确定的, 如绘图函数 surf。若函数 surf 只有一个输入变量, 则把输入矩阵的行列序号作为 x 和 y 轴的坐标值; 若函数 surf 有三个输入变量 x、y、z, 则以 x 和 y 值作为坐标绘制图形。用户可以根据函数 nargin 的输出结果, 决定如何绘制曲线。

很多函数与 surf 一样, 输入变量的个数是不确定的。如果在命令窗口中使用函数 nargin 来确定输入变量个数, 就不会输出正确答案。函数 nargin 会输出一个负数, 这说明该函数输入变量的个数是不确定的。例如,

```
nargin('surf')
ans =
   -1
```

函数 nargout 用于求函数输出变量的个数, 用法和函数 nargin 类似:

```
nargout('sin')
ans =
   1
```

注意, 函数 nargout 的输出结果是输出矩阵的个数, 而不是矩阵中元素的个数。例如函数 size 输出矩阵的行数和列数, 有些读者可能会认为 nargout 的输出结果是 2, 但事实上正确的结果是 1:

```
nargout('size')
ans =
   1
```

这是因为函数 size 的输出结果只有一个矩阵, 只不过输出矩阵中有两个元素, 例如,

```
x = 1:10;
size(x)
ans =
   1    10
```

函数 max 有三个输出矩阵, 用 nargout 求 max 输出变量的个数是 3:

```
nargout('max')
ans =
      3
```

函数 nargout 用在自定义函数中，表示用户要求输出变量的个数。对 6.1.4 节中画五角星的程序进行修改：

```
function A = star1( )
theta = pi/2:0.8*pi:4.8*pi;
r = ones(1,6);
polar(theta,r)
if nargout==1
    A = 'Twinkle twinkle little star';
end
```

在命令窗口输入 nargout，输出结果是 1：

```
nargout('star1')
ans =
    1
```

说明函数只有一个输出结果。若简单地调用函数

```
star1
```

则在图形窗口中仅输出五角星图案，并没有任何输出。如果把函数赋值给一个变量 x，

```
x = star1
x =
Twinkle twinkle little star
```

则返回 x 的值，但需要在程序中用 if 语句和函数 nargout 对输出变量的个数做出判断。

有关 if 语句的相关内容将在第 8 章中详细介绍。

6.1.6　局部变量

函数的 M 文件中的所有变量都称为局部变量。工作区与函数之间进行交互的唯一方式是利用输入变量和输出变量，在函数体中定义的所有变量仅允许函数自己使用。例如，自定义函数 g：

```
function output = g(x,y)
% This function multiplies x and y together
% x and y must be the same size matrices
a = x .*y;
output = a;
```

其中，变量 a、x、y 和 output 都是局部变量，这些变量仅能在函数内部使用，不能保存在工作区中。下例可以证实这一点。先清空工作区和命令窗口，然后调用函数 g，

```
clear, clc
g(10,20)
```

函数返回

```
g(10,20)
ans =
     200
```

在工作区中只有一个变量 ans，它的特征如下所示：

Name	Value	Size	Bytes	Class
⊞ ans	200	1×1	8	double array

局部变量：只在部分程序或函数中使用的变量。

在命令窗口和脚本 M 文件中不能访问函数定义的变量。同理，在函数中也不能访问工作区中定

义的变量。这意味着函数必须是自包含的：即程序中的信息仅能通过输入变量传递给函数，函数中的信息仅能通过输出变量传递给程序。

创建函数，计算自由落体运动的下落距离，并称此函数为距离函数：

```
function  result = distance(t)
%This function calculates the distance a falling object
%travels due to gravity
g = 9.8      %meters per second squared
result = 1/2*g*t.^2;
```

g 是函数中的局部变量，无论在主程序中是否使用过参数 g，在函数中必须定义 g 的数值。

当然，也可以把 g 当做函数的输入变量，将它的值从主程序传递到函数中：

```
function  result = distance(g,t)
%This function calculates the distance a falling object
%travels due to gravity
result = 1/2*g*t.^2;
```

提　　示

相同的矩阵名可以用在函数中，也可以用在调用函数的程序中，但不一定就是同一个矩阵。函数中的变量都是局部变量，其工作区间独立于 MATLAB 的基本工作区间和其他函数的工作区间。为了避免混淆，初学者最好在函数中或主程序中使用不同的函数名。

6.1.7　全局变量

与局部变量不同，全局变量是整个程序的变量，但一般情况下不定义全局变量。在命令窗口或脚本 M 文件中定义的变量都是全局变量，为了避免用户无意中使用全局变量，要求在函数中使用全局变量时，必须进行特殊声明。

关键概念：一般情况下不定义全局变量。

重新编写前面自由落体问题的计算函数：

```
function  result = distance(t)
%This function calculates the distance a falling object
%travels due to gravity
global G
result = 1/2*G*t.^2;
```

全局变量：适用于整个程序的变量。

命令 global 提示函数在命令窗口或脚本 M 文件中查找变量 G 的值，而且在命令窗口或脚本 M 文件中必须定义变量 G：

```
global G
G = 9.8;
```

在程序中把 G 定义成全局变量，可以避免在自定义函数中重复定义，G 也不再是函数的输入变量。

提　　示

一般情况下，为了便于识别全局变量，MATLAB 程序中的全局变量都用大写字母表示。

提　　示

使用全局变量可以简化程序。举一个生活中类似的例子：如果把信誉卡的信息在网上公布，那么在线购买图书就变得非常方便，不用再需要输入信息了。但这样做会出现一些意外情况，比方说信誉卡可能会被盗用。创建全局变量后，程序中所有函数都可以使用或改变该变量的值，这就可能出现一些意想不到的后果。

6.1.8　查看 M 文件代码

MATLAB 中提供了两种函数类型。一种是内置函数，其程序代码是看不见的。另一种是 M 文件函数，它存储在程序提供的工具箱中，使用 type 命令可以查看 M 文件代码。函数 sphere 是 MATLAB 中的实体模型函数，可以产生一个三维球体，查看其程序代码，输入

```
type sphere
```

或

```
type('sphere')
```

返回 sphere.m 文件的内容：

```
function [xx,yy,zz] = sphere(varargin)
%SPHERE Generate sphere.
%   [X,Y,Z] = SPHERE(N) generates three (N+1)-by-(N+1)
%   matrices so that SURF(X,Y,Z) produces a unit sphere.
%
%   [X,Y,Z] = SPHERE uses N = 20.
%
%   SPHERE(N) and just SPHERE graph the sphere as a SURFACE
%   and do not return anything.
%
%   SPHERE(AX,...) plots into AX instead of GCA.
%
%   See also ELLIPSOID, CYLINDER.

%   Clay M. Thompson 4-24-91, CBM 8-21-92.
%   Copyright 1984-2002 The MathWorks, Inc.
%   $Revision: 5.8.4.1 $  $Date: 2002/09/26 01:55:25 $

% Parse possible Axes input
error(nargchk(0,2,nargin));
[cax,args,nargs] = axescheck(varargin{:});

n = 20;
if nargs > 0, n = args{1}; end
% -pi <= theta <= pi is a row vector.
% -pi/2 <= phi <= pi/2 is a column vector.
theta = (-n:2:n)/n*pi;
phi = (-n:2:n)'/n*pi/2;
cosphi = cos(phi); cosphi(1) = 0; cosphi(n+1) = 0;
sintheta = sin(theta); sintheta(1) = 0; sintheta(n+1) = 0;

x = cosphi*cos(theta);
y = cosphi*sintheta;
z = sin(phi)*ones(1,n+1);

if nargout == 0
    cax = newplot(cax);
    surf(x,y,z,'parent',cax)
else
    xx = x; yy = y; zz = z;
end
```

提　示

函数 sphere 中用到了 varargin，说明函数可以接受不同数量的输入参数。函数中也用到了 nargin 和 nargout。通过学习此函数的建立过程，读者可以得到创建 M 文件的具体思路。函数中还用到了 if/else 结构，有关 if/else 结构在后面章节中会详细介绍。

6.2 创建函数工具箱

调用 MATLAB 函数时，首先在当前路径中查找该函数。如果没有找到，则按照预先设定的搜索路径查找函数名。设置搜索路径的方法是在主菜单中单击

   File → Set Path

或在命令窗口输入(见图 6.7)

   pathtool

随着程序中函数数量的增加，通常会把相关文件存放在用户的个人工具箱中，并设置相应的搜索路径。例如，把前面例 6.1 中的角度和弧度换算函数保存在 My_functions 目录中。

在 Set Path 对话窗口中单击 Add Folder 来添加文件夹，如图 6.7 所示。浏览查找 My_functions 目录，并把该目录添加到搜索路径中去，如图 6.8 所示。

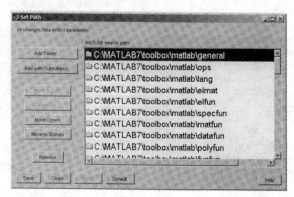

图 6.7 路径设置工具可以改变 MATLAB 搜索路径   图 6.8 文件夹浏览窗口

MATLAB 先在当前路径中查找函数，然后，再根据修改后的搜索路径查找，如图 6.9 所示。

除非设置成永久路径，否则修改的路径只在当前对话中有效。但为清楚起见，最好不要在公共计算机上设置永久路径。若有人设置成永久路径，那么，用户可以选择默认按钮恢复原来的路径设置，见图 6.9。

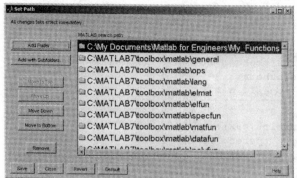

图 6.9 修改后的 MATLAB 搜索路径

在路径设置工具中可以采用交互的方式修改 MATLAB 搜索路径，使用函数 addpath 可以添加新的搜索路径。输入

   help addpath

查询函数 addpath 的使用方法。

用户还可以使用由 The MathWorks 和用户社区提供的工具箱。为了获得更多信息,请查阅公司网站 www.mathworks.com。

6.3 匿名函数和函数句柄

一般情况下,创建用户自定义函数,需要把函数存储起来以便将来编程使用。匿名函数是 MATLAB 7 中一种新的、简单的函数构造方法。用户可以直接在命令窗口或脚本 M 文件中定义和使用匿名函数。匿名函数更像一个定义的变量,只要不清空工作区,匿名函数都是有效的。下面的程序代码给出了一个匿名函数的例子:

```
ln = @(x) log(x)
```

- @符号提示 MATLAB,ln 是一个函数。
- 在@符号后面紧接着定义了函数的输入参数。
- 最后定义函数。

关键概念:用户可以在 M 文件或命令窗口中定义匿名函数。

函数名作为函数句柄显示在变量窗口中:

Name	Value	Size	Bytes	Class
@ ln	@(x)log(x)	1×1	16	Function_handle

提 示

函数句柄可以视为函数的别称。

在程序中,匿名函数的用法和其他函数的用法相同。例如,

```
ln(10)
ans =
     2.3026
```

一旦工作区被清空,用户就不能再调用匿名函数,但匿名函数和其他变量一样可以保存到.mat 文件中,使用 load 命令进行重复调用。为了保存匿名函数 ln,可以输入

```
save my_ln_function  ln
```

建立文件 my_ln_function.mat,其中包含匿名函数 ln。清空工作区后,匿名函数 ln 不复存在,但可以输入下列命令从.mat 文件中导入

```
load my_ln_function
```

用户还可以给函数 M 文件创建函数句柄。给本章前面定义的函数 M 文件 distance.m 创建函数句柄:

```
function  result = distance(t)
result = 1/2*9.8*t.^2;
```

命令

```
distance_handle = @(t) distance(t)
```

把函数句柄 distance_handle 分配给函数 distance。

如果某个函数的输入也是一个函数(函数的函数,或称复合函数)时,MATLAB 经常使用匿名函数和函数句柄。

6.4　复合函数

绘图函数 `fplot` 就是 MATLAB 中的内置复合函数，它要求有两个输入参数：一个输入参数是函数或函数句柄，另一个输入参数是函数的取值范围。通过下面的程序可以看出复合函数的用法：

```
ln = @(x) log(x)
```

以函数句柄 `ln` 作为函数 `fplot` 的输入参数：

```
fplot(ln,[0.1, 10])
```

输出结果如图 6.10 所示。如果不使用函数句柄，则可以直接用字符串表示函数名：

```
fplot('log(x)',[0.1, 10])
```

关键概念：复合函数就是以函数或函数句柄作为输入参数的函数。

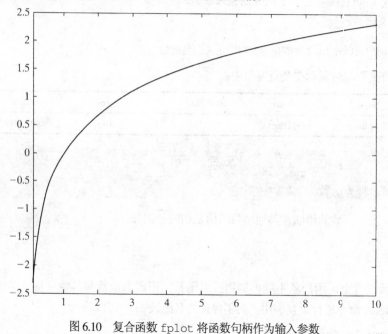

图 6.10　复合函数 `fplot` 将函数句柄作为输入参数

在这个例子中，使用函数句柄的优越性并没有体现出来。但是，如果匿名函数是计算五阶多项式的值：

```
poly5 = @(x) -5*x.^5 + 400*x.^4 + 3*x.^3 + 20*x.^2 - x + 5;
```

那么，在函数 `fplot` 中直接输入多项式的表达式，程序会显得十分繁琐。使用函数句柄就简单多了：

```
fplot(poly5,[-30,90])
```

运行结果见图 6.11。

许多 MATLAB 函数都可以将函数句柄作为输入参数。例如，函数 `fzreo` 用于求方程 $f(x) = 0$ 的解，方程中的 x 可以是函数句柄也可以是一个估计值。从图 6.11 中可以看出，五阶多项式等于 0 时，x 的值在 75 到 85 之间，因此以 $x=75$ 作为估计值：

```
fzero(poly5,75)
ans =
    80.0081
```

Fifth order polynomial
× 10^9
2
1
0
−1
−2
−3
−4
y-axis
−20
0
20
40
60
80
x-axis

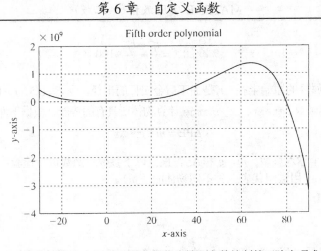

图 6.11 复合函数 fplot 将函数句柄作为输入参数绘制的五阶多项式曲线

6.5 子函数

在同一个文件中，除了主函数外还可以创建多个子函数。子函数只能被主函数调用，因此子函数的使用是受限制的。使用子函数有利于程序的模块化，能够使程序的可读性更强。

提　示

用户在创建子函数之前，应该熟练掌握如何在 M 文件中创建主函数。

每一个 MATLAB 的 M 文件只能有一个主函数，并且 M 文件名必须和主函数名相同。因此存储在 M 文件 my_function.m 中的主函数名必须是 my_function。主函数之后可以定义任何合法的子函数，子函数的命名规则和变量的命名规则相同。求两个矢量加法和减法运算的函数如图 6.12 所示。主函数名为 subfunction_demo，文件中所定义的两个子函数分别为 add 和 subtract。

注意，在编辑窗口中每个函数都用灰色方括号括起来。为了便于阅读，单击方括号上的+或–符号，可以展开或折叠函数的程序代码。

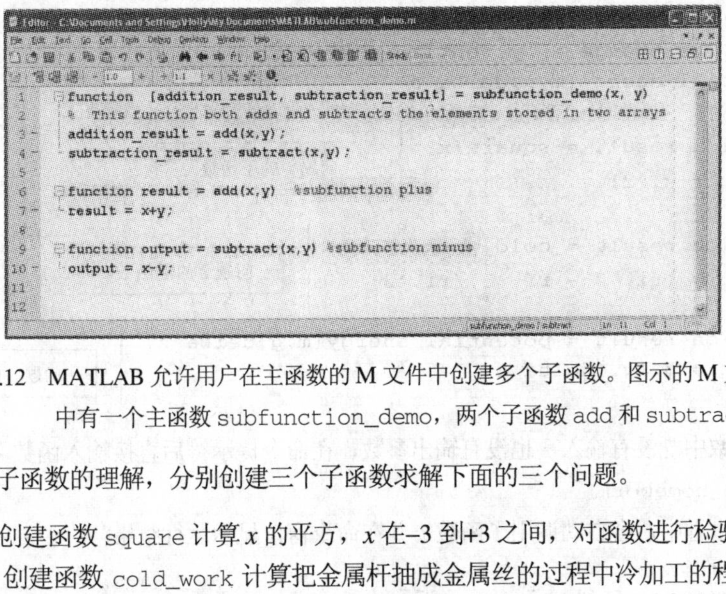

function [addition_result, subtraction_result] = subfunction_demo(x, y)
% This function both adds and subtracts the elements stored in two arrays
addition_result = add(x,y);
subtraction_result = subtract(x,y);
function result = add(x,y) %subfunction plus
result = x+y;
function output = subtract(x,y) %subfunction minus
output = x-y;

图 6.12 MATLAB 允许用户在主函数的 M 文件中创建多个子函数。图示的 M 文件中有一个主函数 subfunction_demo，两个子函数 add 和 subtract

为了加深对子函数的理解，分别创建三个子函数求解下面的三个问题。

- 问题 1 创建函数 square 计算 x 的平方，x 在–3 到+3 之间，对函数进行检验。
- 问题 2 创建函数 cold_work 计算把金属杆抽成金属丝的过程中冷加工的程度。用下面的公式进行计算：

$$\%冷加工=\frac{r_i^2-r_f^2}{r_i^2}*100$$

其中 r_i 是金属杆的原始半径，r_f 是加工后金属杆的半径。令 $r_i=0.5$，$r_f=0.25$ 对函数进行检验。

● 问题 3　创建函数 potential_energy 计算物体所具有的势能。根据下面的公式进行计算：

$$\Delta\mathrm{PE}=m*g*\Delta z$$

函数中有三个输入参数：m、g 和 Δz。根据以下参数对函数进行检验：

$m=[1\ 2\ 3]\ \mathrm{kg}$（用数组代表三种不同物体的质量）。

$g=9.8\ \mathrm{m/s}^2$。

$\Delta z=5\ \mathrm{m}$。

求解上面三个问题，需要创建四个 M 文件：三个问题需要独立创建三个 M 文件，此外还需要一个 M 文件用于调用和检验。如果在程序中使用子函数，只需创建一个 M 文件即可。

```
function  [] = sample_homework()
%  Example homework submission
%  Problem 1
x = -3:3;
disp('Problem 1')
disp('The squares of the input values are listed below')

y = square(x);
disp(y)
%  Problem 2
initial_radius = 0.5;
final_radius = 0.25;
disp('Problem 2')
disp('The percent cold work is')
cold_work(initial_radius, final_radius)
% Problem 3
m = [1,2,3];
g = 9.8;
delta_z = 5;
disp('Problem 3')
disp('The change in potential energy is ')
potential_energy(m,g,delta_z)
```

```
function result = square(x)          ⎫
result = x.^2;                       ⎬  问题 1 的子函数
```

```
function result = cold_work(ri,rf)   ⎫
result = (ri.^2 - rf.^2)/ri.^2;      ⎬  问题 2 的子函数
```

```
function result = potential_energy(m,g,delta_z)  ⎫
result = m.*g.*delta_z;                          ⎬  问题 3 的子函数
```

注意，主函数中既没有输入，也没有输出参数，在命令提示符后直接输入函数名，调用主函数

```
sample_homework
```

主函数执行过程中，会自动调用子函数，并在命令窗口显示运行结果：

```
Problem 1
The squares of the input values are listed below
     9   4   1   0   1   4   9
```

```
Problem 2
The percent cold work is
ans =
      0.7500


Problem 3
The change in potential energy is
ans =
      49    98    147
```

在这个例子中，共有四个函数，其中包括一个主函数和三个子函数。该问题的另一种解决方法就是使用嵌套函数，把子函数的程序代码放在主函数中，一般放在靠近调用子函数程序代码之后。一旦使用了嵌套函数，无论是嵌套函数还是主函数都必须以 end 命令作为函数结束。

```
function   []= sample_homework()
%  Example homework submission
% Problem 1
x = -3:3;
disp('Problem 1')
disp('The squares of the input values are listed below')
 y=square(x);
 disp(y)
    function result = square(x)          嵌套函数
    result = x.^2;
    end
% Problem 2
initial_radius = 0.5;
final_radius = 0.25;
disp('Problem 2')
disp('The percent cold work is')
cold_work(initial_radius, final_radius)
    function result = cold_work(ri,rf)     嵌套函数
    result = (ri.^2 - rf.^2)/ri.^2;
    end
% Problem 3
m=[1,2,3];
g = 9.8;
delta_z = 5;
disp('Problem 3')
disp('The change in potential energy is ')     嵌套函数
potential_energy(m,g,delta_z)
    function result = potential_energy(m,g,delta_z)
    result = m.*g.*delta_z;
    end
end
```

此 end 命令表示主函数的结束

本章小结

MATLAB 中有大量内置函数，用户可以根据需要创建自己的 MATLAB 函数，其中最常用的自定义函数就是 M 文件函数。M 文件函数的第一行必须是函数定义语句，其中包括：

● 引导词 function。

- 函数的输出变量。
- 函数名称。
- 函数的输入变量。

例如，

```
function  output = my_function(x)
```

函数名必须和 M 文件名相同。函数的命名应该遵循 MATLAB 标准的命名规则。

自定义函数可以有多个输入/输出变量，这与 MATLAB 的内置函数相同。

函数定义行之后紧接着是注释行，在命令窗口输入 help 命令将返回注释行信息。

函数中定义的变量为局部变量，局部变量不存储在工作区中，在命令窗口中不能对局部变量进行访问。在工作区、命令窗口或函数中可以用 global 命令定义全局变量。一般情况下不定义全局变量，一旦需要定义全局变量建议用户使用大写字母作为变量名。

用户可以把自己所定义的函数成组地存储在公共目录下，称其为"工具箱"，通过修改 MATLAB 搜索路径进行访问。修改 MATLAB 的搜索路径可以在主菜单中进行，也可以使用交互的路径设置工具来完成，在菜单中选择

```
File→ Set Path
```

也可以在命令行输入

```
pathtool
```

进行路径设置。

The MathWork 和用户社区为用户提供了大量函数工具箱。

另一种函数类型是匿名函数，它在 MATLAB 的会话过程中定义，也可以在函数 M 文件中定义。匿名函数仅存在于会话期间，适用于非常简单的数学表达式的计算，或者作为复杂复合函数的输入参数。

MATLAB 小结

下面列出了本章介绍的 MATLAB 特殊字符、命令和函数：

特殊字符	
@	在匿名函数中表示函数句柄
%	注释

命令和函数	
addpath	在 MATLAB 的搜索路径中添加目录
fminbnd	复合函数。以函数句柄或函数作为输入参数，求函数极小值
fplot	复合函数。以函数句柄或函数作为输入参数，绘制函数图形
fzero	复合函数。以函数句柄或函数作为输入参数，求函数的过零点
function	定义函数 M 文件
global	定义全局变量
meshgrid	把两个输入矢量映射成两个二维矩阵
nargin	确定函数输入参数的个数
nargout	确定函数输出参数的个数
pathtool	打开交互式路径设置工具
varargin	指示函数输入参数的个数是不确定的

习题

用户在创建函数时，应该对函数做出正确的注释。习题中有些问题可能不需要创建函数，但由于本章的目的在于使读者熟悉函数的定义和调用方法，因此除匿名函数外都必须创建 M 文件，并在命令窗口或脚本 M 文件中调用相关的函数。

6.1　根据例 6.2 中的描述，金属实际上是晶体结构，金属晶体称为晶粒。晶粒的平均尺寸越小，金属的强度越高，反之，晶粒的平均尺寸越大，金属强度就会越低。由于金属样本的晶粒大小不同，很难计算出晶粒的平均尺寸。美国材料实验学会（ASTM）制定了测量晶粒度的标准方法：

$$N = 2^{n-1}$$

在 100 倍显微镜下观察金属样本，ASTM 晶粒度（n）是由 1 平方英寸（即实际尺寸为 0.01 英寸×0.01 英寸）面积中晶粒的数目（N）决定的。根据上面的等式可以计算出 ASTM 晶粒度。

（a）创建 MATLAB 函数 num_grains 计算放大 100 倍后每平方英寸面积中晶粒的数目，假设已知金属的晶粒度。

（b）调用函数计算，当 ASTM 晶粒度 $n = 10$ 到 100 时，晶粒的数目。

（c）把计算结果绘制成曲线。

6.2　由物理学中的著名方程

$$E = mc^2$$

可知，物体具有的能量 E 等于物体质量 m 乘以光速的平方。真空中光的传播速度是 $2.9979×10^8$ m/s

（a）创建函数 energy，根据物体质量（单位 kg）计算物体具有的能量。能量的单位用焦耳表示，$1 \text{ kg m}^2/\text{s}^2 = 1 \text{ J}$。

（b）利用函数计算质量为 1 kg 到 10^6 kg 的物体所具有的能量。用函数 logspace 创建物体质量的矢量，函数语法可以参考 help/logspace。

（c）将计算结果绘图。对比几种对数坐标作图方法（如 semilogy、semilogx 和 loglog），比较出哪种图形效果最好。

6.3　假设银行利率为常数，根据公式

$$FV = PV * (1 + i)^n$$

可以计算出存款余额。其中：FV 是存款余额；PV 是最初的存款额；i 是每个复利计算期的利率，用分数表示，如 5%表示为 0.05；n 是复利计算期的数量。

（a）创建 MATLAB 函数 future_value，函数的三个输入参数分别是：最初的存款额，分数表示的利率和复利计算期的数量。

（b）利用函数计算$1000 资金在银行中存 10 年，账户中应有多少存款。假设月利率为 0.5%，利息按月结算。

6.4　在大学一年级化学中，摩尔与质量的关系式为

$$n = \frac{m}{\text{MW}}$$

其中：n 为物质的摩尔数；m 为物质的质量；MW 为物质的分子量，即摩尔质量。

（a）创建函数 nmoles 的 M 文件。该函数有两个输入变量，分别为质量和分子量；一个输出变量，即物质的摩尔数。输入参数为矢量，在计算中需要用到函数 meshgrid。

（b）已知化合物的分子量（摩尔质量）如下表所示，物质质量为 1 g 到 10 g。调用所创建的函数，计算下列化合物的摩尔数。

化 合 物	分子量(摩尔质量)
苯	78.115 g/mol
乙醇	46.07 g/mol
R134a 制冷剂(四氟乙烷)	102.3 g/mol

输出结果应该是一个 10×3 的矩阵。

6.5 对题 6.4 中的等式进行整理可得等式

$$m = n \times \text{MW}$$

已知化合物的摩尔数就可以计算出化合物的质量。

(a) 创建函数 mass 的 M 文件。函数有两个输入变量，分别是化合物的摩尔数和分子量；一个输出变量，即质量。输入参数为矢量，在计算中需要用到函数 meshgrid。

(b) 已知摩尔数 n 的变化范围为 1 到 10，调用函数计算题 6.4 中化合物的质量。

6.6 根据等式

$$d = \sqrt{2rh + h^2}$$

可以计算出登山时能看到地平线的距离。

其中：d 为地平线的距离；r 为地球半径；h 为山的高度。

能看到的地平线距离不但和山的高度有关，还和地球(或其他星球)的半径有关。

(a) 创建函数 distance 的 M 文件计算地平线的距离。函数的两个输入矢量分别是地球半径和山的高度。函数的输出变量为地平线的距离。输入参数为矢量，在计算中需要用到函数 meshgrid。

(b) 调用函数，分别计算在地球上和火星上，山的高度为 0 到 10 000 英尺时能看到地平线的距离。注意统一单位。

● 地球直径 = 7926 英里。

● 火星直径 = 4217 英里。

结果以表格的形式输出，列代表不同的星球，行代表不同的山高。

6.7 火箭垂直向上发射。在 $t = 0$ 时火箭发动机关闭，此时火箭的高度为海拔 500 m，速度为 125 m/s，考虑重力加速度，根据等式

$$h(t) = -\frac{9.8}{2}t^2 + 125t + 500 \,,\; t > 0$$

可以计算出火箭的飞行高度。

(a) 创建函数 height，以时间为输入变量，火箭的飞行高度为输出变量。利用函数对下面的(b)和(c)进行求解。

(b) 时间增量为 0.5 秒，变化范围 0 到 30 秒，画出函数 height 与时间的关系曲线。

(c) 计算火箭开始向地面降落的时间(可以使用函数 max)。

6.8 根据等式

$$x = \frac{1}{2}gt^2$$

可以计算自由落体的下降距离。其中：$g =$ 重力加速度，9.8 m/s^2；$t=$ 时间，单位为秒；$x =$ 下降距离，单位为米。

对前面的等式求时间的导数，可以计算出物体下降的速度：

$$\frac{\mathrm{d}x}{\mathrm{d}t} = v = gt$$

进一步求时间的导数，可以计算出物体的加速度：

$$\frac{\mathrm{d}v}{\mathrm{d}t} = a = g$$

(a) 创建函数 `free_fall`，函数以时间矢量 t 为输入变量，有三个输出变量分别是：下降距离 x、速度 v 和加速度 g。

(b) 已知时间矢量 t 的范围在 0 到 20 s 之间，对函数进行测试。

6.9 创建函数 `polygon`，画出任意边数的多边形。函数将给定的边数作为仅有的输入变量，没有输出变量，能够在极坐标系中画出所要求的多边形。

6.10 下列等式给出了华氏温度(T_F)、摄氏温度(T_C)、开氏温度(T_K)和兰金温度(T_R)的换算表。

$$T_\mathrm{F} = T_\mathrm{R} - 459.67°\mathrm{R}$$

$$T_\mathrm{F} = \frac{9}{5}T_\mathrm{C} + 32°\mathrm{F}$$

$$T_\mathrm{R} = \frac{9}{5}T_\mathrm{K}$$

利用上述温度关系生成一个温度换算表。对这些表达式进行整理可以求解下面的问题。

(a) 创建函数 `F_to_K`，把华氏温度换算成开氏温度。调用函数生成华氏温度在 0 °F 到 200 °F 范围内的温度换算表。

(b) 创建函数 `C_to_R`，把摄氏温度换算成兰金温度。调用函数生成摄氏温度在 0 °C 到 100 °C 范围内的温度换算表。表的行数为 25，用 `linspace` 创建输入矢量。

(c) 创建函数 `C_to_F`，把摄氏温度换算成华氏温度。选择合适的步长，调用函数生成摄氏温度在 0 °C 到 100 °C 范围内的温度换算表。

(d) 把所有函数放在 my_temp_conversion 文件夹中，修改搜索路径，使 MATLAB 能查找到该文件夹(在个人计算机上完成本题)。

6.11 早在 400 年前人们就开始使用气压计测量大气压强。气压计最早是由伽利略的学生托里拆利(1608—1647)发明的。气压计液面的高度和大气压强成正比，即

$$P = \rho g h$$

其中，P 是压强，ρ 是气压计液体密度，h 是液面高度。以水银气压计为例，液体密度为 13 560 kg/m³，地球表面重力加速度 g 为 9.8 m/s²。等式中只有一个变量即液面高度 h，单位为米。

(a) 已知液面高度 h，创建匿名函数 P，计算大气压强。推导出的压强单位应该是

$$\frac{\mathrm{kg}}{\mathrm{m}^3}\frac{\mathrm{m}}{\mathrm{s}^2}\mathrm{m} = \frac{\mathrm{kg}}{\mathrm{m}}\frac{1}{\mathrm{s}^2} = \mathrm{Pa}$$

(b) 根据下面的换算公式，再创建一个匿名函数 Pa_to_atm 把 Pa(帕斯卡)换算成标准大气压：

$$1\ \mathrm{atm} = 101\ 325\ \mathrm{Pa}$$

(c) 调用匿名函数，计算水银液面高度为 0.5 m 到 1.0 m 时的大气压强。

(d) 把创建的匿名函数保存为.mat 文件。

6.12 根据公式

$$E = mC_\mathrm{p}\Delta T$$

可以计算出大气压强一定时，把水加热所需要的能量。其中：$m = $ 水的质量，单位克；$C_\mathrm{p} = $ 水的比热，单位为 1 cal/g K；$\Delta T = $ 温度的变化量，单位为 K。

(a) 创建匿名函数 heat，以温度变化为输入参数，加热 1 克水所需的能量为输出参数。

(b) 计算结果的热量单位为卡：

$$g\frac{\text{cal}}{g}\frac{1}{K}K = \text{cal}$$

在工程中常用焦耳作为能量的单位。创建匿名函数 cal_to_J，把计算结果换算成焦耳(1 卡 = 4.2 焦耳)。

(c) 把创建的匿名函数保存为.mat 文件。

6.13 (a) 创建匿名函数 my_function，计算下式:

$$-x^2 - 5x - 3 + e^x$$

(b) 用函数 fplot 画出 x 在−5 到+5 之间的函数曲线。函数句柄可以作为函数 fplot 的输入参数。

(c) 在此 x 范围内，用函数 fminbnd 求函数的最小值。fminbnd 是复合函数，其输入参数可以是函数也可以是函数句柄。调用方法如下:

```
fminbnd(function_handle, xmin, xmax)
```

函数 fminbnd 有三个输入参数：函数句柄、x 的最小值和 x 的最大值。利用该函数求在 x 的最小值和最大值之间函数的极小值。

6.14 在题 6.7 中创建了函数 height 的 M 文件，用来计算火箭的飞行高度。飞行高度 $h(t)$ 和时间 t 的关系式如下:

$$h(t) = -\frac{9.8}{2}t^2 + 125t + 500 \text{ , } t > 0$$

(a) 创建函数 height 的函数句柄 height_handle。

(b) 以 height_handle 作为函数 fplot 的输入参数，画出 0 到 60 秒内的函数曲线。

(c) 用函数 fzreo 求火箭返回地面所用的时间(当火箭返回地面时，函数 height 的值应该等于 0)。fzero 是复合函数，可以用函数或函数句柄作为输入参数。调用方法如下:

```
fzero(function_handle, x_guess)
```

函数 fzero 的两个输入参数分别是函数句柄和函数值接近 0 时 x 的估算值。读者可以根据(b)中的曲线选择合理的 x_guess 值。

6.15 在题 6.10 中根据下面的公式创建了三个温度换算函数:

$$T_F = T_R - 459.67 \text{ °R}$$

$$T_F = \frac{9}{5}T_C + 32 \text{ °F}$$

$$T_R = \frac{9}{5}T_K$$

用嵌套子函数重复题 6.10 中的问题。主函数 temperature_conversions 中包含三个子函数:

```
F_to_K
C_to_R
C_to_F
```

主函数调用子函数完成下面的问题:

(a) 创建 0 °F 到 200 °F 的换算表，表中应该包含华氏温度和开氏温度两列。

(b) 创建 0 °C 到 100 °C 的换算表，表中包含 25 行，用函数 linspace 创建输入矢量。表中应该有摄氏温度和兰金温度两列。

(c) 选择合适的步长，创建 0 °C 到 100 °C 的换算表。表中应该有摄氏温度和华氏温度两列。

注意，必须在命令窗口或脚本 M 文件中调用主函数。

第7章 输入/输出控制

学习目的

通过阅读本章，读者可以掌握如下内容：

- 用户如何在 M 文件中输入数据。
- 用函数 `disp` 显示输出结果。
- 用函数 `fprintf` 输出格式化数据。
- 利用图形提供程序输入。
- 利用元胞模式修改和运行 M 文件程序。

引言

到目前为止，本书介绍了两种 MATLAB 的使用方法：一种是在命令窗口中直接输入命令行，另一种是在编辑窗口中编写简单的脚本 M 文件。此时，编程人员本身就是用户。但对于较为复杂的 MATLAB 程序来说，编程人员和用户很可能不是同一个人。为了避免求解相似问题时重复编写代码，要求程序给用户提供输入和输出命令。MATLAB 提供了许多内置函数可以实现对程序的输入/输出控制。例如，命令 `input` 可以中止程序，提示用户输入信息；命令 `disp` 和 `fprintf` 可以把结果输出到命令窗口中去。

7.1 自定义输入

假设已经编写好一个脚本程序，并存为 M 文件，编程人员和用户是同一个人。若要改变程序中输入变量的值，就必须修改部分程序代码。在通用的 MATLAB 程序中可以使用函数 `input`，在程序运行过程中提示用户从键盘输入数据矩阵。下面的程序使用文本字符串提示用户输入信息：

```
z = input('Enter a value')
```

在命令窗口显示

```
Enter a value
```

用户输入

```
5
```

MATLAB 程序就会把数值 5 赋给变量 z。如果命令 `input` 没有用分号结束，那么屏幕上就会显示出刚刚输入的数值：

```
z =
    5
```

使用同样的方法还可以输入一维或二维矩阵。但用户必须正确输入括号和分界符（逗号或分号）。例如，

```
z = input('Enter values for z in brackets')
```

提示用户输入矩阵

```
[ 1, 2, 3; 4, 5, 6]
```

输出

```
    z =

         1   2   3
         4   5   6
```

在脚本 M 文件中就可以使用输入的 z 值进行后续的计算。

关键概念：函数 input 可以和用户建立联系。

利用 input 可以输入数据也可以是其他信息，命令

```
    x = input('Enter your name in single quotes')
```

提示用户输入

```
    'Holly'
```

由于命令 input 没有使用分号结束，所以，MATLAB 输出

```
    x =
        Holly
```

在工作区窗口中可以看到，x 是一个 1×5 的字符型数组：

Name	Value	Size	Bytes	Class
abc x	'Holly'	1×5	6	char

如果输入信息是一个字符串(在 MATLAB 中字符串就是字符型数组)，则必须加上单引号。还有一种方法就是在 input 的第二个输入参数中限定输入为字符串：

```
    x = input('Enter your name', 's')
```

此时仅需输入字符串

```
    Ralph
```

输出

```
    x =
      Ralph
```

练习 7.1

1. 创建 M 文件计算三角形的面积 A，

$$A = \frac{1}{2}\text{底} \times \text{高}$$

提示用户输入三角形的底和高。

2. 创建 M 文件计算正圆柱体的体积 V，

$$V = \pi r^2 h$$

提示用户输入半径 r 和高 h。

3. 定义一个 0 到 n 的矢量，由用户输入 n 的值。

4. 定义一个以 a 开始，以 b 结束的矢量，步长为 c。由用户输入所有的参数。

例 7.1　自由落体

物体在重力作用下做自由落体运动(见图 7.1)。

计算自由下落的距离公式为

$$d = \frac{1}{2}gt^2$$

其中，d = 自由下落的距离；g = 重力加速度；t = 下落的时间。

图 7.1　比萨斜塔(由 Tim Galligan 提供)

由用户输入重力加速度 g 的值和时间矢量。

1. 问题描述

计算物体自由下落的距离，并画出曲线。

2. 输入/输出描述

输入　　由用户输入重力加速度 g 的值。

　　　　　由用户输入下落的时间。

输出　　下落距离。

　　　　　画出下落距离和时间的关系曲线。

3. 手工分析

$$d = \frac{1}{2}gt^2，在月球上下落 100\,s 的距离为$$

$$d = \frac{1}{2} \times 1.6 \text{ m/s}^2 \times 100^2 \text{s}^2$$

$$d = 8000 \text{ m}$$

4. MATLAB 实现

```
%Example 7.1
%Free fall
clear, clc
%Request input from the user
g = input('What is the value of acceleration due to
    gravity?')
start = input('What starting time would you like? ')
finish = input('What ending time would you like? ')
incr = input('What time increments would you like
    calculated? ')
time = start:incr:finish;
%Calculate the distance
distance = 1/2*g*time.^2;
%Plot the results
loglog(time,distance)
title('Distance Traveled in Free Fall')
xlabel('time, s'),ylabel('distance, m')
%Find the maximum distance traveled
final_distance = max(distance)
```

在命令窗口中的交互情况如下：

```
What is the value of acceleration due to gravity? 1.6
g =
  1.6000
What starting time would you like? 0
start =
  0
What ending time would you like? 100
finish =
  100
What time increments would you like calculated? 10
incr =
  10
final_distance =
  8000
```

输出如图 7.2 所示。

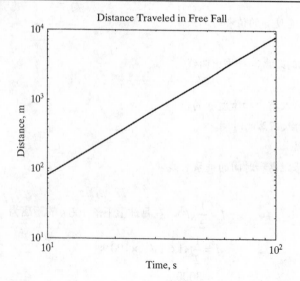

图 7.2   重力加速度是 1.6 m/s^2 时物体下落距离和时间的关系曲线，输出图形是双对数坐标

5. 结果验证

用户直接输入手算时使用的数据，MATLAB 输出 100 s 后物体下落的距离为 8000 m，此值与手算结果相同。

7.2   输出

在 MATLAB 中，显示矩阵内容的方法有很多种。最简单的方法是直接输入后面不加分号的矩阵名，在命令窗口中显示矩阵名称，并在第二行显示矩阵的值。例如，先定义矩阵 x：

```
x = 1:5;
```

由于语句最后有分号，所以在命令窗口中不显示矩阵 x 的值。如果程序中需要显示 x 的值，则直接输入矩阵名：

```
x
```

返回

```
x =
        1       2       3       4       5
```

此外，MATLAB 还提供函数 disp 和 fprintf 用于显示输出结果。

关键概念： 函数 disp 既可以显示字符型数组，也可以显示数值型数组。

7.2.1   显示函数

函数 disp 以单个数组为输入参数，不需输入矩阵名就可以显示矩阵的值。输入

```
disp(x)
```

返回

```
    1       2       3       4       5
```

函数 disp 还可以显示字符串(文本内容要用单引号)。例如，

```
disp('The values in the x matrix are:');
```

返回

```
The values in the x matrix are:
```

当把一个字符串输入到函数 disp 中去的时候，实际上输入的是一个字符数组。输入下面的命令行：

```
'The values in the x matrix are:'
```

MATLAB 输出

```
ans =
'The values in the x matrix are:'
```

在工作区中可以看到变量 ans 是一个 1×32 的字符型数组。

Name	Size	Bytes	Class
ₐbc ans	1×32	90	char array

字符型数组：存储字符信息的数组。

字符型数组与数值型数组类似，它可以存储字符信息。字母、数字、标点甚至一些无法显示的符号都可以当成字符。包括空格在内，每个字符都是数组中的一个元素。

执行下面两个显示函数：

```
disp('The values in the x matrix are:');
disp(x)
```

返回

```
The values in the x matrix are:
  1   2   3   4   5
```

关键概念：字符可以是字母、数字和符号。

每个显示函数的显示内容都单独使用一行。使用函数 num2str（数值到字符）可以把两次输出的内容合并成一个矩阵，这个过程称为级联。输入

```
disp(['The values in the x array are: ' num2str(x)])
```

输出

```
The values in the x array are: 1 2 3 4 5
```

函数 num2str 可以把数值型数据转换成字符型数据。在这个例子中，先用函数 num2str 把矩阵 x 转换成字符型数组，然后再和第一个字符串（方括号中的内容）合并成一个大的字符型数组。输入

```
A = ['The values in the x array are: ' num2str(x)]
```

输出

```
A =
    The values in the x array are: 1 2 3 4 5
```

在工作区中可以看到，变量 A 是一个 1×45 的矩阵，矩阵的类型是字符型而不是数值型。这一点可以从变量 A 前面的图标和类型列中看出来。

Name	Size	Bytes	Class
abc A	1×45	90	char array

提　　示

如果在字符串中包含引号，则要输入两个引号，否则 MATLAB 会把单引号看成是字符串的结束标志。使用引号的字符串如下：

```
disp('The moon"s gravity is 1/6th that of the earth')
```

利用函数 input 和 disp 模仿对话过程。创建并运行下面的 M 文件：

```
disp('Hi There');
disp('I"m your MATLAB program');
name = input('Who are you?','s');
disp(['Hi ',name]);
answer = input('Don't you just love computers?', 's');
disp([answer,'?']);
disp('Computers are very useful');
disp('You''ll use them a lot in college!!');
disp('Good luck with your studies')
pause(2);
disp('Bye bye')
```

程序交互过程中用到了函数 pause。如果函数 pause 没有输入参数，那么程序会中止运行，直到按任何键继续。如果 pause 有输入参数，则程序会根据输入参数暂停数秒后继续执行。

7.2.2　格式化输出——函数 fprintf

函数 fprintf 的输出格式比函数 disp 有更严格的要求。除了能显示文本信息和数据矩阵外，函数 fprintf 还可以指定数据的显示格式。该函数的功能与 C 语言中的 fprintf 类似，熟悉 C 语言的用户对这个函数可能会比较熟悉。事实上 MATLAB 本身就是基于 C 语言的，最早 MATLAB 是用 FORTRAN 语言编写，但后来采用 C 语言进行了改写。

函数 fptintf 一般有字符串和矩阵列表两个输入参数，

```
fprintf(format-string, var,...)
```

考虑下面的程序代码：

```
cows = 5;
fprintf('There are %f cows in the pasture ', cows)
```

在上述代码中，函数 fprintf 的第一个参数包含一个占位符(%)。占位符不但指定了输出的格式，还表明了变量输出的位置。程序代码中的%f 表明用定点数格式显示变量 cows 的值。默认的格式为小数点后显示 6 位数，输出为

```
There are 5.000000 cows in the pasture
```

除了默认的定点数格式外，还可以采用指数格式(%e、字符格式(%c)和字符串格式(%s)，还可以在%f 和%e 格式中自动选取较短的格式输出(%g)。其中最常用的是十进制格式(%d)，因为通常人们更习惯于用整数形式显示数据：

```
fprintf('There are %d cows in the pasture ', cows)
There are 5 cows in the pasture
```

表 7.1 中列出了函数 fprintf 所支持的输出格式和相关函数 sprintf。

表 7.1　类型域的格式

类 型 域	结　　果
%f	定点格式
%e	指数格式
%d	十进制格式——若显示的数值是整数，则不包括尾部的零；若显示的数值是小数，则以指数形式显示
%g	以%f 或%e 中的最紧凑形式显示
%c	字符格式(每次显示一个字符)
%s	字符串格式(显示完整的字符串)

其他类型域参见帮助文件。

关键概念：函数 fprintf 可以控制数据的显示格式。

MATLAB 在执行完函数 fprintf 后不会自动重起一行。前述的命令行执行完后，在命令窗口中命令提示符紧跟在函数输出字符串的后面，并没有另起一行：

```
There are 5.000000 cows in the pasture >>
```

若再次执行其他命令，则两次的输出结果会在同一行中显示出来。例如，输入新的程序代码

```
cows = 6;
fprintf('There are %f cows in the pasture', cows);
```

前两次的输出字符串会在同一行中显示

```
There are 5.000000 cows in the pasture There are 6.000000
cows in the pasture
```

如果需要分行显示，则在字符串后使用\n进行换行。输入程序代码

```
cows = 5;
fprintf('There are %f cows in the pasture \n', cows)
cows = 6;
fprintf('There are %f cows in the pasture \n', cows)
```

返回

```
There are 5.000000 cows in the pasture
There are 6.000000 cows in the pasture
```

关键概念：使用函数 fprintf 可以在同一行中显示字符和数字信息。

提　示

反斜杠(\)和斜杠(/)是不同的字符，两者非常容易混淆。如果输入错误，就不能正确换行，而是输出

```
There are 5.000000 cows in the pasture /n
```

在表 7.2 中列出了 MATLAB 的几种特殊格式命令。其中表格命令(\t)用于在任意一行绘制表格。

使用可选项 width field 和 presicion field 可以控制数据输出宽度和精度。width field 必须是正的十进制整数，用于控制字符显示的最小宽度。precision field 必须以点(.)开始，用于确定指数或定点数中小数点后的数字位数。例如，%8.2f 说明字符显示的最小宽度是 8 位，小数点后有两位数字。因此，程序代码

表 7.2　特殊格式命令

格 式 命 令	功　能
\n	换行
\r	回车(和换行类似)
\t	表格
\b	退格

```
voltage = 3.5;
fprintf('The voltage is %8.2f millivolts \n',voltage);
```

的输出结果是

```
The voltage is     3.50 millivolts
```

注意，输出结果中 3.50 前面有几位空格。这是因为显示宽度最少是八位，其中两位在小数点后，那么小数点前最少应该有六位。

在使用函数 fprintf 时，输出变量通常是矩阵，例如，

```
x = 1:5;
```

MATLAB 会对矩阵中所有的值重复执行 fprintf 命令：

```
fprintf('%8.2f \n',x);
```

返回

```
1.00
2.00
3.00
4.00
5.00
```

如果变量是二维矩阵，那么 MATLAB 会按列重复执行 `fprintf` 命令。先输出第一列，然后是第二列，依此类推。例如，

```
feet = 1:3;
inches = feet.*12;
```

把上面两个矩阵合并成一个矩阵：

```
table = [feet;inches]
```

返回

```
table =
     1    2    3
    12   24   36
```

为了便于理解，用函数 `fprintf` 创建一个输出表格，输入

```
fprintf('%4.0f %7.2f \n',table)
```

在命令窗口显示出以下结果：

```
1   12.00
2   24.00
3   36.00
```

从表面上看两次的输出结果好像并不相同。但实际上，`fprintf` 语句按列输出数组 `table` 中的两个数值，`fprintf` 输出的前两个数值是数组 `table` 中的第一列数据。

函数 `fprintf` 的第二个输入参数还可以是多个矩阵。MATLAB 按照顺序格式化输出所有矩阵中的每个数值。下述语句分别输出矩阵 `feet` 和 `inches` 的内容：

```
fprintf('%4.0f %7.2f \n', feet, inches)
 1    2.00
 3   12.00
24   36.00
```

函数 `fprintf` 首先输出矩阵 `feet` 中的数值，然后再输出 `inches` 中的数值，但输出结果和预想的有所不同。因此，一般情况下，需要先把两个矩阵合并在一起，然后再用函数 `fprintf` 输出。

函数 `fprintf` 可以严格控制输出数据的格式，因此使用时一定要谨慎。

除了可以在命令窗口中输出格式化数据外，函数 `fprintf` 还可以把数据输出到文件中。首先创建输出文件，然后用函数 `fopen` 打开该文件，同时给打开的文件分配一个文件标识符(即文件的别名)：

```
file_id = fopen('my_output_file.txt', 'wt');
```

其中，函数 `fopen` 的第一个输入参数是要打开的文件名。第二个输入参数是字符串`'wt'`，表示要对文件进行写操作。如果能够正确打开这个输出文件，并且已经给该文件分配了文件标识符，就可以把这个文件标识符作为函数 `fprintf` 的第一个输入参数按照指定格式把数据写入到文件中：

```
fprintf(file_id, 'Some example output is %4.2f \n', pi*1000)
```

这种函数格式将下列字符串写入文件 my_output_file.txt 中：

```
Some example output is 3141.59
```

并在命令窗口中返回写入数据的字节数：

```
ans =
    32
```

提　示

在使用函数 `fprintf` 时，初学者常犯的错误是忘记在占位符后输入域类型标识，如 `f`，这样函数将不会正常工作，而且还不会给出错误提示。

若函数 `fprintf` 语句中包含百分号`%`，则需要输入两次`%`，其中第一个百分号`%`为占位符。例如，输入

```
fprintf('The interest rate is %5.2f %% \n', 5)
```

输出

```
The interest rate is 5.00 %
```

例 7.2　自由落体：格式输出

把前面例 7.1 的计算结果用表格的形式输出，利用函数 `disp` 和 `fprintf` 控制输出格式。

1. 问题描述

求自由落体的下落距离。

2. 输入/输出描述

输入　　重力加速度，由用户输入。

　　　　时间 t，由用户输入。

输出　　在各个行星和月球上的下落距离。

3. 手工分析

$$d = \frac{1}{2}gt^2，在月球上下落 100\,s 的距离为$$

$$d = \frac{1}{2} \times 1.6\ \text{m/s}^2 \times 100^2\,\text{s}^2$$

$$= 8000\ \text{m}$$

4. MATLAB 实现

```
%Example 7.2
%Free Fall
clear, clc
%Request input from the user
g = input('What is the value of acceleration due to
  gravity? ')
start = input('What starting time would you like? ')
finish = input('What ending time would you like? ')
incr = input('What time increments would you like
  calculated? ')
time = start:incr:finish;
%Calculate the distance
distance = 1/2*g*time.^2;
%Create a matrix of the output data
table = [time;distance];
%Send the output to the command window
fprintf('For an acceleration due to gravity of %5.1f
```

```
    seconds \n the following data were calculated \n', g)
disp('Distance Traveled in Free Fall')
disp('time, s distance, m')
fprintf('%8.0f %10.2f\n',table)
```

该 M 文件在 MATLAB 窗口中产生如下的互动过程:

```
What is the value of acceleration due to gravity? 1.6
g =
  1.6000

What starting time would you like? 0
start =
  0

What ending time would you like? 100
finish =
  100

What time increments would you like calculated? 10
incr =
  10

For an acceleration due to gravity of 1.6 seconds
 the following data were calculated
Distance Traveled in Free Fall
time, s     distance, m
    0           0.00
   10          80.00
   20         320.00
   30         720.00
   40        1280.00
   50        2000.00
   60        2880.00
   70        3920.00
   80        5120.00
   90        6480.00
  100        8000.00
```

5. 结果验证

对比 MATLAB 和手算的计算结果, 明显看出, 时间为 $100\,\mathrm{s}$ 的下落距离是 $8000\,\mathrm{m}$。输入其他行星的重力加速度, 与例 7.1 中的输出曲线做比较。

练习 7.2

在 M 文件中:

1. 用函数 disp 创建一个英寸到英尺的换算表。

2. 用函数 disp 给换算表加上表头。

3. 创建矢量 inches, 范围从 0 到 120, 步长为 10。

　　把英寸换算成英尺, 存入矢量 feet 中。

　　将矢量 inches 与矢量 feet 合并成矩阵 table。

　　用函数 fprintf 把表格输出到命令窗口中去。

7.2.3　格式化输出——函数 sprintf

函数 sprintf 和 fprintf 功能类似, 不同之处在于, 函数 sprintf 是首先格式化输出到字符串, 然后再返回到命令窗口中去。而函数 fprintf 是格式化到文件。

```
a = sprintf('Some example output is %4.2f \n', pi*1000)
a =
    Some example output is 3141.59
```

在例 7.3 中，函数 sprintf 用于指定文本框的内容，对输出图形进行注释。

关键概念：函数 sprintf 与函数 fprintf 相似，用来对图形进行注释。

例 7.3 抛物运动：图形的注释

如前所述，加农炮发射出的炮弹满足下面的运动方程：

$$R(\theta) = \frac{v^2}{g} \sin(2\theta)$$

其中，$R(\theta)$ 为射程，单位为 m；v 为炮弹的初始速度，单位为 m/s；θ 为发射角；g 为重力加速度，其值为 9.9 m/s²。

以发射角为 x 坐标，射程为 y 坐标，画出射程和发射角的关系曲线。在图中用文本框标出最大射程。

1. 问题描述

画出射程和发射角的关系曲线。

在图中标出最大射程。

2. 输入/输出描述

输入   重力加速度，$g = 9.9$ m/s²。

        发射角。

        炮弹的初始速度，100 m/s。

输出   对最大射程进行标注的图形。

3. 手工分析

由物理学原理可知，当发射角为 45° 时，射程最大。把该数值代入运动方程，得到

$$R(45°) = \frac{100^2\,\mathrm{m}^2/\mathrm{s}^2}{9.9\,\mathrm{m/s}^2} \sin(2*45°)$$

由于发射角的单位是角度，所以需要将计算器的正弦函数输入切换到角度单位，或者把角度换算成弧度($\pi/4$)再进行计算，得到

$$R(45°) = 1010\,\mathrm{m}$$

4. MATLAB 实现

```
% Example 7.5
% Find the maximum projectile range for a given set of
    conditions
% Create an annotated graph of the results
% Define the input parameters
  g=9.9;    %Acceleration due to gravity
  velocity = 100; %Initial velocity, m/s^2
  theta = [0:5:90]  %Launch angle in degrees
% Calculate the range
  range = velocity^2/g*sind(2*theta);
% Calculate the maximum range
```

```
   maximum = max(range);
% Create the input for the textbox
   text_input=sprintf('The maximum range was %4.0f
     meters \n',maximum);
% Plot the results
   plot(theta,range)
   title('Range of a Projectile')
   xlabel('Angle, degrees')
   ylabel('Range, meters')
   text(10,maximum,text_input)
```

程序中有几点需要注意：第一，函数 sind 允许输入的单位为角度，计算较方便。第二，文本框总是在横坐标 x 等于 10 度的位置开始，纵坐标的位置可以随最大射程的变化进行调整。该 M 文件的输出如图 7.3 中左侧曲线所示。

5. 验证结果

把 MATLAB 的计算结果和手算结果进行比较，文本框中标注的最大射程是 1010 m，此值与手算结果相同。若把程序中的初始速度改为 110 m/s，则输出如图 7.3 中的右侧曲线所示。

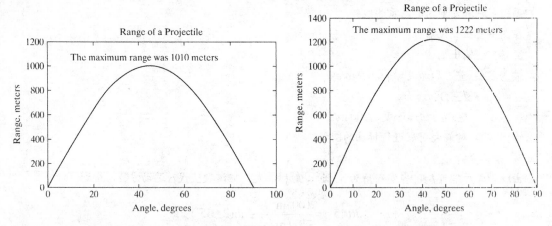

图 7.3   函数 sprintf 控制文本框的输出格式，文本框的内容由程序输入决定

7.3 图形输入

在 MATLAB 中，允许以图形的方式输入坐标 x 和 y 的值。命令 ginput 允许用户在图形窗口中任选一点，并将该点的位置转换成确切的 x 和 y 坐标值。在命令

```
[x,y] = ginput(n)
```

中，MATLAB 要求用户在图形窗口中任选 n 个点。若不输入 n 的值，

```
[x,y] = ginput
```

MATLAB 会获取按回车键时所对应的点的坐标。

命令 ginput 一般用于在图形中选取数据点。考虑图 7.4。

通过定义 x 在 5 到 30 之间创建图形，计算 y 值：

```
x = 5:30;
y = x.^2 - 40.*x + 400;
plot(x,y)
axis([5,30,-50,250])
```

为了使结果变得比较明显，需要对坐标值进行标注。输入

```
[a,b] = ginput
```

执行函数 ginput 后，在图中出现一个滑动的十字准线，如图 7.4 所示。用户移动鼠标在图形中定位所需要的点，单击鼠标右键，然后回车。该点的 x 和 y 坐标值就会输入到程序中：

```
a =
   24.4412
b =
   19.7368
```

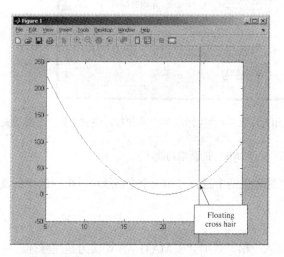

图 7.4　函数 ginput 用于提取图形中的数据点

7.4　在 M 文件中使用元胞模式

元胞模式是 MATLAB 7 中新增的一项功能：即用户可以把 M 文件分成若干个部分，这些部分称为元胞(cell)，每一次仅有一个元胞被执行，这种功能对 MATLAB 程序开发非常有用。元胞模式也允许用户以不同的格式创建报告，显示程序结果。

为了激活元胞模式，在编辑窗口的菜单中选择

```
Cell → Enable Cell Mode
```

如图 7.5 所示。一旦成功选择了元胞模式，则出现元胞工具栏，如图 7.6 所示。

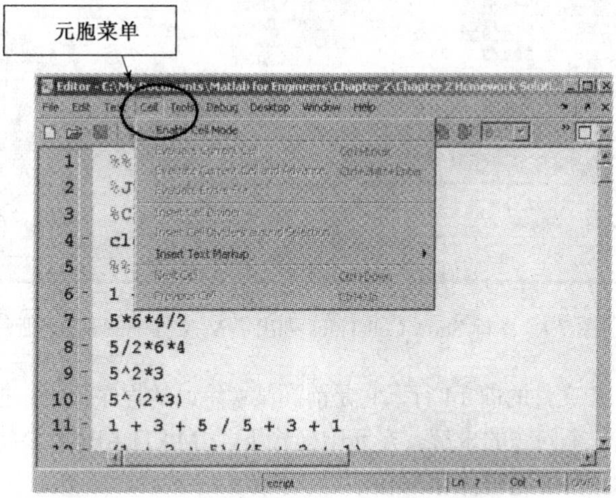

图 7.5　从编辑窗口的菜单栏可以进入元胞模式

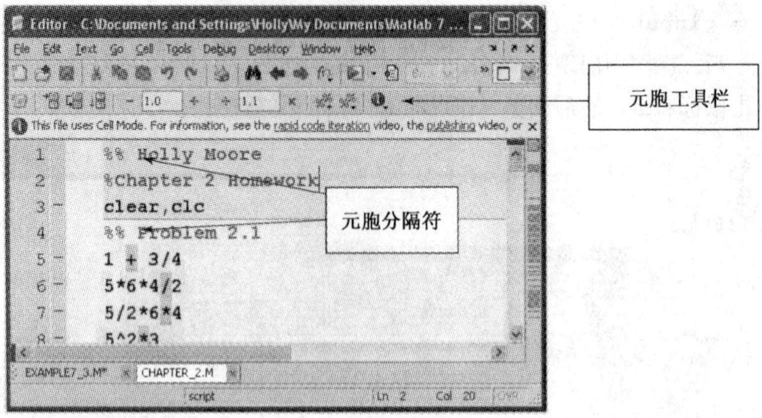

图 7.6　使用元胞工具栏可以按元胞分步执行，注意工具栏下面动画演示的链接

关键概念：元胞模式是 MATLAB 7 的新增功能。

在 M 文件程序中连续输入两个百分号和一个空格就可以把源程序分成若干个元胞。在空格后添加名称元胞分隔符：

```
%% Cell Name
```

在双百分号(%%)后必须加入空格，否则会被 MATLAB 误认为是注释行。

划分好元胞后，将鼠标滑到某一个元胞上，相应的元胞就会变成浅黄色。在图 7.6 中，前三行是 M 文件中的第一个元胞。单击计算(evaluation)图标，用户可以对元胞进行单独运行，当前元胞或者下一个元胞，甚至对整个文件予以执行，如图 7.7 所示。表 7.3 列出了元胞工具栏中的所有图标，以及相应的功能。

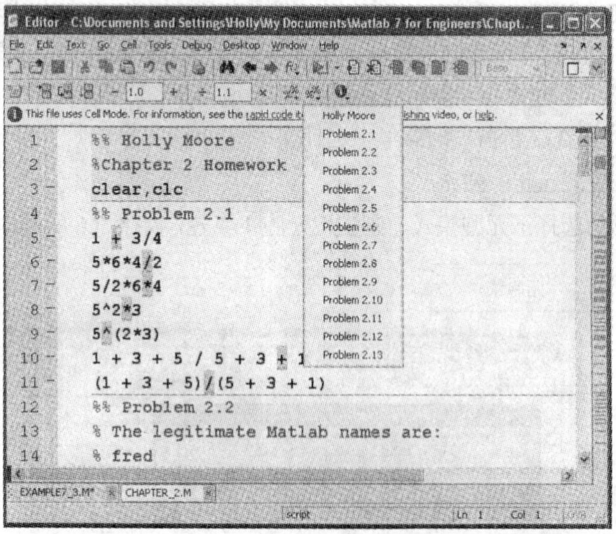

图 7.7　图标 Show Cell Titles 列出了 M 文件中的所有元胞

图 7.7 给出了一个 M 文件的前 14 行，它是前面某章练习的程序代码。把程序代码划分成多个元胞，每一个元胞只完成一个问题的求解。在元胞模式下， MATLAB 不会将每一次计算自动存盘。因此要注意用 Save 或 Save As 随时保存 M 文件：

```
File → Save
```

或

```
File → Save As
```

关键概念：元胞模式可以允许依次执行代码段。

CELL：两个元胞分隔符(%%)之间的程序代码。

把程序划分成元胞，有助于对程序进行调试。用户每利用一次功能 evaluate cell and advance 可以完成一个计算过程。更重要的是，元胞模式可以把大型程序分割成若干个可管理的小部分并独立运行这些部分。

关键概念：使用元胞模式可以生成 HTML、Word 或 PowerPoint 格式的报告。

用户使用元胞工具栏可以将 M 文件的程序发布到 HTML 格式的文件中去。MATLAB 运行程序后会自动生成一个报告，报告的内容主要包括每个元胞的程序代码、命令窗口的计算结果以及输出的图形。报告中的第一部分是图 7.7 中 M 文件中的部分内容，如图 7.8 所示。如果用户需要输出 Word、PowerPoint 等其他格式的文件，则按菜单中的选项

File → Publish To

选择所需的输出格式。如果用户需要在命令提示符后输入数据，则最好不要使用发布功能。这是因为在发布过程中程序仍在运行，不允许用户输入任何信息，否则会输出错误信息并显示在输出报告中。

表 7.3　元胞工具栏

	计算当前元胞
	逐个对元胞进行计算
	计算整个文件
	显示元胞标题
	存储并发布到 HTML
	演示链接

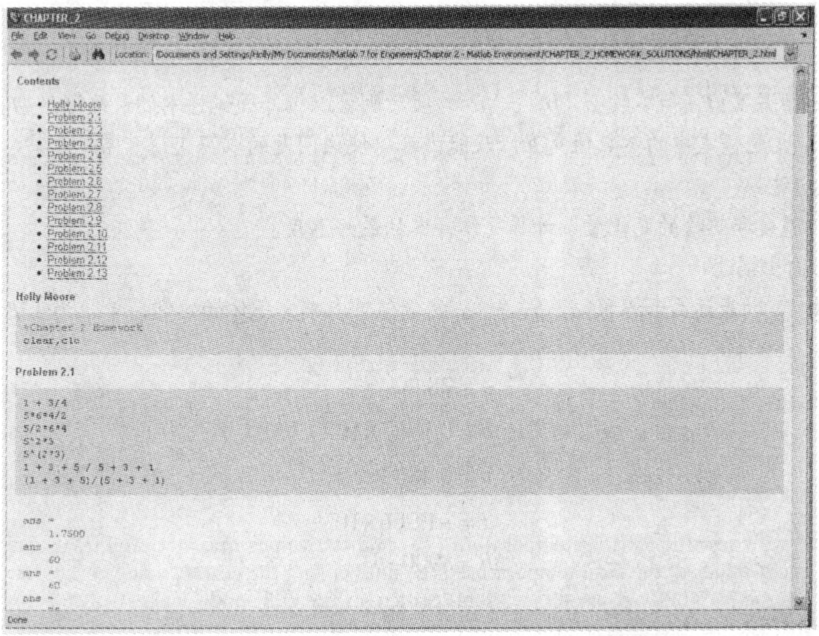

图 7.8　利用 Publish to HTML 功能生成的 HTML 报告

元胞工具栏包括一些数值控制工具，如图 7.9 所示。离光标位置最近的数字可以按照工具栏中显示的数据进行修改，选择图标(− + ÷ ×)可以改变数值的大小。将此功能与工具 evaluate cell 配合使用可以方便地进行重复计算，灵活调整变量值。

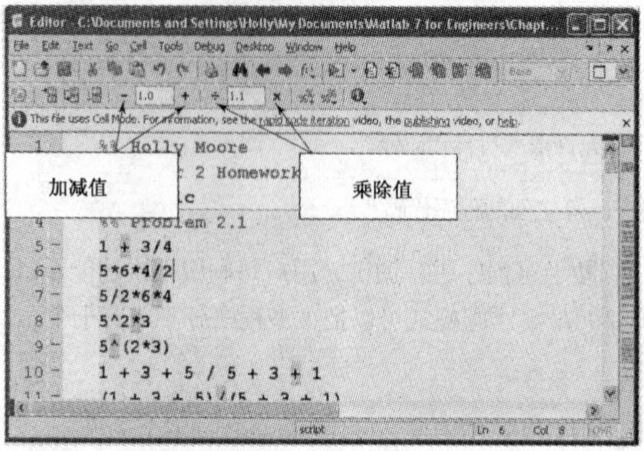

图 7.9　数值控制工具方便用户进行重复计算

例 7.4　交互调整参数

根据能量守恒定理，1 摩尔空气样本由状态 1 变为状态 2 的热焓变化量为 8900 kJ。为了计算气体样本的最终温度，需要利用热焓变化量和温度的关系式，如下：

$$\Delta h = \int_1^2 C_p \mathrm{d}T$$

其中，

$$C_P = a + bT + cT^2 + dT^3$$

此式非常复杂，很难直接求出气体样本的温度。对上式进行积分运算，得

$$\Delta h = a(T_2 - T_1) + \frac{b}{2}(T_2^2 - T_1^2) + \frac{c}{3}(T_2^3 - T_1^3) + \frac{d}{4}(T_2^4 - T_1^4)$$

若已知起始温度 (T_1) 和参数 a、b、c、d 的值，则可以推算气体样本的最终温度 (T_2)，最终得到正确的 Δh 值。元胞模式中的参数值交互修改能力可以使该问题的求解变得非常简单。

1. 问题描述

已知起始温度和热焓的变化量，计算气体样本的最终温度。

2. 输入/输出描述

输入　由 C_p 的表达式和参数 a、b、c、d 的数值可以确定气体的热容，单位为 kJ/kmol K，已知参数为

$$a = 28.90$$
$$b = 0.1967 \times 10^{-2}$$
$$c = 0.4802 \times 10^{-5}$$
$$d = -1.966 \times 10^{-9}$$
$$\Delta h = 8900 \text{ kJ}$$
$$T = 300 \text{ K}$$

输出　针对气体的每一个最终温度，估算 Δh 值，并将结果在屏幕上输出。

3. 手工分析

若假设最终温度为 400 K，则

$$\Delta h = a(T_2 - T_1) + \frac{b}{2}(T_2^2 - T_1^2) + \frac{c}{3}(T_2^3 - T_1^3) + \frac{d}{4}(T_2^4 - T_1^4)$$

$$
\begin{aligned}
&= 28.90\times(400-300)+\frac{-1.966\cdot10^{-2}}{2}\times(400^2-300^2)+\frac{0.4802\cdot10^{-5}}{3}\\
&\quad\times(400^3-300^3)+\cdots+\frac{-1.966\cdot10^{-9}}{4}\times(400^4-300^4)\\
&= 3009.47
\end{aligned}
$$

4. MATLAB 实现

```
%% Example 7.3
% Interactively Adjusting Parameters
clear,clc
a = 28.90;
b = 0.1967e-2;
c = 0.4802e-5;
d = -1.966e-9;
T1 = 300
%% guess T2 and adjust
T2 = 400
format bank
delta_h = a*(T2-T1) + b*(T2.^2 - T1.^2)/2 + c*(T2.^3-
T1.^3)/3 + d*(T2.^4-T1.^4)/4
```

运行一次程序，输出

```
     T1 = 300.00
     T2 = 400.00
delta_h = 3009.47
```

如图 7.10 所示，光标的当前位置在语句 `T2 = 400` 附近，在本例中，编辑窗口置于 MATLAB 主界面之上。选择 Increment Value 图标，设定数值为 `100`，可以迅速尝试不同的温度值(见图 7.11)。当热焓值接近 `8900` 时，把增量设置为 `0`。

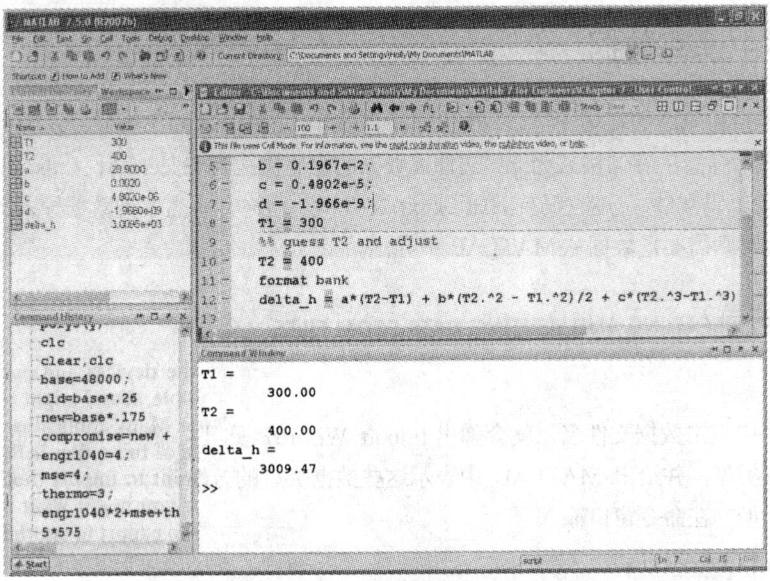

图 7.10　由原始估计值可知计算过程离最终结果还有多远

当 T_2 的值等于 592 K 时，Δh 等于 8927，这与题目要求最为接近。重新调整步长，可以得到更精确的结果。

5. 结果验证

将计算值代入原等式 T_2，利用计算器检验计算结果：

$$\Delta h = 28.90 \times (592 - 300) + \frac{0.1967 \cdot 10^{-2}}{2} \times (592^2 - 300^2)$$

$$+ \frac{0.480\ 2 \cdot 10^{-5}}{3} \times (592^3 - 300^3) + \frac{-1.966 \cdot 10^{-9}}{4} \times (592^4 - 300^4)$$

$$= 8\ 927.46$$

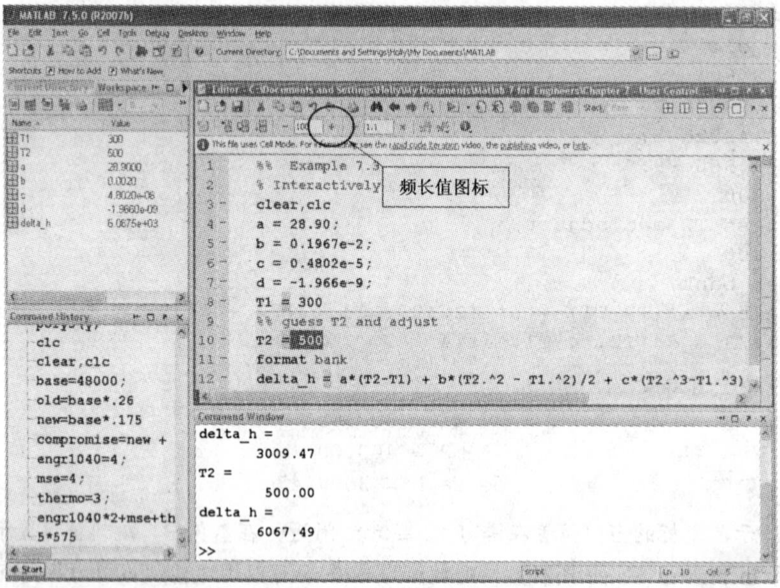

图 7.11   通过在元胞模式工具栏中选择 Increment/Decrement 图标设置合适的步长来调整距离光标最近的数值

7.5 从文件中读写数据

由于数据产生和应用的环境不同，因此数据的存储格式有很多种。例如，音频信号的存储格式为.wav 文件，图像信息的存储格式为.jpg 文件，数据的存储格式为 Excel 文件(.xls 文件)。最常用的文件格式是 ASCII 码文件，一般存储在.dat 或.txt 文件中。用户有时需要把数据导入 MATLAB 进行分析和处理，有时则需要把数据从 MATLAB 中导出。

7.5.1   数据的导入

输入向导

在当前路径中双击数据文件名，就会弹出 Import Wizard，称其为输入向导。Import Wizard 可以确定文件的数据类型，并给出 MATLAB 中表示这些数据类型的方法建议，表 7.4 列出了 MATLAB 所支持的数据类型。在命令窗口输入

```
doc fileformats
```

可以查询到 MATLAB 支持的所有数据类型。

Import Wizard 可以用于输入简单的 ASCII 文件和 Excel 文件。在命令窗口输入函数 uiimport 也可以弹出 Import Wizard。函数 uiimport 的语法结构为

```
uiimport(' filename.extension ')
```

例如，若导入音频文件 decision.wav，则输入

```
uiimport(' decision.wav ')
```

Import Wizard 的对话框将被打开，如图 7.12 所示。Import Wizard 是一种交互式的输入方式。如果从 MATLAB 程序中导出数据文件，则需要采用其他方法。

表 7.4　MATLAB 支持的数据文件类型

文 件 类 型	扩 展 名	备　注
文本	.mat	MATLAB 工作区文件格式
	.dat	ASCII 码数据文件格式
	.txt	ASCII 码数据文件格式
	.csv	以逗号分隔的 ASCII 码数据值文件格式
其他数据格式	.cdf	一般数据文件格式
	.fits	可灵活传输图像系统数据文件格式
	.hdf	层次化数据文件格式
电子表格数据	.xls	Excel 电子表格文件格式
	.wkl	123 文件格式
图像数据	.tiff	标签图像文件格式
	.bmp	位图图像文件格式
	.jpeg 或 .jpg	图片压缩编码标准格式
	.gif	图形交换文件格式
音频数据	.au	音频文件格式
	.wav	音频文件格式
视频	.avi	音频/视频交错文件格式

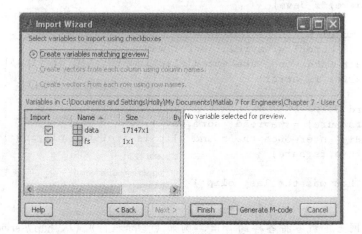

图 7.12　执行命令 uiimport 后弹出的 Import Wizard 窗口

导入数据使用的命令

用户如果不愿意使用 Import Wizard，那么可以输入命令直接读取数据文件。例如，输入函数 wavread 可以读取.wav 文件：

```
[data,fs] = wavread('decision.wav')
```

很明显，使用这种方法必须知道数据类型，以便对创建的变量进行恰当的命名。输入

```
doc fileformats
```

可以查询 MATLAB 所支持的数据文件类型。

例 7.5 音频文件: 2001: 太空漫游

在电影《2001: 太空漫游》中最吸引人的角色莫过于电脑 Hal。人们对电影中 Hal 的声音也是耳熟能详。从 http://www.palantir.net/2001/上或在其他网站上下载 Hal 的音频文件。用 MATLAB 程序播放 Hal 的声音(程序中需要用到函数 sound, 通过 help 查询该函数的用法)。

1. 问题描述

把音频文件导入 MATLAB 并正确播放该文件。

2. 输入/输出描述

输入   从网上下载的音频文件。假设已下载以下三个文件:

        dave.wav

        error.wav

        sure.wav

输出   用 MATLAB 播放音频文件。

3. 手工分析

此例题不适合手算, 但读者可以先在网上试听。

4. MATLAB 实现

下载音频文件并保存在当前路径中, 运行下面的程序代码:

```
%% Example 7.4
% Sound Files
%% First Clip
[dave,fs_dave] = wavread('dave.wav');
disp('Hit Enter once the sound clip is finished playing')
sound(dave,fs_dave)
pause
%% Second Clip
[error,fs_error] = wavread('error.wav');
disp('Hit Enter once the sound clip is finished playing')
sound(error,fs_error)
pause
%% Third Clip
[sure,fs_sure] = wavread('sure.wav');
disp('Hit Enter once the sound clip is finished playing')
sound(sure,fs_sure)
pause
disp('That was the last clip')
```

5. 验证结果

读者可以从网上下载各种各样的音乐, 例如《星际旅行》(从 http://services.tos.net/sounds/sound.html#tos 下载)或《辛普森一家》中的乐曲, 并把这些乐曲加到所设计的 MATLAB 程序中。

7.5.2 数据的导出

读者可以使用 help 查询读取数据文件的函数,在读取数据文件的帮助信息后面还会有相应 write 函数的帮助链接。例如, 读取 Excel 文件中的数据, 使用函数 xlsread, 其语法结构为

```
xlsread('filename.xls')
```

在帮助页面的最后, 给读者提供了把数据写入 Excel 文件的函数。函数的语法结构为

```
xlswrite('filename.xls', M)
```

其中, M 是需要保存在 Excel 文件中的数组。

本章小结

用户利用 MATLAB 函数可以采用交互的方式把数据输入到 M 文件中，也可以对在命令窗口中输出的结果进行控制。

函数 input 会中止程序的运行，并在命令窗口提示用户输入数据。一旦数据输入完毕，单击回车键，程序会继续运行。

用显示函数 disp 可以在命令窗口显示字符串或矩阵。与函数 disp 相比，函数 fprintf 的优势在于能够控制数据的显示格式，用户可以在同一行中用指定的方式把文本信息和计算结果同时显示出来。函数 sprintf 和函数 fprintf 用法类似，不同之处在于 sprintf 的输出结果可以赋值给某一变量，成为其他函数的输入参数。例如 sprintf 可以作为函数 title、text 和 xlable 的输入参数对图形进行标注。

在实际应用中常需要采用图形化输入，用户可以用命令 ginput 选择图形上的数据点作为程序的输入参数。

元胞模式可以把 M 文件代码分成若干个小部分，并单独进行修改和调试。使用工具 publish to HTML 可以生成程序的计算报告。报告中主要包括 M 文件源代码、输出结果和图形。元胞工具栏中的加减图标可以自动调节输入参数的大小，便于对程序进行调试。

MATLAB 提供了大量内置函数方便用户从其他数据文件中导入或导出数据。在帮助信息中可以看到 MATLAB 支持的所有文件格式。使用函数 fprintf 也可以从文本文件中导出数据。

MATLAB 小结

下面列出了本章介绍的 MATLAB 特殊字符、命令和函数。

特殊字符	说　明
'	字符串的开始和结束标志
%	命令 fprintf 中的占位符
%f	以十进制定点数格式输出
%e	以指数格式输出
%g	以定点数或指数格式中最紧凑的格式输出
%s	输出字符串
%%	元胞分隔符
\n	换行
\r	回车（和换行类似）
\t	以表格形式输出
\b	退格

命令和函数	说　明
disp	在命令窗口中显示字符串或矩阵
fprint	在命令窗口或文件中输出格式化数据
ginput	从图形中获取数据点坐标
input	提示用户输入
num2str	把数字转换成字符串
pause	暂停程序
sound	播放音频数据
sprintf	与 fprintf 类似，把格式化数据存入字符型数组
uiimport	弹出输入向导 Import Wizard

（续表）

命令和函数	说　明
wavread	从声音文件(.wav)中读取数据
xlsimport	导入 Excel 数据文件
xlswrite	把数据导出到 Excel 文件中

习题

7.1　创建 M 文件，计算 $\sin(x)$，提示用户输入 x 的数值。

7.2　创建 M 文件，提示用户输入下面的矩阵。用函数 max 计算矩阵中的最大值。

$$[1, 5, 3, 8, 9, 22]$$

7.3　根据下面的公式计算圆锥体的体积：

$$V = \frac{1}{3} \times 底面积 \times 高$$

由用户输入圆锥体的底面积和高(见图 P7.3　圆锥体体积)。

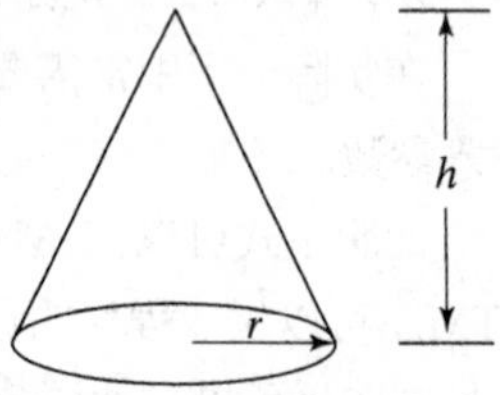

图 P7.3　圆锥的体积

7.4　程序 "Hello World" 的主要功能是把字符串 "Hello World" 输出到计算机屏幕上。使用函数 disp 编写该程序，并存入 M 文件。

7.5　编写程序，用两个单独的 input 语句分别提示输入用户的姓和名，并用函数 disp 把姓和名在同一行显示出来(要求把姓名和空格存储到同一数组中)。

7.6　编写程序，提示用户输入年龄，并用函数 disp 把输入的年龄回显到命令窗口。例如，用户输入年龄为 5，则应输出

```
Your age is 5
```

用函数 disp 同时显示字符串和数字，程序中需要用函数 num2str 把数字转换成字符串。

7.7　编写程序，提示用户输入数组，用函数 length 计算输入数据的个数，并用 disp 把数据输出到命令窗口。

7.8　重复题 7.7，用 fprintf 输出结果。

7.9　用 fprintf 输出一个 1 到 13 乘以 6 的乘法表。输出的结果应该与下列形式类似：

```
1 times 6 is 6
2 times 6 is 12
3 times 6 is 18
       ...
```

7.10　在计算器发明(约 1974 年)之前，人们需要用数学用表来计算正弦、余弦和对数值。创建正弦值数学用表的步骤如下：

● 创建角度矢量，范围在 0 到 2π 之间，步长为 $\pi/10$。
● 计算正弦值，用角度和计算出来的正弦值创建表格。
● 分别用两个 disp 语句给表格加上标题和表头。
● 用 fprintf 显示数据，要求小数点后有两位数字。

7.11　原子的数量级是埃。1 埃等于 10^{-10} 米，用符号 Å 表示。创建一个英寸到埃的换算表，把 1 英寸到 10 英寸换算成埃：

● 用 disp 给表格添加标题和表头。

- 用 fprintf 显示数字信息。
- 由于用埃表示数据很长，因此用科学记数法表示输出结果，用 3 位有效数字表示，其中小数点之前有 1 位数字，小数点之后有 2 位数字。

7.12 使用搜索引擎或浏览器搜索英镑、日元和欧元对美元的汇率，并把输出结果绘制成表。要求用 disp 在表格中添加标题和表头，用 fprintf 输出格式化数据。

(a) 创建日元和美元的汇率表，表中共有 25 行，从 5 日元开始，步长为 5 日元。

(b) 创建欧元和美元的汇率表，表中共有 30 行，从 1 欧元开始，步长为 2 欧元。

(c) 创建数据表格，表中有 4 列，第一列是美元，第二列是欧元，第三列是英镑，最后一列是日元。计算与 1 到 10 美元等价的其他货币值。

7.13 创建温度换算表。下列等式描述了华氏温度(T_F)、摄氏温度(T_C)、开氏温度(T_K)和兰金温度(T_R)之间的换算关系：

$$T_F = T_R - 459.67 \ ^\circ R$$

$$T_F = \frac{9}{5}T_C + 32 \ ^\circ F$$

$$T_R = \frac{9}{5}T_K$$

根据表达式解答以下问题：

(a) 创建数据表，把 0°F 到 200°F 的华氏温度换算成开氏温度。由用户输入华氏温度的步长，用 disp 和 fprintf 给表格添加标题和表头并输出格式化数据。

(b) 创建一个有 25 行数据的表，把摄氏温度换算成兰金温度。由用户输入起始温度和合适的步长，用 disp 和 fprintf 给表格添加标题和表头并输出格式化数据。

(c) 创建数据表，把摄氏温度换算成华氏温度。由用户输入起始温度、步长和数据的行数。用 disp 和 fprintf 给表格添加标题和表头并输出格式化数据。

7.14 在工程中可能会同时使用英式单位和国际单位 SI。有的时候只使用其中之一，但大部分会同时使用两种单位体制。例如，在蒸气动力设备中燃料燃烧的能量输入率用 Btu/h 表示，但由该设备产生的电能用 J/s（瓦特）表示。汽车发动机一般用马力或（ft lbf/s）表示。下面的等式描述了这几个功率单位的换算关系：

$$1 \ kW = 3412.14 \ Btu/h = 737.56 \ ft \ 1bf/s$$
$$1 \ hp = 550 \ ft \ 1bf/s = 2455.5 \ Btu/h$$

(a) 创建千瓦(kW)到马力(hp)的换算表格。数据范围在 0 kW 到 15 kW 之间，用 input 提示用户输入数据的步长，用 disp 和 fprintf 给表格添加标题和表头，并输出格式化数据。

(b) 创建 ft lbf/s 到 Btu/h 的换算表格。表格中以 0 ft lbf/s 开始，由用户输入步长和表格中最后一个数据的值，用 disp 和 fprintf 给表格添加标题和表头，并输出格式化数据。

(c) 创建 kW 到 Btu/h、hp 和 ft lbf/s 的换算表格，提示用户输入表格中的第一个数据、最后一个数据和步长。用 disp 和 fprintf 给表格添加标题和表头，并输出格式化数据。

7.15 在 $t = 0$ 时刻，火箭的发动机关闭，此时火箭的海拔高度为 500 m，提升速度为 125 m/s。考虑重力加速度，火箭的高度是时间的函数：

$$h(t) = -\frac{9.8}{2}t^2 + 125t + 500, \ t > 0$$

计算时间在 0 到 30 秒内火箭的高度，并画出曲线：

- 用函数 ginput 估算火箭的最大高度和火箭返回地面的时间。
- 用 disp 把结果在命令窗口显示出来。

7.16 完成下面的问题，用 ginput 在图形上截取数据：

- 绘制一个圆形并定义角度数组，范围在 0 到 2π 之间，步长为 $\pi/100$。
- 用 ginput 在圆周上截取两个点。
- 用 hold on 保持图形，用直线连接刚刚截取的两个点。
- 用勾股定理计算两点间距离。

7.17 近年来汽油价格不断上涨，各汽车公司纷纷开发混合动力汽车。对比购买丰田佳美的混合动力汽车和普通汽车哪个更省钱。混合动力汽车价格比较昂贵，但驾驶里程更长。表 P7.17 列出了汽车的价格和燃油效率。

表 P17.7　普通汽车和混合动力汽车的比较

年　份	型　号	报　价	燃油效率(乡间公路/高速公路)
2008	Toyota Camry	$18 720	21/31 mpg
2008	Toyota Camry Hybrid	$23 350	33/34 mpg
2008	Toyota Highlander 4WD	$28 750	17/23 mpg
2008	Toyota Highlander 4WD Hybrid	$33 700	27/25 mpg
2008	Ford Escape 2WD	$19 140	24/28 mpg
2008	Ford Escape 2WD Hybrid	$26 495	34/30 mpg

可以通过下面的方法对两种汽车的花销进行比较：

总花销 = 购买成本 + 维修费用 + 燃油费用

假设两种汽车的维修费用相同，为了方便起见将维修费用视为 0。

(a) 在未来几年中，汽油的价格费用大概是多少？提示用户输入预期的汽油价格。

(b) 总花销是行驶里程的函数，根据函数分别做出两条曲线，这两条曲线的交点就是盈亏平衡点。

(c) 用 ginput 截取盈亏平衡点的数据。

(d) 用 sprintf 在图形中标出盈亏平衡点的文本框注释，用 gtext 把文本框放在合适的位置上。

7.18 创建一个 M 文件，包含本章所有习题的答案。用元胞分隔符把程序分成若干个元胞，并以题号作为各元胞的标题。在元胞工具栏中选择 evaluate cell and advance 对程序进行调试。

7.19 在元胞工具栏中选择 publish to HTML 把题 7.18 的结果发布到 HTML 文件中。由于本章部分习题中要求用户输入参数，因此发布的结果将会包含错误。

7.20 修改题 7.17 中的程序，比较普通汽车和混合动力汽车的花销。

(a) 假设在未来的几年里，每加仑汽油$2.00。

(b) 在元胞工具栏中调节汽油价格，使盈亏平衡点在 100 000 英里以内。

7.21 从互联网下载一些音频文件，加入到所编写的程序中。两个常用的下载地址为 http://www.wavcentral.com 和 http://www.wavsource.com。在程序中合适的位置播放该文件。例如，在程序的最后播放 Elmer Fudd 的"Kill the Wabbit"。

7.22 用 wavrecord 记录自己的声音，并把文件导入 MATLAB。用 help 查询 wavrecord 和 wavplay 的用法。

第8章 逻辑函数和控制结构

学习目的

通过阅读本章，读者可以掌握如下内容：

- 理解 MATLAB 中的关系运算符和逻辑运算符。
- 能够正确使用函数 find。
- 理解和正确使用 if/else 系列命令。
- 理解 switch/case 结构。
- 正确使用 for 循环和 while 循环。

引言

要理解计算机程序，必须先了解程序的结构。一般来说，程序结构主要有三种，顺序结构、选择结构和循环结构(见图 8.1)。前面几章所介绍的程序只采用了顺序结构，而没有采用其他两种结构：

- 顺序结构就是按照输入命令的顺序依次执行。
- 选择结构就是根据不同的逻辑条件选择运行部分代码。如果条件满足，则执行相应语句(或多条语句)；如果不满足，则执行其他语句。在条件语句中常常包含关系运算符和逻辑运算符。
- 循环结构就是根据逻辑表达式的值，重复执行一组代码。

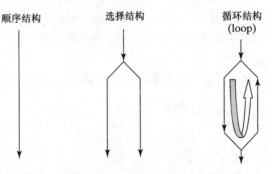

图 8.1 MATLAB 中的程序结构

8.1 关系运算符和逻辑运算符

MATLAB 中的选择结构和循环结构都要用到关系运算符和逻辑运算符。MATLAB 中有六种关系运算符用于比较两个相同规模矩阵的大小，如表 8.1 所示。

比较的结果可能是 true，也有可能是 false。绝大多数编程语言(包括 MATLAB)都用数字 1 表示 true，用数字 0 表示 false。在 MATLAB 中所有非 0 数都视为 true。首先定义两个标量，输入

```
x = 5;
y = 1;
```

用关系运算符(<)比较两个数的大小，判断比较的结果：

```
x<y
```

由于 x 不小于 y，因此输出

```
ans =
    0
```

说明比较的结果为 false。在 MATLAB 选择结构和循环结构中，经常会用到类似的表达式。

在 MATLAB 中，变量可能是矩阵。为了说明在 MATLAB 中如何比较两个矩阵的大小，重新定义变量 x 和 y。输入

```
x = 1:5;
y = x -4;
x<y
```

返回

```
ans =
    0    0    0    0    0
```

MATLAB 对矩阵中的相应元素进行逐个比较，然后输出比较的结果。在前面这个例子中，x 中所有的元素都比 y 中的相应元素大，因此输出的结果都是 false，即输出一串零。如果令

```
x = [ 1, 2, 3, 4, 5];
y = [-2, 0, 2, 4, 6];
x<y
```

则返回

```
ans =
    0    0    0    0    1
```

关键概念：关系运算符实现对数值进行比较。

结果表明，矢量前四个元素的比较结果为 false，最后一个元素的比较结果为 true。欲使两矩阵的整体比较结果为 true，必须保证两个矩阵中每个对应元素的比较结果为 true，换句话说，比较结果中所有元素必须都为 1。

在 MATLAB 的组合比较中，也可以使用 and、not 和 or 等逻辑运算符(见表 8.2)。

关键概念：组合比较语句中也可以使用逻辑运算符。

输入代码

```
x = [ 1, 2, 3, 4, 5];
y = [-2, 0, 2, 4, 6];
z = [ 8, 8, 8, 8, 8];
z>x & z>y
```

返回

```
ans =
    1    1    1    1    1
```

由于 z 中的每个元素既大于 x，也大于 y，因此语句

```
x>y | x>z
```

读做"x 大于 y 或 x 大于 z"，它的输出为

```
ans =
    1    1    1    0    0
```

说明矢量前三个元素的判断结果为 true，后两个元素结果为 false。

这些关系运算符和逻辑运算符既可用于选择结构，又可用于循环结构。

表 8.1　关系运算符

关系运算符	说　　明
<	小于
<=	小于等于
>	大于
>=	大于等于
==	等于
~=	不等于

表 8.2　逻辑运算符

逻辑运算符	说　　明
&	与
~	非
		或
xor	异或

8.2 流程图和伪码

通常在编写程序之前，要先画出程序的流程图或编写伪码，对程序进行设计。流程图就是以图形化的方法表现编程思路，伪码是用文字的形式对程序算法进行描述。在编写程序时，可以任意选择其中一种或两种方法对程序进行设计。

关键概念：使用流程图和伪码进行程序设计。

编写简单程序时，最好使用伪码的方法：

- 用句子描述程序实现的步骤。
- 将步骤转换成 M 文件中的注释信息。
- 在注释行之间加入恰当的 MATLAB 程序代码。

举一个简单的例子：编写把速度单位 mph 换算成 ft/s 的程序。输出为一个具有表名和列名的换算表。下面是实现这一功能的步骤：

- 定义存储 mph 值的矢量。
- 把 mph 换算成 ft/s。
- 把矢量 mph 和 ft/s 合并成一个矩阵。
- 给输出的表格加上标题。
- 添加列标题。
- 显示输出的表格。

把这些步骤写成 M 文件中的注释信息：

```
%Define a vector of mph values
%Convert mph to ft/s
%Combine the mph and ft/s vectors into a matrix
%Create a table title
%Create column headings
%Display the table
```

在 M 文件的注释信息后添加恰当的程序代码：

```
%Define a vector of mph values
  mph = 0:10:100;
%Convert mph to ft/s
  fps = mph*5280/3600;
%Combine the mph and ft/s vectors into a matrix
  table = [mph;fps]
%Create a table title
  disp('Velocity Conversion Table')
%Create column headings
  disp('   mph    f/s')
%Display the table
  fprintf('%8.0f  %8.2f \n',table)
```

如果读者在程序设计阶段能够多花费些时间，就不需要对伪码做过多的修改，立即就可以进行程序编写。

当编写复杂程序时，最好使用流程图和伪码进行程序设计。可以先把设计思路用流程图体现出来，再把整个过程写成伪码，作为程序中的注释信息。在画流程图之前，必须了解流程图中用到的标准符号（见表 8.3）。

表 8.3　计算机程序设计中的流程图

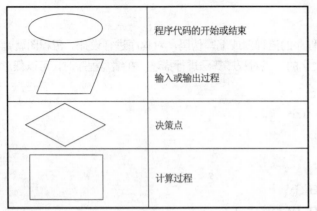

(椭圆)	程序代码的开始或结束
(平行四边形)	输入或输出过程
(菱形)	决策点
(矩形)	计算过程

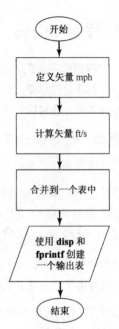

流程图：计算机程序的图形化表示方法。

图 8.2 是程序 mph-to-ft/s 的流程图。一般来说，这种简单程序不需要画流程图，但对于大型的计算机程序来说，画流程图是理清思路的最佳方法。

图 8.2　流程图使程序结构更加形象

编写程序时应先画好流程图，然后按照解题的思路书写注释信息，最后在注释行之间添加恰当的程序代码。

流程图和伪码都是计算机程序的描述方法，都能够形象地说明程序的结构。这两种方法主要体现了程序中的逻辑关系，而不是实现细节。

伪码：计算机程序的任务列表。

8.3　逻辑函数

在 MATLAB 选择结构中除了使用传统的函数 if 外，还常常用到逻辑函数。例如，在选择结构和循环结构中常常会用到逻辑函数 find。

8.3.1　Find

命令 find 用于查找矩阵中符合某种条件的元素。例如，美国海军学院要求招收学员的身高必须高于 5'6"(66")。假设拟招学员的身高为

```
height = [63,67,65,72,69,78,75]
```

用 find 命令查找符合身高要求的元素序号：

```
accept = find(height>=66 )
```

该命令返回

```
accept =
    2    4    5    6    7
```

函数 find 输出矩阵中符合要求的元素序号。若需要查看身高的数值，可以用元素序号调出该元素

```
height(accept)
ans =
    67    72    69    78    75
```

还可以输入嵌套命令：

```
height(find(height(>=66)))
```

如果查找不符合条件的元素，则输入命令

```
decline = find(height<66)
```

输出

```
decline =
   1   3
```

为了增加输出结果的可读性，使用函数 disp 和 fprintf 显示输出结果：

```
disp('The following candidates meet the height requirement');
   fprintf('Candidate # %4.0f is %4.0f
   inches tall \n', [accept;height(accept)])
```

在命令窗口输出

```
The following candidates meet the height requirement
Candidate #    2 is     67 inches tall
Candidate #    4 is     72 inches tall
Candidate #    5 is     69 inches tall
Candidate #    6 is     78 inches tall
Candidate #    7 is     75 inches tall
```

也可以输出不符合条件的学员：

```
disp('The following candidates do not meet the height
   requirement')
fprintf('Candidate # %4.0f is %4.0f inches tall \n',
   [decline;height(decline)])
```

同理，在命令窗口输出以下信息：

```
The following candidates do not meet the height requirement
Candidate #    1 is     63 inches tall
Candidate #    3 is     65 inches tall
```

使用逻辑运算符可以创建更加复杂的搜索条件。例如，除身高外，还要求学员的年龄必须在 18 岁到 35 岁之间。假设原始数据为

身高，英寸	年　龄	身高，英寸	年　龄
63	18	69	36
67	19	78	34
65	18	75	12
72	20		

定义输入矩阵，查找矩阵中第一列数值大于 66 且第二列数值大于 18 小于 35 的元素序号。输入命令

```
applicants = [ 63, 18; 67, 19; 65, 18; 72, 20; 69, 36; 78,
           34; 75, 12]
pass = find(applicants(:,1)>=66 & applicants(:,2)>=18
           & applicants(:,2) < 35)
```

返回符合条件学员的序号：

```
pass =
     2
     4
     6
```

为了增加输出结果的可读性，使用函数 fprintf 输出结果。首先，定义需要显示的数据：

```
result = [pass,applicants(pass,1),applicants(pass,2)]';
```

然后，用 fprintf 把结果输出到命令窗口：

```
fprintf('Applicant # %4.0f is %4.0f inches tall and %4.0f
   years old\n',results)
```

最后的输出结果为

```
Applicant #     2 is     67 inches tall and 19 years old
Applicant #     4 is     72 inches tall and 20 years old
Applicant #     6 is     78 inches tall and 34 years old
```

在前面的例题中，只输出了符合条件元素的单一序号。如果采用下面的语法结构调用函数 find:

```
[row, col] = find( criteria)
```

可以输出符合条件元素的行、列号(也称行列序号或下标)。

假设用一个矩阵表示门诊病人的体温。矩阵中的列表示测试体温的地点。输入

```
temp = [95.3, 100.2, 98.6; 97.4,99.2, 98.9; 100.1,99.3, 97]
```

给出

```
temp =
    95.3000   100.2000    98.6000
    97.4000    99.2000    98.9000
   100.1000    99.3000    97.0000
```

输入命令

```
element = find(temp>98.6)
```

输出单序号表示的元素号:

```
element =
        3
        4
        5
        6
        8
```

当命令 find 用于二维矩阵时，元素序号的编排策略是按列排序。例如在一个 3×3 矩阵中，元素序号的产生过程如图 8.3 所示。其中，粗体字的元素序号表示大于 98.6 的元素值。

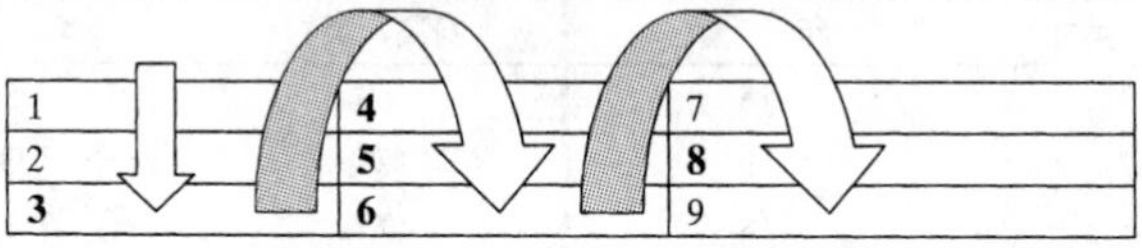

图 8.3　矩阵元素序号

为了查找符合条件元素的行号和列号，需要输入

```
[row, col] = find(temp>98.6)
```

该命令给出下列结果:

```
row =
        3
        1
        2
        3
        2

col =
        1
        2
        2
        2
        3
```

这些数字描述了图 8.4 中的矩阵元素。

1, 1	**1, 2**	1, 3
2, 1	**2, 2**	**2, 3**
3, 1	**3, 2**	3, 3

图 8.4　3×3 矩阵中元素的下标，其中符合条件元素的下标用粗体字表示

关键概念： MATLAB 中矩阵元素的序号按列编号。

用 `fprintf` 输出结果：

```
fprintf('Patient%3.0f at station%3.0f had a temp of%6.1f
   \n', [row,col,temp(element)]')
```

返回

```
Patient  3 at station  1 had a temp of  100.1
Patient  1 at station  2 had a temp of  100.2
Patient  2 at station  2 had a temp of   99.2
Patient  3 at station  2 had a temp of   99.3
Patient  2 at station  3 had a temp of   98.9
```

8.3.2　命令 find 的流程图和伪码

命令 `find` 只输出矢量中符合某一条件元素的序号。图 8.5 所示为下面这段程序的流程图。如果多次调用 `find`，那么可以根据不同的条件对矩阵分类，这种选择结构在流程图中可以用菱形来表示。

```
%Define a vector of x-values
 x = [1,2,3; 10, 5,1; 12,3,2;8, 3,1]
%Find the index numbers of the values in x >9
 element = find(x>9)
%Use the index numbers to find the x-values
%greater than 9 by plugging them into x
 values = x(element)
% Create an output table
 disp('Elements greater than 9')
 disp('Element # Value')
 fprintf('%8.0f %3.0f \n', [element';values'])
```

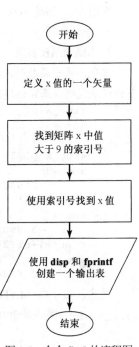

图 8.5　命令 **find** 的流程图

例 8.1　使用 sinc 函数对信号进行处理

函数 sinc 广泛应用于工程实践中，特别是在信号处理领域（见图 8.6）。该函数有两种定义方法：

$$f_1(x) = \frac{\sin(\pi x)}{\pi x} \quad \text{和} \quad f_2(x) = \frac{\sin x}{x}$$

不管使用哪种方法定义，当 $x = 0$ 时，都会出现 0/0 的这种不确定情况。根据罗必塔法则可以求出，当 $x = 0$ 时，两种算法的结果都等于 1。当 x 不等于 0 时，这两种定义方法类似。在第一种定义 $f_1(x)$ 中，当 x 为整数时，函数值接近 x 轴（即近似等于 0）；在第二种定义中，当 x 是 π 的整数倍时，函数值也近似等于 0。

用第二种方法定义 sinc_x，计算当 x 的范围在 −5π 到 +5π 之间 sinc_x 的值，并根据计算结果绘制曲线。

1．问题描述

用下式表示的第二种方法定义函数 sinc_x，并对函数进行测试。

$$f_2(x) = \frac{\sin x}{x}$$

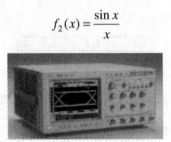

图 8.6   示波器广泛应用于信号处理领域(由 Agilent Technologies Inc 提供)

2. 输入/输出描述

输入   变量 x 的范围从–5π 到+5π。

输出   创建 sinc_x 和 x 的关系曲线。

3. 手工分析

4. MATLAB 实现

首先，画出函数的流程图，见图 8.7。然后根据流程图写出程序的伪码，最后在注释行后加入恰当的程序代码。函数创建完成后，在命令窗口中对函数进行测试：

```
sinc_x(0)
ans =
        1
sinc_x(pi/2)
ans =
        0.6366
sinc_x(pi)
ans =
        3.8982e-017
sinc_x(-pi/2)
ans =
        0.6366
```

注意，由于在 MATLAB 中 π 为浮点数，所以计算时用一个近似值代替 π 的实际值，实际上 sinc_x(pi/2) 并不等于 0，而是一个非常小的数。

表 8.4   函数 sinc 的计算结果

x	$\sin(x)$	sinc_x(x)=$\sin(x)/x$
0	0	0/0 = 1
π/2	1	$1/(\pi/2) = 0.637$
π	0	0
–π/2	–1	$-1/(\pi/2) = -0.637$

5. 结果验证

MATLAB 计算结果与估算结果相吻合，表明方法正确。利用下列命令行完成相关计算：

```
%Example 8.1
        clear, clc
%Define an array of angles
        x = -5*pi:pi/100:5*pi;
%Calculate sinc_x
        y = sinc_x(x);
%Create the plot
        plot(x,y)
```

```
title('Sinc Function'), xlabel('angle,
radians'),ylabel('sinc')
```

输出曲线如图 8.8 所示。

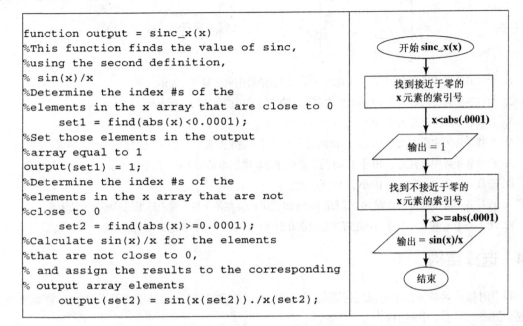

图 8.7　函数 sinc 的流程图

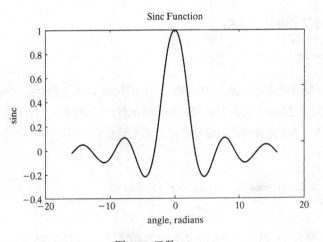

图 8.8　函数 sinc

　　前面已经验证了单输入变量的情况，现在通过图形可以进一步验证程序代码的正确性。当函数的输入变量为矢量时，通过输出曲线也可以看出整个计算过程没有任何问题。

　　把命令行中的分号去掉后，再运行程序，就可以看到计算的整个过程，使读者能够对函数的计算过程有更深刻的理解。

　　除了 find，**MATLAB** 中还有两个逻辑函数：all 和 any。函数 all 用于判断数组中是否所有元素都符合某一逻辑条件。函数 any 用于判断数组中是否存在符合某一逻辑条件的元素。通过 help 可以查询到更多的函数信息。

练习 8.1

已知下列矩阵:

$$x = \begin{bmatrix} 1 & 10 & 42 & 6 \\ 5 & 8 & 78 & 23 \\ 56 & 45 & 9 & 13 \\ 23 & 22 & 8 & 9 \end{bmatrix}, \quad y = \begin{bmatrix} 1 & 2 & 3 \\ 4 & 10 & 12 \\ 7 & 21 & 27 \end{bmatrix}, \quad z = \begin{bmatrix} 10 & 22 & 5 & 13 \end{bmatrix}$$

1. 查找各矩阵中所有大于 10 的元素的序号, 输出结果用单序号方法表示。
2. 查找各矩阵中所有大于 10 的元素的序号, 输出结果用该元素的下标表示。
3. 查找各矩阵中所有大于 10 的元素。
4. 查找各矩阵中所有大于 10 小于 40 的元素的序号, 输出结果用单序号方法表示。
5. 查找各矩阵中所有大于 10 小于 40 的元素的序号, 输出结果用该元素的下标表示。
6. 查找各矩阵中所有大于 10 小于 40 的元素。
7. 查找各矩阵中数值在 0 到 10 之间或 70 到 80 之间的元素的下标, 输出结果用单序号方法表示。
8. 用 length 和 find 查询各矩阵中数值在 0 到 10 之间或 70 到 80 之间元素的个数。

8.4 选择结构

很多时候, 函数 find 可以代替语句 if, 然而, 在有些情况下, 必须使用语句 if。在本节中, 主要介绍 if 语句的语法结构。

8.4.1 简单的 if 语句

简单的 if 语句可以采用以下形式:

```
if comparison
    statements
end
```

如果比较结果(逻辑表达式)为 true, 那么执行 if 语句和 end 语句之间的程序代码。若比较结果为 false, 则程序直接跳转到 end 之后的语句。为了增加程序的可读性, if 结构中的语句最好适当缩进。运行程序时, MATLAB 会自动忽略这些空格。但无论是否缩进, 都不会影响程序的正常运行。

举一个简单例子:

```
if G<50
    disp('G is a small value equal to:')
    disp(G);
end
```

如果 G 是标量, 那么 if 和 end 之间的语句很容易解释。这段程序表明, 如果 G 小于 50, 则执行 if 和 end 之间的语句。例如, 若 G 等于 25, 则屏幕上就会输出

```
G is a small value equal to:
    25
```

如果 G 不是标量, 那么仅当 G 中所有元素都小于 50 时比较结果才为 true。假设, G 为 0 到 80 的一个矢量:

```
G = 0:10:80;
```

比较结果为 false, MATLAB 将不执行 if 结构中的语句。一般情况下, 在 if 语句中多使用标量。

关键概念: 在 if 语句中最好使用标量。

8.4.2 if/else 结构

在简单的 if 结构中，如果条件满足则执行 if 结构中的程序，若条件不满足，则跳过该结构执行后面的程序。而在 if/else 结构中，若条件满足，则执行某段程序；若条件不满足，则执行另外一段程序。例如，编写计算变量 x 对数的程序。根据初等数学中的概念可知函数 log 的输入参数必须大于 0。在程序中使用 if/else 结构，保证输入参数为正数时才计算 x 的对数值。若输入参数为 0 或负数，则输出错误信息：

```
if x >0
    y = log(x)
else
    disp('The input to the log function must be positive')
end
```

如果 x 为标量，则程序非常容易理解。然而，如果 x 为矩阵，则只有当矩阵中所有元素都满足条件时，比较结果才为 true。如果输入

```
x = 0:0.5:2;
```

那么，矩阵并非所有的元素都大于 0，因此，MATLAB 会跳转到 else 部分，输出错误信息。在 if/else 语句中使用矢量会有很大的局限性，因此最好使用标量。

提　　示

在程序中，使用函数 beep 可以发出"嘟嘟"的声音，用于提示用户出现错误。例如，在刚才的 if/else 结构中，可以用"嘟嘟"声提示错误信息。

```
x = input('Enter a value of x greater than 0: ');
if x >0
    y = log(x)
else
    beep
    disp('The input to the log function must be positive')
end
```

8.4.3 elseif 结构

在 if/else 结构中如果有多层嵌套，就会很难判断到底应该执行哪段程序。如果在程序中使用函数 esleif，程序代码就会变得更容易理解。下面这段程序可以根据申请人的年龄判定是否发放驾驶执照：

```
if age<16
    disp('Sorry - You'll have to wait')
elseif age<18
    disp('You may have a youth license')
elseif age<70
    disp('You may have a standard license')
else
    disp('Drivers over 70 require a special license')
end
```

在这个例子中，MATLAB 首先检查申请人年龄是否小于 16 岁即 age < 16。如果表达式为 true，则执行下一条语句，显示信息 Sorry_You'll have to wait，然后退出 if 结构。如果比较结果为 false，MATLAB 对后面的 elseif 语句进行判断，检查年龄是否小于 18 岁即 age < 18。如果 elseif 语句的比较结果为 true 或遇到 else，则继续执行。注意 else 语句中没有判断条件，这是因为如果条件不满足，就必然满足前面的 elseif 语句中的条件，执行前面的语句。

在程序流程图中一般用菱形表示选择结构(见图8.9)。

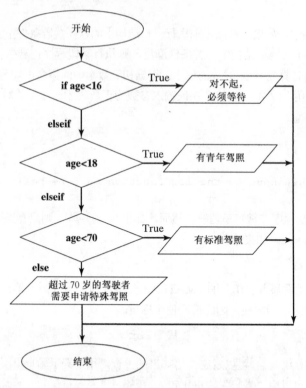

图8.9 使用多 if 语句的流程图

在这段程序中，如果 age 是标量就很容易理解。如果 age 为矩阵，则要求矩阵中所有元素必须都满足条件。假如，年龄矩阵为

```
age = [15,17,25,55,75]
```

矩阵中并非所有元素都满足条件，因此第一个判断语句 if age < 16 为 false。同理，第二个判断语句 elseif age < 18 和第三个判断语句 elseif age < 17 都是 false。最后只能输出 Drivers over 70 require a special license，这样结果就会使符合条件的申请人得不到驾驶执照。

提　示

初学者常常会把 if 语句中的条件写得过于烦琐。在前面的例子中，第二个条件语句用 age < 18 表示就足够了，不需要表示成 age < 18 和 age >= 16，因为当程序运行到这条语句时，申请人的年龄不可能小于16岁。如果非要按照类似的方式书写条件语句，就会得到错误的结果。例如，输入代码

```
if age<16
    disp('Sorry - You'll have to wait')
elseif age<18 & age>16
    disp('You may have a youth license')
elseif age<70 & age>18
    disp('You may have a standard license')
elseif age>70
    disp('Drivers over 70 require a special license')
end
```

当 age = 16, 18 或 70 时会输出错误结果。

一般来说，elseif 结构适用于标量，find 适用于矩阵。在下面的例子中，用 find 对年龄矩阵进行分类，结果用数据表格的形式输出：

```
age = [15,17,25,55,75];
set1 = find(age<16);
set2 = find(age>=16 & age<18);
set3 = find(age>=18 & age<70);
set4 = find(age>=70);

fprintf('Sorry - You''ll have to wait - you"re only %3.0f
  \n',age(set1))
fprintf('You may have a youth license because you"re %3.0f
  \n',age(set2))
fprintf('You may have a standard license because you"re
  %3.0f \n',age(set3))
fprintf('Drivers over 70 require a special license. You"re
  %3.0f \n',age(set4))
```

输出

```
Sorry - You'll have to wait - you're only 15
You may have a youth license because you're 17
You may have a standard license because you're 25
You may have a standard license because you're 55
Drivers over 70 require a special license. You're 75
```

由于需要对每个 `find` 语句进行判断，因此判断的条件必须详细清楚(例如 `age >= 16 & age < 18`)。

例8.2　评定成绩

利用 `if` 结构创建函数，该函数能够根据考试分数，按照下面的要求评定成绩。

成　绩	分　数
A	90 ～ 100
B	80 ～ 90
C	70 ～ 80
D	60 ～ 70
E	<60

1. 问题描述

评定考试成绩。

2. 输入/输出描述

输入　　单项分数，不是数组。

输出　　考试成绩。

3. 手工分析

根据评定原则，85分成绩应该是B，但是，90分成绩到底是A还是B却不能确定，有必要把判断条件描述得更准确些。

成　绩	分　数
A	≥90～100
B	≥80 但<90
C	≥70 但<80
D	≥60 但<70
E	<60

4. MATLAB 实现

根据函数功能，画出程序流程图，如图 8.10 所示。

5. 结果验证

在命令窗口对函数进行测试：

```
grade(25)
ans =
E
grade(80)
ans =
B
grade(-52)
ans =
E
grade(108)
ans =
A
```

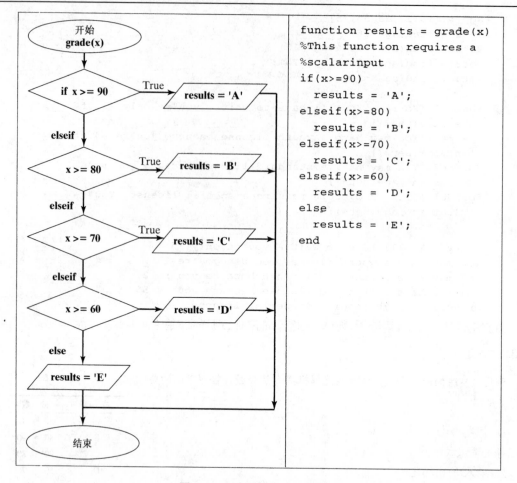

图 8.10　评定成绩程序的流程图

　　从测试的结果看，函数能够正常工作。但如果输入的分数大于 100 或小于 0 时，就会出现问题，因此对函数进行相应的修改:

```
function results = grade(x)
%This function requires a scalar input
   if(x>=0 & x<=100)
   if(x>=90)
      results = 'A';
   elseif(x>=80)
      results = 'B';
   elseif(x>=70)
      results = 'C';
   elseif(x>=60)
      results = 'D';
   else
      results = 'E';
   end
   else
      results = 'Illegal Input';
   end
```

在命令窗口中对函数重新进行测试:

```
grade(-10)
ans =
```

```
Illegal Input
grade(108)
ans =
Illegal Input
```

当输入参数为标量时，函数能够正常运行。但如果输入参数为矢量，就会得到意想不到的结果。例如，

```
score = [95,42,83,77];
grade(score)
ans =
E
```

练习 8.2

使用 if 系列结构创建函数解决下列问题，假设函数的输入数据为标量，对函数进行测试。

1. 假设某州的法定饮酒年龄为 21 岁。创建函数判断是否达到法定饮酒年龄。

2. 许多游乐场都规定了参与者的最低身高。假设某种游戏要求参与者必须高于 48″，创建函数判断是否符合身高要求。

3. 在产品制造时，通常会规定产品尺寸的容差。假设某产品的长度为 5.4 cm，可以允许有 0.1 cm 的正负误差（即 5.4±0.1 cm）。创建函数判断产品是否符合该技术要求。

4. 在美国可以同时使用公制单位和英制单位。创建函数把练习 3 中的厘米换算成英寸，当输入参数单位为英寸时，重新判断产品是否符合技术要求。

5. 固体燃料火箭发动机有三级。第一级的燃料耗尽后与导弹分离，第二级点火。然后第二级燃尽分离后第三级点火。最后，第三级燃尽后与导弹分离。各级的燃烧时间如下所示：

级 1	0~100 s
级 2	100 ~170 s
级 3	170 ~260 s

创建函数判断火箭正处于第一级、第二级、第三级和自由飞行(无动力阶段)中的哪个阶段？

8.4.4　switch/case 结构

在 MATLAB 中，switch/case 结构可以根据一个给定参数的不同取值，执行不同的命令。它和 if/else/elseif 类似，都属于条件分支结构。凡是能够用 if/else/elseif 结构实现的程序功能都可以用 switch/case 结构实现。而且用 switch/case 结构实现程序代码更容易理解。switch/case 结构和 elseif 的最大区别在于判断的条件既可以是标量也可以是字符串，在实际情况中，字符串形式的判断条件比数字形式的要常用。switch/case 的语法结构如下：

```
switch variable
case option1
  code to be executed if variable is equal to option 1
case option2
  code to be executed if variable is equal to option 2
                    ⋮
case option_n
  code to be executed if variable is equal to option n
otherwise
  code to be executed if variable is not equal to any of
    the options
end
```

例如，创建函数用来显示三个城市的飞机票价格：

```
city = input('Enter the name of a city in single quotes: ')
switch city
  case 'Boston'
    disp('$345')
  case 'Denver'
    disp('$150')
  case 'Honolulu'
    disp('Stay home and study')
  otherwise
    disp('Not on file')
end
```

运行程序，在命令提示符后输入'Boston'，MATLAB 输出

```
city =
Boston
$345
```

还可以在函数 input 的输入参数后加入's'表明输入参数为字符串。用户输入字符串时，就可以不加单引号。修改后的程序代码为

```
city = input('Enter the name of a city: ','s')
switch city
  case 'Boston'
    disp('$345')
  case 'Denver'
    disp('$150')
  case 'Honolulu'
    disp('Stay home and study')
  otherwise
    disp('Not on file')
end
```

语句 otherwise 不是必需的，这条语句表示当所有的情况都不满足时，程序的输出结果。

在程序流程图中，switch/case 结构和 if/else 结构的表示方法相同。

提　　示
在 C 语言中也有 switch/case 结构。MATLAB 和 C 语言的不同之处在于当某一条件为 true 时，MATLAB 不再验证其他条件是否满足。

例8.3　加油

世界上许多国家没有对公制单位的使用做强制性规定，这些国家包括美国、英国、利比里亚和缅甸。在美国既可以使用公制单位也可以使用英制单位。例如，老式汽车中既使用了公制单位也使用了英制单位，而 1989 年以后生产的新款汽车全部采用公制单位。酒的单位是升，牛奶的单位是加仑，距离的单位是英里，功率的单位是瓦特。公制单位和英制单位经常会发生混淆。如果驾车从美国到加拿大旅行就会发现在美国汽油的单位是加仑，而在加拿大汽油的单位是升(见图 8.11)。

用 switch/case 结构编写一段程序，要求具有以下功能：

● 由用户输入汽油的单位(升或加仑)。

● 提示用户输入想购买汽油的数量。

● 假设每加仑汽油 2.89 美元，计算汽油的总价。

1. 问题描述

计算汽油的总价。

图 8.11　汽油可以用升或加仑作为度量单位

2. 输入/输出描述

输入　指定汽油的计量单位是加仑还是升。

汽油的数量。

输出　每加仑 2.89 美元，计算汽油的总价。

3. 手工分析

如果汽油的计量单位是加仑，则需要花费

$$volume \times \$2.89$$

10 加仑汽油总价为

$$cost = 10\ gallons \times \$2.89/gallon = \$28.90$$

如果汽油的计量单位是升，则先把升换算成加仑，再计算总的价格:

$$volume = liters \times 0.264\ gallon/liter$$
$$cost = volume \times \$2.89$$

10 升汽油的费用为

$$volume = 10\ liters \times 0.264\ gallon/liter = 2.64\ gallons$$
$$cost = 2.64\ gallons \times 2.89 = \$7.63$$

4. MATLAB 实现

首先，画出程序的流程图(见图 8.12)，然后按照流程图写出程序的伪码，最后添加程序代码。

```
clear,clc
%Define the cost per gallon
rate = 2.89;
%Ask the user to input gallons or liters
unit = input('Enter gallons or liters\n ','s');
%Use a switch/case to determine the conversion factor
switch unit
  case 'gallons'
    factor = 1;
  case 'liters'
    factor = 0.264;
  otherwise
    disp('Not available')
    factor = 0;
end

%Ask the user how much gas he/she would like to buy
volume = input( [';Enter the volume you would like to buy
  in ',unit,': \n'] );
%Calculate the cost of the gas
if factor ~ = 0
  cost = volume * factor*rate;
%Send the results to the screen
  fprintf('That will be $ %5.2f for %5.1f %s
          \n',cost,volume,unit)
end
```

需要注意以下几个方面: 第一，变量 unit 是字符型数组。程序运行后在工作区可以看到: 如果输入的汽油单位是升，unit 是一个 1×6 的字符型数组。如果输入的汽油单位是加仑，unit 是一个 1×7 的字符型数组。在

```
unit = input('Enter gallons or liters ','s');
```

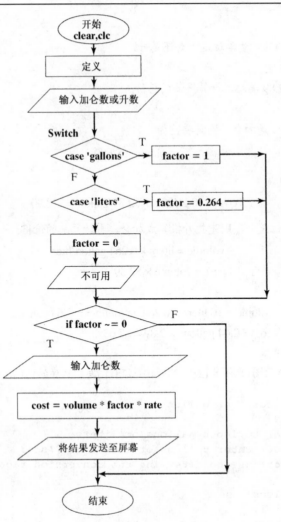

图 8.12 使用了 switch/case 结构的流程图

语句中，函数 input 的第二个输入参数为 's'，说明输入数据的类型为字符串。用户在输入 gallons 或 liters 时，不需要再加单引号。

下述语句创建一个字符数组：

```
volume = input(['Enter the volume you would like to buy in
                ',unit,': '] );
```

该数组由三个部分构成：

- 字符串 'Enter the volume you would like to buy in'。
- 字符型变量 unit。
- 字符串 ':'。

程序运行后，会出现以下提示信息：

```
Enter the volume you would like to buy in liters:
```

或者

```
Enter the volume you would like to buy in gallons:
```

在语句 fprintf 中，用占位符 %s 为输入字符串预留了空间：

```
fprintf('That will be $ %5.2f for %5.1f %s
        \n',cost,volume,unit)
```

这段程序由用户输入 gallons 或 liters 作为汽油的单位。

最后，在 if 语句中表明，如果用户输入除 gallons 或 liters 以外的字符，则输出错误信息。

5. 结果验证

分别输入 gallons、liters 或其他字符，检测程序的输出结果。首先，在命令窗口输入 gallons：

```
Enter gallons or liters
gallons
Enter the volume you would like to buy in gallons:
10
That will be $ 28.90 for 10.0 gallons
```

然后，输入 liters：

```
Enter gallons or liters
liters
Enter the volume you would like to buy in liters:
10
That will be $ 7.63 for 10.0 liters
```

最后，如果输入其他字符，将返回错误信息：

```
Enter gallons or liters
quarts
Not available
```

经过验证，程序的运行结果与手算的结果相同，说明程序是正确的。

8.4.5　menu 结构

函数 menu 常和 switch/case 结构一起使用。运行后，在屏幕上会出现一个菜单，菜单的内容可以由编程人员设定。函数 menu 的语法结构为

```
input = menu('Message to the user','text for button
  1','text for button 2',etc.)
```

在前面飞机票的例子中如果使用 menu，用户就可以在菜单上选择任意一个城市。由于用户不可能选择"not on file."作为城市名，因此原程序中可以去掉 otherwise 语句：

```
city = menu('Select a city from the menu:
  ','Boston','Denver','Honolulu')
switch city
    case 1
        disp('$345')
    case 2
        disp('$150')
    case 3
        disp('Stay home and study')
end
```

关键概念：使用菜单这种图形化界面可以大大减少用户出现拼写错误的可能性。

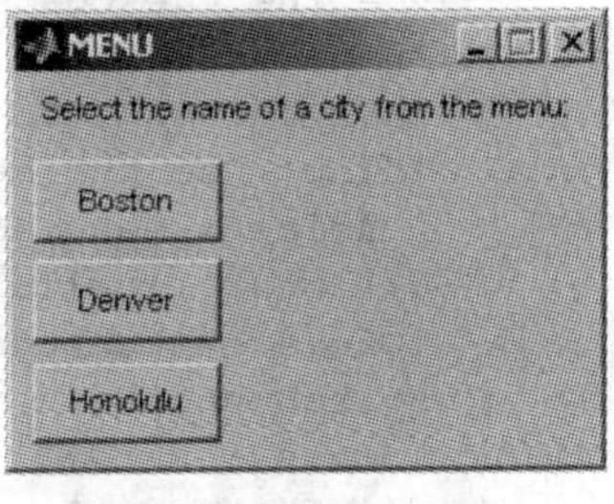

注意在 case 语句中用序号代替了字符串。这个脚本程序运行后，屏幕上会出现如图 8.13 所示的菜单。用户可以选择任意一个选项，假如，选择 Honolulu，MATLAB 就会输出

图 8.13　弹出 MENU 窗口

```
city =
     3
Stay home and study
```

用户可以用命令 disp 控制输出。

例8.4　加油：采用菜单方式

在例 8.3 中，用 switch/case 实现了以加仑或升为单位加油的功能。程序中存在一个问题：即如果用户拼写错误，程序将无法运行。例如，当程序提示用户输入 gallons 或 liters 时，用户错误的输入

```
litters
```

程序将输出

```
Not available
```

如果在程序中使用菜单功能，那么，用户只需选择按键就可以完成操作，这样就避免了错误的发生。修改后的程序仍然采用 switch/case 结构，不过需要添加菜单功能。

1. 问题描述

计算汽油的总价。

2. 输入/输出描述

输入　　使用菜单确定汽油的计量单位是加仑还是升。

　　　　　汽油的数量。

输出　　假设每加仑汽油 2.89 美元，计算汽油的总价。

3. 手工分析

如果汽油的计量单位是加仑，则需要花费

$$\text{volume} \times 2.89$$

那么，10 加仑汽油的总价为

$$\text{cost} = 10 \text{ gallons} \times \$2.89/\text{gallon} = \$28.90$$

如果汽油的计量单位是升，需要先把升换算成加仑，再计算汽油的总价：

$$\text{volume} = \text{liters} \times 0.264 \text{ gallon/liter}$$
$$\text{cost} = \text{volume} \times \$2.89$$

那么，10 升汽油的总价为

$$\text{volume} = 10 \text{ liters} \times 0.264 \text{ gallon/liter} = 2.64 \text{ gallons}$$
$$\text{cost} = 2.64 \text{ gallons} \times 2.89 = \$7.63$$

4. MATLAB 实现

首先，画出程序的流程图(见图 8.14)，然后按照流程图写出程序的伪码，最后添加程序代码。

```
%Example 8.4
clear,clc
%Define the cost per gallon
 rate = 2.89;
%Ask the user to input gallons or liters, using a menu
 disp('Use the menu box to make your selection ')
 choice = menu('Measure the gasoline in liters or
gallons?','gallons','liters');
%Use a switch/case to determine the conversion factor
switch choice
   case 1
      factor = 1;
      unit = 'gallons'
```

```
  case 2
    factor = 0.264;
    unit = 'liters'
end

%Ask the user how much gas he/she would like to buy
 volume = input(['Enter the volume you would like to buy
   in ',unit,': \n'] );
%Calculate the cost of the gas
 cost = volume * factor*rate;
%Send the results to the screen
 fprintf('That will be $ %5.2f for %5.1f %s
 \n',cost,volume,unit)
```

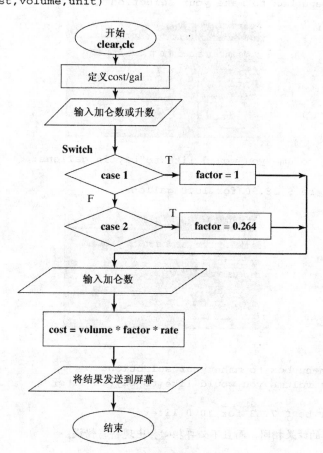

图 8.14 实现菜单功能的流程图

因为不可能出现输入错误的情况，因此修改后的程序比例 8.3 中的程序更为简单。但仍然有几点需要注意。

在定义菜单的可选项时，应该是数字而不是字符型数组：

```
choice = menu('Measure the gasoline in liters or
gallons?','gallons','liters');
```

程序运行后，在工作区中可以看到变量 choice，它是一个 1×1 的双精度浮点数。

由于在程序中没有用命令 input 定义字符型变量 unit，因此在 case 命令组中应该对变量 unit 进行详细说明：

```
   case 1
     factor = 1;
     unit = 'gallons'
   case 2
     factor = 0.264;
     unit = 'liters'
```

使用 disp 或 fprintf 命令把变量 unit 的值输出到命令窗口。

5. 结果验证

在例 8.3 中，需要对程序测试三次，而在本例中只需对程序测试两次即可，第一次汽油的计量单位是 gallons，第二次汽油的计量单位是 liters。先在命令窗口选择 gallons：

```
Use the menu box to make your selection
```

```
Enter the volume you would like to buy in gallons:
10
That will be $ 28.90 for 10.0 gallons
```

再选择 liters：

```
Use the menu box to make your selection
Enter the volume you would like to buy in liters:
10
That will be $ 7.63 for 10.0 liters
```

计算结果和手算的结果相同，而且不必再担心会出现拼写错误。

练习 8.3

用 switch/case 结构求解下列问题。

1. 编写程序，提示用户输入入学时间是一年、两年、三年还是四年，输入数据为字符串。根据输入数据决定期末考试的时间。其中，一年级周一考试，二年级周二考试，三年级周三考试，四年级周四考试。

2. 在程序中使用菜单，重新完成练习 1。

3. 编写程序，提示用户输入购买方糖的数量，输入数据是糖的块数。计算购买方糖的费用。价格确定方法是

$$1 \text{ 块} = \$0.75$$
$$2 \text{ 块} = \$1.25$$
$$3 \text{ 块} = \$1.65$$

当多于 3 块时，总费用 = $1.65 + $0.30（购买数量–3）。

8.5 循环结构：循环体

循环结构一般用于重复操作。MATLAB 中有两种不同的循环结构：for 循环和 while 循环。如果已知循环的次数，多采用 for 循环结构。如果需要满足某一条件时停止循环，多采用 while 循环。虽然在程序开发过程中广泛使用循环结构，但是在编程时还是应该尽量避免出现循环结构。在 MATLAB 中，可以使用 find 命令或矢量化的方法避免循环结构，所谓矢量化就是操作过程中尽量用矢量代替元素。减少循环结构有利于提高程序的运行速度，简化编程步骤。

8.5.1 for 循环

for 循环结构非常简单。第一行标识循环，定义索引矩阵。循环体每执行一次，索引值都会发生一次变化。循环标识行后紧接着是执行的代码，最后是循环结束标志 end。总之，for 循环的一般结构为

```
for index = [matrix]
        commands to be executed
end
```

循环体依次执行第一行中定义的索引矩阵中所有的元素。举一个简单的例子：

```
for k = [1,3,7]
    k
end
```

返回

```
k =
    1
k =
    3
k =
    7
```

本例中索引矩阵为 k，k 也可以视为索引变量。索引矩阵可以用冒号或其他方法定义。例如，计算 5 的 1 到 3 次方：

```
for k = 1:3
    a = 5^k
end
```

第一行中 k 定义为矩阵[1, 2, 3]。第一次执行循环体，k 的值为 1，计算 5^1。第二次执行，k 的值为 2，计算 5^2。第三次执行，k 的值等于 3，计算 5^3。由于循环体执行了三次，因此在命令窗口分别显示了三次的运行结果：

```
a =
    5
a =
    25
a =
    125
```

关键概念：循环体就是当满足某一条件时需要重复执行的一组命令。

虽然在 for 循环中 k 是一个矩阵，但事实上 k 是该循环的索引值，每一次循环 k 都等于某一个特定的数值。循环结束后，k 的值等于最后一次执行的数值。在前面的例子中，输入

```
    k
```

返回

```
k =
    3
```

注意，在工作区可以看到 k 是一个 1×1 的矩阵。

用 for 循环可以定义矩阵。输入代码

```
for k = 1:5
    a(k) = k^2
end
```

该循环定义了一个新矩阵 a，每执行一次定义一个新的元素。该循环体共执行了五次，每一次矩阵 a 中都新增一个元素，因此在命令窗口输出

```
a =
    1
a =
    1    4
a =
    1    4    9
a =
    1    4    9    16
a =
    1    4    9    16    25
```

提　示

大部分计算机程序不具有 MATLAB 中的矩阵运算能力，因此常利用循环体定义数组。实际上，在 MATLAB 中利用下述代码创建矢量更简单：

```
k = 1:5
a = k.^2
```

返回

```
k =
    1    2    3    4    5

a =
    1    4    9    16    25
```

这就是一个矢量化代码的例子。

for 循环常和 if 语句配合使用，例如，在下面这段程序中，统计考试成绩为 90 分以上的有多少人？

```
scores = [76,45,98,97];
count = 0;
for k=1:length(scores)
    if scores(k)>90
        count = count + 1;
    end
end
disp(count)
```

每执行一次该循环，如果分数大于 90，count 的数值加 1。

大多数情况下，for 循环中的索引矩阵是一个单行矩阵。如果索引矩阵是一个二维矩阵，MTALAB 每次取矩阵中的一列作为索引值。定义索引矩阵为

$$k = \begin{bmatrix} 1 & 2 & 3 \\ 1 & 4 & 9 \\ 1 & 8 & 27 \end{bmatrix}$$

输入

```
for k = [1,2,3; 1,4,9; 1,8,27]
    a = k'
end
```

返回

```
a =
   1   1   1
a =
   2   4   8
a =
   3   9  27
```

a 等于 k 的转置，输出的结果是 k 中所有的行和列互换。

下面对 for 循环的用法进行总结：

- 循环体以 for 语句开始，以 end 语句结束。
- 循环体的第一行用索引矩阵定义循环的次数。
- for 循环的索引必须是一个变量，每执行一次循环，索引值就会发生一次变化。一般用 k 表示该变量，也可以使用其他变量名。
- 可以用前面所介绍过的任何一种方法定义索引矩阵，但一般情况下常采用冒号方式定义，例如

  `for index = start:inc:final`
- 如果索引矩阵是一个行矢量，那么每执行循环一次，依次取矢量中的一个元素作为索引值。
- 如果索引矩阵是二维矩阵，那么每执行循环一次，依次取矩阵中下一列的值，即在这种情况下索引值是一个列矢量。
- for 循环结束后，索引值等于最后一次执行的数值。
- 对程序代码矢量化可以避免 for 循环。

for 循环的基本流程图符号用菱形表示，说明每次执行 for 循环必须先检查索引矩阵中是否存在新的数值（见图 8.15）。如果没有，则停止循环，执行循环体后面的语句。

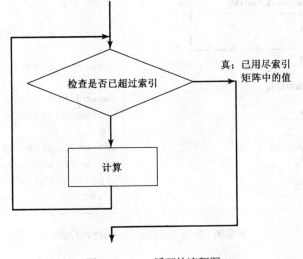

图 8.15　for 循环的流程图

例 8.5　创建角度和弧度的换算表格

为了说明 for 循环的使用方法，用 for 循环创建一个角度和弧度的换算表格。用户采用矢量化解决方案也可以非常容易地实现相同的功能。

1. 问题描述

创建一个把角度值换算成弧度值的换算表格，角度的范围是 0°到 360°，步长为 10°。

2. 输入/输出描述

输入   角度数组。

输出   角度值和弧度值的换算表格。

3. 手工分析

以 10°为例:

$$弧度 = (10) \times \frac{\pi}{180} = 0.174\,5$$

4. MATLAB 实现

先画出程序流程图(见图 8.16)。在命令窗口输出以下结果:

```
Degrees to Radians
Degrees      Radians
    10       0.17
    20       0.35
    30       0.52   etc.
```

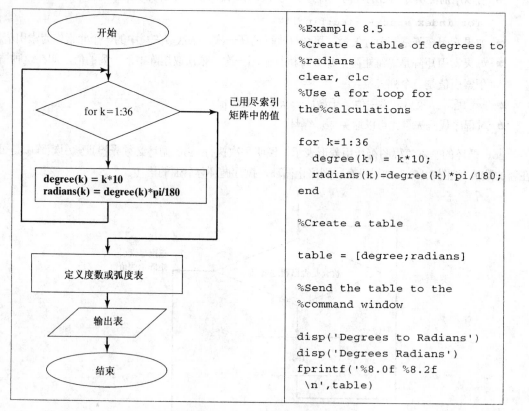

```
%Example 8.5
%Create a table of degrees to
%radians
clear, clc
%Use a for loop for
the%calculations

for k=1:36
    degree(k) = k*10;
    radians(k)=degree(k)*pi/180;
end

%Create a table

table = [degree;radians]

%Send the table to the
%command window

disp('Degrees to Radians')
disp('Degrees Radians')
fprintf('%8.0f %8.2f
 \n',table)
```

图 8.16　角度换算成弧度的程序流程图

5. 结果验证

MATLAB 的换算结果和手算的结果是一致的。

很明显，用矢量进行计算和使用 for 循环相比实现起来更加简单，而且运算速度更快。这种方法称为矢量化，同时这也是 MATLAB 的优势之一。矢量化解决方案如下:

```
degrees = 0:10:360;
radians = degrees * pi/180;
table = [degree;radians]
disp('Degrees to Radians')
disp('Degrees    Radians')
fprintf('%8.0f %8.2f \n',table)
```

例8.6　用 for 循环计算阶乘

阶乘就是 1 到 N 所有整数相乘, 例如 5 的阶乘是

$$1 \cdot 2 \cdot 3 \cdot 4 \cdot 5$$

在数学中, 常用感叹号表示阶乘:

$$5!是 5 的阶乘$$

MATLAB 的内置函数 factorial 就可以计算阶乘。现在编程创建函数 fact 来计算阶乘。

1. 问题描述

创建计算任意整数阶乘的函数 fact, 假设输入数据为标量。

2. 输入/输出描述

输入　　标量 N

输出　　$N!$

3. 手工分析

$$5!=1 \cdot 2 \cdot 3 \cdot 4 \cdot 5 = 120$$

4. MATLAB 实现

画出程序流程图(见图 8.17)。

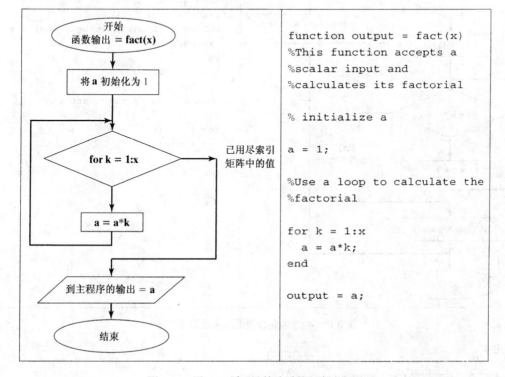

图 8.17　用 for 循环计算阶乘的程序流程图

5. 结果验证

在命令窗口对函数进行测试:

```
fact(5)
ans =
    120
```

当输入数据为标量时，函数能够正常运行。如果输入数据是一个数组，则 for 循环不能正常执行，返回函数值为 1:

```
x=1:10;
    fact(x)
ans =
    1
```

在程序中加入 if 语句，确保输入数据为正整数，而不是数组。流程图和程序代码如图 8.18 所示。在命令窗口对函数进行测试:

```
fact(-4)
ans =
Input must be a positive integer

fact(x)
ans =
Input must be a positive integer
```

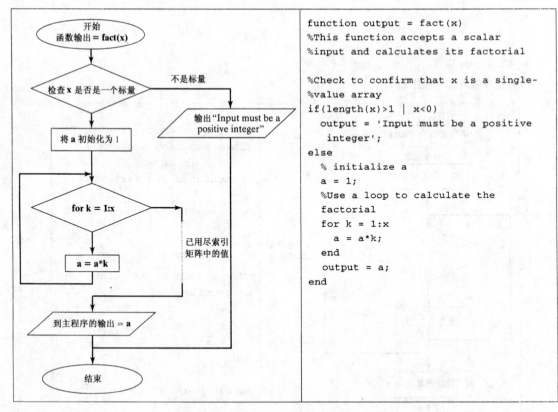

图 8.18　包含差错检测的阶乘函数流程图

练习 8.4

编写 for 循环程序求解下列问题:

1. 创建一个英寸到英尺的换算表格。

2. 已知矩阵

$$x = [45, 23, 17, 34, 85, 33]$$

求矩阵中大于 30 的数值有几个?

3. 用 find 命令完成练习 2。

4. 用 for 循环把练习 2 中矩阵的所有元素相加。用函数 sum 检验运算结果是否正确(可以使用 help 查询函数 sum 的用法)。

5. 用 for 循环创建一个矢量,等于调和级数的前 10 个元素,即

$$1/1 \quad 1/2 \quad 1/3 \quad 1/4 \quad 1/5 \ldots 1/10$$

6. 用 for 循环创建一个矢量,等于交错调和级数的前 10 个元素,即

$$1/1 \quad -1/2 \quad 1/3 \quad -1/4 \quad 1/5 \ldots -1/100$$

8.5.2 while 循环

while 循环和 for 循环类似,两者的最大区别在于 while 循环的次数是不固定的,只要判断条件为 true,循环体就会被执行。while 循环的语法结构如下:

```
while criterion
    commands to be executed
end
```

关键概念:while 循环的执行次数是不固定的。

举例说明:

```
k = 0;
while k<3
  k = k+1
end
```

在程序中,先定义一个计数器 k,如果 k 的值小于 3 就执行循环体,每执行一次循环,计数器 k 的值加 1,因此该循环体会执行 3 次,输出

```
k =
    1
k =
    2
k =
    3
```

其中 k 既可以是矩阵也可以是计数器变量,它相当于一个索引值。绝大多数 for 循环结构都可以改写成 while 循环结构。比方说,可以把 8.5.1 节中的一道 for 循环例题改写成 while 循环结构:

```
k = 0;
while k<3
  k = k+1;
  a(k) = 5^k
end
```

输出

```
a =
    5
a =
    5    25
a =
    5    25    125
```

关键概念:凡是能用 while 循环实现的功能都能够用 for 循环实现。

每执行一次循环，矩阵 a 中就会新增一个元素。

再举一个例子，先对 a 进行初始化：

```
a = 0;
```

然后，求解大于 10 的 3 的最小倍数：

```
while(a<10)
        a = a + 3
end;
```

第一次执行该循环，a 等于 0，判断条件为 true，因此执行语句(a = a + 3)。第二次执行该循环，a 等于 3，判断条件仍为 true，继续执行该循环。依此类推，输出

```
a =
    3
a =
    6
a =
    9
a =
    12
```

最后一次执行该循环时，a 是 9 加 3，等于 12，大于 10，判断条件不满足，因此跳出 while 循环，不再执行。

while 循环和 if 语句配合使用，可以统计循环的次数。例如，前面关于考试成绩的例题也可以用 while 循环实现：

```
scores = [76,45,98,97];
count = 0;
k = 0;
while k<length(scores)
 k = k+1;
  if scores(k)>90
     count = count + 1;
  end
end
disp(count)
```

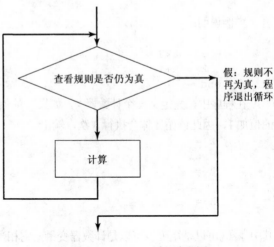

图 8.19　while 循环流程图

变量 count 用于统计 90 分以上的人数，变量 k 用于统计循环执行的次数。

while 循环的流程图和 for 循环的流程图相同，如图 8.19 所示。

while 循环还可以用于检查用户的输入错误。例如，计算以 10 为底的对数时要求输入数据为正数。用 while 循环检查输入数据是否为正数，如果不是，提示用户输入正确的数值。程序会一直提示用户直到输入有效的数据为止。

```
x = input('Enter a positive value of x')
while (x<=0)
  disp('log(x) is not defined for negative numbers')
  x = input('Enter a positive value of x')
end
  y = log10(x);
fprintf('The log base 10 of %4.2f is %5.2f \n',x,y)
```

如果输入 x 为正数，while 循环不会被执行。如果输入零或负数，则执行 while 循环，错误提示信息会在命令窗口中输出，提示用户重新输入 x 的值。while 循环持续运行直到用户输入正数为止。

提　示

（1）while 循环每执行一次，控制循环的变量值必须变化一次，否则，就会产生死循环。如果程序的运行时间过长，可以查看左下角是否显示"busy"。输入 Ctrl c 可以手动终止程序。执行这些命令前应保证命令窗口处于激活状态。

（2）许多编程书籍或手册中用^表示控制键。事实上这种表示方法是错误的。命令^c 实际上是指同时按下 Ctrl 键和 c 键。

例8.7　用 while 循环结构创建角度到弧度的换算表格

在例 8.5 中，用 for 循环结构创建了一个角度到弧度的换算表格。使用 while 循环结构也可以实现相同的功能。

1. 问题描述

创建一个将角度换算成弧度的换算表格，角度的范围为 0°到 360°，步长为 10°。

2. 输入/输出描述

输入　　角度数组。

输出　　角度和弧度的换算表格。

3. 手工分析

以 10°为例：

$$弧度 = (10) \times \frac{\pi}{180} = 0.1745$$

4. MATLAB 实现

先画出程序流程图（见图 8.20）。

在命令窗口显示出以下结果：

```
Degrees to Radians
Degrees     Radians
   10        0.17
   20        0.35
   30        0.52    etc.
```

5. 结果验证

MATLAB 的换算结果和手算的结果一致。

例8.8　用 while 循环计算阶乘

创建一个新的函数 fact2，用 while 循环计算 N!。用 if 语句确保输入数据为非负数。

1. 问题描述

创建函数 fact2，计算任意整数的阶乘。

2. 输入/输出描述

输入　　标量 N

输出　　N!

3. 手工分析

$$5! = 1 \cdot 2 \cdot 3 \cdot 4 \cdot 5 = 120$$

4. MATLAB 实现

画出程序流程图（见图 8.21）。

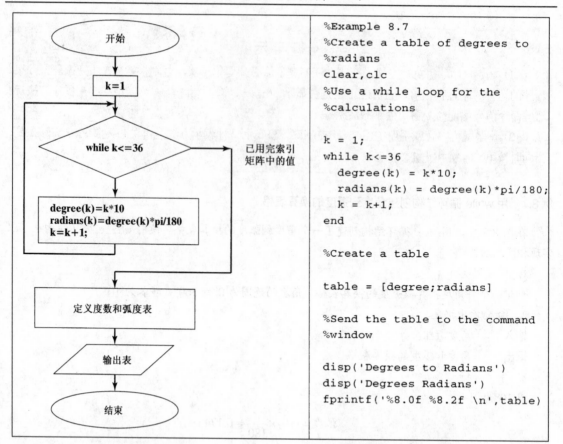

```
%Example 8.7
%Create a table of degrees to
%radians
clear,clc
%Use a while loop for the
%calculations

k = 1;
while k<=36
  degree(k) = k*10;
  radians(k) = degree(k)*pi/180;
  k = k+1;
end

%Create a table

table = [degree;radians]

%Send the table to the command
%window

disp('Degrees to Radians')
disp('Degrees Radians')
fprintf('%8.0f %8.2f \n',table)
```

图 8.20　用 while 循环实现角度换算成弧度的程序流程图

5. 结果验证

在命令窗口对函数进行测试:

```
fact2(5)
ans =
120
fact2(-10)
ans =
The input must be a positive integer
fact2([1:10])
ans =
The input must be a positive integer
```

例 8.9　交错调和级数

交错调和级数收敛于 2 的自然对数:

$$\sum_{k=1}^{\infty}\frac{(-1)^{k+1}}{k}=1-\frac{1}{2}+\frac{1}{3}-\frac{1}{4}+\frac{1}{5}-\cdots=\ln(2)=0.693\ 147\ 180\ 6$$

因此, 交错调和级数近似等于 $\ln(2)$。用 while 循环结构计算交错调和级数的近似值。

1. 问题描述

用 while 循环结构计算当收敛条件为 0.001 时交错调和级数的累积和。把计算结果和 2 的自然对数做比较。

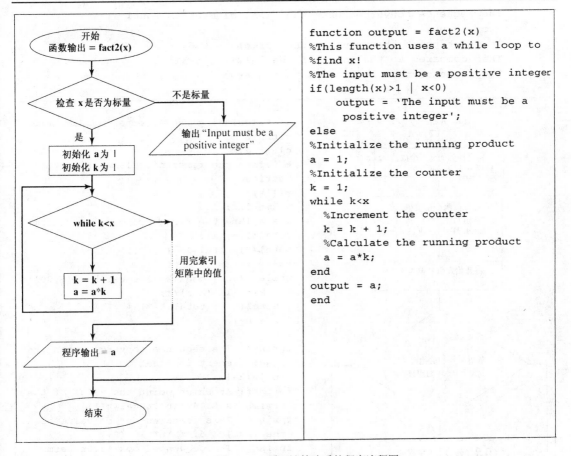

图 8.21 用 while 循环计算阶乘的程序流程图

2. 输入/输出描述

输入 交错调和级数:

$$\sum_{k=1}^{\infty} \frac{(-1)^{k+1}}{k} = 1 - \frac{1}{2} + \frac{1}{3} - \frac{1}{4} + \frac{1}{5} - \cdots \frac{1}{\infty}$$

输出 计算满足收敛条件时,交错调和级数的累积和。

作图表示级数的累积和,直到满足收敛条件。

3. 手工分析

计算前 5 个交错调和级数的值。

先求出交错调和级数的前五项:

1.000 0 −0.500 0 0.333 3 −0.250 0 0.200 0

计算前五项的累积和:

1.000 0 0.500 0 0.833 3 0.583 3 0.783 3

通过对比相邻各组数据的差,可以发现累积和逐步接近一个固定值:

−0.500 0 0.333 3 −0.250 0 0.200 0

4. MATLAB 实现

先画出程序流程图,然后编写 MATLAB 程序。程序运行后,在命令窗口输出以下结果

```
The sequence converges when the final element is equal
  to  0.001
At which point the value of the series is 0.6936
This compares to the value of the ln(2), 0.6931
The sequence took 1002 terms to converge
```

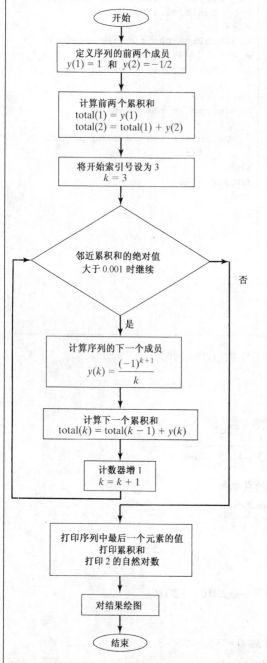

```
%% Calculating the Alternating Harmonic
%Series
clear,clc
% Define the first two elements in the
%series
y(1)=1;
y(2)=-1/2;
%Calculate the first two cumulative sums
total(1)=y(1);
total(2)=total(1) + y(2);
k=3;
while  (abs(total(k-1)-total(k-2))>.001)
  y(k)=(-1)^(k+1)/k;
  total(k) = total(k-1) + y(k);
  k = k+1;
end
fprintf('The sequence converges when the
  final element is equal to %8.3f
  \n',y(k-1))
fprintf('At which point the value of the
  series is %5.4f \n',total(k-1))
fprintf('This compares to the value of
  the ln(2), %5.4f \n',log(2))
fprintf('The sequence took %3.0f terms
  to converge \n',k)
%% Plot the results
semilogx(total)
title('Value of the Alternating Harmonic
  Series')
xlabel('Number of terms')
ylabel('Sum of the terms')
```

图 8.22　计算交错调和级数的程序流程图

级数收敛于 $\ln(2)$，求和的项数越多数值越接近。如果收敛条件为 0.0001，重新运行程序，得到以下输出结果：

```
The sequence converges when the final element is equal
 to  -0.000
At which point the value of the series is 0.6931
This compares to the value of the ln(2), 0.6931
The sequence took 10001 terms to converge
```

5. 结果验证

通过输出图形和手算结果进行对比，前五项和与输出图形相符。级数大概收敛于 0.69，此数值接近 2 的自然对数。

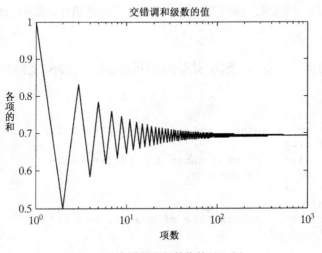

图 8.23 交错调和级数收敛于 $\ln(2)$

练习 8.5

用 while 循环求解下列问题：

1. 创建一个英寸到英尺的换算表格。

2. 已知矩阵

$$x = [45, 23, 17, 34, 85, 33]$$

求矩阵中大于 30 的数值有几个？

3. 用 find 命令完成练习 2。

4. 用 while 循环把练习 2 中矩阵的所有元素相加。用函数 sum 检验运算结果是否正确（可以使用 help 查询函数 sum 的用法）。

5. 用 while 循环创建一个矢量，其值等于调和级数的前 10 项，即

$$1/1 \quad 1/2 \quad 1/3 \quad 1/4 \quad 1/5 \ldots 1/10$$

6. 用 while 循环创建一个矢量，其值等于交错调和级数的前 10 项，即

$$1/1 \quad -1/2 \quad 1/3 \quad -1/4 \quad 1/5 \ldots -1/10$$

8.5.3 break 和 continue

break 命令可以提前终止循环。break 语句一般嵌套于 while 或 for 循环中，用于终止最内层循环。例如，

```
n = 0;
while(n<10)
        n = n+1;
        a = input('Enter a value greater than 0:');
```

```
            if(a<=0)
                disp('You must enter a positive number')
                disp('This program will terminate')
                break
            end
            disp('The natural log of that number is')
            disp(log(a))
        end
```

在程序中，先设置 n 的初值。每次执行先检查输入数据是否是正数。如果输入零或负数，则在命令窗口输出错误信息，同时跳出循环。如果 a 为正数，则继续执行该循环，直到 n 大于 10 为止。

初始化：定义变量的初值。

命令 continue 的用法和 break 类似，此命令的作用是结束本次循环，直接执行下一次循环：

```
        n=0;
        while(n<10)
            n=n+1;
            a=input('Enter a value greater than 0:');
            if(a<=0)
                disp('You must enter a positive number')
                disp('Try again')
                continue
            end
            disp('The natural log of that number is')
            disp(log(a))
        end
```

在这段程序中，如果输入负数，则执行下一次循环，直到 n 大于 10。

8.5.4　提高循环效率

一般来说，在 MATLAB 中的数组操作比 for 循环或者 while 循环效率更高。读者可以通过矩阵相乘的例子进行验证。首先，用 ones 命令创建一个 $n \times n$ 的矩阵 A，矩阵中共有 40 000 个元素：

```
        ones(200);
```

关键概念：循环结构不如矢量化解决方案运行效率高。

运行结果产生一个 200×200 的全 1 矩阵，分别采用数组乘法和 for 循环两种解决方案，计算该矩阵和 π 相乘的结果。用函数 clock 和函数 etime 记录程序的运行时间。容易发现，采用矢量化解决方案运行速度最快。计时部分的程序代码如下：

```
        t0 = clock;
        code to be timed
        etime (clock, t0)
```

函数 clock 可以查询当前时间。函数 etime 可以求出运行时间，即用当前时间减去开始时间。
输入程序代码

```
        clear, clc
        A = ones(200);      %Creates a 200 x 200 matrix of ones
        t0 = clock;
            B = A*pi;
        time = etime(clock, t0)
```

输出

```
        time =
             0
```

数组运算共耗时 0 秒，说明运算速度非常快。再次运行以上代码，输出的结果可能会有不同。这是因为函数 clock 和 etime 记录的是 CPU 的运算时间。如果程序运行时，CPU 还有其他任务，比方说，至少还要运行操作系统或者正在运行后台软件，那么运算的时间可能会稍长。

用循环结构完成相同的计算，需要先清空内存，重新创建矩阵：

```
clear
A = ones(200);
```

这样可以确保两次运算的起点相同，便于记录运算时间。

输入代码

```
t0 = clock;
    for k = 1:length(A(:))
        B(k) = A(k)*pi;
    end
time = etime(clock, t0)
```

输出

```
time =
        69.6200
```

采用循环结构完成相同的计算大约耗时 70 秒（消耗的时间和计算机的运算速度也有关系）。for 循环体的迭代次数和矩阵 A 的元素个数有关，可以用 length 命令计算。length 用于确定矢量的最大长度，矩阵 A 的长度等于 200，这个结果显然是错误的。因此，在矩阵 A 的后面用操作符 (:) 先把 A 转换成单列矩阵，求出矩阵 A 的长度为 40 000。每次执行 for 循环，矩阵 B 中都会新增一个元素，所有这些步骤都要耗费时间。为了提高运算速度，先定义占位矩阵 B。输入代码

```
clear
A = ones(200);
t0 = clock;
%Create a B matrix of ones
    B = A;
    for k = 1:length(A(:))
     B(k) = A(k)*pi;
    end
time = etime(clock, t0)
```

输出

```
time =
        0.0200
```

从输出的结果可以看出，程序修改后运算速度显著提高。数组相乘的方法和定义占位矩阵的方法与第二种方法相比节约了大量的时间。

命令 tic 和 toc 的用法与 clock 和 etime 的用法类似，也可以记录运行时间。输入代码

```
clear
A = ones(200);
tic
    B = A;
    for k = 1:length(A(:))
     B(k) = A(k)*pi;
    end
toc
```

输出

```
Elapsed time is 0.140000 seconds.
```

因为计算机可能还有其他任务，所有这两次记录的时间不一定相同。clock/etime 和 tic/toc 只能记录运行的时间，而不是记录程序占用 CPU 的时间。

提　示

在使用循环结构时，一定要抑制输出。在屏幕上显示输出结果也会耗费大量的时间。去掉循环体中的分号可以验证这一点，用 Ctrl c 可以终止程序。注意使用 Ctrl c 前，一定要先激活命令窗口。

本章小结

程序结构可以分成三大类，分别是顺序结构、选择结构和循环结构。顺序结构就是依次执行程序代码。选择结构和循环结构中都要用到条件判断语句，选择结构是根据条件选择执行的语句。循环结构是当设定条件满足时，重复执行循环体中的语句。

在 MATLAB 中使用标准的数学关系运算符，例如大于(>)和小于(<)。运算符不等于(~=)在数学参考书中用的比较少。MATLAB 中还包含逻辑运算符，例如"与(&)"和"或(|)"。这些运算符常用在条件语句中作为判断的依据。

find 命令是 MATLAB 中的条件函数，也是 MATLAB 特有的命令。用于在矩阵中查找符合条件的元素。

在 if、else 和 elseif 命令中，判断条件一般使用标量运算。根据条件语句的判断结果，选择执行程序代码。

for 循环一般用于重复计算。while 循环的次数不固定，只要条件满足，循环体就会被执行。在循环结构中，既可以使用 for 循环，也可以使用 while 循环。

break 和 continue 语句用于退出循环，常常和 if 语句配合使用。break 命令用于跳出当前循环，执行循环体后面的程序。continue 命令用于跳出本次循环，当条件满足时，继续执行下一次循环。

矢量化的计算方法具有较高的运算速度，因此，在程序中应该尽量避免使用循环结构。如果必须使用循环结构，则可以先定义占位矩阵(全零矩阵或全 1 矩阵)，再通过循环结构赋值。事实证明，这种做法可以有效提高运算速度。

函数 clock 和 etime 可以查询当前时间，记录程序运行时间。在计算过程中，计算机需要同时运行操作系统或其他后台程序，因此，所记录的时间可能不是很准确。函数 tic 和 toc 也有类似功能。tic/toc 和 clock/etime 都可以记录程序运行时间。

MATLAB 小结

下面列出了本章介绍的 MATLAB 特殊字符、命令和函数。

特 殊 字 符	说　　明
<	小于
<=	小于等于
>	大于
>=	大于等于
==	等于
~=	不等于
&	与
|	或
~	非

命令和函数	说　明
all	检查数组中所有元素是否满足某一条件
any	检查数组中是否存在满足某一条件的元素
break	终止当前循环
case	分类响应
clock	查询 CPU 当前时间
continue	结束本次循环，继续执行下一次循环
else	定义 if 语句结果为 false 的执行内容
elseif	定义 if 语句结果为 false 的执行内容，并定义新的判断条件
end	表示控制结构的结束
etime	记录时间
find	查找矩阵中满足条件的元素
for	产生循环结构
if	条件执行语句
menu	使用菜单输入
ones	创建全 1 矩阵
otherwise	分支选择语句
switch	分支选择语句
tic	计时启动
toc	计时结束
while	产生循环结构

习题

8.1 一温度传感器监测院内热水池的温度，监测数据如表 P8.1 所示。

(a) 要求温度不能超过 105°F。用函数 find 找出哪几个监测点的温度超出允许范围。

(b) 用函数 length 求出问题 (a) 中共有几个监测点的温度超出范围。

表 P8.1　热水池的温度数据

时　间	温度(□)	时　间	温度(□)
0:00 A.M.	100	1:00 P.M.	103
1:00 A.M.	101	2:00 P.M.	101
2:00 A.M.	102	3:00 P.M	100
3:00 A.M.	103	4:00 P.M.	99
4:00 A.M.	103	5:00 P.M.	100
5:00 A.M.	104	6:00 P.M.	102
6:00 A.M.	104	7:00 P.M.	104
7:00 A.M.	105	8:00 P.M.	106
8:00 A.M.	106	9:00 P.M.	107
9:00 A.M.	106	10:00 P.M.	105
10:00 A.M.	106	11:00 P.M.	104
11:00 A.M.	105	12:00 P.M.	104
12:00 P.M.	104		

(c) 求出问题 (a) 中温度超出允许范围的监测时间。

(d) 要求温度不能低于 102°F。用函数 `find` 和 `length` 找出共有几个监测点的温度低于允许的范围。

(e) 求出温度低于允许范围的监测时间。

(f) 求出监测温度在允许范围内的时间点(即 102°F 到 105°F 之间)

(g) 用函数 `max` 计算监测到的最高温度,并确定出现最高温度的时间。

8.2 　根据下面等式计算火箭的飞行高度,单位为米。

$$高度 = 2.13^2 - 0.0013t^2 + 0.000034t^{4.751}$$

创建时间矢量(`t`),范围从 0 到 100 秒,步长为 2 秒。

(a) 用函数 `find` 求出火箭着陆的时间(提示:`height` 的值始终都为正数,火箭着陆时 `height` 等于 0)。

(b) 用函数 `max` 求出火箭的最高飞行高度和相应的飞行时间。

(c) 用水平坐标轴表示飞行时间 t,纵坐标表示飞行高度,画出飞行时间和飞行高度的关系曲线。在图形上添加必要的标题和坐标轴标注[①]。

8.3 　在卫星运载火箭、武器系统和航天飞机中,采用固体燃料发动机作为推动装置,见图 P8.3。推进剂是燃料和氧化剂的固体混合物。燃料主要是铝,氧化剂是高氯酸铵,用环氧树脂胶黏合在一起。推进剂混合物被灌进发动机机匣中,在一定条件下,混合物就会固化。由于发动机非常巨大,可以装载 110 万磅推进剂,因此一般把发动机分成若干个部分。推进剂的固化过程与温度、湿度以及压力有关。如果条件不具备,燃料可能会被点燃,或者导致推进剂药柱的性能降低。固体燃料发动机造价昂贵,危险性高,因此操作过程必须分毫不差。稍有差错就会造成不可挽回的巨大财产损失、人员伤亡以及科学数据的损毁。这种失误会直接导致公司破产。整个操作过程需要严格控制,必须符合以下条件:

温度必须控制在 115°F 到 125°F 之间。

湿度必须保持在 40%到 60%之间。

压强必须保持在 100 到 200 托之间。

在固化过程中监测到的数据如表 P8.3 所示。

(a) 用 `find` 命令确定哪些部分符合温度要求,哪些部分不符合温度要求。

图 P8.3　导弹固体燃料推进器
(图片由 NASA 提供)

(b) 用 `find` 命令确定哪些部分符合湿度要求,哪些部分不符合湿度要求。

表 P8.3　固化数据

批　　次	温　度(°F)	湿　度(%)	压　　强
1	116	45	110
2	114	42	115
3	118	41	120
4	124	38	95
5	126	61	118

(c) 用 `find` 命令确定哪些部分符合压强要求,哪些部分不符合压强要求。

(d) 用 `find` 命令查找哪些部分不符合固化条件,哪些部分符合固化条件。

---

① 引自 Etter, Kancicky, and Moore, *Introduction to Matlab* 7 (Upper Saddle River, NJ: Pearson/Prentice Hall, 2005).

(e) 利用前几个问题的输出结果，配合 `length` 命令计算各个条件的合格和不合格的百分比，最后计算符合固化条件的百分比。

8.4 体操是一种竞技比赛项目，运动员在体操比赛中取得的分数如表 P8.4 所示。

表 P8.4 体操比赛分数

项 目	选手 1	选手 2
鞍马	9.821	9.700
跳马	9.923	9.925
自由体操	9.624	9.83
吊环	9.432	9.987
单杠	9.534	9.354
双杠	9.203	9.879

(a) 用 `find` 命令确定各比赛项目的获胜者。

(b) 用函数 `mesn` 求出运动员的平均成绩。

8.5 创建满足下面要求的函数 f：

$$x > 2, \qquad f(x) = x^2$$
$$x \leqslant 2, \qquad f(x) = 2x$$

选择合适的步长，画出 x 在 –3 到 5 范围内的函数曲线，注意曲线上 $x = 2$ 这一点。

8.6 创建函数 g 满足下面的要求：

$$对于 \ x < -\pi, \qquad g(x) = -1$$
$$对于 \ x \geqslant -\pi \ 且 \ x \leqslant \pi, \qquad g(x) = \cos(x)$$
$$对于 \ x > \pi, \qquad g(x) = -1$$

选择合适的步长，画出 x 在 -2π 到 $+2\pi$ 范围内的函数曲线。

8.7 从热偶监测到的数据保存在文件 temp.dat 中，见表 P8.7。表中第一列数据为测量时间，每小时测量一次。其余几列分别是各个热偶的温度数据。

表 P8.7 温度数据

小时	时间 1	时间 2	时间 3	小时	时间 1	时间 2	时间 3
1	68.70	58.11	87.81	13	68.24	61.06	70.53
2	65.00	58.52	85.69	14	76.55	61.19	76.26
3	70.38	52.62	71.78	15	69.59	54.96	68.14
4	70.86	58.83	77.34	16	70.34	56.29	69.44
5	66.56	60.59	68.12	17	73.20	65.41	94.72
6	73.57	61.57	57.98	18	70.18	59.34	80.56
7	73.57	61.22	89.86	19	69.71	61.95	67.83
8	69.89	58.25	74.81	20	67.50	60.44	79.59
9	70.98	63.12	83.27	21	70.88	56.82	68.72
10	70.52	64.00	82.34	22	65.99	57.20	66.51
11	69.44	64.70	80.21	23	72.14	62.22	77.39
12	72.18	55.04	69.96	24	74.87	55.25	89.53

(a) 编写程序查找温度高于 85.0 数据的位置(行序号和列序号)(提示：可以使用 find 命令)。

(b) 查找温度低于 65.0 数据的位置(行序号和列序号)。

(c) 在文件中查找最高温度以及出现最高温度的时间和热偶的编号。

8.8 科罗拉多河流经美国西部七个州，在科罗拉多河及其支流上筑有许多大坝用以水力发电(见图 P8.8)，对河水的合理利用有利于这一地区的农业发展和居民生活。即使是在旱季，也能够保证稳定的水源和电力供应。包伟湖就是科罗拉多河上的一座水库。2000~2007 年 8 年间水库水位的海拔高度保存在 lake_powell.dat 文件中，见表 P8.8。根据这些数据回答下面的问题：

图 P8.8   包伟湖上的格兰峡谷大坝
(图片由 Getty Images 提供)

(a) 根据所给数据，计算包伟湖每年的平均水位和 8 年的总平均水位。

(b) 统计每年共有多少个月水位超过 8 年的总平均水位。

(c) 写一份报告统计在哪一年哪个月水位超过平均水位。

(d) 计算 8 年中各个月的平均水位。

表 P8.8   包伟湖水位的海拔高度(英尺)

	2000	2001	2002	2003	2004	2005	2006	2007
一月	3680.12	3668.05	3654.25	3617.61	3594.38	3563.41	3596.26	3601.41
二月	3678.48	3665.02	3651.01	3613	3589.11	3560.35	3591.94	3598.63
三月	3677.23	3663.35	3648.63	3608.95	3584.49	3557.42	3589.22	3597.85
四月	3676.44	3662.56	3646.79	3605.92	3583.02	3557.52	3589.94	3599.75
五月	3676.76	3665.27	3644.88	3606.11	3584.7	3571.60	3598.27	3604.68
六月	3682.19	3672.19	3642.98	3615.39	3587.01	3598.06	3609.36	3610.94
七月	3682.86	3671.37	3637.53	3613.64	3583.07	3607.73	3608.79	3609.47
八月	3681.12	3667.81	3630.83	3607.32	3575.85	3604.96	3604.93	3605.56
九月	3678.7	3665.45	3627.1	3604.11	3571.07	3602.20	3602.08	3602.27
十月	3676.96	3663.47	3625.59	3602.92	3570.7	3602.31	3606.12	3601.27
十一月	3674.93	3661.25	3623.98	3601.24	3569.69	3602.65	3607.46	3599.71
十二月	3671.59	3658.07	3621.65	3598.82	3565.73	3600.14	3604.96	3596.79

8.9 编写程序，提示用户输入体温，数据类型为标量。如果体温超过 98.6°F，在命令窗口输出相关信息提示患者正在发烧。

8.10 编写程序，提示用户输入 x 和 y 的值，如果 x 大于 y 输出 x>y。如果 x 小于或等于 y，输出 y>=x。

8.11 由于正弦和余弦函数值在−1 和 +1 之间，因此反正弦函数(asin)和反余弦函数(acos)的自变量也必须在−1 到+1 之间(见图 P8.11)。在 MATLAB 中，如果 asin 和 acos 的自变量超过这一范围，则输出一个复数。例如，输入

```
acos(-2)
ans =
   3.1416 - 1.3170i
```

这样的输出结果就存在问题。创建函数 my_asin 计算反正弦 asin。输入 x，先检查 x 是否在−1 到+1 之间(-1<=x<=1)，如果超出此范围，则输出错误信息。如果没有超出此范围，则计算 x 的反正弦 asin。

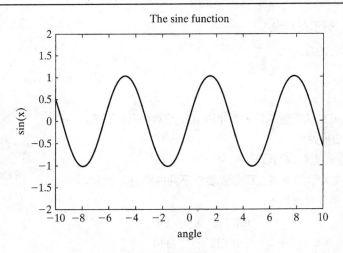

图 P8.11 正弦函数值在-1 和+1 之间，因此反正弦函数 asin 在大于 1 和小于-1 区间上没有定义

8.12 编写程序，提示用户输入气温，数据类型为标量。如果气温等于或高于 80°F，则输出信息提示：可以穿短袖衣服。如果气温在 60°F 到 80°F 之间，输出信息提示：天气晴朗。如果气温等于或低于 60°F，输出信息提示：需要穿夹克或外套。

8.13 用矩阵

```
saws = [1,4,5,3,7,5,3,10,12,8, 7, 4]
```

表示去年公司每个月库存锯条的数目，矩阵中的数据必须是正数或零。

(a) 用 if 语句检查矩阵是否有效，并且根据判断结果在屏幕上输出提示信息："有效"或"发现无效数据"。

(b) 修改矩阵 saws 的值，使矩阵中至少有一个元素的值为负数，对程序进行验证。

8.14 在美国许多大型企业中，鼓励员工积极参加 401(k)计划。按照该计划，企业员工从工资中拿出一定比例的资金，以税前的形式存入养老金账户。存入账户的金额和工资收入有关，而且这部分资金不计入纳税范围。本题就是针对 401(k)计划设计的。

假设某公司的缴费计划见表 P8.14。创建函数计算每年存入账户的总金额，其中总金额包括员工应缴费用和公司应缴费用两个部分。

表 P8.14　某公司缴费计划

收　入	个人应缴费用的最高金额	公司应缴费用的最高金额
$30 000 以下	10%	10%
$30 000 和$60 000 之间	10%	第一个$30 000 的 10%，超出$30 000 部分的 5%
$60 000 和$100 000 之间	第一个$60 000 的 10%，超出$60 000 部分的 8%	第一个$30 000 的 10%，$30 000 和$60 000 之间部分的 5%，超出$60 000 部分不缴费
$100 000 以上	第一个$60 000 的 10%，$60 000 和$100 000 之间部分的 8%，超出$100 000 部分不缴费	不缴费

8.15 多边形内角和(见图 P8.15)可以用下面的式子计算

$$(n-2)(180°)$$

其中，n 是多边形的边数。

(a) 创建矢量 n 等于 3 到 6，根据公式计算 n 边形的内角和。用所学的几何学知识对计算结果进行验证。

(b) 编写程序，提示用户输入

```
triangle
square
pentagon
hexagon
```

用 switch/case 结构把输入信息和矩阵 n 中的数值对应起来，
再用矩阵 n 计算多边形内角和。

(c) 使用菜单功能重新编写该程序。

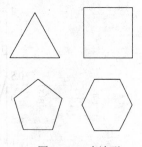

图 P8.15　多边形

8.16　犹他州立大学的不同工程专业要求不同的学分。例如，
2005 年一些专业的学分要求如下：

土木工程	130
化学工程	130
计算机工程	122
电机工程	126.5
机械工程	129

编写程序，提示用户在菜单中选择工程专业的名称。用 switch/case 结构输出该专业要求的学分。

8.17　在 MTALAB 极坐标系中绘制星形非常方便。先确定圆周上的点，然后把这些点用线连起
来就可以绘制星形。例如绘制五角星，以圆周的最上端为起点 $\theta = \pi/2, r = 1$，按逆时针顺序描绘各点
(见图 P8.17)。

编写程序，提示用户在菜单中选择五角星或者六角星，然后在图形窗口绘制图形。注意六角星
和五角星的绘图方法不同。

8.18　用 for 循环结构求矢量元素的和，已知矢量 x 等于

$$x = [1, 23, 43, 72, 87, 56, 98, 33]$$

用函数 sum 检查计算结果。

8.19　用 while 循环结构完成题 8.18。

8.20　用 for 循环创建一个矢量，等于 1 到 5 的平方。

8.21　用 while 循环创建一个矢量，等于 1 到 5 的平方。

8.22　用函数 primes 求小于 100 的素数，用 for 循环计算相邻两个素数的乘积。例如，前 4 个
素数是

$$2 \quad 3 \quad 5 \quad 7$$

计算

$$2*3 \quad 3*5 \quad 5*7$$

输出

$$6 \quad 15 \quad 35$$

8.23　在斐波那契数列中，每个数等于前两个数之和。最简单的斐波那契数列中开始的两个数是 1，
然后按规律确定每项的值，如

$$1, 1, 2, 3, 5, 8, 13, \cdots$$

当然，以任意两个数开始都可以构成斐波那契数列。在自然界中可以看到许多斐波那契数列的
例子，例如鹦鹉螺的生长过程就符合斐波那契数列中的规律(见图 P8.23)。

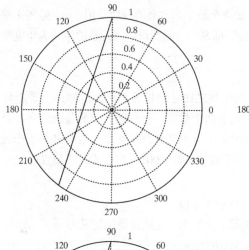
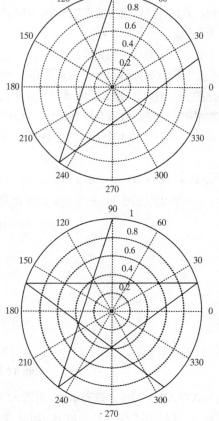
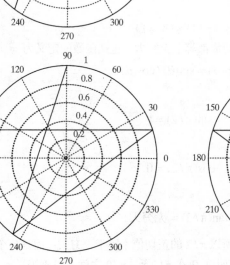
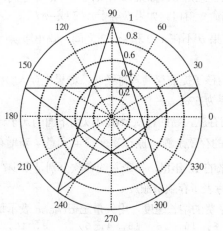

图 P8.17 在极坐标系中绘制五角星的步骤

图 P8.23 鹦鹉螺(Colin Keates © Dorling Kindersley 图片由伦敦自然历史博物馆提供)

编写程序，提示用户输入斐波那契数列的前两个数字和数列的项数。用 for 循环计算数列中其他各项的值，并把计算结果存储在数组中。在极坐标系中绘制图形，以元素的序号为角度坐标，以元素的值作为半径。

8.24 用 while 循环结构完成题 8.23。

8.25 斐波那契数列的另一个性质是相邻两个数之比近似相等，此比值称为"黄金分割率"或称 Φ。编写程序，由用户输入斐波那契数列中的前两个数字，计算数列中的其余数字，直到数列中相邻两个数字的比值满足收敛条件 0.001。可以用 while 循环计算第 k 个元素与第 k-1 个元素的比值减去第 k-1 个元素与第 k-2 个元素的比值是否小于收敛条件 0.001。那么斐波那契数列 x 的 while 语句应为

```
while abs(x(k)/x(k-1) - x(k-1)/x(k-2))>0.001
```

8.26 三角函数中 π/2 和 −π/2 的正切值都等于无穷大。正切函数的定义为

$$\tan(\theta) = \sin(\theta)/\cos(\theta)$$

由于

$$\sin(\pi/2) = 1$$

和

$$\cos(\pi/2) = 0$$

所以得出

$$\tan(\pi/2) = 无穷大$$

因为 MATLAB 采用浮点数表示 π，所以 π/2 的正切值不等于无穷大，而是一个非常大的数。

编写程序，提示用户输入任意角 θ，如果 θ 在 π/2 到 −π/2 之间，且不等于 π/2 或 −π/2，计算 tan(θ)，并把计算结果输出到命令窗口。如果 θ 等于 π/2 或 −π/2，令 tan(θ) 等于 Inf（无穷大），并把结果输出到命令窗口。如果 θ 不在 π/2 和 −π/2 之间，输出错误信息，并提示用户重新输入，直到用户输入有效数值为止。

8.27 一个新生儿的父母为孩子提前存储教育经费。如果先存入$1000，此后每月存入$100。假设每月的利息为 0.5%，合年利率为 6%。

每月都有利息收入和新增存款，新的存款余额可以用下面的式子计算：

新的存款余额 = 原存款余额 + 利息 + 新增存款

用 for 循环计算，在未来的 18 年里，每个月的存款分别是多少？画出存款余额与时间的关系曲线(用横坐标表示时间，纵坐标表示存款余额)。

8.28 预测未来 22 年里学费的增长速度。用矢量 increase 表示每年学费增长的百分比：

```
increase = [10, 8, 10, 16, 15, 4, 6, 7, 8, 10, 8, 12, 14,
    15, 8, 7, 6, 5, 7, 8, 9, 8]
```

如果现在每年的教育费用是$5000，用 for 循环计算大学四年的教育费用。

8.29 用 if 语句完成题 8.27 和题 8.28，正确回答"所存的教育经费够不够"这一问题。

8.30 由于循环结构运行速度慢，因此在程序中应该尽量避免使用 for 循环。

(a) 创建一个有 100 000 个元素的随机矢量 x，在此基础上，令矢量 y 等于矢量 x 中每个元素的平方；用 tic 和 toc 命令记录程序运行时间。

(b) 用 for 循环实现上述功能，用 tic 和 toc 命令记录程序运行时间，注意使用 for 循环前，一定要清空变量：

```
clear x y
```

根据实际计算机的运行速度，可能会在命令窗口中使用 `Ctrl c` 命令终止计算过程。

(c) 抑制中间结果的输出，可提高代码执行速度。由于循环结构的执行非常费时，所以在编程中应尽量避免。

(d) 如果在一个 `for` 循环中多次使用一个相同的固定值，那么，计算一次就将其存储起来，而不是每次循环都进行计算。为了说明计算速度的增加，可以在每次循环中，对庞大矢量的元素加上 `(sin(0.3) + cos(pi/3)*5!)`（运算符号!表示阶乘，**MATLAB** 的函数 `factorial` 实现阶乘运算）。

(e) 如前所述，利用循环程序增加矢量的长度比提前设定好长度要花费更多的计算时间。通过重复本题的(b)可以说明这一点。创建下面的矢量 `y`，在进入 `for` 循环之前该矢量的所有元素值为 0：

```
y = zeros(1, 100000);
```

在每次循环中用 1 替换 0。

8.31　(a) 创建函数 `polygon`，该函数能在极坐标中画出多边形，函数的唯一输入参数是多边形的边数。

(b) 利用 `for` 循环和所创建的函数 `polygon` 绘制一个包含四幅子图的图形，子图显示的内容分别是三角形、矩形、五边形和六边形。在 `for` 循环中使用索引参数标识子图，利用索引参数在表达式中确定函数 `polygon` 作为输入的图形边数。

8.32　很多大型机场将中转方式分为长时间逗留和短时间逗留两种，收取费用的多少与所选择的中转方式和逗留时间的长短有关。2008 年夏季，盐湖城国际机场的费用计算方法如下：

- 长时间逗留
  - 开始 1 小时收取费用$1.00，每增加 1 小时加收$1.00。
  - 每天最多收$6.00。
  - 每周最多收$42.00。
- 短时间逗留
  - 开始 30 分钟免费，每增加 20 分钟加收$1.00。
  - 每天最多收$25.00。

编写一段程序，该程序能够询问用户选择哪一种中转方式，以及逗留的时间（周数、小时数、天数和分钟数），根据费用计算方法计算应付费用。

第9章 矩 阵 代 数

学习目的

通过本章的学习，读者可以掌握如下内容：

- 进行矩阵代数的基本运算。
- 使用 MATLAB 中的矩阵运算解联立方程组。
- 使用 MATLAB 中的特殊矩阵。

引言

在工程应用中，数组和矩阵这两个术语经常交互使用，但是，从定义上看，数组是一组有顺序的信息，而矩阵是应用于线性代数中的二维数组。数组不但可以是数字信息，也可以是字符数据或符号数据等。但是并非所有的数组都是矩阵，只有在满足矩阵的严格定义下才能完成线性转换。

矩阵代数在工程中应用广泛，数学中的矩阵代数首先引入到高等代数的课程，后来又延伸至线性代数课程，以及微分方程的课程中。人们经常从静力学和动力学的课程中开始使用矩阵代数。

9.1 矩阵运算和函数

本章主要介绍应用于矩阵代数的 MATLAB 函数和运算符号，并将这些内容与 MATLAB 中的数组函数和运算符号作对比，可以了解彼此间的明显区别。

9.1.1 转置

矩阵的转置运算是将矩阵的行转化为列，将列转化为行。在数学公式中，转置的表示形式是将字母 T 写在矩阵的右上方(如 A^T)。不要将这个符号和 MATLAB 中的符号混淆。在 MATLAB 中，转置运算符是一个单引号(′)，如 A 的转置矩阵为 A'。

考虑如下矩阵和它的转置

$$A = \begin{bmatrix} 1 & 2 & 3 \\ 4 & 5 & 6 \\ \boxed{7} & 8 & 9 \\ 10 & 11 & 12 \end{bmatrix} \qquad A^T = \begin{bmatrix} 1 & 4 & \boxed{7} & 10 \\ 2 & 5 & 8 & 11 \\ 3 & 6 & 9 & 12 \end{bmatrix}$$

数组：一组有顺序的信息。

交换矩阵的行和列，矩阵 A 中位置 $(3, 1)$ 的数值在 A^T 中被移到了位置 $(1, 3)$，A 中位置 $(4, 2)$ 的数值在 A^T 中移到了位置 $(2, 4)$。通常，行和列的下标(也叫索引号)相互交换便构成了转置矩阵。

在 MATLAB 中，最常用的转置操作是将行矢量转化为列矢量，如

```
A = [1 2 3];
A'
```

返回

```
A = 1
    2
    3
```

矩阵：在线性代数中使用的二维数值数组。

如果是复数，则求转置后变成复数的共轭。例如，定义一个复数的矢量，对该矢量进行方根运算，然后对得到的矩阵求共轭。代码为

```
x = [-1:-1:-3]
```

返回

```
x =
        -1       -2       -3
```

然后，求平方根：

```
y = sqrt(x)
y =
    0 + 1.0000i      0 + 1.4142i      0 + 1.7321i
```

最后，对 y 求转置：

```
y'
```

得到

```
ans =
    0 - 1.0000i
    0 - 1.4142i
    0 - 1.7321i
```

结果表明，y' 的结果是 y 中元素的共轭复数。

关键概念：数组和矩阵这两个术语常常交互使用。

转置：将行和列的位置互换。

9.1.2　点积

点积(有时也叫数量积)是将两个矢量中对应元素相乘再求和的结果，考虑下面两个矢量：

```
A = [ 1 2 3];
B = [ 4 5 6];
```

这两个矢量进行数组相乘的结果是

```
y = A.*B
y =
        4       10       18
```

对输出矢量中的元素求和，得到点积的结果是

```
sum(y)
ans =
        32
```

点积的数学表达式为

$$\sum_{i=1}^{n} A_i \cdot B_i$$

在 MATLAB 中可以写为

```
sum(A.*B)
```

MATLAB 中的函数 dot 实现点积运算

```
dot(A,B)
ans =
        32
```

不论 A 和 B 是行矢量还是列矢量，只要具有相同的元素个数就可以进行点积运算。

点积运算在计算物体重心(例 9.1)和矢量代数计算(例 9.2)等工程领域中得到了广泛应用。

点积：两个矢量的对应元素相乘得到的结果再求和。

提　示

　　不论两个矢量是行矢量还是列矢量，或者一个为行矢量另一个为列矢量，只要具有相同的元素个数都可以进行点积运算，且与计算的先后顺序无关。如 dot(A, B) 与 dot(B, A) 的计算结果一致，但如果 A 和 B 为矩阵，两者的运算结果就不一定相同。

例 9.1　计算重心

　　航天器的质量是一个非常重要的参数，设计人员在整个设计过程中要记录每个螺母及螺钉的位置和质量。不仅航天器的整体质量很重要，而且与整体质量相关的信息都可以用来确定航天器的重心。航天器重心重要的原因是，如果压力中心比重心靠前，则火箭会有坠毁的可能(见图 9.1)。不妨用纸飞机来证明重心对飞行特征的影响。在纸飞机前段放置一个纸质夹子，然后观察它飞行模式的变化。

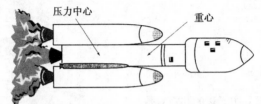

图 9.1　压力中心应位于重心的后部保证可靠飞行

　　虽然计算重心相当简单，但是考虑到燃料燃烧过程，质量及其质量分布就会变得很复杂。

　　将飞行器分解成多个零部件来计算重心的位置。在直角坐标系中，

$$\bar{x}W = x_1 W_1 + x_2 W_2 + x_3 W_3 \cdots$$
$$\bar{y}W = y_1 W_1 + y_2 W_2 + y_3 W_3 \cdots$$
$$\bar{z}W = z_1 W_1 + z_2 W_2 + z_3 W_3 \cdots$$

其中，$\bar{x}$，$\bar{y}$ 和 $\bar{z}$ 是重心的坐标，W 是整个系统的质量，x_1, x_2, x_3, … 分别是系统部件 1, 2, 3, … 在 x 轴上的坐标，y_1, y_2, y_3, … 分别是系统部件 1, 2, 3, … 在 y 轴上的坐标，z_1, z_2, z_3, … 分别是系统部件 1, 2, 3, … 在 z 轴上的坐标，W_1, W_2, W_3, … 分别是系统部件 1, 2, 3, … 的质量。

　　利用各个零部件的重心计算整个航天器的重心，见表 9.1。利用点积的形式计算该问题。

1. 问题描述

计算航天器的重心。

表 9.1　航天器零部件的位置和质量

名　　称	米	米	米	质　　量
螺栓	0.1	2.0	3.0	3.50 g
螺钉	1.0	1.0	1.0	1.50 g
螺母	1.5	0.2	0.5	0.79 g
支架	2.0	2.0	4.0	1.75 g

2. 输入/输出描述

输入　　　每个零部件在 x-y-z 直角坐标系中的位置及其各自的质量。

输出　　　航天器重心的位置。

3. 手工分析

重心在 x 轴上的分量等于

$$\overline{x} = \frac{\sum_{i=1}^{3} x_i m_i}{m_{\text{Total}}} = \frac{\sum_{i=1}^{3} x_i m_i}{\sum_{i=1}^{3} m_i}$$

根据表 9.2 得

$$\overline{x} = \frac{6.535}{7.54} = 0.8667 \text{ m}$$

注意，零部件在 x 轴上的坐标与其质量的乘积之和可以用点积的形式表示。

表 9.2 x 轴重心的计算

名 称	x，米		m，克	x×m，克米
螺栓	0.1	×	3.50	=0.35
螺钉	1.0	×	1.50	=1.50
螺母	1.5	×	0.79	=1.1850
支架	2.0	×	1.75	=3.50
合计			7.54	6.535

4. MATLAB 实现

MATLAB 程序代码:

```
% Example 9.1
mass = [3.5, 1.5, 0.79, 1.75];
x = [0.1, 1, 1.5, 2];
x_bar = dot(x,mass)/sum(mass)
y = [2, 1, 0.2, 2];
y_bar = dot(y,mass)/sum(mass)
z = [3, 1, 0.5, 4];
z_bar = dot(z,mass)/sum(mass)
```

返回下面的结果:

```
x_bar =
    0.8667
y_bar =
    1.6125
z_bar =
    2.5723
```

5. 结果验证

将 MATLAB 的计算结果和手工计算的结果做比较，x 轴上的计算结果是正确的，同理，可以验证 y 轴和 z 轴上结果的正确性。将结果图形化，可以进行更直观地分析。

```
plot3(x,y,z,'o',x_bar,y_bar,z_bar,'s')
grid on
xlabel('x-axis')
ylabel('y-axis')
zlabel('z-axis')
title('Center of Gravity')
axis([0,2,0,2,0,4])
```

图形化结果如图 9.2 所示。

上述程序可以应用于对任何数量的部件进行计算。对于程序化的处理过程而言，计算 3 个零部件的过程与计算 3000 个零部件的过程相同。

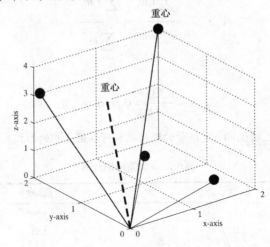

图 9.2   利用 MATLAB 交互式绘图工具得到的样本数据重心

例9.2   力矢量

静力学用于研究系统中静止的力的作用，因此称为静力学，静力通常用矢量的形式描述，对矢量进行叠加可以确定物体所受的合力。观察图 9.3 中的两个力矢量 A 和 B，每个矢量都有大小和方向。

表示这种矢量的典型符号为 A 和 B，每个矢量的大小(物理长度)表示为 A 和 B。每个矢量同样可以用它们在 x 轴、y 轴和 z 轴上的分量与单位矢量(i, j, k)相乘再求和来表示，如

$$A = A_x i + A_y j + A_z k$$

和

$$B = B_x i + B_y j + B_z k$$

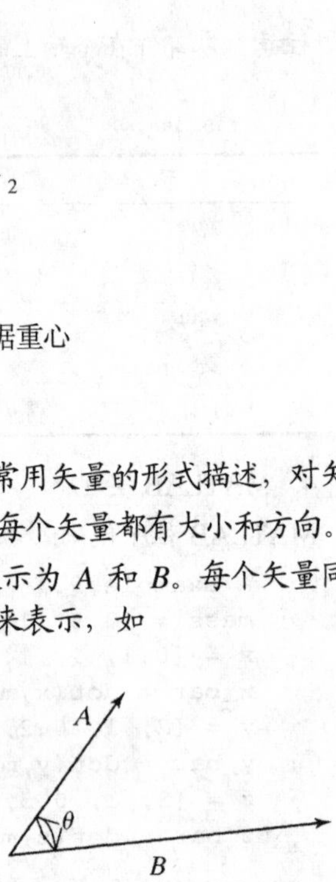

A 和 B 点积的结果等于 A 和 B 的模相乘，再乘以两矢量夹角的余弦值：

图 9.3   力矢量可用于研究
静力学和动力学

$$A \cdot B = AB \cos(\theta)$$

计算矢量的模可以使用勾股定理，例如，三维矢量的模为

$$A = \sqrt{A_x^2 + A_y^2 + A_z^2}$$

如果用下面的式子定义矢量 A，就能够使用 MATLAB 求解类似的问题：

```
A = [Ax Ay Az]
```

其中，Ax，Ay 和 Az 分别是力在 x 轴、y 轴、z 轴上的分量值，利用 MATLAB 的点积运算求得两矢量间的夹角：

$$A = 5i + 6j + 3k$$
$$B = 1i + 3j + 2k$$

1. 问题描述

求两矢量间的夹角。

2. 输入/输出描述

输入　　　$A = 5i + 6j + 3k$

　　　　　$B = 1i + 3j + 2k$

输出　　　两矢量夹角 θ。

3. 手工分析

$$A \cdot B = 5 \cdot 1 + 6 \cdot 3 + 3 \cdot 2 = 29$$

$$A = \sqrt{5^2 + 6^2 + 3^2} = 8.37$$

$$B = \sqrt{1^2 + 3^2 + 2^2} = 3.74$$

$$\cos(\theta) = A \cdot B / AB = 0.9264$$

$$\arccos(\theta) = 0.386$$

这样可以求出两矢量间的夹角为 0.386 rad 或 22.12°。

4. MATLAB 实现

MATLAB 程序代码：

```
%Example 9.2
%Find the angle between two force vectors
%Define the vectors
A = [5 6 3];
B = [1 3 2];
%Calculate the magnitude of each vector
mag_A = sqrt(sum(A.^2));
mag_B = sqrt(sum(B.^2));
%Calculate the cosine of theta
cos_theta = dot(A,B)/(mag_A*mag_B);
%Find theta
theta = acos(cos_theta);
%Send the results to the command window
fprintf('The angle between the vectors is %4.3f radians
  \n',theta)
fprintf('or %6.2f degrees \n',theta*180/pi)
```

程序运行结果在命令窗口中显示为

```
The angle between the vectors is 0.386 radians
or 22.12 degrees
```

5. 结果验证

在本例中，利用 MATLAB 重现了手工计算的内容，计算结果相同，从而验证了结果的正确性，可以将该问题进行推广，计算用户输入任何一个矢量组合的夹角，举例如下：

```
%Example 9.2-expanded
%Finding the angle between two force vectors
%Define the vectors
disp('Component magnitudes should be entered')
disp('Using matrix notation, i.e.')
disp('[ A B C]')
A = input('Enter the x y z component magnitudes of vector
    A:   ')
B = input('Enter the x y z component magnitudes of vector
    B:   ')
%Calculate the magnitude of each vector
mag_A = sqrt(sum(A.^2));
mag_B = sqrt(sum(B.^2));
%Calculate the cosine of theta
cos_theta = dot(A,B)/(mag_A*mag_B);
```

```
%Find theta
theta = acos(cos_theta);
%Send the results to the command window
fprintf('The angle between the vectors is %4.3f radians
 \n',theta)
fprintf('or %6.2f degrees \n',theta*180/pi)
```

命令窗口给出如下结果:

```
Component magnitudes should be entered
Using matrix notation, i.e.
[ A B C]
Enter the x y z component magnitudes of vector A:  [1 2 3]
A =
     1     2     3
Enter the x y z component magnitudes of vector B:  [4 5 6]
B =
     4     5     6
The angle between the vectors is 0.226 radians
or 12.93 degrees
```

练习 9.1

1. 用函数 dot 计算下面两个矢量的点积:

$$A = [1\ 2\ 3\ 4]$$
$$B = [12\ 20\ 15\ 7]$$

2. 通过对矢量 A 和 B 进行数组相乘再求和 sum(A.*B) 来计算 A 和 B 的点积。

3. 一群朋友到当地的快餐厅聚餐,共点了 4 个单价为 0.99 美元的汉堡,3 杯单价为 1.49 美元的软饮料,一杯 2.50 美元的奶昔,两个单价为 0.99 美元的油炸食品和价格为 1.29 美元的两个洋葱圈,使用点积确定账单。

9.1.3　矩阵乘法

矩阵乘法类似于点积,若定义

```
A = [1 2 3]
B = [ 3;
      4;
      5]
```

则

```
A*B
ans =
 26
```

与点积给出的结果相同,例如

```
dot(A,B)
ans =
 26
```

关键概念:矩阵乘法的结果是一个数组,它由每个元素做点积得到。

矩阵乘法的结果是一个数组,它由每个元素做点积得到。上例只是一个很简单的例子,通常,结果是由矩阵 A 的每一行和矩阵 B 的每一列做点积运算构成,例如,

若

```
A = [ 1 2 3;
      4 5 6 ]
```

且

```
B = [  10   20   30;
       40   50   60;
       70   80   90  ]
```

则结果矩阵中第一个元素是矩阵 A 的第一行和矩阵 B 的第一列做点积运算的结果，第二个元素是矩阵 A 的第一行和矩阵 B 的第二列做点积运算的结果，依此类推。当矩阵 A 的第一行和矩阵 B 的每一列都做过点积运算后，则开始计算矩阵 A 的第二行。这样

```
C = A*B
```

返回

```
C =
   300    360    420
   660    810    960
```

矩阵 C 中第二行第二列的元素，标示为 C(2，2)。它是矩阵 A 的第二行和矩阵 B 的第二列做点积运算的结果：

```
dot(A(2,:), B(:,2))
ans =
   810
```

下面用数学公式描述这种关系，而不是用 MATLAB 语句，例如

$$C_{i,j} = \sum_{k=1}^{N} A_{i,k} B_{k,j}$$

由于矩阵乘法是一系列的点积，所以矩阵 A 的列数必须和矩阵 B 的行数相等。若 A 为 $m \times n$ 矩阵，则 B 必须是 $n \times p$ 矩阵，列数 p 可以是任意值，则其结果必然是 $m \times p$ 矩阵。本例中，A 是 2×3 的矩阵，B 是 3×3 的矩阵，结果必定是 2×3 的矩阵。

关键概念：矩阵乘法不满足交换律。

形象化描述这种规则的方法是并排写出两个矩阵的大小，并按照顺序计算。本例中，中间两个数字必须相等，两边的数字决定结果矩阵的大小：

$$2 \times 3 \quad 3 \times 3$$

交换律：与计算顺序无关。

通常，矩阵乘法不满足交换律，也就是说，在 MATLAB 中，

$$A * B \neq B * A$$

举例如下，当改变矩阵的相乘顺序后，变为

$$3 \times 3 \quad 2 \times 3$$

由于第一个矩阵的列数和第二个矩阵的行数不相等，所以不能进行点积运算。如果两个矩阵都是方阵，就可以进行 $A*B$ 和 $B*A$ 的运算，但是这两种计算的结果却不相同，举例如下：

```
A = [1 2 3
4 5 6
7 8 9];

B = [2 3 4
5 6 7
8 9 10];

A*B

ans =

    36     42     48
    81     96    111
```

```
    126     150     174
    B*A
    ans =
      42      51      60
      78      96     114
     114     141     168
```

例 9.3　用矩阵乘法计算重心

在例 9.1 中，采用点积来计算航天器的重心，在第一步中可以使用矩阵乘法来代替每个坐标轴上的计算。表 9.3 清晰表述了这个例子。

表 9.3　航天器各部件的位置和质量

部　件	米	米	米	质　量
螺栓	0.1	2.0	3.0	3.50 g
螺钉	1.0	1.0	1.0	1.50 g
螺母	1.5	0.2	0.5	0.79 g
支架	2.0	2.0	4.0	1.75 g

1. 问题描述

计算航天器的重心。

2. 输入/输出描述

输入　　每个零部件在 x-y-z 直角坐标系中的位置及其各自的质量。

输出　　航天器重心的位置。

3. 手工分析

建立一个包含所有坐标信息的二维矩阵和一个与之对应的包含质量信息的一维矩阵。若有 n 个零部件，坐标信息为 $3 \times n$ 的矩阵，而质量信息为 $n \times 1$ 的矩阵，那么，结果应该是 3×1 的矩阵，它表示重心在 x-y-z 坐标轴上的位置与所有质量相乘的结果。

4. MATLAB 实现

MATLAB 程序代码：

```
% Example 9.3
coord =    [0.1     2       3
            1       1       1
            1.5     0.2     0.5
            2       2       4 ]';
mass = [3.5, 1.5, 0.79, 1.75]';
location=coord*mass/sum(mass)
```

窗口显示如下结果：

```
location =
   0.8667
   1.6125
   2.5723
```

5. 结果验证

结果和例 9.1 中的相同。

练习 9.2

找出下列哪些矩阵可以进行相乘运算？

1. $A = \begin{bmatrix} 2 & 5 \\ 2 & 9 \\ 6 & 5 \end{bmatrix}$　$B = \begin{bmatrix} 2 & 5 \\ 2 & 9 \\ 6 & 5 \end{bmatrix}$　　　　2. $A = \begin{bmatrix} 2 & 5 \\ 2 & 9 \\ 6 & 5 \end{bmatrix}$　$B = \begin{bmatrix} 1 & 3 & 12 \\ 5 & 2 & 9 \end{bmatrix}$

3. $A = \begin{bmatrix} 5 & 1 & 9 \\ 7 & 2 & 2 \end{bmatrix}$　$B = \begin{bmatrix} 8 & 5 \\ 4 & 2 \\ 8 & 9 \end{bmatrix}$　　　　4. $A = \begin{bmatrix} 1 & 9 & 8 \\ 8 & 4 & 7 \\ 2 & 5 & 3 \end{bmatrix}$　$B = \begin{bmatrix} 7 \\ 1 \\ 5 \end{bmatrix}$

可以看出，对于每个例子，$\boldsymbol{A} \cdot \boldsymbol{B} \neq \boldsymbol{B} \cdot \boldsymbol{A}$。

9.1.4　矩阵的幂

求矩阵的幂就是按照需要的次数，对矩阵本身做乘法运算。如 A^2 等于 $\boldsymbol{A} \cdot \boldsymbol{A}$，$A^3$ 等于 $\boldsymbol{A} \cdot \boldsymbol{A} \cdot \boldsymbol{A}$。在矩阵乘法中必须满足第一个矩阵的列数和第二个矩阵的行数相等这一条件，所以，在做幂运算时，矩阵必须是方阵，有相同的行和列。如矩阵

$$A = \begin{bmatrix} 1 & 2 & 3 \\ 4 & 5 & 6 \end{bmatrix}$$

关键概念：只有方阵可以求幂运算。

如果对这个矩阵求平方，则会得到错误提示，因为它的行数和列数不相等：

$$2 \times 3 \quad 2 \times 3$$

行与列必须相等

然而，观察下面的例子。代码

```
A = randn(3)
```

创建一个 3×3 的随机数矩阵，例如

```
A =
    -1.3362    -0.6918    -1.5937
     0.7143     0.8580    -1.4410
     1.6236     1.2540     0.5711
```

若对此矩阵求平方，则结果仍为一个 3×3 的矩阵：

```
A^2
ans =
    -1.2963    -1.6677     2.2161
    -2.6811    -1.5650    -3.1978
    -0.3463     0.6690    -4.0683
```

关键概念：数组相乘和矩阵相乘是不同的运算，且产生不同的结果。

提　示

函数 randn 是用来产生随机数的，所以使用这个函数时，计算机上显示的数字与上面给出的数字会不相同。

求矩阵的非整数次幂，得到一个复数

```
A^1.5
ans =
    -1.8446 - 0.0247i    -1.5333 + 0.0153i    -0.3150 - 0.0255i
    -0.7552 + 0.0283i     0.0668 - 0.0176i    -3.0472 + 0.0292i
     1.3359 + 0.0067i     1.5292 - 0.0042i    -1.5313 + 0.0069i
```

求 A 的矩阵 2 次幂运算不等于求 A 的数组 2 次幂运算：

```
C = A.^2;
```
求 A 的数组 2 次幂运算得到如下结果：
```
C =
    1.7854    0.4786    2.5399
    0.5102    0.7362    2.0765
    2.6361    1.5725    0.3262
```
它相当于对每一项求平方。

9.1.5 矩阵的逆

在数学中，当提到"求逆运算"时指的什么意思呢？对一个函数而言，逆运算指对函数取反。例如，函数 $\arcsin(x)$ 是函数 $\sin(x)$ 的反函数，可以用 MATLAB 来说明这种关系：
```
asin(sin(3))      (在 MATLAB 语法中，求正弦的反函数为 asin)

ans =
    3
```

提　　示

注意，$\arcsin(x)$ 不等于 $1/\sin(x)$，大多数教科书中使用 $\arcsin(x)$ 表示，但是，在计算器和计算机程序中，用 $\mathtt{asin}(x)$ 表示 $\arcsin(x)$。

另一个互为反函数的例子是 $\ln(x)$ 和 e^x。
```
log(exp(3))      (在 MATCAB 中，自然对数为 log，而不是 ln)

ans =
    3
```

数字求反又是指什么？数字求反可以这样分析：任何数字都是用 1 乘以这个数字本身。如果对这一过程求逆，重新变回到 1 又该怎么办？显然，再除以这个数或乘以这个的倒数即可，因此，可以认为：$1/x$ 和 x 互为反函数，因为

$$\frac{1}{x}x = 1$$

关键概念：一个函数乘以它的反函数等于 1。

当然，乘法的逆运算和前面讨论的函数逆运算是不同的。同样，加法也是可逆的，如 a 和 $-a$。那么，什么是矩阵的逆呢？矩阵的逆就是能够和原矩阵进行矩阵乘法运算，并得到单位矩阵的矩阵。单位矩阵是主对角线为 1，其他位置都为 0 的矩阵：

$$\begin{bmatrix} 1 & 0 & 0 & 0 \\ 0 & 1 & 0 & 0 \\ 0 & 0 & 1 & 0 \\ 0 & 0 & 0 & 1 \end{bmatrix}$$

一些矩阵乘法的逆运算是满足交换律的，如

$$A^{-1}A = AA^{-1} = 1$$

为满足上式，矩阵必须是方阵，也就是说，存在逆矩阵的前提条件是矩阵为方阵。

在 MATLAB 中定义一个矩阵，用该矩阵来验证这个结论。魔方矩阵的行、列和任意对角线上的元素之和相等。该矩阵的创建方法如下：

```
A = magic(3)
A =
    8    1    6
    3    5    7
    4    9    2
```

MATLAB 提供两种实现矩阵逆运算的方法。一种是求矩阵 A 的−1 次幂，代码如下：

```
A^-1
ans =
    0.1472   -0.1444    0.0639
   -0.0611    0.0222    0.1056
   -0.0194    0.1889   -0.1028
```

另一种方法是使用内置函数 inv：

```
inv(A)
ans =
    0.1472   -0.1444    0.0639
   -0.0611    0.0222    0.1056
   -0.0194    0.1889   -0.1028
```

不管采用哪一种方法，矩阵 A 与其逆的乘积总为单位矩阵：

```
inv(A)*A
ans =
    1.0000        0       -0.0000
        0     1.0000        0
        0     0.0000     1.0000
```

和

```
A*inv(A)
ans =
    1.0000        0       -0.0000
   -0.0000    1.0000        0
    0.0000        0     1.0000
```

用手工方法进行矩阵的逆运算是很困难的，相关内容可以在《线性代数》中专门学习。不存在逆矩阵的矩阵称为奇异矩阵和病态矩阵。如果在 MATLAB 中对病态矩阵做逆运算，则在命令窗口中会出现错误信息。

奇异矩阵：不存在逆矩阵的矩阵。

虽然从计算的观点上看，求逆矩阵并没有有效的方法，但逆矩阵却广泛应用于矩阵代数中。这些内容在《线性代数》中有详细的介绍。

9.1.6 行列式

在线性代数中，行列式与逆矩阵有关。如果矩阵的行列式等于 0，那么矩阵不存在逆矩阵，则称该矩阵为奇异矩阵。行列式的值等于由左向右的对角线上元素的乘积之和减去由右向左对角线元素的乘积之和。下式为 2×2 的矩阵：

$$A = \begin{bmatrix} A_{11} & A_{12} \\ A_{21} & A_{22} \end{bmatrix}$$

关键概念：如果行列式为 0，则矩阵不存在逆矩阵。

其行列式为

$$|A| = A_{11}A_{12} - A_{12}A_{21}$$

因此，有

$$A = \begin{bmatrix} 1 & 2 \\ 3 & 4 \end{bmatrix}$$

$$|A| = (1)(4) - (2)(3) = -2$$

MATLAB 提供求行列式的函数 det，下列命令可得到行列式的值：

```
A = [1 2;3 4];
det(A)
ans =
    -2
```

计算下列 3×3 矩阵的对角线有些困难：

$$A = \begin{bmatrix} A_{11} & A_{12} & A_{13} \\ A_{21} & A_{22} & A_{23} \\ A_{31} & A_{32} & A_{33} \end{bmatrix}$$

简单的方法是将矩阵前两列分别作为第 4 列和第 5 列，每一条由左到右对角线上的元素相乘后再求和：

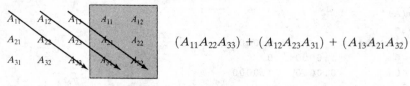

$$(A_{11}A_{22}A_{33}) + (A_{12}A_{23}A_{31}) + (A_{13}A_{21}A_{32})$$

然后，再将每一条由右到左对角线上的元素相乘再求和：

$$(A_{13}A_{22}A_{31}) + (A_{11}A_{23}A_{32}) + (A_{12}A_{21}A_{33})$$

最后，将第一次的计算结果减去第二次的结果。例如，

$$|A| = \begin{bmatrix} 1 & 2 & 3 \\ 4 & 5 & 6 \\ 7 & 8 & 9 \end{bmatrix} = (1 \times 5 \times 9) + (2 \times 6 \times 7) + (3 \times 4 \times 8)$$

$$-(3 \times 5 \times 7) - (1 \times 6 \times 8) - (2 \times 4 \times 9) = 225 - 225 = 0$$

利用 MATLAB 得到相同的计算结果：

```
A = [1 2 3;4 5 6;7 8 9];
det(A)
ans =
    0
```

因为行列式为 0 的矩阵不存在逆矩阵，所以，在 MATLAB 中求 A 的逆矩阵得到的结果为

```
inv(A)
Warning: Matrix is close to singular or badly scaled.
    Results may be inaccurate. RCOND = 1.541976e-018.
ans =
 1.0e+016 *
 -0.4504    0.9007   -0.4504
  0.9007   -1.8014    0.9007
 -0.4504    0.9007   -0.4504
```

练习 9.3

1. 求下列魔方矩阵的逆矩阵，分别采用两种方法：使用函数 inv 和求矩阵的–1 次幂：

(a) magic(3)　　　　(b) magic(4)　　　　(c) magic(5)

2. 求上题中每个矩阵的行列式。

3. 已知矩阵

$$A = \begin{bmatrix} 1 & 2 & 3 \\ 2 & 4 & 6 \\ 3 & 6 & 9 \end{bmatrix}$$

判断该矩阵是否为奇异矩阵(奇异矩阵的行列式为 0，且无逆矩阵)。

9.1.7　叉积

叉积又称为矢量积，它与点积不同，叉积的结果为矢量。结果矢量通常与两个输入矢量所在的平面垂直，这种性质称为正交性。

关键概念：叉积的结果为矢量。

正交性：垂直。

观察下面两个三维矢量的方向和大小，通常用这种方法表示力，公式为

$$A = A_x \boldsymbol{i} + A_y \boldsymbol{j} + A_z \boldsymbol{k}$$
$$B = B_x \boldsymbol{i} + B_y \boldsymbol{j} + B_z \boldsymbol{k}$$

其中，A_x, A_y, A_z 和 B_x, B_y, B_z 分别表示矢量在 x 轴、y 轴、z 轴上的分量。$\boldsymbol{i}, \boldsymbol{j}, \boldsymbol{k}$ 分别表示 x、y、z 方向上的单位矢量。$\boldsymbol{A}$ 和 $\boldsymbol{B}$ 的叉积表示为 $\boldsymbol{A} \times \boldsymbol{B}$，定义为

$$\boldsymbol{A} \times \boldsymbol{B} = \left(A_y B_z - A_z B_y \right) \boldsymbol{i} + \left(A_z B_x - A_x B_z \right) \boldsymbol{j} + \left(A_x B_y - A_y B_x \right) \boldsymbol{k}$$

创建表格使计算的可视化更强：

$$\begin{array}{ccc} i & j & k \\ A_x & A_y & A_z \\ B_x & B_y & B_z \end{array}$$

然后将前两列复制到表格后两列：

$$\begin{array}{ccccc} i & j & k & i & j \\ A_x & A_y & A_z & A_x & A_y \\ B_x & B_y & B_z & B_x & B_y \end{array}$$

在 i 方向上叉积的结果等于 $A_y B_z$ 的乘积减去 $A_z B_y$ 的乘积：

$$\begin{array}{ccccc} \textcircled{i} & j & k & i & j \\ A_x & A_y & A_z & A_x & A_y \\ B_x & B_y & B_z & B_x & B_y \end{array}$$

在表格中横向移动，在 j 方向上叉积的结果等于 $A_z B_x$ 的乘积减去 $A_x B_z$ 的乘积：

$$\begin{array}{ccccc} i & \textcircled{j} & k & i & j \\ A_x & A_y & A_z & A_x & A_y \\ B_x & B_y & B_z & B_x & B_y \end{array}$$

最后，在 k 方向上叉积的结果等于 $A_x B_y$ 的乘积减去 $A_y B_x$ 的乘积：

$$
\begin{array}{ccccc}
i & j & \textcircled{k} & i & j \\
A_x & A_y & A_z & A_x \diagdown A_y \\
B_x & B_y & B_z & B_x \diagup B_y
\end{array}
$$

在 MATLAB 中，用函数 cross 计算叉积。该函数需要两个输入量，分别是矢量 A 和矢量 B。在 MATLAB 中，因为输入矢量表示在三维空间中的分量，所以每个矢量都必须有三个元素。例如，

```
A = [1 2 3];        （表示A = 1i + 2j + 3k）
B = [4 5 6];        （表示B = 4i + 5j + 6k）
cross(A,B)
ans =
   -3    6    -3     （表示C = -3i + 6j - 3k）
```

下面 x-y 空间上的两个矢量不考虑 z 分量：

```
A = [1 2 0]
B = [3 4 0]
```

在 MATLAB 中，这些矢量在 z 方向的大小视为 0。

叉积的结果必须与矢量 **A** 和 **B** 所在的平面垂直，也就是说它必须垂直于 x-y 平面，那就只有是 z 轴方向的分量满足这一条件：

```
cross(A,B)
ans =
    0    0    -2
```

叉积在静力学、动力学、流体力学，以及电机工程学领域应用广泛。

例9.4　作用点的力矩

作用点的力矩定义为力与力臂的叉积：

$$M_0 = r \times F$$

如图 9.4 所示，力作用于杠杆末端。若将力的作用点移动到接近支点的位置，此时力的作用与远离支点的效果是不相同的，这种作用称为力矩。

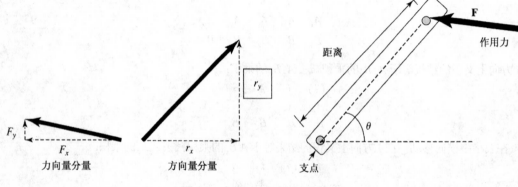

图9.4　力作用于杠杆支点的力矩

计算支点力矩的公式为

$$F = -100i + 20j + 0k$$

设杠杆的长度为 12 英寸，水平角度为 45 度。方向矢量表示为

$$r = \frac{12}{\sqrt{2}}i + \frac{12}{\sqrt{2}}j + 0k$$

1. 问题描述

计算作用在杠杆支点的力矩。

2. 输入/输出描述

输入　　方向矢量 $r = \frac{12}{\sqrt{2}}i + \frac{12}{\sqrt{2}}j + 0k$。

　　　　　力矢量 $F = -100i + 20j + 0k$。

输出　　杠杆支点的力矩。

3. 手工分析

这个问题可以看成是求一个 3×3 数组的行列式：

$$M_0 = \begin{vmatrix} i & j & k \\ \dfrac{12}{\sqrt{2}} & \dfrac{12}{\sqrt{2}} & 0 \\ -100 & 20 & 0 \end{vmatrix}$$

很明显，答案中没有 i 和 j 的分量，力矩为

$$M_0 = \left(\frac{12}{\sqrt{2}} \times 20 - \frac{12}{\sqrt{2}} \times (-100) \right) \times k = 1018.23k$$

4. MATLAB 实现

MATLAB 程序代码为

```
%Example 9.4
%Moment about a pivot point
%Define the position vector
r = [12/sqrt(2), 12/sqrt(2), 0];
%Define the force vector
F = [-100, 20, 0];
%Calculate the moment
moment=cross(r,F)
```

得到下面的结果：

```
moment =
      0      0    1018.23
```

与之对应的力矩矢量为

$$M_0 = 0i + 0j + 1018.23k$$

注意，力矩与方向矢量和力矢量所在的平面垂直。

5. 结果验证

很明显，手工计算的结果与 MATLAB 计算的结果一致，这意味着可以对程序进行扩展，并将其应用于更广泛的问题。例如，下面的程序提示用户分别输入方向矢量和力矢量在 x 轴、y 轴和 z 轴方向上的分量，然后计算力矩：

```
%Example 9.4
%Moment about a pivot point
```

```
%Define the position vector
  clear,clc
rx = input('Enter the x component of the position vector: ');
ry = input('Enter the y component of the position vector: ');
rz = input('Enter the z component of the position vector: ');
r  = [rx, ry, rz];
  disp('The position vector is')
  fprintf('%8.2f i + %8.2f j + %8.2f k ft\n',r)
%Define the force vector
Fx = input('Enter the x component of the force vector: ');
Fy = input('Enter the y component of the force vector: ');
Fz = input('Enter the z component of the force vector: ');
F  = [Fx, Fy, Fz];
  disp('The force vector is')
  fprintf('%8.2f i + %8.2f j + %8.2f k lbf\n',F)
%Calculate the moment
  moment = cross(r,F);
  fprintf('The moment vector about the pivot point is \n')
  fprintf('%8.2f i + %8.2f j + %8.2f k ft-lbf\n',moment)
```

命令窗口中的显示内容为

```
Enter the x component of the position vector: 2
Enter the y component of the position vector: 3
Enter the z component of the position vector: 4
The position vector is
  2.00 i +    3.00 j  +     4.00 k ft
Enter the x component of the force vector: 20
Enter the y component of the force vector: 10
Enter the z component of the force vector: 30
The force vector is
 20.00  i +   10.00 j  +    30.00 k lbf
The moment vector about the pivot point is
 50.00  i +   20.00 j  +   -40.00 k ft-lbf
```

9.2　求解线性方程组

三元一次方程组如下:

$$3x + 2y - z = 10$$
$$-x + 3y + 2z = 5$$
$$x - y - z = -1$$

将上面的方程组用矩阵形式表示:

$$A = \begin{bmatrix} 3 & 2 & -1 \\ -1 & 3 & 2 \\ 1 & -1 & -1 \end{bmatrix} \quad X = \begin{bmatrix} x \\ y \\ z \end{bmatrix} \quad B = \begin{bmatrix} 10 \\ 5 \\ -1 \end{bmatrix}$$

用矩阵乘法，写成方程组的形式为

$$AX = B$$

9.2.1　利用矩阵的逆运算求解方程

求解方程组最直接的方式就是求逆矩阵，因为已知

$$A^{-1}A = 1$$

将方程 $AX = B$ 的两边同时乘以 A^{-1}，可以得到

$$A^{-1}AX = A^{-1}B$$

等于

$$X = A^{-1}B$$

在矩阵代数中，乘法的顺序至关重要。因为 A 是 3×3 的矩阵，所以 A^{-1} 也是 $3{\times}3$ 的矩阵。乘法 $A^{-1}B$ 为

$$3{\times}3 \quad 3{\times}1$$

两个矩阵的维数一致。相乘的结果 X 为 3×1 的矩阵。若改变相乘的顺序为 BA^{-1}，维数不一致，则无法进行乘法计算。

在 MATLABA 中，求逆矩阵采用函数 inv，可以用下面的命令语句来求解：

```
A = [3  2  -1;  -1  3  2;  1  -1  -1];
B = [10; 5; -1];
X = inv(A)*B
```

代码的执行结果为

```
X =
  -2.0000
   5.0000
  -6.0000
```

另外，可以利用逆矩阵 A^-1 的描述方法：

```
X = A^-1*B
```

得到相同的结果

```
X =
  -2.0000
   5.0000
  -6.0000
```

尽管在大学的数学课程中介绍了用逆矩阵求解线性方程组的方法，但在实际工程中此方法并非很有效，且容易出现多次循环的错误。因此，要尽量避免使用逆矩阵的方法求解线性方程组。

例 9.5 求解联立方程：电路分析[①]

电路分析的主要工作是求解大型的联立方程组。如图 9.5 所示的电路图，包含一个独立电压源和五个电阻。将电路划分成小的支路并使用电路的两个基本定理进行分析。

根据基尔霍夫(见图 9.6)第二定律，电路中所有回路电压的代数和等于零。

$$电压 = 电流 \times 电阻(V = iR)$$

对电路左下角的回路，列第一个方程

$$-V_1 + R_2(i_1 - i_2) + R_4(i_1 - i_3) = 0$$

对电路上边的回路，列第二个方程

$$R_1 i_2 + R_3(i_2 - i_3) + R_2(i_2 - i_1) = 0$$

最后，由右上角的回路列最后一个方程

$$R_3(i_3 - i_2) + R_5 i_3 + R_4(i_3 - i_1) = 0$$

---

① From *Introduction to MATLAB* 7.5, by Etter, Kuncicky and Moore (Upper Saddle River, NJ: Pearson Prentice Hall, 2005).

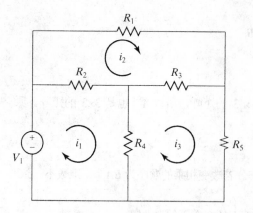

图9.5 电路原理图

图9.6 德国物理学家基尔霍夫提出了许多电路理论的基本定律

已知电路中所有的电阻值(R值)和电压值，通过三个方程求解三个未知数。对方程式进行整理，得到矩阵求解的形式。换句话说，就是将未知变量全部放在等式左边：

$$(R_2 + R_4)i_1 + (-R_2)i_2 + (-R_4)i_3 = V_1$$
$$(-R_2)i_1 + (R_1 + R_2 + R_3)i_2 + (-R_3)i_3 = 0$$
$$(-R_4)i_1 + (-R_3)i_2 + (R_3 + R_4 + R_5)i_3 = 0$$

创建 MATLAB 程序，利用逆矩阵方法求解方程组。允许用户从键盘输入五个电阻值和一个电压值。

1. 问题描述

求图 9.5 所示电路中的三个支路电流值。

2. 输入/输出描述

输入　　由键盘输入五个电阻值 R_1, R_2, R_3, R_4, R_5 和一个电压值 V。

输出　　三个电流值 i_1, i_2, i_3。

3. 手工分析

跟据电路原理，电路中没有电压源就不会有电流存在。若输入电阻为任意值，电压值为 0，则输出的电流结果为零。

4. MATLAB 实现

MATLAB 程序代码如下：

```
%Example 9.5
%Finding Currents
clear,clc
R1 = input('Input the value of R1:  ');
R2 = input('Input the value of R2:  ');
R3 = input('Input the value of R3:  ');
R4 = input('Input the value of R4:  ');
R5 = input('Input the value of R5:  ');
V = input('Input the value of voltage,  V:  ');
coef = [(R2+R4), -R2, -R4;
    -R2, (R1 + R2 + R3), (-R3);
    -R4, - R3,(R3 + R4 + R5)];
result = [V; 0; 0];
I = inv(coef)*result
```

命令窗口的交互过程如下：

```
Input the value of R1:     5
Input the value of R2:     5
Input the value of R3:     5
Input the value of R4:     5
Input the value of R5:     5
Input the value of voltage, V:   0
I =
         0
         0
         0
```

5. 结果验证

输入电压值为零，意味着电路中没有电压源，支路上没有电流，计算结果为零，这与实际相符。
还可以用其他的数值对程序进行测试：

```
Input the value of R1:     2
Input the value of R2:     4
Input the value of R3:     6
Input the value of R4:     8
Input the value of R5:     10
Input the value of voltage, V:   10
```

由这些数值，得到输出结果为

```
I =
      1.69
      0.97
      0.81
```

9.2.2　利用矩阵左除求解方程

高斯消去法是一种有效的求解线性方程组的方法，在高等数学中介绍过这种方法。高斯消去法
是德国著名数学家、科学家卡尔·弗里德里希·高斯提出的（见图9.7）。

图 9.7　德国著名数学家卡尔·弗里德里希·高斯对物理学、天文学和电学有突出贡献

关键概念：与矩阵求逆的方法相比，用高斯消去法求解方程更为有效，且不易产生循环错误。

一个关于 x, y, z 的三元方程组

$$3x + 2y - z = 10$$
$$-x + 3y + 2z = 5$$
$$x - y - z = -1$$

若手工求解方程组，则需要逐个消去变量，然后再通过代入的方法求出所有变量。例如，利用前两个方程可以消去变量 x。将第二个方程乘以 3 后与第一个方程相加：

$$\begin{array}{rrrrr} 3x & +2y & -z & = & 10 \\ -3x & +9y & +6z & = & 15 \\ \hline 0 & +11y & +5z & = & 25 \end{array}$$

对第二个和第三个方程重复前面的过程：

$$\begin{array}{rrrrr} -x & +3y & +2z & = & 5 \\ x & -y & -z & = & -1 \\ \hline 0 & +2y & +z & = & 4 \end{array}$$

此时，已经消去了一个变量，将方程组由三元变为了二元：

$$\begin{array}{rrr} 11y & +5z & = & 25 \\ 2y & +z & = & 4 \end{array}$$

将第三行的方程乘以 –11/2 来重复消元的过程：

$$\begin{array}{ccc} 11y & +5z & = 25 \\ -\dfrac{11}{2}*2y & -\dfrac{11}{2}z & = -\dfrac{11}{2}*4 \\ \hline 0 & -\dfrac{1}{2}z & = 3 \end{array}$$

最后，可以求出 z 的值：

$$z = -6$$

得到 z 的数值之后，将其代回到只包含 y 和 z 的两个方程中的任意一个，

$$11y + 5z = 25$$
$$2y + z = 4$$

求出

$$y = 5$$

最后一步将 y 和 z 代回到原始方程中：

$$3x + 2y - z = 10$$
$$-x + 3y + 2z = 5$$
$$x - y - z = -1$$

求得

$$x = -2$$

高斯消去法是一种组织化的消元方法，逐步消去未知变量，直到只有一个未知变量存在为止。然后，将其代入到原方程中来确定所有未知变量的数值。在 MATLAB 中，可以使用左除来完成高斯消去法的方程组求解过程。因此，

```
X = A\B
```
返回
```
X =
    -2.0000
     5.0000
    -6.0000
```

显然，这与用手工计算，以及利用矩阵逆运算所得结果一致。

高斯消去法：是一种消元和求解联立方程组的组织化方法。

9.2.3　利用行阶梯矩阵的逆运算函数求解方程组

与左除的方法类似，使用简化行阶梯矩阵逆运算函数 rref，可以求解线性系统方程组

$$3x + 2y - z = 10$$
$$-x + 3y + 2z = 5$$
$$x - y - z = -1$$

将上述方程组写为矩阵形式：

$$A = \begin{bmatrix} 3 & 2 & -1 \\ -1 & 3 & 2 \\ 1 & -1 & -1 \end{bmatrix} \quad X = \begin{bmatrix} x \\ y \\ z \end{bmatrix} \quad B = \begin{bmatrix} 10 \\ 5 \\ -1 \end{bmatrix}$$

函数 rref 的输入是一个扩展矩阵，该扩展矩阵表示方程组的系数和结果。上述方程组的输入为

```
C = [A,B]
C =
   3    2   -1   10
  -1    3    2    5
   1   -1   -1   -1

rref(C)
ans =
   1    0    0   -2
   0    1    0    5
   0    0    1   -6
```

方程组的解用输出数组的最后一列表示，这和其他方法得到的结果一致。

对于这样的简单方程，无论采用哪种方法都是可行的，计算中的舍入误差和运算时间并不是重要因素。然而，对于大型数值计算问题，需要求解包含成千上万甚至数以百万计元素的矩阵，完成一次运算的时间需要以小时或者天来计算，这类数值计算问题不适合选用逆矩阵的方法。

有的线性方程组会有多个解，如果方程的个数少于未知数的个数，则方程具有无穷多个解。如果方程的个数多于未知数的个数，则方程无解。选用合适的数值求解方法或者增加约束项，就能够利用 MATLAB 函数解任意一种方程组。参考 MATLAB 的帮助函数可以得到这些方面的更多信息。

例 9.6　海水淡化装置中的物质平衡问题：求解联立方程

世界上许多地区缺少淡水资源。以色列是一个在沙漠中建设起来的工业化国家。为了维持一个现代化工业社会的有效运转，依靠地中海岸边的海水淡化工厂来补充内地的淡水资源。据预测，到 2020 年以色列的淡水需求量将会上升 60%，其中大部分淡水将来自于海水淡化工厂。现代化的海水淡化工厂使用逆渗透原理，类似于肾脏透析的过程！化学工程师普遍采用物质平衡方法进行分析和设计。

图 9.8 是海水淡化装置的示意图。流进装置的海水中包含 4% 的盐和 96% 的水，装置内部通过逆渗透作用将海水分成两部分，从顶部流出的几乎为纯净水，剩下的部分为浓缩盐水溶液，其浓度为 10% 的盐和 90% 的水。计算海水淡化装置底部和顶部两部分水的流量。

这是一个计算反应器中盐和水物质平衡的问题。流入反应器的液体数量必定和流出的两部分液体的数量相同，即

$$m_{\text{in A}} = m_{\text{topsA}} + m_{\text{bottomsA}}$$

可以改写为

$$x_A m_{\text{in total}} = x_{\text{Atops}} m_{\text{tops}} + x_{\text{Abottoms}} m_{\text{bottoms}}$$

将上述问题用一个二元一次方程组来描述:

$$0.96 \times 100 = 1.00 m_{\text{tops}} + 0.90 m_{\text{bottoms}} \quad (\text{水})$$

$$0.04 \times 100 = 0.00 m_{\text{tops}} + 0.10 m_{\text{bottoms}} \quad (\text{盐})$$

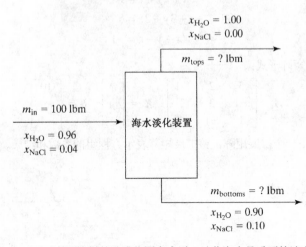

图 9.8　对于以色列这样的沙漠化国家来说,淡化海水是重要的淡水资源

1. 问题描述

计算淡水装置中产生的淡水量和废弃的盐水量。

2. 输入/输出描述

输入　　注入到系统中的水量为 100 磅。

　　　　流入水的浓度:

$$x_{\text{H}_2\text{O}} = 0.96$$

$$x_{\text{NaCl}} = 0.04$$

　　　　流出水的浓度:

　　　　上部流出的纯净水:

$$x_{\text{H}_2\text{O}} = 1.00$$

　　　　下部流出的盐水:

$$x_{\text{H}_2\text{O}} = 0.90$$

$$x_{\text{NaCl}} = 0.10$$

输出　　上部流出纯净水的质量。

　　　　下部流出盐水的质量。

3. 手工分析

由于流出水中只有一部分含有盐(NaCl),所以求解下列方程组比较容易:

$$(0.96)(100) = 1.00 m_{\text{tops}} + 0.90 m_{\text{bottoms}} \quad (\text{水})$$

$$(0.04)(100) = 0.00 m_{\text{tops}} + 0.10 m_{\text{bottoms}} \quad (\text{盐})$$

首先计算盐的物质平衡,得到

$$4 = 0.1 m_{\text{bottoms}}$$

$$m_{\text{bottoms}} = 40 \text{ lbm}$$

求出 m_{bottoms} 的数值后，代入水的物质平衡方程中：

$$96 = 1m_{\text{tops}} + (0.90)(40)$$
$$m_{\text{tops}} = 60 \text{ lb}$$

4. MATLAB 实现

用矩阵代数求解此问题。该问题用下列方程表达：

$$AX = B$$

其中，A 为系数矩阵，表示水和盐的质量分配。B 为结果矩阵，表示流入系统的海水中盐和水的比例。两个矩阵的取值为

$$A = \begin{bmatrix} 1 & 0.9 \\ 0 & 0.1 \end{bmatrix}, \quad B = \begin{bmatrix} 96 \\ 4 \end{bmatrix}$$

未知矩阵 X 包含从淡化装置顶部和底部流出的水的质量，使用 MATLAB 求解这个联立方程只需三行代码：

```
A = [1, 0.9; 0, 0.1];
B = [96; 4];
X = A\B
```

返回结果为

```
X =
    60
    40
```

5. 结果验证

在本例中使用了矩阵左除运算，使用矩阵逆运算，会得到相同的结果：

```
X = inv(A)*B
X =
    60
    40
```

上述两种方法得到的结果与手工计算的结果一致，多种方法检验更能够验证结果的准确性。计算过水和盐的物质平衡后，其他平衡的计算也可以按同样方法进行。进水量和出水量应该保持平衡：

$$m_{\text{in}} = m_{\text{tops}} + m_{\text{bottoms}}$$
$$m_{\text{in}} = 40 + 60 = 100$$

上述计算表明，流入了净化装置的海水为 100 磅，与流出的淡水和盐水总量一致，这进一步验证了计算的正确性。

这个问题非常简单，利用手工计算的方法也能得到结果，但是绝大部分实际问题要复杂得多，特别是当物质种类很多、流程很复杂时，利用手工计算实现物质平衡分析是非常困难的。所以，对于化学过程工程师来说，该例中给出的矩阵解决方案是处理工程问题的重要工具。

9.3 特殊矩阵

本节重点介绍可以产生特殊矩阵的 MATLAB 函数。

9.3.1 ones 和 zeros

函数 ones 和函数 zeros 分别创建全 0 和全 1 矩阵。当输入量为单个变量时，结果是方阵。当输入量为两个时，它们分别表示矩阵的行数和列数。如

```
ones(3)
```
返回
```
ans =
     1     1     1
     1     1     1
     1     1     1
```
和
```
zeros(2,3)
```
返回
```
ans =
     0     0     0
     0     0     0
```
对于这两种函数，若输入量多于两个，则 MATLAB 会创建一个多维矩阵。如
```
ones(2,3,2)
ans(:,:,1) =
     1.00     1.00     1.00
     1.00     1.00     1.00

ans(:,:,2) =
     1.00     1.00     1.00
     1.00     1.00     1.00
```
上述命令创建了一个包含 2 行、3 列和 2 页的三维矩阵。

9.3.2　单位矩阵

单位矩阵是主对角线为 1，其他位置都为 0 的矩阵。下面是一个四行四列的单位矩阵：

$$\begin{bmatrix} 1 & 0 & 0 & 0 \\ 0 & 1 & 0 & 0 \\ 0 & 0 & 1 & 0 \\ 0 & 0 & 0 & 1 \end{bmatrix}$$

矩阵主对角线上的元素行、列号相同。主对角线上元素的下标为 $(1,1)$，$(2,2)$，$(3,3)$。

在 MATLAB 中，函数 eye 可以创建单位矩阵。函数 eye 的输入参数与函数 ones 和 zeros 的输入参数类似。如果函数的输入参数是标量，则函数会创建一个方阵。例如，eye(6) 会创建一个行数和列数均为 6 的方阵。如果函数有两个输入量，如 eye(m, n)，则会创建一个 m 行 n 列的矩阵。要创建一个和其他矩阵长度相同的单位矩阵，应该用函数 size 确定矩阵的行数和列数。虽然绝大多数单位矩阵都是方阵，但单位矩阵的定义可以推广到非方阵。下面举例说明这种特殊情况：
```
A = eye(3)
A =
     1     0     0
     0     1     0
     0     0     1
B = eye(3,2)
B =
     1     0
     0     1
     0     0
C = [1, 2, 3 ; 4, 2, 5]
C =
     1     2     3
     4     2     5
```

```
D = eye(size(C))
D =
     1     0     0
     0     1     0
```

提 示

尽量不要用字母 i 命名单位矩阵，因为字母 i 通常表示 $\sqrt{-1}$ 。

A*inv(A) 等于单位矩阵。利用下面的语句可以说明这一点：

```
A = [1,0,2; -1, 4, -2; 5,2,1]
A =
      1       0       2
     -1       4      -2
      5       2       1
inv(A)
ans =
     -0.2222      -0.1111       0.2222
      0.2500       0.2500       0.0000
      0.6111       0.0556      -0.1111
A*inv(A)
ans =
      1.0000       0            0.0000
     -0.0000       1.0000       0.0000
     -0.0000      -0.0000       1.0000
```

如前所述，一般情况下矩阵乘法不满足交换律。即

$$AB \neq BA$$

然而，单位矩阵却总满足交换律，即

$$AI = IA$$

可以用下面的 MATLAB 代码来表示：

```
I = eye(3)
I =
    1   0   0
    0   1   0
    0   0   1
A*I
ans =
    1   0   2
   -1   4  -2
    5   2   1
I*A
ans =
    1   0   2
   -1   4  -2
    5   2   1
```

9.3.3 其他矩阵

MATLAB 中有许多矩阵可用于数值计算的测试、算法研究，或仅作为兴趣而已。

pascal	使用 pascal 三角创建 Pascal 矩阵	pascal(4) ans = 1.00 1.00 1.00 1.00 1.00 2.00 3.00 4.00 1.00 3.00 6.00 10.00 1.00 4.00 10.00 2.00

（续表）

magic	创建一个魔方矩阵，所有的行、列以及对角线元素之和均相等	magic(3)
rosser	Rosser 矩阵是特征值测试矩阵，没有输入量	rosser
gallery	该函数包含 50 多种测试矩阵	对不同函数，函数 gallery 的语法也不相同，查看帮助函数确定所需的函数

对于 magic 行：

```
magic(3)
ans =
 8.00  1.00  6.00
 3.00  5.00  7.00
 4.00  9.00  2.00
```

对于 rosser 行：

```
rosser
ans =
  [8x8]
```

本章小结

转置是一种最常用的矩阵运算，它就是将矩阵的行和列进行互换。在数学教科书中，转置用上标 T 表示，记为 A^T。在 MATLAB 中，转置运算用单引号表示，A 的转置矩阵表示为

```
A'
```

另一个常用的矩阵运算是点积，即矢量中对应元素的乘积之和。进行点积运算的两个矢量的长度必须相同：

$$C = \sum_{i=1}^{N} A_i B_i$$

MATLAB 中完成点积运算的函数为

```
dot(A,B)
```

矩阵乘法与点积运算类似，结果矩阵是每个元素做点积得到的：

$$C_{i,j} = \sum_{k=1}^{N} A_{i,k} * B_{k,j}$$

在 MATLAB 中，用星号表示矩阵乘法：

```
C = A*B
```

上式表示，在满足矩阵代数运算规则的前提下，矩阵 A 乘以矩阵 B。矩阵乘法不满足交换律，即

$$AB \neq BA$$

求矩阵的幂类似于矩阵自乘：

$$A^3 = AAA$$

因为只有方阵才能满足矩阵自乘的条件，所以只有方阵才能做幂运算。当矩阵的幂为非整数时，运算结果是一个复数矩阵。

一个矩阵乘以它的逆矩阵，结果为单位矩阵：

$$AA^{-1} = I$$

MATLAB 提供两种求矩阵逆的方法，一种是使用函数 inv：

```
inv_of_A = inv(A)
```

另一种是求矩阵的–1 次幂：

```
inv_of_A = A^-1
```

如果矩阵的行列式为 0，该矩阵是奇异矩阵，不存在逆矩阵。MATLAB 中求行列式的函数为

```
det(A)
```

除了点积运算之外，MATLAB 函数可以计算两个矢量在三维空间的叉积。因为输出的结果是一

个矢量,所以叉积又称为矢量积:

$$C = A \times B$$

叉积运算后产生的矢量与两个输入矢量所在的平面垂直,这种性质称为正交性。叉积运算的结果可视为矩阵的行列式,该行列式包括 x 轴、y 轴和 z 轴方向上的单位矢量和两个输入矢量:

$$C = \begin{vmatrix} i & j & k \\ A_x & A_y & A_z \\ B_x & B_y & B_z \end{vmatrix}$$

在 MATLAB 中用函数 cross 实现叉积运算:

```
C = cross(A,B)
```

矩阵的逆运算多用于求解线性方程组。方程组

$$\begin{array}{rrrcr} 3x & +2y & -z & = & 10 \\ -x & +3y & +2z & = & 5 \\ x & -y & -z & = & -1 \end{array}$$

可以用矩阵表示为

$$AX = B$$

在 MATLAB 中求解这个方程组,可以用 A 的逆矩阵乘以矩阵 B:

```
X = inv(A)*B
```

然而,这种方法不如高斯消去法有效。在 MATLAB 中,高斯消去法可使用左除运算来实现:

```
X = A\B
```

MATLAB 中包含许多特殊矩阵,这些特殊矩阵可以使数值计算变得简单,也可以用于数值计算的测试。例如,函数 ones 和 zeros 可以分别创建全 1 和全 0 的矩阵。函数 pascal 和 magic 可以分别用于创建 Pascal 矩阵和魔方矩阵,这两种矩阵没有特殊的用途,仅仅在数学上具有一定的趣味性而已。函数 gallery 包含 50 多种矩阵,这些矩阵是用于测试的小矩阵。

MATLAB 小结

下面列出了本章介绍的 MATLAB 特殊字符、命令和函数:

特 殊 符 号	说　明
'	表示矩阵转置
*	表示矩阵乘法
\	表示矩阵左除
^	表示矩阵求幂

命令和函数	说　明
cross	求叉积
det	求矩阵的行列式
dot	求点积
eye	创建单位矩阵
gallery	小型测试矩阵
inv	求逆矩阵
magic	创建魔方矩阵
ones	创建全 1 矩阵

(续表)

命令和函数	说　明
pascal	创建 Pascal 矩阵
rref	使用简化的行阶梯矩阵来求解线性方程组
size	确定矩阵的行数和列数
zeros	创建全 0 矩阵

习题

9.1 计算下面两组矢量的点积:

$$A \cdot B = B \cdot A$$

(a) $A = [1\ 3\ 5]$, $B = [-3\ -2\ 4]$。

(b) $A = [0\ -1\ -4\ -8]$, $B = [4\ -2\ -3\ 24]$。

9.2 用点积计算表 P9.2 中成分的总质量。

表 P9.2　成分质量特性

成　分	密　度	体　积
推进燃料	1.2 g/cm^3	700 cm^3
钢	7.8 g/cm^3	200 cm^3
铝	2.7 g/cm^3	300 cm^3

9.3 用点积计算表 P9.3 中超市购物的总账单。

表 P9.3　购物清单

项　目	数　量	单　价
牛奶	2 加仑	$3.50/加仑
鸡蛋	1 打	$1.25/打
谷物	2 盒	$4.25/盒
汤	5 罐	$1.55/罐
饼干	1 包	$3.15/包

9.4 弹式量热器用于确定化学反应所释放出的能量。弹式量热器的热容用各个成分的质量与其热量的乘积之和定义，或

$$CP = \sum_{i=1}^{n} m_i C_i$$

其中，m_i 为成分 i 的质量，单位为克（g）；C_i 为成分 i 的热容，单位为 J/gK；CP 为总热容，单位为 J/K。

使用表 P9.4 中的热量数据计算弹式量热器的总热容。

表 P9.4　热量数据

成　分	质　量	热 容 量
钢	250 g	0.45 J/gK
水	100 g	4.2 J/gK
铝	10 g	0.90 J/gK

9.5 有机化合物的基本成分为碳、氢和氧，因此，有机化合物也称为碳氢化合物。有机物的分子量 MW 等于每个元素的原子数 Z 与原子量 AW 的乘积之和。

$$MW = \sum_{i=1}^{n} AW_i \cdot Z_i$$

碳、氢和氧的原子量分别近似为 12, 1, 16。乙醇(C_2H_5OH)包含 2 个碳原子，1 个氧原子和 6 个氢原子，用点积计算乙醇的分子量。

9.6 通常把空气看成一种单质，它的分子量(摩尔质量)是由各种不同气体分子量的平均值所决定的。在误差允许范围内，可以认为空气中只包含氮气、氧气和氩气，利用这三种气体的分子量可以近似估算空气的分子量。根据表 P9.6 提供的数据，利用点积运算近似计算空气的分子量。

表 P9.6　空气的组成

成　分	比　例	分 子 量
氮气	0.78	28 g/mol
氧气	0.21	32 g/mol
氩气	0.01	40 g/mol

9.7 计算下面两组矩阵的矩阵乘法 $A*B$：

(a) $A = \begin{bmatrix} 12 & 4 \\ 3 & -5 \end{bmatrix}$, $B = \begin{bmatrix} 2 & 12 \\ 0 & 0 \end{bmatrix}$　　(b) $A = \begin{bmatrix} 1 & 3 & 5 \\ 2 & 4 & 6 \end{bmatrix}$, $B = \begin{bmatrix} -2 & 4 \\ 3 & 8 \\ 12 & -2 \end{bmatrix}$

并验证 $A*B$ 不等于 $B*A$。

9.8 购物单如表 P9.8 所示。各种物品的单价如下：

项　目	单　价
牛奶	$3.50/加仑
鸡蛋	$1.25/打
谷物	$4.25/盒
汤	$1.55/罐
饼干	$3.15/包

表 P9.8　Ann 和 Fred 的购物清单

项　目	**Ann** 的数量	**Fred** 的数量
牛奶	2 加仑	3/加仑
鸡蛋	1 打	2/打
谷物	2 盒	1/盒
汤	5 罐	4/罐
饼干	1 包	3/包

计算每位购物者的花费。

9.9 用弹式量热器进行了一系列试验，每次试验的用水量也不同，根据表 P9.8 的数据，使用矩阵乘法计算每次试验量热器的总热容。热容的相关信息由表 P9.9 给出。

表 P9.9　弹式量热器的热特性

试　验	水 的 质 量	钢 的 质 量	铝 的 质 量
1	110 g	250 g	10 g
2	100 g	250 g	10 g
3	101 g	250 g	10 g
4	98.6 g	250 g	10 g
5	99.4 g	250 g	10 g

9.10 有机物的分子量 NW 是每个元素的原子数 Z 与原子量 AW 的乘积之和，表示为

$$MW = \sum_{i=1}^{n} AW_i \cdot Z_i$$

表 P9.10 列举了前五种酒精的直系化和物。根据碳、氢和氧的原子量(分别是 12、1 和 16)，采用矩阵乘法计算每种酒精的分子量(准确说是分子质量)。

表 P9.10　酒精化合物

名　　称	碳	氢	氧
甲醇	1	4	1
乙醇	2	6	1
丙醇	3	8	1
丁醇	4	10	1
戊醇	5	12	1

9.11 已知数组

$$A = \begin{bmatrix} -1 & 3 \\ 4 & 2 \end{bmatrix}$$

(a) 利用数组的幂运算求 A 的二次方。

(b) 利用矩阵的幂运算求 A 的二次方。

(c) 解释为什么两种运算的结果不一样。

9.12 使用 pascal 函数创建名为 A 的 3×3 矩阵：

```
pascal(3)
```

(a) 利用数组的幂运算求 A 的三次方。

(b) 利用矩阵的幂运算求 A 的三次方。

(c) 解释为什么两种运算的结果不一样。

9.13 已知数组 $A = [-1\,3; 4\,2]$，利用手工计算和 MATLAB 编程两种方法求 A 的行列式。

9.14 并非所有的矩阵都有逆矩阵。如果一个矩阵的行列式等于 0(即 $|A| = 0$)，那么 A 是奇异矩阵(不存在逆矩阵)。使用行列式函数检验下面各个矩阵是否存在逆矩阵：

$$A = \begin{bmatrix} 2 & -1 \\ 4 & 5 \end{bmatrix} \quad B = \begin{bmatrix} 4 & 2 \\ 2 & 1 \end{bmatrix} \quad C = \begin{bmatrix} 2 & 0 & 0 \\ 1 & 2 & 2 \\ 5 & -4 & 0 \end{bmatrix}$$

若存在逆矩阵，则计算它的逆矩阵。

9.15 计算图 P9.15 中作用于支点的力矩。使用三角尺测量位置矢量和力矢量在 x 与 y 轴方向上的分量。力矩可以视为叉积的计算结果：

$$M_0 = r \times F$$

200 磅的力垂直作用于沿杠杆方向距离支点 20 英尺的位置。杠杆与水平面成 60°角。

9.16 计算固定在墙壁上托架的力矩。托架结构如图 P9.16 所示。它离墙壁 10 英寸，离地面 5 英寸。一个 35 磅的力作用于托架，该力与水平方向成 55°角。计算结果的单位要求用英尺-磅表示，要求做单位换算。

9.17 一个矩形搁板通过两个支架固定在墙上，两个支架分别位于 A 和 B 两点，相隔 12 英寸，如图 P9.17 所示。一个 10 磅重的物体通过绳子悬挂于搁板边缘的 C 点，计算 C 点重物在 A 点和 B 点产生的力矩。

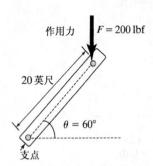

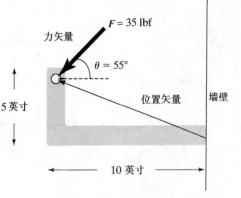

图 P9.15　作用于杠杆原点的力矩　　　　　　　图 P9.16　固定在墙上的托架

通过两次计算分别得到每个支架的力矩。创建 2×3 的位置矢量矩阵和 2×3 的力矢量矩阵，矩阵的每一行对应不同的支架。用函数 cross 得到一个 2×3 的矩阵，该矩阵的每一行分别对应不同支架的力矩。

9.18　分别使用矩阵左除和逆矩阵两种方法求解下面的方程组：

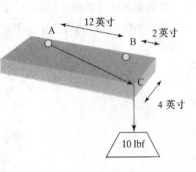

(a) $-2x + y = 3$
　　$x + y = 10$

(b) $5x + 3y - z = 10$
　　$3x + 2y + z = 4$
　　$4x - y + 3z = 12$

(c) $3x + y + z + w = 24$
　　$x - 3y + 7z + w = 12$
　　$2x + 2y - 3z + 4w = 17$
　　$x + y + z + w = 0$

图 P9.17　计算三维空间中的力矩

9.19　通常情况下求解方程组时，利用矩阵左除要比矩阵逆运算所得到的结果更快更准确。分别使用两种方法求解下面的方程组，并用函数 tic 和 toc 来记录执行时间。

$$3x_1 + 4x_2 + 2x_3 - x_4 + x_5 + 7x_6 + x_7 = 42$$
$$2x_1 - 2x_2 + 3x_3 - 4x_4 + 5x_5 + 2x_6 + 8x_7 = 32$$
$$x_1 + 2x_2 + 3x_3 + x_4 + 2x_5 + 4x_6 + 6x_7 = 12$$
$$5x_1 + 10x_2 + 4x_3 + 3x_4 + 9x_5 - 2x_6 + x_7 = -5$$
$$3x_1 + 2x_2 - 2x_3 - 4x_4 - 5x_5 - 6x_6 + 7x_7 = 10$$
$$-2x_1 + 9x_2 + x_3 + 3x_4 - 3x_5 + 5x_6 + x_7 = 18$$
$$x_1 - 2x_2 - 8x_3 + 4x_4 + 2x_5 + 4x_6 + 5x_7 = 17$$

如果计算机的运算速度很快，就不能发现两种方法在执行时间上的差异。如果想找到两者的区别，需要求解更复杂的方程组。

9.20　在例 9.5 中，图 9.5 中的电路图可以用下面的线性方程组表示：

$$(R_2 + R_4)i_1 + (-R_2)i_2 + (-R_4)i_3 = V_1$$
$$(-R_2)i_1 + (R_1 + R_2 + R_3)i_2 + (-R_3)i_3 = 0$$
$$(-R_4)i_1 + (-R_3)i_2 + (R_3 + R_4 + R_5)i_3 = 0$$

先利用矩阵的逆运算求解该方程组，再利用矩阵左除的方法重新求解方程。

9.21　水、乙醇和甲醇三种混合液体流入一个处理设备进行分离处理。处理设备流出两种液体，每种液体所含有的成分各不相同，如图 P9.21 所示。

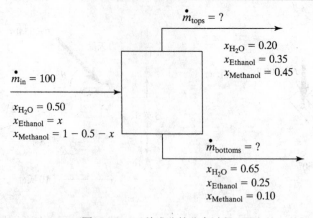

图 P9.21　三种成分的分离过程

计算流入分离器液体的质量，以及从分离器上和下两部分流出的液体的质量。

(a) 对于三种不同成分建立物质平衡方程：

水

$$(0.5)(100) = 0.2m_{tops} + 0.65m_{bottoms}$$
$$50 = 0.2m_{tops} + 0.65m_{bottoms}$$

乙醇

$$100x = 0.35m_{tops} + 0.25m_{bottoms}$$
$$0 = -100x + 0.35m_{tops} + 0.25m_{bottoms}$$

甲醇

$$100(1 - 0.5 - x) = 0.45m_{tops} + 0.1m_{bottoms}$$
$$50 = 100x + 0.45m_{tops} + 0.1m_{bottoms}$$

(b) 将(a)中的方程改写为矩阵的形式：

$$A = \begin{bmatrix} 0 & 0.2 & 0.65 \\ -100 & 0.35 & 0.25 \\ 100 & 0.45 & 0.1 \end{bmatrix}, \quad B = \begin{bmatrix} 50 \\ 0 \\ 50 \end{bmatrix}$$

(c) 用 MATLAB 求解该线性方程组。

第10章 其他类型的数组

学习目的

通过阅读本章，读者可以掌握如下内容：

- 理解 MATLAB 中不同类型的数据。
- 创建和使用数值型和字符型数组。
- 创建多维数组并能从这些数组中访问数据。
- 创建和使用元胞数组和结构数组。

引言

在 MATLAB 环境中，标量、矢量和二维矩阵都用于存储数据。实际上，所有这些数据都是二维的。因此，

```
A = 1;
```

创建一个标量，

```
B = 1:10;
```

创建一个矢量，

```
C = [1,2,3;4,5,6];
```

创建一个二维矩阵，它们仍然都是二维数组。观察图 10.1，如果每个变量的大小都用二维矩阵表示，那么，A 为 1×1 矩阵，B 为 1×10 矩阵，C 为 2×3 矩阵，各个变量的类型也相同，都是"双精度"数据，比双精度浮点数要短。

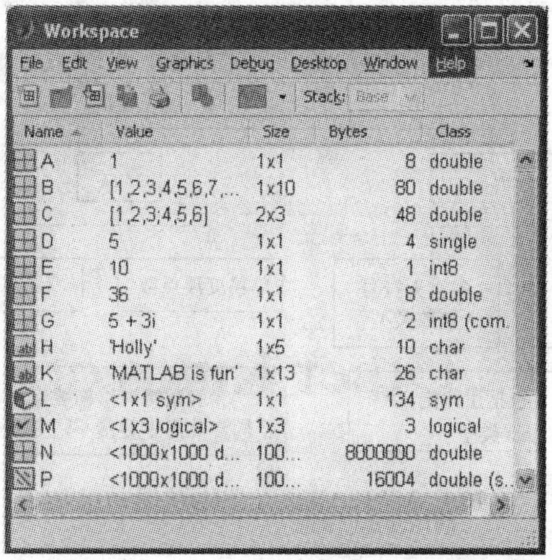

图 10.1 MATLAB 支持多种数组类型

MATLAB 不仅能够建立多维矩阵，还可以存储字符型数据以及非双精度浮点数据。本章重点介绍 MATLAB 支持的数据类型，并探讨如何在程序中储存和使用这些数据。

10.1　数据类型

在 MATLAB 中主要的数据类型是数组或矩阵。MATLAB 支持许多不同的辅助数据类型数组。由于 MATLAB 是在 C 环境下编写的，所以它的许多数据类型与 C 语言一致。通常一个数组中的数据必须具有相同的数据类型，而且，MATLAB 能够转换数据和数组的类型，将不同类型的数据存储在同一数组中(元胞数组和结构数组)。

MATLAB 中的数据类型如图 10.2 所示。主要包括数值、字符、逻辑和符号等类型。每种类型的数据可以存储在指定类型的数组中，也可以存储在任意类型的数组中。元胞数组和结构数组都属于后者(见图 10.3)。

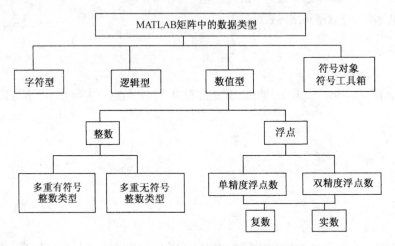

图 10.2　MATLAB 可存储的数据类型

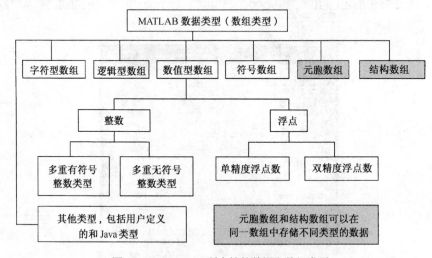

图 10.3　MATLAB 所支持的数据和数组类型

10.1.1　数据类型

双精度浮点数

在 MATLAB 中默认的数据类型是 IEEE 754 标准定义的双精度浮点数(IEEE 是电气和电子工程协会的英文缩写，是电气工程的专业组织)。创建变量 A：

```
A = 1;
```

IEEE：电气电子工程协会。

如图 10.1 所示，在工作区窗口中列出该变量，它的类型是"双精度"型。数据需要 8 字节的存储空间，每字节有 8 位。变量 A 的数值为 1，它要求 64 位的存储空间。同理可知，图 10.1 中的变量 B 和 C 需要多少存储空间：

```
B = 1:10;                C=[1,2,3; 4,5,6];
```

关键概念：MATLAB 支持多种数据类型。

每个数值需要 8 字节存储。变量 B 有 10 个数值，需要 80 字节。变量 C 有 6 个数值，需要 48 字节。可以使用函数 realmax 和 realmin 来确定能够使用的最大双精度浮点数。

```
realmax
ans =
  1.7977e+308
realmin
ans =
  2.2251e-308
```

如果输入数据的绝对值大于 realmax，或者计算出的数值结果超出此范围，则 MATLAB 将指定这个值为正或负无穷大：

```
x = 5e400
x =
   Inf
```

同样，如果输入数值的绝对值小于 realmin，则 MATLAB 指定该值为零：

```
x = 1e-400
x =
   0
```

单精度浮点数

单精度浮点数是 MATLAB 7 中的一种新的数据类型。单精度浮点数只占用双精度浮点数存储空间的一半，因此只能存储一半的信息。每个数据只需要 4 字节存储，即 $4 \times 8 = 32$ 位的存储空间，如图 10.1 所示。定义 D 为一个单精度数：

```
D = single(5)
D =
    5
```

关键概念：单精度浮点数只占用双精度浮点数存储空间的一半。

用函数 single 把数值 5(默认类型为双精度)定义成一个单精度数。同样，函数 double 可以将变量转换为双精度数，如语句

```
double(D)
```

把变量 D 转换为双精度数。

由于单精度数只占用一半的存储空间，因此单精度数的数值范围比双精度数的数值范围小，可以用函数 realmax 和 realmin 来显示其数值范围：

```
realmax('single')
ans =
  3.4028e+038
realmin('single')
```

```
ans =
   1.1755e-038
```

关键概念: 大多数工程问题使用双精度浮点数。

用户不必进行单精度数转换,因为计算机为应用程序提供了足够的存储空间,并且会在极短的时间内完成计算。然而,在进行数值分析时,把双精度数据转换成单精度数据将会缩短求解复杂问题的运行时间。

用单精度数计算双精度问题会产生舍入误差。下面用实例演示舍入误差造成的后果。已知级数

$$\sum\left(\frac{1}{1}+\frac{1}{2}+\frac{1}{3}+\frac{1}{4}+\frac{1}{5}+\frac{1}{6}+\cdots+\frac{1}{n}+\cdots\right)$$

该级数等于数列各项的和,称为调和级数,用下面的简化符号表示调和级数:

$$\sum_{n=1}^{\infty}\frac{1}{n}$$

调和级数发散是指数据项越多,相加后级数就越大。用下面的命令表示调和级数的前 10 项:

```
n = 1:10;
harmonic = 1./n
```

如果用有理数方式显示,结果是分数:

```
format rat
harmonic =
  1   1/2    1/3    1/4    1/5    1/6    1/7    1/8    1/9    1/10
```

也可以用 4 位有效数字显示,即用小数表示:

```
format short
harmonic =
1.0000  0.5000  0.3333  0.2500  0.2000  0.1667  0.1429
        0.1250  0.1111  0.1000
```

无论在屏幕上用哪种数据形式显示,它们在计算机内部都是以双精度浮点数的形式存储的。通过计算级数的部分和可以看到项数增加对部分和的影响:

```
partial_sum = cumsum(harmonic)
partial_sum =
 Columns 1 through 6
  1.0000   1.5000   1.8333   2.0833   2.2833   2.4500
 Columns 7 through 10
  2.5929   2.7179   2.8290   2.9290
```

累加和函数(cumsum)可以计算数组中显示的这几个元素之和。上述计算中第 3 列的数据是输入数组 harmonic 中 1 至 3 列元素之和。调和数组中元素数量越多,数组部分和就越大。

在计算过程中,harmonic 的数值越来越小。当 n 足够大时,计算机将无法区分 1/n 的值与零的差别。相对于双精度运算来说,在单精度运算中很快就会出现这种情况。令数组中 n 的值很大,对这一性质加以印证:

```
n = 1:1e7;
harmonic = 1./n;
partial_sum = cumsum(harmonic);
```

计算机可能需要较长的时间来计算。因为在 MATLAB 中双精度是默认的数据类型,所以采用双精度数运算。利用绘图函数将计算结果可视化,由于数据太多(实际上有 1000 万个),所以,每一千个数据选择一个数据点,代码如下:

```
m = 1000:1000:1e7;
partial_sums_selected = partial_sum(m);
plot(partial_sums_selected)
```

转换成单精度运算后，重复上述过程。因为运算速度还取决于系统中可用内存的多少，在进行这一步之前需要清计算机内存。程序代码为

```
n = single(1:1e7);
harmonic = 1./n;
partial_sum = cumsum(harmonic);
m = 1000:1000:1e7;
partial_sums_selected = partial_sum(m);
hold on
plot(partial_sums_selected,':')
```

关键概念：单精度运算的舍入误差远大于双精度运算。

运算结果如图10.4所示，实线表示双精度运算的求和结果，虚线表示单精度运算的求和结果。可以看出，单精度运算结果的曲线比较平直，当数据项变得非常小时，计算机将其等同于零对待。然而，采用双精度运算时，并没有出现这种情况。

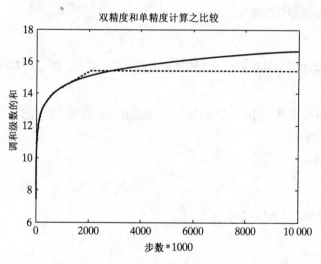

图 10.4　单精度运算的舍入误差导致调和级数求和运算迅速恶化

整数

传统上，整数用于计数。比方说，一个房间里不能有 2.5 人，数组中不能指定 1.5 个元素。MATLAB 支持 8 种不同类型的整数，无论是有符号整数还是无符号整数，数据类型不同分配的存储空间也不同，存储空间越大数值范围也就越大。表 10.1 列出了 8 种整数类型。

因为 8 位是 1 字节，所以，采用如下代码指定 E 的数据类型作为 int8：

```
E = int8(10)
E =
   10
```

变量 E 只需要 1 字节的存储空间，如图 10.1 所示。

利用函数 intmax 可以确定不同整数类型的最大值。输入

```
intmax('int8')
ans =
   127
```

表示 8 位有符号整数的最大值是 127。

关键概念：整数通常用来存储图像数据。

表 10.1　　MATLAB 的整数类型

8 位有符号整数	int8	8 位无符号整数	uint8
16 位有符号整数	int16	16 位无符号整数	uint16
32 位有符号整数	int32	32 位无符号整数	uint32
64 位有符号整数	int64	64 位无符号整数	uint64

四种有符号整数类型需要分配存储空间来指定数据是正还是负。四个无符号整数类型都假设数值是正的，因此不需要存储数据的符号信息，这样就有更多的存储空间用来存储数值本身。代码

```
intmax('uint8')
ans =
 255
```

表明最大的 8 位无符号整数是 255。

整数数组常用于存储图像信息。图像信息数据量很大，但颜色的数量有限。用无符号整数数组来表示图像数据可以显著降低存储容量。

复数

复数默认的存储类型是双精度数，因为实部和虚部都需要储存，所以，需要两倍的存储空间：

```
F = 5+3i;
```

存储一个双精度的复数需要 16 字节(=128 位)。复数也可以存储为单精度或整数类型(见图 10.1)，下面的代码说明了这一点：

```
G = int8(5+3i);
```

练习 10.1

1. 将下列数字输入到不同类型的数组中：

$$[1, 4, 6; 3, 15, 24; 2, 3, 4]$$

a. 数组 A 为双精度浮点型

b. 数组 B 为单精度浮点型

c. 数组 C 为有符号整数型(任选一种类型)

d. 数组 D 为无符号整数型(任选一种类型)

2. 用 A 加 B 创建新矩阵 E：

$$E = A + B$$

其结果是何种类型？

3. 定义 x 和 y 为整数类型，x 值等于 1，y 值等于 3。

a. x/y 的结果是什么？

b. 结果的数据类型是哪一种？

c. 当 x 定义为整数 2，y 定义为整数 3 时，做除法运算会得到怎样的结果？

4. 用函数 intmax 确定所定义的各种数据类型的最大值(包含 8 种整数类型)。

5. 用 MATLAB 确定所定义的各种数据类型的最小值(包含 8 种整数类型)。

10.1.2　字符和字符串数据

除了存储数值变量外，MATLAB 还可以存储字符信息。为了和变量名区别开，字符串放在单引号之间。输入字符串

```
H ='Holly';
```

可以创建一个 1×5 的字符数组。在数组中每个字母是一个独立的元素，如下所示：

```
H(5)
ans =
   y
```

在 MATLAB 中，任何字符串都代表一个字符数组。因此，

```
K = 'MATLAB is fun'
```

是一个 1×13 的字符数组。注意，单词之间的空格也为字符。同样，在图 10.1 中，变量名称字段中显示的符号 "abc"，表明变量 H 和 K 是字符数组。在字符数组中每个字符都需要 2 字节的存储空间。

关键概念：包括空格在内，每个字符在数组中都是一个独立的元素。

在计算机中，任何信息都是用 1 和 0 存储的。有 ASCII 码和 EBCDIC 码两种主要的编码方法。大多数小型计算机使用 ASCII 编码方案，许多大型计算机机和超大型计算机使用 EBCDIC 编码方案。把 0 和 1 视为以 2 为基数的二进制数，从这个意义上讲，计算机所有的信息都以数值形式存储。每个二进制数都有与之对应的十进制数，前几个数字的对应关系列于表 10.2 中。

表 10.2　二-十进制转换

二　进　制	十　进　制	二　进　制	十　进　制
1	1	101	5
10	2	110	6
11	3	111	7
100	4	1000	8

ASCII：美国信息交换标准代码是一种计算机信息交换的标准代码。

每一个 ASCII（或 EBCDIC）字符既可以用二进制数表示，也可以用十进制数表示。在 MATLAB 中，将字符型转换成双精度后得到的数相当于是 ASCII 码所代表的十进制数。因此，

```
double('a')
ans =
   97
```

EBCDIC：扩展二-十进制交换码是一种用于计算机信息交换的标准代码。

相反，函数 char 可以把双精度数转换为用十进制 ASCII 码表示的字符，例如

```
char(98)
ans =
   b
```

二进制：只使用 0 和 1 的代码序列。

如果创建的矩阵中既包含数值又包含字符，那么，MATLAB 会将所有数据转换为字符类型：

```
['a',3]
ans =
   a□
```

上面的方形符号相当于十进制数的 3。

如果在数学运算中既有数值又有字符，那么，MATLAB 将字符转换成相对应的十进制数：

```
'a' + 3
ans =
   100
```

由于'a'相当于十进制的 97，所以，问题转换为

$$97 + 3 = 100$$

练习 10.2

1. 创建一个包含姓名的字符数组。
2. 字母 g 的十进制数是多少？
3. 大小写字母的 ASCII 码值相差 32(大写字母在前)。使用内置函数将字符串'matlab'转化为大写的'MATLAB'。

10.1.3　符号数据

符号工具箱使用符号数据进行符号代数运算。用函数 sym 创建一个符号变量：

```
L = sym('x^2-2')
L =
x^2-2
```

符号对象的存储空间取决于符号对象的大小。数学表达式中常使用符号对象数组。图 10.1 中的 L 是 1×1 的符号变量数组，它的图标是一个立方体。

10.1.4　逻辑数据

逻辑数组从表面上看是由 0 和 1 构成的数组，在 MATLAB 以及其他计算机语言中都采用数字 1 和 0 分别表示 true 和 false：

```
M = [true,false,true]
M =
    1    0    1
```

关键概念：计算机语言使用数字 0 表示 false，数字 1 表示 true。

在 MATLAB 中并不采用上面这种方法创建逻辑数组。一般情况下，逻辑数组是逻辑运算的结果。例如，

```
x = 1:5;
y = [2,0,1,9,4];
z = x>y
```

返回结果

```
z =
    0    1    1    0    1
```

运算结果的含义是，对于条件 x > y，元素 1 和 3 不满足，结果是 false；元素 2、3 和 5 满足，结果是 true。这样的数组常用于逻辑函数中，用户一般看不到。例如，

```
find(x>y)

ans =
    2    3    5
```

说明 x 数组的元素 2、3 和 5 比 y 数组中对应的元素大，没必要对逻辑运算的结果进行分析。代表逻辑数组的图标是一个对钩标记，如图 10.1 中的变量 M 所示。

10.1.5　稀疏数组

双精度数组和逻辑数组都能够用全矩阵或稀疏矩阵的形式存储。稀疏矩阵中的元素大多数都为零，单位矩阵就是稀疏矩阵的一个例子。若用全矩阵的形式存储稀疏矩阵，那么，每个元素值无论是

否为零都需要 8 个字节的存储空间。但事实上，稀疏矩阵只需保存非零元素值以及该元素的位置信息，而不存储零元素，这种矩阵存储策略可以节省大量的内存。

定义一个 1000×1000 的单位矩阵，具有 100 万个元素：

```
N = eye(1000);
```

每个元素需要 8 个字节表示，储存此矩阵需要 8 MB 的容量。如果将其转换为稀疏矩阵，则可以节省存储空间。执行代码为

```
P = sparse(N);
```

在图 10.1 的工作区窗口中，数组 P 只需要 16 004 字节的存储空间。在数值计算中稀疏矩阵可像全矩阵一样使用，稀疏矩阵的图标为一组对角线。

10.2　多维数组

当数据需要按二维或二维以上的多维数组形式存储时，MATLAB 将在另一个的页面上表示数据。将以下四个二维数组变成一个三维数组：

```
x = [1,2,3;4,5,6];
y = 10*x;
z = 10*y;
w = 10*z;
```

需要分别定义每一页的内容：

```
my_3D_array(:,:,1) = x;
my_3D_array(:,:,2) = y;
my_3D_array(:,:,3) = z;
my_3D_array(:,:,4) = w;
```

每一条语句代表一页数据的所有行和所有列。

利用下面的代码调用 my_3D_array：

```
my_3D_array
```

运行结果为

```
my_3D_array
my_3D_array(:,:,1) =
   1    2    3
   4    5    6
my_3D_array(:,:,2) =
  10   20   30
  40   50   60
my_3D_array(:,:,3) =
  100   200   300
  400   500   600
my_3D_array(:,:,4) =
   1000    2000    3000
   4000    5000    6000
```

图 10.5 是对多维数组的形象表示，三维以上的数组也使用类似的方式建立。

练习 10.3

1. 创建一个三维数组，其中包含：一个 3×3 的魔方矩阵，一个 3×3 的零矩阵和一个 3×3 的 1 矩阵。

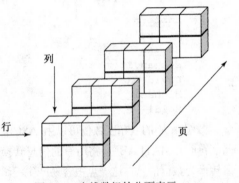

图 10.5　多维数组的分页表示

2. 使用三重索引 A(m, n, p) 确定练习 1 中所创建矩阵的第 1 页，第 3 行，第 2 列的元素。

3. 计算矩阵中所有页第 2 行，第 3 列的数值。

4. 计算矩阵中所有页所有行中第 3 列的数值。

10.3 字符数组

当每行字符元素个数相等时，可以创建二维字符数组。下面列出的名字不能直接创建二维字符数组，因为名字的长度不相同。

```
Q = ['Holly';'Steven';'Meagan';'David';'Michael';'Heidi']
??? Error using ==> vertcat
All rows in the bracketed expression must have the same
number of columns.
```

函数 char 可以用空格对字符数组进行 "填充"，以保证每行具有相同数量的元素：

```
Q = char('Holly','Steven','Meagan','David','Michael','Heidi')

Q =
Holly
Steven
Meagan
David
Michael
Heidi
```

Q 是 6×7 的字符数组。在函数 char 中每个字符串之间用逗号隔开。

不仅字母可以储存在 MATLAB 的字符数组中，任何在键盘上可以找到的符号或数字都可以存储为字符。利用这种性质创建的表格从表面上看既包括字符又包含数值，但实际上都是字符类型。

字符数组 Q 是学生姓名，数组 R 是考试分数：

```
R = [98;84;73;88;95;100]

R =

    98
    84
    73
    88
    95
   100
```

利用下述语句可以将这两个数组合并在一起，但是，因为它们具有不同的数据类型，所以，合并后的结果非常奇怪：

```
table = [Q,R]

table =
Holly  b
Steven T
Meagan I
David  X
Michael_
Heidi  d
```

数组 R 中的双精度数值可以用 ASCII 字符定义。当在同一个数组中既存储双精度类型数值又存储字符时，MATLAB 会将所有的信息转换为字符类型。但进行数学运算时，MATLAB 会将字符信息转换为数值信息。这一点很容易产生混淆。

函数 num2str 能够将数值转换成字符，利用它可以将双精度矩阵 R 转换成字符矩阵：

```
S = num2str(R)
S =
 98
 84
 73
 88
 95
100
```

矩阵 R 和 S 看起来一样，但在工作区窗口中显示的内容是不同的，如图 10.6 所示。可以看出，矩阵 R 是一个 6×1 双精度数组，而 S 是 6×3 的字符数组，显示如下：

```
space    9    8
space    8    4
space    7    3
space    8    8
space    9    5
1        0    0
```

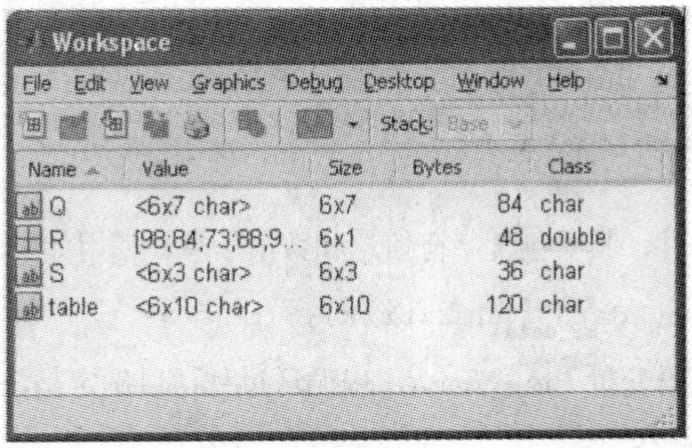

图 10.6　利用函数 num2str 实现数值到字符的转换，并将字符矩阵和数值矩阵合并在一个数组中

现在将 Q 和 S 合并起来：

```
table = [Q,S]

table =
Holly     98
Steven     4
Meagan    73
David     88
Michael   95
Heidi    100
```

结果显示采用等间隔的字体，使用 MATLAB 对字体进行控制。若选择比例字体，如 Times New Roman，那么，显示的列就参差不齐。

使用函数 disp 显示执行结果

```
disp([Q,S])

Holly     98
Steven    84
Meagan    73
David     88
Michael   95
Heidi    100
```

提　　示

在最长的字符串后输入空格，这样当创建字符数组时，字符信息和数值信息之间就会有一个空格。

字符数组和函数 num2str 可以用于建立文件名。当保存数据到.dat 或.mat 文件中去时，由于事先不知道需要多少文件，所以。需要用下列方式完成文件的命名：

```
my_data1.dat
my_data2.dat
my_data3.dat 等
```

关键概念：用函数 num2str 把字符和数值数组合并在一起，创建数据文件名。

把一个大小未知的数据文件 some_data 导入 MATLAB，利用该文件的每列数据创建新的文件：

```
load some_data
```

用函数 size 确定文件的大小：

```
[rows,cols] = size(some_data)
```

如果将每一列数据都存储在各自的文件中，则每一列数据都需要一个文件名。利用命令 save 和 for 循环实现此功能：

```
for k = 1:cols
    file_name = ['my_data',num2str(k)]
    data = some_data(:,k) '
    save(file_name,'data')
end
```

按列循环执行，创建一个文件，其中包含字符信息和数值信息，使用如下的语句：

```
file_name = ['my_data',num2str(k)];
```

该语句把一个字符数组赋值给变量 file_name，由循环过程可以确定是 my_data1 还是 my_data2。函数 save 的输入为字符，输入

```
save(file_name,'data')
```

在命令行中，file_name 是一个字符变量，'data'用单引号括起来了表明是字符串。若在一个 5×3 的随机数矩阵文件中运行前面的 for 循环，则会得到如下结果：

```
rows =
    5
cols =
    3
file_name =
my_data1
data =
    -0.4326   -1.6656    0.1253    0.2877   -1.1465
file_name =
my_data2
data =
    1.1909    1.1892   -0.0376    0.3273    0.1746
file_name =
my_data3
data =
    -0.1867    0.7258   -0.5883    2.1832   -0.1364
```

此时，当前目录包含三个新的文件。

练习 10.4

1. 创建字符矩阵 names，此矩阵应有 9 行，分别表示所有行星的名字。
2. 行星分为小型岩石行星和巨型气体行星两类。创建一个名为 type 的字符矩阵，为每一行星分类。
3. 创建一个有 9 行空格的字符矩阵，一个空格占一行。

4. 将所创建的矩阵合并起来，创建一个包含行星名称和行星类型的表格，名称和类型中间用空格分开。

5. 在网上查到每个行星的质量，并将信息存入矩阵 mass 中（或者使用例 10.2 中的数据）。然后，用函数 num2str 将数值数组转换为字符数组，并添加到表格中。

例 10.1　创建简单的密码序列

在电子时代保持信息的私密性变得越来越困难。一种解决方法是将信息加密，加密后使未授权人得到信息也看不懂信息的内容。现代密码技术极其复杂，但是，用存储于 MATLAB 中的字符信息可以创建简单的密码。在字符信息中加上一个固定整数，就可以将字符串转换为一种难以理解的内容。

1. 问题描述

对字符串信息进行加密的编解码。

2. 输入/输出描述

输入　　命令窗口输入的字符信息

输出　　编码信息

3. 手工分析

小写字母 a 等于十进制数 97，如果将 a 加上 5，并将它转换为字符，则 a 变为字母 f。

4. MATLAB 实现

```
%Example 10.1
%Prompt the user to enter a string of character information.
A=input('Enter a string of information to be encoded: ')
encoded=char(A+5);
disp('Your input has been transformed!');
disp(encoded);
disp('Would you like to decode this message?');
response=menu('yes or no?','YES','NO');
switch response
  case 1
    disp(char(encoded-5));
  case 2
    disp('OK - Goodbye');
end
```

5. 结果验证

运行程序并观察结果。程序提示用户输入信息，此输入的字符串必须用单引号括起来：

```
Enter a string of information to be encoded:
'I love rock and roll'
```

信息输入完毕后，一旦按回车键，程序会做出如下响应：

```
Your input has been transformed!
N%qt{j%wthp%fsi%wtqq
Would you like to decode this message?
```

因为使用菜单选项作为响应，所以程序执行后弹出菜单窗口。选择 YES 后，程序响应为

```
I love rock and roll
```

若选择 NO，则响应为

```
OK - Goodbye
```

10.4 元胞数组

元胞数组与数值、字符和符号数组不同，它可在同一数组中存储不同类型的数据，数组中每个元素就是一个数组。考虑以下三个不同的数组：

```
A = 1:3;
B = ['abcdefg'];
C = single([1,2,3;4,5,6]);
```

这三个数组具有不同的大小和不同的数据类型。数组 A 是双精度型，数组 B 是字符型，数组 C 是单精度型。使用大括号构造元胞数组(标准数组的创建使用方括号)，将这三个数组合并成一个元胞数组：

```
my_cellarray = {A,B,C}
```

返回结果

```
my_cellarray =
  [1x3 double]    'abcdefg'    [2x3 single]
```

为了节省空间，元胞数组中仅列出相关数组的规模。函数 celldisp 用于显示整个数组的内容：

```
celldisp(my_cellarray)
my_cellarray{1} =
   1    2    3
my_cellarray{2} =
abcdefg
my_cellarray{3} =
   1    2    3
```

元胞数组使用的索引方法与其他数组相同，可以使用单序号索引，也可以使用行和列索引。从元胞数组中提取信息的方法有两种，一种是使用小括号，如

```
my_cellarray(1)
ans =
    [1x3 double]
```

另一种是使用大括号，如

```
my_cellarray{1}
ans =
     1    2    3
```

为了访问储存在元胞数组中的某一特定元素，必须同时使用大括号和小括号，如

```
my_cellarray{3}(1,2)
ans =
    2
```

元胞数组可能会变得相当复杂。函数 cellplot 是一种以图形结构查看数组内容的有效方法，如图 10.7 所示。

```
cellplot(my_cellarray)
```

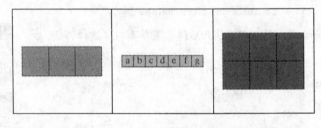

图 10.7 函数 cellplot 提供元胞数组结构的图形化表示功能

元胞数组可用于复杂的编程项目或数据库应用。在普通的工程应用中，元胞数组主要用来存储工程中所涉及的各种数据，以便将来分门别类地使用。

10.5 结构数组

结构数组类似于元胞数组，具有不同数据类型的多个数组可以存储在结构数组中，与存储在元胞数组中一样。结构数组不使用内容索引，结构数组中的每个矩阵存储在一个称为域的位置上。例如，前面元胞数组中使用的三个数组：

```
A = 1:3;
B = ['abcdefg'];
C = single([1,2,3;4,5,6]);
```

创建一个简单的结构数组 my-structure：

```
my_structure.some_numbers = A
```

返回

```
my_structure =
    some_numbers: [1 2 3]
```

关键概念：结构数组能够存储不同数据类型的信息。

结构数组的名称为 my-structure，some-number 为结构数组的一个存储域。将字符矩阵 B 的内容添加到第二个存储域 some-letters 中：

```
my_structure.some_letters = B
my_structure =
    some_numbers: [1 2 3]
    some_letters: 'abcdefg'
```

最后，将矩阵 C 中的单精度浮点数添加至第三个域 some- more-numbers 中：

```
my_structure.some_more_numbers = C
my_structure =
    some_numbers: [1 2 3]
    some_letters: 'abcdefg'
    some_more_numbers: [2x3 single]
```

工作区窗口如图 10.8 所示，结构矩阵是 1×1 的数组，称为 struct，它包含三个不同类型的矩阵。结构数组中有三个域，每个域存储一种数据类型：

some-numbers	双精度数据
some-letters	字符数据
some-more-numbers	单精度数据

在所定义的域中添加更多的矩阵，可以扩大结构数组的规模：

```
my_structure(2).some_numbers = [2 4 6 8]
my_structure =
1x2 struct array with fields:
    some_numbers
    some_letters
    some_more_numbers
```

使用矩阵名称、域名和索引编号访问结构数组的信息，语法类似于所使用的其他类型矩阵。例如，

```
my_structure(2)
ans =
```

```
        some_numbers: [2 4 6 8]
        some_letters: []
   some_more_numbers: []
```

因为没有在域中添加信息，所以，some-letters 和 some-more-numbers 是空矩阵。

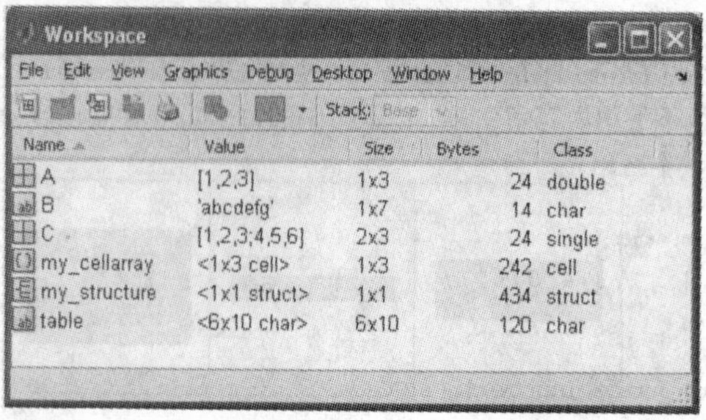

图 10.8   结构数组可以包含不同类型的数据

访问某一个域，需要添加相应的域名：

```
my_structure(2).some_numbers
ans =
    2      4      6      8
```

访问某个域中的元素，则必须在域名后指出该元素的索引号：

```
my_structure(2).some_numbers(2)
ans =
    4
```

用函数 disp 显示结构数组中的元素：

```
disp(my_structure(2).some_numbers(2))
```

返回

```
    4
```

和访问其他类型数组一样，访问结构数组也使用编辑器。在工作区窗口中双击结构数组，打开数组编辑器，如图 10.9 所示。双击编辑器上结构数组中的元素，编辑器显示该元素的内容，如图 10.10 所示。

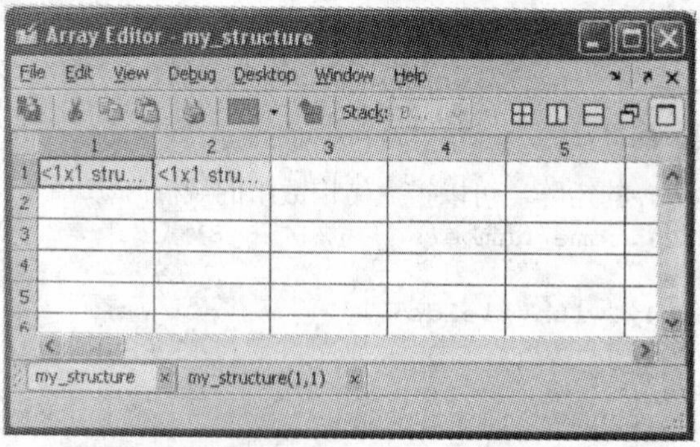

图 10.9   为了节省存储空间数组编辑器仅给出数组的大小信息

结构数组在工程计算中使用得并不广泛，而是常用于数据库管理应用中。由于大量的工程数据往往存储在数据库中，所以结构数组非常有助于数据分析。下面通过实例进一步说明结构数组的运算和使用。

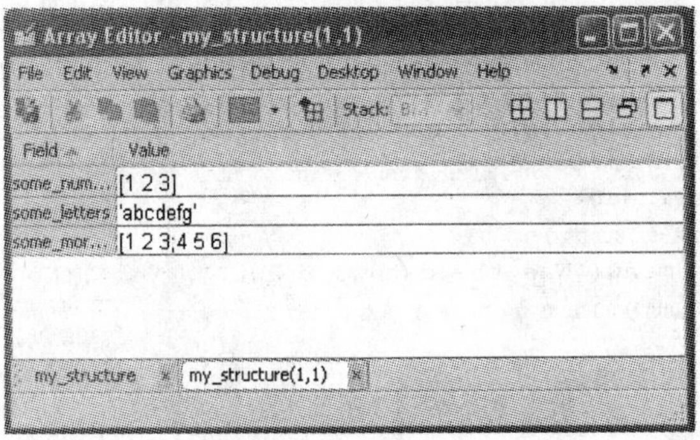

图 10.10 双击数组编辑器中的元素可以显示详细的数据内容

例 10.2 用结构数组存储行星的数据

结构数组的使用类似于数据库。它可以存储数字、字符和 MATLAB 支持的其他类型的数据。创建一个存储关于行星信息的结构数组，并提示用户输入数据。

1. 问题描述

创建一个存储行星数据的结构数组，输入信息如表 10.3 所示。

表 10.3

行 星 名	质量，地球的倍数	年龄，地球年	平均轨道速度，km/s
水星	0.055	0.24	47.89
金星	0.815	0.62	35.03
地球	1	1	29.79
火星	0.107	1.88	24.13
木星	318	11.86	13.06
土星	95	29.46	9.64
天王星	15	84.01	6.81
海王星	17	164.8	5.43
冥王星	0.00 2	247.7	4.74

2. 输入/输出描述

输入

输出 存储数据的结构数组。

3. 手工分析

对于这个问题进行手工计算比较困难，使用流程图更为合理。

4. MATLAB 实现

```
%% Example 10.2
clear,clc
%Create a structure with 4 fields
k = 1;
response = menu('Would you like to enter planetary
data?','yes','no');
while response==1
  disp('Remember to enter strings in single quotes')
  planetary(k).name = input('Enter a planet name in single
    quotes: ');
  planetary(k).mass = input('Enter the mass in multiples of
```

```
      earth''s mass: ');
planetary(k).year = input('Enter the length of the planetary
  year in Earth years: ');
planetary(k).velocity = input('Enter the mean orbital
  velocity in km/sec: ');
%Review the input
planetary(k)
increment = menu('Was the data correct?','Yes','No');
switch increment
  case 1
    increment = 1;
  case 2
    increment = 0;
end
k = k+increment;
response = menu('Would you like to enter more planetary
  data?','yes','no');
end
%%
planetary    %output the information stored in planetary
```

运行程序并输入数据后命令窗口出现一个简单的交互界面。
```
Remember to enter strings in single quotes
Enter a planet name in single quotes: 'Mercury'
Enter the planetary mass in multiples of Earth's mass: 0.055
Enter the length of the planetary year in Earth years: 0.24
Enter the mean orbital velocity in km/sec: 47.89
ans =
    name: 'Mercury'
    mass: 0.0550
    year: 0.2400
    velocity: 47.8900
```

5. 结果验证

输入数据并将数组中的数据与表格内容做比较。作为程序的一部分，将输入值回显在屏幕上，方便用户检查其正确性。如果响应数据错误，那么通过循环语句控制信息进行重写。创建的结构数组 planetary 在工作区窗口中列出。双击 planerary 打开数组编辑器，可以查看数组中所有数据的内容，如图 10.11 所示。同样，也可以更新数组编辑器中的数据。

使用例 10.3 中的结构数组可以完成其他一些计算。结果按如下形式保存：

```
    save    planetary_information    planetary
```

该命令语句将结构数组 planetary 保存至文件 planetary-information.mat 中。

例 10.3　提取并使用结构数组中的数据

结构数组在存储信息方面具有很多优势。第一，可以使用域名来识别数组成分。第二，在数组中添加信息非常方便，并按照分组的形式建立联系。第三，结构数组中的信息不容易产生混乱。对文件 planetary_information.mat 中的数组进行如下操作，可以看到结构数组的以上优势：

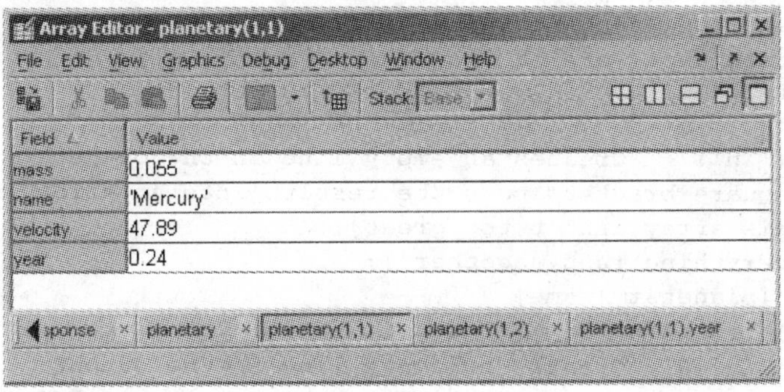

图 10.11　数组编辑器允许访问和修改结构数组中的内容

- 标识和罗列数组中的域名。
- 创建行星名称的列表。
- 创建一个表格表示结构数组中的数据，将域名作为表格的列标题。
- 计算平均轨道速度。
- 找出最大的行星并指出它的名字和大小。
- 计算木星的轨道周期。

1. 问题描述

编写程序完成上面列出的各项任务。

2. 输入/输出描述

输入　　　存储在当前目录中的文件 planetary-information.mat。

输出　　　在命令窗口创建一个报告。

3. 手工分析

利用数组编辑器访问行星结构数组中的信息，以此来完成大部分规定任务，如图 10.12 所示。

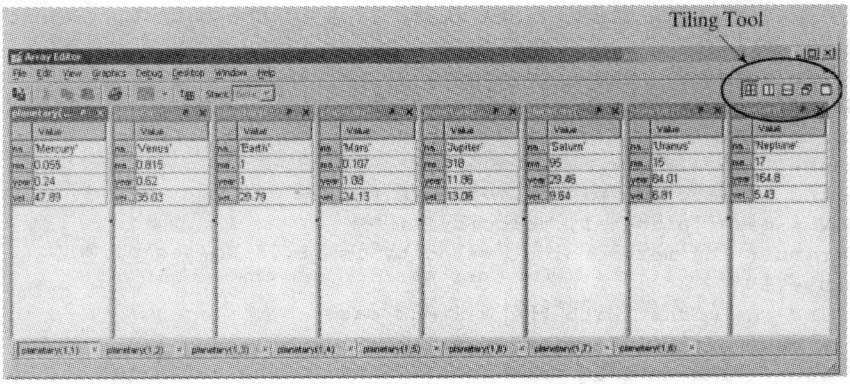

图 10.12　分块选项可以查看结构数组中各元素的内容

4. MATLAB 实现

```
%Example 10.3
clear,clc
load planetary_information
%Identify the field names in the structure array
planetary        %recalls the contents of the structure
                 %array named planetary
pause(2)
```

```
%Create a list of planets in the file
disp('These names are OK, but they''re not in an array');
planetary.name
pause(4)
fprintf('\n')    %Creates an empty line in the output
%Using square brackets puts the results into an array
disp('This array isn''t too great');
disp('Everything runs together');
names = [planetary.name]
pause(4)
fprintf('\n')    %Creates an empty line in the output
%Using char creates a padded list, which is more useful
disp('By using a padded character array we get what we
  want');
names = [char(planetary.name)]
pause(4)
%Create a table by first creating character arrays of all
%the data
disp('These arrays are character arrays too');
mass = num2str([planetary.mass]')
fprintf('\n')    %Creates an empty line in the output
pause(4)
year = num2str([planetary.year]')
fprintf('\n')    %Creates an empty line in the output
pause(2)
velocity = num2str([planetary(:).velocity]')
fprintf('\n')    %Creates an empty line in the output
pause(4)
fprintf('\n')    %Creates an empty line in the output
%Create an array of spaces to separate the data
spaces = ['          ']';
%Use disp to display the field names
disp('The overall result is a big character array');
fprintf('\n')    %Creates an empty line in the output
disp('Planet  mass   year velocity');
table = [names,spaces,mass,spaces,year,spaces,velocity];
disp(table);
fprintf('\n')    %Creates an empty line in the output
pause(2)
%Find the average planet mean orbital velocity
MOV = mean([planetary.velocity]);
fprintf('The mean orbital velocity is %8.2f km/sec\n',MOV)
pause(1)
%Find the planet with the maximum mass
max_mass = max([planetary.mass]);
fprintf('The maximum mass is %8.2f times the earth''s
  \n',max_mass)
pause(1)
%Jupiter is planet #5
%Find the orbital period of Jupiter
planet_name = planetary(5).name;
planet_year = planetary(5).year;
fprintf(' %s has a year %6.2f times the earth''s
  \n',planet_name,planet_year)
```

这个程序的大部分内容包含格式化命令。在分析代码之前，在 MATLAB 中运行程序并观察结果。

5. 结果验证

将从数组中抽取的信息和数组编辑器中获得的信息做比较。如果在文件 `planetary` 中存储的数据量增加时，使用数组编辑器就不是很方便。若有必要，可以随时添加新的域和新的信息。例如，可以在现有的结构数组中增加月球的数据：

```
planetary(1).moons = 0;
planetary(2).moons = 0;
planetary(3).moons = 1;
planetary(4).moons = 2;
planetary(5).moons = 60;
planetary(6).moons = 31;
planetary(7).moons = 27;
planetary(8).moons = 13;
planetary(9).moons = 1;
```

这段代码在结构数组中增加了 `moons` 域，利用下述命令在命令窗口中显示月球的相关信息：

```
disp([planetary.moons]);
```

本章小结

数组是 MATLAB 中的主要数据结构。在数组中，可以存储不同类型的数据。默认的数值数据类型是双精度浮点数，通常称为双精度数。MATLAB 还支持单精度浮点数，以及 8 种不同的整数类型。字符信息也可以存储在数组中，并可以组合成一个字符串。字符串代表一个一维数组，数组中的每个字符都存储在相应的元素中。函数 `char` 用适当数量的空格填充到数组中，可以把不同长度的字符串合并成二维字符数组。MATLAB 中除了有数值和字符数据外，还有符号数据。

所有这些类型的数据都可以用二维数组存储。实际上，标量和矢量都是存储在二维数组中的，只不过它们是单行或单列存储的。在 MATLAB 还可以用多维数组存储数据。每个多维数组的二维切片称为页。

一般来说，存储在一个 MATLAB 数组中的数据应具有相同的类型。如果字符和数值混合存储，则数值会按 ASCII 码的等效十进制数转换为字符。相反，如果合并后的字符和数值进行运算，则字符会转换为 ASCII 码的对应值。

MATLAB 提供元胞数组和结构数组两种数组类型，可以同时存储多种类型的数据。元胞数组使用大括号构造数组，结构数组通过域名进行操作。这两种数组广泛应用于数据库中。

MATLAB 小结

下面列出了本章介绍的 MATLAB 特殊字符、命令和函数：

特殊字符	说　明
{ }	构造元胞数组
' '	字符串(字符信息)
abc	字符数组
⊞	数字数组
▦	符号数组
✓	逻辑数组
⧄	稀疏数组
{}	元胞数组
𝔼	结构数组

命令和函数	说　　明
celldisp	显示元胞数组的内容
char	创建填充字符数组
cumsum	求数组的累加和
double	把数组转换为双精度数组
eye	创建单位矩阵
format rat	用分数形式显示
int16	16 位有符号整数
int32	32 位有符号整数
int64	64 位有符号整数
int8	8 位有符号整数
num2str	将数值型数组转换为字符型数组
realmax	MATLAB 中的最大实数
realmin	MATLAB 中的最小实数
single	将数组转换为单精度数组
sparse	将全矩阵转换为稀疏矩阵
str2nm	将字符型数组转换为数值型数组
uint16	16 位无符号整数
uint32	32 位无符号整数
uint64	64 位无符号整数
uint8	8 位无符号整数

习题

10.1 分别使用双精度和单精度数据类型计算调和级数前 1000 万项之和(不是部分和):

$$\frac{1}{1}+\frac{1}{2}+\frac{1}{3}+\frac{1}{4}+\frac{1}{5}+\frac{1}{6}+\cdots+\frac{1}{n}+\cdots$$

比较结果,并对两种方法的差异做出解释。

10.2 使用类型 int8 定义数组的前 10 个整数,用这些整数计算调和级数的前 10 项。对结果进行说明。

10.3 MATLAB 的默认数据类型是双精度浮点数而不是单精度数或整型数,这种表示方法适用于求解大多数工程计算问题。解释其中的原因。

10.4 根据计算结果 MATLAB 可以自动创建复数,也可以用实部和虚部相加的方法直接输入复数,并且,复数可以存储为任何数据类型。定义两个变量,一个为单精度复数,另一个为双精度的复数,如

```
doublea = 5 + 3i
singlea = single(5+3i)
```

对每个数字进行 100 次方运算。解释运算结果的差异。

10.5 在 Internet 网上查找 ASCII 码和 EBCDIC 码的二进制数值。简要说明两个编码方案的不同。

10.6 数字既可以表示为数值数据又可以表示为字符数据,非常容易产生混乱。用 MATLAB 的字符数组表达数字 85。

(a) 该数组有多少元素?

(b) 什么数值等价于字符 8？

(c) 什么数值等价于字符 5？

10.7　创建下面的阵列：

$$A = \begin{bmatrix} 1 & 2 \\ 3 & 4 \end{bmatrix}, \qquad B = \begin{bmatrix} 10 & 20 \\ 30 & 40 \end{bmatrix}, \qquad C = \begin{bmatrix} 3 & 6 \\ 9 & 12 \end{bmatrix}$$

(a) 将它们合并成一个 2×2×3 的多维数组，并命名为 `ABC`。

(b) 提取每个矩阵的第一列组成 2×3 数组，并命名为 `Column_A1B1C1`。

(c) 提取每个矩阵的第 2 行组成 3×2 数组，并命名为 `Row_A2B2C2`。

(d) 提取第 1 行、第 2 列、第 3 页的数值。

10.8　大学教授要对学生每年的测验成绩进行比较。每年的数据存储在二维数组中。第一年和第二年的数据如下：

Year 1	Question 1	Question 2	Question 3	Question 4
Student 1	3	6	4	10
Student 2	5	8	6	10
Student 3	4	9	5	10
Student 4	6	4	7	9
Student 5	3	5	8	10

Year 2	Question 1	Question 2	Question 3	Question 4
Student 1	2	7	3	10
Student 2	3	7	5	10
Student 3	4	5	5	10
Student 4	3	3	8	10
Student 5	3	5	2	10

(a) 用第一年的数据创建二维数组 `year1`，用第二年的数据创建数组 `year2`。

(b) 将两个数组合并成一个三维数组 `testdata`。

(c) 对三维数组完成下列计算：

● 计算每年每个问题的平均分数，并把结果存储到二维数组中（答案应该是 2×4 数组或 4×2 数组）。

● 用所有的数据计算每个问题的平均分数。

● 提取每年 Question 3 的数据创建一个具有下列格式的数组：

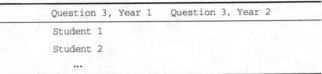

10.9　根据前面的问题描述，如果教师想比较第二次和第三次的测验结果，那么就需要创建一个四维数组。第四维有时也称为抽屉。数组中的所有数据都包含在一个名为 `test_results.mat` 的文件中，与题 10.8 类似，描述这些数据需要 6 个二维数组。数组名称分别为

```
test1year1
test2year1
test3year1
```

```
test1year2
test2year2
test3year2
```

将这些数据合并成如下所示的四维数组:

1 维	(行)	学生
2 维	(列)	问题
3 维	(页)	年份
4 维	(抽屉)	测验

(a) 从第一年的 **Test 3** 中提取 `Student 1`、`Question 2` 的分数。

(b) 创建一个一维数组表示所有年 `Test 2`、`Student 1`、`Question 1` 的分数。

(c) 创建一个一维数组表示第二年 `Test 1`、`Student 2` 所有问题的分数。

(d) 创建一个二维数组表示所有年所有学生 `Test 2`、`Question 3` 的分数。

10.10　(a) 创建一个具有 5 个不同名字的填充字符数组。

(b) 创建名为 `birthday` 的二维数组表示人的生日。如下所示:

```
birthdays=
     6     11     1983
     3     11     1985
     6     29     1986
    12     12     1984
    12     11     1987
```

(c) 用函数 `num2str` 将数组 `birthday` 转换成字符数组。

(d) 用函数 `disp` 显示名字和生日合并起来的表格。

10.11　下面给出的字符数组表示集装箱的尺寸:

```
box_dimensions =

box1 1  3  5
box2 2  4  6
box3 6  7  3
box4 1  4  3
```

该数组是一个 4×12 的字符数组,数值信息以字符的形式存储在数组的第 6 至第 12 列。为了更有效地利用集装箱运送货物,需要计算每个集装箱的体积。使用函数 `str2num` 把字符数组转换成数值数组,并利用这些数据来计算每个集装箱的容量(利用函数 `char` 输入字符数组 `box_dimensions`)。

10.12　文件 `thermocouple.dat` 的内容如下表所示:

Thermocouple 1	Thermocouple 2	Thermocouple 3
84.3	90.0	86.7
86.4	89.5	87.6
85.2	88.6	88.3
87.1	88.9	85.3
83.5	88.9	80.3
84.8	90.4	82.4
85.0	89.3	83.4
85.3	89.5	85.4
85.3	88.9	86.3
85.2	89.1	85.3
82.3	89.5	89.0
84.7	89.4	87.3
83.6	89.8	87.2

(a) 用程序实现:

● 将文件 `thermocouple.mat` 加载到 MATLAB 中。

● 确定文件的行数和列数。

● 分别提取每只热电偶的数据集,单独储存到不同的文件中。文件名分别为 `thermocou-ple1.mat`, `thermocouple2.mat` 等。

(b) 程序应该能够处理任何规模的二维数组,针对每一列数据指定适当的文件名称。

10.13 用户输入字符形式的文本内容,将输入字符所对应的十进制数加 10,然后,把处理结果保存到文件中。编程实现上述功能。

10.14 将一个字符型文件中的字符所对应的十进制数减 10。编程实现上述功能。

10.15 创建一个名为 `sample_cell` 的元胞数组用于存储下列数组

$$A = \begin{bmatrix} 1 & 3 & 5 \\ 3 & 9 & 2 \\ 11 & 8 & 2 \end{bmatrix} \text{(双精度浮点数组)}$$

$$B = \begin{bmatrix} \text{fred} & \text{ralph} \\ \text{ken} & \text{susan} \end{bmatrix} \text{(填充数组)}$$

$$C = \begin{bmatrix} 4 \\ 6 \\ 3 \\ 1 \end{bmatrix} \text{(有符号的 8 位整型数组)}$$

(a) 从 `sample_cell` 中提取数组 A。

(b) 从 `sample_cell` 中提取数组 C 的第三行信息。

(c) 从 `sample_cell` 中提取名字 `fred`。名字 `fred` 是一个 1×4 数组。

10.16 元胞数组不必填充字符就可用于存储字符信息。将下面的每个字符串创建一个单独的字符数组,并将它们存储在元胞数组中。

```
aluminum
copper
iron
molybdenum
cobalt
```

10.17 金属的相关信息如下表所示:

金 属	符 号	原 子 数	原 子 量	密 度	晶 体 结 构
铝	Al	13	26.98	2.71	FCC
铜	Cu	29	63.55	8.94	FCC
铁	Fe	26	55.85	7.87	BCC
钼	Mo	42	95.94	10.22	BCC
钴	Co	27	58.93	8.9	HCP

(a) 创建下列数组:

● 将每种金属的名字存入一个单独的字符数组,并将所有的字符数组存储到一个元胞数组中。

● 将所有金属的符号存入一个填充字符数组。

● 将原子数存入一个 `int8` 整型数组。

- 将原子量存入一个双精度数值数组。
- 将密度存入一个单精度数值数组。
- 将晶体结构存入一个填充的字符数组。

(b) 将(a)中创建的数组合并到一个单精度元胞数组中。

(c) 从元胞数组中提取下列信息：

- 提取已知信息表中第四个元素的名称、原子量和晶体结构。
- 提取数组中所有元素的名字。
- 计算所有元素的平均原子量(从元胞数组中提取用于计算的信息)。

10.18 将题 10.17 中的信息存储到结构数组中。使用创建的结构数组来确定密度最大的元素。

10.19 编写一个程序，由用户输入下列信息，并将信息填加到题 10.18 所创建的结构数组中。

金　属	符　号	原 子 数	原 子 量	密　度	晶 体 结 构
锂	Li	3	6.94	0.534	BCC
锗	Ge	32	72.59	5.32	金刚石立方
金	Au	79	196.97	19.32	FCC

10.20 利用题 10.19 所创建的结构数组找出原子量最大的元素。

第11章 符号代数

学习目的

通过阅读本章，读者可以掌握如下内容：

- 符号变量的创建与运算。
- 数学表达式的分解与化简。
- 符号表达式求解。
- 方程组求解。
- 表达式的符号微分运算。
- 表达式的积分运算。

引言

MATLAB 有多种数据类型，其中包括双精度与单精度数据、字符型数据、逻辑型数据以及符号型数据，所有这些数据都存储在不同的矩阵中。本章将探讨 MATLAB 用户如何对符号矩阵进行运算，以及如何使用符号数据。

MATLAB 的符号功能是基于 Waterloo Maple 公司的 Maple 10 软件。Maple 10 引擎是符号工具箱的一部分。若读者以前曾用过 Maple，那么就会发现很多 MATLAB 符号命令是与之相似的。与 Maple 不同，MATLAB 以矩阵作为主要的数据类型。同时，因为 Maple 工具是嵌入到 MATLAB 中的，所以，它的语法与 MATLAB 基本上一致。

符号工具箱是 MATLAB 7 专业版的可选组件，为了使用下面的例子，并配合内容介绍，必须安装符号工具箱功能。实际上有两个符号工具箱：基本符号数学工具箱和扩展符号数学工具箱。基本符号工具箱包含 100 多个符号函数，足以解决大多数的运算问题。扩展符号工具箱可以允许用户编写直接访问 Maple 的程序。本章中所有的程序都是由基本符号数学工具箱得到。由于它的用途很广，所有 MATLAB 7 的教学版都包含该工具箱的部分功能。对于 MATLAB 的早期版本(Release 2 或更早)，本章中的一些练习可能不支持。因为 MATLAB 每 6 个月升级一次，所以这一问题可用 Release 2007b 来解决。

MATLAB 符号工具箱允许对符号表达式进行化简、符号求解和数值计算。同时，还可以进行微分、积分和线性代数的运算。更先进的功能还包括拉普拉斯变换、傅里叶变换和可变精度运算。

11.1 符号代数

符号代数常用于数学、工程和其他学科中，用符号代数的方法可以求解数学方程式。例如，考虑下面的方程：

$$y = \frac{2(x+3)^2}{x^2+6x+9}$$

初看起来，y 是一个关于 x 的复杂函数。但是，如果把 $(x+3)^2$ 展开，显然该方程是可以化简的。

$$y = \frac{2*(x+3)^2}{x^2+6x+9} = \frac{2*(x^2+6x+9)'}{(x^2+6x+9)} = 2$$

这种化简可以进行也可以不进行，因为，化简导致了一些信息的丢失。例如，当 $x = -3$ 时 y 是没有意义的，因为 $x + 3 = 0$，同样 $x^2 + 6x + 9$ 也等于零。因此，

$$y = \frac{2(-3+3)^2}{9-18+9} = 2\frac{0}{0} = 无意义$$

MATLAB 的符号运算功能可以用于求解方程，分别处理分子和分母。当然，实际工程中的代数式不总是这么简单。例如，考虑下面的方程：

$$D = D_0 e^{-Q/RT}$$

若已知 D_0, Q, R 和 T 的值，则很容易求出 D 的值。但是，若已知 D, Q_0, R 和 Q 的值，则求 T 的值就不那么简单。计算之前必须把 T 移到方程的左边：

$$\ln(D) = \ln(D_0) - \frac{Q}{RT}$$

$$\ln\left(\frac{D}{D_0}\right) = -\frac{Q}{RT}$$

$$\ln\left(\frac{D}{D_0}\right) = \frac{Q}{RT}$$

$$T = \frac{Q}{R\ln(D_0/D)}$$

虽然用手工求解 T 比较棘手，但用 MATLAB 的符号功能进行求解就会很简单。

关键概念： 符号工具箱是专业版的可选组件，但在教学版中是标准组件。

关键概念： MATLAB 简化了方程的符号化求解。

11.1.1 创建符号变量

求解方程的首要任务是创建符号变量。简单的符号变量可以用两种方法创建。创建符号变量 x，输入

```
x = sym('x')
```
或者
```
syms x
```
上面两种方法都可以把字符'x'定义为一个符号变量。复杂的符号变量可以由前面已经定义的符号变量来创建，如下面的表达式：

```
y = 2*(x + 3)^2/(x^2 + 6*x + 9)
```
在工作区窗口(见图11.1)中：，列出了符号变量 x 和 y，而且每个变量的数组大小均为 1×1。

命令 syms 简单易用，它可以同时创建多个符号变量，例如

```
syms Q R T D0
```
这些变量可以用数学的方法组合到一起，创建另一个符号变量 D：

```
D = D0*exp(-Q/(R*T))
```

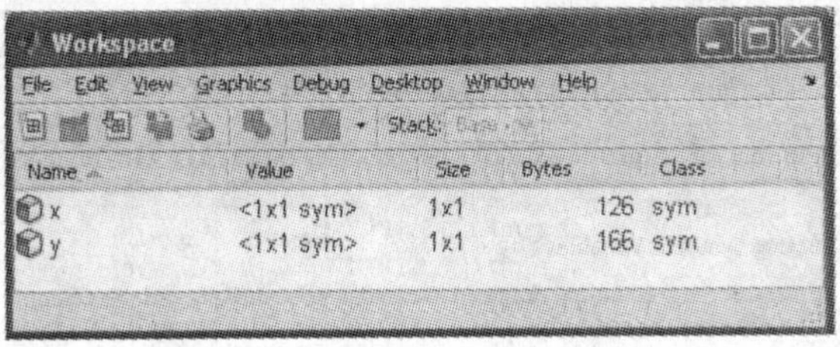

图 11.1 在工作区窗口中定义的符号变量占有一个变量的存储空间

在上面的两个例子中，使用标准的代数运算符号而不是数组运算符号，如 .* 或 .^。数组运算符号定义数组中元素的相关计算，但在这里并不适用。

函数 sym 也可以用于创建完整的表达式或方程。例如，

```
E = sym('m*c^2')
```

创建一个名为 E 的符号变量。变量 m 和 c 没有被定义为符号变量，因此不会在工作区窗口（见图 11.2）中列出。变量 E 被设置为字符串，函数内部要用单引号括起来。

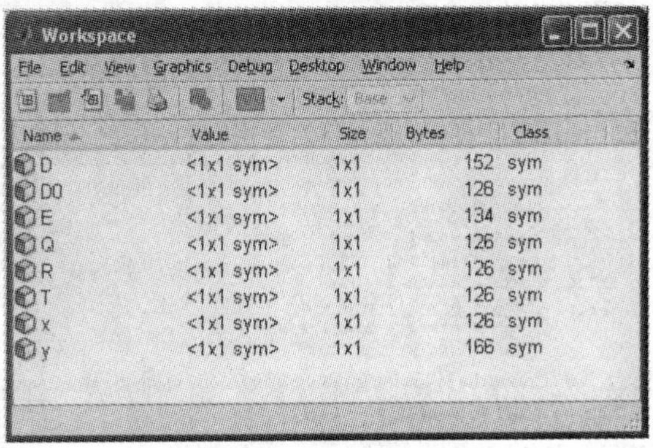

图 11.2 在工作区窗口中只列出了被显式定义的变量

在本例中，设表达式 m*c^2 等于变量 E。同样也可以创建一个完整的方程，并对它命名。例如，定义理想气体方程：

```
ideal_gas_law = sym('P*V = n*R*Temp')
```

将上述内容输入到 MATLAB 中，工作区窗口如图 11.3 所示。注意，只有 ideal_gas_law 被作为符号变量列出，变量 P,V,n,R 和 Temp 没有被明确定义，因此，仅作为字符串的一部分输入函数 sym 中。

关键概念：表达式不同于方程。

表达式：数学运算符号的集合。

方程：一个表达式等于一个值或另一个表达式。

关键概念：符号工具箱使用标准的代数运算符。

提　　示

MATLAB 不对符号变量的运算结果进行整理，这与数值运算结果的格式不同。这样做可以帮助记录变量类型而无须参考工作区窗口。

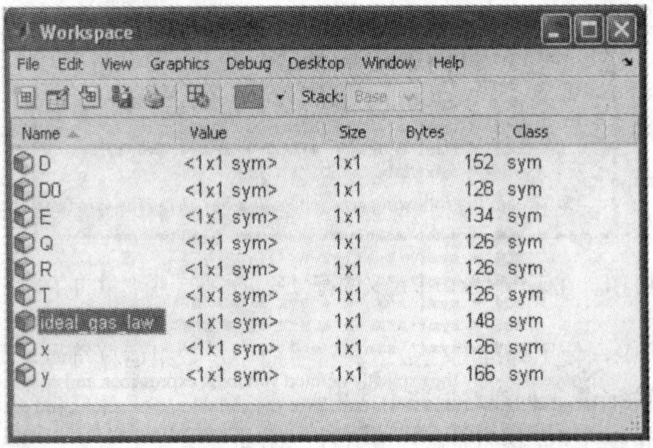

图 11.3　变量 ideal_gas_law 是一个方程，而不是一个表达式

练习 11.1

1. 用命令 sym 或 syms 创建下列符号变量:

   x, a, b, c, d

2. 确定在工作区窗口中列出练习 1 中创建的变量作为符号变量，用它们创建下面的符号表达式:

   ```
   ex1 = x^2-1
   ex2 = (x+1)^2
   ex3 = a*x^2-1
   ex4 = a*x^2 + b*x + c
   ex5 = a*x^3 + b*x^2 + c*x + d
   ex6 = sin(x)
   ```

3. 用函数 sym 创建下面的符号表达式:

   ```
   EX1 = sym('X^2 - 1 ')
   EX2 = sym(' (X +1)^2 ')
   EX3 = sym('A*X ^2 - 1 ')
   EX4 = sym('A*X ^2 + B*X + C ')
   EX5 = sym('A*X ^3 + B*X ^2 + C*X + D ')
   EX6 = sym('sin(X) ')
   ```

4. 用函数 sym 创建下面的符号方程:

   ```
   eq1 = sym(' x^2=1 ')
   eq2 = sym(' (x+1)^2=0 ')
   eq3 = sym(' a*x^2=1 ')
   eq4 = sym('a*x^2 + b*x + c=0 ')
   eq5 = sym('a*x^3 + b*x^2 + c*x + d=0 ')
   eq6 = sym('sin(x)=0 ')
   ```

5. 用函数 sym 创建下面的符号方程:

   ```
   EQ1 = sym('X^2 = 1 ')
   EQ2 = sym('(X +1)^2=0 ')
   EQ3 = sym('A*X ^2 =1 ')
   EQ4 = sym('A*X ^2 + B*X + C = 0 ')
   EQ5 = sym('A*X ^3 + B*X ^2 + C*X + D = 0 ')
   EQ6 = sym(' sin(X) = 0 ')
   ```

在工作区窗口中只列出显式定义的变量、表达式和方程。保存在本练习中已经创建的变量、表达式和方程，以便在后面的练习中使用。

11.1.2 符号表达式和符号方程的运算

首先需要弄清楚表达式和方程的区别，方程是个等式，而表达式不是。变量 `ideal_gas_law` 被设为一个方程。若输入

```
ideal_gas_law
```

则 MATLAB 将返回

```
ideal_gas_law =
P*V = n*R*Temp
```

然而，若输入

```
E
```

则 MATLAB 将返回

```
E=
m*c^2
```

或者输入

```
y
```

MATLAB 返回

```
y =
2*(x+3)^2/(x^2+6*x+9)
```

可以看出，变量 `E` 和 `y` 是表达式，而变量 `ideal_gas_law` 是方程。多数情况下用到的是表达式。

MATLAB 为运算符号变量设计了许多函数，包括把表达式分解成分子和分母两部分的函数，展开或者分解表达式的函数，还有多种化简表达式的函数。

提取分子和分母

函数 numden 可以从表达式中提取分子和分母。例如，假如已经定义 y 为

```
y = 2*(x+3)^2/(x^2+6*x+9)
```

那么用下式提取分子和分母：

```
[num,den] = numden(y)
```

MATLAB 创建两个新的变量 num 和 den（可以随意命名）：

```
num =
2*(x+3)^2
den =
x^2+6*x+9
```

利用标准的代数运算符对这些表达式进行组合：

```
num*den
ans =
2*(x+3)^2*(x^2+6*x+9)
```

```
num/den
ans =
2*(x+3)^2/(x^2+6*x+9)
```

```
num+den
ans =
2*(x+3)^2+x^2+6*x+9
```

表达式的展开、分解和合并同类项

用前面定义的表达式说明函数 expand、factor 和 collect 的用法。命令

```
expand(num)
```
返回结果为
```
ans =
2*x^2+12*x+18
```
　命令
```
factor(den)
```
返回结果为
```
ans =
(x+3)^2
```

　函数 `collect` 可以合并同类项，与函数 `expand` 类似：
```
collect(num)
ans =
18+2*x^2+12*x
```
该函数不考虑表达式中的变量是否被定义为符号变量。定义新的变量 z 为
```
z = sym('3*a-(a+3)*(a-3)^2')
```
　在这种情况下，函数 `expand` 和 `factor` 得到相同的结果：
```
factor(z)

ans =
12*a-a^3+3*a^2-27
expand(z)

ans =
12*a-a^3+3*a^2-27
```
　利用函数 `collect` 可以得到类似的结果；唯一的区别是各因式的顺序不同：
```
collect(z)

ans =
-27-a^3+3*a^2+12*a
```
　这三个函数可以应用于方程和表达式中。方程可以视为等式两边独立的表达式，为了说明这一点，可以定义方程 w：
```
w = sym('x^3-1 = (x-3)*(x+3)')
expand(w)
ans =
x^3-1 = x^2-9
factor(w)
ans =
(x-1)*(x^2+x+1) = (x-3)*(x+3)
collect(w)
ans =
x^3-1 = x^2-9
```

化简函数

　利用函数 `expand`、`factor` 和 `collect` 对方程进行化简。然而，并不一定总是得到最简的方程。函数 `simplify` 使用 Maple 内置函数的化简规则对表达式和方程的每个部分进行化简。再次定义 z 为
```
z = sym('3*a-(a+3)*(a-3)^2')
```
命令
```
simplify(z)
```
返回
```
ans =
12*a-a^3+3*a^2-27
```

如果定义方程 w 为

```
w = sym('x^3-1 = (x-3)*(x+3)')
```

那么

```
simplify(w)
```

命令返回

```
ans =
x^3-1 = x^2-9
```

再次强调，该函数不用考虑表达式中的变量是否被定义为符号变量。表达式 z 包含变量 a，这里 a 并没有明确的定义，因此也不会在工作区窗口中列出。

函数 simple 与函数 simplify 略有不同，函数 simple 使用不同的化简方法并给出最简结果，函数的化简过程会在屏幕上显示出来。例如，命令

```
simple(w)
```

输出以下结果：

```
simplify:
x^3-1 = x^2-9
radsimp:
x^3-1 = (x-3)*(x+3)
combine(trig):
x^3-1 = x^2-9
factor:
(x-1)*(x^2+x+1) = (x-3)*(x+3)
expand:
x^3-1 = x^2-9
combine:
x^3-1 = (x-3)*(x+3)
convert(exp):
x^3-1 = (x-3)*(x+3)
convert(sincos):
x^3-1 = (x-3)*(x+3)
convert(tan):
x^3-1 = (x-3)*(x+3)
collect(x):
x^3-1 = x^2-9
mwcos2sin:
x^3-1 = (x-3)*(x+3)
ans =
x^3-1 = x^2-9
```

显示出很多中间的化简结构，但最终的最简结果为

```
ans =
x^2-1 = x^2-9
```

函数 simple 和 simplify 既可用于方程化简也可用于表达式化简。

关键概念：MATLAB 将表达式的最简表示法定义为表达式的最简式。

关键概念：很多符号函数，既可以用于表达式也可以用于方程，有些则不行。

提　示

调用函数 poly2sym 是创建符号多项式的最简捷方法，该函数利用输入矢量创建多项式，矢量中的元素作为多项式的系数。

```
a = [1,3,2]
a =
     1      3      2
b = poly2sym(a)
b =
x^2+3*x+2
```

同理，函数 sym2poly 可以把多项式转化为系数矢量

```
c = sym2poly(b)
c =
     1      3      2
```

表 11.1 列出了一些用于表达式和方程运算的 MATLAB 函数。

表 11.1　用于表达式和方程运算的函数

expand(S)	展开表达式或方程	syms x expand((x-5)*(x+5)) ans= x^2-25
factor(S)	对表达式或方程做因式分解	syms x factor(x^3-1) ans (x-1)*(x^2+x+1)
collect(S)	合并同类项	s=2*(x+3)^2+6*x+9 collect(S) S= 27+3*x^2+18*x
simplify(S)	依据 Maple 的化简规则化简	syms a simplify(exp(log(a))) ans= a
simple(S)	将表达式和方程化简为最简式	syms x simple(sin(x)^2+cos(x)^2) ans= 1
numden(S)	找出表达式的分子，该函数不能用于方程	syms x numden((x-5)/(x+5)) ans= x-5
[num, den] = numden(S)	找出表达式的分子和分母，这个函数不能用于方程	syms x [num,den]=　　　numden((x-5)/(x+5) num= x-5 den= x +5

练习 11.2

用练习 11.1 中定义的变量完成下面的练习。

1. 将 ex1 乘以 ex2，结果设为 y1。

2. 将 ex1 除以 ex2，结果设为 y2。

3. 用函数 numden 从 y1 和 y2 中提取分子和分母。

4. 将 EX1 乘以 EX2，结果设为 Y1。

5. 将 EX1 除以 EX2，结果设为 Y2。

6. 用函数 numden 从 Y1 和 Y2 中提取分子和分母。

7. 将函数 numden 用于已定义的方程中，它能工作吗？

8. 对 y1、y2、Y1 和 Y2 使用函数 factor、expand、collect 和 simplify。

9. 对表达式 ex1 和 ex2，也对方程 eq1 和 eq2 使用函数 factor、expand、collect 和 simplify。解释两者的不同。

11.2　求解表达式和方程

符号工具箱中非常有用的函数是 `solve`，用于求解方程的根，从而得到单变量表达式的数值解，即求解未知量。函数 `solve` 也可以求解线性或非线性方程组，与置换函数(subs)相比，用函数 `solve` 可以计算解析解。

11.2.1　函数 solve

函数 `solve` 用于求解表达式时，设该表达式为零，同时求解它的根。定义符号变量 x，如果

```
E1 = x-3
```

那么

```
solve(E1)
```

返回

```
ans =
3
```

在函数 `solve` 中可以使用表达式名称，也可以直接使用符号表达式。输入

```
solve('x^2-9')
```

返回

```
ans =
3
-3
```

注意，结果 ans 是一个 2×1 的符号数组。如果预先定义 x 为符号变量，那么单引号可以去掉。如果没有定义，那么整个表达式必须用单引号括起来。

MATLAB 可以求解多变量的符号表达式。二次三项表达式 $ax^2 + bx + c$，

```
solve('a*x^2+b*x +c')
```

返回结果为

```
ans =
1/2/a*(-b+(b^2-4*a*c)^(1/2))
1/2/a*(-b-(b^2-4*a*c)^(1/2))
```

MATLAB 先求解 x。如果表达式中没有 x，则 MATLAB 求解与 x 最接近的变量。在函数的第二个参数输入区域可以指定需要求解的变量。求解二次三项表达式中 a 的命令为

```
solve('a*x^2+b*x +c', 'a')
```

返回结果为

```
ans =
-(b*x+c)/x^2
```

另外，如果 a 已经明确作为符号变量定义，则单引号可以省去：

```
syms a b c x
solve(a*x*x^2+b*x+c,b)
ans =
-(a*x^3+c)/x
```

求解一个不为零的表达式有两种方法。如果方程比较简单，则可以用等式左边减去右边，把方程转化为一个表达式。例如，

$$5x^2 + 6x + 3 = 10$$

可以重新表示为

$$5x^2 + 6x - 7 = 0$$

```
solve('5*x^2+6*x-7')
ans =
-3/5+2/5*11^(1/2)
-3/5-2/5*11^(1/2)
```

如果方程比较复杂，则必须定义一个新的方程。例如，

```
E2 = sym('5*x^2 + 6*x +3 = 10')
solve(E2)
```

返回结果为

```
ans =
-3/5+2/5*11^(1/2)
-3/5-2/5*11^(1/2)
```

为了使输出结果的形式尽可能简单，在前面两种情况中应尽量用分数形式表示输出结果。在工作区窗口中，ans 是 2×1 的符号矩阵，利用函数 double 能够把符号矩阵转换为双精度浮点数：

```
double(ans)
ans =
 0.7266
-1.9266
```

关键概念：MATLAB 优先对变量 x 进行求解。

关键概念：即使函数 solve 的结果是一个数值，函数也会用符号变量的形式存储。

提　示

因为 MATLAB 的符号运算能力是基于 Maple 的，所以用户需要明白 Maple 是怎么进行计算的。Maple 只识别两种数值类型，即整数和浮点数。浮点数可以使用小数点的近似值表示，而整数是无小数点的准确值。使用整数计算时，Maple 强制得到一个分数表示的精确值。如果在 Maple 计算时有小数点(浮点型数)，则计算结果是带有小数点的近似值。Maple 默认的是 32 位有效数字，所以结果也是 32 位数。在前面函数 solve 的例子中，如果表达式使用浮点数，那么可以得到下面的结果：

```
solve('5.0*x^2.0+6.0*x-7.0')
ans =
.72664991614215993964597309466828
-1.9266499161421599396459730946683
```

如果表达式使用整型数，则得到的结果将是分数：

```
solve('5*x^2+6*x-7')
ans =
-3/5+2/5*11^(1/2)
-3/5-2/5*11^(1/2)
```

函数 solve 常用于多变量表达式的求解：

```
E3 = sym('P = P0*exp(r*t)')
solve(E3,'t')

ans =
log(P/P0)/r
```

如果已经定义 t 为符号变量，则在这里它不需要用单引号(其中对数函数是自然对数)。

还可以改变求解的变量，例如，重新定义求解变量 t：

```
t = solve(E3,'t')
t =
log(P/P0)/r
```

练习 11.3

利用练习 11.1 中定义的变量和表达式完成下面的练习。

1. 用函数 solve 求解四个表达式或方程 1：ex1、EX1、eq1 和 EQ1。

2. 用函数 solve 求解四个表达式或方程 2：ex2、EX2、eq2 和 EQ2。

3. 用函数 solve 求解 ex3 和 eq3，变量为 x 和 a。

4. 用函数 solve 求解 EX3 和 EQ3，变量为 X 和 A。

注意这里 X 和 A 都没有显式定义为符号变量。

5. 用函数 solve 求解 ex4 和 eq4，变量为 x 和 a。

6. 用函数 solve 求解 EX4 和 EQ4，变量为 X 和 A。

注意这里 X 和 A 都没有显式定义为符号变量。

7. 在练习 11.1 中，ex4、EX4、eq4 和 EQ4 均表示二次方程，是二次多项式的一般形式。在前期的代数课程中掌握了求解该方程未知数 x 的方法。同样，ex5、EX5、eq5 和 EQ5 是三次多项式的一般形式。用函数 solve 求解这些表达式或方程，并解释在代数课程中没有要求学生记忆三次多项式一般解的原因。

8. 用函数 solve 求解 ex6、EX6、eq6 和 EQ6。在三角函数知识的基础上对解进行分析。

例 11.1　使用符号数学

计算机利用 MATLAB 中的符号功能可以进行数学运算。

扩散系数公式为

$$D = D_0 \exp\left(\frac{-Q}{RT}\right)$$

利用 MATLAB 求解公式中 Q 的表达式。

1. 问题描述

求出关于 Q 的表达式。

2. 输入/输出描述

输入　　关于 D 的方程。

输出　　关于 Q 的方程。

3. 手工分析

$$D = D_0 \exp\left(\frac{-Q}{RT}\right)$$

$$\frac{D}{D_0} = \exp\left(\frac{-Q}{RT}\right)$$

$$\ln\left(\frac{D}{D_0}\right) = \frac{-Q}{RT}$$

$$Q = RT \ln\left(\frac{D_0}{D}\right)$$

由于方程的右边有负号，因此自然对数里的值变为倒数。

4. MATLAB 实现

首先定义一个符号方程并给它命名（仅需在表达式中增加一个等号）

```
X = sym('D = D0*exp(-Q/(R*T))')
X =
D = D0*exp(-Q/(R*T))
```

然后，利用 MATLAB 求解上面的方程。明确 MATLAB 是求解 Q 的方程，因为 Q 没有被单独定义为字符变量，所以 Q 必须放在单引号里：

```
solve(X,'Q')
ans =
-log(D/D0)*R*T
```

此外，定义解为 Q：

```
Q = solve(X, 'Q')
Q =
-log(D/D0)*R*T
```

5. 结果验证

将 MATLAB 的解与手工推导的解进行比较，唯一不同的是负号在表达式中的位置。MATLAB 与大部分计算机程序类似，用 log 表示 ln(log10 表示 lg)。

利用上述方法可以求解任何表达式。例如，

```
T = solve(X,'T')
T =
-Q/log(D/D0)/R
```

提　示

命令 findsym 可以确定符号表达式或方程中的变量。在前面的例子中，定义变量 X 为

```
X = sym('D = D0*exp(-Q/(R*T))')
```

无论变量是否被显式定义过，函数 findsym 会标识出所有变量：

```
findsym(X)
ans =
D, D0, Q, R, T
```

11.2.2　求解方程组

函数 solve 不仅能求解方程式或表达式，还可以求解方程组。下面有三个方程：

```
one = sym('3*x + 2*y -z = 10');
two = sym('-x + 3*y + 2*z = 5');
three = sym('x - y - z = -1');
```

为了求解方程组中的变量 x、y 和 z，在函数 solve 中列出待解的三个方程：

```
answer = solve(one,two,three)
answer =
  x: [1x1 sym]
  y: [1x1 sym]
  z: [1x1 sym]
```

这些结果有点莫名其妙，每个解都是 1×1 的符号变量，程序不显示变量的值。另外，出现在工作区窗口中的结果 answer 是一个 1×1 的结构数组。为了获取实际值，需要用到查看结构数组的语法：

```
answer.x
ans =
-2

answer.y
ans =
5
```

```
answer.z
ans =
-6
```

为了使结果不以结构数组及相关语法的形式显示，必须为每个变量命名。则有

```
[x,y,z] = solve(one,two,three)
x =
-2
y =
5
z =
-6
```

结果按字母表顺序排列。如果在字符表达式中用到变量 q、x 和 p，那么结果就按照 p、q 和 x 的顺序返回。因此，输出结果的命名具有独立性。

注意，在上例中，虽然结果是数值，但 x、y 和 z 还是作为字符变量列出。函数 solve 的返回结果是 ans 或者是用户自定义的字符变量。如果要求计算结果必须是双精度浮点数，需要用函数 double 改变变量类型。例如，

```
double(x)
```

该命令把 x 由字符变量转换为数值变量。

关键概念：函数 solve 既可以求解线性方程组，也可以求解非线性方程组。

关键概念：符号函数 solve 的输出结果按字母表顺序排列。

提　示

用函数 solve 求解方程与用线性代数的方法求解相比，各有优缺点。一般情况下，如果用矩阵对问题进行求解，运算速度较快。但线性代数的方法只限于一阶方程的求解，函数 solve 运算时间要长一些，但是函数 solve 可以求解非线性问题和符号变量问题。表 11.2 列出了函数 solve 的应用。

表 11.2　函数 solve 的应用

solve(S)	求解单变量表达式	solve('x-5') ans = 5
solve(S)	求解单变量方程	solve('x^2-2=5') ans= 7^(1/2) -7^(1/2)
solve(S)	求解方程，其解为复数集	solve('x^2=-5') ans= i*5^(1/2) -i*5^(1/2)
solve(S)	求解多变量方程中默认的自变量	solve('y=x^2+2') ans= (y-2)^(1/2) -(y-2)^(1/2)
solve(S, y)	求解多变量方程中指定的自变量	solve('y+6*x',x) ans= -1/6*y

(续表)

solve(S1, S2, S3)	求解方程组，输出结果为结构数组	one = sym('3*x + 2*y-z = 10');
		two = sym('-x + 3*y + 2*z = 5')
		three = sym('x-y-z = -1');
		solve(one, two, three)
		ans =
		x:[1×1 sym]
		y:[1×1 sym]
		z:[1×1 sym]

[A, B, C] = solve(S1, S2, S3)	求解方程组并分配自定义变量名；输出结果按字母顺序显示	one = sym('3*x+2*y-z = 10');
		two = sym('-x + 3*y + 2*z = 5');
		three = sym('x-y-z = -1');
		[x, y, z] = solve(one,two,three)
		x =
		-2
		y =
		5
		z =
		-6

练习 11.4

在练习 1 到练习 5 中，已知方程组

$$5x + 6y - 3z = 10$$
$$3x - 3y + 2z = 14$$
$$2x - 4y - 12z = 24$$

1. 用第 9 章中讨论的线性代数法求解方程组。
2. 创建已知方程组的符号方程。用函数 solve 求解 x、y 和 z。
3. 利用结构数组语法显示练习 2 的结果。
4. 指定输出的变量名，并显示练习 2 的结果。
5. 给已知方程组中的系数加上小数点，然后再用函数 solve 求解。结果有什么变化？
6. 非线性方程式如下：

$$x^2 + 5y - 3z^3 = 15$$
$$4x + y^2 - z = 10$$
$$x + y + z = 15$$

用函数 solve 求解该非线性方程组。使用函数 double 对结果进行简化。

11.2.3　替换

对工程师和科学家来说，经常需要替换符号表达式的变量。以二次方程为例：

```
E4 = sym('a*x^2+b*x+c')
```

关键概念：如果在工作区窗口中一个变量不是字符变量，那么使用函数 subs 时必须用单引号将该变量括起来。

上式可以做不同形式的替换。例如，用变量 y 替换变量 x，函数 subs 有三个输入参数分别是：要修改的表达式，要修改的变量，待输入的新变量。用 y 替代所有的 x，使用如下命令：

```
subs(E4,'x','y')
```

返回

```
ans =
a*(y)^2+b*(y)+c
```

变量 E4 没有改变，ans 中存储的信息发生了变化，或其中的变量被重新命名，比如 E5：

```
E5 = subs(E4,'x','y')

E5 =
a*(y)^2+b*(y)+c
```

重新调用 E4，它仍然没有改变：

```
E4

E4 =
a*x^2+b*x+c
```

使用相同的方法可以实现用数值进行替换的过程，程序如下：

```
subs(E4,'x',3)
ans =
9*a+3*b+c
```

与其他的符号运算一样，如果变量已经显式地定义为符号变量，则单引号可以去掉。例如，

```
syms a b c x
subs(E4,x,4)
```

返回结果为

```
ans =
16*a+4*b+c
```

用大括号括出所有变量，可以实现多重替换，定义元胞数组：

```
subs(E4,{a,b,c,x},{1,2,3,4})

ans =
       27
```

还可以仅进行数值数组的替换。例如，首先构造一个新的表达式，该表达式只包含 x：

```
E6 = subs(E4,{a,b,c},{1,2,3})
```

得到的结果是

```
E6 =
x^2+2*x+3
```

定义一个数值数组并在 E6 中进行替换：

```
numbers = 1:5;

subs(E6,x,numbers)
ans =
    6     11     18     27     38
```

因为函数 subs 要求大括号中的元胞数组元素必须具有相同的规模，所以上述替换过程需要进行多步运算来完成。

练习 11.5

1. 使用函数 subs，用数值 4 替换练习 11.1 中定义的每个表达式或方程中的 x 或 X。分析所得到的结果。

2. 定义偶数矢量 v，取值范围从 0 到 10。用这个矢量替换表达式或方程中的变量。这种替换适用于所有表达式或方程吗？分析所得到的结果。

3. 用下面的值替换 ex4、EX4、eq4 和 EQ4 表达式或方程中的变量(x 是矢量，需要两步操作)：

a = 3　　　　　A = 3

b = 4　或　　B = 4

```
c = 5        C = 5
x =1:0.5:5   X = 1:0.5:5
```

4. 在工作区窗口中检查练习 3 的结果。结果是什么类型的变量？双精度数还是符号型？

例 11.2　使用符号数学求解弹道学问题

使用 MATLAB 的符号运算功能去求解无动力炮弹轨道方程，如图11.4所示。

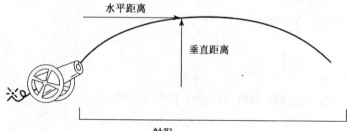

图 11.4　炮弹的射程取决于它的初始速度和发射角

由基础物理学可知，炮弹水平方向的飞行距离是

$$d_x = v_0 t \cos(\theta)$$

垂直方向飞行距离为

$$d_y = v_0 t \sin(\theta) - \frac{1}{2} g t^2$$

其中，v_0 为发射速度；t 为时间；θ 为发射角；g 为重力加速度。

用这个方程和 MATLAB 的符号运算功能得到炮弹落地时的水平方向飞行距离(即射程)的方程。

1. 问题描述

求射程方程。

2. 输入/输出描述

输入　水平和垂直方向飞行距离方程。

输出　射程方程。

3. 手工分析

$$d_y = v_0 t \sin(\theta) - \frac{1}{2} g t^2 = 0$$

整理可得

$$v_0 t \sin(\theta) = \frac{1}{2} g t^2$$

化简得到

$$t = \frac{2v_0 \sin(\theta)}{g}$$

将此式代入水平方向飞行距离方程可得

$$d_x = v_0 t \cos(\theta)$$

$$射程 = v_0 * \left(\frac{2v_0 \sin(\theta)}{g} \right) \cos(\theta)$$

由三角函数公式可知，$2 \sin\theta \cos\theta$ 等于 $\sin(2\theta)$，这样可以对公式进行进一步简化。

4. MATLAB 实现

首先定义符号变量：

```
syms v0 t theta g
```

接下来定义垂直方向飞行距离的符号表达式：

```
Distancey = v0 * t *sin(theta) - 1/2*g*t^2;
```

进一步定义水平方向飞行距离的符号表达式：

```
Distancex = v0 * t *cos(theta);
```

落地时垂直方向飞行距离为 0，因此求解垂直飞行距离表达式得到落地时间：

```
impact_time = solve(Distancey,t)
```

返回两个结果：

```
impact_time =
[                0]
[ 2*v0*sin(theta)/g]
```

这个结果是符合实际的，因为开始发射和发射后落地，这两个时刻的垂直距离均为 0，所以有两个结果。但是，只有第二个结果是有意义的，仅需将落地时间 impact_time(2) 代入水平飞行距离表达式：

```
impact_distance = subs(Distancex,t,impact_time(2))
```

炮弹落地时水平飞行距离方程为

```
impact_distance =
2*v0^2*sin(theta)/g*cos(theta)
```

5. 结果验证

将 MATLAB 结果和手算结果相比较，两种方法得到的结果相同。

尽管结果已经很简单，但 MATLAB 还可以对结果进行化简。使用命令 simple 演示化简过程。输入命令

```
simple(impact_distance)
```

得到下面的结果：

```
simplify:          2*v0^2*sin(theta)/g*cos(theta)
radsimp:           2*v0^2*sin(theta)/g*cos(theta)
combine(trig):     v0^2*sin(2*theta)/g
factor:            2*v0^2*sin(theta)/g*cos(theta)
expand:            2*v0^2*sin(theta)/g*cos(theta)
combine:           v0^2*sin(2*theta)/g
convert(exp):      -i*v0^2*(exp(i*theta)-
                   1/exp(i*theta))/g*(1/2*exp(i*theta)+
                   1/2/exp(i*theta))
convert(sincos):   2*v0^2*sin(theta)/g*cos(theta)
convert(tan):      4*v0^2*tan(1/2*theta)/
                   (1+tan(1/2*theta)^2)^2/g*
                   (1-tan(1/2*theta)^2)
collect(v0):       2*v0^2*sin(theta)/g*cos(theta)
mwcos2sin:         2*v0^2*sin(theta)/g*cos(theta)
                   ans =
                   v0^2*sin(2*theta)/g
```

11.3 符号绘图

符号工具箱包括一组函数，可以用来绘制符号函数的图形。最基本的函数是 ezplot。

11.3.1 函数 ezplot

已知 x 的函数

```
y = sym('x^2-2')
```

用下面的语句对该函数绘图：

```
ezplot(y)
```

输出图形如图 11.5 所示。函数 ezplot 默认的 x 范围为−2π 到+2π。MATLAB 自动选择 x 的值，并计算相应的 y 值来绘制该函数，输出一条平滑的曲线。原表达式将自动作为 ezplot 的标题显示在图形中。

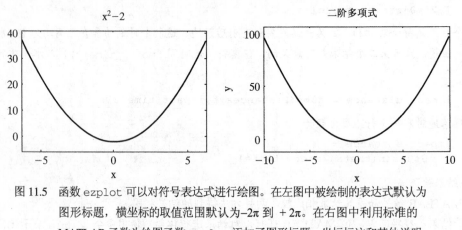

图 11.5   函数 ezplot 可以对符号表达式进行绘图。在左图中被绘制的表达式默认为
图形标题，横坐标的取值范围默认为−2π 到 + 2π。在右图中利用标准的
MATLAB 函数为绘图函数 ezplot 添加了图形标题、坐标标注和其他说明

用户可以在函数 ezplot 的第二个参数输入区域设定 x 的最大值和最小值：

```
ezplot(y,[-10,10])
```

用方括号将这些值括起来，表明它们是定义绘图极值的数组元素。与其他 MATALB 绘图函数一样，可以专门指定图形标题、坐标轴标注和图形注释。给图形添加标题和坐标标注使用下列语句：

```
title('Second Order Polynomial')
xlabel('x')
ylabel('y')
```

函数 ezplot 也可以绘制 x 和 y 的隐函数和参数函数。隐函数如下：

$$x^2 + y^2 = 1$$

这是半径为 1 的圆的方程，没必要用函数 ezplot 求解 y。利用命令

```
ezplot('x^2 + y^2 = 1',[-1.5,1.5])
ezplot('x^2 + y^2 -1',[-1.5,1.5])
```

或

```
z = sym('x^2 + y^2 -1')
ezplot(z,[-1.5,1.5])
```

可以绘制图11.6左侧的圆形。

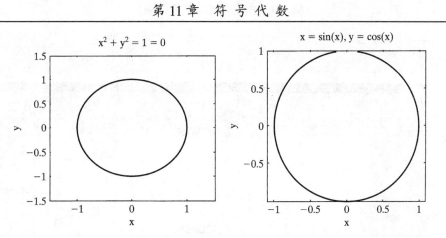

图 11.6   除单变量函数外，函数 ezplot 还可以对隐函数和参数函数进行绘图

另一种定义方程的方法是参数化，就是用第三个变量分别定义关于 x 和 y 的方程。圆可以定义为

$$x = \sin(t)$$
$$y = \cos(t)$$

为了用函数 ezplot 绘制参数方程定义的圆，应该把变量 x 的符号表达式放在前面，把变量 y 的符号表达式放在后面：

```
ezplot('sin(t)','cos(t)')
```

结果如图11.6中的右图所示。

虽然符号绘图和标准的数值绘图的注释方法相同，但是要在同一个坐标系中绘出多条曲线，需要用到命令 hold on。使用绘图窗口中的交互工具箱调整颜色、线型和标记样式。例如，在同一个坐标系中绘制 sin(x)、sin(2x) 和 sin(3x) 的图形，首先定义符号表达式：

```
y1 = sym('sin(x)')
y2 = sym('sin(2*x)')
y3 = sym('sin(3*x)')
```

然后，逐个绘制表达式

```
ezplot(y1)
hold on
ezplot(y2)
ezplot(y3)
```

结果如图 11.7 所示。要改变线的颜色、线型或者标记样式，选择图 11.7 中菜单栏的箭头按钮(图中圆圈部分)，然后选择想要编辑的曲线。选定某条曲线后，右击编辑菜单。结束绘制后，应该执行下面的命令

```
hold off
```

参数方程：用另一个变量 t 分别定义 x 和 y 的方程。

提   示

大多数符号函数既允许用表示函数的符号变量作为输入，也允许把函数用单引号引起来作为输入。例如

```
y = sym('x^2-1')
ezplot(y)
```

与

```
ezplot('x^2-1')
```

等价。

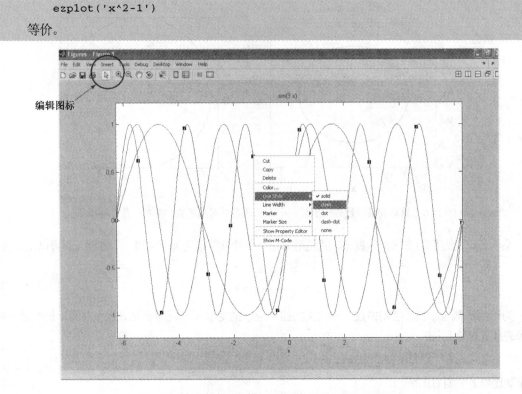

图 11.7　使用交互式绘图工具调整线型、颜色和标记

练习 11.6

为每个绘制的图形添加标题和坐标轴标注。

1. 用函数 ezplot 绘制 ex1(−2π 到+2π)。

2. 用函数 ezplot 绘制 EX1(−2π 到+2π)。

3. 用函数 ezplot 绘制 ex2(−10 到+10)。

4. 用函数 ezplot 绘制 EX2 (−10 到+10)。

5. 为什么不能绘制仅有一个变量的方程?

6. 用函数 ezplot 绘制 ex6(−2π 到+2π)。

7. 用函数 ezplot 绘制 cos(x)(−2π 到+2π)。不必定义表达式 cos(x),仅将其作为字符串输入到函数 ezplot 中去:

```
ezplot('cos(x)')
```

8. 用函数 ezplot 绘制隐函数 x^2-y^4=5 的图形。

9. 用函数 ezplot 在同一坐标系中绘制 sin(x) 和 cos(x) 的图形。再用交互式绘图工具改变正弦曲线的颜色。

10. 用函数 ezplot 绘制参数方程 x=sin(t) 和 y=3cos(t) 的图形。

11.3.2　其他符号绘图函数

参考 MATLAB 的数值绘图函数,其他符号绘图函数如表 11.3 所示。

为了说明三维曲面绘图函数(ezmesh、ezmeshc、ezsurf 和 ezsurfc)的工作原理,首先定义一个符号类型的函数 peaks：

```
z1 = sym('3*(1-x)^2*exp(-(x^2) - (y+1)^2)')
z2 = sym('- 10*(x/5 - x^3 - y^5)*exp(-x^2-y^2)')
z3 = sym('- 1/3*exp(-(x+1)^2 - y^2)')
z = z1+z2+z3
```

为了便于计算机输入，把函数拆分为三个部分。注意，因为这些表达式都是符号表达式，所以，没有使用点运算符。函数 ezplot 的用法与函数 plot 类似：

```
subplot(2,2,1)
ezmesh(z)
title('ezmesh')

subplot(2,2,2)
ezmeshc(z)
title('ezmeshc')


subplot(2,2,3)
ezsurf(z)
title('ezsurf')
subplot(2,2,4)
ezsurfc(z)
title('ezsurfc')
```

这些命令的绘图结果如图11.8所示。用标准的 MATLAB 方法绘制同一图形时，必须定义 x 和 y 的数组，作为坐标平面，并在这些二维数组的基础上计算 z 的值。然而，符号工具箱里的符号绘图功能使创建这些图形更加简单。

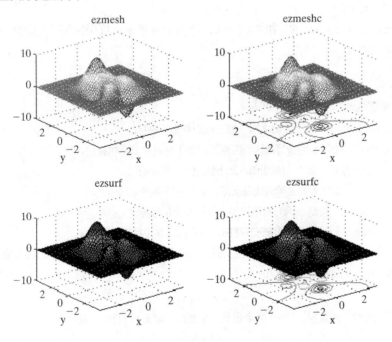

图 11.8　三维符号曲面绘图举例

所有的图形都可以用标准的 MATLAB 函数来注释，如 title、xlabel 和 text 等。

表 11.3　符号绘图函数

ezplot	绘制函数图	如果 z 是关于 x 的函数：ezplot(z)
ezmesh	绘制网格曲面图	如果 z 是关于 x 和 y 的函数：ezmesh(z)
ezmeshc	同时绘制网格曲面图和等高图	如果 z 是关于 x 和 y 的函数：ezmeshc(z)
ezsurf	绘制曲面图	如果 z 是关于 x 和 y 的函数：ezsurf(z)
ezsurfc	同时绘制曲面图和等高图	如果 z 是关于 x 和 y 的函数：ezsurfc(z)
ezcontour	绘制等高图	如果 z 是关于 x 和 y 的函数：ezcontour(z)
ezcontourf	填充等高图	如果 z 是关于 x 和 y 的函数：ezcontourf(z)
ezplot3	绘制三维曲线图	如果 x、y、z 都是关于 t 的函数：ezplot3(x, y, z)
ezpolar	绘制极坐标图	如果 r 是关于 θ 的函数：ezpolar(r)

关键概念：大多数 MATLAB 矩阵绘图函数都有相应的符号绘图函数。

符号二维绘图和等高图与相应的数值绘图函数类似：

```
subplot(2,2,1)
ezcontour(z)
title ('ezcontour')

subplot(2,2,2)
ezcontourf(z)
title('ezcontourf')
subplot(2,2,3)
z = sym('sin(x)')
ezpolar(z)
title('ezpolar')
subplot(2,2,4)
ezplot(z)
title('ezplot')
```

等高图是三维函数 peaks 的二维表示方法，如图 11.9 所示。极坐标图需要定义一个已经用函数 ezplot 绘制的新的函数。

练习 11.7

创建一个符号表达式 $Z = \sin\left(\sqrt{X^2 + Y^2}\right)$。

1. 用函数 ezmesh 绘制一幅 Z 的网格图，加上标题和坐标轴标注。

2. 用函数 ezmeshc 绘制 Z 的带等高线的网格图，加上标题和坐标轴标注。

3. 用函数 ezsurf 绘制一幅 Z 的曲面图，加上标题和坐标轴标注。

4. 用函数 ezsurfc 绘制 Z 的带等高线曲面图，加上标题和坐标轴标注。

5. 用函数 ezcontour 绘制 Z 的等高图，加上标题和坐标轴标注。

6. 用函数 ezcontourf 绘制 Z 的填充等高图，加上标题和坐标轴标注。

7. 用函数 ezpolar 建立 xsin(x) 的极坐标方程，不用定义符号表达式，直接把表达式输入到函数中去：

```
ezpolar('x*sin(x)')
```

加上标题。

8. 对于四变量函数，函数 ezplot3 要求定义三个变量。定义 t 为符号变量，令

$$x = t$$
$$y = \sin(t)$$
$$z = \cos(t)$$

用函数 ezplot3 绘制函数，t 的范围从 0 到 30。

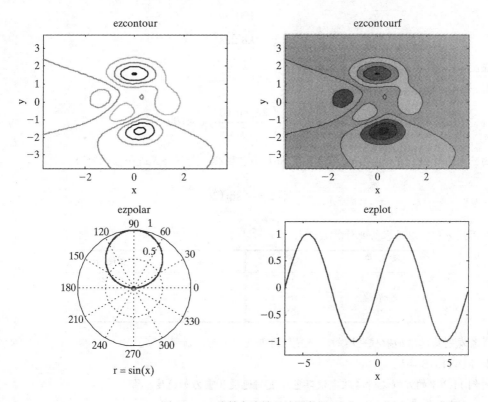

图 11.9　二维等高线符号绘图举例

由于 MATLAB 程序的特殊性质，所以在子绘图窗口中绘制 ezplot3 图形可能会遇到问题，但后续的版本可以解决这一问题。

例 11.3　用符号绘图说明弹道学问题。

在例 11.2 中，使用 MATLAB 的符号功能对炮弹落地之前飞行的距离方程进行求解。

水平方向飞行距离公式为

$$d_x = v_0 t \cos(\theta)$$

垂直方向飞行距离公式为

$$d_y = v_0 t \sin(\theta) - \frac{1}{2} g t^2$$

其中，v_0 为发射速度；t 为时间；θ 为发射角；g 为重力加速度。

两式相结合得到

$$射程 = v_0 \left(\frac{2 v_0 \sin(\theta)}{g} \right) \cos(\theta)$$

用 MATLAB 的符号绘图功能绘制角度从 0 到 $\pi/2$ 范围内的图形。假设初始速度为 100 m/s，重力加速度为 9.8 m/s²。

1. 问题描述

绘制射程与发射角的关系曲线。

2. 输入/输出描述

输入　　射程的符号方程。

$$v_0 = 100 \ \text{m/s}$$

$$g = 9.8 \ \text{m/s}^2$$

输出　　射程与发射角的关系图。

3. 手工分析

$$射程 = v_0 \left(\frac{2v_0 \sin(\theta)}{g} \right) \cos(\theta)$$

由三角函数公式可知，$2\sin\theta\cos\theta$ 等于 $\sin(2\theta)$，因此，射程公式进一步化简为

$$射程 = \frac{v_0^2}{g} \sin(2\theta)$$

利用此方程可以很容易地计算数值点。

发 射 角	射程, m	发 射 角	射程, m
0	0	π/3	884
π/6	884	π/2	0
π/4	1020		

随着发射角的增加射程也增加，当发射角垂直向上时，射程为零。

4. MATLAB 实现

对例 11.2 中的方程进行修改，使其包含发射速度和重力加速度。即

```
impact_distance =
2*v0^2*sin(theta)/g*cos(theta)
```

用函数 **subs**，将数值代入方程中，得

```
impact_100 = subs(impact_distance,{v0,g},{100, 9.8})
```

返回结果为

```
impact_100 =
100000/49*sin(theta)*cos(theta)
```

绘制曲线并添加标题和坐标标注：

```
ezplot(impact_100,[0, pi/2])
title('Maximum Projectile Distance Traveled')
xlabel('angle, radians')
ylabel('range, m')
```

上述程序生成图 11.10。

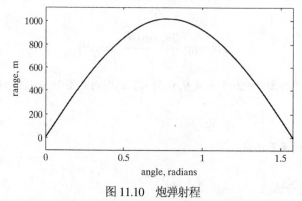

图 11.10　炮弹射程

5. 结果验证

MATLAB 的计算结果与手算结果相同。对于炮弹垂直向上发射和炮弹水平发射两种情况，炮弹的射程都为零。当发射角度为 0.8 rad 时，射程达到最大值，此时发射角相当于 45°角。

11.4 微积分运算

MATLAB 的符号工具可以进行求导和积分运算。这样就可以代替数值近似法，得到问题的解析解。

11.4.1 微分

第一学期已经学过微分运算。导数可以认为是函数的斜率或者函数的变化率。例如，一辆赛车的速度可以看成是单位时间内距离的变化量。假设在整个比赛中，汽车慢慢开出，并在终点时达到它的最大速度。当然，为了避免将汽车开入看台，必须慢慢减速直至停下来。可以用一个正弦曲线来模拟汽车的位置，如图11.11所示。相关的方程为

$$d = 20 + 20 \sin\left(\frac{\pi(t-10)}{20}\right)$$

图11.11中的图形可以用函数 ezplot 和符号代数的方法来绘制。

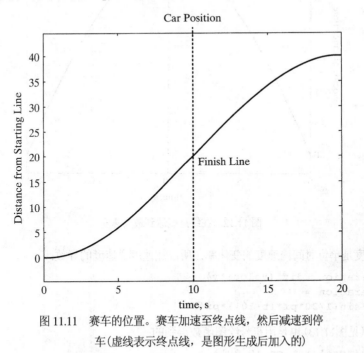

图 11.11 赛车的位置。赛车加速至终点线，然后减速到停
车(虚线表示终点线，是图形生成后加入的)

首先定义一个距离的符号表达式：

```
dist = sym('20+20*sin(pi*(t-10)/20)')
```

一旦定义了符号表达式，就可以将其代入函数 ezplot 中，并对绘出的曲线进行注释：

```
ezplot(dist,[0,20])
title('Car Position')
```

```
xlabel('time, s')
ylabel('Distance from Starting Line')
text(10,20,'Finish Line')
```

MATLAB 还包含一个名为 diff 的函数,用来求出符号表达式的导数(微分是求导的另一种说法)。速度是位移的导数,用函数 diff 可以求出汽车的速度方程:

```
velocity = diff(dist)
velocity =
cos(1/20*pi*(t-10))*pi
```

用函数 ezplot 绘出速度曲线:

```
ezplot(velocity,[0,20])
title('Race Car Velocity')
xlabel('time, s')
ylabel('velocity, distance/time')
text(10,3,'Finish Line')
```

结果如图11.12所示。

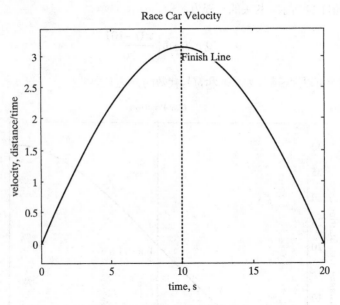
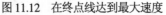

图 11.12　在终点线达到最大速度

汽车的加速度是单位时间内速度的变化率,所以加速度是速度的导数:

```
acceleration = diff(velocity)
acceleration =
-1/20*sin(1/20*pi*(t-10))*pi^2
```

加速度曲线(见图11.13)也是用符号绘图函数得到的:

```
ezplot(acceleration,[0,20])
title('Race Car Acceleration')
xlabel('time, s')
ylabel('acceleration, velocity/time')
text(10,0,'Finish Line')
```

加速度是速度的一阶导数,是位移的二阶导数。MATLAB 提供了几种直接求一阶导数和 n 阶导数的方法(见表 11.4)。

表 11.4　符号微分

`diff(f)`	返回表达式 f 关于默认变量的导数	`y = sym('x ^ 3 + z ^ 2')`
		`diff(y)`
		`ans =`
		`3*x ^ 2`

`diff(f, 't')`	返回表达式 f 关于变量 t 的导数	`y = sym('x ^ 3 + z ^ 2')`
		`diff(y,'z')`
		`ans =`
		`2*z`

`diff(f, n)`	返回表达式 f 关于默认变量的 n 阶导数	`y = sym('x ^ 3 + z ^ 2')`
		`diff(y, 2)`
		`ans =`
		`6*x`

`diff(f, 't', n)`	返回表达式 f 关于变量 t 的 n 阶导数	`y = sym('x ^ 3 + z ^ 2')`
		`diff(y,'z, 2)`
		`ans =`
		`2`

导数：一个变量随另一变量的瞬时变化率。

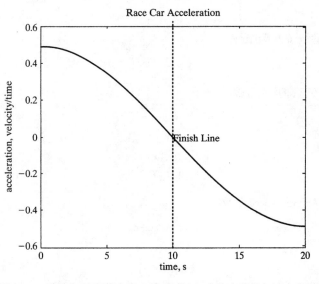

图 11.13　赛车加速到终点线，然后减速。在终点线的加速度为零

已知多元方程

```
y = sym('x^2+t-3*z^3')
```

MATLAB 对默认变量 x 求导

```
diff(y)
ans =
2*x
```

得到的结果是 y 相对于 x 的变化率(在此认为其他变量为常量)，通常用 $\partial y/\partial x$ 表示，称为偏导数。

在函数 diff 中指明变量 t，可以得到 y 随变量 t 的变化律(如果 t 已经作为字符变量定义了，就不用加单引号)：

```
diff(y,'t')
ans =
1
```

同理，把其他视为常量，可以得到 y 关于 z 的变化率，输入

```
diff(y,'z')
ans =
-9*z^2
```

求解高阶导数可以多次调用函数 diff,也可以在 diff 函数中指定导数阶数。即

```
diff(y,2)
```

和

```
diff(diff(y))
```

返回的结果相同:

```
ans =
2
```

虽然计算结果是个数值,但它却是一个符号变量。为了在 MATLAB 中使用它,必须将其转换为双精度浮点数。

求 y 的非默认变量的高阶导数,就应该既指定导数的阶数又指定变量。例如,求 y 关于 z 的二阶导数,输入

```
diff(y,'z',2)
ans =
-18*z
```

关键思想: 积分与微分是互反的过程。

练习 11.8

1. 求下列表达式关于 x 的一阶导数:

$$x^2 + x + 1$$
$$\sin(x)$$
$$\tan(x)$$
$$\ln(x)$$

2. 求下列表达式关于 x 的一阶偏导数:

$$ax^2 + bx + c$$
$$x^{0.5} - 3y$$
$$\tan(x + y)$$
$$3x + 4y - 3xy$$

3. 求练习 1 和练习 2 中每个表达式关于 x 的二阶导数。

4. 求下列表达式关于 y 的一阶导数:

$$y^2 - 1$$
$$2y + 3x^2$$
$$ay + bx + cz$$

5. 求练习 4 中关于 y 的二阶导数。

例 11.4 用符号代数求解最佳发射角

在例 11.2 射程公式的基础上,例 11.3 利用 MATLAB 的符号绘图功能,绘制了一个发射角与射程的关系曲线。射程公式如下:

$$射程 = v_0 \left(\frac{v_0 \sin(\theta)}{g} \right) \cos(\theta)$$

其中,v_0 为发射速度,这里选择 100 m/s;θ 为发射角;g 为重力加速度,这里取 9.8 m/s²。

用 MATLAB 的符号功能求解射程最大时的发射角,并求出最大射程。

1. 问题描述

求解最大射程时的发射角。

求解最大射程。

2. 输入/输出描述

输入 射程的符号方程:

$$v_0 = 100 \text{ m/s}$$
$$g = 9.8 \text{ m/s}^2$$

输出 最大射程对应的发射角。

最大射程。

3. 手工分析

从图 11.14 中可知,射程的最大值近似为 1000 m,此时对应的发射角近似为 0.7 或 0.8 rad。

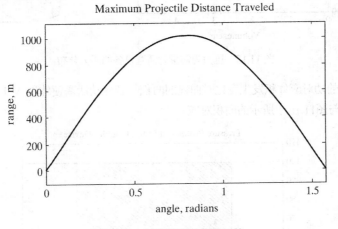

图 11.14 射程是发射角的函数

4. MATLAB 实现

当 $v_0 = 100$ m/s,$g = 9.8$ m/s² 时,射程的符号表达式为

```
impact_100 =
100000/49*sin(theta)*cos(theta)
```

由图 11.14 中的曲线可知,最大射程发生在曲线斜率为零的时候。曲线斜率是表达式 impact_100 的导数,令导数为零,对发射角进行求解。因为 MATLAB 自动设定表达式为零,所以有

```
max_angle = solve(diff(impact_100))
```

返回最大射程时的角度

```
max_angle =
[ -1/4*pi]
[ 1/4*pi]
```

得到两个结果,仅第二个结果有意义,将其代入射程表达式

```
max_distance = subs(impact_100,theta,max_angle(2))
```

11.4.2 积分

积分可以认为是微分(求导)的反运算,有时候也称反导数。通常可以理解为曲线下的面积。例如,一个活塞设备,通过 P 对 V 的积分可以求出它上下运动时所做的功,即

$$W = \int_1^2 P\mathrm{d}V$$

为了进行计算，需要知道 P 随 V 变化的规律。若 P 为常量，则可画出如图11.15所示的图形。

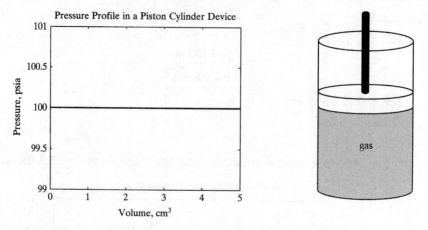

图 11.15   压力为常量时活塞设备的压力分布

活塞移动所做的功对应体积发生变化时曲线的面积。若移动活塞使体积从 $1\,\mathrm{cm^3}$ 变化到 $4\,\mathrm{cm^3}$，则活塞做功的大小与图11.16中所示的面积对应。

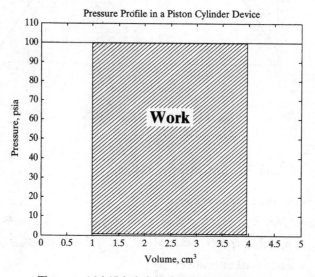

图 11.16   活塞设备产生的功是曲线所覆盖的面积

若用积分的方法求解该问题，就变得很简单：

$$W = \int_1^2 P\mathrm{d}V = P\int_1^2 \mathrm{d}V = PV \,|_1^2 = PV_2 - PV_1 = P\Delta V$$

若

$$P = 100\ \mathrm{psia}\quad \text{和}\quad \Delta V = 3\ \mathrm{cm^3}$$

那么

$$W = 3\ \mathrm{cm^3} \times 100\ \mathrm{psia}$$

符号工具箱能简单地实现对复杂函数的积分运算。可以用函数 int 求不定积分。首先定义函数

```
y = sym('x^3 + sin(x)')
```

为了求解不定积分，输入

```
int(y)
ans =
1/4*x^4-cos(x)
```

函数 int 以 x 作为默认变量。如果所定义的是二元函数，那么函数 int 将对被定义函数求变量 x 的积分，或求与 x 最接近的变量的积分：

```
y = sym('x^3 +sin(t)')
int(y)
ans =
1/4*x^4+sin(t)*x
```

如果用户定义了积分变量，那么需要在函数 int 中予以声明：

```
int(y,'t')
ans =
x^3*t-cos(t)
```

求定积分需要声明积分区间。考虑下面的表达式：

```
y = sym('x^2')
```

若没有指定积分区间，则得到

```
int(y)
ans =
1/3*x^3
```

可以用函数 subs 在区间 2 到 3 上求值：

```
yy = int(y)
yy =
1/3*x^3
subs(yy,3) - subs(yy,2)
ans =
  6.3333
```

注意，函数 subs 的计算结果是双精度浮点数。

求解两点间积分的简单方法是在函数 ints 内指定积分界限：

```
int(y,2,3)
ans =
19/3
```

注意，计算结果是一个符号数。需要用函数 double 将其转换为双精度数：

```
double(ans)
ans =
  6.3333
```

如果要同时指定变量和积分区间，那么需要在函数的输入参数中全部列出：

```
y = sym('sin(x)+cos(z)')
int(y,'z',2,3)
ans =
sin(x)+sin(3)-sin(2)
```

积分区间既可以是数值也可以是符号变量：

```
int(y,'z','b','c')
ans =
sin(x)*c+sin(c)-sin(x)*b-sin(b)
```

表 11.5 给出了与积分相关的 MATLAB 函数。

表 11.5　符号积分

int(f)	返回表达式 f 关于默认变量的积分结果	y = sym('x^3+z^2') int(y) ans = 1/4*x^4+z^2*x
int(f, 't')	返回表达式 f 关于变量 t 的积分结果	y = sym('x^3+z^2') int(y,'z') ans = x^3*z+1/3*z^3
int(f, a, b)	返回表达式 f 关于默认变量在区间 a 到 b 上的积分结果	y = sym('x^3+z^2') int(y,2,3) ans = 65/4+z^2
int(f, 't', a, b)	返回表达式 f 关于变量 t 在数值区间 a 到 b 上的积分结果	y = sym('x^3+z^2') int(y,'z',2,3) ans = x^3+19/3
int(f, 't', 'a', 'b')	返回表达式 f 关于变量 t 在符号区间 a 到 b 上的积分	y = sym('x^3+z^2') int(y, 'z', 'a', 'b') ans = x^3*(b-a)+1/3*b^3-1/3*a^3

练习 11.9

1. 求下面表达式关于 x 的积分:

$$x^2 + x + 1$$
$$\sin(x)$$
$$\tan(x)$$
$$\ln(x)$$

2. 求下面表达式关于 x 的积分:

$$ax^2 + bx + c$$
$$x^{0.5} - 3y$$
$$\tan(x+y)$$
$$3x + 4y - 3xy$$

3. 求解练习 1 和练习 2 中各表达式关于 x 的二重积分。

4. 求解下面表达式关于 y 的积分:

$$y^2 - 1$$
$$2y + 3x^2$$
$$ay + bx + cz$$

5. 求解练习 4 中各表达式关于 y 的二重积分。

6. 求解练习 1 中各表达式关于 x 在区间 0 到 5 上的积分。

例 11.5　用符号代数方法求解活塞汽缸设备中所做的功

活塞汽缸设备最广泛的应用是内燃机(见图11.17)，特别是用在四到八缸引擎中。

活塞汽缸设备所做的功取决于汽缸内部压力和活塞位置的变化量，活塞位置变化反映为汽缸体积的变化。数学上表示为

图 11.17　内燃机引擎

$$W = \int P \mathrm{d}V$$

为了对该方程进行积分，需要知道压力如何随体积变化。把可燃气体视为空气，并假设它们满足理想气体定律

$$PV = nRT$$

其中，P = 压力，kPa；V = 体积 $\mathrm{m^3}$；n = 摩尔数，kmol；R = 理想气体常数，8.314 kPa $\mathrm{m^3}$/ kmol K；T = 温度，K。

设气体的温度为 300 K，质量为 1 摩尔，工作过程中温度保持不变。利用上述方程可以计算气体在两个已知体积之间进行压缩和膨胀时对外界所做的功。

1. 问题描述

计算在温度不变的条件下，活塞汽缸设备中单位摩尔气体在两个已知体积之间压缩和膨胀所做的功。

2. 输入/输出描述

输入　　温度 = 300 K。

　　　　理想气体常数 = 8.314 kPa $\mathrm{m^3}$/kmol K = 8.314 kJ/kmol K。

　　　　初始体积和最终体积可以是任意值，这里取

$$\text{初始体积} = 1 \ \mathrm{m^3}$$
$$\text{最终体积} = 5 \ \mathrm{m^3}$$

输出　　活塞汽缸设备所做的功，单位 kJ。

3. 手工分析

首先根据理想气体方程求解 P：

$$PV = nRT$$
$$P = nRT / V$$

因为整个过程中 n、R 和 T 都是常数，所以积分运算为

$$W = \int \frac{nRT}{V} \mathrm{d}V = nRT \int \frac{\mathrm{d}V}{V} = nRT \ln\left(\frac{V_2}{V_1}\right)$$

代入数值，得到

$$W = 1 \ \mathrm{kmol} \times 8.314 \ \mathrm{kJ/kmol\ K} \times 300 \ \mathrm{K} \times \ln\left(\frac{V_2}{V_1}\right)$$

若令 $V_1 = 1 \ \mathrm{m^3}$ 和 $V_2 = 5 \ \mathrm{m^3}$，那么所做的功变为

$$W = 4014 \ \mathrm{kJ}$$

因为功是正值，所以该结果是指系统所做的功。

4. MATLAB 实现

首先从理想气体定律中求得压力。代码如下：

```
syms P V n R T V1 V2                        %Define variables
ideal_gas_law = sym('P*V = n*R*T')          %Define ideal gas law
P = solve(ideal_gas_law,'P')                %Solve for P
```

返回

```
P =
n*R*T/V
```

一旦得到关于 P 的方程，就能进行积分运算。命令如下：

```
W = int(P,V,V1,V2)                %Integrate P with respect
                                  %to V from V1 to V2
```

返回

```
W =
n*R*T*log(V2)-n*R*T*log(V1)
```

最后，把数值代入方程。输入

```
work = subs(W,{n,R,V1,V2,T},{1,8.314,1,5,300.0})
```

返回

```
work =
   4.0143e+003
```

5. 结果验证

最直接的检验是对两种计算方法所得到的结果进行比较。当然结果相同只意味着用同样的方法完成了的计算，更合理的检验方法是建立 *PV* 关系图，并估算曲线下区域的面积。

为了创建 *PV* 曲线，将 *n*、*R* 和 *T* 的值代入 *P* 的表达式：

```
p = subs(P,{n,R,T},{1,8.314, 300})
```

返回 *P* 的表达式

```
p =
12471/5/V
```

利用函数 ezplot 创建 *P* 与 *V* 的关系曲线(见图11.18)：

```
ezplot(p,[1,5]) %Plot the pressure versus V
title('Pressure Change with Volume for an Isothermal
    System')
xlabel('Volume')
ylabel('Pressure, psia')
xlabel('Volume, cm^3')
axis([1,5,0,2500])
```

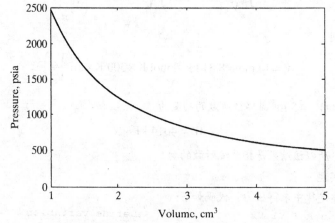

图 11.18 对于恒温系统，体积增加压力减小

利用一个三角形区域近似估算所做的功，如图11.19所示。有

$$面积 = \frac{1}{2}底 \times 高$$

$$面积 = 0.5 \times (5-1) \times 2400 = 4800$$

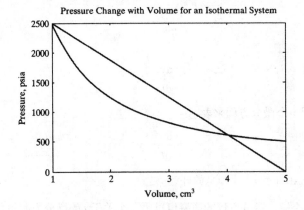

图 11.19　利用三角形近似估算曲线面积

相当于 4800 kJ，这个值与计算值 4014 kJ 很接近。

将上述计算过程用 MATLAB 程序实现，创建一个 M 文件，提示用户输入体积的变化值：

```
clear,clc
syms P V n R T V1 V2                   %Define variables
ideal_gas_law = sym('P*V = n*R*T')     %Define ideal gas law
P = solve(ideal_gas_law,'P')           %Solve for P
W = int(P,V,V1,V2)                     %Integrate to find work

%Now let the user input the data

temp = input('Enter a temperature: ')
v1 = input('Enter the initial volume: ')
v2 = input('Enter the final volume: ')
work = subs(W,{n,R,V1,V2,T},{1,8.314,v1,v2,temp})
```

M 文件产生下面的交互过程：

```
Enter a temperature: 300
temp =
    300
Enter the initial volume: 1
v1 =
    1
Enter the final volume: 5
v2 =
    5
work =
    4.0143e+003
```

11.5　微分方程

微分方程中包含因变量和自变量的导数。例如，

$$\frac{\mathrm{d}y}{\mathrm{d}t} = y$$

是一个微分方程。

虽然自变量和因变量都可以使用任何符号表示，但是在 MATLAB 中默认的自变量是 t（一般多用于常微分方程）。已知方程

$$y = e^t$$

y 对 t 求导

$$\frac{dy}{dt} = e^t$$

因为 $y = e^t$，所以可以用一个微分方程来表示：

$$\frac{dy}{dt} = y$$

关键概念：在 MATLAB 中微分方程默认的自变量是 t。

微分方程一般有多个解。微分方程的通解可以用一个关于 t 的微分方程组 $(dy/dt = y)$ 来表示：

$$y = C_1 e^t$$

再通过初始条件来确定方程的解。若

$$y(0) = 1$$

则

$$C_1 = 1$$

另一个稍微复杂的函数为

$$y = t^2$$

y 关于 t 的导数是

$$\frac{dy}{dt} = 2t$$

把上面的方程整理为

$$\frac{dy}{dt} = \frac{2t^2}{t} = \frac{2y}{t}$$

符号工具箱中的函数 dsolve 用于求解微分方程(微分方程的求解就是推导 y 关于 t 的表达式)。该函数要求用户输入微分方程，用符号 D 指定是关于哪个自变量的导数，如下所示：

```
dsolve('Dy = y')
ans =
C1*exp(t)
```

函数中仅输入一个参数可以得到微分方程的通解。如果指定了初始条件或边界条件，则输出微分方程的特解：

```
dsolve('Dy = y','y(0) = 1')
ans =
exp(t)
```

同理，

```
dsolve('Dy = 2*y/t','y(-1) = 1')
ans =
t^2
```

如果不把 t 当做微分方程中自变量，还可以在函数的第三个参数输入区域指定自变量：

```
dsolve('Dy = 2*y/t','y(-1) = 1', 't')
ans =
t^2
```

如果微分方程只包含一阶导数，则称为一阶微分方程。含二阶导数的称为二阶微分方程，含三阶导数的称为三阶微分方程，依此类推。用函数 dsolve 求解高阶微分方程时，只要把微分方程的阶数放在 D 的后面就可以。例如，语句

```
dsolve('D2y = -y')
ans =
C1*sin(t)+C2*cos(t)
```

用于求解二阶微分方程。

<table><tr><td align="center">提　示</td></tr></table>

在微分方程中不要用字母 D 命名变量，否则，函数会把 D 解释为微分。

函数 dsolve 也可以用于求解微分方程组。首先列出待求解的方程，然后列出微分方程的条件。函数 Dsolve 最多接受 12 个输入参数。其语法结构为

```
dsolve('eq1,eq2,...', 'cond1,cond2,...', 'v')
```

或

```
dsolve('eq1','eq2',...,'cond1','cond2',...,'v')
```

其中，变量 v 是自变量。现在思考下面的例子：

```
a = dsolve('Dx = y','Dy = x')
a =
  x: [1x1 sym]
  y: [1x1 sym]
```

结果以结构数组的符号元素形式给出，与命令 solve 的结果一样。用结构数组语法访问这些元素

```
a.x
ans =
C1*exp(t)-C2*exp(-t)
```

和

```
a.y
ans =
C1*exp(t)+C2*exp(-t)
```

还可以分别定义函数的输出：

```
[x,y] = dsolve('Dx = y','Dy = x')
x =
C1*exp(t)-C2*exp(-t)
y =
C1*exp(t)+C2*exp(-t)
```

有的微分方程是不能用 MATLAB 的符号函数求解的，复杂的（或病态的）方程组用 Maple 求解更简单（MATLAB 的符号功能基于 Maple 10 引擎设计）。无论计算工具多么精确，有些微分方程也是根本无法得到解析解的。对这些方程只能用数值方法求解。

关键概念：解析法不能求解所有的方程。

本章小结

MATLAB 的符号数学工具箱使用 Waterloo Maple 公司的 Maple 10 软件。符号工具箱是 MATLAB 专业版的可选组件，教学版包含符号工具箱中最常用的部分。符号工具箱所有的语法与 Maple 类似。但是，由于软件的底层结构不同，所以 Maple 用户会发现在语法上存在一些不同。

在 MATLAB 中符号变量用命令 sym 或者 syms 创建：

```
x = sym('x') or
syms x
```

命令 syms 可以同时创建多变量：

```
syms a b c
```

命令 sym 可以用单引号直接创建完整的表达式和方程：

```
y = sym('z^2-3')
```

尽管在符号表达式中包含 z，但是它并没有被显式地定义为符号变量。

定义符号变量后，就可以用定义的符号变量创建更复杂的表达式。因为 x、a、b 和 c 被定义为符号变量，所以用它们创建二次方程：

```
EQ = a*x^2 + b*x + c
```

MATLAB 可以对符号表达式进行运算，也可以对符号方程进行运算。方程式就是等式，而表达式不是，本小结中，前面所有语句都是用表达式创建的。语句

```
EQ = sym('n = m/MW')
```

定义一个符号方程。

符号表达式和符号方程都可以使用符号工具箱中的 MATLAB 内置函数来运算。函数 numden 可以从表达式中提取分子和分母，但不应用于方程。函数 expand、factor 和 collect 都可以用于化简表达式或方程。函数 simplify 根据 Maple 内部规则化简表达式和方程，函数 simple 会给出所有化简的过程，并从中选出最简结果。

函数 solve 是一个常用的符号函数，用于方程的符号化求解。如果函数 solve 的输入是表达式，那么 MATLAB 会设该表达式为 0，然后进行求解。函数 solve 不仅可以求解指定变量的一个方程，还可以求解方程组。与矩阵代数中求解方程组的方法不同，函数 solve 可以对非线性方程组进行求解。

替换函数 subs 可以用新的变量或数值替换原有变量。如果一个变量没有被显式定义为符号变量，那么，当该变量在函数 subs 中使用时，必须用单引号将该变量引起来。定义 y 为

```
y = sym('m +2*n + p')
```

这里变量 m、n 和 p 都没有被显式定义为符号变量，必须用单引号引起来。当替换多个变量时，需要把这些变量要放在大括号内。如果替代的是单个变量，则不需要。变量 y 已经被定义过，命令

```
subs(y,{'m','n','p'}, {1,2,3})
```

返回

```
ans =
    8
```

命令 subs 既可以替换数值也可以替换符号变量。

MATLAB 的符号绘图功能与标准绘图操作类似。工程和科学上用得最多的绘图函数是直角坐标绘图函数 ezplot。该函数允许输入一个符号表达式，并在 x 的 -2π 到 $+2\pi$ 区间上绘制图形，用户也可以设定 x 的最大值和最小值。符号绘图使用与标准的 MATLAB 相同的语法对图形进行标注。

符号工具箱包含很多运算函数，其中最基本的函数是 diff(微分)和 int(积分)。函数 diff 可以求解关于默认变量(x 或表达式中最接近 x 的变量)的导数，也可以求解任意指定微分变量的导数，同样还可以指定导数的阶数。函数 int 可以求解关于默认变量(x)或指定变量的积分。既可以计算定积分也可以计算不定积分。本章中没有介绍所有的运算函数，但这并不意味着不能使用这些函数，可以通过 help 得到更多有关运算函数的信息。

MATLAB 小结

下面列出本章介绍的 MATLAB 特殊字符、命令和函数。

特 殊 字 符	说　　明
''	标识一个未被声明的符号变量
{}	标识一个元胞数组，在函数 solve 中用于创建多个符号变量

命令和函数	说　　明
collect	合并同类项
diff	对符号表达式求导
dsolve	求解微分方程
expand	展开表达式和方程的每一项
ezcontour	创建等高图
ezcontourf	填充等高图
ezmesh	创建符号表达式的网格曲面图
ezmeshc	同时绘制符号表达式的网格曲面图和等高图
ezplot	绘制符号表达式的图形(直角坐标图)
ezplot3	创建三维曲线图
ezpolar	创建极坐标图
ezsurf	绘制符号表达式的曲面图
ezsurfc	同时绘制符号表达式的曲面图和等高图
factor	表达式或方程的因式分解
int	求解符号表达式的积分
numden	从表达式或方程中提取分子和分母
simple	使用所有的化简函数，选择最简结果作为返回值
simplify	用 Maple 内置的化简规则进行化简
solve	求解符号表达式或方程
subs	替换符号表达式或方程
sym	创建符号变量、表达式或方程
syms	创建多个符号变量

习题

11.1 创建符号变量

```
a b c d x
```

并用它们创建下面的符号表达式:

```
se1 = x^3 -3*x^2 +x
se2 = sin(x) + tan(x)
se3 =(2*x^2 - 3*x - 2)/(x^2 - 5*x)
se4 = (x^2 -9)/(x+3)
```

11.2　(a) se1 除以 se2。

(b) se3 乘以 se4。

(c) se1 除以 x。

(d) se1 加上 se3。

11.3　创建下面的符号方程:

(a)　`sq1 = sym('x^2+y^2=4')`

(b)　`sq2 = sym('5*x^5-4*x^4+3*x^3+2*x^2-x=24')`

(c)　`sq3 = sym('sin(a)+cos(b)-x*c=d')`

(d)　`sq4 = sym('(x^3-3*x)/(3-x)=14')`

11.4　试用函数 `numden` 从 se4 和 sq4 中提取分子和分母。该函数对表达式和方程都适用吗？描述二者的结果有什么不同？并解释这些不同。

11.5　把函数 `expand`、`factor`、`collect`、`simplify` 和 `simple` 用于习题 11.1 和习题 11.3 定义的所有表达式和方程。用自己的语言描述这些函数是如何用于不同类型表达式和方程的。

11.6　对习题 11.1 中创建的关于 x 的每个表达式进行求解。

11.7　对习题 11.3 中创建的关于 x 的每个方程进行求解。

11.8　对习题 11.3 中创建的方程 sq3 求 a 的解。

11.9　钟摆是一个悬于无摩擦支点上的刚性物体，见图 P11.9。假如钟摆在给定的惯量作用下前后摆动，振动频率的方程为

$$2\pi f = \sqrt{\frac{mgL}{I}}$$

其中，f 为频率；m 为钟摆质量；g 为重力加速度；L 为支点到钟摆重心的距离；I 为惯量。

用 MATLAB 的符号功能求解长度 L。

11.10　在上面习题的基础上，令钟摆的质量、频率和惯量分别为下面的值：

$$m = 10 \text{ kg}$$
$$f = 0.2 \text{ s}^{-1}$$
$$I = 60 \text{ kg m/s}$$

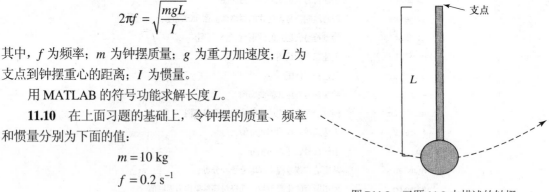

图 P11.9　习题 11.9 中描述的钟摆

并且钟摆是在地球上 $(g = 9.8 \text{ m/s}^2)$，钟摆重心到支点的距离为多少？（用函数 `subs` 求解该问题）。

11.11　动能定义为

$$KE = \frac{1}{2}mV^2$$

其中，KE 为动能，单位为焦耳；m 为质量，单位为 kg；V 为速度，单位为 m/s。

创建动能的符号方程，并求速度 V。

11.12　求解汽车的动能。汽车质量为 2000 lb_m，速度为 60 mph，如图 P11.12 所示，动能的单位是 $\text{lb}_m\text{mile}^2/\text{h}^2$。计算出结果后，用下面的转换关系，把动能单位转换为 Btu:

$$1 \text{ lb}_f = 32.174 \text{ lb}_m \cdot \text{ft/s}^2$$
$$1 \text{ hr} = 3600 \text{ s}$$
$$1 \text{ mile} = 5280 \text{ ft}$$
$$1 \text{ Btu} = 778.169 \text{ ft} \cdot \text{lb}_f$$

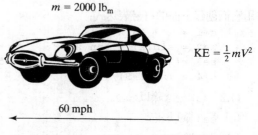

$m = 2000 \text{ lb}_m$

$KE = \frac{1}{2}mV^2$

60 mph

图 P11.12　习题 11.12 中描述的汽车

11.13　气体的热容可以表示为下面的方程，其中，a、b、c、d 和热力学温度 T 为经验常数

$$C_p = a + bT + cT^2 + dT^3$$

经验常数没有任何物理意义，只是为了拟合方程。创建热容的符号方程，求解热力学温度 T。

11.14 把下面给出的 a、b、c 和 d 的值代入上面的热容方程，并重新命名结果［这些值取自当温度在 273 K 到 1800 K 内变化时氮气以 kJ/(kmol K) 为单位的热容］：

$$a = 28.90$$

$$b = -0.1571 \times 10^{-2}$$

$$c = 0.8081 \times 10^{-5}$$

$$d = -2.873 \times 10^{-9}$$

当热容 (C_p) 为 29.15 kJ/(kmol K) 时，求温度 T。

11.15 安托尼方程用经验常数把蒸汽压力表示为温度的函数。方程式如下：

$$\lg(P) = A - \frac{B}{C+T}$$

式中，P 为压力，单位为 mmHg；A 为经验常数；B 为经验常数；C 为经验常数；T 为温度，单位为摄氏度。

液体的标准沸点是当蒸汽压力等于大气压力，即 760 mmHg 时的温度值。用 MATLAB 的符号功能求解经验常数为下面数值时苯的标准沸点：

$$A = 6.89272$$

$$B = 1203.531$$

$$C = 219.888$$

11.16 大学生去自助餐厅买午饭。第二天饭费是第一天的两倍，第三天比第二天少 1 美元。三天内共花费 35 美元。那么，大学生每天花费多少钱？用 MATLAB 的符号功能求解该问题。

11.17 考虑下面的方程组：

$$3x_1 + 4x_2 + 2x_3 - x_4 + x_5 + 7x_6 + x_7 = 42$$
$$2x_1 - 2x_2 + 3x_3 - 4x_4 + 5x_5 + 2x_6 + 8x_7 = 32$$
$$x_1 + 2x_2 + 3x_3 + x_4 + 2x_5 + 4x_6 + 6x_7 = 12$$
$$5x_1 + 10x_2 + 4x_3 + 3x_4 + 9x_5 - 2x_6 + x_7 = -5$$
$$3x_1 + 2x_2 - 2x_3 - 4x_4 - 5x_5 - 6x_6 + 7x_7 = 10$$
$$-2x_1 + 9x_2 + x_3 + 3x_4 - 3x_5 + 5x_6 + x_7 = 18$$
$$x_1 - 2x_2 - 8x_3 + 4x_4 + 2x_5 + 4x_6 + 5x_7 = 17$$

为每个方程定义一个符号变量，并使用 MATLAB 的符号功能求解每个未知数。

11.18 比较用左除和用符号数学中的函数 tic 和 toc 计算上面方程组所用的时间。函数 tic 和 toc 的语法如下：

```
tic
    ⋮
code to be timed
    ⋮
toc
```

11.19 用 MATLAB 的符号功能求解下面的矩阵代数问题。

一个液体分离过程。水、乙醇和甲醇的混合液体注入处理设备，从设备的两个出口流出处理后的液体，每种流出的液体具有不同的成分，见图 P11.19。

计算流入设备的液体流量以及从设备顶部和底部流出液体的流量。

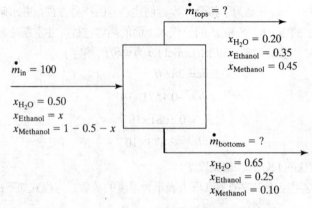

图 P11.19　水、甲醇、乙醇三种物质的分离过程

(a) 首先建立三种物质的平衡方程

水

$$0.5(100) = 0.2m_{\text{tops}} + 0.65m_{\text{bottoms}}$$

$$50 = 0.2m_{\text{tops}} + 0.65m_{\text{bottoms}}$$

乙醇

$$100x = 0.35m_{\text{tops}} + 0.25m_{\text{bottoms}}$$

$$0 = -100x + 0.35m_{\text{tops}} + 0.25m_{\text{bottoms}}$$

甲醇

$$100(1 - 0.5 - x) = 0.45m_{\text{tops}} + 0.1m_{\text{bottoms}}$$

$$50 = 100x + 0.45m_{\text{tops}} + 0.1m_{\text{bottoms}}$$

(b) 创建符号方程表示每种物质的平衡关系。

(c) 用函数 solve 求解方程组中的三个未知量。

11.20　考虑下面的两个方程:

$$x^2 + y^2 = 42$$

$$x + 3y + 2y^2 = 6$$

为每个方程创建符号方程,并用 MATLAB 的符号功能进行求解。能用矩阵求解该方程组吗? 分别用整型数和浮点数(带小数)定义方程并求解,所得结果有何不同? 在工作区窗口中检查所得结果是否还为符号型变量。

11.21　绘制下面表达式的图形,变量 x 的取值为 0 到 10:

(a) $y = e^x$

(b) $y = \sin(x)$

(c) $y = ax^2 + bx + c$, 其中, $a = 5$, $b = 2$, $c = 4$

(d) $y = \sqrt{x}$

每个图形应包含标题、x 轴标注、y 轴标注和网格。

11.22　用函数 ezplot 在同一坐标中绘制下面的表达式,变量 x 的取值范围从 -2π 到 $+2\pi$(使用命令 hold on)。

$$y_1 = \sin(x)$$
$$y_2 = \sin(2x)$$
$$y_3 = \sin(3x)$$

用交互绘图工具为每条曲线指定不同的线型和颜色。

11.23　用函数 `ezplot` 绘制下面隐函数方程的图形：

(a) $x^2 + y^3 = 0$

(b) $x + x^2 - y = 0$

(c) $x^2 + 3y^2 = 3$

(d) $x \cdot y = 4$

11.24　用函数 `ezplot` 绘制下面参数方程的图形：

(a) $f_1(t) = x = \sin(t)$
　　$f_2(t) = y = \cos(t)$

(b) $f_1(t) = x = \sin(t)$
　　$f_2(t) = y = 3\cos(t)$

(c) $f_1(t) = x = \sin(t)$
　　$f_2(t) = y = \cos(3t)$

(d) $f_1(t) = x = 10\sin(t)$
　　$f_2(t) = y = t\cos(t)$,　t 从 0 到 30

(e) $f_1(t) = x = t\sin(t)$
　　$f_2(t) = y = t\cos(t)$,　t 从 0 到 30

11.25　炮弹以 θ 角发射后的飞行距离是一个关于时间的函数，可以分解为水平距离和垂直距离（见图 P11.25），相应的方程为

$$\text{Horizontal}(t) = tV_0 \cos(\theta)$$

和

$$\text{Vertical}(t) = tV_0 \sin(\theta) - \frac{1}{2}gt^2$$

式中，Horizontal 表示 x 方向飞行的距离；Vertical 为 y 方向飞行的距离；V_0 为炮弹的初始速度；g 为重力加速度，$9.8\ \text{m/s}^2$；t 为时间，s。

假设炮弹以 100 m/s 的初速度和 $\pi/4$ 弧度（45°）的发射角发射。用函数 `ezplot` 分别在 x 轴和 y 轴上绘制水平距离和垂直距离。时间 t 从 0 到 20 s。

11.26　用函数 `ezpolar` 绘制下面表达式的图形，并用函数 `subplot` 把四个图形放在同一个图形窗口中。

(a) $\sin^2(\theta) + \cos^2(\theta)$

(b) $\sin(\theta)$

(c) $e^{\theta/5}$，θ 从 0 到 20

(d) $\sinh(\theta)$，θ 从 0 到 20

11.27　用函数 `ezplot3` 创建下面函数的三维线图：

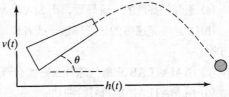
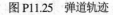

图 P11.25　弹道轨迹

$$f_1(t) = x = t\sin(t)$$
$$f_2(t) = y = t\cos(t)$$
$$f_3(t) = z = t$$

11.28　为下面的等式创建一个符号函数 Z：

$$Z = \frac{\sin\sqrt{X^2 + Y^2}}{\sqrt{X^2 + Y^2}}$$

(a) 用绘图函数 ezmesh 绘制 Z 的三维图形。
(b) 用绘图函数 ezsurf 绘制 Z 的三维图形。
(c) 用函数 ezcontour 绘制 Z 的等高线图。
(d) 用函数 ezsurfc 绘制 Z 的等高线曲面图。
用函数 subplots 把所有图形绘制在同一个图形窗口中。

11.29　用 MATLAB 的符号函数求解下面函数的一阶和二阶导数：
(a) $f_1(x) = y = x^3 - 4x^2 + 3x + 8$
(b) $f_2(x) = y = (x^2 - 2x + 1)(x - 1)$
(c) $f_3(x) = y = \cos(2x)\sin(x)$
(d) $f_4(x) = y = 3xe^{4x^2}$

11.30　用 MATLAB 的符号函数求下面各表达式的积分：
(a) $\int (x^2 + x)\,\mathrm{d}x$
(b) $\int_{0.3}^{1.3} (x^2 + x)\,\mathrm{d}x$
(c) $\int (x^2 + y^2)\,\mathrm{d}x$
(d) $\int_{3.5}^{24} (ax^2 + bx + c)\,\mathrm{d}x$

11.31　下面的多项式表示第一个 48 小时时间段内气象气球的高度，以米为单位：

$$h(t) = -0.12t^4 + 12t^3 - 380t^2 + 4100t + 220$$

假设时间 t 的单位为小时。
　　(a) 速度是高度的一阶导数，用 MATLAB 给出气球的速度方程。
　　(b) 加速度是速度的一阶导数，或者说加速度是高度的二阶导数，用 MATLAB 给出气球加速度的方程。
　　(c) 用 MATLAB 求解气球什么时候会着地。
　　(d) 用 MATLAB 的符号绘图功能绘制高度、速度和加速度的图形，以及时间 t 从 0 到着地时刻的时间［该值已经在(c)中求出］。因为高度、速度和加速度的单位各不相同，所以需要分别绘制图形。
　　(e) 根据气球到达最高点时其速度为 0 这一条件，求解气球能到达的最大高度。

11.32　向一个空水罐中注水，见图 P11.32。已知在 t 时刻注水速率是 $(50 - t)$ 升/秒。前 x 秒内注入的水量 Q 等于表达式 $(50 - t)$ 从 0 到 x 上的积分。
　　(a) 求 x 秒后水罐水量的符号方程。
　　(b) 求 30 秒后的水罐水量。
　　(c) 求注水后 10 秒到 15 秒之间注入水罐的水量。

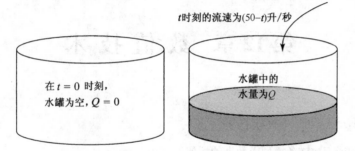

图 P11.32 灌装水罐问题

11.33 一个左端固定，右端可以沿 x 轴自由移动的弹簧，见图 P11.33。假设弹簧静止时右端在原点 $x=0$ 处。当弹簧被拉伸时，弹簧的右端会处于一个大于 0 的 x 值。当弹簧被压缩时，弹簧右端会处于一个小于 0 的位置。设弹簧自然长度为 1 ft，一个 10 lt 的力使弹簧压缩为 0.5 ft。将弹簧从自然位置拉伸到 n ft 位置所做的功（单位为 ft lb$_f$）是表达式 $(20x)$ 在 0 到 $(n-1)$ 区间上的积分[①]。

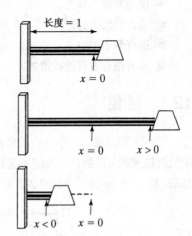

(a) 用 MATLAB 求解弹簧被拉伸 n ft 所做的功的符号表达式。

(b) 弹簧被拉伸 2 ft 所做的功是多少？

(c) 当施加的功为 25 ft lb$_f$ 时，弹簧的拉伸长度为多少？

11.34 气体的恒压热容 C_p 可以用下面的经验公式表示

$$C_p = a + bT + cT^2 + dT^3$$

其中 a、b、c 和 d 是经验常数，T 是热力学温度。当气体从 T_1 加热到 T_2 时，焓的变化是上面方程关于 T 的积分值：

图 P11.33 弹簧问题

$$\Delta h = \int_{T_1}^{T_2} C_p \, \mathrm{d}T$$

求出氧气从 300 K 加热到 1000 K 时焓的变化量。计算中氧气的 a、b、c 和 d 值设为

$$a = 25.48$$
$$b = 1.520 \times 10^{-2}$$
$$c = -0.7155 \times 10^{-5}$$
$$d = 1.312 \times 10^{-9}$$

[①] 引自 Kuncicky, and Moore, *Introduction to MATLAB* 7 (Upper Saddle River, NJ: Pearson/Prentice Hall, 2005).

第12章 数值技术

学习目的

通过阅读本章，读者可以掌握如下内容：

- 用线性模型或三次样条模型求数据的插值。
- 将一组数据点建模为一个多项式。
- 使用基本拟合工具。
- 使用曲线拟合工具。
- 进行数值微分。
- 进行数值积分。
- 求解微分方程的数值解。

12.1 插值

进行工程测量时，不可能采集每个数据点的数值。例如，从试验中采集到了一系列的 x, y 数值，用插值技术就可以估计出未测量点处与 x 对应的 y 值，如图12.1所示。两种最常用的插值技术是线性插值和三次样条插值。MATLAB 支持这两种插值。

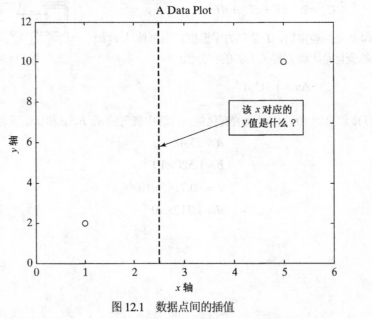

图 12.1　数据点间的插值

12.1.1　线性插值

在两个已知点之间估计一个数值点最常用的方法是线性插值。在此方法中，两点间的函数可以认为是两点间的直线，如图12.2所示。如果找到由两个已知点定义的直线方程，那么，就可以找到任何与 x 值对应的 y 值。两个点越近，近似值越准确。

提   示

如果假设数据的变化规律保持不变，那么，可以采用外插法对实验数据区域以外的点进行估计。但是，该方法并不好，这种假设往往会造成很大的估计误差。

提   示

函数名 `interp1` 最后一个字符是数字 1。字体原因，有时候看起来很像小写字母 '1'。

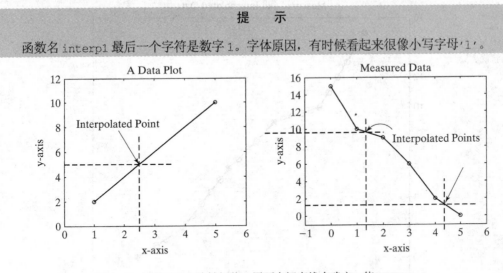

图 12.2　线性插值：用两点间直线来确定 y 值

用 MATLAB 中的函数 `interp1` 来实现线性插值。首先，创建一组有序数对作为函数的输入量。用来创建图12.2中右侧图形的数据如下：

```
x = 0:5;
y = [15, 10, 9, 6, 2, 0];
```

实现单点插值时，函数 `interp1` 的输入为矢量 x 和 y，以及用于估计 y 值的 x 值。估计 x = 3.5 所对应的 y 值，输入

```
interp1(x,y,3.5)
ans =
    4
```

插值：一种根据附近点估计中间点的技术。

若函数 `interp1` 的第三个输入参数是 x 的矢量，那么，可进行多点插值运算。例如，计算 x 以 0.2 步长均匀变化时所对应的 y 值，输入

```
new_x = 0:0.2:5;
new_y = interp1(x,y,new_x)
```

返回

```
new_y =
 Columns 1 through 5
 15.0000 14.0000 13.0000 12.0000 11.0000
 Columns 6 through 10
 10.0000 9.8000 9.6000 9.4000 9.2000
 Columns 11 through 15
 9.0000 8.4000 7.8000 7.2000 6.6000
 Columns 16 through 20
 6.0000 5.2000 4.4000 3.6000 2.8000
 Columns 21 through 25
 2.0000 1.6000 1.2000 0.8000 0.4000
 Column 26
    0
```

下述语句可以把插值结果和原始数据绘制在同一幅图中，如图12.3所示：

```
plot(x,y,new_x,new_y,'o')
```

为简便起见，省略了用于添加标题和坐标标注的命令行。

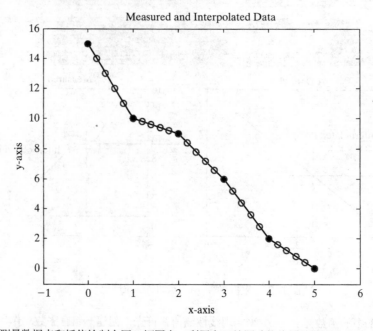

图 12.3　测量数据点和插值绘制在同一幅图中。利用交互绘图功能将原始数据点表示为实心圆点

函数 interp1 的默认运算方法为线性插值，但也可以进行其他插值运算，这些内容将在下一部分介绍。如果需要明确定义函数 interp1 作为线性插值函数，那么，采用如下形式定义函数的四个输入部分：

```
interp1(x, y, 3.5, 'linear')
ans =
   4
```

12.1.2　三次样条插值

尽管用直线连接数值点估计中间值是最简单的方法，但不一定是最好的方法。使用函数 interp1 中的三次样条插值技术可以建立一条平滑的曲线。此方法用三阶多项式拟合数据的变化。为了调用三次样条函数，必须给函数 interp1 加入第四个输入域：

```
interp1(x,y,3.5,'spline')
```

这个命令返回 x = 3.5 时 y 的一个改进估计值：

```
ans =
   3.9417
```

当然，也可以用三次样条技术创建矩阵 x 中每个元素对应的 y 的估计值：

```
new_x = 0:0.2:5;
new_y_spline = interp1(x,y,new_x,'spline');
```

在同一图中绘制测量值和插值的命令为（见图12.4）

```
plot(x,y,new_x,new_y_spline,'-o')
```

生成两条不同的曲线。

输出图形中给出了两条曲线。

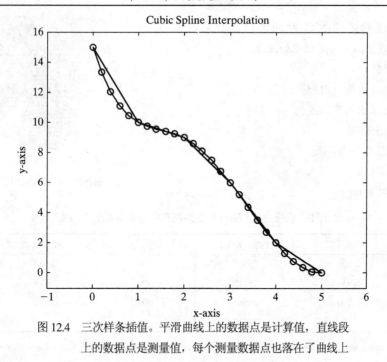

图 12.4   三次样条插值。平滑曲线上的数据点是计算值，直线段
上的数据点是测量值，每个测量数据点也落在了曲线上

用插值数据点画出的曲线如图12.4所示。其中直线部分是由原始数据点画出的。

虽然线性插值和三次样条插值是最常用的内插方法，但是 MATLAB 同时也提供了其他一些方法，见表 12.1。

表 12.1   函数 `interp1` 中的插值法选项

'linear'	线性插值，函数的默认功能	interp 1(x, y, 3.5, 'linear') ans = 4
'nearest'	最邻近点内插	interp 1(x, y, 3.5, 'nearest') ans = 2
'spline'	三次样条内插	interp 1(x, y, 3.5, 'spline') ans = 3.9417
'pchip'	形状保持分段三次插值	interp 1(x, y, 3.5, 'pchip') ans = 3.9048
'cubic'	同'pchip'	interp 1(x, y, 3.5, 'cubic') ans = 3.9048
'v5cubic'	MATLAB 5 中的三次插值，不能外插，且 x 不等距时用'spline'	interp 1(x, y, 3.5, 'v5cubic') ans = 3.9375

例 12.1   热力学特性：蒸汽表的使用

热力学中常常用表格的形式描述热力学特性。虽然很多热力学特性可以用简单的方程来描述，但是，还有一些特性并不被人们所认识，很难用方程来描述其行为。较简单的特性描述方法是将数值构造成表格。例如，蒸汽在 0.1 MPa(近似 1 标准大气压)时内能与温度的关系(见图 12.5)可以由表 12.2 表示。

用线性插值确定 215°C 时的内能。如果内能为 2600 kJ/kg，用线性插值确定相应的温度。

图 12.5   喷泉喷出的高温高压水和蒸汽(Rod Rekfern © Dorling Kindersley)

1. 问题描述

用线性插值求出蒸汽内能。

用线性插值求出蒸汽温度。

2. 输入/输出描述

输入   温度和内能表。

             u 未知。

             T 未知。

表 12.2   压强为 0.1 Mpa 时过热蒸汽的内能与温度 T 的关系

温度, °C	内能, kJ/kg	温度, °C	内能, kJ/kg
100	2506.7	300	2810.4
150	2582.8	400	2967.9
200	2658.1	500	3131.6
250	2733.7		

来源: 数据取自 Joseph H. Keenan, Frederick G.Keyes, Philip G. Hill, and Joan G, Moore, *Steam Tables, Sl units* (New York: John Wiley & Sons, 1978)。

输出   内能。

             温度。

3. 手工分析

在第一个问题中，需要求出 215°C 时的内能。表中列出了温度为 200°C 和 250°C 时的内能值。首先确定值 215°C 在 200°C 和 250°C 之间上的距离比值:

$$\frac{215-200}{250-200} = 0.30$$

假设内能和温度呈线性关系，那么内能的方程为

$$0.30 = \frac{u-2658.1}{2733.7-2658.1}$$

求解 u 值得如下表达式:

$$u = 2680.78 \text{ kJ/kg}$$

4. MATLAB 实现

在 M 文件中创建 MATLAB 程序，然后在命令环境中运行:

```
%Example 12.1
%Thermodynamics
T=[100, 150, 200, 250, 300, 400, 500];
u= [2506.7, 2582.8, 2658.1, 2733.7, 2810.4, 2967.9, 3131.6];
newu=interp1(T,u,215)
newT=interp1(u,T,2600)
```

代码返回

```
newu =
  2680.78
newT =
  161.42
```

5. 结果验证

MATLAB 求解的结果与手工估算的结果相符。此方法可用于对蒸汽表中任何特性的分析。国家标准与技术局出版的 JANAF 表是热力学特性数据来源之一。

图 12.6 发电厂把蒸汽作为"工作流体"

例 12.2 热力学特性：扩充蒸汽表

由例 12.1 可知，蒸汽表在热力学中有着广泛的应用（见图12.6）。表 12.3 是蒸汽表的一部分，一般情况下，很多大气压力实验需要用到此表。

表 12.3 在 0.1 MPa（近似 1 个标准大气压）条件下过热蒸汽的特性

温度, ℃	比容, v, m³/kg	内能 u, kJ/kg	焓 h, kJ/kg
100	1.6958	2506.7	2676.2
150	1.9364	2582.8	2776.4
200	2.172	2658.1	2875.3
250	2.406	2733.7	2974.3
300	2.639	2810.4	3074.3
400	3.103	2967.9	3278.2
500	3.565	3131.6	3488.1

注意，表 12.3 中首先以 50℃ 为间隔，然后以 100℃ 为间隔。如果某项工程需要使用此表，而且又不想每次使用时都进行一次线性插值计算，那么，可以使用线性插值方法，以 25℃ 作为温度间隔，用 MATLAB 建立一个扩充的蒸汽表。

1. 问题描述

以 5℃ 的温度间隔计算蒸汽的比容、内能和焓值。

2. 输入/输出

输入 温度和内能的关系表。

输出 温度间隔为 5 摄氏度时新的关系表。

3. 手工估算

在例 12.1 中已经计算了 215℃ 时的内能，在已知的蒸汽表中没有 215℃ 这一数值，需要重新计算 225℃ 的比值：

$$\frac{225-200}{250-200} = 0.50$$

而且

$$0.50 = \frac{u-2658.1}{2733.7-2658.1}$$

求出 u 的表达式为

$$u = 2695.9 \ kJ/kg$$

接下来将用同样的方法验证所创建表格的一致性。

4. MATLAB 求解

在 M 文件中创建 MATLAB 程序，然后在命令环境中运行：

```
%Example 12.2
%Thermodynamics
clear, clc
```

```
T = [100, 150, 200, 250, 300, 400, 500]';
v = [1.6958, 1.9364, 2.172, 2.406, 2.639, 3.103, 3.565]';
u = [2506.7, 2582.8, 2658.1, 2733.7, 2810.4, 2967.9, 3131.6]';
h = [2676.2, 2776.4, 2875.3, 2974.3, 3074.3, 3278.2, 3488.1]';
props = [v,u,h];
newT = [100:25:500]';
newprop = interp1(T,props,newT);
disp('Steam Properties at 0.1 MPa')
disp('Temp Specific Volume Internal Energy Enthalpy')
disp(' C  m^3/kg kJ/kg kJ/kg')
fprintf('%6.0f %10.4f %8.1f %8.1f \n',[newT,newprop]')
```

程序在命令窗口中打印出下面的表格:

```
Steam Properties at 0.1 MPa
Temp Specific Volume Internal Energy Enthalpy
C        m^3/kg      kJ/kg        kJ/kg
 100      1.6958      2506.7       2676.2
 125      1.8161      2544.8       2726.3
 150      1.9364      2582.8       2776.4
 175      2.0542      2620.4       2825.9
 200      2.1720      2658.1       2875.3
 225      2.2890      2695.9       2924.8
 250      2.4060      2733.7       2974.3
 275      2.5225      2772.1       3024.3
 300      2.6390      2810.4       3074.3
 325      2.7550      2849.8       3125.3
 350      2.8710      2889.2       3176.3
 375      2.9870      2928.5       3227.2
 400      3.1030      2967.9       3278.2
 425      3.2185      3008.8       3330.7
 450      3.3340      3049.8       3383.1
 475      3.4495      3090.7       3435.6
 500      3.5650      3131.6       3488.1
```

5. 结果验证

MATLAB 的计算结果与手工估算的结果相符, 可以确认, MATLAB 程序是可以正确执行的。通过改变矢量 newT 的定义内容可以创建数据量更大的表格。将矢量

```
newT = [100:25:500]';
```

变更为较小温度增量的矢量

```
newT = [100:1:500]';
```

练习 12.1

创建矢量 x 和 y 表示下面的数据:

x	y	x	y
10	23	60	140
20	45	70	167
30	60	80	198
40	82	90	200
50	111	100	220

1. 在直角坐标系中绘制数据的图形。
2. 用线性插值估计当 x = 15 时的 y 值。

3. 用三次样条内插法估计当 x = 15 时的 y 值。

4. 用线性插值估计当 y = 80 时的 x 值。

5. 用三次样条内插法估计当 y = 80 时的 x 值。

6. 用三次样条内插法估计当 x 以 2 的间隔在 10 到 100 间均匀改变时的 y 值。

7. 在直角坐标中绘制原始数据点，各点间不用直线连接，同时绘制练习 6 计算出的数据点。

12.1.3 多维插值

数据集 z 依赖于 x 和 y 两个变量，依赖关系如下表所示：

	x = 1	x = 2	x = 3	x = 4
y = 2	7	15	22	30
y = 4	54	109	164	218
y = 6	403	807	1210	1614

如果确定 y = 3 和 x = 1.5 时 z 的值，那么，必须进行两次插值计算。一种方法是用函数 interp1 找到在 y = 3，以及所有给定 x 的值对应的 z 值，然后在新表中进行二次插值运算。

首先，在 MATLAB 中定义 x、y 和 z 三个变量：

```
y = 2:2:6;
x = 1:4;
z = [ 7    15  22   30
     54  109 164  218
     403 807 1210 1614];
```

然后，使用函数 interp1 求解 y = 3，以及所有 x 的取值对应的 z 值：

```
new_z = interp1(y,z,3)      返回
new_z =
    30.50    62.00    93.00   124.00
```

最后，再次使用函数 interp1 求解 y = 3 和 x = 1.5 对应的 z 值：

```
new_z2 = interp1(x,new_z,1.5)
new_z2 =
    46.25
```

虽然此方法可行，但是需要进行两次计算，显得比较烦琐。

MATLAB 提供一个二维线性插值函数 interp2，利用它可以直接完成问题求解：

```
interp2(x,y,z,1.5,3)
ans =
 46.2500
```

函数 interp2 输入的第一部分必须是矢量，用来定义与列相关的数值（此处为 x）。函数 interp2 输入的第二部分也必须是一个矢量，用来定义与行相关的数值（此处为 y）。数组 z 必须与矢量 x 具有相同的列数，与矢量 y 具有相同的行数。函数输入的第四和第五个部分分别为与要确定的 z 值相对应的 x 和 y 值。

MATLAB 也提供另外的三维插值函数 interp3，以及 n 维插值函数 inperpn，在 help 中可以查询这些函数的详细用法，所有这些函数的默认状态均为线性插值。MATLAB 同时也支持表 12.1 列出的其他插值函数。

练习 12.2

创建矢量 x 和 y 表示下面的数据：

y↓/x→	x = 15	x = 30	y↓/x→	x = 15	x = 30
y = 10	z = 23	33	60	140	150
20	45	55	70	167	177
30	60	70	80	198	198
40	82	92	90	200	210
50	111	121	100	20	230

1. 在同一图中画出两组 y-z 数据的图形,并用图例说明与每组数据集对应的 x 值。
2. 用二维线性插值估计,当 y = 15 和 x = 20 时,z 的值。
3. 用三次样条插值估计,当 y = 15 和 x = 20 时,z 的值。
4. 用线性插值创建一个新的子表,对应 x = 20 和 x = 25,y 的所有值。

12.2　曲线拟合

虽然用插值技术可以求出已知量 x 值间某一值对应的 y 值,但是如果用 $y = f(x)$ 来拟合实验数据,则会更加方便。这样可以计算想得到的任何 y 值。如果已知 x 和 y 的一些基本关系,则可根据这些关系确定一个方程。例如,理想气体定律基于以下两个基本假设:

● 所有气体分子进行弹性碰撞。
● 气体分子不占据容器的任何空间。

以上假设并非完全准确,所以理想气体定律仅是对实际情况的近似。尽管如此,理想气体定律还是很有价值的,它适用于很多情况。如果真实气体不符合这种简单的关系,那么利用两种方法可以对气体行为进行建模。要么通过实验认识物理特性,并相应地修正方程式。要么利用这些数据凭经验进行近似。经验公式不涉及任何基础理论,但它能很好地预测一个参数变化会如何影响另一个参数。

MATLAB 有内置的拟合函数,可以用来对经验数据进行建模。值得注意的是,这种建模仅在所收集的数据范围内是可行的。如果参数 y 随 x 的变化规律是未知的,那么,数据拟合方程就不能预测所收集数据范围以外的情况。

关键概念:曲线拟合是一种用方程对数据进行建模的技术。

12.2.1　线性回归

对一组数据进行建模的最简单方法是将其作为直线来看待,回顾 12.1.1 小节的数据:
```
x = 0:5;
y = [15, 10, 9, 6, 2, 0];
```
如果把这些数据绘制在图12.7中,那么,可以用一条穿过数据点的直线来近似描述这些数据的变化规律。这个过程通常称为"目测",意思是没有进行计算,只是看起来非常适合。

从图中可以看出,有几个点落在了直线上,而其他点则以不同距离落在直线以外。为了比较该直线与其他可能的直线哪个更适合,需要计算实际数据值和估算值之间的差。

利用 $x=0, y=15$ 和 $x=5, y=0$ 两点确定图12.7中的直线方程,此直线的斜率为

$$斜率 = \frac{\Delta y}{\Delta x} = \frac{y_2 - y_1}{x_2 - x_1} = \frac{0 - 15}{5 - 0} = -3$$

该直线与 y 轴交于 $y = 15$ 处,直线方程为

$$y = -3x + 15$$

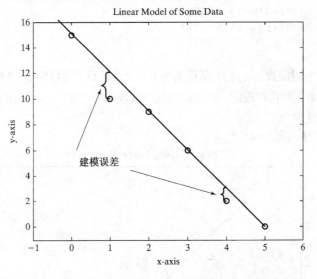

图 12.7 由 "目测" 线得到的线性模型

估算值与实际值之间的差见表 12.4。

线性回归技术就是采用最小二乘法来比较不同的表达式，确定哪一种能更好地对数据变化规律进行建模。在此法中，对实际值与计算值进行差值运算，然后，再对差求平方和，其优点是正负偏差不会相互抵消。利用 MATLAB 可以计算所需要的参数，如

```
sum_of_the_squares = sum((y-y_calc).^2)
```

这样可以得到

```
sum_of_the_squares =
    5
```

线性回归：一种用直线对数据进行建模的技术。

表 12.4 实际值和计算值的差

x	y 实际值	y_calc 计算值	差=y-y_calc
0	15	15	0
1	10	12	-2
2	9	9	0
3	6	6	0
4	2	3	-1
5	0	0	0

除了利用最小二乘法实现数据的线性回归外，有关线性回归的其他实现技术已超出本书的范围，在此不再赘述。线性回归在 MATLAB 中用函数 polyfit 实现，该函数要求三个输入内容：x 值矢量、y 值矢量和一个用来表示拟合多项式阶数的整数。因为直线为一阶多项式，在函数 polyfit 中应该输入数值 1：

```
polyfit(x,y,1)
ans =
 -2.9143 14.2857
```

结果为最优一阶多项式相应的系数：

$$y = -2.9143x + 14.2857$$

这个结果是否比目测的结果更准确，可以用计算平方和的方法来进行检查：

```
best_y = -2.9143*x+14.2857;
new_sum = sum((y-best_y).^2)
new_sum =
    3.3714
```

通过计算可知，利用函数 `polyfit` 所得到的拟合直线比目测直线要好，MATLAB 可以求出一个更优的直线。将实际数据和由线性回归确定的最优直线画在同一坐标上，如图12.8所示，从视觉上可以感觉到此直线较好地拟合了数据：

```
plot(x,y,'o',x,best_y)
```

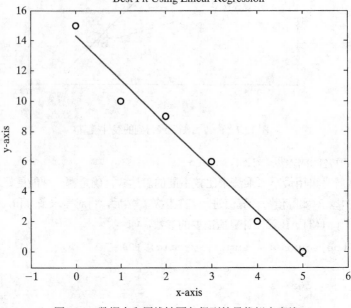

图 12.8   数据点和用线性回归得到的最优拟合直线

12.2.2   多项式回归

直线方程不是回归技术分析的唯一手段，常用的方法是用下面高阶多项式的形式来拟合数据：

$$y = a_0 x^n + a_1 x^{n-1} + a_2 x^{n-2} + \cdots + a_{n-1}x + a_n$$

多项式回归的判断准则是保证实际数据与计算数据之间差的平方和最小。在 MATLAB 中，利用函数 `plyfit` 可以很简单地实现这一功能。用下面的命令把样本数据用二阶和三阶多项式进行拟合：

```
polyfit(x,y,2)
ans =
  0.0536 -3.1821 14.4643
```

和

```
polyfit(x,y,3)
ans =
 -0.0648 0.5397 -4.0701 14.6587
```

将返回下面的方程：

$$y_2 = 0.0536x^2 - 3.1821x + 14.4643$$
$$y_3 = -0.0648x^3 + 0.5397x^2 - 4.0701x + 14.6587$$

可以通过计算平方和的方法确定哪一种多项式拟合效果更好：

```
y2 = 0.0536*x.^2-3.182*x + 14.4643;
sum((y2-y).^2)
ans =
    3.2643
y3 = -0.0648*x.^3+0.5398*x.^2-4.0701*x + 14.6587
sum((y3-y).^2)
ans =
    2.9921
```

可以看出，方程中的项数越多拟合效果越好，至少实际样本数据点和预测数据点之间的距离减小。

为了绘制这些拟合出的曲线，需要多于线性模型中的 6 个数据点。MATLAB 通过折线连接各个计算出的数据点来绘制曲线，为了得到平滑的曲线，就需要更多的数据点。利用下面的命令可以得到更多的数据点并且绘制曲线图：

```
smooth_x = 0:0.2:5;
smooth_y2 = 0.0536*smooth_x.^2-3.182*smooth_x + 14.4643;
subplot(1,2,1)
plot(x,y,'o',smooth_x,smooth_y2)
smooth_y3 = -0.0648*smooth_x.^3+0.5398*smooth_x.^2-4.0701*
smooth_x + 14.6587;
subplot(1,2,2)
plot(x,y,'o',smooth_x,smooth_y3)
```

结果如图12.9所示。注意每个模型都有轻微的曲度。虽然在数学上这两个模型较好地拟合了实际数据，但是它们不一定像直线那样很好地表示实际值。在工程实际中，需要充分考虑被建模的实际物理过程，以及仪器设备的测试精度和测试结果的可重复性。

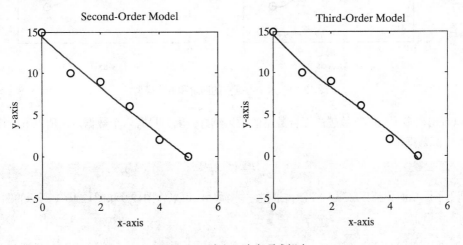

图 12.9   二阶和三阶多项式拟合

关键概念：数据建模不仅要基于收集的数据，也要基于对物理过程的理解。

12.2.3   函数 polyval

函数 `polyfit` 可以根据回归条件返回最优数据拟合多项式的系数。在之前的章节中，将这些系数输入到 MATLAB 表达式中，从而得到相应的 y 值。函数 `polyval` 不需要重新输入系数就能完成同样的工作。

函数 `polyval` 要求两个输入量。一个是类似函数 `polyfit` 创建的系数数组，另一个是 x 数组，利用它来计算新的 y 值。例如，

```
coef = polyfit(x,y,1)
y_first_order_fit = polyval(coef,x)
```

这两行代码可以使用函数嵌套缩短为一行：

```
y_first_order_fit = polyval(polyfit(x,y,1),x)
```

利用函数 polyfit 和 polyval 写一段程序来计算并绘制 12.1.1 小节中数据的四阶和五阶拟合曲线：

```
y4 = polyval(polyfit(x,y,4),smooth_x);
y5 = polyval(polyfit(x,y,5),smooth_x);

subplot(1,2,1)
plot(x,y,'o',smooth_x,y4)
axis([0,6,-5,15])
subplot(1,2,2)
plot(x,y,'o',smooth_x,y5)
axis([0,6,-5,15])
```

图12.10给出了绘图结果。

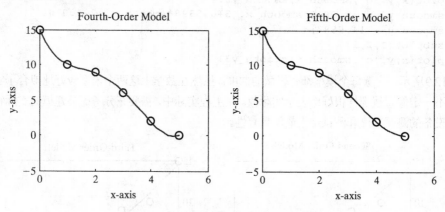

图 12.10　六个数据点的四阶和五阶模型

可以看出，多项式的阶数越高拟合数据的效果越好。因为只有六个数据点，所以五阶模型可以准确匹配实际数据。

提　示

利用子图功能和函数 sprintf，再通过 for 循环，可以将图12.9和图12.10中所示的四个图形画在同一窗口中。

```
x = 0:5;
y = [15, 10, 9, 6, 2, 0];
smooth_x = 0:0.2:5;
for k = 1:4
  subplot(2,2,k)
  plot(x,y,'o',smooth_x,polyval(polyfit(x,y,k+1),smooth_x))
  axis([0,6,-5,15])
  a = sprintf('Polynomial plot of order %1.0f \n',k+1);
  title(a)
end
```

练习 12.3

创建 x 和 y 矢量表示下面的数据：

z = 15		z = 30		z = 15		z = 30	
x	y	x	y	x	y	x	y
10	23	10	33	60	140	60	150
20	45	20	55	70	167	70	177
30	60	30	70	80	198	80	198
40	82	40	92	90	200	90	210
50	111	50	121	100	220	100	230

1. 利用函数 polyfit 对 $z = 15$ 的数据进行一阶多项式拟合。

2. 在 10 到 100 范围内，以 2 为间隔建立一个新的 x 矢量，将该矢量作为函数 polyval 的输入，利用练习 1 得出的系数值生成一个新的 y 矢量。

3. 用圆圈表示原始数据，不必连线画出图形。在同一坐标中用实线画出计算数据的图形。观察数据的拟合程度。

4. 设 $z = 30$，重复练习 1 到练习 3 的过程。

例 12.3 水渠中的水流

确定水渠中水流的情况并非易事。水渠的形状可能是不均匀的，如图12.11所示，水渠中的障碍物、水流动过程中产生的摩擦以及其他因素都是影响水流的重要因素。利用数值方法可以建立实际水流的运动模型。下面是从实际水渠中收集到的数据。

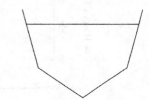

图 12.11　水渠的横截面并不一定相同

高度（ft）	流量（ft³/s）	高度（ft）	流量（ft³/s）
0	0	2.92	6.45
1.7	2.6	4.04	11.22
1.95	3.6	5.24	30.61
2.60	4.03		

对上述数据分别进行一次、二次和三次多项式的最佳拟合，并在同一图中绘制不同的拟合曲线。确定哪种模型可以达到最好的拟合效果(一次、二次和三次多项式分别表示线性、二阶和三阶的拟合)？

1. 问题描述

对数据进行多项式回归，将结果绘制成图形，并确定哪个阶数据拟合效果最好。

2. 输入/输出描述

输入　水渠的高度和流量数据。

输出　由拟合结果绘制出图形。

3. 手工估算

利用手工的方法绘制一条近似曲线，起始点为 0，此时，水渠中水的高度为 0，水的流量也为 0(见图12.12)。

4. MATLAB 求解

在 M 文件中创建 MATLAB 的程序代码，然后在命令环境中运行该程序:

```
%12.3 Example - Water in a Culvert
height = [1.7, 1.95, 2.6, 2.92, 4.04, 5.24];
flow = [2.6, 3.6, 4.03, 6.45, 11.22, 30.61];
new_height = 0:0.5:6;
```

```
newf1 = polyval(polyfit(height,flow,1),new_height);
newf2 = polyval(polyfit(height,flow,2),new_height);
newf3 = polyval(polyfit(height,flow,3),new_height);
plot(height,flow,'o',new_height,newf1,new_height,newf2,
  new_height,newf3)
title('Fit of Water Flow')
xlabel('Water Height, ft')
ylabel('Flow Rate, CFS')
legend('Data','Linear Fit','Quadratic Fit', 'Cubic Fit')
```

执行 MATLAB 程序后产生的图形如图12.13所示。

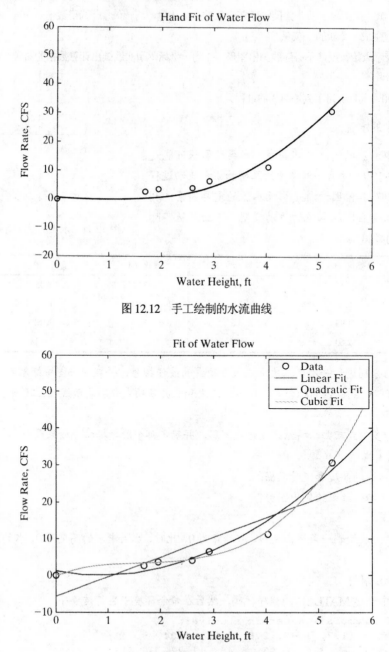

图 12.12　手工绘制的水流曲线

图 12.13　不同的曲线拟合方法

5. 结果验证

哪条曲线具有最好的拟合效果是一个难以回答的问题。拟合多项式的阶数越高越能更好地拟合数据点，但是，此多项式未必能更好地表示真实数据。

当水面高度为零时，利用线性拟合结果可以推算出水流量近似为–5 CFS，此结论显然与实际不符。然而，根据二次拟合的结果，在水面高度近似为 1.5 m 处水流量达到最小值，这同样与现实情况不符。三次(三阶)拟合可以实现数据点的最好匹配，并且可能是最佳的拟合多项式。把 MATLAB 的计算结果与手工绘制的结果相比较，可以看出，三次多项式拟合近似地与手工绘制的结果相匹配。

例 12.4 气体的热容

气体温度每上升一度所用的能量值(称为气体的热容)不仅取决于气体本身的性质，还取决于气体的温度。此关系通常用多项式模型来表示。表 12.5 给出了二氧化碳的数据。

用 MATLAB 把这些数据建模为一个多项式，然后与 Kyle 在 *Chemical and Process Thermodynamics* (Upper Saddle River, NJ: Prentice Hall PTR, 1999)一书中给出的模型相比较。文献中给出的模型为

$$C_p = 1.698 \times 10^{-10} T^3 - 7.957 \times 10^{-7} T^2 + 1.359 \times 10^{-3} T + 5.059 \times 10^{-1}$$

1. 问题描述

根据表 12.5 所提供的数据，建立一个经验公式，将热容表示为温度的函数。并把结果与文献中给出的模型相比较。

2. 输入/输出描述

输入   使用提供的温度和热容数据表。

输出   求解描述数据关系的多项式系数。

          绘制数据点和曲线图。

3. 手工计算

通过绘制数据点(见图12.14)可以看出，直线(一次多项式)不能很好地对数据进行近似。通过计算几个不同的模型(如一到四次多项式)，可以得到比较好的近似方法。

表 12.5 二氧化碳的热容

温度, T, 单位 K	热容, C_p, 单位 kJ/(kg K)	温度, T, 单位 K	热容, C_p, 单位 kJ/(kg K)
250	0.791	650	1.102
300	0.846	700	1.126
350	0.895	750	1.148
400	0.939	800	1.169
450	0.978	900	1.204
500	1.014	1000	1.234
550	1.046	1500	1.328
600	1.075		

数据来源: *Tables of Thermal Properties of Gases*, NBS Circular 564, 1955.

4. MATLAB 求解

```
%Example 12.4 Heat Capacity of a Gas

%Define the measured data
```

```
T=[250:50:800,900,1000,1500];
Cp=[0.791, 0.846, 0.895, 0.939, 0.978, 1.014, 1.046, ...
1.075, 1.102, 1.126, 1.148, 1.169, 1.204, 1.234, 1.328];
%Define a finer array of temperatures
new_T = 250:10:1500;

%Calculate new heat capacity values, using four different
polynomial models
Cp1 = polyval(polyfit(T,Cp,1),new_T);
Cp2 = polyval(polyfit(T,Cp,2),new_T);
Cp3 = polyval(polyfit(T,Cp,3),new_T);
Cp4 = polyval(polyfit(T,Cp,4),new_T);

%Plot the results
subplot(2,2,1)
plot(T,Cp,'o',new_T,Cp1)
axis([0,1700,0.6,1.6])
subplot(2,2,2)
plot(T,Cp,'o',new_T,Cp2)
axis([0,1700,0.6,1.6])
subplot(2,2,3)
plot(T,Cp,'o',new_T,Cp3)
axis([0,1700,0.6,1.6])
subplot(2,2,4)
plot(T,Cp,'o',new_T,Cp4)
axis([0,1700,0.6,1.6])
```

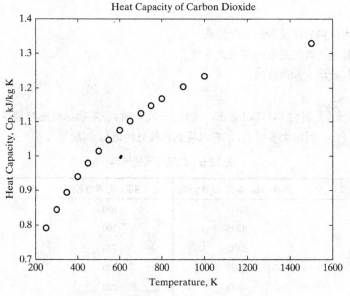

图 12.14   二氧化碳的热容是温度的函数

通过图12.15可以看到，二阶或者三阶模型足以描述该温度范围内的气体行为。如果使用三阶多项式模型，那么可以用函数 polyfit 求系数：

```
polyfit(T,Cp,3)
ans =
2.7372e-010 -1.0631e-006 1.5521e-003 4.6837e-001
```

结果为

$$C_p = 2.7372 \times 10^{-10} T^3 - 1.0631 \times 10^{-6} T^2 + 1.5521 \times 10^{-3} T + 4.6837 \times 10^{-1}$$

5. 结果验证

把 MATLAB 计算结果与文献中给出的结果相比较，可以看到它们很接近，但是并不准确。计算得到的表达式为

$$C_p = 2.737 \times 10^{-10}T^3 - 10.63 \times 10^{-7}T^2 + 1.552 \times 10^{-3}T + 4.683 \times 10^{-1}$$

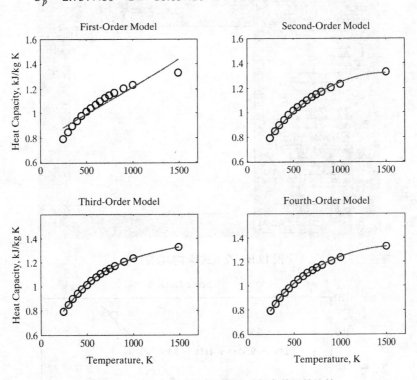

图 12.15　不同多项式拟合二氧化碳热容数据的比较

文献中给出的表达式为

$$C_p = 1.698 \times 10^{-10}T^3 - 7.957 \times 10^{-7}T^2 + 1.359 \times 10^{-3}T + 5.059 \times 10^{-1}$$

这并不奇怪，因为在这里仅是对有限个数据点的拟合，而文献中给出的模型却采用了更多的数据点，因此，相比之下可能后者更准确。

12.3　使用交互式拟合工具

MATLAB 7 提供了新的交互式绘图工具，它允许用户不使用命令窗口就可以对所绘制的图形进行注释。同时也提供基本的曲线拟合、复杂的曲线拟合和统计工具。

12.3.1　基本拟合工具

为了使用基本拟合工具，首先要利用下面的命令创建一个图形：

```
x = 0:5;
y = [0,20,60,68,77,110]
y2 = 20*x;
plot(x,y,'o')
axis([-1,7,-20,120])
```

这些命令使用一些样本数据创建了一个图形(见图12.16)。

为了调用曲线拟合工具，需要在图形的菜单栏中选择 Tools→Basic Fitting。基本拟合窗口在图形的顶端打开。通过修改 linear、cubic 和 show equations（见图12.16），产生如图12.17 所示的图形。

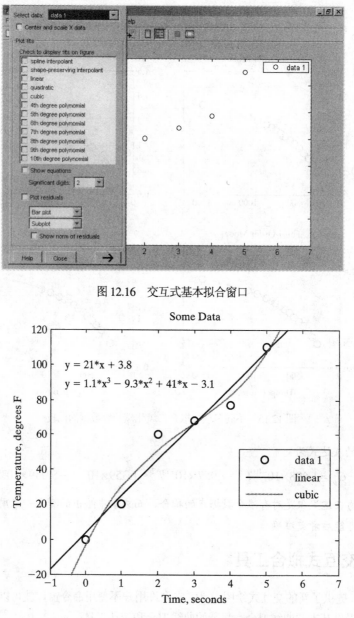

图 12.16　交互式基本拟合窗口

图 12.17　用基本拟合窗口生成的图形

修改绘图残差工具箱生成第二个图形，该图显示每个样本数据点与拟合直线的距离，如图12.18 所示。

在基本拟合窗口的右下角是一个箭头按钮。两次点击这个按钮可以打开窗口的其他部分（见图12.19）。

残差：实际值和计算值之间的差。

窗口的中央面板显示曲线拟合结果，并提供把结果保存到工作区的选项。右边的面板允许选择 x 值，以及根据中央面板方程式计算出的 y 值。

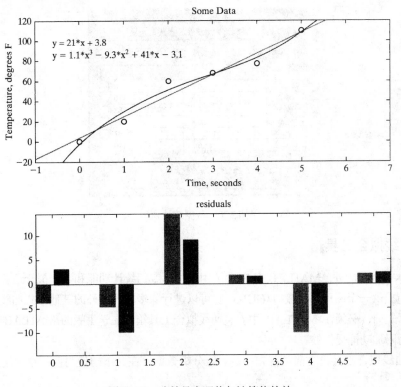

图 12.18 残差是实际值与计算值的差

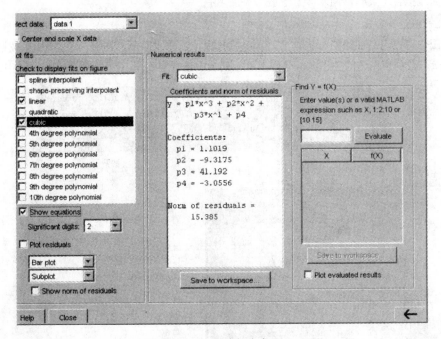

图 12.19 基本拟合窗口

除了基本拟合窗口外，从图形菜单栏还可以使用数据统计窗口（见图 12.20）。在图形窗口中选择 Tools→Data Statistics。利用数据统计窗口可以对图中的样本数据进行求均值和求标准差等基本的统计运算，并可以把运算结果保存在工作区中。

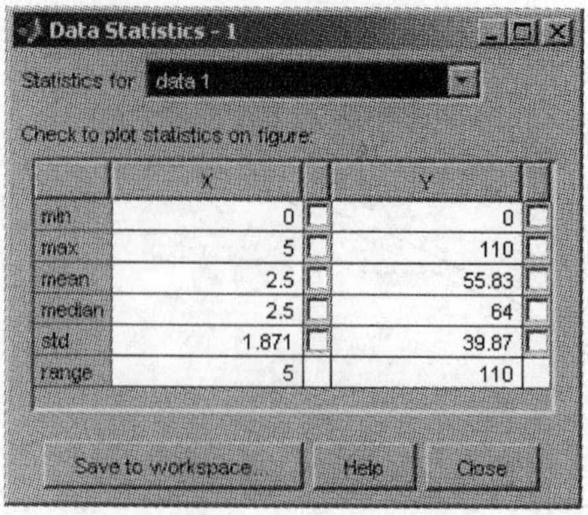

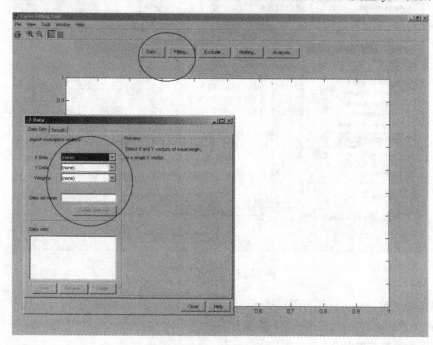

图 12.20　数据统计窗口

12.3.2　曲线拟合工具箱

除了基本拟合功能外，MATLAB 还包含了用于进行专门统计功能和数据拟合运算的工具箱。曲线拟合工具箱提供一个图形用户接口(GUI)，它可以进行除多项式以外的其他形式曲线的拟合。在执行下面的例子之前，必须在 MATLAB 中安装曲线拟合工具箱。在学生版的 MATLAB 中，曲线拟合工具箱是作为附加功能提供的。

在使用曲线拟合工具箱之前，首先设定一组分析数据。在此不妨使用前几章中用到的数据：

```
x = 0:5;
y = [0,20,60,68,77,110];
```

打开曲线拟合工具箱，输入

```
cftool
```

该项操作可以启动曲线拟合工具窗口。将数据输入到曲线拟合工具中。选择 data 按钮，打开一个数据窗口。数据窗口访问工作区，允许在下拉列表中选择自变量(x)和因变量(y)，见图12.21。

图 12.21　曲线拟合和数据窗口

在本例的下拉列表中分别选择 x 和 y。可以由用户指定一个数据集名，也可以由 MATLAB 自动分配一个。一旦选择了变量，MATLAB 就会绘制出数据点。此时，可以关闭数据窗口。

回到曲线拟合工具窗口，选择 Fitting 按钮，它提供可选的拟合算法。选择 New fit，同时在 Type of fit 列表中选择拟合类型。通过拟合选项不断地尝试，可以选出最适合的图形拟合类型。选择一个插值方案，使所绘制的曲线穿越所有的数据点，并且是三阶多项式。结果如图12.22所示。

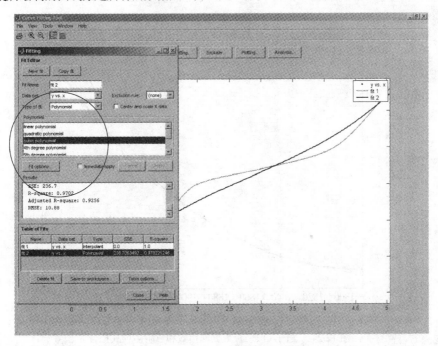

图 12.22 曲线拟合工具窗口

例 12.5 人口问题

地球人口正在迅速膨胀(见图12.23)，美国人口也是如此。MATLAB 提供一个称为 census 的内置数据文件，它包含了美国自 1790 年以来的人口普查数据。该数据文件包含两个变量，一个是人口普查时间 cdate，另一个是以百万为单位列出的人口数 pop。加载该文件到工作区中，输入

```
load census
```
使用曲线拟合工具箱求出表示该数据关系的方程式。

1. 问题描述

求出一个表示美国人口增长的方程式。

2. 输入/输出描述

输入   人口数据表。

输出   表示数据关系的方程式。

3. 手工分析

手工绘制数据曲线。

图 12.23 地球人口在膨胀

4. MATLAB 实现

曲线拟合工具箱是一个交互式实用程序，通过输入下述命令来激活：

```
cftool
```

该命令会打开曲线拟合窗口。此例运行的前提是，在 MATLAB 中已经安装了曲线拟合工具箱。选择数据按钮并选择 cdate 作为 x 值、pop 作为 y 值。关闭数据窗口后，选择拟合按钮。

众所周知，人口以指数形式增长，所以用指数曲线进行拟合试验。同时，也选择三阶多项式进行试验。这两种方法的拟合效果都很好，但是，多项式实际上是最好的。将曲线拟合窗口中的图形发送到图形窗口，并添加标题和坐标标注(见图12.24)。

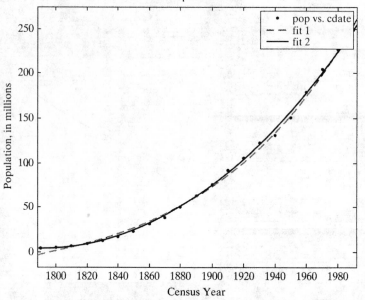

图 12.24 美国人口普查数据的指数和三阶多项式拟合

由拟合窗口中的数据可以看到，指数拟合的误差平方和(SSE)是比较大的，但两种方法给出的 R 值都比 0.99 大(R 值为 1 表示完全拟合)。

多项式拟合结果如下：

```
Linear model Poly3:
    f(x) = p1*x^3 + p2*x^2 + p3*x + p4
    where x is normalized by mean 1890 and std 62.05
Coefficients (with 95% confidence bounds):
    p1 = 0.921 (-0.9743, 2.816)
    p2 = 25.18 (23.57, 26.79)
    p3 = 73.86 (70.33, 77.39)
    p4 = 61.74 (59.69, 63.8)
Goodness of fit:
  SSE: 149.8
  R-square: 0.9988
  Adjusted R-square: 0.9986
  RMSE: 2.968
```

通过减去相应均值并除以偏差的方法来规范方程中 x 的值，可以得到更好的拟合效果：

```
x = (cdate-mean(cdate))/std(cdate);
```

5. 结果验证

直观比较可以看出，两种拟合看上去都充分逼近了实际数据。值得注意的是，当一种方案较好地实现了数据拟合时，人们很少去选择另外一种合适的拟合方案。

12.4 差分和数值微分

函数 $y = f(x)$ 的导数可以衡量 y 随 x 变化的程度。如果定义一个关于 x 和 y 的方程，就可以用符号工具箱里的函数得到一个微分方程。但是，如果只有数据点，则可以用 y 对 x 的变化量近似为它的导数：

$$\frac{\mathrm{d}y}{\mathrm{d}t} = \frac{\Delta y}{\Delta x} = \frac{y_2 - y_1}{x_2 - x_1}$$

如果利用本章12.1节中用到的数据点进行绘图，那么近似的微分值就是用于连接每个数据点的线段的斜率，如图12.25 所示。

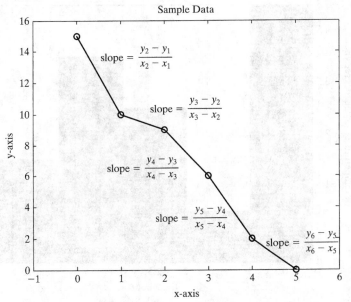

图 12.25 数据集的微分可以近似认为是连接每个数据点直线线段的斜率

如果这些数据点是描述反应室里不同时刻的温度测量值，那么斜率就表示每个时间段内的冷却速度。MATLAB 内置函数 diff 可以求解矢量中元素值的差，并且可以用来计算相应数据对的斜率。

关键概念：函数 diff 即可用于符号表达式的微分求解，也可用于数值数组。

例如，要求解 x 值的变化，输入

```
delta_x = diff(x)
```
因为 x 值是均匀变化的，所以返回
```
delta_x =
    1    1    1    1    1
```
同理，y 的差值为
```
delta_y = diff(y)
delta_y =
    -5   -1   -3   -4   -2
```
用 delta_y 除以 delta_x 即可求出斜率：
```
slope = delta_y./delta_x
slope =
    -5   -1   -3   -4   -2
```
或

```
slope = diff(y)./diff(x)
slope =
    -5    -1    -3    -4    -2
```

注意，因为是计算差值，所以，在使用函数 diff 的时候，返回数组要比输入数组少一个元素。当用函数 diff 计算斜率时，计算结果表示两个 x 值之间的斜率，而不是特定数据点的斜率。因为变化率不是连续的，所以绘制关于 x 斜率的最好方法是创建条形图。将 x 值修正为线段的平均值：

```
x = x(:,1:5)+diff(x)/2;
bar(x,slope)
```

条形图结果如图12.26 所示。

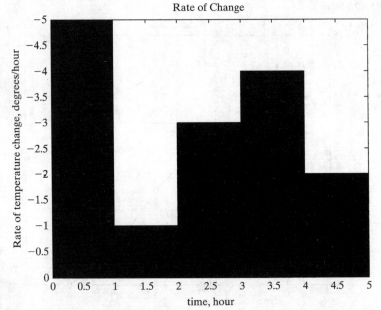

图 12.26　基于数据点计算的斜率是不连续的。图形外观可以利用交互绘图工具加以调整

如果已知 x 和 y 之间的关系，则函数 diff 可以用来实现近似的数值求导。例如，函数为

$$y = x^2$$

创建关于任意 x 值的一组有序对。x 和 y 的值越多，图形就会越平滑。这里是用于创建图12.27(a)的两组 x 和 y 的数组：

```
x = -2:2
y = x.^2;
big_x = -2:0.1:2;
big_y = big_x.^2;

plot(big_x,big_y,x,y,'-o')
```

图中的两条线都是通过用直线连接指定的点而得到的，矢量 big_x 和 big_x 的值划分得很密以至于看上去像是一条连续的曲线。x-y 坐标中曲线的斜率使用函数 diff 求得，并画在图12.27(b)中，代码如下：

```
slope5 = diff(y)./diff(x);
x5 = x(:,1:4)+diff(x)./2;
%These values were based on a 5-point model
bar(x5,slope5)
```

用交互式绘图工具对条形图略加修改得到图12.27(b)。使用较多的数据点可以得到更为平滑的图形，但它并不连续：

```
x = -2:0.5:2;
y = x.^2;
plot(big_x,big_y,x,y,'-o')
slope9 = diff(y)./diff(x);
x9 = x(:,1:8)+diff(x)./2;
%These values were based on a 9-point model
bar(x9,slope9)
```

结果如图12.27(c)和图12.27(d)所示。还可以采用更多的点进行拟合：

```
plot(big_x,big_y,'-o')
slope41 = diff(big_y)./diff(big_x);
x41 = big_x(:,1:40)+diff(big_x)./2;      % 41-point model
bar(x41,slope41)
```

上述代码的结果基本上是平滑的曲线，它是关于 x 的函数。如图12.27(e)和图12.27(f)所示。

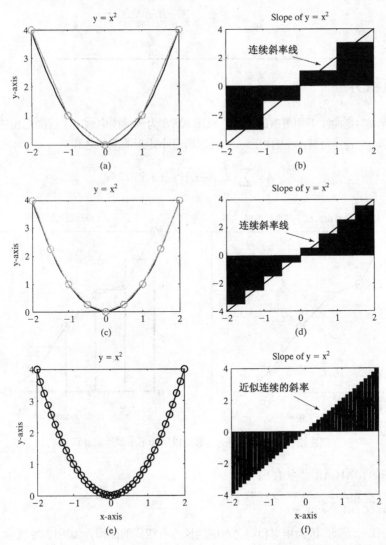

图 12.27　用较多的数据点模拟函数时，函数的斜率比较准确

练习 12.4

1. 已知下面的方程:

$$y = x^3 + 2x^2 - x + 3$$

定义矢量 x,其范围从–5 到+5,利用函数 diff 近似计算 y 关于 x 的导数。利用数学分析的方法推出导数的表达式为

$$\frac{dy}{dx} = y' = 3x^2 + 4x - 1$$

利用前面定义的矢量 x 计算函数值,比较两种计算结果的差异。

2. 用下面的函数和它们的导数表达式重复练习 1。

函　数	导　数
$y = \sin(x)$	$\frac{dy}{dx} = \cos(x)$
$y = x^5 - 1$	$\frac{dy}{dx} = 5x^4$
$y = 5xe^x$	$\frac{dy}{dx} = 5e^x + 5xe^x$

12.5　数值积分

积分一般被认为是曲线下面覆盖的面积。以图 12.28 为例,图中画出了前面给出的样本数据。曲线下面的区域可以被划分为很多小的矩形,然后求所有小矩形的面积之和:

$$A = \sum_{i=1}^{n-1} (x_{i+1} - x_i)(y_{i+1} + y_i)/2$$

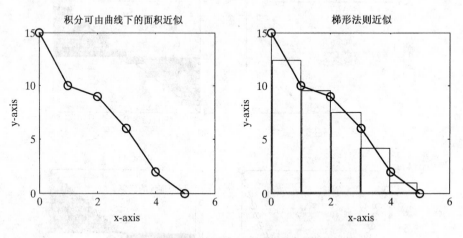

图 12.28　曲线下面的区域可以用梯形法则近似计算

计算此面积的 MATLAB 命令如下:

```
avg_y = y(1:5)+diff(y)/2;
sum(diff(x).*avg_y)
```

该方法称为梯形法则,因为矩形和与之对应的梯形有相同的面积,如图12.29所示。

用一组有序 x-y 对来近似表示函数曲线覆盖的面积。矢量 x 和 y 的元素个数越多,近似程度越高。例如,在 x 从 0 到 1 的范围内求解下面的函数的面积:

$$y = f(x) = x^2$$

首先定义矢量 x 的值，然后计算相应的 y 值：

```
x = 0:0.1:1;
y = x.^2;
```

将得到的数据点绘于图12.30 中，在此基础上计算曲线下的面积：

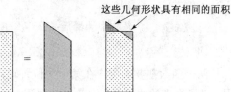

图 12.29 梯形面积可以用矩形面积代替

```
avg_y = y(1:10)+diff(y)/2;
sum(diff(x).*avg_y)
```

计算结果是函数覆盖面积的近似值：

```
ans =
   0.3350
```

求积：用矩形估计曲线所覆盖面积的方法。

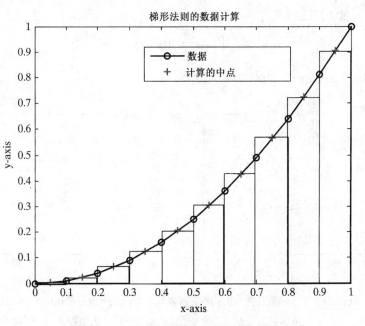

图 12.30 函数的积分可以用梯形法则近似估计

此值是函数对 x 从 0 到 1 求积分的近似值，即

$$\int_0^1 x^2 \mathrm{d}x$$

MATLAB 包含两个内置函数，分别是 quad 和 quadl，它们可以不用定义图12.30 中矩形的个数就能计算函数的积分。这两个函数使用不同的数值技术。根据具体情况，奇异函数可以使用多种方法求解，函数 quad 采用自适应辛普森积分：

```
quad('x.^2',0,1)
ans =
   0.3333
```

函数 quadl 采用自适应罗巴托积分：

```
quadl('x.^2',0,1)
ans =
   0.3333
```

> **提 示**
>
> 函数 quadl 名称中的最后一个字母是'l'，而不是数字'1'。在有些字体情况下，两个字符很难分清。

两个函数都要求用户在第一个位置输入一个函数表达式。这个表达式可以作为字符串被明确调用，该函数表达式可以定义为 M 文件，也可以定义为匿名函数。后面的两个区域定义函数表达式的积分上下限，在此，积分范围是从 0 到 1。这两种积分方法的计算误差都小于 $1×10^{-6}$。

在下面的例子中，没有采用单引号描述函数表达式，而是使用函数句柄和匿名函数来描述。首先，为三阶多项式定义一个匿名函数。

```
fun_handle = @(x)  -x.^3+20*x.^2 -5
```

因为函数 fplot 接受函数句柄，所以绘制函数图形的最简单方法是调用函数 fplot，命令如下：

```
fplot(fun_handle,[-5,25])
```

绘图结果如图12.31(a)所示。函数

$$\int_{-5}^{25} -x^3 + 20x^2 - 5$$

的积分是曲线下面覆盖的面积，如图12.31(b)所示。

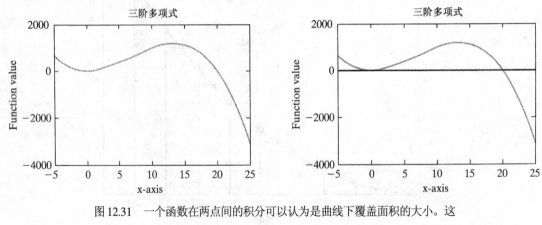

图 12.31 一个函数在两点间的积分可以认为是曲线下覆盖面积的大小。这些图形是通过表示三阶多项式的函数句柄，由函数 fplot 创建的

最后，用函数句柄作为输入，利用函数 quad 求积分的值：

```
quad(fun_handle,0,25)
ans =
  6.3854e+003
```

参考有关数值计算方法的书籍，可以了解更多的数值计算技术。此类参考书有 John H. Mathews 和 Kurtis D. Fink 合著的 *Numerical Methods Using MATLAB*, 4th ed.(Upper Saddle River, NJ: Pearson, 2004)。

练习 12.5

1. 考虑如下方程：

$$y = x^3 + 2x^2 - x + 3$$

利用函数 quad 和 quadl 求解 y 关于 x 在–1 到 1 上的积分。将结果与使用符号工具箱函数 int 得到的值，以及下面给出的解析解相比较(注意，函数 quad 和 quadl 的输入采用.*和.^等数组运算符表示，而函数 int 采用符号运算符表示)：

$$\int_b^a \left(x^3 + 2x^2 - x + 3\right)\mathrm{d}x =$$

$$\left(\frac{x^4}{4} + \frac{2x^3}{3} - \frac{x^2}{2} + 3x\right)\Bigg|_a^b =$$

$$\frac{1}{4}\left(b^4 - a^4\right) + \frac{2}{3}\left(b^3 - a^3\right) - \frac{1}{2}\left(b^2 - a^2\right) + 3(b - a)$$

2. 对下列函数重复练习 1 的计算过程。

函　　数	积　　分
$y = \sin(x)$	$\int_a^b \sin(x)\mathrm{d}x = \cos(x)\big|_a^b = \cos(b) - \cos(a)$
$y = x^5 - 1$	$\int_a^b (x^5 - 1)\mathrm{d}x = \left(\dfrac{x^6}{6} - x\right)\Big|_a^b = \left(\dfrac{b^6 - a^6}{6} - (b - a)\right)$
$y = 5x * \mathrm{e}^x$	$\int_a^b (5\mathrm{e}^x)\mathrm{d}x = (-5\mathrm{e}^x + 5x\mathrm{e}^x)\big|_a^b =$ $(-5(\mathrm{e}^b - \mathrm{e}^a) + 5(b\mathrm{e}^b - a\mathrm{e}^a))$

例 12.6　计算移动面所做的功

在本例中，将利用 MATLAB 的函数 quad 和函数 quadl 等数值积分技术，通过求解下面的方程来求解气缸活塞设备所做的功：

$$W = \int P \mathrm{d}V$$

假设

$$PV = nRT$$

其中，P 为压力，kPa；V 为体积，m³；n 为摩尔数，kmol；R 为理想气体常数，8.314　kPa m³/kmol K；T 为温度，K。

假设汽缸内有 1 mol 气体，温度为 300 K，且气体在整个过程中保持恒温。

1. 问题描述

求图12.32中汽缸-活塞设备所做的功。

2. 输入/输出描述

输入

$$T = 300 \text{ K}$$
$$n = 1 \text{ kmol}$$
$$R = 8.314 \text{ kJ/kmol K}$$
$$\left.\begin{array}{l} V_1 = 1 \text{ m}^3 \\ V_2 = 5 \text{ m}^3 \end{array}\right\} \text{积分限}$$

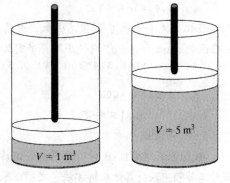

输出　　汽缸-活塞设备所做的功。

图 12.32　汽缸-活塞设备

3. 手工分析

理想气体定律表示为

$$PV = nRT$$

或写为

$$P = nRT/V$$

对 P 进行积分：

$$W = \int \frac{nRT}{V} \mathrm{d}V = nRT \int \frac{\mathrm{d}V}{V} = nRT \ln\left(\frac{V_2}{V_1}\right)$$

代入数值得

$$W = 1\ \mathrm{kmol} \times 8.314\ \mathrm{kJ/kmol\ K} \times 300\ \mathrm{K} \times \ln\left(\frac{V_2}{V_1}\right)$$

积分界限分别为 $V_2 = 5\ \mathrm{m}^3$ 和 $V_1 = 1\ \mathrm{m}^3$ ，所做的功为

$$W = 4014\ \mathrm{kJ}$$

因为功是正值，所以是系统对外做功，而不是对系统做功。

4. MATLAB 实现

```
%Example 12.6
%Calculating boundary work, using MATLAB's quadrature
%functions
clear, clc
%Define constants
n = 1;          % number of moles of gas
R = 8.314;      % universal gas constant
T = 300;        % Temperature, in K

%Define an anonymous function for P
P = @(V) n*R*T./V;

% Use quad to evaluate the integral
quad(P,1,5)
%Use quadl to evaluate the integral
quadl(P,1,5)

which returns the following results in the command window

ans =
 4.0143e+003
ans =
 4.0143e+003
```

在此定义了一个 P 的匿名函数，并将函数句柄作为数值积分函数的输入。同样，也可以很容易地在函数 quad 和 quadl 内使用字符串定义函数。但是，必须用数值来代替变量：

```
quad('1*8.314*300./V',1,5)
ans =
 4.0143e+003
```

函数也可以用 M 文件定义。

5. 结果验证

把上述的 MATLAB 计算结果与手工计算的结果相比较，两种方法的结果相同。当然，也可以从符号工具箱中获得其他求解方法。之所以采用两种 MATLAB 的计算方法，是因为有些问题不能使用 MATLAB 的符号工具求解，而有些问题(包含奇异函数的问题)又不适合用数值方法求解。

12.6　微分方程的数值求解

MATLAB 包含很多求解下面常微分方程的函数：

$$\frac{\mathrm{d}y}{\mathrm{d}t} = f(t,\ y)$$

高阶微分方程(或者微分方程组)必须改写成一阶方程组。MATLAB 的 help 功能描述了实现这一过程的方法。本节介绍常微分方程数值求解函数的主要特点。更详细的信息可参考 help 功能。

因为不同的微分方程可能有不同的求解方法,所以,MATLAB 包含了多种微分方程的求解器(见表 12.6)。但是,这些求解器具有相同的形式,通过改变函数名就能很容易实现不同的方程求解方法。

表 12.6 MATLAB 的微分方程求解器

常微分方程 求解函数	适用的问题类型	数值求解方法	注　　释
ode45	非刚性微分方程	龙格-库塔法	对函数了解不多的初学者,这是最好的选择,直接使用 Runge-Kutta(4, 5) 公式进行求解,此方法也称为 Dormand-Prince 算法
ode23	非刚性微分方程	龙格-库塔法	此方法利用 Bogacki 和 Shampine 的 Runge-Kutta(2, 3) 公式。它与 ode45 比较,适合于中等刚性方程求解
ode113	非刚性微分方程	阿当姆斯法	该方法与 ode45、ode23 单步求解器不同,它属于多步求解器
ode15s	刚性微分方程和微分代数方程	NDF(BDF)	利用数值微分公式(NDF)和后向微分公式(BDF)求解。很难预测哪种方法对刚性微分方程最适合
ode23s	刚性微分方程	Rosenbrock	修正的二阶 Rosenbock 公式
ode23t	适度刚性微分方程和微分代数方程	梯形法	适用于无数值衰减的问题
ode23tb	刚性微分方程	TR-BDF2	此求解器利用带有梯形公式的隐 Runge-Kutta 公式和二阶后向微分公式(BDF2)进行求解
ode15i	全隐式微分方程	BDF	此求解器使用后向差分公式(BDF)求解 $f(y, y', t) = 0$ 形式的隐微分方程

每个求解器至少需要下面三个输入量:

- 用于描述关于 t 和 y 一阶微分方程或微分方程组的函数句柄。
- 计算步长。
- 方程组中每个方程的初始条件。

所有求解器都会返回一个 t 和 y 值的矩阵:

```
[t,y] = odesolver(function_handle,[initial_time,
    final_time], [initial_cond_array])
```

如果没有明确制定结果矩阵[t, y],则函数会将结果创建为图形。

关键概念: MATLAB 中有多种微分方程求解器。

12.6.1 函数句柄输入

如前所述,函数句柄相当于函数的一个"昵称",它既可以指向存在于 M 文件中的标准 MATLAB 函数,也可以指向匿名的 MATLAB 函数。再看一下讨论过的微分方程形式:

$$\frac{dy}{dt} = f(t, y)$$

函数句柄等价于 dy/dt。

这里是关于一个简单微分方程的匿名函数实例:

```
my_fun = @(t,y) 2*t
```

对应于

$$\frac{dy}{dt} = 2t$$

虽然在这个特殊函数结果(2t)中没有使用 y，但它也要作为输入的一部分。

    如果想要具体指定一个方程组，那么，较简单的方法是为函数定义一个 M 文件函数。函数的输出必须是一阶导数的列矢量，例如

```
function dy=another_fun(t,y)
dy(1) = y(2);
dy(2) = -y(1);
dy=[dy(1); dy(2)];
```

此函数表示方程组

$$\frac{dy}{dt} = x$$

$$\frac{dx}{dt} = -y$$

也可以更紧凑地表示为

$$y_1' = y_2$$

$$y_2' = -y_1$$

方程中等式左侧表示变量 y_1 和 y_2 关于时间的导数。同理，用 y'' 表示二阶导数，用 y''' 表示三阶导数。表达式如下：

$$y' = \frac{dy}{dt}, \quad y'' = \frac{d^2 y}{dt^2}, \quad y''' = \frac{d^3 y}{dt^3}$$

12.6.2   问题的求解

    每个方程的时间步长和初始条件都要作为矢量，与函数句柄一起输入到求解器的方程中。用下列方程的求解方法加以说明：

$$\frac{dy}{dt} = 2t$$

为此常微分方程创建匿名函数 my_fun，计算时间在–1 到 1 范围内的 y 值。设初始条件为

$$y(-1) = 1$$

如果不知道方程或方程组的特征，不妨先尝试函数 ode45：

```
[t,y] = ode45(my_fun,[-1,1],1)
```

该命令返回 t 值的数组，以及与之对应的 y 值的数组。这些数组的图形可以用户自己绘制，也可以在不指定输出数组条件下由求解器函数进行绘图：

```
ode45(my_fun,[-1,1],1)
```

结果如图12.33所示，它与解析法求得的结果一致，即

$$y = t^2$$

    注意该函数的一阶导数是 2t，并且当 $t = -1$ 时，$y = 1$。

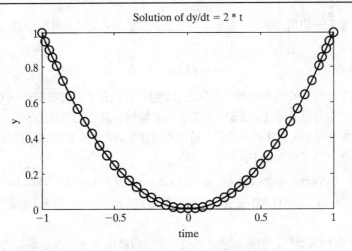

图 12.33　由函数 ode45 自动生成的曲线图，标题和坐标标注用常规方法添加

当输入函数或者函数系存储于 **M** 文件中时，语法稍有不同。存在于 **M** 文件的函数句柄被定义为 @m_file_name。为了求解前节中 another_fun 所描述的方程组，需要用到下面的命令：

    ode45(@another_fun,[-1,1],[1,1])

也可以为 **M** 文件指定函数句柄，如

    some_fun = @another_fun

并用它作为微分方程求解器的输入：

    ode45(some_fun,[-1,1],[1,1])

时间范围从–1 到 1，每个方程的初始条件都为 1。值得注意是，方程组中每个方程有一个初始条件。结果如图12.34所示。

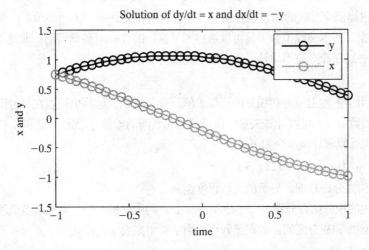

图 12.34　利用函数 ode45 求解方程组，标题、坐标标注和图形注释用常规方法添加

本章小结

数据表格可以用来表示工程数据信息，但是如果需要的数值没有在表内，那么就要使用某种插值技术来近似该数值。MATLAB 提供了一种称为 interp1 的技术，该函数要求三个输入量：一组 *x*

值、一组相应的 y 值和一组用来估计 y 值的 x 值。该函数的默认方式为线性插值，将 y 值近似为 x 的线性函数，即

$$y = f(x) = ax + b$$

两个数据点可以确定一个线性函数，保证近似数据的直线总是通过数据表中的数据点。

函数 interp1 也可以通过高阶近似来对数据进行建模，最常见的方法是三次样条插值。该方法在函数 interp1 的第四个可选字段中，以字符串的形式加以声明。如果该字段没有被声明，那么该函数默认为线性插值。语法实例如下：

```
new_y = interp1(tabulated_x, tabulated_y, new_x, 'spline')
```

除函数 interp1 外，MATLAB 还提供二维插值函数 interp2、三维插值函数 interp3 和多维插值函数 interpn。

曲线拟合与插值技术类似，但是，它是寻找一个尽可能准确建模给定数据的方程，而不是将数据点连接起来。曲线拟合一旦得到了方程，就可以计算相应的 y 值。拟合曲线不一定要通过样本数据点。MATLAB 提供曲线拟合函数 polyval，并且通过最小二乘回归方法得到的多项式对数据进行近似。函数返回下面多项式的系数：

$$y = a_0 x^n + a_1 x^{n-1} + a_2 x^{n-2} + \cdots + a_{n-1} x + a_n$$

这些系数可以用来在 MATLAB 中创建对应的表达式，或者作为函数 polyval 的输入来计算任何 x 值处的 y 值。例如，在下面的语句中，首先求解出用来拟合 x-y 数据的二阶多项式的系数，然后用第一个语句中确定的系数计算新的 y 值：

```
coef = polyfit(x,y,2)
y_first_order_fit = polyval(coef,x)
```

利用函数的嵌套功能可以将上面的两行代码缩短为一行：

```
y_first_order_fit = polyval(polyfit(x,y,1),x)
```

MATLAB 也提供交互式的曲线拟合功能，该功能不仅允许用户采用多项式，而且允许用更复杂的函数来拟合数据。基本曲线拟合工具可以通过图形窗口的 Tools 菜单调用。曲线拟合工具栏中有很多可用的工具，通过在命令窗口中输入下面的语句来访问：

```
cftool
```

数值技术广泛应用于工程上微分和积分的近似求解。微分和积分运算也可以在符号工具箱中找到。

MATLAB 函数 diff 可以计算矢量中两个相邻元素间的差值。给定 x 值和 y 值的矢量，使用函数 diff 可以实现近似求导，命令如下：

```
slope = diff(y)./diff(x)
```

将 x 值和 y 值划分得越细，导数的近似程度越高。

MATLAB 中的积分函数分别为 quad 和 quadl，利用任何一个都可实现数值积分。这两个函数都要求输入被积函数和积分区间。被积函数可以用字符串来表示，形式如下：

```
'x.^2-1'
```

也可用匿名函数表示，形式如下：

```
my_function = @(x) x.^2-1
```

还可以用 M 文件函数表示，形式如下：

```
function output = my_m_file(x)
output = x.^2-1;
```

上述三种方法定义的函数都可以与积分界限一起作为输入，例如

```
quad('x.^2-1',1,2)
```

函数 quad 和 quadl 都会返回一个精确到 $1×10^{-6}$ 的结果。两个函数的区别仅在于所采用的计算方法不同。函数 quad 采用自适应辛普森积方，而函数 quadl 采用自适应罗巴托积分。

MATLAB 提供多种求解一阶常微分方程和微分方程组的求解器函数。所有求解器函数的命令格式如下：

```
[t,y] = odesolver(function_handle,[initial_time,
    final_time], [initial_cond_array])
```

最常用的求解器函数为采用龙格-库塔方法的 ode45。其他求解器函数用来解决刚性微分方程的隐式求解问题。

MATLAB 小结

下面列出了本章介绍的 MATLAB 特殊字符、命令和函数。

命令和函数	说　　明
cftool	打开曲线拟合图形用户接口
census	内置数据集
diff	计算输入数组中相邻两元素的差值。若输入为符号表达式，则进行符号微分
int	符号积分
interp1	采用默认的线性插值或指定的高阶插值对中间数据进行近似
interp2	二维插值函数
interp3	三维插值函数
interpn	多维插值函数
ode45	常用微分方程求解器
ode23	常用微分方程求解器
ode113	常用微分方程求解器
ode15s	常用微分方程求解器
ode23s	常用微分方程求解器
ode23t	常用微分方程求解器
ode23tb	常用微分方程求解器
ode15i	常用微分方程求解器
polyfit	计算最小二乘多项式的系数
polyval	计算给定 x 值的多项式
quad	计算曲线积分(辛普森法)
quadl	计算曲线积分(罗巴托法)

习题

12.1　活塞气缸设备中的气体温度恒定不变。对设备体积改变过程中的气体压强进行测量，得到体积和压强的数据表如下：

体积，m^3	压强，kPa，温度条件 $T = 300$ K	体积，m^3	压强，kPa，温度条件 $T = 300$ K
1	2494	4	623
2	1247	5	499
3	831	6	416

(a) 用线性插值计算体积为 3.8 m³ 时气体的压强。

(b) 用三次样条插值计算体积为 3.8 m³ 时气体的压强。

(c) 用线性插值计算气体压强为 1000 kPa 时气体的体积。

(d) 用三次样条插值计算气体压强为 1000 kPa 时气体的体积。

12.2　利用习题 12.1 中的数据和线性插值法创建一个体积-压强数据表，体积的步长为 0.2 m³。把计算值和原始值绘制在同一幅图上，原始值用不连线的圆点表示，计算值用实线表示。

12.3　用三次样条插值法重做习题 12.2。

12.4　在更高温度条件下重复习题 12.1 中的实验，记录数据如下表所示：

体积，m³	压强，kPa，温度条件 300 K	压强，kPa，温度条件 500 K
1	2494	4157
2	1247	2078
3	831	1386
4	623	1039
5	499	831
6	416	693

根据表中的数据回答下列问题：

(a) 当温度为 300 K 和 500 K 时，近似计算 5.2 m³ 气体的压强。(提示：构造一个压强数组，该数组包含表中给出的两组数据，体积数组为 6×1、压强数组为 6×2。)用线性插值法进行计算。

(b) 采用三次样条插值，重复上述计算。

12.5　根据习题 12.4 的结果求解下列问题：

(a) 使用线性法插值创建一个 $T = 400$ K 的压强数据列。

(b) 创建一个扩充的压强数据表，每 0.2 m³ 体积对应一个数据点，压强值分别与 $T = 300$ K、$T = 400$ K 和 $T = 500$ K 对应。

12.6　利用函数 interp2 和习题 12.4 的结果，当体积为 5.2 m³，温度为 425 K 时，求压强的近似值。

12.7　使用一阶、二阶、三阶和四阶多项式拟合习题 12.1 的结果，要求使用函数 polyfit 的功能：

● 在同一张表中画出计算结果。

● 将实际数据用不连线的圆圈画出。

● 以 0.2 m³ 为步长进行多项式回归，从回归结果中计算数值，并进行绘图。

● 不必在图中标出计算值，但必须用一条光滑的曲线将所有的点连接起来。

● 根据以上图形确定哪种模型效果最好。

12.8　压强与体积的关系很难用多项式表示，但是，理想气体定律却用下面的公式表达了二者的关系：

$$P = \frac{nRT}{V}$$

若以 P 为 y 轴、以 $1/V$ 为 x 轴，则压强与体积的关系可以表示成一条直线。直线的斜率就是 nRT，利用函数 polyfit 计算此斜率(注意，要以 P 为 y 轴，以 $1/V$ 为 x 轴)，命令为

```
polyfit(1./V, P, 1)
```

(a) 设 n 的值为 1 mol，R 的值为 8.214 kPa/kmol K，温度为 300 K。

(b) 以 P 为 y 轴、以 $1/V$ 为 x 轴绘制函数图形。

12.9 电路中的电阻和电流成反比，公式如下：

$$I = \frac{V}{R}$$

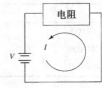

图 P12.9 电路图

从图 P12.9 电路中测得的数据见下表，其中恒压源未知：

电阻，单位欧姆	电流，单位安培	电阻，单位欧姆	电流，单位安培
10	11.11	40	2.77
15	8.04	65	1.97
25	6.03	100	1.51

(a) 以电阻(R)为 x 轴、电流(I)为 y 轴绘图。

(b) 以 $1/R$ 为 x 轴、电流(I)为 y 轴绘图。

(c) 使用函数 polyfit 计算(b)结果图中直线的系数，斜率与恒压源的电压值有关。

(d) 利用函数 polyval，由电阻计算电流，并根据测量数据将计算结果绘图。

12.10 很多物理过程都可以用指数方程来建模。例如，化学反应速率取决于反应速率常数，该常数是温度和活化能量的函数：

$$k = k_0 e^{-Q/RT}$$

其中，$R =$ 理想气体常数，单位 8.314 kJ/kmol K；$Q =$ 活化能量，单位 kJ/kmol；$T =$ 温度，单位 K；$k_0 =$ 常数，其单位取决于反应特性，一种可能的单位是 s^{-1}。

一种计算 k_0 和 Q 值的方法是，以 k 的自然对数为 y 轴、以 $1/T$ 为 x 轴，将实验数据绘制出一条曲线，然后进行图解。该方法可以求出斜率 $-Q/R$ 和截距 $\ln(k_0)$，公式表示为

$$\ln(k) = \ln(k_0) - \frac{Q}{R}\left(\frac{1}{T}\right)$$

直线方程为

$$y = ax + b$$

其中，$y = \ln(k)$，$x = 1/T$，$a = -Q/R$ 和 $b = \ln(k)$。考虑下表：

T, K	k, s^{-1}	T, K	k, s^{-1}
200	1.46×10^{-7}	800	0.1099
400	0.0012	1000	0.2710
600	0.0244		

(a) 以 $1/T$ 为 x 轴、以 $\ln(k)$ 为 y 轴绘制数据。

(b) 用函数 polyfit 计算曲线斜率 $-Q/R$，以及截距 $\ln(k_0)$。

(c) 计算 Q 的值。

(d) 计算 k_0 的值。

12.11 电功率通常表示为

$$P = I^2 R$$

其中 $P =$ 电功率，单位瓦特(W)；$I =$ 电流，单位安培(I)；$R =$ 电阻，单位欧姆(Ω)。

(a) 参考下列数据，用函数 polyfit 建立电路中电阻的二阶多项式模型：

功率, W	电流, A	功率, W	电流, A
50 000	100	800 000	400
200 000	200	1 250 000	500
450 000	300		

(b) 对数据绘图，通过二阶多项式拟合方法，利用图形窗口中的曲线拟合工具确定 R 值。

12.12 利用多项式对函数进行建模具有重要意义，但是，该方法不能准确推断样本数据范围之外的数据值。解决这一问题的方法是，建立正弦函数的三阶多项式模型。

(a) 定义 x = -1:0.1:1

(b) 计算 y = sin(x)

(c) 采用函数 polyfit 确定拟合这些数据的三阶多项式系数。

(d) 在此基础上，利用函数 polyfit 计算新的 y 值(modeled_y)，矢量 x 的范围是从–1 到 1。

(e) 将两组数据绘制在同一幅图里，确定哪一种方法拟合效果最好。

(f) 创建一个新的 x 矢量，new_x = -4:0.1:4。

(g) 利用 sin(new_x) 计算 new_y 的值。

(h) 利用函数 polyfit 外插 new_modeled_y 的值，系数矢量采用问题(c)中的计算结果，new_y 值采用题(g)的计算结果。

(i) 将两组新的数据绘制在同一幅图里，观察–1 到 1 数据范围之外的拟合效果。

12.13 考虑下列方程：

$$y = 12x^3 - 5x^2 + 3$$

(a) 从–5 到 5，定义 x 矢量，利用该矢量和函数 diff 来近似计算 y 关于 x 的导数。

(b) 解析法得到的 y 关于 x 的导数是

$$\frac{\mathrm{d}y}{\mathrm{d}x} = y' = 36x^2 - 10x$$

用前面定义的 x 矢量计算该函数的数值。两种求导结果有什么不同？

12.14 计算速度是导数的应用之一。考虑下面给出的从盐湖城到丹佛的汽车行驶数据：

时间，小时	距离，英里	时间，小时	距离，英里
0	0	5	270
1	60	6	330
2	110	7	390
3	170	8	460
4	220		

(a) 计算汽车行驶中每小时的平均速度，单位为 mph。

(b) 将计算结果绘制成条形图。对图形进行编辑，使得每个条形图代表两行数据间的完整距离。

12.15 考虑下面从盐湖城到洛杉矶的汽车行驶数据：

时间，小时	距离，英里	时间，小时	距离，英里
0	0	6.0	430
1.0	75	6.9	510
2.2	145	8.0	580
2.9	225	8.7	635
4.0	300	9.7	700
5.2	380	10	720

(a) 计算行驶过程中每段里程的平均速度，单位为 mph。

(b) 在每段里程的开始时间处绘制速度值。

(c) 利用函数 find 确定每段的平均速度是否超过上限 75 mph。

(d) 全程平均速度是否超过上限？

12.16　下面是三级火箭发射的数据：

时间，秒	高度，米	时间，秒	高度，米
0	0	13.00	927.51
1.00	107.37	14.00	950.00
2.00	210.00	15.00	945.51
3.00	307.63	16.00	940.00
4.00	400.00	17.00	910.68
5.00	484.60	18.00	930.00
6.00	550.00	19.00	1041.52
7.00	583.97	20.00	1150.00
8.00	580.00	21.00	1158.24
9.00	549.53	22.00	1100.00
10.00	570.00	23.00	1041.76
11.00	699.18	24.00	1050.00
12.00	850.00		

(a) 以时间为 x 轴，高度为 y 轴，创建时间与高度的关系曲线。

(b) 用函数 diff 计算每个时间段内的速度，并在每个时间间隔的起始点绘制速度值。

(c) 用函数 diff 计算每个时间段内的加速度，并在每个时间间隔的起始点绘制加速度值。

(d) 通过检查已创建的图形，估计每级火箭运行的时间。

12.17　考虑下面的方程

$$y = 5x^3 - 2x^2 + 3$$

使用函数 quad 和 quadl 求解上式 y 关于 x 的积分，积分区间从 -1 到 1。把使用符号工具箱函数 int 得到的值与下面的解析解相比较(注意，函数 quad 和 quadl 的输入表达式采用数组运算符 .* 或 .^，但是函数 int 不使用这些运算符，而采用符号操作)：

$$\int_a^b (5x^3 - 2x^2 + 3)\,\mathrm{d}x =$$

$$\left(\frac{5x^4}{4} - \frac{2x^3}{3} + 3x \right)\Bigg|_a^b =$$

$$\frac{5}{4}(b^4 - a^4) - \frac{2}{3}(b^3 - a^3) + 3(b - a)$$

12.18　方程

$$C_p = a + bT + cT^2 + dT^3$$

是一个用开氏温度描述热能 C_p 的经验公式。当气体从温度 T_1 加热到 T_2 时，焓(一种能量测度)的变化是方程关于 T 的积分：

$$\Delta h = \int_{T_1}^{T_2} C_p \, \mathrm{d}T$$

利用 MATLAB 积分函数求解氧气从 300 K 加热到 500 K 时焓的变化量。氧气的 a、b、c、d 值如下：

$$a = 25.48$$
$$b = 1.520 \times 10^{-2}$$
$$c = -0.7155 \times 10^{-5}$$
$$d = 1.312 \times 10^{-9}$$

12.19　本章曾经描述过活塞汽缸设备移动界面的做功问题，并给出了做功方程。当气体或液体流过泵、汽轮机和压缩机等设备时，它们所做的功可以由相似的方程描述（见图 P12.19）。

在这种情况下，没有移动边界，只有杠杆做功，方程如下：

$$\dot{W}_{\text{produced}} = -\int_{\text{inlet}}^{\text{outlet}} \dot{V} \mathrm{d}P$$

如果已知 $\dot{V}$ 和 P 的关系，则可以对该方程积分。理想气体的关系式为

$$\dot{V} = \frac{\dot{n}RT}{P}$$

如果该过程是恒温的，那么做功方程变为

$$\dot{W} = -\dot{n}RT \int_{\text{inlet}}^{\text{outlet}} \frac{\mathrm{d}P}{P}$$

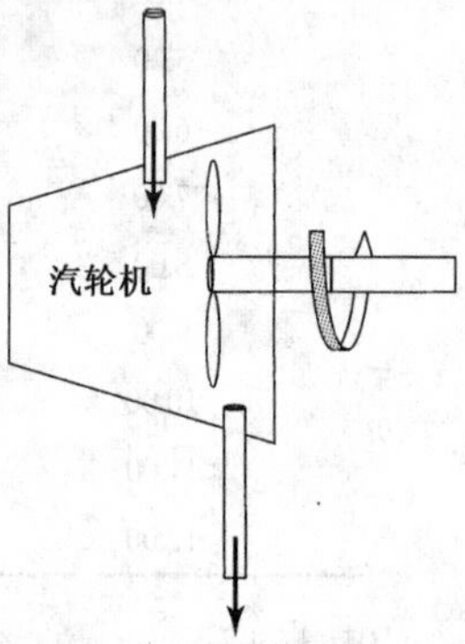

图 P12.19　用于发电的汽轮机

其中，$\dot{n}$ 为摩尔流速，单位为 kmol/s；R 为理想气体常数，单位为 8.314 kJ/kmol K；T 为温度，单位为 K；P 为压力，单位为 kPa；$\dot{W}$ 为功率，单位为 kW。

计算恒温条件下汽轮机的功率，已知 $\dot{n} = 0.1$ kmol/s；R 为理想气体常数，8.314 kJ/kmol K；$T = 400$ K；$P_{\text{inlet}} = 500$ kPa；$P_{\text{outlet}} = 100$ kPa。

第13章 高级绘图

学习目的

通过阅读本章，读者可以掌握如下内容：

- 掌握 MATLBA 如何处理三种不同类型的图形文件。
- 使用句柄图形指定绘图的句柄并调整特性。
- 通过 MATLAB 两种技术的任意一种创建动画。
- 调节光源参数、照相机位置和透明度值。
- 对三维标量和矢量信息使用可视化方法。

引言

工程中常用的基本图形是 x-y 坐标、极坐标和曲面等图形，常用于商业用途的图形是饼图、条形图和柱状图。MATLAB 提供了重要的图形控制功能，使人们不仅可以处理图形（如数字照片），还能够创建物理过程的数据和模型的三维表示（曲面图形除外）。

13.1 图像

通过检验函数 image 和 imagesc 对图形的处理过程，读者可以了解 MATLAB 的高级绘图功能。因为 MATLAB 是一个矩阵运算程序，所以它将图像存储为矩阵。

创建函数 peaks 的三维曲面图，输入

```
surf(peaks)
```

利用交互式图形操作工具来操作已经创建的图形（见图13.1），可以得到从顶向下看的图形效果，如图13.2所示。

实现上述处理过程的简单方法是使用伪色图形：

```
pcolor(peaks)
```

通过指定阴影选项，可以将自动绘制的网格线删除：

```
shading flat
```

图13.1至图13.3的颜色用 z 轴的值表示。z 轴上的最大正值是红色，z 轴上的最大负值是蓝色。第一个 z 矩阵元素 $z(1, 1)$ 位于图形的左下角，参见图13.3的右侧矩阵图形。

虽然这种数据表示方法与图形坐标相一致，但是用于表示照片之类的图像就没有任何意义。当图像存储于矩阵中时，通常从图像的左上角开始，由左向右，自上而下来表示数据。在 MATLAB 中有两个函数采用这种格式显示图像，它们分别是 image 和 imagesc。尺度图像函数（imagesc）使用完全色图表示数据：

```
imagesc(peaks)
```

该函数类似于伪色图函数（pcolor），得到的结果如图13.4右侧部分所示。

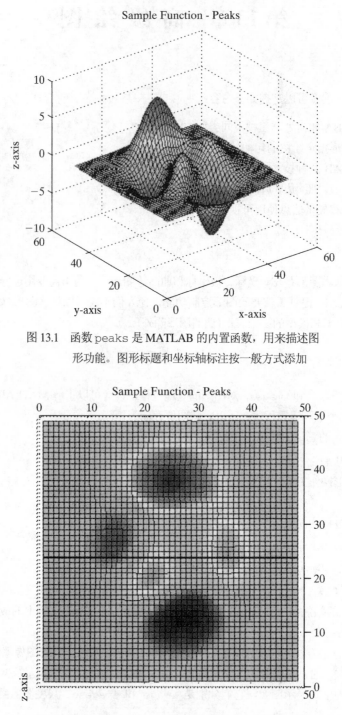

图 13.1　函数 peaks 是 MATLAB 的内置函数，用来描述图
形功能。图形标题和坐标轴标注按一般方式添加

图 13.2　沿 z 轴自顶向下看得到的函数 peaks 的曲面图

　　注意，与伪色图相比，图像是翻转的。在许多图形应用中，如何表示数据并不重要，关键是理解所使用的转换方法。很明显，一幅照片被垂直对称反转是不可接受的表示法。

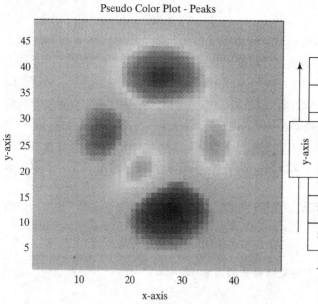

图 13.3 伪色图(左侧)与自顶向下观察得到的视图相同。伪色图的数据结构如图右侧所示，起始点在(0, 0)

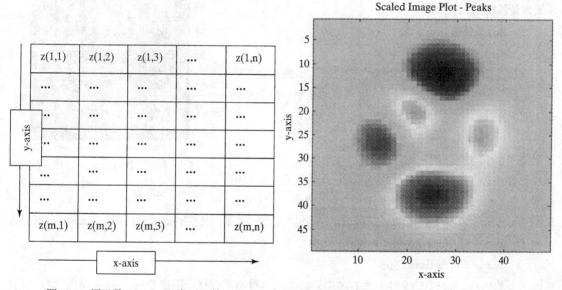

图 13.4 用函数 imagesc 表示函数 peaks。左侧：图像数据的表示方法是从左上角开始，从左
到右，自上而下，如同读书一样的顺序。右侧：pcolor 图和 imagesc 图是垂直对称的

13.1.1 图像类型

MATLAB 可以识别三种不同的存储和表示图像的技术：

- 亮度(或灰度)图像。
- 索引图像。
- RGB(或真彩色)图像。

关键概念：两个函数用于显示图像，即 imagesc 和 image。

亮度图像

利用尺度图像函数(imagesc)可以将山峰函数(见图 13.4)表示为灰度图像。在这种方法中，图像的色彩取决于色图。对存储于图像矩阵中的数值进行标度，并将其与一幅已知的图相关联，图 jet color map 是默认的方式。当显示的参数与实际色彩不相关时，这种方法具有较好的运行效果。例如，函数 peaks 通常用于比较山峰和山谷的范围，但是用红色表示海拔高度并不明确，从美学的角度看，这是可以随意选择的。色图也可以提高图像中感兴趣的特征。

观察这样一个例子，传统的 X 光图像是胶片曝光后产生的结果，现如今许多 X 光图像不再使用胶片，而是被处理为数字图像，并存储在数据文件中。因为 X 光图像的亮度与颜色无关，所以，根据需要可随意对文件进行操作。

MATLAB 中包含一个实例文件，是一张数字化的脊椎 X 光胶片图像，该图像适用于尺度图像函数显示。下载文件：

```
load spine
```

该文件包含许多矩阵(查看工作窗口)。灰度矩阵被命名为 x，表示为

```
imagesc(X)
```

该函数所产生的图像的颜色取决于当前的 colormap，其默认状态为 jet。如果使用色图 bone，那么，这幅图像看起来更像是传统的 X 光图片：

```
colormap(bone)
```

此图像如图13.5所示。

脊椎图像文件同样包含一幅与色图 bone 一致的定制色图，该数组被命名为 map。对于灰度图像的显示，色图不是必需的，并且

```
colormap(map)
```

也可以产生相同的结果图像。

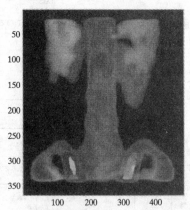

图 13.5　利用函数 imagesc，结合色图 bone 显示的数字化 X 光图片

虽然通常把图像数据视为矩阵，但这些数据不一定要用标准的图形格式存储。MATLAB 中包含一个函数 imfinfo，它能够读出标准图形文件的数据，并确定文件中包含的数据类型。文件 mimas.jpg 是从 Internet 的 NASA 网页(http://saturn.jp1.nasa.gov)上下载的。命令行为

```
imfinfo('mimas.jpg')
```

返回下面的信息(列表中的文件名要有单引号，表示字符串；同样，图像是'grayscale'类型，表示亮度图像的另一种名称)：

```
ans =

        Filename: 'mimas.jpg'
        FileModDate: '06-Aug-2005 08:52:18'
        FileSize: 23459
        Format: 'jpg'
        FormatVersion: ''
        Width: 500
        Height: 525
        BitDepth: 8
        ColorType: 'grayscale'
        FormatSignature: ''
        NumberOfSamples: 1
```

```
CodingMethod: 'Huffman'
CodingProcess: 'Sequential'
Comment: {'Created with The GIMP'}
```

为了从这个文件中创建 MATLAB 矩阵，使用图像读取函数 imread，并给结果赋予变量名 X：

```
X = imread('mimas.jpg');
```

关键概念：图像的颜色由色图来控制。

然后，利用函数 imagesc 和色图 gray 绘制图像：

```
imagesc(X)
colormap(gray)
```

执行结果如图13.6(a)所示。

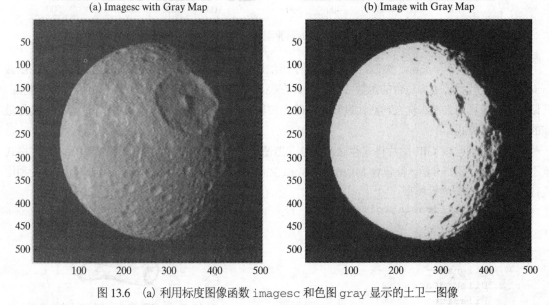

图 13.6　(a) 利用标度图像函数 imagesc 和色图 gray 显示的土卫一图像
(b) 利用索引图像函数 image 和色图 gray 显示的土卫一图像

索引图像

当图像的颜色很重要时，创建图像的技术称为索引图像。此时，矩阵不再是亮度值的列表，而是颜色的列表。所创建的图像更像是一幅由数字标出各区域颜色的图画。每元素包含一个与颜色对应的数字。颜色列表在另一个称为色图的 $n \times 3$ 矩阵中，它定义 n 种不同的颜色，每种颜色用红、绿、蓝三原色来表示。每一幅图像有自己的定制色图，也可以使用内置的色图。

考虑一个内置的有关狒狒的样本图像，利用下面的命令获得：

```
load mandrill
```

文件包含索引矩阵 x 和色图 map(检查工作窗口确认这些文件已经被下载；图像的名称通常用来对 MATLAB 程序的存储)。函数 image 用于显示索引图像：

```
image(X)
colormap(map)
```

MATLAB 图像填满整个窗口显示，所以图像看上去有些扭曲。利用命令 axis 可以强制按正确的比例显示：

```
axis image
```

结果如图13.7所示。

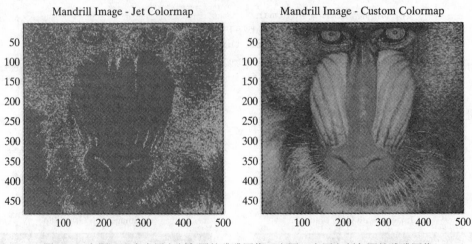

图 13.7　左图：没有应用定制色图的狒狒图像；右图：应用定制色图的狒狒图像

　　函数 image 和 imagesc 类似，然而，它们会给出不同的结果。图13.6(b)中的土卫一图像由函数 image 产生，代替了更加适合的函数 imagesc。在亮度图像中，色图 gray 与存储的色彩并不对应；其结果是图像看上去被水洗过，对比度较差。确定被显示图像的文件类型非常重要，这有助于选择最佳的图像显示方式。

　　索引图像通常以 GIF 图片格式存储，但是，当使用函数 imfinfo 指定了文件参数后，文件格式就不会是这样。图13.8是一幅包含 Microsoft Word 文件的剪贴图，该图像被复制到当前目录中，利用函数 imfinfo 确定文件类型：

```
imfinfo('drawing.gif')

ans =

1x4 struct array with fields:
   Filename
   FileModDate
   FileSize
   Format    etc.
```

图 13.8　以 GIF 格式存储的剪贴画文件

　　上述语句的执行结果并未提供过多的内容。但是如果双击当前目录中的文件名，则 Import Wizard(见图13.9)会弹出并提示用户创建了 cdata 和 colormap 两个矩阵，矩阵 cdata 是索引图像矩阵，矩阵 colormap 对应 colormap。实际上，提示给出的名称 colormap 并非恰当，它容易与函数 colormap 混淆。有必要使用下面的代码对这个矩阵重新命名，如 map：

```
image(cdata)
colormap(map)
axis image
axis off
```

提　示

MATLAB 提供很多内置的以索引图像存储的样本图像，通过输入下列命令获取这些文件：

```
load <imagename>
```

可以得到的图像有

```
flujet
durer
```

```
detail
mandrill
clown
spine
cape
earth
gatlin
```

每幅图像文件都会创建一个索引值矩阵 X 和一个色图矩阵 map。若要看地球图像，则输入

```
load earth
image(X)
colormap(map)
```

可以对显示比例进行适当调整，使用如下命令去掉坐标轴：

```
axis image
axis off
```

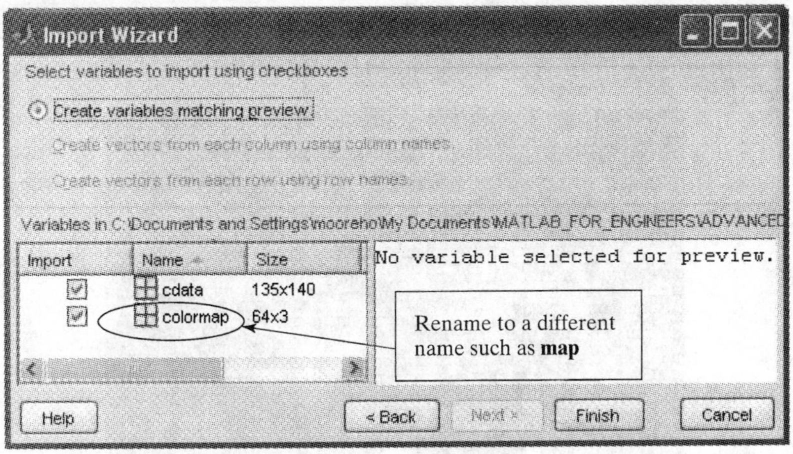

图 13.9　Import Wizard 用于从一个 GIF 文件创建一个索引图像矩阵和色图

真彩色（RGB）图像

　　第三种图像存储技术是将图像数据存储于 $m \times n \times 3$ 的三维矩阵中。前面的章节已经介绍过，三维矩阵包含行、列和页等三部分。真彩色图像文件包含三个页，每个页对应红、绿、蓝中的一种颜色亮度，如图13.10所示。

　　RGB：光线的基本色彩是红、绿和蓝。

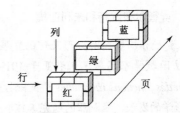

图 13.10　真彩色图像使用多维数组表示色彩元素

　　考虑文件 airplanes.jpg，用户可以将这个文件或其他类似文件（彩色.jpg 图像）复制到当前目录中，并用真彩色图像对其进行验证。利用函数 imfinfo 确定飞机文件如何存储为图像的：

```
imfinfo('airplanes.jpg')

ans =

Filename: 'airplanes.jpg'
FileModDate: '12-Sep-2005 17:51:48'
FileSize: 206397
Format: 'jpg'
```

```
FormatVersion: "
Width: 1800
Height: 1200
BitDepth: 24
ColorType: 'truecolor'
FormatSignature: "
NumberOfSamples: 3
CodingMethod: 'Huffman'
CodingProcess: 'Sequential'
Comment: {}
```

注意，颜色类型是'truecolor'，表明每种色彩强度的样本页数是3。

利用函数 imread 下载图像，并用函数 image 显示：

```
X = imread('airplanes.jpg');
image(X)
axis image
axis off
```

在工作窗口中，x 是一个 $1200 \times 1800 \times 3$ 的矩阵，每种颜色对应矩阵的一页。因为色彩强度信息已经包含在矩阵 x 中，所以不需要下载色图(见图13.11)。

图 13.11　飞机的真彩色图像，所有色彩信息都存储在一个三维矩阵中(本图片的使用得到了 Dr.
G. Jimmy Chen, Salt Lake Community College, Department of Computer Science 的允许)

例 13.1　曼德尔布罗特和朱利亚集

B·曼德尔布罗特对分形几何的发展起了决定性作用，他的工作建立在法国数学家高斯·朱利亚于 1919 年发表的论文 *Memoire sur l'iteration des fonctions rationelles* 所提概念基础之上。随着计算机以及计算机图形学的发展，朱利亚的研究工作取得了显著进展。在 1970 年以后，曼德尔布罗特在 IBM 完善并拓展了朱利亚的研究成果，实际开发了首个用来显示复杂美妙分形图的计算机图形学程序。今天，用他的名字对这一图形进行了命名。最近，曼德尔布罗特的研究成果还被 Jonathan Coulton 写成了歌曲，读者可以在网站 http://www.jonathancoulton.com/songdetails/Mandelbrot%20Set 中听到，或者观看在 YouTube 上张贴的任何一段音乐视频。

曼德尔布罗特分形图在复平面中实现，复变量表示为 $x + yi$。设 $z(0) = x + yi$，并且按照下面的规则类推：

图 13.12　B·曼德尔布罗特

$$z(0) = x + yi$$

$$z(1) = z(0)^2 + z(0)$$

$$z(2) = z(1)^2 + z(0)$$

$$z(3) = z(2)^2 + z(0)$$

$$z(n) = z(n-1)^2 + z(0)$$

此级数或是收敛或是发散。曼德尔布罗特集仅由收敛的点组成。在超出某些阈值的点上多次重复计算 z 值，就会产生一幅美妙的图画。把阈值通常设为 5 的平方根。虽然无法证明，但可以假设，如果达到阈值，那么级数会继续分裂直到接近无穷。

1. 问题描述

编写显示曼德尔布罗特集的 MATLAB 程序。

2. 输入/输出描述

输入   曼德尔布罗特集位于复平面中，并且满足

$$-1.5 \leqslant x \leqslant 1.0$$
$$-1.5 \leqslant y \leqslant 1.5$$

输出   复平面中的每一点可以描述为

$$z = x + yi$$

3. 手工分析

首先，设 $x = -0.5, y = 0$，对收敛点进行少量次数的计算：

$$z(0) = -0.5 + 0i$$

$$z(1) = z(0)^2 + z(0) = (-0.5)^2 - 0.5 = 0.25 - 0.5 = -0.25$$

$$z(2) = z(1)^2 + z(0) = (-0.25)^2 - 0.5 = 0.0625 - 0.5 = -0.4375$$

$$z(3) = z(2)^2 + z(0) = (-0.4375)^2 - 0.5 = 0.1914 - 0.5 = -0.3086$$

$$z(4) = z(3)^2 + z(0) = (-.3086)^2 + 0.5 = 0.0952 - 0.5 = -0.4048$$

可以看出，序列近似收敛于-0.4(作为练习，读者可以编写一个 MATLAB 程序，用来计算级数的前 20 项，并绘制计算结果)。

4. MATLAB 实现

```
%Example 13.1 Mandelbrot Image
clear, clc
iterations = 80;
grid_size = 500;
[x,y] = meshgrid(linspace(-1.5,1.0,grid_size),linspace
    (-1.5,1.5,grid_size));
c = x+i*y;
z = zeros(size(x));        % set the initial matrix to 0
map = zeros(size(x));      % create a map of all grid
                           % points equal to 0
for k = 1:iterations
z = z.^2 +c;
a = find(abs(z)>sqrt(5));  %Determine which elements have
                           %exceeded sqrt(5)
map(a) = k;
end
figure(1)
```

```
image(map)                %Create an image
colormap(jet)
```

产生的图形如图13.13所示。

5. 结果验证

由图可知，图像深色(在计算机屏幕上看到的是深蓝色)区域的像素点小于 5 的平方根。另一种验证结果的方法是根据超出阈值的数据点画出一幅图像，而不是根据迭代次数画图。对每个数值乘以某个相同的数，以适应所有颜色的变化，否则数值之间会靠得太近。实现这一过程的 MATLAB 代码如下：

```
figure(2)
multiplier = 100;
map = abs(z)*multiplier;
image(map)
```

结果如图13.14所示。

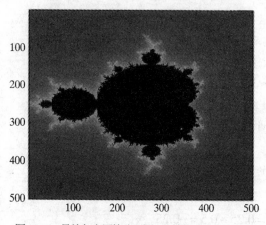

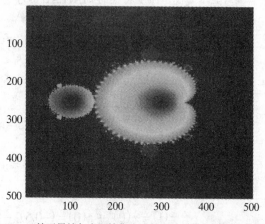

图 13.13 曼德尔布罗特分形图。计算超出 5 的平方根的像素点，并通过计算次数创建图形

图 13.14 基于曼德尔布罗特集生成的图像，它表明集合元素的变化情况。真正感兴趣的部分是图形的边缘结构

现在已经创建了一个完整的曼德尔布罗特集图像，近距离看某些边缘结构会感到非常有趣。加入下面的程序代码，能够将图像上的任意一点重复放大。

```
cont = 1;
while(cont==1)
figure(1)
disp('Now let's zoom in')
disp('Move the cursor to the upper left-hand corner of the
   area you want to expand')
[y1,x1] = ginput(1);
disp('Move to the lower right-hand corner of the area you
   want to expand')
[y2,x2] = ginput(1);
xx1 = x(round(x1),round(y1));
yy1 = y(round(x1),round(y1));
xx2 = x(round(x2),round(y2));
yy2 = y(round(x2),round(y2));
%%
[x,y] = meshgrid(linspace(xx1,xx2,grid_size),linspace(yy1,
   yy2,grid_size));
c = x+i*y;
z = zeros(size(x));
map = zeros(size(x));
```

```
for k = 1:iterations
  z = z.^2 +c;
  a = find(abs(z)>sqrt(5));
  map(a) = k;
end
image(map)
colormap(jet)
again = menu('Do you want to zoom in again? ','Yes','No');
switch again
  case 1
    cont = 1;
  case 2
    cont = 0;
end
end
```

图13.15给出了一些通过微小区域反复计算创建的图像。

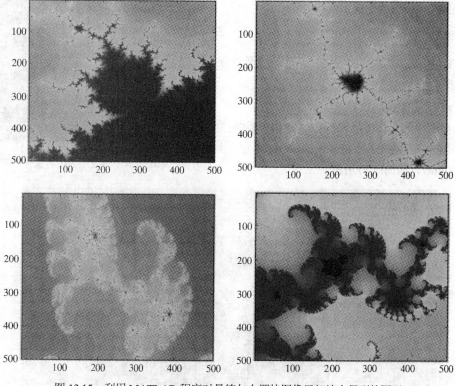

图 13.15　利用 MATLAB 程序对曼德尔布罗特图像局部放大得到的图形

利用函数 image 和 imagesc 进行实验，观察图像间的差异。也可以使用不同的色图来实验。

13.1.2　读写图像文件

与图像的存储技术类似，图像文件的读写也有很多方式。本章将详细介绍图像文件的读写函数。

读图像信息

将图像信息读入 MATLAB 的最简单方法可能是利用交互式 Import Wizard。在当前目录窗口中，只要双击要输入的图像文件名即可。MATLAB 会给出适当的变量名，并允许矩阵在编辑窗口中预览(见图13.9)。

交互式输入数据的问题在于不能提供 MATLAB 程序的指令，需要使用输入函数。对于大多数标准图像格式而言，例如 .jpg 或 .tif，函数 imread 是比较方便的方法。如果文件是 .mat 或者 .dat 格式，那么，调用函数 load 是最简单的输入数据方法：

```
load <filename>
```

对于.mat 文件，可以不包含扩展名 .mat。然而，对于 .dat 文件，需要包含扩展名 .dat：

```
load <filename.dat>
```

这是下载内置图像文件的常用方法。例如，

```
load cape
```

上述命令实现在当前目录中输入图像矩阵和色图。下述命令：

```
image(X)
colormap(map)
axis image
axis off
```

用于产生图13.16所示的图像。

存储图像信息

MATLAB 图像的保存方法与一般图形文件的保存方法相同。选择

```
File → Save As...
```

再选择保存图像的文件类型和位置。例如，要保存图 13.13 中例 13.1 创建的曼德尔布罗特集图像，可以指定一个增强型图元文件(.emf)，如图13.17所示。

图 13.16　通过下载内置文件产生的图像

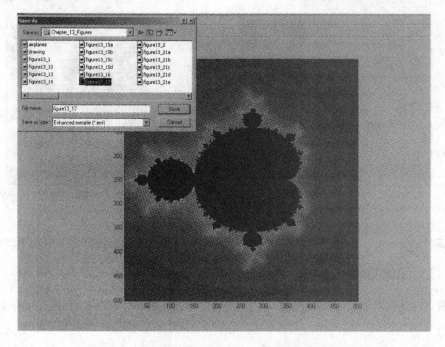

图 13.17　作为增强型图元文件存储的曼德尔布罗特图像

函数 imwrite 也可以对文件进行保存。根据需要保存的数据类型，这个函数可以接受许多不同的输入。

如果输入数据是强度(灰度)数组或者真彩色(RGB)数组，那么，函数 `imwrite` 希望的输入形式为

```
imwrite(arrayname,'filename.format')
```

其中，

arrayname 是 MATALAB 数组名称；

filename 是保存数据的文件名称；

format 是文件扩展名，例 jpg 和 tif。

因此，若保存 RGB 图像到一个名为 `flowers` 的.jpg 文件中，则命令语句为

```
imwrite(X,'flowers.jpg')
```

参考 help 文件可以得到 MATLAB 支持的图形格式列表。

存储索引图像(具有定制色图的图像)需要同时保存数据矩阵和色图：

```
imwrite(arrayname, colormap_name,'filename.format')
```

存储曼德尔布罗特图像需要保存矩阵和用于选择图像颜色的色图：

```
imwrite(map,jet,'my_mandelbrot.jpg')
```

13.2 句柄图形

句柄是分配给 MATLAB 对象的昵称。对 MATLAB 中使用的图形系统进行完全描述是件非常复杂的事情，已经超出了本书的范围，更多的细节可以参考 MATLAB 中的 help 指南。但是，本节会给出有关图形句柄的简要说明，并阐述它们的使用情况。

句柄：一个昵称。

MATLAB 使用体系化结构来创建图形(见图13.18)。基本的绘图对象是图形。图形包含许多不同的对象，其中之一是坐标系。坐标覆盖在图形窗口的上面。坐标也可以包含许多不同的对象，其中之一是绘图，如图13.19所示。绘图覆盖在坐标的上面。

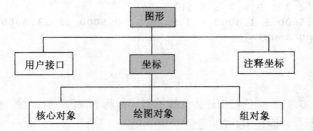

图 13.18   MATLAB 采用体系化结构来组织绘图信息。此图形取自 MATLAB 的帮助文件

不论在命令窗口，还是在 M 文件，使用函数 `plot` 以后，MATLAB 自动创建一个图形和一个恰当的坐标，然后，在坐标上绘制图形。MATLAB 对许多绘图对象的特性使用默认值。例如，第一条线经常画蓝色，除非用户指定要改变它。

13.2.1 绘图的句柄

为一个绘图分配一个名称(称为句柄)可以简单方便地查询 MATLAB 列出的绘图对象特性。创建一个如图13.19所示的简单绘图，并给它分配一个句柄：

```
x = 1:10;
y = x.*1.5;
h = plot(x,y)
```

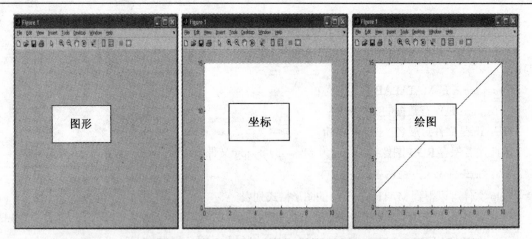

图 13.19　一幅图的剖析。左图：图形窗口完成图形化用户接口和绘图等功能，利用图
形窗口创建绘图。中图：在图形窗口上绘图之前，要求有一个坐标系。右
图：一旦知道坐标系在哪里、坐标的刻度是多少等信息以后，就可以进行绘图

变量 h 是绘图的句柄，当然也可以选择其他的变量名。利用函数 get 查询绘图的特性：

```
get(h)
```

函数返回一个完整的特性列表，该列表代表了位于图形窗口中坐标上的曲线：

```
Color: [0 0 1]
EraseMode: 'normal'
LineStyle: '-'
LineWidth: 0.5000
Marker: 'none'
MarkerSize: 6
MarkerEdgeColor: 'auto'
MarkerFaceColor: 'none'
XData: [1 2 3 4 5 6 7 8 9 10]
YData: [1.5000 3 4.5000 6 7.5000 9 10.5000 12 13.5000 15]
ZData: [1x0 double]
                          .
                          .
                          .
```

颜色特性列为[0 0 1]。颜色被描述为光线的每一种基本颜色：红、绿、蓝。数组[0 0 1]表示
指定颜色没有红色和绿色，而是 100%的蓝色。

13.2.2　图形的句柄

为了操作方便，同样需要对图形指定句柄。因为前面用来绘图的图形窗口名称为 figure1，所以
命令行为

```
f_handle = figure(1)
```

使用命令 get 返回相似的结果：

```
get(f_handle)

Alphamap = [ (1 by 64) double array]
BackingStore = on
CloseRequestFcn = closereq
Color = [0.8 0.8 0.8]
```

```
Colormap = [ (64 by 3) double array]
CurrentAxes = [150.026]
CurrentCharacter =
CurrentObject = []
CurrentPoint = [240 245]
DockControls = on
DoubleBuffer = on
FileName = [ (1 by 96) char array]
                          .
                          .
                          .
```

可以看出，图形窗口的特性列表与绘图曲线的特性列表是不相同的。例如，颜色(窗口的背景颜色)是[0.8, 0.8, 0.8]，它指定了红、绿、蓝具有相同的强度，当然，结果是一个白色的背景。

如果没有为图形指定句柄，则可以使用命令 gcf(取得当前图形)查询 MATLAB，以确定当前图形的句柄名称：

```
get(gcf)
```

它给出相同的结果。

13.2.3　坐标的句柄

与图形和绘图的句柄一样，通过函数 gca(取得当前坐标)可以指定一个坐标的句柄：

```
h_axis = gca;
```

使用命令 get 和句柄，可以查询坐标的特性：

```
get(h_axis)
ActivePositionProperty = outerposition
ALim = [0.1 10]
ALimMode = auto
AmbientLightColor = [1 1 1]
Box = off
CameraPosition = [-1625.28 -2179.06 34.641]
CameraPositionMode = auto
CameraTarget = [201 201 0]
                          .
                          .
                          .
```

13.2.4　注释坐标

除上面描述的三种组件外，还有一个叠加在绘图中的透明层。该层用来插入一些注释对象到图形窗口中，例如线型、图例说明和文本框。

13.2.5　使用句柄操作图形

利用函数 set 可以改变对象的特性。函数 set 的第一个输入内容是对象句柄，然后用不同的字符串指定特性的名称，紧随其后是一个新的特性值。例如，

```
set(h,'color','red')
```

它让 MATLAB 去找名为 h 的绘图(不是图形，而是实际绘制的曲线)，并将颜色改变为红色。如果要改变某些图形窗口的特性，则使用图形句柄名称或者使用函数 gcf，方法相同。使用下面的命令行可以改变 figure 1 的名称：

```
set(f_handle,'name', 'My Graph')
```

或者

```
set(gcf,'name', 'My Graph')
```

在图形菜单栏选择 View，并选择特性编辑器，可以交互式地完成上述功能：

```
View → Property Editor
```

如果在特性编辑器弹出窗口(见图13.20)中选择 Property Inspector，就能够访问所有的特性。浏览 Property Inspector 窗口是查看每个绘图对象特性的最佳方法。

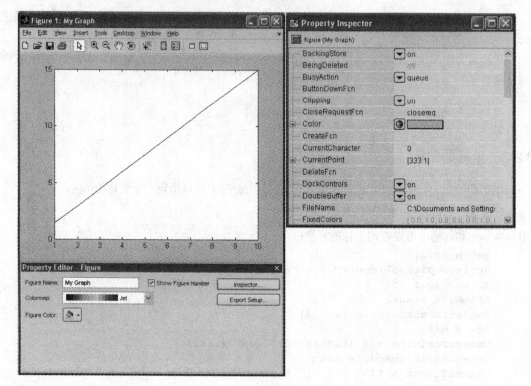

图 13.20　交互式特性编辑器

13.3　动画

在 MATLAB 中有两种创建动画的技术：

● 重绘与擦除。
● 创建电影。

在每种情况下都可使用句柄图形来创建动画。

13.3.1　重绘和擦除

通过重绘和擦除创建动画。首先创建一个绘图，然后调整绘图的特性，每次调整都是一个循环。用下面的方程定义一簇抛物线：

$$y = kx^2 - 2$$

每个 k 值定义一条抛物线。可以通过三维绘图来表示数据，也可以采用其他方法，例如，创建一个绘制系列图形的动画，每次使用不同的 k 值。创建动画的代码为

```
clear,clc,clf
x = -10:0.01:10;        % Define the x-values
k = -1;                 % Set an initial value of k
y = k*x.^2-2;           % Calculate the first set of y-values
h = plot(x,y);          % Create the figure and assign
                        % a handle to the graph
grid on
%set(h,'EraseMode','xor')   % The animation runs faster if
                        % you activate this line
axis([-10,10,-100,100]) % Specify the axes
while k<1               % Start a loop
  k = k + 0.01;         % Increment k
  y = k*x.^2-2;         % Recalculate y
  set(h,'XData',x,'YData',y)  % Reassign the x and y
                        % values used in the graph
  drawnow               % Redraw the graph now - don't wait
                        % until the program finishes running
end
```

在这个例子中，利用句柄图形对图进行重画，每次重画没有创建新的图形窗口，而是循环绘图。绘图对象为 XData 和 YData，这些对象指定要绘图的数据点。使用函数 set 设定新的 x 值和 y 值，并在每次调用函数 drawnow 时创建一幅不同的图。从程序产生的动画画面中挑选几幅示于图13.21 中。

注意程序行

```
%set(h,'EraseMode','xor')
```

如果去掉该行的注释运算符(%)，使这一行激活，那么，每次重画时程序不会擦除以前画过的内容，只改变颜色不同的像素点。这样可以提高动画的绘制效率，特别是绘制复杂图形时，这个特性尤为重要。

参考 help 指南可以了解关于布朗运动的动画模型实例。

13.3.2 电影

使线条运动起来并不是从计算上改变亮度，而是采用简单易行的方法得到漂亮、平滑的运动线条。下面的程序实现复杂曲面的动画效果：

```
clear,clc
x = 0:pi/100:4*pi;
y = x;
[X,Y] = meshgrid(x,y);
z = 3*sin(X)+ cos(Y);
h = surf(z);
axis tight
set(gca,'nextplot','replacechildren');
%Tells the program to replace the surface each time,
but not the axis
shading interp
colormap(jet)
for k = 0:pi/100:2*pi
  z = (sin(X) + cos(Y)).*sin(k);
  set(h,'Zdata',z)
  drawnow
end
```

这个动画的实例画面如图13.22所示。

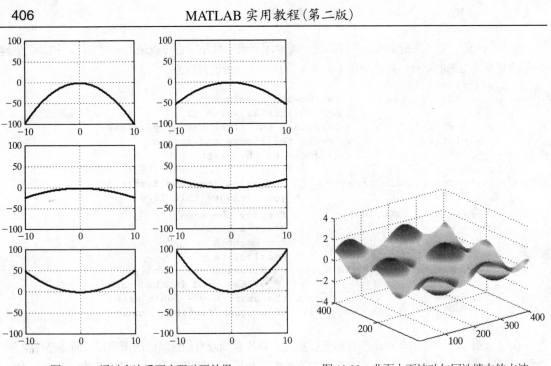

图 13.21　通过多次重画实现动画效果　　　　　图 13.22　曲面上下波动如同池塘中的水波

　　如果计算机的运算速度很快，那么动画效果可能会更平滑。然而，如果计算机的运算速度很慢，那么，当程序创建每个新的图形时，会出现生涩的移动和暂停。为了避免这个问题，应该创建一个程序来管理每一幅"画面"，一旦完成所有的计算任务，再像放电影一样显示所有的画面。

```
clear,clc
x = 0:pi/100:4*pi;
y = x;
[X,Y] = meshgrid(x,y);
z = 3*sin(X)+ cos(Y);
h = surf(z);
axis tight
set(gca,'nextplot','replacechildren');
shading interp
colormap(jet)
m = 1;
for k = 0:pi/100:2*pi
  z = (sin(X) + cos(Y)).*sin(k);
  set(h,'Zdata',z)
  M(m) = getframe;          %Creates and saves each frame
                            %of the movie
  m = m+1;
end
  movie(M,2)                %Plays the movie twice
```

　　运行这个程序相当于看三次电影：一次是创建，另外两次是在电影函数中指定。在以前的 MATLAB 7 版本中，如果动画是下载的，那么电影会多播放一次。这种方法的优点是不用重新计算就能够重复播放电影，在本例中，图像信息已经存储在数组 M 中。在工作窗口(见图13.23)中，M 是一个相当大的结构数组(约 90 MB)。

　　关键概念：为了稍后重新播放电影将动画记录下来。

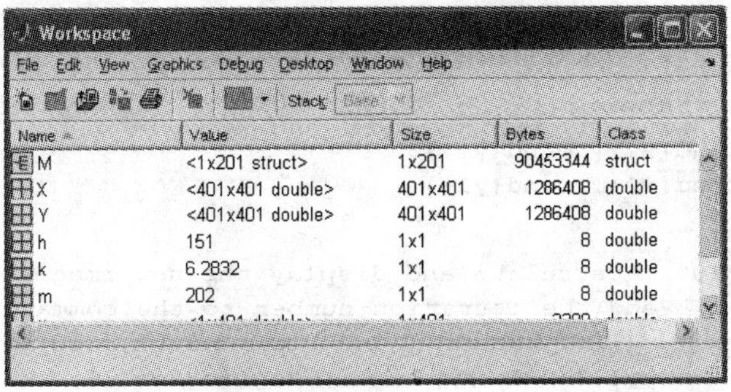

图 13.23　图中的结构数组 M 用来保存电影数据

例 13.2　曼德尔布罗特电影

产生曼德尔布罗特图形需要大量的计算资源，并且花费数分钟的时间。如果对曼德尔布罗特图形上的某点进行放大，那么，合理的选择是创建一个电影，以便稍候观看。以例 13.1 为基础，创建一部 100 个画面的电影。

1. 问题描述

创建一个描述曼德尔布罗特集放大过程的电影。

2. 输入/输出描述

输入　　例 13.1 中描述的完整曼德尔布罗特图像。

输出　　100 个画面的电影。

3. 手工分析

尽管手工演算对这个问题没有意义，但是可以编写一个程序，利用较少的迭代次数和少量的数据元素对结果进行测试。在此基础上，创建更细致的图像序列，而后者的计算强度更大。下面是第一个程序：

```
%Example 13.2 Mandelbrot Image
%   The first part of this program is the same as
Example 13.1
clear, clc
iterations = 20;        % Limit the number of iterations in
                        % this first pass
grid_size = 50;         % Use a small grid to make the
                        % program run faster
X = linspace(-1.5,1.0,grid_size);
Y = linspace(-1.5,1.5,grid_size);
[x,y] = meshgrid(X,Y);
c = x+i*y;
z = zeros(size(x));
map = zeros(size(x));
for k = 1:iterations
  z = z.^2 +c;
  a = find(abs(z)>sqrt(5));
  map(a) = k;
end
figure(1)
h = imagesc(map)

%% New code section

N(1) = getframe;        %Get the first frame of the movie
```

```
disp('Now let"s zoom in')
disp('Move the cursor to a point where you"d like to zoom')
[y1,x1] = ginput(1)          %Select the point to zoom in on

xx1 = x(round(x1),round(y1))
yy1 = y(round(x1),round(y1))

%%
for k = 2:100  %Calculate and display the new images
  k           %Send the iteration number to the command window
[x,y] = meshgrid(linspace(xx1-1/1.1^k,xx1+1/1.1^k,grid_size),...
     linspace(yy1-1/1.1^k,yy1+1/1.1^k,grid_size));
c = x+i*y;
z = zeros(size(x));
map = zeros(size(x));
for j = 1:iterations
  z = z.^2 +c;
  a = find(abs(z)>sqrt(5));
  map(a) = j;
end
set(h,'CData',map)        % Retrieve the image data from the
                          % variable map
colormap(jet)
N(k) = getframe;          % Capture the current frame
end
movie(N,2)                % Play the movie twice
```

该程序运行速度较快，执行结果是低分辨率的图像(见图13.24)，但它至少证明了程序是工作的。

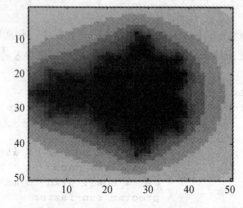

图 13.24 用来测试动画程序的低分辨率曼德尔布罗特图形

4. MATLAB 实现

改变两行代码即可得到程序的最终版本：

```
iterations = 80;       % Increase the number of iterations
grid_size = 500;       % Use a large grid to see more detail
```

这个完整版程序运行在 3.0-GHz AMD 双核处理器上，2.0 GB RAM，运行时间约 7 分钟。挑选出的画面如图13.25 所示。当然，计算机的配置不同，运行时间可能有所差异，这取决于计算机的系统资源。播放一次程序创建的电影约 10 秒钟。

5. 结果验证

多次运行程序，观察在曼德尔布罗特图形不同点进行放大时的动画效果。不妨增加迭代次数，生成具有色图的图像，观察动画效果。

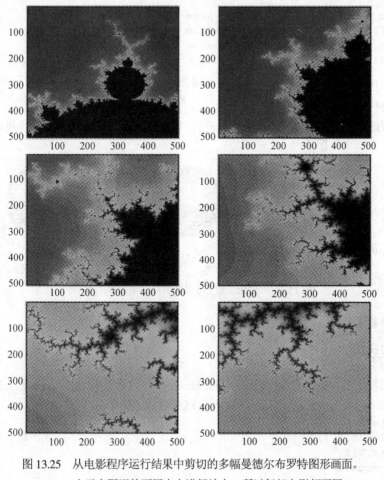

图 13.25 从电影程序运行结果中剪切的多幅曼德尔布罗特图形画面。
由于在图形的不同点上进行放大，所以每部电影都不同

13.4 其他可视化方法

13.4.1 透明度

利用 MATLAB 画出的曲面均采用不透明的色彩添加策略。对大多数曲面而言，这种方法很好，但是可能遮盖住其他的细节。例如，下面的命令行可以创建两个球形，一个球在另一个球当中：

```
clear,clc,clf          % Clear the command window and current
                       % figure window
n = 20;                % Define the surface of a sphere,
                       % using spherical coordinates
Theta = linspace(-pi,pi,n);
Phi = linspace(-pi/2,pi/2,n);
[theta,phi] = meshgrid(Theta,Phi);
X = cos(phi).*cos(theta);    % Translate into the xyz
                             % coordinate system
Y = cos(phi).*sin(theta);
Z = sin(phi);
surf(X,Y,Z)  %Create a surface plot of a sphere of radius 1
axis square
axis([-2,2,-2,2,-2,2])    %Specify the axis size
hold on
```

```
pause                        %Pause the program
surf(2*X,2*Y,2*Z)            %Add a second sphere of radius 2
pause                        %Pause the program
alpha(0.5)                   %Set the transparency level
```

内部球被外部球遮挡，除非采用下面的透明度命令：

```
alpha(0.5)
```

该命令用来设置透明度的等级，数值 1 表示不透明，数值 0 表示完全透明。执行结果如图13.26 所示。

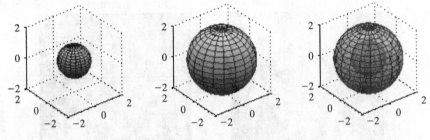

图 13.26　增加透明度可以看到曲面图隐藏的细节

透明度能够被添加到曲面、图像和碎片对象。

13.4.2　隐藏线

当创建网格绘图时，曲面被遮挡的部分不会被画出来，这通常看上去比较自然。图 3.27 中的两个球体画在 x 轴、y 轴和 z 轴三个坐标上，下面是 MATLAB 程序：

```
figure(3)
subplot(1,2,1)
mesh(X,Y,Z)
axis square
subplot(1,2,2)
mesh(X,Y,Z)
axis square
hidden off
```

命令 hidden 的默认值是 on，它的执行结果是一个网格图，图中遮挡部分的网格线被自动隐藏，如图13.27 的左侧图所示。使用命令 hidden off 后，给出如图13.27右侧图所示的结果。

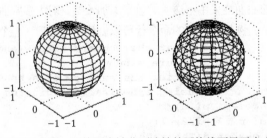

图 13.27　左图：网格图中被曲面遮挡的网格线不显示出来。

右图：命令 hidden off 使程序画出隐藏的线条

13.4.3　光源

MTALAB 提供很多调整曲面光源的方法。可以改变真实光源的位置，也能够在播放动画期间进行调整。图形工具栏提供交互式的光源调整方法，用户可以得到想要的灯光效果。然而，绝大多数绘图只是利用函数 camlight 实现光源的开启或关闭，该函数的默认值是关闭。图 13.28 表示函数 camlight 作用于简单球形时的情形，相应的代码是

```
Sphere
camlight
```

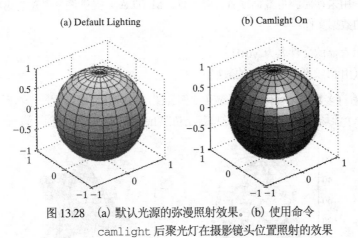

(a) Default Lighting   (b) Camlight On

图 13.28 （a）默认光源的弥漫照射效果。（b）使用命令 camlight 后聚光灯在摄影镜头位置照射的效果

关键概念： 函数 camlight 能够调整图形的光源。

照相机光源的默认位置是在"摄影镜头"的右上方，提供如下选项：

camlight right	摄影镜头的右上方（默认位置）
camlight left	摄影镜头的左上方
camlight headlight	摄影镜头的位置
camlight(azimuth, elevation)	用户自主确定光源位置
camlight('infinite')	将光源定位于无穷远（如同太阳光）

13.5 三维可视化简介

MATLAB 包括许多三维空间数据可视化的方法，在不同地点和高度测量得到的风速数据就属于三维数据。三维数据可以用三个变量表示为 $y = f(x, y, z)$。三维数据可视化方法分为两类：

● 标量数据的三维可视化（采集和计算的数据在每一点上是单值，例如温度）。
● 矢量数据的三维可视化（采集和计算的数据是一个矢量，例如速度）。

13.5.1 标量数据的三维可视化

为了实现标量数据的三维可视化，需要建立四个三维数组：

● x 数据，包含每个网格点 x 轴上数据的三维数组。
● y 数据，包含每个网格点 y 轴上数据的三维数组。
● z 数据，包含每个网格点 z 轴上数据的三维数组。
● 每个网格点对应的标量数值（如温度、压力数据等）。

x、y、z 数组通过函数 meshgrid 创建，例如，可以有

```
x = 1:3;
y = [2,4,6,8];
```

```
z = [10, 20];

[X,Y,Z] = meshgrid(x,y,z);
```

通过计算，可以产生三个 $4\times3\times2$ 的数组，并定义每个网格点的位置。第四个数组具有与前三个数组相同的规模，用来存储测量数据或者计算数据。MATLAB 提供许多内置的包含这种类型数据的文件，例如下面的数据文件：

● MRI 数据(存储的文件名为 MRI)。

● 流场数据(由 M 文件计算得到的数据)。

在 help 中，有许多数据可视化方法的应用实例。图13.29所示的图像是一个核磁共振成像数据的轮廓切片图，以及一个流场数据的等值面，这些都是仿照 help 指南中的实例创建的。

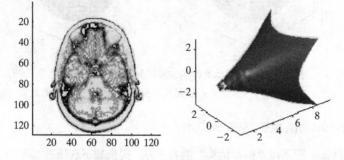

图 13.29　MATLAB 提供三维数据可视化技术。左图：MRI 数据的轮廓切
片图，这些数据利用了 MATLAB 提供的样本数据文件。右图：
流场数据的等值面。这些数据利用了 MATLAB 提供的样本 M 文件

进入帮助菜单目录可以查找这些实例。在 MATLAB 主窗口下，找到 3-D Visualization，然后选择 Volume Visualization 方法。当本书中所示的两个图被 MATLAB 7.5 创建时，在每次画图之前有必要进行一次清除操作(clf)，这个细节在帮助指南中没有被指明。若不使用命令 clf，那么，绘图过程好像是在激活 hold on 命令条件下进行的。这是 MATLAB 在后续版本中需要更正的地方。

13.5.2　矢量数据的三维可视化

为了显示矢量数据，需要建立六个三维数组：

● 三个数组分别定义网格点的 x、y、z 坐标轴上的位置。

● 三个数组分别定义矢量数据 u、v 和 w。

作为数据文件，MATLAB 提供了一个称为 wind 的矢量三维数据样本集。命令

```
load wind
```

将六个三维数组发送到工作区。可以利用多种方法实现对这类数据的可视化，主要技术有

● 锥形图。

● 流线型图。

● 卷形图。

另一种解决问题的办法是将矢量数据转化为标量数据，利用前面介绍的标量数据可视化方法进行处理。例如，速度不仅仅是速率，它是速率信息和方向信息的综合。因此，速度是一个矢量数据，具有在 x、y、z 方向上的分量(分别称为 u、v 和 w)。利用下列公式将速度转换为速率：

```
speed = sqrt(u.^2 + v.^2 + w.^2)
```

速度：速率加上方向信息。

速率数据能够表示为一个或多个等高切片，或者表示为等值面（在其他技术中）。图 13.30 左侧图像是速率在 z 方向第八级高度上数据集合的等高切片图，由下面的命令产生：

```
contourslice(x,y,z,speed,[ ],[ ],8)
```

图 13.30 右侧图像是一系列等高切片。利用交互式调整功能，用户能够看到所有四个切片：

```
contourslice(x,y,z,speed,[ ],[ ],[1,5,10,15])
```

用同样数据产生的锥形图可能更具启发性。参照帮助指南中描述的函数 coneplot，创建图 13.31 所示的锥形图。

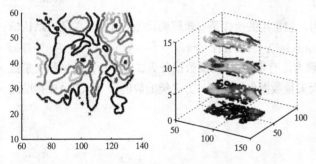 

图 13.30　MATLAB 程序实现的风速数据等高切片图　　图 13.31　MATLAB 程序实现的风速数据锥形图

本章小结

MATLAB 支持三种不同的存储和表示图像的方法：

- 亮度（或灰度）图像。
- 索引图像。
- RGB（或真彩色）图像。

函数 imagesc 用于显示亮度图像，该类图像有时也称为灰度图像。索引图像用函数 image 来显示，但需要用色图来确定图像的颜色。可以为每幅图像创建一个自定义的色图，也可以使用内置的色图。RGB（真彩色）图像同样用函数 image 来显示，因为颜色信息已经包含在了图像文件中，所以，它不需要色图。

如果用户不知道正在处理的图像数据属于哪种类型，那么，函数 imfinfo 能够用于分析图像文件中的数据类型。一旦知道了图像类型，利用函数 imread 可以加载图像文件到 MATLAB 中，或者使用软件的交互数据控制功能。命令 load 能够加载.dat 和.mat 格式的文件。利用函数 imwrite 可以按标准的图像格式存储一幅图像，或者使用软件的交互数据控制功能。使用 save 命令也可以将图像数据保存为.dat 或.mat 文件格式。

在 MATLAB 中，句柄是给对象分配的昵称。利用 MATLAB 显示的图像包括很多不同的对象，每个对象都要有一个句柄。基本的图像对象是图形（figure），位于图形对象上面的是坐标对象（axis），位于坐标对象之上的是实际的绘图对象（plot）。每个对象都包括能够被函数 get 读取或者被函数 set 设置的特性表。在句柄名称不知道的情况下，函数 gcf（获取当前图形）返回当前图形的句柄，函数 gca（获取当前坐标）返回当前坐标的句柄。函数 set 用于设置一个 MATLAB 对象的特性值。例如，要改变一个名为 h 的绘图的颜色（画出的线条），使用下列命令：

```
set(h,'color','red')
```

在 MATLAB 中，动画有两种实现方法：一种是重绘和擦除，另一种是创建电影。一般情况下，重绘和擦除的方法在数据表示上计算速度快，视觉上不复杂，所以是实现动画的简单方法。对于计算量较大的任务，电影通常是更加容易的动画实现方式。该方法是将各个画面截取下来，然后拼接成可以重复播放的电影。

通常复杂曲面难以可视化，特别是重叠情况下的曲面更是如此。通过指定透明度可以表现隐藏的曲面，并可以让用户看到遮挡的细节。函数 alpha 可以实现这一功能。这个函数的输入值能够在 0 和 1 之间变化，表示从完全透明到不透明。

为了使曲面看上去更加趋于自然，默认情况是不画隐藏线段。命令 hidden off 可以强制程序画出隐藏线段。

虽然 MATLAB 提供较强的光源操作能力，但常用的操作是直接照明功能的开启与关闭。默认情况下，光源是弥漫照射的，但可以通过函数 camlight 改变照射方向。

三维可视化技术允许显示三维数据，实现方法有多种。三维数据分为二类：标量数据和矢量数据。标量数据包括温度、压力之类的数值，而矢量数据包括速度、力之类的数值。MATLAB 帮助函数包含许多可视化技术的例子，以供参考。

MATLAB 小结

下面列出了本章介绍的 MATLAB 特殊字符、命令和函数。

命令和函数	说　　明
alpha	设置当前绘图对象的透明度
axis	控制图形坐标的特性
bone	使图像具有 X 光效果的色图
cape	MATLAB 提供的海角图像样本文件
camlight	打开光源
clown	MATLAB 提供的小丑图像样本文件
colormap	定义图形函数使用哪一种色图
coneplot	创建具有锥形标记的绘图，指示输入矢量的方向
Contourslice	为每个数据切片创建一个等高图
detail	MATLAB 提供的丢勒木雕作品局部图像样本文件
drawnow	强制 MATLAB 立即画一幅图
durer	MATLAB 提供的丢勒木雕作品图像样本文件
earth	MATLAB 提供的地球图像样本文件
flujet	MATLAB 提供的流体运动图像样本文件
gatlin	MATLAB 提供的照片图像样本文件
gca	获得当前坐标的句柄
gcf	获得当前图形的句柄
get	返回指定对象的特性列表
getframe	获得当前图形并将其作为一幅电影画面保存到结构化数组中
gray	用于灰度图像的色图
hidden off	强制 MATLAB 显示遮挡的网格线
image	创建二维图像
imagesc	利用标度数据创建二维图像

（续表）

命令和函数	说　明
imfinfo	读标准图形文件，确定其包含的数据类型
imread	读图形文件
imwrite	写图形文件
isosurface	创建与三维数据关联的曲面，具有相同的高度
mandrill	MATLAB 提供的狒狒图像样本文件
movie	播放存储为 MATLAB 结构化数组的电影
mri	样本 MRI 数据集
pcolor	伪彩色图(与等高图类似)
peaks	创建样本图
set	设置指定对象的特性值
shading	确定曲面图和伪彩色图中使用的阴影技术
spine	MATLAB 提供的 X 光脊椎图像样本文件
wind	MATLAB 提供的风速信息图像样本文件

习题

13.1 在 Internet 上查找亮度图像、索引图像和 RGB 图像，将这些图像导入 MATLAB，并以 MATLAB 图形的方式加以显示。

13.2 二次朱利亚集的表达式如下：

$$z(n+1) = z(n)^2 + c$$

特殊情况 $c = -0.123 + 0.745i$ 被称为 Douday 的 rabbit 分形，或龙分形。参照例 13.1，利用上面 c 的取值创建一幅图像。对于曼德尔布罗特分形图，开始时的 z 值均为 0。在此问题中，令 $z = x + yi$，x 和 y 值的变化范围为-1.5 到 1.5。

13.3 二次朱利亚集的表达式如下：

$$z(n+1) = z(n)^2 + c$$

特殊情况 $c = -0.391 - 0.587i$ 被称为 Siegel 盘分形。参照例 13.1，利用上面 c 的取值创建一幅图像。对于曼德尔布罗特分形图，开始时的 z 值均为 0。在此问题中，令 $z = x + yi$，x 和 y 值的变化范围为-1.5 到 1.5。

13.4 二次朱利亚集的表达式如下：

$$z(n+1) = z(n)^2 + c$$

特殊情况 $c = -0.75$ 被称为 San Marco 分形。参照例 13.1，利用上面 c 的取值创建一幅图像。对于曼德尔布罗特分形图，开始时的 z 值均为 0。在此问题中，令 $z = x + yi$，x 和 y 值的变化范围为-1.5 到 1.5。

13.5 创建下列函数的图形：

$$y = \sin(x) \qquad x \text{ 从} -2\pi \text{ 到} +2\pi$$

指定一个绘图句柄，利用函数 set 改变下列特性(如果对某些特性值的名称确定不下来，则利用函数 get 查看特性名列表)：

(a) 将线段的颜色从蓝变为绿。

(b) 将线段的类型变为点画线。

(c) 将线段的宽度变为 2。

13.6 为习题 13.5 创建的图形指定一个句柄，利用函数 set 改变下列特性（如果对某些特性值的名称确定不下来，则利用函数 get 查看特性名列表）：

(a) 将图形的背景色变为红色。

(b) 将图形的名称改为"A Sine Function"。

13.7 为习题 13.5 创建的坐标指定一个句柄，利用函数 set 改变下列特性（如果对某些特性值的名称确定不下来，则利用函数 get 查看特性名列表）：

(a) 将背景色变为蓝色。

(b) 将 x 坐标改为对数坐标。

13.8 利用互动的特性检查器重复前三个习题，改变对象特性值。对其他特性值进行修改，并观察图形结果。

13.9 创建下列函数的动画：

$$y = \sin(x - a) \qquad x \text{ 从 } -2\pi \text{ 到 } +2\pi$$

$$a \text{ 从 } 0 \text{ 到 } 8\pi$$

- 使用合适的 x 步长，保证图形圆滑。
- 令 a 为动画变量（为每一个 a 值画一幅图）。
- 使用合适的 a 步长，保证图形圆滑。步长越小，动画移动越缓慢。

13.10 为上题中的函数创建一部电影。

13.11 创建下列函数的动画：

令 x 从 -2π 到 $+2\pi$ 变化。

令 $y = \sin(x)$。

令 $z = \sin(x - a)\cos(y - a)$。

令 a 为动画变量。

首先创建 x 和 y 的二维网格矩阵，然后，根据结果数组计算 z 值。

13.12 为上题中的函数创建一部电影。

13.13 编写一段程序，该程序能够对习题 13.2 中的"Douday 的 rabbit 分形"进行缩放，并创建运行结果的电影（参见例 13.2）。

13.14 利用曲面绘图功能绘制函数 peaks，执行 hold on 命令，绘制一个球形覆盖整个已绘制的图形，调整透明度，观察球形内部的细节。

13.15 首先绘制函数 peaks，然后执行 camlight 命令。将 camlight 放在不同位置，观察对绘图的影响。

13.16 创建 MRI 数据的堆叠等高图，显示第 1 层、第 8 层和第 12 层数据。

13.17 MATLAB 帮助文件中给出了一个 MRI 数据可视化的例子，将例子的命令行复制到 M 文件，并执行。在画每幅新图前一定要执行命令 clf。

附录 A 特殊字符、命令和函数

本附录中的表格是按照类别划分的，在相应平行的位置上注明了出现的章节。

特 殊 字 符	矩 阵 定 义	章 节
[ ]	构造矩阵	第 2 章
( )	在语句中用于表示成组操作；和矩阵名一起使用定义矩阵元素	第 2 章
,	矩阵元素或下标的分隔符	第 2 章
;	矩阵换行符；用于命令行结尾抑制显示输出结果	第 2 章
:	用于生成矩阵；表示所有行或列	第 2 章
=	赋值运算符把一个值赋给内存中的变量，不同于等号	第 2 章
%	M 文件中的注释	第 2 章
+	标量和数组相加	第 2 章
-	标量和数组相减	第 2 章
*	标量和矩阵的乘运算	第 2 章
.*	数组乘(点乘或点星)	第 2 章
/	标量和矩阵的除运算	第 2 章
./	数组除(点除)	第 2 章
^	标量和矩阵的幂运算	第 2 章
.^	数组幂运算(点幂)	第 2 章
...	省略号，表示下一行继续	第 2 章
[ ]	空矩阵	第 4 章

命 令	格 式	章 节
format +	设为只显示加、减符号的格式	第 2 章
format compact	设为紧凑的格式	第 2 章
format long	设为 14 位有效数字格式	第 2 章
format long e	设为 14 位有效数字的科学记数法格式	第 2 章
format long eng	设为 14 位有效数字的工程记数法格式	第 2 章
format long g	设为 14 位有效数字格式，由 MATLAB 选择最佳格式(浮点数或定点数)	第 2 章
format loose	设为默认的、非紧凑的格式	第 2 章
format short	设为默认的 4 位有效数字格式	第 2 章
format short e	设为默认的 4 位有效数字的科学记数法格式	第 2 章
format short eng	设为默认的 4 位有效数字的工程记数法格式	第 2 章
format short g	设为默认的 4 位小数格式，由 MATLAB 选择最佳格式(浮点数或定点数)	第 2 章
format rat	设为分数格式	第 2 章

命 令	基本工作区命令	章 节
ans	计算结果的默认变量名	第 2 章
clc	清空命令窗口	第 2 章
clear	清空工作区	第 2 章

(续表)

命　令	基本工作区命令	章　节
diary	创建记录工作区窗口执行的所有命令和运行结果的日志	第 2 章
exit	终止 MATLAB	第 2 章
help	激活帮助功能	第 2 章
load	从文件中调入矩阵	第 2 章
quit	终止 MATLAB	第 2 章
save	把变量保存到文件中	第 2 章
who	列出内存中的变量	第 2 章
whos	列出变量及大小	第 2 章
doc	激活窗口帮助功能	第 2 章
helpwin	打开帮助窗口	第 3 章和第 10 章
clock	返回时间	第 3 章和第 10 章
date	返回日期	第 3 章和第 10 章
intmax	MATLAB 中的最大整数	第 3 章和第 10 章
intmin	MATLAB 中的最小整数	第 3 章和第 10 章
realmax	MATLAB 中最大的浮点数	第 3 章和第 10 章
realmin	MATLAB 中最小的浮点数	第 3 章和第 10 章
ascii	数据按 ASCII 码格式存储	第 2 章
pause	暂停程序，按任意键后开始	第 5 章

特　殊　函　数	没有输入变量有特殊意义的函数	章　节
pi	π 的近似值	第 2 章
eps	可区分的最小值	第 3 章
i	虚数	第 3 章
Inf	无穷大	第 3 章
j	虚数	第 3 章
NaN	非数	第 3 章

函　数	基　础　数　学	章　节
abs	求实数的绝对值或复数 a 的模	第 3 章
exp	计算 e^x	第 3 章
factor	求素数因子	第 3 章
factorial	求阶乘	第 3 章
gcd	求最大公因数	第 3 章
isprime	判断是否为素数	第 3 章
isreal	判断是实数还是复数	第 3 章
lcn	求最小公因数	第 3 章
log	求自然对数，或以 e 为底的对数	第 3 章
log10	求常用对数，或以 10 为底的对数	第 3 章

（续表）

函　数	基 础 数 学	章　节
log2	求以 2 为底的对数	第 3 章
nthroot	求 n 次方根	第 3 章
primes	求小于输入的素数	第 3 章
prod	求数组的积	第 3 章
rats	采用分数形式输出	第 3 章
rem	求余数	第 3 章
sign	符号函数(正或负)	第 3 章
sqrt	求平方根	第 3 章

函　数	三 　角 　学	章　节
asin	求反正弦(arcsine)	第 3 章
asind	求反正弦，结果用角度表示	第 3 章
asinh	计算反双曲正弦值	第 3 章
cos	求余弦	第 3 章
sin	求正弦，输入是弧度	第 3 章
sind	求正弦，输入是角度	第 3 章
sinh	求双曲正弦	第 3 章
tan	求正切	第 3 章

MATLAB 中包含所有三角函数，在这里只列出本书中用到的三角函数

函数	复 　数	章　节
abs	求实数的绝对值或复数 a 的模	第 3 章
angle	在极坐标中复数的角度	第 3 章
complex	定义复数	第 3 章
conj	求共轭复数	第 3 章
imag	求复数的虚部	第 3 章
isreal	判断是实数还是复数	第 3 章
real	求复数的实部	第 3 章

函　数	取 　整	章　节
ceil	正向取整	第 3 章
fix	向零方向取整	第 3 章
floor	负向取整	第 3 章
round	四舍五入取整	第 3 章

函　数	数 据 分 析	章　节
cumprod	求数组的累积	第 3 章
cumsum	求数组的累加和	第 3 章
length	求数组的长度	第 3 章
max	求数组中的最大值并确定最大值的位置	第 3 章

(续表)

函　数	数　据　分　析	章　节
mean	求数组元素的平均值	第3章
median	求数组元素的中间值	第3章
min	求数组的最小值并确定最小值的位置	第3章
mode	求众数	第3章
nchoosek	求从 n 中取 k 的组合	第3章
size	确定数组的行、列数	第3章
sort	数组排序	第3章
sortrows	以第一列为标准对行排序	第3章
prod	求数组的积	第3章
sum	数组求和	第3章
std	求标准差	第3章
var	求方差	第3章
rand	产生均匀分布的随机数	第3章
randn	产生正态分布的随机数	第3章

函　数	矩阵的公式、操作和分析	章　节
meshgrid	由数组生成网格矩阵	第4章和第5章
diag	提取矩阵对角线元素	第4章
fliplr	矩阵左右翻转	第4章
flipud	矩阵上下翻转	第4章
linspace	线性等步长矢量函数	第2章
logspace	对数等步长矢量函数	第2章
cross	求叉积	第9章
det	求矩阵的行列式	第9章
dot	求点积	第9章
inv	求逆矩阵	第9章
rref	使用简化的行阶梯矩阵来求解线性方程组	第9章

函　数	二　维　绘　图	章　节
bar	绘制条形图	第5章
barh	绘制水平条形图	第5章
contour	绘制三维图形的等高图	第5章
comet	绘制 x-y 的动画效果图形	第5章
fplot	根据指定函数绘图	第5章
hist	绘制柱状图	第5章
loglog	绘制双对数坐标图	第5章
pcolor	绘制伪色图	第5章和第13章
pie	绘制饼图	第5章
plot	创建 x-y 图	第5章
plotyy	创建双 y 轴图	第5章
polar	创建极坐标图	第5章
semilogx	创建 x 轴半对数图	第5章
semilogy	创建 y 轴半对数图	第5章

函　　数	三　维　绘　图	章　　节
bar3	绘制三维条形图	第5章
bar3h	绘制三维水平条形图	第5章
comet3	绘制三维动画效果线图	第5章
mesh	绘制网格曲面图	第5章
peaks	演示绘图函数的实体模型函数	第5章
pie3	绘制三维饼图	第5章
plot3	创建三维曲线图	第5章
sphere	演示绘图函数的实体模型函数	第5章
surf	绘制曲面图	第5章
surfc	同时绘制曲面图和等高图	第5章

特　殊　字　符	绘图外观控制	章　　节
标　识　符	线　类　型	第5章
-	实线	第5章
:	点	第5章
-.	点画线	第5章
—	虚线	第5章
标　识　符	点　类　型	
•	点	第5章
o	圆圈	第5章
X	x 形状	第5章
+	加号	第5章
*	星号	第5章
s	方形	第5章
d	菱形	第5章
v	下三角	第5章
^	上三角	第5章
<	左三角	第5章
>	右三角	第5章
p	五角星	第5章
h	六角星	第5章
标　识　符	颜　　色	
b	蓝色	第5章
g	绿色	第5章
r	红色	第5章
c	青色	第5章
m	洋红色	第5章
y	黄色	第5章
k	黑色	第5章
w	白色	第5章

函　　数	图形控制和注释	章　节
axis	控制坐标轴的刻度，或定义轴维数	第5章
axis equal	设置相同的坐标刻度	第5章
colormap	曲面图的配色方案	第5章
figure	生成绘图窗口	第5章
gtext	与 text 相似，在鼠标点击处放置文本框	第5章
grid	在图形中添加栅格	第5章
grid off	取消栅格	第5章
grid on	显示栅格	第5章
hold off	关闭当前图形	第5章
hold on	保持当前图形	第5章
legend	添加图形说明	第5章
shading flat	用纯色给每个网格着色	第5章
shading interp	渲染曲面图中的颜色	第5章
subplot	把绘图窗口划分为多个子图	第5章
text	给图形添加文本说明	第5章
title	在图形中添加标题	第5章
xlabel	对 x 轴进行标注	第5章
ylabel	对 y 轴进行标注	第5章
zlabel	对 z 轴进行标注	第5章

一 函　　数	图形颜色方案	章　节
autumn	曲面图的配色选项	第5章
bone	曲面图的配色选项	第5章
colorcube	曲面图的配色选项	第5章
cool	曲面图的配色选项	第5章
copper	曲面图的配色选项	第5章
flag	曲面图的配色选项	第5章
hot	曲面图的配色选项	第5章
hsv	曲面图的配色选项	第5章
jet	曲面图的默认颜色	第5章
pink	曲面图的配色选项	第5章
prism	曲面图的配色选项	第5章
spring	曲面图的配色选项	第5章
summer	曲面图的配色选项	第5章
white	曲面图的配色选项	第5章
winter	曲面图的配色选项	第5章

函数和特殊字符	函数的创建和使用	章　节
addpath	在 MATLAB 的搜索路径中添加目录	第6章
function	定义函数 M 文件	第6章
nargin	确定函数输入参数的个数	第6章
nargout	确定函数输出参数的个数	第6章
pathtool	打开交互式路径设置工具	第6章
varargin	指示函数输入参数的个数是不确定的	第6章
@	在匿名函数中表示函数句柄	第6章
%	注释	第6章

特 殊 字 符	格 式 控 制	章　节
'	字符串的开始和结束标志	第 7 章
%	命令 fprintf 中的占位符	第 7 章
%f	以十进制定点数格式输出	第 7 章
%d	以十进制格式输出	第 7 章
%e	以指数格式输出	第 7 章
%g	以定点数或指数格式中最紧凑的格式输出	第 7 章
%c	字符信息	第 7 章
%s	输出字符串	第 7 章
%%	元胞分隔符	第 7 章
\n	换行	第 7 章
\r	回车(和换行类似)	第 7 章
\t	以表格形式输出	第 7 章
\b	退格	第 7 章

函　　数	输入/输出(I/O)控制	章　节
disp	在命令窗口中显示字符串或矩阵	第 7 章
fprintf	在命令窗口或文件中输出格式化数据	第 7 章
ginput	从图形中获取数据点坐标	第 7 章
input	提示用户输入	第 7 章
pause	暂停程序	第 7 章
sprintf	与 fprintf 类似，把格式化数据存入字符型数组	第 7 章
uiimport	弹出输入向导 Import	第 7 章
wavread	从声音文件(.wav)中读取数据	第 7 章
xlsread	从 Excel 文件中读取数据	第 7 章
xlsimport	导入 Excel 数据文件	第 7 章
xlswrite	把数据导出到 Excel 文件中	第 7 章
load	从文件中调入矩阵	第 2 章
save	把变量保存到文件中	第 2 章
celldisp	显示元胞数组的内容	第 10 章
imfinfo	读标准图形文件，确定其包含的数据类型	第 13 章
imread	读图形文件	第 13 章
imwrite	写图形文件	第 13 章

函　　数	比较运算符	章　节	函　　数	比较运算符	章　节
<	小于	第 8 章	>=	大于等于	第 8 章
<=	小于等于	第 8 章	==	等于	第 8 章
>	大于	第 8 章	~=	不等于	第 8 章

特 殊 字 符	逻辑运算符	章　节	特 殊 字 符	逻辑运算符	章　节
&	与	第 8 章	~	非	第 8 章
|	或	第 8 章	xor	异或	第 8 章

函　数	控 制 结 构	章　节
break	终止当前循环	第 8 章
case	分类响应	第 8 章
continue	结束本次循环，继续执行下一次循环	第 8 章
else	定义 if 语句结果为 false 的执行内容	第 8 章
elseif	定义 if 语句结果为 false 的执行内容，并定义新的判断条件	第 8 章
end	表示控制结构的结束	第 8 章
for	产生循环结构	第 8 章
if	条件执行语句	第 8 章
menu	使用菜单输入	第 8 章
otherwise	分支选择语句	第 8 章
switch	分支选择语句	第 8 章
while	产生循环结构	第 8 章

函　数	逻 辑 函 数	章　节
all	检查数组中所有元素是否满足某一条件	第 8 章
any	检查数组中是否存在满足某一条件的元素	第 8 章
find	查找矩阵中满足条件的元素	第 8 章
isprime	判断是否为素数	第 3 章
isreal	判断是实数还是复数	第 3 章
clock	查询 CPU 当前时间	第 8 章
etime	记录时间	第 8 章
tic	计时启动	第 8 章
toc	计时结束	第 8 章
date	返回日期	第 3 章

函　数	特 殊 矩 阵	章　节	函　数	特 殊 矩 阵	章　节
eye	创建单位矩阵	第 9 章	pascal	创建 Pascal 矩阵	第 9 章
magic	创建魔方矩阵	第 9 章	zeros	创建全 0 矩阵	第 9 章
ones	创建全 1 矩阵	第 9 章	gallery	小型测试矩阵	第 9 章
rosser	特征值测试矩阵	第 9 章			

特 殊 字 符	数 据 类 型	章　节	特 殊 字 符	数 据 类 型	章　节
{ }	构造元胞数组	第 10 章和第 11 章	✓	逻辑数组	第 10 章
"	字符串（字符信息）	第 10 章和第 11 章	⧅	稀疏数组	第 10 章
abc	字符数组	第 10 章	{}	元胞数组	第 10 章
⊞	数值数组	第 10 章	⊟	结构数组	第 10 章
⬛	符号数组	第 10 章			

函　数	数 据 类 型 处 理	章　节
celldisp	显示元胞数组的内容	第 10 章
cellplot	用图形表示元胞数组	第 10 章
char	创建填充字符数组	第 10 章

（续表）

函　数	数据类型处理	章　节
double	把数组转换为双精度数组	第 10 章
int16	16 位有符号整数	第 10 章
int32	32 位有符号整数	第 10 章
int64	64 位有符号整数	第 10 章
int8	8 位有符号整数	第 10 章
num2str	将数值型数组转换为字符型数组	第 10 章
single	将数组转换为单精度数组	第 10 章
sparse	将全矩阵转换为稀疏矩阵	第 10 章
str2um	将字符型数组转换为数值型数组	第 10 章
uint16	16 位无符号整数	第 10 章
uint32	32 位无符号整数	第 10 章
uint64	64 位无符号整数	第 10 章
uint8	8 位无符号整数	第 10 章

函　数	符号表达式操作	章　节
collect	合并同类项	第 11 章
diff	对符号表达式求导	第 11 章
dsolve	求解微分方程	第 11 章
expand	展开表达式和方程的每一项	第 11 章
factor	对表达式或方程做因式分解	第 11 章
findsym	标识符号变量	第 11 章
int	求解符号表达式的积分	第 11 章
numden	从表达式或方程中提取分子和分母	第 11 章
poly2sym	用矢量创建符号多项式	第 11 章
simple	使用所有的化简函数，选择最简结果作为返回值	第 11 章
simplify	用 Maple 内置的化简规则进行化简	第 11 章
solve	求解符号表达式或方程	第 11 章
subs	替换符号表达式或方程	第 11 章
sym	创建符号变量、表达式或方程	第 11 章
sym2poly	把符号多项式转化为系数矢量	第 11 章
syms	创建多个符号变量	第 11 章

函　数	符　号　绘　图	章　节
ezcontour	创建等高图	第 11 章
ezcontourf	填充等高图	第 11 章
ezmesh	创建符号表达式的网格曲面图	第 11 章
ezmeshc	同时绘制符号表达式的网格曲面图和等高图	第 11 章
ezplot	绘制符号表达式的图形(直角坐标图)	第 11 章
ezplot3	创建三维曲线图	第 11 章
ezpolar	创建极坐标图	第 11 章
ezsurf	绘制符号表达式的曲面图	第 11 章
ezsurfc	同时绘制符号表达式的曲面图和等高图	第 11 章

函　数	数 值 技 术	章　节
cftool	打开曲线拟合图形用户接口	第 12 章
diff	计算输入数组中相邻两元素的差值。若输入为符号表达式，则进行符号微分	第 12 章
fminbnd	复合函数。以函数句柄或函数作为输入参数，求函数极小值	第 6 章
fzero	复合函数。以函数句柄或函数作为输入参数，求函数的过零点	第 6 章
interp1	采用默认的线性插值或指定的高阶插值对中间数据进行近似	第 12 章
interp2	二维插值函数	第 12 章
interp3	三维插值函数	第 12 章
interpn	多维插值函数	第 12 章
ode45	常用微分方程求解器	第 12 章
ode23	常用微分方程求解器	第 12 章
ode113	常用微分方程求解器	第 12 章
ode15s	常用微分方程求解器	第 12 章
ode23s	常用微分方程求解器	第 12 章
ode23t	常用微分方程求解器	第 12 章
ode23tb	常用微分方程求解器	第 12 章
ode15i	常用微分方程求解器	第 12 章
polyfit	计算最小二乘多项式的系数	第 12 章
polyval	计算给定 x 值的多项式	第 12 章
quad	计算曲线积分(辛普森法)	第 12 章
quad1	计算曲线积分(Lobatto 法)	第 12 章

函　数	样本数据集和图像	章　节
cape	MATLAB 提供的海角图像样本文件	第 13 章
clown	MATLAB 提供的小丑图像样本文件	第 13 章
detail	MATLAB 提供的丢勒木雕作品局部图像样本文件	第 13 章
durer	MATLAB 提供的丢勒木雕作品图像样本文件	第 6 章和第 13 章
earth	MATLAB 提供的地球图像样本文件	第 13 章
flujet	MATLAB 提供的流体运动图像样本文件	第 13 章
gatlin	MATLAB 提供的照片图像样本文件	第 13 章
mandrill	MATLAB 提供的狒狒图像样本文件	第 13 章
mri	样本 MRI 数据集	第 13 章
peaks	创建样本图	第 13 章
spine	MATLAB 提供的 X 光脊椎图像样本文件	第 13 章
wind	MATLAB 提供的风速信息图像样本文件	第 13 章
sphere	演示绘图函数的实体模型函数	第 5 章
census	用于演示数值技术的内置数据集	第 12 章
handel	用于演示音乐函数的内置数据集	第 3 章

函　数	高 级 视 图	章　节
alpha	设置当前绘图对象的透明度	第 13 章
camlight	打开光源	第 13 章
coneplot	创建具有锥形标记的绘图，指示输入矢量的方向	第 13 章
contourslice	为每个数据切片创建一幅等高图	第 13 章

（续表）

函　数	高　级　视　图	章　节
drawnow	强制 MATLAB 立即画一幅图	第 13 章
gca	获得当前坐标的句柄	第 13 章
gcf	获得当前图形的句柄	第 13 章
get	返回指定对象的特性列表	第 13 章
getframe	获得当前图形并将其作为一幅电影画面保存到结构化数组中	第 13 章
image	创建二维图像	第 13 章
imagesc	利用标度数据创建二维图像	第 13 章
imfinfo	读标准图形文件，确定其包含的数据类型	第 13 章
imread	读图形文件	第 13 章
imwrite	写图形文件	第 13 章
isosurface	创建与三维数据关联的曲面，具有相同的高度	第 13 章
movie	播放存储为 MATLAB 结构化数组的电影	第 13 章
set	设置指定对象的特性值	第 13 章
shading	确定曲面图和伪彩色图中使用的阴影技术	第 13 章

附录 B 练 习 答 案

用 MATLAB 求解问题有很多方法，这些答案仅是其中之一。

练习 2.1

1. 7	6. 4.1955
2. 10	7. 12.9600
3. 2.5000	8. 5
4. 17	9. 2.2361
5. 7.8154	10. −1

练习 2.2

1. test 是一个合法的名字。

2. Test 是一个合法的名字，但却是一个不同于 test 的变量。

3. if 是不允许的，它是一个保留的关键字。

4. my-book 是不允许的，因为它包含一个连字号。

5. my_book 是一个合法的名字。

6. Thisisoneverylongnamebutisitstillallowed? 是不允许的，因为它包括一个问号。即使没有问号，它也不是一个好的命名方法。

7. 1stgroup 是不允许的，因为它从数字开始。

8. group_one 是一个合法的名字。

9. zzaAbc 是一个合法的名字，但是它并不是很好，因为它包含大写和小写字母，而且它没有任何含义。

10. z34wAwy%12#是不合法的，因为它包括百分号和英镑号。

11. sin 是一个合法的名字。因为它是一个函数的名字，所以作为变量名并不好。

12. log 是一个合法的名字。因为它是一个函数的名字，所以作为变量名并不好。

练习 2.3

1. 6	5. 48
2. 72	6. 38.5
3. 16	7. 4096
4. 13	8. 2.4179e + 024
9. 245	
10. 2187	

11. $(5+3)/(9-1)=1$

12. $2\wedge3-4/(5+3)=7.5$

13. $5\wedge(2+1)/(4-1)=41.6667$

14. $(4+1/2)*(5+2/3)=25.5$

15. $(5+6*7/3-2\wedge2)/(2/3*3/(3*6))=135$

练习 2.4

```
 1. a = [2.3 5.8 9]
 2. sin(a)
    ans =
        0.7457 -0.4646 0.4121
 3. a + 3
    ans =
        5.3000 8.8000 12.0000
 4. b = [5.2 3.14 2]
 5. a + b
    ans =
        7.5000 8.9400 11.0000
 6. a .* b
    ans =
        11.9600 18.2120 18.0000
 7. a.^2
    ans =
        5.2900 33.6400 81.0000
 8. c = 0:10 or
    c = [0:10]
 9. d = 0:2:10 or
    d = [0:2:10]
10. linspace(10,20, 6)
    ans =
        10 12 14 16 18 20
11. logspace(1, 2, 5)
    ans =
        10.0000 17.7828 31.6228 56.2341 100.0000
```

练习 3.1

1. 在命令窗口中，输入
   ```
   help cos
   help sqrt
   help exp
   ```

2. 从菜单栏选择 Help→MATLAB Help。

   使用左手边的长方格选择 Functions-Categorical List 或 Functions-Alphabetical List。

3. 选择 Help→Web Resources→The Mathworks Web Site。

练习 3.2

```
 1. x = -2:1:2
    x =
     -2 -1 0 1 2
    abs(x)
    ans =
     2 1 0 1 2
    sqrt(x)
    ans =
        0 + 1.4142i 0 + 1.0000i 0 1.0000 1.4142
 2. a. sqrt(-3)
       ans =
          0 + 1.7321i
       sqrt(3)
       ans =
          1.7321
    b. nthroot(-3,2)
       ??? Error using ==> nthroot at 33
```

```
        If X is negative, N must be an odd integer.
        nthroot(3,2)
        ans =
          1.7321
    c. -3^(1/2)
        ans =
         -1.7321
        3^(1/2)
        ans =
          1.7321
 3. x = -9:3:12
    x =
      -9 -6 -3 0 3 6 9 12
    rem(x,2)
    ans =
      -1 0 -1 0 1 0 1 0
 4. exp(x)
    ans =
     1.0e+005 *
    0.0000 0.0000 0.0000 0.0000 0.0002 0.0040 0.0810 1.6275
 5. log(x)
    ans =
      Columns 1 through 4
      2.1972 + 3.1416i 1.7918 + 3.1416i 1.0986 + 3.1416i -Inf
      Columns 5 through 8
      1.0986 1.7918 2.1972 2.4849
    log10(x)
    ans =
      Columns 1 through 4
      0.9542 + 1.3644i 0.7782 + 1.3644i 0.4771 + 1.3644i -Inf
      Columns 5 through 8
      0.4771 0.7782 0.9542 1.0792
 6. sign(x)
    ans =
      -1 -1 -1 0 1 1 1 1
 7. format rat
    x/2
    ans =
        -9/2 -3 -3/2 0 3/2 3 9/2 6
```

练习 3.3

```
 1. factor(322)
    ans =
      2 7 23
 2. gcd(322,6)
    ans =
      2
 3. isprime(322)
    ans =
      0        因为 isprime 的结果是 0，所以 322 不是素数。
 4. length(primes(322))
    ans =
      66
 5. rats(pi)
    ans =
      355/113
 6. factorial(10)
    ans =
      3628800
```

7. nchoosek(20,3)
   ans =
      1140

练习 3.4

1. theta = 3*pi;
   sin(2*theta)
   ans =
   -7.3479e-016

2. theta = 0:0.2*pi:2*pi;
   cos(theta)
   ans =
    Columns 1 through 7
     1.0000 0.8090 0.3090 -0.3090 -0.8090 -1.0000 -0.8090
    Columns 8 through 11
     -0.3090 0.3090 0.8090 1.0000

3. asin(1)
   ans =
      1.5708   答案是弧度。

4. x = -1:0.2:1;
   acos(x)
   ans =
    Columns 1 through 7
     3.1416 2.4981 2.2143 1.9823 1.7722 1.5708 1.3694
    Columns 8 through 11
     1.1593 0.9273 0.6435 0

5. cos(45*pi/180)
   ans =
      0.7071

   cosd(45)
   ans =
      0.7071

6. asin(0.5)
   ans =
      0.5236   答案是弧度，可以将结果表示为角度。
   asind(0.5)
   ans =
      30.0000

7. csc(60*pi/180)
   ans =
      1.1547
   or...
   cscd(60)
   ans =
      1.1547

练习 3.5

x = [4 90 85 75; 2 55 65 75; 3 78 82 79;1 84 92 93];

1. max(x)
   ans =
      4 90 92 93

2. [maximum, row]=max(x)
   maximum =
      4 90 92 93
   row =
      1 1 4 4

3. max(x')

   ans =
      90 75 82 93

4. [maximum, column]=max(x')
   maximum =
      90 75 82 93
   column =
      2 4 3 4

5. max(max(x))
   ans =
      93

练习 3.6

```
x = [4 90 85 75; 2 55 65 75; 3 78 82 79;1 84 92 93];
```

1. `mean(x)`
   ```
   ans =
      2.5000 76.7500 81.0000 80.5000
   ```
2. `median(x)`
   ```
   ans =
      2.5000 81.0000 83.5000 77.0000
   ```
3. `mean(x')`
   ```
   ans =
      63.5000 49.2500 60.5000 67.5000
   ```
4. `median(x')`
   ```
   ans =
   80.0000 60.0000 78.5000 88.0000
   ```
5. `mode(x)`
   ```
   ans =
      1 55 65 75
   ```
6. `mean(mean(x))`
   ```
   ans =
      60.1875
   ```
   or...
   ```
   mean(x(:))
   ans =
         60.1875
   ```

练习 3.7

```
x = [4 90 85 75; 2 55 65 75; 3 78 82 79;1 84 92 93];
```

1. `size(x)`
   ```
   ans =
      4 4
   ```
2. `sort(x)`
   ```
   ans =
      1 55 65 75
      2 78 82 75
      3 84 85 79
      4 90 92 93
   ```
3. `sort(x,'descend')`
   ```
   ans =
      4 90 92 93
      3 84 85 79
      2 78 82 75
      1 55 65 75
   ```
4. `sortrows(x)`
   ```
   ans =
      1 84 92 93
      2 55 65 75
      3 78 82 79
      4 90 85 75
   ```
5. `sortrows(x,-3)`
   ```
   ans =
      1 84 92 93
      4 90 85 75
      3 78 82 79
      2 55 65 75
   ```

练习 3.8

```
x = [4 90 85 75; 2 55 65 75; 3 78 82 79;1 84 92 93];
```

1. `std(x)`
   ```
   ans =
      1.2910 15.3052 11.4601 8.5440
   ```
2. `var(x)`
   ```
   ans =
      1.6667 234.2500 131.3333 73.0000
   ```
3. `sqrt(var(x))`
   ```
   ans =
      1.2910 15.3052 11.4601 8.5440
   ```
4. 方差的根是标准偏差。

练习 3.9

```
1. rand(3)
   ans =
      0.9501 0.4860 0.4565
      0.2311 0.8913 0.0185
      0.6068 0.7621 0.8214
2. randn(3)
   ans =
      -0.4326 0.2877 1.1892
      -1.6656 -1.1465 -0.0376
       0.1253 1.1909 0.3273
3. x = rand(100,5);
4. max(x)
   ans =
      0.9811 0.9785 0.9981 0.9948 0.9962
   std(x)
   ans =
      0.2821 0.2796 0.3018 0.2997 0.2942
   var(x)
   ans =
      0.0796 0.0782 0.0911 0.0898 0.0865
   mean(x)
   ans =
      0.4823 0.5026 0.5401 0.4948 0.5111
5. x = randn(100,5);
6. max(x)
   ans =
      2.6903 2.6289 2.7316 2.4953 1.7621
    std(x)
   ans =
      0.9725 0.9201 0.9603 0.9367 0.9130
    var(x)
   ans =
      0.9458 0.8465 0.9221 0.8774 0.8335
    mean(x)
   ans =
      -0.0277 0.0117 -0.0822 0.0974 -0.1337
```

练习 3.10

```
1. A = 1+i
   A =
      1.0000 + 1.0000i
   B = 2-3i
   B =
      2.0000 - 3.0000i
    C = 8+2i
    C =
       8.0000 + 2.0000i
2. imagD = [-3,8,-16];
   realD = [2,4,6];
   D = complex(realD,imagD)
   ans =
      2.0000 - 3.0000i 4.0000 + 8.0000i 6.0000 -16.0000i
3. abs(A)
   ans =
      1.4142
   abs(B)
   ans =
      3.6056
   abs(C)
```

```
        ans =
        8.2462
        abs(D)
        ans =
        3.6056 8.9443 17.0880
```

4. `angle(A)`
```
    ans =
    0.7854
    angle(B)
    ans =
    -0.9828
    angle(C)
    ans =
    0.2450
    angle(D)
    ans =
    -0.9828 1.1071 -1.2120
```

5. `conj(D)`
```
    ans =
    2.0000 + 3.0000i 4.0000 - 8.0000i 6.0000 +16.0000i
```

6. `D'`
```
    ans =
    2.0000 + 3.0000i
    4.0000 - 8.0000i
    6.0000 +16.0000i
```

7. `sqrt(A.*A')`
```
    ans =
    1.4142
```

练习 3.11

1. `clock`
```
    ans =
    1.0e+003 *
    2.0080 0.0050 0.0270 0.0160 0.0010 0.0220
```

2. `date`
```
    ans =
    27-May-2008
```

3. **a.** `factorial(322)`
```
        ans =
        Inf
```
   b. `5*10^500`
```
        ans =
        Inf
```
   c. `1/5*10^500`
```
        ans =
        Inf
```
   d. `0/0`
```
        Warning: Divide by zero.
        ans =
        NaN
```

练习 4.1

```
        a = [12 17 3 6]
        a =
        12 17 3 6
        b = [5 8 3; 1 2 3; 2 4 6]
        b =
        5 8 3
        1 2 3
        2 4 6
        c = [22;17;4]
```

```
    c =
       22
       17
        4
```

1. `x1 = a(1,2)`
   ```
   x1 =
      17
   ```

2. `x2 = b(:,3)`
   ```
   x2 =
      3
      3
      6
   ```

3. `x3 = b(3,:)`
   ```
   x3 =
      2  4  6
   ```

4. `x4 = [b(1,1), b(2,2), b(3,3)]`
   ```
   x4 =
      5  2  6
   ```

5. `x5 = [a(1:3);b]`
   ```
   x5 =
      12 17  3
       5  8  3
       1  2  3
       2  4  6
   ```

6. `x6 = [c,b;a]`
   ```
   x6 =
      22  5 8 3
      17  1 2 3
       4  2 4 6
      12 17 3 6
   ```

7. `x7 = b(8)`
   ```
   x7 =
      3
   ```

8. `x8 = b(:)`
   ```
   x8 =
      5
      1
      2
      8
      2
      4
      3
      3
      6
   ```

练习 4.2

1.
```
length = [1, 3, 5];
width = [2,4,6,8];
[L,W] = meshgrid(length,width);
area = L.*W
area =
   2  6 10
   4 12 20
   6 18 30
   8 24 40
```

2.
```
radius = 0:3:12;
height = 10:2:20;
[R,H] = meshgrid(radius,height);
volume = pi*R.^2.*H
volume =
 1.0e+003 *

   0  0.2827  1.1310  2.5447  4.5239
   0  0.3393  1.3572  3.0536  5.4287
   0  0.3958  1.5834  3.5626  6.3335
   0  0.4524  1.8096  4.0715  7.2382
   0  0.5089  2.0358  4.5804  8.1430
   0  0.5655  2.2619  5.0894  9.0478
```

练习 4.3

1. `zeros(3)`
   ```
   ans =
      0  0  0
      0  0  0
      0  0  0
   ```

2. `zeros(3,4)`
   ```
   ans =
      0  0  0  0
      0  0  0  0
      0  0  0  0
   ```

3. `ones(3)`

```
    ans =
       1  1  1
       1  1  1
       1  1  1
```

4. `ones(5,3)`
```
    ans =
       1  1  1
       1  1  1
       1  1  1
       1  1  1
       1  1  1
```

5. `ones(4,6)*pi`
```
    ans =
       3.1416   3.1416   3.1416   3.1416   3.1416   3.1416
       3.1416   3.1416   3.1416   3.1416   3.1416   3.1416
       3.1416   3.1416   3.1416   3.1416   3.1416   3.1416
       3.1416   3.1416   3.1416   3.1416   3.1416   3.1416
```

6. `x = [1,2,3];`
```
   diag(x)
    ans =
       1  0  0
       0  2  0
       0  0  3
```

7. `x = magic(10)`
```
    x =
       92  99   1   8  15  67  74  51  58  40
       98  80   7  14  16  73  55  57  64  41
        4  81  88  20  22  54  56  63  70  47
       85  87  19  21   3  60  62  69  71  28
       86  93  25   2   9  61  68  75  52  34
       17  24  76  83  90  42  49  26  33  65
       23   5  82  89  91  48  30  32  39  66
       79   6  13  95  97  29  31  38  45  72
       10  12  94  96  78  35  37  44  46  53
       11  18 100  77  84  36  43  50  27  59
```

   a. `diag(x)`
```
    ans =
       92   80   88   21    9   42   30   38   46   59
```
   b. `diag(fliplr(x))`
```
    ans =
       40   64   63   62   61   90   89   13   12   11
```
   c. `sum(x)`
```
    ans =
     505 505 505 505 505 505 505 505 505 505
    sum(x')
    ans =
     505 505 505 505 505 505 505 505 505 505
    sum(diag(x))
    ans =
     505
    sum(diag(fliplr(x)))
    ans =
     505
```

练习 5.1

1. `clear,clc`
```
   x = 0:0.1*pi:2*pi;
   y = sin(x);
   plot(x,y)
```

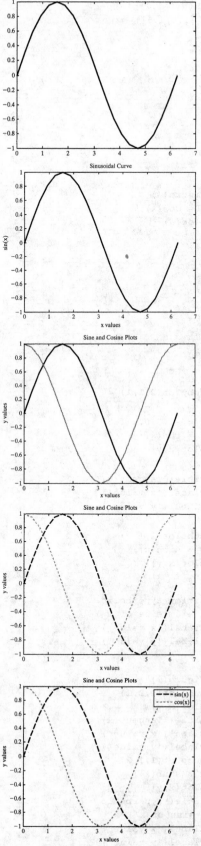

2. ```
title('Sinusoidal Curve')
xlabel('x values')
ylabel('sin(x)')
```

3. ```
figure(2)
y1 = sin(x);
y2 = cos(x);
plot(x,y1,x,y2)
title('Sine and
 Cosine Plots')
xlabel('x values')
ylabel('y values')
```

4. ```
figure(3)
plot(x,y1,'-- r',
 x,y2,': g')
title('Sine and Cosine
 Plots')
xlabel('x values')
ylabel('y values')
```

5. ```
legend('sin(x)','cos(x)')
```

6. ```
   axis([-1,2*pi+1,
      -1.5,1.5])
   ```

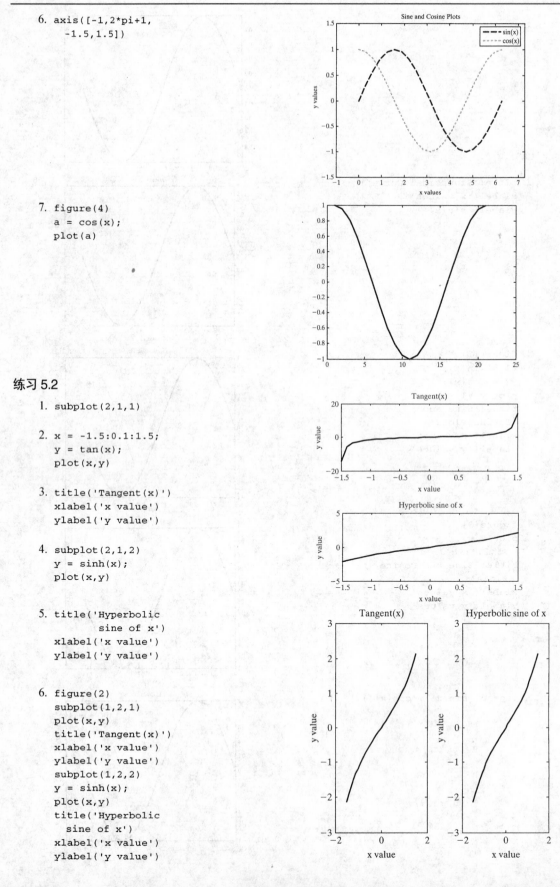

7. ```
   figure(4)
   a = cos(x);
   plot(a)
   ```

练习 5.2

1. ```
   subplot(2,1,1)
   ```

2. ```
   x = -1.5:0.1:1.5;
   y = tan(x);
   plot(x,y)
   ```

3. ```
   title('Tangent(x)')
   xlabel('x value')
   ylabel('y value')
   ```

4. ```
   subplot(2,1,2)
   y = sinh(x);
   plot(x,y)
   ```

5. ```
   title('Hyperbolic
         sine of x')
   xlabel('x value')
   ylabel('y value')
   ```

6. ```
   figure(2)
   subplot(1,2,1)
   plot(x,y)
   title('Tangent(x)')
   xlabel('x value')
   ylabel('y value')
   subplot(1,2,2)
   y = sinh(x);
   plot(x,y)
   title('Hyperbolic
     sine of x')
   xlabel('x value')
   ylabel('y value')
   ```

练习 5.3

1.
```
theta = 0:0.01*pi:2*pi;
r = 5*cos(4*theta);
polar(theta,r)
```

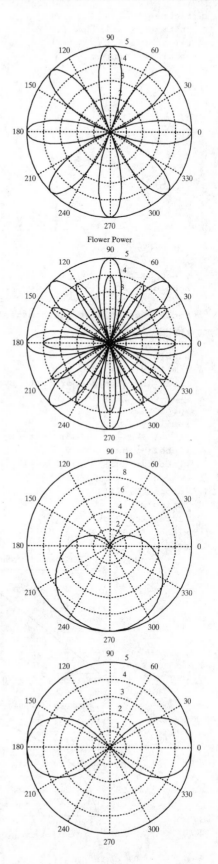

2.
```
hold on
r = 4*cos(6*theta);
polar(theta,r)
title('Flower Power')
```

3.
```
figure(2)
r = 5-5*sin(theta);
polar(theta,r)
```

4.
```
figure(3)
r = sqrt(5^2*cos(2*theta));
polar(theta3,r)
```

```
5. figure(4)
   theta = pi/2:4/5*pi:4.8*pi;
   r = ones(1,6);
   polar(theta,r)
```

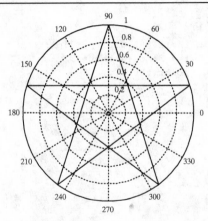

练习5.4

```
1. figure(1)
   x = -1:0.1:1;
   y = 5*x+3;
   subplot(2,2,1)
   plot(x,y)
   title('Rectangular Coordinates')
   ylabel('y-axis')
   grid on
   subplot(2,2,2)
   semilogx(x,y)
   title('Semilog x Coordinate System')
   grid on
   subplot(2,2,3)
   semilogy(x,y)
   title('Semilog y Coordinate System')
   ylabel('y-axis')
   xlabel('x-axis')
   grid on
   subplot(2,2,4)
   loglog(x,y)
   title('Log Plot')
   xlabel('x-axis')
   grid on
```

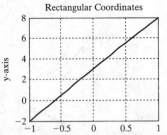
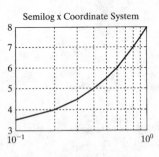
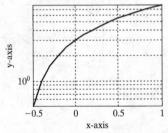
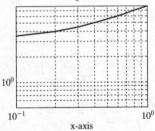

2.
```
figure(2)
x = -1:0.1:1;
y = 3*x.^2;
subplot(2,2,1)
plot(x,y)
title('Rectangular Coordinates')
ylabel('y-axis')
grid on
subplot(2,2,2)
semilogx(x,y)
title('Semilog x Coordinate System')
grid on
subplot(2,2,3)
semilogy(x,y)
title('Semilog y Coordinate System')
ylabel('y-axis')
xlabel('x-axis')
grid on
subplot(2,2,4)
loglog(x,y)
title('Log Plot')
xlabel('x-axis')
grid on
```

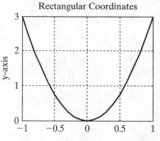

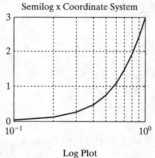

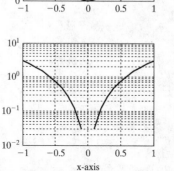

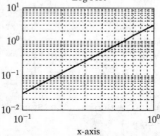

3.
```
figure(3)
x = -1:0.1:1;
y = 12*exp(x+2);
subplot(2,2,1)
plot(x,y)
title('Rectangular Coordinates')
ylabel('y-axis')
grid on
subplot(2,2,2)
semilogx(x,y)
title('Semilog x Coordinate System')
grid on
subplot(2,2,3)
semilogy(x,y)
title('Semilog y Coordinate System')
ylabel('y-axis')
xlabel('x-axis')
grid on
```

```
subplot(2,2,4)
loglog(x,y)
title('Log Plot')
xlabel('x-axis')
grid on
```

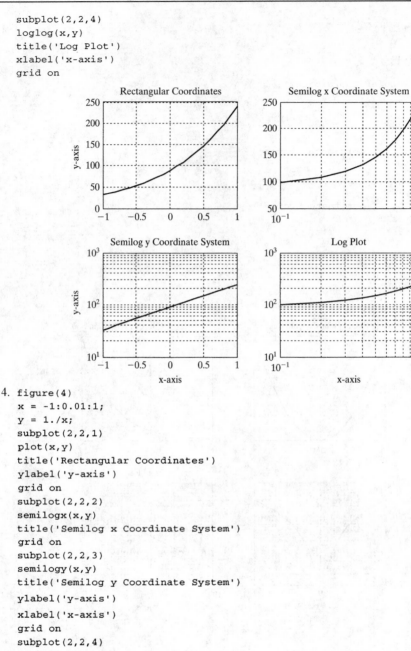

4. ```
   figure(4)
   x = -1:0.01:1;
   y = 1./x;
   subplot(2,2,1)
   plot(x,y)
   title('Rectangular Coordinates')
   ylabel('y-axis')
   grid on
   subplot(2,2,2)
   semilogx(x,y)
   title('Semilog x Coordinate System')
   grid on
   subplot(2,2,3)
   semilogy(x,y)
   title('Semilog y Coordinate System')
   ylabel('y-axis')
   xlabel('x-axis')
   grid on
   subplot(2,2,4)
   loglog(x,y)
   title('Log Plot')
   xlabel('x-axis')
   grid on
   ```

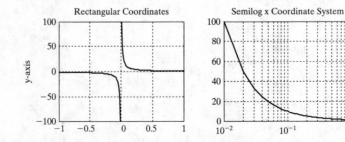
   ```

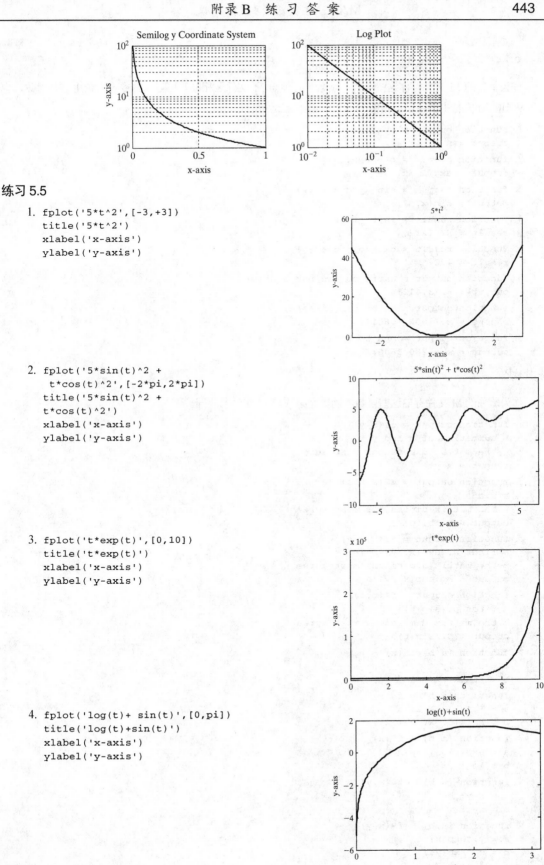

练习 5.5

1. ```
   fplot('5*t^2',[-3,+3])
   title('5*t^2')
   xlabel('x-axis')
   ylabel('y-axis')
   ```

2. ```
   fplot('5*sin(t)^2 +
     t*cos(t)^2',[-2*pi,2*pi])
   title('5*sin(t)^2 +
   t*cos(t)^2')
   xlabel('x-axis')
   ylabel('y-axis')
   ```

3. ```
   fplot('t*exp(t)',[0,10])
   title('t*exp(t)')
   xlabel('x-axis')
   ylabel('y-axis')
   ```

4. ```
   fplot('log(t)+ sin(t)',[0,pi])
   title('log(t)+sin(t)')
   xlabel('x-axis')
   ylabel('y-axis')
   ```

练习 6.1

作为单独的 M 文件存储这些函数。函数名必须与 M 文件名相同。可以从命令窗口调用这些函数，也可以从脚本 M 文件中调用。但函数 M 文件不能自己运行自己。

1. ```
function output = quadratic(x)
output = x.^2;
```
2. ```
function output = one_over(x)
output = exp(1./x);
```
3. ```
function output = sin_x_squared(x)
output = sin(x.^2);
```
4. ```
function result = in_to_ft(x)
result = x./12;
```
5. ```
function result = cal_to_joules(x)
result = 4.2.*x;
```
6. ```
function output = Watts_to_Btu_per_hour(x)
output = x.*3.412;
```
7. ```
function output = meters_to_miles(x)
output = x./1000.*.6214;
```
8. ```
function output = mph_to_fps(x)
output = x.*5280/3600;
```

练习 6.2

作为单独的 M 文件存储这些函数。函数名必须与 M 文件名相同。

1. ```
function output = z1(x,y)
% summation of x and y
% the matrix dimensions must agree
output = x+y;
```
2. ```
function output = z2(a,b,c)
% finds a.*b.^c
% the matrix dimensions must agree
output = a.*b.^c;
```
3. ```
function output = z3(w,x,y)
% finds w.*exp(x./y)
% the matrix dimensions must agree
output = w.*exp(x./y);
```
4. ```
function output = z4(p,t)
% finds p./sin(t)
% the matrix dimensions must agree
output = p./sin(t);
```
5. ```
function [a,b]=f5(x)
a = cos(x);
b = sin(x);
```
6. ```
function [a,b] = f6(x)
a = 5.*x.^2 + 2;
b = sqrt(5.*x.^2 + 2);
```
7. ```
function [a,b] = f7(x)
a = exp(x);
b = log(x);
```
8. ```
function [a,b] = f8(x,y)
a = x+y;
b = x-y;
```
9. ```
function [a,b] = f9(x,y)
a = y.*exp(x);
b = x.*exp(y);
```
```

练习 7.1

1. ```
b = input('Enter the length of the base of the triangle: ');
h = input('Enter the height of the triangle: ');
Area = 1/2*b*h
```

当文件执行时，它在命令窗口产生下面的互动：
```
Enter the length of the base of the triangle: 5
Enter the height of the triangle: 4
Area =
   10
```

2. ```
r = input('Enter the radius of the cylinder: ');
h = input('Enter the height of the cylinder: ');
Volume = pi*r.^2*h
```

当文件执行时，它在命令窗口产生下面的互动：
```
Enter the radius of the cylinder: 2
Enter the height of the cylinder: 3
Volume =
 37.6991
```

3. ```
n = input('Enter a value of n: ')
vector = 0:n
```

当文件执行时，它在命令窗口产生下面的互动：
```
Enter a value of n: 3
n =
   3
vector =
   0 1 2 3
```

4. ```
a = input('Enter the starting value: ');
b = input('Enter the ending value: ');
c = input('Enter the vector spacing: ');
vector = a:c:b
```

当文件执行时，它在命令窗口产生下面的互动：
```
Enter the starting value: 0
Enter the ending value: 6
Enter the vector spacing: 2
vector =
   0  2  4  6
```

练习 7.2

1. `disp('Inches to Feet Conversion Table')`

2. `disp('  Inches  Feet')`

3. ```
inches = 0:10:120;
feet = inches./12;
table = [inches; feet];
fprintf(' %8.0f %8.2f \n',table)
```

显示在命令窗口的结果是

```
Inches to Feet Conversion Table
   Inches   Feet
        0   0.00
       10   0.83
       20   1.67
      ...   ...
      ...   ...
      100   8.33
      110   9.17
      120   10.00
```
```

练习 8.1

在练习中使用下列数组:

```
x = [1 10 42 6
     5 8 78 23
     56 45 9 13
     23 22 8 9];

y = [1 2 3; 4 10 12; 7 21 27];

z = [10 22 5 13];
```

1. ```
   elements_x = find(x>10)
   elements_y = find(y>10)
   elements_z = find(z>10)
   ```

2. ```
   [rows_x, cols_x] = find(x>10)
   [rows_y, cols_y] = find(y>10)
   [rows_z, cols_z] = find(z>10)
   ```

5. ```
   [rows_x, cols_x] = find(x>10 & x<40)
   [rows_y, cols_y] = find(y>10 & y<40)
   [rows_z, cols_z] = find(z>10 & z<40)
   ```

6. ```
   x(elements_x)
   y(elements_y)
   z(elements_z)
   ```

3. ```
   x(elements_x)
   y(elements_y)
   z(elements_z)
   ```

4. ```
   elements_x = find(x>10 & x< 40)
   elements_y = find(y>10 & y< 40)
   elements_z = find(z>10 & z< 40)
   ```

7. ```
   elements_x = find((x>0 & x<10) | (x>70 & x<80))
   elements_y = find((y>0 & y<10) | (y>70 & y<80))
   elements_z = find((z>0 & z<10) | (z>70 & z<80))
   ```

8. ```
   length_x = length(find((x>0 & x<10) | (x>70 & x<80)))
   length_y = length(find((y>0 & y<10) | (y>70 & y<80)))
   length_z = length(find((z>0 & z<10) | (z>70 & z<80)))
   ```

练习 8.2

1. ```
   function output = drink(x)
   if x> = 21
       output = 'You can drink';
   else
       output = 'Wait ''till you"re older';
   end
   ```

从命令窗口或者从脚本 M 文件中用下面的代码测试函数:

```
drink(22)
drink(18)
```

2. ```
   function output = tall(x)
   if x> = 48
       output = 'You may ride';
   else
       output = 'You''re too short';
   end
   ```

用下面的代码测试函数:

```
tall(50)
tall(46)
```

3. ```
   function output = spec(x)
   if x> = 5.3 & x< = 5.5
       output = ' in spec';
   else
       output = ' out of spec';
   end
   ```

用下面的代码测试函数:

```
spec(5.6)
spec(5.45)
spec(5.2)
```

4. ```
   function output = metric_spec(x)
   if x> = 5.3/2.54 & x< = 5.5/2.54
       output = ' in spec';
   else
       output = ' out of spec';
   end
   ```

用下面的代码测试函数:

```
metric_spec(2)
metric_spec(2.2)
metric_spec(2.4)
```

5.
```
function output = flight(x)
   if x> = 0 & x< = 100
      output = 'first stage';
   elseif x< = 170
      output = 'second stage';
   elseif x<260
      output = 'third stage';
   else
      output = 'free flight';
   end
```

用下面的代码测试函数：
```
flight(50)
flight(110)
flight(200)
flight(300)
```

练习 8.3

1.
```
year = input('Enter the name of your year in school: ','s');
switch year
   case 'freshman'
      day = 'Monday';
   case 'sophomore'
      day = 'Tuesday';
   case 'junior'
      day = 'Wednesday';
   case 'senior'
      day = 'Thursday';
   otherwise
      day = 'I don''t know that year';
end
disp(['Your finals are on ',day])
```

2.
```
disp('What year are you in school?')
disp('Use the menu box to make your selection ')
      choice = menu('Year in School','freshman','sophomore',
                      'junior', 'senior');
      switch choice
         case 1
            day = 'Monday';
         case 2
            day = 'Tuesday';
         case 3
            day = 'Wednesday';
         case 4
            day = 'Thursday';
         end
         disp(['Your finals are on ',day])
```

3.
```
num = input('How many candy bars would you like? ');
switch num
   case 1
      bill = 0.75;
   case 2
      bill = 1.25;
   case 3
      bill = 1.65;
   otherwise
      bill = 1.65 + (num-3)*0.30;
end
fprintf('Your bill is %5.2f \n',bill)
```

练习 8.4

1.
```
inches = 0:3:24;
for k = 1:length(inches)
   feet(k) = inches(k)/12;
end
table = [inches',feet']
```

2.
```
x = [ 45,23,17,34,85,33];
count = 0;
```

```
    for k = 1:length(x)
      if x(k)>30
        count = count+1;
      end
    end
    fprintf('There are %4.0f values greater than 30 \n',count)
 3. num = length(find(x>30));
    fprintf('There are %4.0f values greater than 30 \n',num)
 4. total = 0;
    for k = 1:length(x)
        total = total + x(k);
    end
    disp('The total is: ')
    disp(total)
    sum(x)
 5. for k = 1:10          6. for k = 1:10
      x(k) = 1/k               x(k)=(-1)^(k+1)/k
    end                       end
```

练习 8.5

```
 1. inches = 0:3:24;
    k = 1;
    while k<=length(inches)
      feet(k) = inches(k)/12;
      k = k+1;
    end
    disp(' Inches Feet');
    fprintf(' %8.0f %8.2f \n',[inches;feet])
 2. x = [ 45,23,17,34,85,33];
    k = 1;
    count = 0;
    while k< = length(x)
      if x(k)> = 30;
        count = count +1;
      end
        k=k+1;
    end
    fprintf('There are %4.0f values greater than 30 \n',count)
 3. count = length(find(x>30))

 4. k = 1;
    total = 0;
    while k< = length(x)
        total = total + x(k);
        k = k+1;
    end
    disp(total)
    sum(x)
 5. k = 1;              6. k = 1;
    while(k< = 10)           while(k< = 10)
      x(k) = 1/k;              x(k)=(-1)^(k+1)/k
      k = k+1;                 k = k+1;
    end                      end
    x                        x
```

练习 9.1

```
 1. A = [ 1 2 3 4]       2. sum(A.*B)
    B = [ 12 20 15 7]    3. price = [0.99, 1.49, 2.50, 0.99, 1.29];
    dot(A,B)                num = [4, 3, 1, 2, 2];
                            total = dot(price,num)
```

练习 9.2

1. ```
   A = [2 5; 2 9; 6 5];
   B = [2 5; 2 9; 6 5];
   % These cannot be multiplied because the number of
   % columns in A does not equal
   % the number of rows in B
   ```

2. ```
   A = [2 5; 2 9; 6 5];
   B = [1 3 12; 5 2 9];
   % Since A is a 3 × 2 matrix and B is a 2 × 3 matrix,
   % they can be multiplied
   A*B
   %However, A*B does not equal B*A
   B*A
   ```

3. ```
   A = [5 1 9; 7 2 2];
   B = [8 5; 4 2; 8 9];
   % Since A is a 2 × 3 matrix and B is a 3 × 2 matrix,
   % they can be multiplied
   A*B
   %However, A*B does not equal B*A
   B*A
   ```

4. ```
   A = [1 9 8; 8 4 7; 2 5 3];
   B = [7;1;5]
   % Since A is a 3 × 3 matrix and B is a 3 × 1 matrix,
   % they can be multiplied
   A*B
   % However, B*A won't work
   ```

练习 9.3

1. **a.** ```
   a = magic(3)
   inv(magic(3))
   magic(3)^-1
   ```

   **b.** ```
   b = magic(4)
   inv(b)
   b^-1
   ```

   c. ```
   c = magic(5)
   inv(magic(5))
   magic(5)^-1
   ```

2. ```
   det(a)
   det(b)
   det(c)
   ```

3. ```
   A = [1 2 3;2 4 6;3 6 9]
   det(A)
   inv(A)
   %Notice that the three lines are just multiples of
   %each other and therefore do not represent
   %independent equations
   ```

练习 10.1

1. ```
   A = [1,4,6; 3, 15, 24; 2, 3,4];
   B = single(A)
   C = int8(A)
   D = uint8(A)
   ```

2. ```
   E = A+B
   % The result is a single-precision array
   ```

3. ```
   x = int8(1)
   y = int8(3)
   result1 = x./y
   % This calculation returns the integer 0
   x = int8(2)
   result2 = x./y
   % This calculation returns the integer 1; it appears
   % that MATLAB rounds the answer
   ```

4. ```
   intmax('int8')          intmax('uint8')
   intmax('int16')         intmax('uint16')
   intmax('int32')         intmax('uint32')
   intmax('int64')         intmax('uint64')
   ```
   ```

```
5. intmin('int8')                    intmin('uint8')
   intmin('int16')                   intmin('uint16')
   intmin('int32')                   intmin('uint32')
   intmin('int64')                   intmin('uint64')
```

练习 10.2

```
1. name ='Holly'

2. G = double('g')
   fprintf('The decimal equivalent of the letter g is %5.0f \n',G)

3. m = 'MATLAB'
   M = char(double(m)-32)
```

练习 10.3

```
1. a = magic(3)              x(:,:,3) = c
   b = zeros(3)           2. x(3,2,1)
   c = ones(3)
   x(:,:,1) = a           3. x(2,3,:)
   x(:,:,2) = b           4. x(:,3,:)
```

练习 10.4

```
1. names = char('Mercury','Venus','Earth','Mars','Jupiter',
                'Saturn','Uranus','Neptune','Pluto')

2. R = 'rocky';
   G = 'gas giants';
   type = char(R,R,R,R,G,G,G,G,R)

3. space =[' ';' ';' ';' ';' ';' ';' ';' ';' '];

4. table =[names,space,type]

5. %These data were found at
   %http://sciencepark.etacude.com/astronomy/pluto.php
   %Similar data are found at many websites
   mercury = 3.303e23; % kg
   venus = 4.869e24; % kg
   earth = 5.976e24; % kg
   mars = 6.421e23; % kg
   jupiter = 1.9e27; % kg
   saturn = 5.69e26; % kg
   uranus = 8.686e25; % kg
   neptune = 1.024e26; % kg
   pluto = 1.27e22 % kg
   mass = [mercury,venus,earth,mars,jupiter,
           saturn,uranus,neptune,pluto]';
   newtable = [table,space,num2str(mass)]
```

练习 11.1

```
1. syms x a b c d
   %or
   d = sym('d') %etc
   d =
   d

2. ex1 = x^2-1
   ex1 =
   x^2-1
   ex2 = (x+1)^2
   ex2 =
   (x+1)^2
   ex3 = a*x^2-1
   ex3 =
   a*x^2-1
   ex4 = a*x^2 + b*x + c
   ex4 =
```

```
    a*x^2+b*x+c
    ex5 = a*x^3 + b*x^2 + c*x + d
    ex5 =
    a*x^3+b*x^2+c*x+d
    ex6 = sin(x)
    ex6 =
    sin(x)
3. EX1 = sym('X^2 - 1 ')
    EX1 =
    X^2 - 1
    EX2 = sym(' (X +1)^2 ')
    EX2 =
    (X +1)^2
    EX3 = sym('A*X ^2 - 1 ')
    EX3 =
    A*X ^2 - 1
    EX4 = sym('A*X ^2 + B*X + C ')
    EX4 =
    A*X ^2 + B*X + C
    EX5 = sym('A*X ^3 + B*X ^2 + C*X + D ')
    EX5 =
    A*X ^3 + B*X ^2 + C*X + D
    EX6 = sym(' sin(X) ')
    EX6 =
    sin(X)
4. eq1 = sym(' x^2=1 ')
    eq1 =
    x^2 = 1
    eq2 = sym(' (x+1)^2=0 ')
    eq2 =
    (x+1)^2=0
    eq3 = sym(' a*x^2=1 ')
    eq3 =
    a*x^2=1
    eq4 = sym('a*x^2 + b*x + c = 0 ')
    eq4 =
    a*x^2 + b*x + c = 0
    eq5 = sym('a*x^3 + b*x^2 + c*x + d = 0 ')
    eq5 =
    a*x^3 + b*x^2 + c*x + d = 0
    eq6 = sym('sin(x) = 0 ')
    eq6 =
    sin(x) = 0
5. EQ1 = sym('X^2 = 1 ')
    EQ1 =
    X^2 = 1
    EQ2 = sym(' (X +1)^2 = 0 ')
    EQ2 =
    (X +1)^2 = 0
    EQ3 = sym('A*X ^2 = 1 ')
    EQ3 =
    A*X ^2 = 1
    EQ4 = sym('A*X ^2 + B*X + C = 0 ')
    EQ4 =
    A*X ^2 + B*X + C = 0
    EQ5 = sym('A*X ^3 + B*X ^2 + C*X + D = 0 ')
    EQ5 =
    A*X ^3 + B*X ^2 + C*X + D = 0
    EQ6 = sym(' sin(X) = 0 ')
    EQ6 =
    sin(X) = 0
```

练习 11.2

1. ```
   y1 = ex1*ex2
   y1 =
   (x^2-1)*(x+1)^2
   ```

2. ```
   y2 = ex1/ex2
   y2 =
   (x^2-1)/(x+1)^2
   ```

3. ```
   [num1,den1] = numden(y1)
   num1 =
   (x^2-1)*(x+1)^2
   den1 =
   1
   [num2,den2] = numden(y2)
   num2 =
   x^2-1
   den2 =
   (x+1)^2
   ```

4. ```
   Y1 = EX1*EX2
   Y1 =
   (X^2-1)*(X+1)^2
   ```

5. ```
   Y2=EX1/EX2
   Y2 =
   (X^2-1)/(X+1)^2
   ```

6. ```
   [NUM1,DEN1] = numden(Y1)
   NUM1 =
   (X^2-1)*(X+1)^2
   DEN1 =
   1
   [NUM2,DEN2] = numden(Y2)
   NUM2 =
   X^2-1
   DEN2 =
   (X+1)^2
   ```

7. ```
   %numden(EQ4)
   %The numden function does not apply to equations,
   %only to expressions
   ```

8. **a.** ```
   factor(y1)
   ans =
   (x-1)*(x+1)^3
   expand(y1)
   ans =
   x^4+2*x^3-2*x-1
   collect(y1)
   ans =
   x^4+2*x^3-2*x-1
   ```

   b. ```
   factor(y2)
   ans =
   (x-1)/(x+1)
   expand(y2)
   ans =
   1/(x+1)^2*x^2-1/(x+1)^2
   collect(y2)
   ans =
   (x^2-1)/(x+1)^2
   ```

   **c.** ```
   factor(Y1)
   ans =
   (X-1)*(X+1)^3
   expand(Y1)
   ans =
   X^4+2*X^3-2*X-1
   collect(Y1)
   ans =
   X^4+2*X^3-2*X-1
   ```

   d. ```
   factor(Y2)
   ans =
   (X-1)/(X+1)
   expand(Y2)
   ans =
   1/(X+1)^2*X^2-1/(X+1)^2
   collect(Y2)
   ans =
   (X^2-1)/(X+1)^2
   ```

9. ```
   factor(ex1)
   ans =
   (x-1)*(x+1)
   expand(ex1)
   ans =
   x^2-1
   collect(ex1)
   ans =
   x^2-1
   factor(eq1)
   ans =
   x^2 = 1
   expand(eq1)
   ans =
   x^2 = 1
   collect(eq1)
   ans =
   x^2 = 1
   %
   ```
   ```
   factor(ex2)
   ans =
   (x+1)^2
   expand(ex2)
   ans =
   x^2+2*x+1
   collect(ex2)
   ans =
   x^2+2*x+1
   factor(eq2)
   ans =
   (x+1)^2 = 0
   expand(eq2)
   ans =
   x^2+2*x+1 = 0
   collect(eq2)
   ans =
   x^2+2*x+1 = 0
   ```

练习 11.3

1.
```
solve(ex1)
ans =
 1
-1
solve(EX1)
ans =
 1
-1
solve(eq1)
ans =
 1
-1
solve(EQ1)
ans =
 1
-1
```

2.
```
solve(ex2)
ans =
-1
-1
solve(EX2)
ans =
-1
-1
solve(eq2)
ans =
-1
-1
solve(EQ2)
ans =
-1
-1
```

3. **a.**
```
A = solve(ex3,x,a)
Warning: 1 equations in 2 variables.
A =
  a: [1x1 sym]
  x: [1x1 sym]
A.a
ans =
1/x^2
A.x
ans =
x
%or
[my_a,my_x]=solve(ex3,x,a)
Warning: 1 equations in 2 variables.
my_a =
1/x^2
my_x =
x
```

b.
```
A = solve(eq3,x,a)
Warning: 1 equations in 2 variables.
A =
  a: [1x1 sym]
  x: [1x1 sym]
A.a
ans =
1/x^2
A.x
ans =
x
```

4. **a.**
```
A = solve(EX3,'X','A')
Warning: 1 equations in 2 variables.
A =
  A: [1x1 sym]
  X: [1x1 sym]
A.A
ans =
1/X^2
A.X
ans =
X
%or
[My_A,My_X]=solve(EX3,'X','A')
Warning: 1 equations in 2 variables.
My_A =
```

```
    1/X^2
    My_X =
    X
```

b.
```
A = solve(EQ3,'X','A')
Warning: 1 equations in 2 variables.
A =
  A: [1x1 sym]
  X: [1x1 sym]
A.A
ans =
1/X^2
A.X
ans =
X
```

5. **a.**
```
A = solve(ex4,x,a)
Warning: 1 equations in 2 variables.
A =
  a: [1x1 sym]
  x: [1x1 sym]
A.a
ans =
-(b*x+c)/x^2
A.x
ans =
x
%or
[my_a,my_x]=solve(ex4,x,a)
Warning: 1 equations in 2 variables.
my_a =
-(b*x+c)/x^2
my_x =
x
%b
```

b.
```
A = solve(eq4,x,a)
Warning: 1 equations in 2 variables.
A =
  a: [1x1 sym]
  x: [1x1 sym]
A.a
ans =
-(b*x+c)/x^2
A.x
ans =
x
```

6. **a.**
```
A = solve(EX4,'X','A')
Warning: 1 equations in 2 variables.
A =
  A: [1x1 sym]
  X: [1x1 sym]
A.A
ans =
-(B*X+C)/X^2
A.X
ans =
X
%or
[My_A,My_X]=solve(EX4,'X','A')
Warning: 1 equations in 2 variables.
My_A =
-(B*X+C)/X^2
My_X =
```

```
              X
  b. A = solve(EQ4,'X','A')
     Warning: 1 equations in 2 variables.
     A =
      A: [1x1 sym]
      X: [1x1 sym]
     A.A
     ans =
     -(B*X+C)/X^2
     A.X
     ans =
     X
```

7.
```
A = solve(ex5,x)
A =
1/6/a*(36*c*b*a-108*d*a^2-8*b^3+12*3^(1/2)*(4*c^3*a-c^2*b^2-
18*c*b*a*d+27*d^2*a^2+4*d*b^3)^(1/2)*a)^(1/3)-2/3*(3*c*a-
b^2)/a/(36*c*b*a-108*d*a^2-8*b^3+12*3^(1/2)*(4*c^3*a-c^2*b^2-
18*c*b*a*d+27*d^2*a^2+4*d*b^3)^(1/2)*a)^(1/3)-1/3*b/a
-1/12/a*(36*c*b*a-108*d*a^2-8*b^3+12*3^(1/2)*(4*c^3*a-c^2*b^2-
18*c*b*a*d+27*d^2*a^2+4*d*b^3)^(1/2)*a)^(1/3)+1/3*(3*c*a-
b^2)/a/(36*c*b*a-108*d*a^2-8*b^3+12*3^(1/2)*(4*c^3*a-c^2*b^2-
18*c*b*a*d+27*d^2*a^2+4*d*b^3)^(1/2)*a)^(1/3)-
1/3*b/a+1/2*i*3^(1/2)*(1/6/a*(36*c*b*a-108*d*a^2-
8*b^3+12*3^(1/2)*(4*c^3*a-c^2*b^2-
18*c*b*a*d+27*d^2*a^2+4*d*b^3)^(1/2)*a)^(1/3)+2/3*(3*c*a-
b^2)/a/(36*c*b*a-108*d*a^2-8*b^3+12*3^(1/2)*(4*c^3*a-c^2*b^2-
18*c*b*a*d+27*d^2*a^2+4*d*b^3)^(1/2)*a)^(1/3))
-1/12/a*(36*c*b*a-108*d*a^2-8*b^3+12*3^(1/2)*(4*c^3*a-c^2*b^2-
18*c*b*a*d+27*d^2*a^2+4*d*b^3)^(1/2)*a)^(1/3)+1/3*(3*c*a-
b^2)/a/(36*c*b*a-108*d*a^2-8*b^3+12*3^(1/2)*(4*c^3*a-c^2*b^2-
18*c*b*a*d+27*d^2*a^2+4*d*b^3)^(1/2)*a)^(1/3)-1/3*b/a-
1/2*i*3^(1/2)*(1/6/a*(36*c*b*a-108*d*a^2-8*b^3+12*3^(1/2)*
(4*c^3*a-c^2*b^2-18*c*b*a*d+27*d^2*a^2+4*d*b^3)^(1/2)*a)^(1/3)
+2/3*(3*c*a-b^2)/a/(36*c*b*a-108*d*a^2-8*b^3+12*3^(1/2)*
(4*c^3*a-c^2*b^2-18*c*b*a*d+27*d^2*a^2+4*d*b^3)^(1/2)*a)^(1/3))
% Clearly this is too complicated to memorize
```

8.
```
solve(ex6)
ans =
0
solve(EX6)
ans =
0
solve(eq6)
ans =
0
solve(EQ6)
ans =
0
```

练习 11.4

1.
```
coef = [5 6 -3; 3 -3 2; 2 -4 -12];
result =[10; 14; 24];
x = inv(coef)*result
% or
x = coef\result
x =
   3.5314
  -1.6987
  -0.8452
```

2.
```
syms x y z
A1 = sym('5*x + 6*y - 3*z = 10');
```

```
  A2 = sym('3*x - 3*y + 2*z = 14');
  A3 = sym('2*x - 4*y -12*z = 24');
  A = solve(A1,A2,A3)
  A =
    x: [1x1 sym]
    y: [1x1 sym]
    z: [1x1 sym]
3. A.x
   ans =
   844/239
   A.y
   ans =
   -406/239
   A.z
   ans =
   -202/239
   double(A.x)
   ans =
   3.5314
   double(A.y)
   ans =
   -1.6987
   double(A.z)
   ans =
   -0.8452
4. [x,y,z] = solve(A1,A2,A3)
   x =
     844/239
   y =
    -406/239
   z =
    -202/239
5. syms x y z
   A1 = sym('5.0*x + 6.0*y - 3.0*z = 10.0');
   A2 = sym('3.0*x - 3.0*y + 2.0*z = 14.0');
   A3 = sym('2.0*x - 4.0*y -12.0*z = 24.0');
   A = solve(A1,A2,A3)
   A =
     x: [1x1 sym]
     y: [1x1 sym]
     z: [1x1 sym]
   A.x
   ans =
   3.5313807531380753138075313807531
   A.y
   ans =
   -1.6987447769874476987447769874476987447699
   A.z
   ans =
   -.84518828451882845188284518828452
6. A = sym('x^2 +5*y -3*z^3=15');
   B = sym('4*x + y^2 -z = 10');
   C = sym('x + y + z =15');
   [X,Y,Z]=solve(A,B,C)
   X =
   11.560291920108418818149999909102-
   11.18348166379472700063537634033 6*i
   ... lots more numbers-
   Y =
   3.5094002752389020636845577121798+
   6.9732883324603664143501389722123*i
   ... lots more numbers
```

```
Z =
  -.6969219534732088183455762128l4e-1+
4.21019333l334360586285237368l236*i
... lots more numbers
double(X)                              double(Z)
ans =                                  ans =
 11.5603 -11.1835i                      -0.0697 + 4.2102i
 10.2173 - 4.7227i                       3.1420 - 0.7926i
 16.8891 - 4.2178i                      -2.7390 - 3.5936i
 16.8891 + 4.2178i                      -2.7390 + 3.5936i
 10.2173 + 4.7227i                       3.1420 + 0.7926i
 11.5603 +11.1835i                      -0.0697 - 4.2102i
double(Y)
ans =
  3.5094 + 6.9733i
  1.6407 + 5.5153i
  0.8499 + 7.8114i
  0.8499 - 7.8114i
  1.6407 - 5.5153i
  3.5094 - 6.9733i
```

练习 11.5

1.
```
eq1                                    EQ1 =
eq1 =                                  X^2 = 1
x^2 = 1                                subs(EQ1,'X',4)
subs(eq1,x,4)                          ans =
ans =                                  16 = 1
16 = 1                                 EX1
ex1                                    EX1 =
ex1 =                                  X^2 - 1
x^2-1                                  subs(EX1,'X',4)
subs(ex1,x,4)                          ans =
ans =                                     15
   15                                  % etc
EQ1
```

2.
```
v = 0:2:10;
subs(ex1,x,v)
ans =
 -1 3 15 35 63 99
subs(EX1,'X',v)
ans =
 -1 3 15 35 63 99
%subs(eq1,x,v)
%subs(EQ1,'X',v)
% You can't substitute a vector into an equation
```

3.
```
new_ex1 = subs(ex1,{a,b,c},{3,4,5})
new_ex1 =
x^2-1
subs(new_ex1,x,1:0.5:5)
ans =
 Columns 1 through 5
    0 1.2500 3.0000 5.2500 8.0000
 Columns 6 through 9
  11.2500 15.0000 19.2500 24.0000
new_EX1 = subs(EX1,{'A','B','C'},{3,4,5})
new_EX1 =
X^2-1
subs(new_EX1,'X',1:0.5:5)
ans =
 Columns 1 through 5
    0 1.2500 3.0000 5.2500 8.0000
 Columns 6 through 9
  11.2500 15.0000 19.2500 24.0000
```

```
%
new_eq1 = subs(eq1,{a,b,c},{3,4,5})
new_eq1 =
x^2 = 1
%subs(new_eq1,x,1:0.5:5) % won't work because it's an
%equation
new_EQ1 = subs(EQ1,{'A','B','C'},{3,4,5})
new_EQ1 =
X^2=1
```

练习 11.6

1.
```
ezplot(ex1)
title('Problem 1')
xlabel('x')
ylabel('y')
```

2.
```
ezplot(EX1)
title('Problem 2')
xlabel('x')
ylabel('y')
```

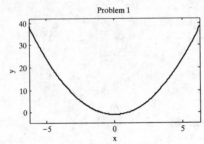

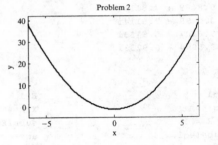

3.
```
ezplot(ex2,[-10,10])
title('Problem 3')
xlabel('x')
ylabel('y')
```

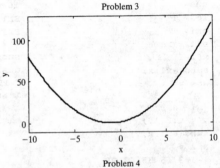

4.
```
ezplot(EX2,[-10,10])
title('Problem 4')
xlabel('x')
ylabel('y')
```

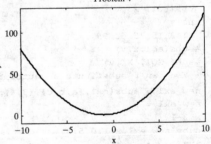

5. 单变量方程仅有一个有效的 x 值，没有 x-y 值对。

6.
```
ezplot(ex6)
title('Problem 6')
xlabel('x')
ylabel('y')
```

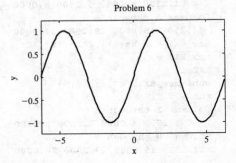

7.
```
ezplot('cos(x)')
title('Problem 7')
xlabel('x')
ylabel('y')
```

8.
```
ezplot('x^2-y^4 = 5')
title('Problem 8')
xlabel('x')
ylabel('y')
```

9.
```
ezplot('sin(x)')
hold on
ezplot('cos(x)')
hold off
title('Problem 9')
xlabel('x')
ylabel('y')
```

10.
```
ezplot('sin(t)',
    '3*cos(t)')
axis equal
title('Problem 10')
xlabel('x')
ylabel('y')
```

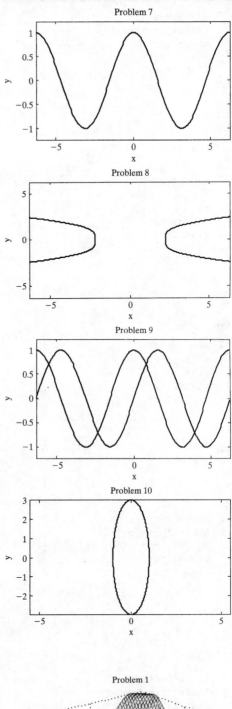

练习 11.7

```
Z=sym('sin(sqrt
    (X^2+Y^2))')
Z =
sin(sqrt(X^2+Y^2))
```

1.
```
ezmesh(Z)
title('Problem 1')
xlabel('x')
ylabel('y')
zlabel('z')
```

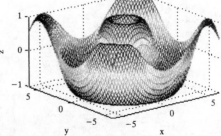

2.
```
ezmeshc(Z)
title('Problem 2')
xlabel('x')
ylabel('y')
zlabel('z')
```

3.
```
ezsurf(Z)
title('Problem 3')
xlabel('x')
ylabel('y')
zlabel('z')
```

4.
```
ezsurfc(Z)
title('Problem 4')
xlabel('x')
ylabel('y')
zlabel('z')
```

5.
```
ezcontour(Z)
title('Problem 5')
xlabel('x')
ylabel('y')
zlabel('z')
```

6.
```
ezcontourf(Z)
title('Problem 6')
xlabel('x')
ylabel('y')
zlabel('z')
```

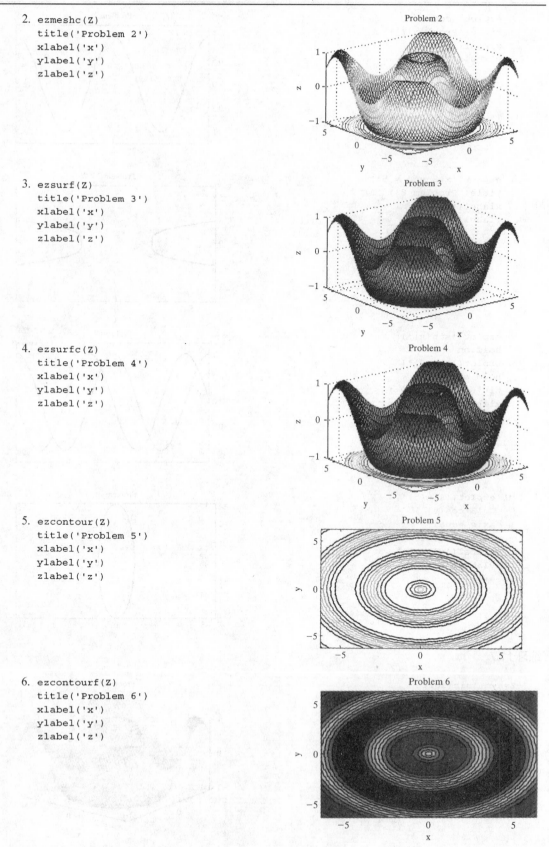

7.
```
figure(7)
ezpolar('x*sin(x)')
title('Problem 7')
```

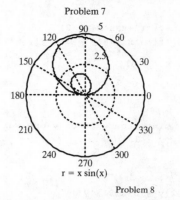

8.
```
t = sym('t');
x = t;
y = sin(t);
z = cos(t);
ezplot3(x,y,z,[0,30])
title('Problem 8')
xlabel('x')
ylabel('y')
zlabel('z')
```

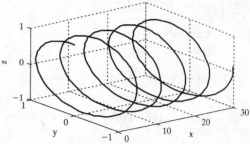

练习 11.8

1.
```
diff('x^2+x+1')
ans =
2*x+1
diff('sin(x)')
ans =
cos(x) % or define x as symbolic
x = sym('x')
x =
x
diff(tan(x))
ans =
1+tan(x)^2
diff(log(x))
ans =
1/x
```

2.
```
diff('a*x^2 + b*x + c')
ans =
2*a*x+b
diff('x^0.5 - 3*y')
ans =
.5/x^.5
diff('tan(x+y)')
ans =
1+tan(x+y)^2
diff('3*x + 4*y - 3*x*y')
ans =
3-3*y
```

3.
```
% There are several different approaches
diff(diff('a*x^2 + b*x + c'))
ans =
2*a
diff('x^0.5 - 3*y',2)
ans =
-.25/x^1.5
diff('tan(x + y)','x',2)
```

```
    ans =
    2*tan(x+y)*(1+tan(x+y)^2)
    diff(diff('3*x + 4*y - 3*x*y','x'))
    ans =
    -3
4. diff('y^2 - 1','y')
    ans =
    2*y
    % or , since there is only one variable
    diff('y^2 - 1')
    ans =
    2*y
    %
    diff('2*y + 3*x^2','y')
    ans =
    2
    diff('a*y + b*x + c*x','y')
    ans =
    a
5. diff('y^2-1','y',2)
    ans =
    2
    % or , since there is only one variable
    diff('y^2-1',2)
    ans =
    2
    %
    diff(diff('2*y + 3*x^2','y'),'y')
    ans =
    0
    diff('a*y + b*x + c*x','y',2)
    ans =
    0
```

练习 11.9

```
1. int('x^2 + x + 1')
    ans =
    1/3*x^3+1/2*x^2+x
    % or define x as symbolic
    x = sym('x')
    x =
    x
    int(x^2 + x + 1)
    ans =
    1/3*x^3+1/2*x^2+x
    int(sin(x))
    ans =
    -cos(x)
    int(tan(x))
    ans =
    -log(cos(x))
    int(log(x))
    ans =
    x*log(x)-x
2. % you don't need to specify that integration is with
    % respect to x, because it is the default
    int('a*x^2 + b*x + c')
    ans =
    1/3*a*x^3+1/2*b*x^2+c*x
    int('x^0.5 - 3*y')
    ans =
    .66666666666666666666666666666667*x^(3/2)-3.*x*y
```

```
int('tan(x+y)')
ans =
1/2*log(1+tan(x+y)^2)
int('3*x + 4*y - 3*x*y')
ans =
3/2*x^2+4*x*y-3/2*y*x^2
```

3.
```
int(int(x^2 + x + 1))
ans =
1/12*x^4+1/6*x^3+1/2*x^2
int(int(sin(x)))
ans =
-sin(x)
int(int(tan(x)))
ans =
-1/2*i*x^2-x*log(cos(x))+x*log(1+exp(2*i*x))-
  1/2*i*polylog(2,-exp(2*i*x))
int(int(log(x)))
ans =
1/2*x^2*log(x)-3/4*x^2
int(int('a*x^2 + b*x + c'))
ans =
1/12*a*x^4+1/6*b*x^3+1/2*c*x^2
int(int('x^0.5 - 3*y'))
ans =
.26666666666666666666666666666667*x^(5/2)-
1.5000000000000000000000000000000*y*x^2
int(int('tan(x+y)'))
ans =
-1/4*i*log(tan(x+y)-i)*log(1+tan(x+y)^2)+1/4*i*dilog(-
1/2*i*(tan(x+y)+i))+1/4*i*log(tan(x+y)-i)*log(-
1/2*i*(tan(x+y)+i))+1/8*i*log(tan(x+y)-
i)^2+1/4*i*log(tan(x+y)+i)*log(1+tan(x+y)^2)-
1/4*i*dilog(1/2*i*(tan(x+y)-i))-
1/4*i*log(tan(x+y)+i)*log(1/2*i*(tan(x+y)-i))-
1/8*i*log(tan(x+y)+i)^2
int(int('3*x + 4*y -3*x*y'))
ans =
1/2*x^3+2*y*x^2-1/2*y*x^3
```

4.
```
int('y^2-1')
ans =
1/3*y^3-y
int('2*y+3*x^2','y')
ans =
y^2+3*y*x^2
int('a*y + b*x + c*z','y')
ans =
1/2*a*y^2+b*x*y+c*z*y
```

5.
```
int(int('y^2-1'))
ans =
1/12*y^4-1/2*y^2
int(int('2*y+3*x^2','y'),'y')
ans =
1/3*y^3+3/2*x^2*y^2
int(int('a*y + b*x + c*z','y'),'y')
ans =
1/6*a*y^3+1/2*b*x*y^2+1/2*c*z*y^2
```

6.
```
int(x^2 + x + 1,0,5)          int(tan(x),0,5)
ans =                         ans =
355/6                         NaN
int(sin(x),0,5)               int(log(x),0,5)
ans =                         ans =
-cos(5)+1                     5*log(5)-5
```

练习 12.1

1.
```
plot(x,y,'-o')
title('Problem 1')
xlabel('x-data')
ylabel('y-data')
grid on
```

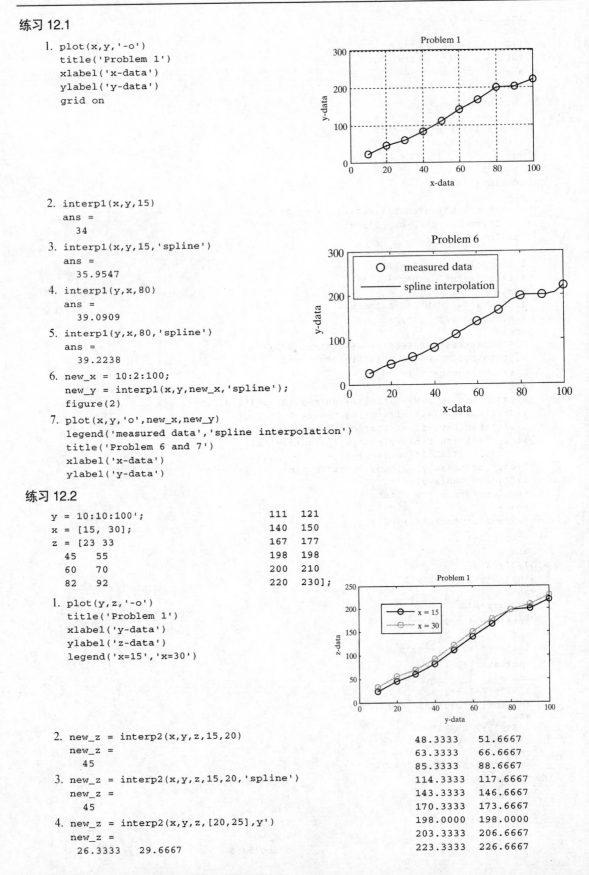

2.
```
interp1(x,y,15)
ans =
   34
```

3.
```
interp1(x,y,15,'spline')
ans =
   35.9547
```

4.
```
interp1(y,x,80)
ans =
   39.0909
```

5.
```
interp1(y,x,80,'spline')
ans =
   39.2238
```

6.
```
new_x = 10:2:100;
new_y = interp1(x,y,new_x,'spline');
figure(2)
```

7.
```
plot(x,y,'o',new_x,new_y)
legend('measured data','spline interpolation')
title('Problem 6 and 7')
xlabel('x-data')
ylabel('y-data')
```

练习 12.2

```
y = 10:10:100';         111   121
x = [15, 30];           140   150
z = [23  33             167   177
     45   55            198   198
     60   70            200   210
     82   92            220   230];
```

1.
```
plot(y,z,'-o')
title('Problem 1')
xlabel('y-data')
ylabel('z-data')
legend('x=15','x=30')
```

2.
```
new_z = interp2(x,y,z,15,20)
new_z =
   45
```

3.
```
new_z = interp2(x,y,z,15,20,'spline')
new_z =
   45
```

4.
```
new_z = interp2(x,y,z,[20,25],y')
new_z =
   26.3333   29.6667
```

```
   48.3333    51.6667
   63.3333    66.6667
   85.3333    88.6667
  114.3333   117.6667
  143.3333   146.6667
  170.3333   173.6667
  198.0000   198.0000
  203.3333   206.6667
  223.3333   226.6667
```

练习 12.3

```
x = [10:10:100];
y= [23 33
   45    55
   60    70
   82    92
   111   121
   140   150
```

```
167   177
198   198
200   210
220   230]';
```

1. `coef = polyfit(x,y(1,:),1)`
```
coef =
   2.3224  -3.1333
```

2. `new_x = 10:2:100;`
   `new_y = polyval(coef,new_x)`
```
new_y =
 Columns 1 through 6
 20.0909 24.7358 29.3806 34.0255 38.6703 43.3152
 Columns 7 through 12
 47.9600 52.6048 57.2497 61.8945 66.5394 71.1842
 Columns 13 through 18
 75.8291 80.4739 85.1188 89.7636 94.4085 99.0533
 Columns 19 through 24
 103.6982 108.3430 112.9879 117.6327 122.2776 126.9224
 Columns 25 through 30
 131.5673 136.2121 140.8570 145.5018 150.1467 154.7915
 Columns 31 through 36
 159.4364 164.0812 168.7261 173.3709 178.0158 182.6606
 Columns 37 through 42
 187.3055 191.9503 196.5952 201.2400 205.8848 210.5297
 Columns 43 through 46
 215.1745 219.8194 224.4642 229.1091
```

3. `figure(1)`
   `plot(x,y(1,:),'o',new_x,new_y)`
   `title('Problem 3 - Linear Regression Model - z = 15')`
   `xlabel('x-axis')`
   `ylabel('y-axis')`

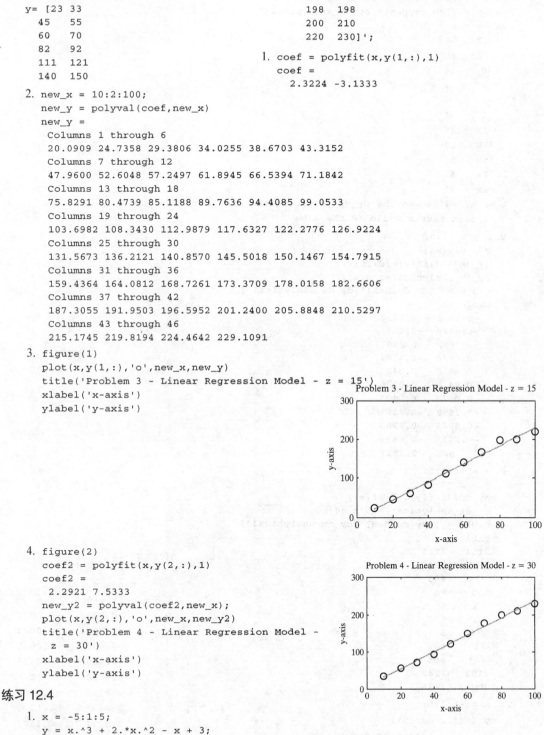

Problem 3 - Linear Regression Model - z = 15

4. `figure(2)`
   `coef2 = polyfit(x,y(2,:),1)`
```
coef2 =
 2.2921 7.5333
```
   `new_y2 = polyval(coef2,new_x);`
   `plot(x,y(2,:),'o',new_x,new_y2)`
   `title('Problem 4 - Linear Regression Model -`
   ` z = 30')`
   `xlabel('x-axis')`
   `ylabel('y-axis')`

Problem 4 - Linear Regression Model - z = 30

练习 12.4

1. `x = -5:1:5;`
   `y = x.^3 + 2.*x.^2 - x + 3;`
   `dy_dx = diff(y)./diff(x)`
```
dy_dx =
  42 22 8 0 -2 2 12 28 50 78
```

```
dy_dx_analytical=3*x.^2 + 4*x -1
dy_dx_analytical =
  54 31 14 3 -2 -1 6 19 38 63 94
table = [[dy_dx,NaN]',dy_dx_analytical']
table =
    42    54
    22    31
     8    14
     0     3
    -2    -2
     2    -1
    12     6
    28    19
    50    38
    78    63
   NaN    94
% We added NaN to the dy_dx vector so that the length
% of each vector would be the same
```

2. **a.**
```
   x = -5:1:5;
   y = sin(x);
   dy_dx = diff(y)./diff(x);
   dy_dx_analytical=cos(x);
   table = [[dy_dx,NaN]',dy_dx_analytical']
   table =
     -0.2021    0.2837
     -0.8979   -0.6536
     -0.7682   -0.9900
      0.0678   -0.4161
      0.8415    0.5403
      0.8415    1.0000
      0.0678    0.5403
     -0.7682   -0.4161
     -0.8979   -0.9900
     -0.2021   -0.6536
         NaN    0.2837
```

   b.
```
   x = -5:1:5;
   y = x.^5-1;
   dy_dx=diff(y)./diff(x);
   dy_dx_analytical = 5*x.^4;
   table = [[dy_dx,NaN]',dy_dx_analytical']
   table =
   2101    3125
    781    1280
    211     405
     31      80
      1       5
      1       0
     31       5
    211      80
    781     405
   2101    1280
    NaN    3125
```

   c.
```
   x = -5:1:5;
   y = 5*x.*exp(x);
   dy_dx = diff(y)./diff(x);
   dy_dx_analytical=5*exp(x) + 5*x.*exp(x);
   table = [[dy_dx,NaN]',dy_dx_analytical']
```

```
   table =
   1.0e+003 *
     -0.0002   -0.0001
     -0.0004   -0.0003
     -0.0006   -0.0005
     -0.0005   -0.0007
      0.0018        0
      0.0136    0.0050
      0.0603    0.0272
      0.2274    0.1108
      0.7907    0.4017
      2.6184    1.3650
         NaN    4.4524
```

练习 12.5

1. ```
quad('x.^3+2*x.^2 -x + 3',-1,1)
ans =
  7.3333
quadl('x.^3+2*x.^2 -x + 3',-1,1)
ans =
  7.3333
double(int('x^3+2*x^2 -x + 3',-1,1))
ans =
  7.3333
a = -1;
b = 1;
1/4*(b^4-a^4)+2/3*(b^3-a^3)-1/2*(b^2-a^2)+3*(b-a)
ans =
  7.3333
```

2. **a.** ```
quad('sin(x)',-1,1)
ans =
   0
quadl('sin(x)',-1,1)
ans =
   0
double(int('sin(x)',-1,1))
ans =
   0
a = -1;
b = 1;
cos(b)-cos(a)
ans =
   0
```

   b. ```
quad('x.^5-1',-1,1)
ans =
 -2
quadl('x.^5-1',-1,1)
ans =
 -2.0000
double(int('x^5-1',-1,1))
ans =
 -2
a = -1;
b = 1;
(b^6-a^6)/6-(b-a)
ans =
 -2
```

   **c.** ```
quad('5*x.*exp(x)',-1,1)
ans =
  3.6788
quadl('5*x.*exp(x)',-1,1)
ans =
  3.6788
double(int('5*x*exp(x)',-1,1))
ans =
  3.6788
a = -1;
b = 1;
-5*(exp(b)-exp(a)) + 5*(b*exp(b)-a*exp(a))
ans =
  3.6788
```

表 B.1　北卡罗来纳州阿什维尔 1999 年年气候资料，观测站：310301/13872(Elev.2240 ft.above sea level;Lat.35°36′N, Lon. 82°36′W)

1999 月份	温度(°F)														降雨量(in)									
	MMXT Mean Max.	MMNT Mean Min.	MNTM Mean	DPNT 偏差	HTDD 采暖度日数	CLDD 降温度日数	EMXT 最高	EMXT 高温日期	EMNP 最低	EMNP 低温日期	DT90 Max>=90°	DX32 Max<=32°	DT32 Max<=32°	DT00 Max<=0°	TPCP 总计	DPNP 偏差	EMXP 最佳观测 日数	EMXP 日期	TSNW Total Fall	MXSD Max Depth	MXSD Max Data	DP01 >=.10	DP05 >=.50	DP10 >=1.0
1	51.4	31.5	41.5	5.8	725	0	78	27	9	5	0	2	16	0	4.56	2.09	1.61	2	2.7	1	31	9	2	2
2	52.6	32.1	42.4	3.5	628	0	66	8	16	14	0	2	16	0	3.07	-0.18	0.79	17	1.2	0T	1	6	3	0
3	52.7	32.5	42.6	-4.8	687	0	76	17	22	8	0	0	19	0	2.47	-1.41	0.62	3	5.3	1	26	8	1	0
4	70.1	48.2	59.2	3.6	197	30	83	10	34	19	0	0	0	0	2.10	-1.02	0.48	27	0.0T	0T	2	6	0	0
5	75.0	51.5	63.3	-0.1	69	25	83	29	40	2	0	0	0	0	2.49	-1.12	0.93	7	0.0	0		5	2	0
6	80.2	60.9	70.6	0.3	4	181	90	8	50	18	1	0	0	0	2.59	-0.68	0.69	29	0.0	0		6	2	0
7	8.57	64.9	75.3	1.6	7	336	96	31	56	13	8	0	0	0	3.87	0.94	0.80	11	0.0	0		10	4	0
8	86.4	63.0	74.7	1.9	43	311	94	13	54	31	7	0	0	0	0.90	-2.86	0.29	8	0.0	0		4	0	0
9	79.1	54.6	66.9	0.2		106	91	2	39	23	3	0	0	0	1.72	-1.48	0.75	28	0.0	0		4	1	0
10	67.6	45.4	56.6	0.4	255	1	78	15	28	25	0	0	2	0	1.53	-1.24	0.59	4	0.0	0		3	2	0
11	62.2	40.7	51.5	4.0	397	0	76	9	26	30	0	0	8	0	3.48	0.56	1.71	25	0.3	0T		5	3	1
12	53.6	30.5	42.1	2.7	706	0	69	4	15	25	0	0	20	0	1.07	-1.72	0.65	13	0.0T	0T	17	3	1	0
年度	68.0	46.3	57.2	1.6	3718	990	96	七月	9	一月	19	4	81	0	29.85	-8.12	1.71	十一月	9.5	1	三月	69	21	3

注　释

(空白)没有记录

+ 某月之前发生。日期栏所记录的是最后一天。此月只在 1983 年 12 月之前的数据中使用过。

A 累积量。即前一个月、几个月或一年的累积量。

B 调整量。根据一个月中有用数据的百分比计算出来的月度数据。

E 月度或年度估计值。

X 根据不完备的时间顺序计算出来的月度平均值或总量。例如计算出来的年度平均值缺失后可标识数据丢失。

M 用于标识数据丢失。

T 降雨量，降雪量或降雪深度的迹线。降雨量的值等于 0。

S 后续一个月或一年的降雨总量。例如 1~20 日有 1.35 in 的降雨量，将这段时间的降雨量累积在一起。则下个月的降雨总量 TPCP 这一项的值为 00135S。如果 TPCP＝"M"，表示这个月的降雨量没有测量数据。如果标有"S"，表明在下一个月的数据是本月的降雨总量。

U.S. Department of Commerec National Oceanic & Atmospheric Administration

附录 C 变 比 技 术

为了确定 y 随 x 的变化趋势，通常使用不同的变比技术对数据进行绘图。下面对这一方法进行说明。

线性关系

如果 x 和 y 是线性关系，那么，在标准的 x-y 坐标系中将绘制出一条直线。对于

$$y = ax + b$$

在 x-y 坐标系中，该方程是一条斜率为 a、截距为 b 的直线。

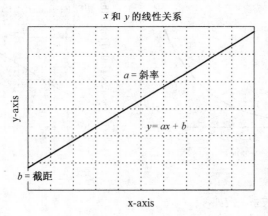

x 和 *y* 的线性关系

对数关系

如果 x 和 y 是对数关系：

$$y = a \lg(x) + b$$

那么，等间隔步长绘出的标准图形是一条曲线。然而，如果 y 轴为线性坐标，x 轴为对数坐标，那么，绘出的图形是一条斜率为 a 的直线。由于 $\lg(0)$ 是没有定义的，所以，不存在 y 轴截距。当 $x = 1$ 时，$\lg(1)$ 等于 0，对应的 y 值等于 b。

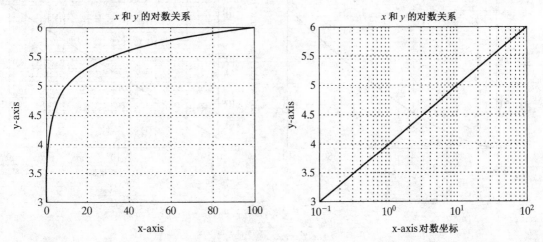

指数关系

如果 x 和 y 是指数关系，例如

$$y = b * a^x$$

那么，$\lg(y)$ 与 x 的关系曲线是一条直线。因为有如下关系：

$$\lg(y) = \lg(a) * x + \lg(b)$$

在这种情况下，直线的斜率是 $\lg(a)$。

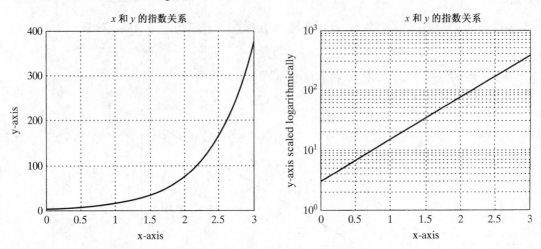

乘幂关系

如果 x 和 y 是乘幂关系，例如，

$$y = bx^a$$

那么，在双对数坐标系中，上式是一条斜率为 a 的直线。当 x 等于 1 时，$\lg(1)$ 等于 0，$\lg(y)$ 等于 $\lg(b)$。

$$\lg(y) = a * \lg(x) + \lg(b)$$

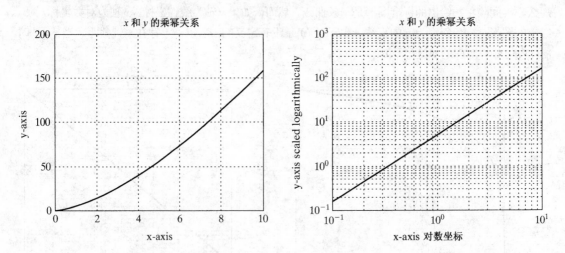

教学支持说明

　　电子工业出版社作为国内著名的科技与教育图书出版社，出版了很多电子类、计算机类、工程类以及经管类教材。我们十分重视教师手册等教学课件以及网上资源的使用。如果您确认将本书作为指定教材，请您务必填好以下表格并经系主任签字盖章后寄回我们的联系地址，我们将向您提供教师手册或其他教学课件。

　　情况调查表如下所示（复印有效）：

证　　明

兹证明＿＿＿＿＿＿＿＿大学＿＿＿＿＿＿＿＿＿系／院＿＿＿＿＿＿＿＿专业＿＿＿＿学年（学期）

开设的＿＿＿＿＿＿＿＿＿＿＿＿＿＿＿＿＿课程，共＿＿＿＿学时，现采用电子工业出版社出版的英文原版／

简体中文版＿＿＿＿＿＿＿＿＿＿＿＿＿＿＿＿＿＿＿（书名／作者）作为主要教材。

任课教师为＿＿＿＿＿＿，学生＿＿＿个班共＿＿＿人。

任课教师需要与本书配套的教师指导手册和习题解答。

电　　话：＿＿＿＿＿＿＿＿＿＿＿＿＿＿．

传　　真：＿＿＿＿＿＿＿＿＿＿＿＿＿＿

E-mail：＿＿＿＿＿＿＿＿＿＿＿＿＿＿

联系地址：＿＿＿＿＿＿＿＿＿＿＿＿＿＿

邮　　编：＿＿＿＿＿＿＿＿＿＿＿＿＿＿

建议和要求：

系／院主任：＿＿＿＿＿＿＿（签字）

（系／院办公室章）

＿＿＿年＿＿月＿＿日

请与我们联络

Publishing House of Electronics Industry
电子工业出版社：www.phei.com.cn
　　　　　　　www.hxedu.com.cn
北京市万寿路 173 信箱高等教育分社
联系电话：010-8825 4532
传　　真：010-8825 4560
E-mail: Te_service@phei.com.cn

反侵权盗版声明

电子工业出版社依法对本作品享有专有出版权。任何未经权利人书面许可,复制、销售或通过信息网络传播本作品的行为;歪曲、篡改、剽窃本作品的行为,均违反《中华人民共和国著作权法》,其行为人应承担相应的民事责任和行政责任,构成犯罪的,将被依法追究刑事责任。

为了维护市场秩序,保护权利人的合法权益,我社将依法查处和打击侵权盗版的单位和个人。欢迎社会各界人士积极举报侵权盗版行为,本社将奖励举报有功人员,并保证举报人的信息不被泄露。

举报电话:(010)88254396;(010)88258888

传　　真:(010)88254397

E-mail　:dbqq@phei.com.cn

通信地址:北京市万寿路 173 信箱

　　　　　电子工业出版社总编办公室

邮　　编:100036

读者调查表

感谢对我们的支持！非常欢迎留下您的宝贵意见，帮助我们改进出版和服务工作。我们将从信息意见完备的读者中抽取一部分赠阅一本我们的样书（赠书定价限 50 以内，品种我们会与获赠读者沟通）。

姓名：_____ 单位：_____ 职务／职称：_____

邮寄地址：_____ 邮编：_____

电话：_____ 手机：_____ E-mail：_____ 专业方向：_____

您购买的出版物名称					
先进性和实用性	□很好	□好	□一般	□不太好	□差
图书文字可读性	□很好	□好	□一般	□不太好	□差
（光盘使用方便性）	□很好	□好	□一般	□不太好	□差
图书篇幅适宜度	□很合适	□合适	□一般	□不合适	□差
出版物中差错	□极少	□较少	□一般	□较多	□太多
封面（盘面及包装）设计水平	□很好	□好	□一般	□不太好	□差
图书（包括光盘）印装质量	□很好	□好	□一般	□不太好	□差
纸张质量（光盘材质）	□很好	□好	□一般	□不太好	□差
定价	□很便宜	□便宜	□合理	□贵	□太贵
您从何处获取出版物信息	□书目 □电子社宣传材料 □书店 □他人转告 □网站 □报刊				
您的具体意见或建议					

您或周围人士有何著述计划 _____

您希望我处增添何种类型的图书 _____

电子工业出版社高等教育分社
联系人：冯小贝　　E-mail: fengxiaobei@phei.com.cn，te_service@phei.com.cn
地址：北京市万寿路 173 信箱 1102 室　邮编：100036　电话：010-88254555
传真：010-88254560

Daily
Science

GRADE 5

Writing: Barbara Price
Content Editing: Pamela San Miguel
James Spears
Andrea Weiss
Wendy Zamora
Copy Editing: Cathy Harber
Laurie Westrich
Art Direction: Cheryl Puckett
Illustration: Greg Harris
Design/Production: Susan Lovell
Kathy Kopp

EMC 5015

Evan-Moor®
EDUCATIONAL PUBLISHERS
Helping Children Learn since 1979

Visit
teaching-standards.com
to view a correlation
of this book.
This is a free service.

*Correlated to State and
Common Core State Standards*

For information about other Evan-Moor products, call 1-800-777-4362,
fax 1-800-777-4332, or visit our Web site, www.evan-moor.com.
Entire contents © 2010 EVAN-MOOR CORP.
18 Lower Ragsdale Drive, Monterey, CA 93940-5746. Printed in USA.

CPSIA: Bang Printing, 28210 N. Avenue Stanford, Valencia, CA 91355 [05/2013]

W9-BHI-967

Contents

What's in This Book?

Daily Science provides daily activity pages grouped into six units, called Big Ideas, that explore a wide range of topics based on the national standards for life, earth, and physical sciences. Every Big Idea includes five weekly lessons. The first four weeks each center around an engaging question that taps into students' natural curiosity about the world to develop essential concepts and content vocabulary. The fifth week of each unit offers a hands-on activity and review pages for assessment and extra practice.

The short 10- to 15-minute activities in *Daily Science* allow you to supplement your science instruction every day while developing reading comprehension and practicing content vocabulary.

Unit Introduction

Key science concepts and national science standards covered in the unit are indicated.

Background information is provided on the topic, giving you the knowledge you need to present the unit concepts confidently.

An overview of the four weekly lessons shows you each weekly question, explains what students will learn, and lists content vocabulary.

Week 5 review activities are summarized.

Weekly Lessons (Weeks 1–4)

Each week begins with a teacher page that provides additional background information specific to the weekly question.

Ideas are given for presenting the daily activity pages, including content vocabulary and materials needed for any demonstrations or group activities.

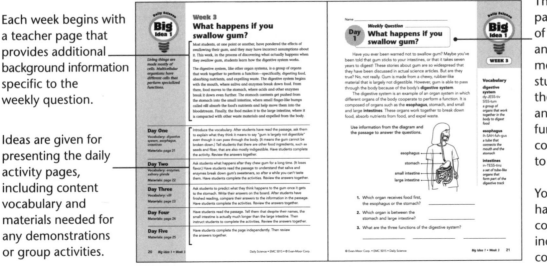

The student activity pages for Days 1–4 of each week use an inquiry-based model to help students answer the weekly question and understand fundamental concepts related to the Big Idea.

You may wish to have students complete the pages independently or collaboratively.

Weekly Lessons, continued

Each student page begins with a short passage.

Activities include a variety of writing, comprehension, vocabulary, critical thinking, visual literacy, and oral language practice.

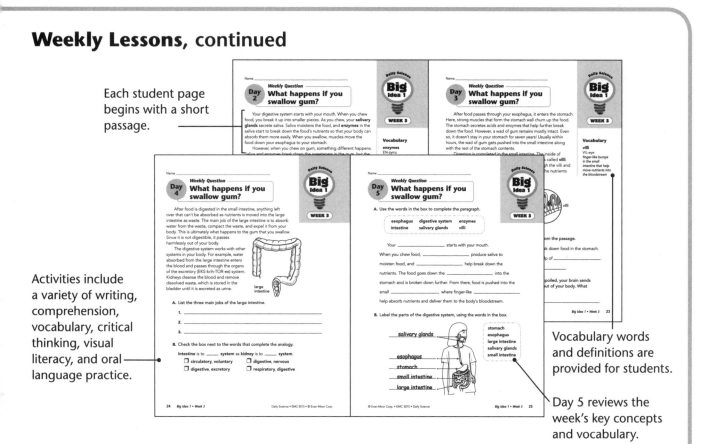

Vocabulary words and definitions are provided for students.

Day 5 reviews the week's key concepts and vocabulary.

Unit Review (Week 5)

Visual Literacy: Students practice skills such as labeling diagrams, reading charts, and sequencing steps in a process.

Hands-on Activity: Students participate in a hands-on learning experience.

Comprehension: Students review key concepts of the unit by answering literal and inferential comprehension questions.

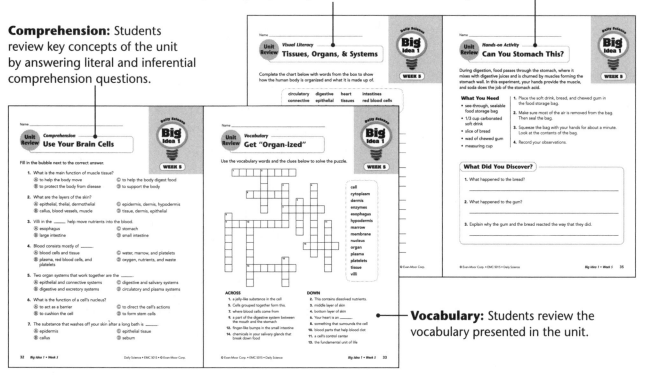

Vocabulary: Students review the vocabulary presented in the unit.

Big Idea 1

Living things are made mostly of cells. Multicellular organisms have different cells that perform specialized functions.

Key Concept

Structure and function in living systems

National Standard

Specialized cells perform specialized functions in multicellular organisms. Groups of specialized cells cooperate to form a tissue, such as a muscle. Different tissues are in turn grouped together to form larger functional units, called organs. Each type of cell, tissue, and organ has a distinct structure and set of functions that serve the organism as a whole.

At the beginning of the fifth grade, students should understand what a cell is, although they may not understand how cells work together to perform specific functions. This Big Idea teaches students:

→ the structure of cells;

→ how cells work together to form tissue;

→ the organization of tissue into organs; and

→ the grouping of organs into systems necessary for complex functions.

Teacher Background

All organisms are made of cells, sometimes called the "building blocks of life." Many living things, such as bacteria, are made of a single cell. But most plants and animals are multicellular. Multicellular organisms have specialized cells, each with their own function.

When a collection of specialized cells work together to perform a specific function, they form a tissue. The human body contains four types of tissue: connective, which forms bones and blood; epithelial, which lines the body inside and out; nervous, which is found in the brain, spinal cord, and nerves; and muscle tissue, which helps the body move. Different tissues work together to form organs. Organs, in turn, are organized into systems that are responsible for the body's complex functions of digestion, excretion, circulation, respiration, reproduction, and immunity.

For specific background information on each week's concepts, refer to the notes on pp. 8, 14, 20, and 26.

Unit Overview

WEEK 1: Why are bones hard and muscles soft?

Connection to the Big Idea: Muscles and bones are examples of tissues made from cells that perform a specialized function. Students learn that nearly every cell in the human body has similar parts, but they can perform different functions. Muscles and bones are comprised of muscle and connective tissue, respectively. They function to move and provide support for the body.

Content Vocabulary: *cell, cell membrane, connective tissue, cytoplasm, muscle tissue, nucleus, tissue*

WEEK 2: Why does skin wrinkle in the bathtub?

Connection to the Big Idea: Skin is comprised of different tissues that work together to form the body's largest organ. Students learn that skin has three layers and functions to protect the body and move substances in and out.

Content Vocabulary: *callus, dermis, epidermis, epithelial tissue, hypodermis, organ, sebum*

WEEK 3: What happens if you swallow gum?

Connection to the Big Idea: The digestive system is a system of organs that work together to digest food, provide the body with nutrients, and expel waste. Students learn that while most foods are broken down in the stomach and small intestine, gum stays mostly intact.

Content Vocabulary: *digestive system, enzymes, esophagus, intestines, salivary glands, villi*

WEEK 4: How do people give blood without running out of it?

Connection to the Big Idea: Blood is a liquid tissue that is part of the circulatory system. Students learn that blood is made up of plasma and cells, provides the rest of the body's cells with oxygen, and carries away carbon dioxide. Blood is constantly being regenerated in the bone marrow, which is why people are able to donate blood.

Content Vocabulary: *blood vessels, circulatory system, marrow, plasma, platelets, stem cells*

WEEK 5: Unit Review

You may choose to do these activities to review concepts about cells in the body.

p. 32: Comprehension Students answer multiple-choice questions about key concepts in the unit.

p. 33: Vocabulary Students complete a crossword puzzle reviewing key vocabulary.

p. 34: Visual Literacy Students label a flow-chart to reinforce their understanding of cells, tissues, organs, and systems.

p. 35: Hands-on Activity Students reenact the digestion process in the stomach, using a food storage bag, soda, bread, and gum. Instructions and materials needed for the activity are listed on the student page.

Living things are made mostly of cells. Multicellular organisms have different cells that perform specialized functions.

Week 1
Why are bones hard and muscles soft?

Cells are the smallest unit of life. Nearly every cell in the human body has the same three parts: a nucleus, the surrounding cytoplasm, and a cell membrane. While cells can operate on their own, they also group together as tissue to perform specific functions. There are four types of tissues in the human body, and bones and muscles are two of these tissues. Skeletal muscle tissue, the most familiar type of muscle, is composed of long, thin muscle cells. The tissue contracts and releases in order to move the body. Connective bone tissue, on the other hand, is made of star-shaped cells surrounded by calcium and other hard minerals. Soft muscles and hard bones work together to give us strength, structure, and movement.

Day One

Vocabulary: *cell, cytoplasm, cell membrane, nucleus*

Materials: page 9

Introduce the vocabulary by reading each definition and having students look at the diagram in activity A to figure out what part of the cell is being referred to. Then have students read the passage and complete the activities. Review the answers together.

Day Two

Vocabulary: *connective tissue, muscle tissue, tissue*

Materials: page 10

Introduce the vocabulary. Remind students that cells can function on their own, but they can accomplish more difficult tasks by working together. Walk students through the diagram, pointing out where the muscle tissue and connective tissue are located on the body. Have students complete the activity. Review the answers together.

Day Three

Materials: page 11; rubber band

Demonstrate the properties of muscle by showing students the flexible quality of a rubber band. Tell them that muscle, unlike bone, can be stretched, and that if you pull too hard on a muscle, it can snap just like a rubber band does. After students have finished reading the passage, have them complete the activities. For activity B, you may first want to confirm students' understanding of *voluntary* and *involuntary*.

Day Four

Materials: page 12

Remind students that bone tissue is an example of connective tissue. Inform them that connective tissue not only forms bones, ligaments, tendons, and cartilage, but also blood. Have the students read the passage and complete the activities. Review the answers together.

Day Five

Materials: page 13

Have students complete the page independently. Then review the answers together.

Name _____

Day 1

Weekly Question

Why are bones hard and muscles soft?

All organisms are made up of **cells**. A cell is the smallest unit of living matter. Cells grow, reproduce, use energy, and produce waste. Nearly all the cells in your body have the same three parts. The first is the **cell membrane**, which surrounds the cell and acts as a barrier between the cell and the outside world. Inside the cell, a central **nucleus** controls the cell's activities. Between the membrane and the nucleus is the **cytoplasm**, a jelly-like substance that contains the materials and structures necessary for cells to do their job.

Although the cells in your body have similar parts, many of the cells do specific jobs. In order to do these jobs well, the cells look and act different from each other. The cells that make up your muscles are shaped differently and behave differently from those that make up your bones.

A. Use the vocabulary words to label the parts of the cell. Briefly describe what each part does.

Vocabulary

cell
sel
the basic unit of structure and function in living organisms

cytoplasm
SY-toh-PLAZ-um
the jelly-like substance inside a cell

cell membrane
MEM-brain
the thin sack that surrounds a cell

nucleus
NEW-klee-us
the part of the cell that directs all of its activities

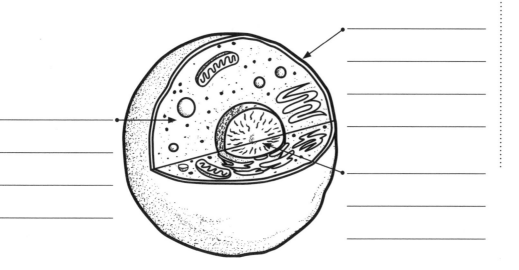

B. What do you think the function of muscle cells is? What do you think the function of bone cells is?

_____

Name _____

Day 2

Weekly Question

Why are bones hard and muscles soft?

Human beings are multicellular (MUL-tee-SEL-yoo-ler) organisms made of trillions of cells. Specialized cells in multicellular organisms, such as bone or muscle cells, group together to carry out particular functions, such as breathing, digesting, and moving. When similar cells work together, they form a **tissue**. The human body contains four types of tissue. Muscle cells form **muscle tissue**, which is responsible for movement. Bone cells make up part of the body's **connective tissue**, which also includes cartilage, tendons, and ligaments that help connect muscles and bones.

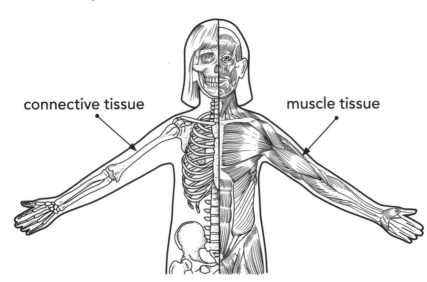

connective tissue   muscle tissue

Vocabulary

tissue
TIH-shoo
a group of cells that work together to perform a specific function

connective tissue
kuh-NEK-tiv TIH-shoo
groups of cells that provide structure and support

muscle tissue
MUSS-ul TIH-shoo
groups of cells that can contract and expand to produce movement

What kind of tissue do you think each body part is mostly made of?

1. your kneecaps _____

2. the cartilage in your nose _____

3. your heart _____

4. your shinbone _____

5. your tongue _____

6. the biceps in your arms _____

Name _____

Day 3

Weekly Question

Why are bones hard and muscles soft?

There are three types of muscle tissue that make up the muscles in your body. One type forms the muscles in your organs. Another type forms your heart muscle. The third type forms the muscles that attach to your skeleton. This skeletal muscle tissue is made up of long, thin cells that look like threads. Unlike most other cells, skeletal muscle cells have more than one nucleus. Muscle cells bundle together to form long, rope-like cords of tissue.

Every time you move, muscle tissue contracts and relaxes. When you "make a muscle" in your arm by flexing, you are actually contracting the muscle tissue, making it shorter and thicker. When you stop flexing, the muscle tissue releases, becoming longer and thinner.

← muscle cells

A. Rewrite each sentence, changing a word or phrase to make the statement true.

1. The muscle tissue in your heart is made up of long, thin cells.

   _____

2. Skeletal muscle cells have a nucleus and many cell membranes.

   _____

3. When you flex your arm, the muscle tissue becomes longer and thinner.

   _____

B. Our bodies have some muscles that we can move voluntarily and some that move involuntarily (without us thinking about it). Name an example of each.

   Voluntary: _____   **Involuntary:** _____

Name _____

Day 4

Weekly Question

Why are bones hard and muscles soft?

Under a microscope, bone cells look very different from muscle cells. Bone cells are star-shaped and contain a nucleus and a thin ring of cytoplasm. Bone tissue is made up of layers of bone cells surrounded by calcium and other minerals. These minerals are what make our bones hard. Bones give our bodies shape and allow us to stand upright.

Hard bones and soft muscles work together to give us strength, form, and movement. Bones cannot move by themselves. They need muscles that contract and release to pull them into motion. But muscles can't contract and release without being attached to something hard and rigid, like bones. In order for our bodies to function, we need both bones and muscles.

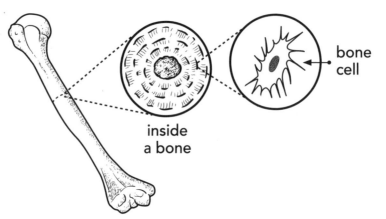

inside
a bone

bone
cell

A. Describe two ways that bone cells and muscle cells are alike and two ways they are different.

Alike: _____

Different: _____

B. Why do you think nutrition experts recommend that young people eat foods high in calcium?

_____

_____

Name _____

Day 5

Weekly Question

Why are bones hard and muscles soft?

A. Use the words in the box to complete the paragraph.

> membrane   nucleus   muscle tissue   cell
>
> cytoplasm   tissue   connective tissue

The smallest unit of life is a _____. It contains

a _____ that directs all of the cell's activities. It also

has a _____ that acts as a barrier between the cell

and the outside world. Inside the cell, there is a jelly-like substance called

_____. Cells that group together to carry out a specific

function are called _____. _____

supports the body. _____ helps us move.

B. Label the *nucleus* (or *nuclei*), *cytoplasm*, and *cell membrane* of the muscle cells and bone cells.

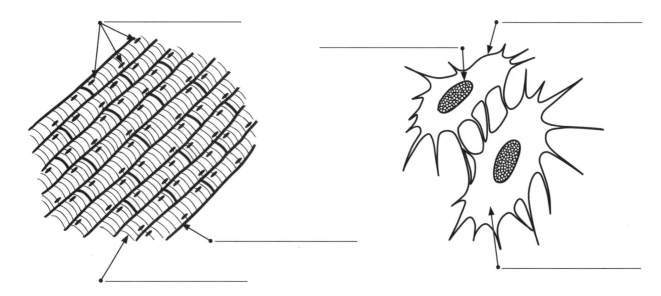

Living things are made mostly of cells. Multicellular organisms have different cells that perform specialized functions.

Why does skin wrinkle in the bathtub?

This week students discover why skin wrinkles by looking at the structure and function of the tissues that make up the layers of the skin. They learn that the skin is the largest organ in the human body. It is composed of two tissues: connective and epithelial tissue. These tissues work together to protect the body, regulate temperature, and move materials through the skin.

The tissues of skin are contained in three layers: the hypodermis, dermis, and epidermis. The epidermis is the layer that swells when soaked in water. Normally, skin is covered by sebum, an oily substance that acts like waterproofing. But after 20 minutes in water, the sebum is washed away and the skin absorbs the water, causing it to swell and wrinkle.

Day One

Vocabulary:
epithelial tissue, organ

Materials: page 15

Introduce the vocabulary and review the term *connective tissue* from Week 1 (tissue that supplies structure and support). Remind students that tissues are cells that work together to perform specialized jobs. Then tell them that, in much the same way, organs are tissues that work together. After students have finished reading the passage, have them complete the activities. Review the answers together.

Day Two

Vocabulary:
dermis, epidermis, hypodermis

Materials: page 16

Introduce the vocabulary. Invite students to guess what the word root *derma* means. (skin) Then explain that *epi-* is a prefix that means "on top of," and *hypo-* means "below." Ask students if they can name the kind of doctor that specializes in skin care. (dermatologist) After students have finished reading the passage, have them complete the activities. Review the answers together.

Day Three

Vocabulary:
callus, sebum

Materials: page 17

Start the day by asking students if they know what a callus is and how they would get one. (a patch of tough skin that develops from rubbing against something constantly) After students have read the passage, have them complete the activities. For the oral activity, pair students together or discuss it as a group.

Day Four

Materials: page 18

After students have read the passage, ask if they can guess why their skin returns to normal several minutes after getting out of the bath. (The water absorbed by the callus dries out, and the epidermis shrinks.) Have them complete the activities and review the answers together.

Day Five

Materials: page 19

Have students complete the page independently. Then review the answers together.

Name _____

Weekly Question

Why does skin wrinkle in the bathtub?

Daily Science

Big Idea 1

WEEK 2

You may not think of your skin as an **organ**, but it is. In fact, it is the largest organ of your body. As an organ, your skin keeps your body from drying out, helps to keep your temperature constant, and acts as a barrier to disease.

Your skin is made up of two types of tissue: **epithelial tissue** and connective tissue. When you look at your skin, you are seeing epithelial tissue. Epithelial tissue protects your body from the outside world. It does the work of moving materials in and out of the body. It also secretes sweat that keeps us cool.

Vocabulary

epithelial tissue
EP-ih-THEEL-ee-ul TIH-shoo
tissue that covers the inside and outside surfaces of the body

organ
OR-gun
a group of tissues that perform specific functions

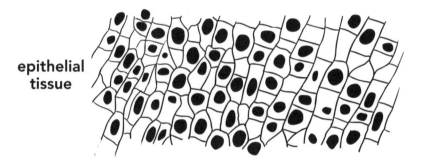

epithelial tissue

A. Name the two types of tissue that form your skin.

1. _____   2. _____

B. What are the main jobs of epithelial tissue?

_____

_____

C. Check the box next to the phrase that completes the analogy.

Tissue is to **organ** as _____.

☐ **skin** is to **body**   ☐ **cell** is to **tissue**

☐ **epithelial** is to **connective**   ☐ **barrier** is to **purpose**

Name _____

Day 2

Weekly Question

Why does skin wrinkle in the bathtub?

The tissues of the skin are contained in three layers. The bottom layer, called the **hypodermis**, is a layer of fat and connective tissue that helps connect the skin to muscles and bones.

The middle layer, the **dermis**, is composed mostly of connective tissue and includes hair roots, nerve endings, sweat glands, and blood vessels. The dermis cushions the body, regulates body heat, and registers sensations of pain, temperature, and pressure.

The top layer of your skin is the **epidermis**, which is made of epithelial tissue. The epidermis protects the other layers of your skin and prevents your body from losing water.

Vocabulary

dermis
DER-miss
*middle layer of
the skin*

epidermis
EP-ih-DER-miss
*top layer of the
skin*

hypodermis
HI-poh-DER-miss
*bottom layer of
the skin*

A. Label the *hypodermis, dermis,* and *epidermis.*

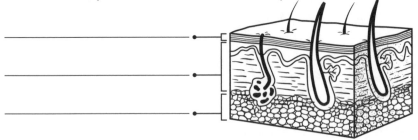

B. Write which layer of skin—the *hypodermis, dermis,* or *epidermis*—is described in each statement below.

1. responsible for sense of touch _____

2. protects skin from damage _____

3. connects skin to muscle and bone _____

C. The tissues in your skin are also responsible for "goose bumps," the raised hairs you get when you are chilled. As your skin registers the sensation of cold, tiny muscles attached to your hair roots make the hairs stand up. In which layer of skin do you think this happens? Explain your answer.

_____

_____

Name _____

Day 3

Weekly Question

Why does skin wrinkle in the bathtub?

As a way of protecting your body, your epidermis contains flattened skin cells called **callus** cells that stack on top of each other like tiles. These cells are dry on the inside and have thick walls. Callus cells are tough and protect skin from damage. When there is a lot of friction on your skin, callus cells build up. This is what we call a callus.

An oily substance called **sebum** also protects your skin. Sebum acts like a natural waterproof seal, keeping your skin from absorbing too much water. Sebum also helps keep water inside skin cells so they don't dry out.

Vocabulary

callus
KAL-us
dry, tough skin cells

sebum
SEE-bum
an oily substance that covers the epidermis

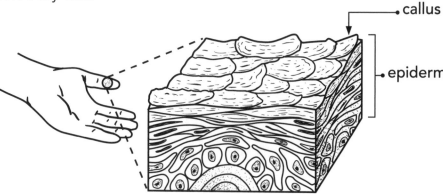

callus

epidermis

Write whether *callus* or *sebum* would protect your skin more in the situations below.

1. using a shovel to dig   _____

2. swimming in a lake   _____

3. staying outside on a hot day   _____

4. handling a hot pan   _____

Talk

Acne develops when excess sebum, dead skin cells, and bacteria that normally live on the skin plug up hair follicles. How does washing the skin help control acne?

Day 4

Weekly Question

Why does skin wrinkle in the bathtub?

Although sebum normally protects your skin from absorbing too much water, when you soak your skin for more than 20 minutes, the sebum can be washed off. When that happens, the callus cells in the epidermis absorb water, and the cells puff up and become soft. Callus cells are thickest on hands and feet, so they swell the most.

So why does skin wrinkle, instead of just puff up, when it expands? The epidermis is firmly attached in some places to the dermis, which doesn't expand when soaked in water. These points of attachment between the layers of skin form the indents of a wrinkle.

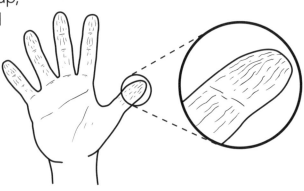

A. Answer the questions.

1. Based on the picture above, which part of the hand has the most callus cells?

_____

2. Why doesn't your skin wrinkle when you go outside in the rain?

_____

3. Why doesn't the skin on your stomach wrinkle after a swim?

_____

B. Ducks' feathers are waterproof, due in part to a gland near their tail. When ducks clean themselves, they spread a substance from this gland over their feathers. How is this substance like sebum? How is it different? Explain your answer.

_____

_____

Name _____

Day 5

Weekly Question

Why does skin wrinkle in the bathtub?

A. Use the words in the box to complete the paragraph.

> sebum   organ   epithelial   hypodermis
> dermis   callus   epidermis

Your skin is the body's largest _____. It is made up

of connective and _____ tissue. The bottom layer of

skin, or the _____, connects your skin to your muscles

and bones. The middle layer, or the _____, regulates

body temperature and senses pain. The _____ protects

the other layers of skin from damage. This layer is helped by oily

_____ and tough _____ cells.

B. Write *true* or *false*.

1. Callus cells only protect your skin from water.   _____

2. Organs are made up of tissues.   _____

3. The skin is the largest organ in the body.   _____

C. There are three levels of burns you can get on your skin. First degree
burns are the least serious, and third degree burns are the most serious.
In which layers of the skin do you think first, second, and third degree
burns happen? Explain your answer.

_____

_____

Big Idea 1

Living things are made mostly of cells. Multicellular organisms have different cells that perform specialized functions.

Week 3
What happens if you swallow gum?

Most students, at one point or another, have pondered the effects of swallowing their gum, and they may have incorrect assumptions about it. This week, in the process of discovering what actually happens when they swallow gum, students learn how the digestive system works.

The digestive system, like other organ systems, is a group of organs that work together to perform a function—specifically, digesting food, absorbing nutrients, and expelling waste. The digestive system begins with the mouth, where saliva and enzymes break down food. From there, food moves to the stomach, where acids and other enzymes break it down even further. The stomach contents get pushed from the stomach into the small intestine, where small finger-like bumps called *villi* absorb the food's nutrients and help move them into the bloodstream. Finally, the food makes it to the large intestine, where it is compacted with other waste materials and expelled from the body.

Day One

Vocabulary: *digestive system, esophagus, intestines*

Materials: page 21

Introduce the vocabulary. After students have read the passage, ask them to explain what they think it means to say "gum is largely not digestible" even though it can pass through the body. (It means the gum cannot be broken down.) Tell students that there are other food ingredients, such as seeds and fiber, that are also mostly indigestible. Have students complete the activity. Review the answers together.

Day Two

Vocabulary: *enzymes, salivary glands*

Materials: page 22

Ask students what happens after they chew gum for a long time. (It loses flavor.) Have students read the passage to understand that saliva and enzymes break down gum's sweeteners, so after a while you can't taste them. Have students complete the activities. Review the answers together.

Day Three

Vocabulary: *villi*

Materials: page 23

Ask students to predict what they think happens to the gum once it gets to the stomach. Write their answers on the board. After students have finished reading, compare their answers to the information in the passage. Have students complete the activities. Review the answers together.

Day Four

Materials: page 24

Have students read the passage. Tell them that despite their names, the small intestine is actually much longer than the large intestine. Then instruct students to complete the activities. Review the answers together.

Day Five

Materials: page 25

Have students complete the page independently. Then review the answers together.

    Daily Science • EMC 5015 • © Evan-Moor Corp.

Name _____

Day 1

Weekly Question

What happens if you swallow gum?

Have you ever been warned not to swallow gum? Maybe you've been told that gum sticks to your intestines, or that it takes seven years to digest! These stories about gum are so widespread that they have been discussed in actual science articles. But are they true? No, not really. Gum is made from a chewy, rubber-like material that is largely not digestible. However, gum is able to pass through the body because of the body's **digestive system**.

The digestive system is an example of an organ system in which different organs of the body cooperate to perform a function. It is composed of organs such as the **esophagus**, stomach, and small and large **intestines**. These organs work together to break down food, absorb nutrients from food, and expel waste.

Vocabulary

digestive system
dy-JESS-tiv SISS-tum
a group of organs that work together in the body to digest food

esophagus
ih-SAH-fuh-gus
a tube that connects the mouth and the stomach

intestines
in-TESS-tinz
a set of tube-like organs that form part of the digestive track

Use information from the diagram and the passage to answer the questions.

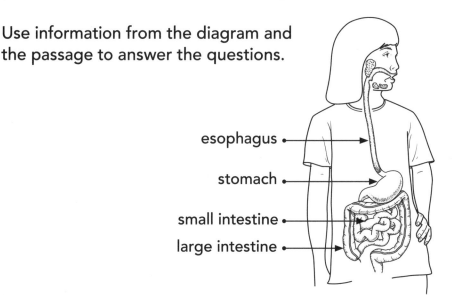

esophagus •

stomach •

small intestine •

large intestine •

1. Which organ receives food first, the esophagus or the stomach? _____

2. Which organ is between the stomach and large intestine? _____

3. What are the three functions of the digestive system?

_____ _____ _____

Name _____

Weekly Question

Day 2

What happens if you swallow gum?

Your digestive system starts with your mouth. When you chew food, you break it up into smaller pieces. As you chew, your **salivary glands** secrete saliva. Saliva moistens the food, and **enzymes** in the saliva start to break down the food's nutrients so that your body can absorb them more easily. When you swallow, muscles move the food down your esophagus to your stomach.

However, when you chew on gum, something different happens. Saliva and enzymes break down the sweeteners in the gum, but the rest of the gum stays in one wad. If you happen to swallow it, it will move to the stomach in one piece.

Vocabulary

enzymes
EN-zymz
chemicals that aid reactions in the body

salivary glands
SAL-ih-VAIR-ee glandz
glands that secrete saliva enzymes

A. Write a caption for the diagram, explaining the role that chewing and saliva play in digestion.

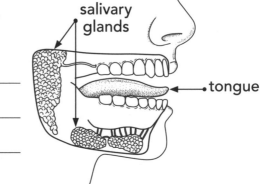

salivary glands

tongue

_____

_____

_____

B. Answer the questions.

1. How are enzymes similar to chewing, and how are they different?

_____

_____

2. What are two possible problems with swallowing food before you chew it properly?

a. _____

b. _____

Name _____

Day 3

Weekly Question

What happens if you swallow gum?

After food passes through your esophagus, it enters the stomach. Here, strong muscles that form the stomach wall churn up the food. The stomach secretes acids and enzymes that help further break down the food. However, a wad of gum remains mostly intact. Even so, it doesn't stay in your stomach for seven years! Usually within hours, the wad of gum gets pushed into the small intestine along with the rest of the stomach contents.

Digestion is completed in the small intestine. The inside of the small intestine is lined with small, finger-like bumps called **villi**. Nutrients from the digested food are absorbed through the villi and passed into the bloodstream. The blood then carries the nutrients to cells throughout the body.

Vocabulary

villi
VIL-eye
finger-like bumps in the small intestine that help move nutrients into the bloodstream

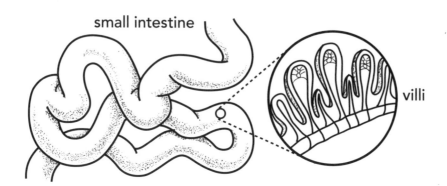

small intestine

villi

A. Complete the sentences below, using words from the passage.

1. Enzymes and _____ break down food in the stomach.

2. Nutrients enter the bloodstream with the help of _____.

3. Digestion is completed in the _____.

B. Sometimes when you are ill or eat something spoiled, your brain sends a signal to your stomach to force its contents out of your body. What works in your stomach to make this happen?

_____

Name _____

Day 4

Weekly Question

What happens if you swallow gum?

After food is digested in the small intestine, anything left over that can't be absorbed as nutrients is moved into the large intestine as waste. The main job of the large intestine is to absorb water from the waste, compact the waste, and expel it from your body. This is ultimately what happens to the gum that you swallow. Since it is not digestible, it passes harmlessly out of your body.

The digestive system works with other systems in your body. For example, water absorbed from the large intestine enters the blood and passes through the organs of the excretory (EKS-krih-TOR-ee) system. Kidneys cleanse the blood and remove dissolved waste, which is stored in the bladder until it is excreted as urine.

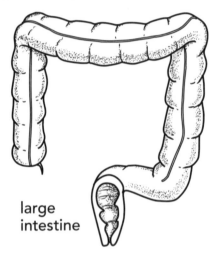

large intestine

A. List the three main jobs of the large intestine.

1. _____

2. _____

3. _____

B. Check the box next to the words that complete the analogy.

Intestine is to _____ **system** as **kidney** is to _____ **system**.

☐ circulatory, voluntary   ☐ digestive, nervous

☐ digestive, excretory   ☐ respiratory, digestive

Name _____

Day 5

Weekly Question
What happens if you swallow gum?

A. Use the words in the box to complete the paragraph.

> esophagus   digestive system   enzymes
>
> intestine   salivary glands   villi

Your _____ starts with your mouth.

When you chew food, _____ produce saliva to

moisten food, and _____ help break down the

nutrients. The food goes down the _____ into the

stomach and is broken down further. From there, food is pushed into the

small _____, where finger-like _____

help absorb nutrients and deliver them to the body's bloodstream.

B. Label the parts of the digestive system, using the words in the box.

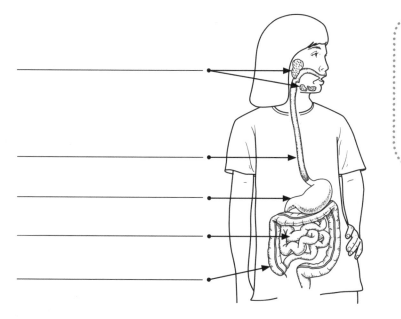

> stomach
> esophagus
> large intestine
> salivary glands
> small intestine

Living things are made mostly of cells. Multicellular organisms have different cells that perform specialized functions.

Week 4
How do people give blood without running out of it?

This week students learn about the body's blood supply by first examining blood's function as part of the circulatory system. The circulatory system is made up of organs such as the heart and blood vessels, which include the arteries, veins, and capillaries. The heart pumps blood to the body, and blood vessels bring nutrients and oxygen to all of the body's cells. Blood is made up of plasma and cells. Liquid plasma contains dissolved nutrients and waste. Red blood cells deliver oxygen and remove carbon dioxide. White blood cells fight infection, and platelets help blood clot. However, although blood circulates in the circulatory system, it is actually produced in the bone marrow. Marrow produces stem cells, which become the cells in blood.

Day One

Vocabulary: *blood vessels, circulatory system*

Materials: page 27

Introduce the vocabulary. Point out that the word *vessel* can refer to a ship or to an object that holds food or drink. Ask students what these things have in common with blood vessels. (They all hold or carry something.) Remind students that blood carries nutrients from the digestive system and also picks up oxygen in the lungs, which are part of the respiratory system. After students have finished reading the passage, direct them to complete the activities. Review the answers together.

Day Two

Vocabulary: *plasma, platelets*

Materials: page 28

Introduce the vocabulary and inform students that plasma is made mostly of water. If necessary, review the term *connective tissue* before students read the passage. Tell them to refer to the illustrations as they read. After students have finished reading, have them complete the activity. Review the answers together.

Day Three

Vocabulary: *marrow, stem cells*

Materials: page 29

Introduce the vocabulary. Explain to students that stem cells have the potential to turn into any number of specialized cells, and not just blood cells. This is why scientists have such an interest in studying them. After students have read the passage, have them complete the activities. Review the answers together.

Day Four

Materials: page 30

Ask students if they know anyone who has ever given blood. Explain that only the blood of healthy people can be donated. This is so that diseases are not transmitted when the blood is used. After students finish reading, you may want to read the chart as a group before they complete the activity independently. Review the answers together.

Day Five

Materials: page 31

Have students complete the page independently. Then review the answers together.

Name _____

Weekly Question

Day 1

How do people give blood without running out of it?

Blood is the link between every cell in your body. Working together with the heart, lungs, muscles, brain, and digestive system, blood transports oxygen and nutrients everywhere they are needed. Blood also shuttles the waste products produced by cells to places in the body where the waste can be eliminated.

Blood is part of your body's **circulatory system**. This system includes the heart, which pumps blood throughout the body, and the **blood vessels**, such as the arteries and veins. Blood leaves your heart through the arteries. Tiny vessels called capillaries (KAP-ih-LAIR-eez) allow blood to reach each cell and connect the arteries to the veins, which return blood to the heart.

A. Judging by the direction that the blood is flowing in the diagram, label the *artery*, *capillary*, and *vein*.

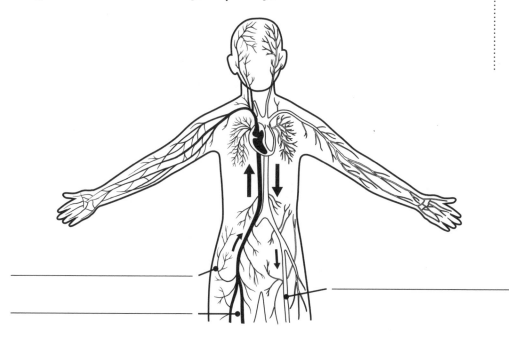

B. Name the two main functions of blood.

1. _____

2. _____

Vocabulary

blood vessels
BLUD VESS-ulz
tubes that transport blood throughout the body

circulatory system
SER-kew-lih-tor-ee SISS-tum
the system of organs that pump blood throughout the body

Name _____

How do people give blood without running out of it?

Blood is a liquid connective tissue made of cells suspended in a watery fluid called **plasma**. Plasma brings dissolved nutrients to cells and carries the cells' waste products away.

Blood contains three types of cells. Red blood cells, which give blood its color, account for 99% of all blood cells. Red blood cells transport oxygen to all body cells. White blood cells, on the other hand, are far fewer in number but have the important job of attacking infection. **Platelets**, which are the third type of blood cell, are not really cells at all but are fragments of larger blood cells. These small, irregularly shaped bodies collect at the site of an injury and help blood to clot, or form a scab.

Vocabulary

plasma
PLAZ-muh
fluid containing dissolved nutrients and waste

platelets
PLAYT-lits
particles in blood that help make blood clot

red blood cell

platelet

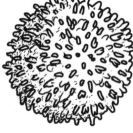

white blood cell

Answer the questions.

1. Which part of your blood transports nutrients? _____

2. Which cells help you get over a cold? _____

3. Which cells help heal a cut? _____

4. Why is blood red? _____

5. What would happen to someone without platelets? _____

_____

Weekly Question

Day 3

How do people give blood without running out of it?

Blood is essential for life. So what happens when we lose blood? Our bodies actually lose blood all the time—not just from cuts and injuries, but also because blood cells in the body live only for a few days or, at most, a few months. Because of this, our bodies are continuously producing new blood.

Blood cells start out as **stem cells** located in your bone **marrow**. Bone marrow is a spongy, gel-like material inside certain bones, such as your leg and hip bones. Bone-marrow stem cells become the red blood cells, white blood cells, and blood platelets you need to stay healthy. More than 100 billion new blood cells are created in the bone marrow every day.

Vocabulary

marrow
MARE-oh
soft tissue found inside certain bones

stem cells
STEM selz
cells that can become other types of cells

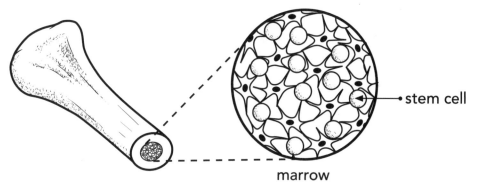

stem cell

marrow

A. Write *true* or *false*.

1. Plasma starts out as stem cells. _____

2. Bone marrow is contained in all the bones of the body. _____

3. Blood cells can die after a few days. _____

B. If the body makes 100 billion new blood cells each day, approximately how many blood cells can it make each hour? _____

C. Use words from the passage to complete the sentence.

Bone _____ contains _____ cells, which become _____ cells.

Name _____

How do people give blood without running out of it?

Daily Science

Big Idea 1

WEEK 4

Even though blood is constantly replenished in the body, losing too much blood suddenly can endanger a person's life. That's why people donate blood, which can be stored and used for such emergencies.

The human body contains about 5 quarts of blood. Blood donors typically give 1 unit, which is about 1 pint, or 10% of the blood they have. Their body is able to replace the blood fairly quickly. Liquid plasma is fully restored within a day or two. The blood cells take a few weeks to regenerate in the bone marrow and return to normal levels.

Donating blood gives the gift of health. For some people, it is the gift of life.

Use the chart to answer the questions about how donated blood is used.

Reason for Needing Blood	Blood Parts Needed		
	Red blood cells	Platelets	Plasma
Accident	4–100 units	none	none
Liver transplant	10–40 units	10–30 units	20–25 units
Open-heart surgery	2–6 units	1–10 units	2–4 units
Cancer treatment	10–20 units	10–15 units	none

1. Which part of donated blood is most frequently used? _____

2. Which medical event can require the most units of blood? _____

3. How many total units of blood parts does a liver transplant require? _____

4. What is the minimum number of blood parts needed for open-heart surgery? _____

Name _____

Day 5

Weekly Question

How do people give blood without running out of it?

A. Use the words in the box to complete the paragraph.

> marrow   stem cells   blood vessels
>
> plasma   platelets   circulatory system

Blood is pumped through the body's _____,

which is made up of _____ such as veins, arteries, and

capillaries. Blood contains a liquid substance called _____,

as well as red blood cells, white blood cells, and _____.

Blood is made in the bone _____ and comes from

non-specialized cells called _____.

B. Label a *red blood cell*, *white blood cell*, and *platelet*.

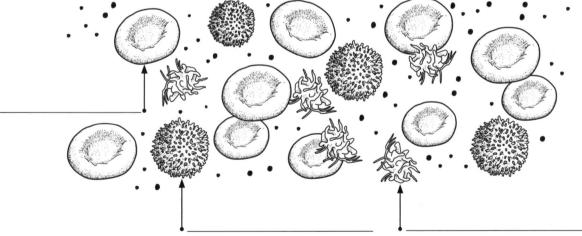

C. Why is it important for people to donate blood?

_____

Name _____

Unit Review

Comprehension

Use Your Brain Cells

Fill in the bubble next to the correct answer.

1. What is the main function of muscle tissue?
    - Ⓐ to help the body move
    - Ⓑ to protect the body from disease
    - Ⓒ to help the body digest food
    - Ⓓ to support the body

2. What are the layers of the skin?
    - Ⓐ epithelial, thelial, dermothelial
    - Ⓑ callus, blood vessels, muscle
    - Ⓒ epidermis, dermis, hypodermis
    - Ⓓ tissue, dermis, epithelial

3. Villi in the _____ help move nutrients into the blood.
    - Ⓐ esophagus
    - Ⓑ large intestine
    - Ⓒ stomach
    - Ⓓ small intestine

4. Blood consists mostly of _____.
    - Ⓐ blood cells and tissue
    - Ⓑ plasma, red blood cells, and platelets
    - Ⓒ water, marrow, and platelets
    - Ⓓ oxygen, nutrients, and waste

5. Two organ systems that work together are the _____.
    - Ⓐ epithelial and connective systems
    - Ⓑ digestive and excretory systems
    - Ⓒ digestive and salivary systems
    - Ⓓ circulatory and plasma systems

6. What is the function of a cell's nucleus?
    - Ⓐ to act as a barrier
    - Ⓑ to cushion the cell
    - Ⓒ to direct the cell's actions
    - Ⓓ to form stem cells

7. The substance that washes off your skin after a long bath is _____.
    - Ⓐ epidermis
    - Ⓑ callus
    - Ⓒ epithelial tissue
    - Ⓓ sebum

Name _____

 Unit Review

Vocabulary

Get "Organ-ized"

Daily Science
Big Idea 1

WEEK 5

Use the vocabulary words and the clues below to solve the puzzle.

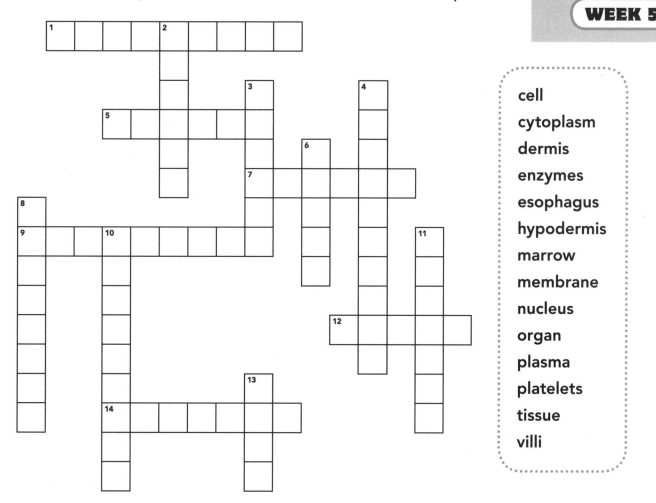

| cell |
| cytoplasm |
| dermis |
| enzymes |
| esophagus |
| hypodermis |
| marrow |
| membrane |
| nucleus |
| organ |
| plasma |
| platelets |
| tissue |
| villi |

ACROSS

1. a jelly-like substance in the cell
5. Cells grouped together form this.
7. where blood cells come from
9. a part of the digestive system between the mouth and the stomach
12. finger-like bumps in the small intestine
14. chemicals in your salivary glands that break down food

DOWN

2. This contains dissolved nutrients.
3. middle layer of skin
4. bottom layer of skin
6. Your heart is an _____.
8. something that surrounds the cell
10. blood parts that help blood clot
11. a cell's control center
13. the fundamental unit of life

Name _____

Unit Review | *Visual Literacy*
Tissues, Organs, & Systems

Complete the chart below with words from the box to show how the human body is organized and what it is made up of.

circulatory	digestive	heart	intestines
connective	epithelial	tissues	red blood cells
esophagus	platelets	systems	white blood cells

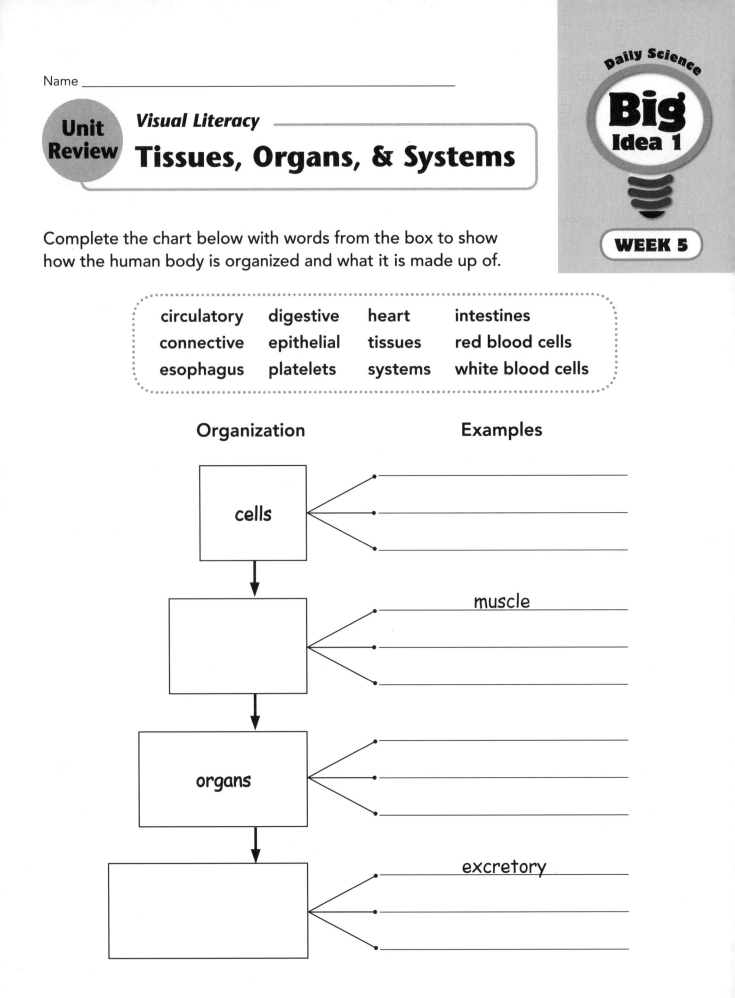

Organization   Examples

cells

muscle

organs

excretory

Name _____

Unit Review

Hands-on Activity

Can You Stomach This?

During digestion, food passes through the stomach, where it mixes with digestive juices and is churned by muscles forming the stomach wall. In this experiment, your hands provide the muscle, and soda does the job of the stomach acid.

What You Need

- see-through, sealable food storage bag
- ⅓ cup carbonated soft drink
- slice of bread
- wad of chewed gum
- measuring cup

1. Place the soft drink, bread, and chewed gum in the food storage bag.

2. Make sure most of the air is removed from the bag. Then seal the bag.

3. Squeeze the bag with your hands for about a minute. Look at the contents of the bag.

4. Record your observations.

What Did You Discover?

1. What happened to the bread?

_____

2. What happened to the gum?

_____

3. Explain why the gum and the bread reacted the way that they did.

_____

Big Idea 2

An ecosystem is a community in which every living thing fills a role.

Key Concept
Roles of organisms in ecosystems

National Standard
Populations of organisms can be categorized by the function they serve in an ecosystem.

By fifth grade, students should be familiar with the concept of organisms and their natural habitats. However, they are probably not aware of the ways that organisms interact within their habitats to form ecosystems. In this unit, students learn that:

→ in the soil ecosystem, earthworms act as decomposers;

→ polar bears and pandas are consumers that have evolved adaptations to survive in their different ecosystems;

→ lions are predators at the top of their food chain in the savanna ecosystem; and

→ plants are producers that compete for sunshine in the rainforest ecosystem.

Teacher Background

An ecosystem is made up of a group of organisms interacting with one another and their environment. This natural community can encompass the entire planet or be contained in a single drop of water. Each organism plays an important role in its ecosystem, regardless of its size or shape. From lowly earthworms to kingly lions, all species contribute to the health of their ecosystem and may even be connected to the health of the planet.

In this Big Idea, students will learn about the roles of producers, consumers, and decomposers in their ecosystems by studying familiar plant and animal species. Producers, consumers, and decomposers are connected to one another through the transfer of energy. Producers provide energy for the consumers that eat them. And prey organisms provide energy for the predators that hunt them. When those organisms die, they supply energy for the decomposers that recycle organic material for the producers to use again. This transfer of energy sustains every ecosystem on Earth.

For specific background information on each week's concepts, refer to the notes on pp. 38, 44, 50, and 56.

Unit Overview

WEEK 1: Why do earthworms like dirt?

Connection to the Big Idea: Earthworms are decomposers that recycle organic matter and benefit the health of the soil ecosystem. Students learn that soil is the ideal habitat for earthworms because it is moist and dark. But earthworms also help the soil by aerating it and providing nutrients for plants, which are in turn eaten by animals.

Content Vocabulary: *aerate, castings, decomposer, ecosystem, exposure, hydrated*

WEEK 2: Why do pandas eat plants but polar bears eat meat?

Connection to the Big Idea: Giant pandas and polar bears are consumers that have evolved distinct adaptations to survive in their habitats. Students learn that these bears are related species but live in such different ecosystems that they have evolved adaptations for completely separate diets.

Content Vocabulary: *adaptation, carnivore, consumer, herbivore, omnivore*

WEEK 3: Is the lion really the king of the jungle?

Connection to the Big Idea: Lions are top predators of the savanna ecosystem. Students learn that this ecosystem, as well as others, contains food chains that overlap to form complex food webs. Although lions are at the top of their own food chains, they share the top predator spot with hyenas and cheetahs in the savanna food web.

Content Vocabulary: *competition, food chain, food web, predator, prey, savanna*

WEEK 4: How can so many different plants live in the rainforest?

Connection to the Big Idea: Plants of the rainforest, like all plants, are producers. Students learn that competition for sunlight among primary producers has resulted in a multilayered ecosystem that rises hundreds of feet above the ground.

Content Vocabulary: *canopy, diversity, epiphyte, overstory, producer, rainforest, understory*

WEEK 5: Unit Review

You may choose to do these activities to review concepts about organisms' roles in their ecosystems.

p. 62: Comprehension Students answer multiple-choice questions about key concepts in the unit.

p. 63: Vocabulary Students write vocabulary words from the unit to match clues.

p. 64: Visual Literacy Students match organisms of the rainforest with their roles in the ecosystem.

p. 65: Hands-on Activity Students watch as earthworms mix soil and fulfill their role as decomposers. Instructions and materials needed for the activity are listed on the student page.

An ecosystem is a community in which every living thing fills a role.

Week 1
Why do earthworms like dirt?

The natural habitat of earthworms is soil. But it's not just a place for the worm to live. Soil is also an ecosystem—a community of organisms and the environment that they inhabit. A healthy soil ecosystem provides nutrients for plants that grow in the soil, as well as animals that eat the plants.

This week students learn that earthworms fulfill an integral role in the soil's ecosystem. They act as decomposers, ingesting soil and all its contents, and excreting nutrient-rich castings. Worms also improve the quality of soil by burrowing. They pull top layers filled with organic matter down into the soil, creating a balanced mixture. Their burrowing aerates the soil and allows for water drainage. Soil provides earthworms advantages as well. Not only does it contain the worms' food, but it also keeps them hydrated and helps regulate their body temperature.

Day One

Vocabulary:
decomposer, ecosystem

Materials: page 39

Discuss with students the difference between a habitat (the environment in which an organism lives) and an ecosystem (a collection of organisms and the habitat they share). Tell them that soil is a habitat because it's where the earthworms live. Then explain that it's also an ecosystem because it contains many living things that share the habitat. Have students complete the activities. Review the answers together.

Day Two

Vocabulary: *exposure, hydrated*

Materials: page 40

Introduce the vocabulary. Point out the illustration of the worm, and have students examine the structures of its body. Ask them to find differences in the worm's organs from our own. (Worms have five hearts and one long intestine that runs from mouth to anus.) After students have read the passage, have them complete the activities.

Day Three

Vocabulary: *aerate, castings*

Materials: pages 40 and 41

Refer back to the illustration on page 40 and point out the worm's digestive tract. Explain that earthworms ingest soil at one end, extract the organic nutrients, and expel the rest out the other end. Then introduce the vocabulary. After students have read the passage, have them complete the activities. Review the answers together.

Day Four

Materials: page 42

Have students read the passage. Point out that not only do organisms play a role in their particular ecosystem, but ecosystems play a role in supporting other ecosystems. Have students complete the activities and review the answers together.

Day Five

Materials: page 43

Have students complete the page independently. Then review the answers together.

Name _____

Day 1

Weekly Question

Why do earthworms like dirt?

If you have ever dug in a garden, you've probably found a lot more than just dirt. A closer look might have revealed ants and centipedes, or perhaps a network of plant roots. And although you might not have seen them, soil teems with microorganisms. An ounce of soil can contain 100,000 algae, 1,000,000 fungi, and 100,000,000 bacteria!

In a sense, healthy soil is "alive," crawling with worms, insects, and microscopic life. Soil is an **ecosystem** that includes not only the minerals in the dirt but also all the organisms that make the soil their habitat. In the soil ecosystem, earthworms play the role of **decomposers**. Earthworms break down and recycle matter mostly from dead plants.

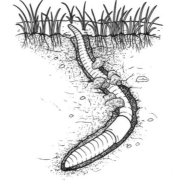

Vocabulary

decomposer
DEE-kom-POH-zer
an organism that feeds on dead plant or animal matter

ecosystem
EE-koh-SIS-tum
a group of organisms and the environment in which they live

A. Check the box next to the phrase that completes the analogy.

Home is to **community** as _____.

☐ **earthworm** is to **algae**   ☐ **habitat** is to **ecosystem**

☐ **ecosystem** is to **soil**   ☐ **earthworm** is to **habitat**

B. Complete the paragraph with words from the passage.

Garden soil contains worms, insects, and thousands upon thousands of

tiny _____, including algae and bacteria. These living

things share the same environment, making soil their _____.

The combined elements of the organisms and their environment functioning

together form an _____. Earthworms play a critical role

in this tiny world. As _____, they break down dead or

decaying plant material and help renew the soil.

Name _____

Day 2

Weekly Question

Why do earthworms like dirt?

Soil has many properties that attract earthworms. One reason earthworms like dirt is because it contains their food. The worms ingest dead and decaying plant matter that falls into the soil. Earthworms also graze on tiny living organisms in the soil, such as bacteria and fungi.

Another reason earthworms like dirt is because it shields their soft bodies from **exposure**. Earthworms have no protective shell or tough skin to keep in moisture. By staying underground, earthworms avoid being dried out by the sun's hot rays. The damp, cool earth keeps the worms **hydrated**. The soil also helps the worms maintain a lower body temperature, which keeps them alive.

Vocabulary

exposure
eks-POH-zhur
being exposed, or unprotected from harsh weather conditions

hydrated
HI-dray-tid
maintaining enough fluid

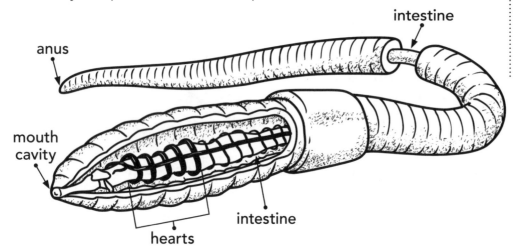

A. Describe three ways soil benefits earthworms.

1. _____

2. _____

3. _____

B. Write a sentence about earthworms, using the words *exposure* and *hydrated*.

_____

_____

Name _____

Day 3

Weekly Question

Why do earthworms like dirt?

Not only is soil good for earthworms, but earthworms are good for the soil. When earthworms eat, they swallow small pieces of dirt along with plant and animal matter. The worms break this material down into smaller pieces and expel it in the form of **castings**, which are rich in minerals and nutrients that are beneficial to plants and other organisms.

In addition to enriching the soil with their castings, earthworms also burrow into the soil and **aerate** it, allowing oxygen to enter. By burrowing, the worms bring organic-rich top layers to the soil deeper down. Burrowing also improves drainage by helping water penetrate the soil.

Vocabulary

aerate
AIR-ate
to expose to air

castings
KASS-tingz
*the waste expelled
by earthworms*

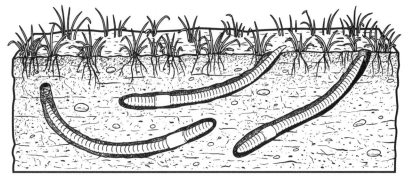

A. Write *true* or *false*.

1. When earthworms burrow, they remove nutrients from the soil. _____

2. Castings contain the nutrients other organisms need to survive. _____

3. Earthworms prevent water and oxygen from getting too deep in the soil. _____

B. Describe three ways earthworms improve soil.

1. _____

2. _____

3. _____

Name _____

Day 4

Weekly Question

Why do earthworms like dirt?

Earthworms are just one of the necessary parts of a garden ecosystem. Nutrients and water in garden soil allow plants, such as tomatoes or lettuce, to grow. Plants provide food for insects and animals that wander into the garden. Animals, in turn, are consumed by other animals. Ultimately, the wastes and remains of plants and animals return to the garden soil. In this way, all the plants and animals make their contribution to the garden ecosystem and allow worms to do their job as decomposers and recyclers.

A. Number the events below in the correct order to show the cycle that occurs in a garden ecosystem. The first step is given.

_____ Insects and other animals eat plants.

_____ Nutrients help plants grow.

__1__ Worm castings enrich the soil with nutrients.

_____ Worms decompose plant material.

_____ Animals and plants die.

B. What do you think would happen to the garden ecosystem if there were no more earthworms?

_____

Name _____

A. Use the words in the box to complete the paragraph.

> castings   hydrated   decomposers
> aerate   exposure   ecosystem

Soil and all the living things in it make up an _____.

Earthworms act as _____, eating decaying matter in the

soil and expelling it in the form of nutrient-rich _____.

The worms also _____ the soil, which helps circulate

oxygen. In return, the cool, moist soil protects earthworms from

_____ and keeps them _____.

B. Many people separate kitchen waste from their garbage to create compost, a mixture of decaying organic matter used to improve soil. Earthworms are often added to the mixture. Use this information to answer the questions below.

1. How do you think earthworms help the process of composting?

_____

_____

2. Why can't *all* trash be used to make compost?

_____

_____

An ecosystem is a community in which every living thing fills a role.

Why do pandas eat plants but polar bears eat meat?

Giant pandas and polar bears are both members of the bear family. However, although they are related, pandas and polar bears have wildly different habitats and diets. This week students learn that both of these types of bears have special adaptations that help them survive in their particular ecosystems. Pandas have an extra "thumb" and flat molars that help them eat bamboo, the staple of their diet. Polar bears, on the other hand, have adaptations that allow them to hunt seals in the Arctic.

Because of their specific adaptations, neither species adjusts well to changes in the environment. Recent decline in the numbers of pandas and polar bears may be related to loss of habitat. The dwindling populations of pandas and polar bears serve as a reminder to us about the vulnerability of ecosystems and the consequences of habitat destruction.

Day One

Vocabulary: *adaptation, consumer*

Materials: page 45

To activate prior knowledge, have students name some similarities and differences between pandas and polar bears. (e.g., both are bears, both have fur; polar bears hunt seals, pandas eat bamboo) Then introduce the vocabulary. For *consumer*, you might discuss the meaning of this word as it relates to people (i.e., "buyers of products"). After students have finished reading the passage, direct them to complete the activities.

Day Two

Vocabulary: *herbivore, omnivore*

Materials: page 46

Introduce the vocabulary and have students read the passage. Confirm students' understanding of how molars help pandas chew by asking students to describe the difference between their own molars and their other teeth. (Molars are flat, wide, and in the back of the mouth; other teeth are sharp, thin, and in the front of the mouth.) Have students complete the activities. Then review the answers together.

Day Three

Vocabulary: *carnivore*

Materials: page 47

Introduce the vocabulary word. Then ask: **Are humans *carnivores*, *herbivores*, or *omnivores*?** (Humans are omnivores, although some people choose not to eat meat.) After students have finished reading, have them complete the activities. Review the answers together.

Day Four

Materials: page 48

After students have read the passage, have them complete the activities. For the oral activity, you may want to pair students or discuss the question as a group. If necessary, prompt students to consider such ideas as replanting bamboo forests, breeding polar bears and pandas in zoos, reducing causes of global warming, etc.

Day Five

Materials: page 49

Have students complete the page independently. Then review the answers together.

Name _____

Day 1

Weekly Question

Why do pandas eat plants but polar bears eat meat?

Giant pandas and polar bears are both members of the bear family. Although they are related, pandas and polar bears live in very different ecosystems. Giant pandas live in the rainy, mountainous forests of central China. They have a diet that is almost entirely made up of bamboo. Polar bears live on the flat, barren ice of the Arctic Circle. They hunt a type of seal that also lives there.

Because pandas and polar bears rely on other organisms in their ecosystem for food, they are **consumers**. To fit their unique diets and ecosystems, both giant pandas and polar bears have special **adaptations** to help them survive.

Vocabulary

adaptation
AD-ap-TAY-shun
changes in an organism to become more suited to its environment

consumer
kon-SOO-mer
an organism that relies on other plants and animals for food

giant panda

polar bear

A. Use information from the passage to fill in the diagram below, comparing pandas to polar bears. Include where they live and what they eat.

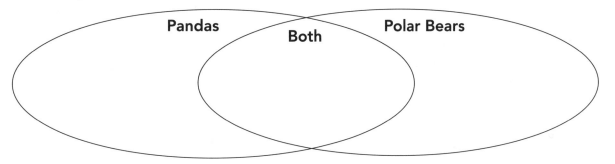

Pandas   Both   Polar Bears

B. Explain how you think each animal's adaptation helps the animal survive in its particular ecosystem.

1. dolphin's blowhole: _____

2. camel's long eyelashes: _____

3. monkey's tail: _____

Name _____

Weekly Question

Day 2

Why do pandas eat plants but polar bears eat meat?

Giant pandas live in a very small mountain region in central China. This area has plenty of rain, mild summers, and cool winters. The climate is good for the bamboo plant, which grows densely in the mountain forests. And *this* is good for pandas.

Although most bears are **omnivores**, pandas are **herbivores**. They spend about 12 hours every day eating bamboo! Why so much? It's because bamboo isn't very nutritious and their digestive systems can't digest it well. So pandas have to consume huge amounts for their bodies to absorb enough nutrients.

In order to eat bamboo, pandas have developed certain adaptations. One adaptation is flat molars that help pandas grind the plant material. Pandas also have a long bone that extends from their wrist, which allows them to better grasp bamboo shoots and leaves.

Nobody knows for sure why the pandas eat bamboo instead of other plants. But some scientists think it is because bamboo grows so densely, and the pandas don't have to compete with other animals for it.

Vocabulary

herbivore
HER-bih-vor
an animal that eats only plants

omnivore
AHM-nih-vor
an animal that eats both plants and other animals

A. Describe two adaptations that help pandas survive on a diet of bamboo.

1. _____

2. _____

B. Rewrite each sentence, changing or adding words as needed to make the statement true.

1. Most bears are herbivores. _____

2. Pandas easily digest bamboo. _____

3. A panda's habitat is hot and dry. _____

Name _____

Weekly Question

Day 3

Why do pandas eat plants but polar bears eat meat?

Far north in the Arctic Circle, polar bears live on the sea ice, swim in the frigid waters, and inhabit nearby islands and coastlines. Their habitat is frozen most of the year, and plants do not survive in these extreme conditions. So polar bears have adapted by becoming **carnivores**. They rely on a diet that consists entirely of meat—specifically, seals. Polar bears rarely catch the seals on land or in the open water, however. Instead, the bears hunt seals by waiting on the edges of holes in the ice, where the seals surface to breathe.

Polar bears have special adaptations for living on the ice and hunting the seals. To keep from slipping, the bears have small, soft bumps on the bottom of each paw and tufts of fur between their toes. Their thick, curved claws grip the ice, as well as catch and hold their prey. In addition, a polar bear's toes are slightly webbed, which helps it swim between pieces of ice.

Vocabulary

carnivore
KAR-nih-vor
an animal that eats other animals

A. Explain how each feature of a polar bear's paw helps it survive.

1. webbed toes: _____

2. thick, curved claws: _____

3. bumps on pads: _____

B. Answer the questions.

1. Why are polar bears carnivores, and not omnivores like other bears?

_____

2. Polar bears have certain adaptations that most other bears don't have, including two layers of fur and a thick layer of fat called blubber. What do you think these adaptations are for?

_____

Weekly Question

Day 4

Why do pandas eat plants but polar bears eat meat?

Polar bears and pandas have very specific needs for survival. Polar bears depend on the presence of sea ice in order to hunt and breed. Giant pandas depend on a single plant for almost all their food. However, these animals are now being threatened with extinction. Pandas are in danger because large parts of their habitats are being destroyed, which means less bamboo for them to eat. Polar bears are at risk because the polar ice caps are melting, leaving the bears with fewer pieces of solid ice from which to hunt seals. If these changes continue, it is likely that neither polar bears nor pandas will survive.

What would be the impact of this loss on the bears' ecosystems? Scientists are currently studying this to find out more. But the good news is that the bears' shrinking populations have increased people's awareness of habitat loss and some of its causes. And this, in turn, has helped us understand the relationship between all living and nonliving things within any ecosystem—including our own.

Write *true* or *false*.

1. Melting sea ice is making it easier for polar bears to hunt seals. _____

2. Pandas depend on one kind of animal for their food. _____

3. Because of habitat loss, polar bears and pandas could possibly become extinct. _____

4. An ecosystem can be affected by changes to one habitat. _____

◀))**Talk**

Many people are making efforts to try to save pandas and polar bears from possible extinction. What kinds of things do you think people could do to help these animals survive?

Day 5

Weekly Question

Why do pandas eat plants but polar bears eat meat?

A. Use the words in the box to complete the paragraph.

> omnivores   carnivores   adaptations
>
> consumers   herbivores   habitats

Pandas and polar bears are both _____. However, unlike

other bear species, which eat both plants and animals, neither pandas nor polar

bears are _____. Pandas are _____ and

polar bears are _____. Both pandas and polar bears have

developed _____ that allow these animals to consume

the food sources available in their particular _____.

B. Would a polar bear be able to survive in a panda's habitat?
Explain why or why not.

_____

_____

C. Name three characteristics of, or things found in, the ecosystem
of pandas. Then name three in the polar bear ecosystem.

Panda ecosystem:

1. _____   2. _____   3. _____

Polar bear ecosystem:

1. _____   2. _____   3. _____

An ecosystem is a community in which every living thing fills a role.

Week 3
Is the lion really the king of the jungle?

Lions are majestic beasts that have been a symbol of royalty and power in human lore from earliest times. This week students discover that lions do not live in the jungle but are part of a grassland ecosystem in which they play the role of top predator. Lions prey on a variety of animals, including zebras, buffalos, impalas, wildebeests, and giraffes. Lions compete against other carnivores for their food, and even though they are large animals that dominate their prey by utilizing a cooperative hunting style, they still share the top predator position with hyenas and cheetahs.

As is the case with most ecosystems, the savanna ecosystem is complex and consists of many food chains overlapping to form a food web. Lions, hyenas, and cheetahs are all kings of the savanna, if not the jungle.

Day One

Vocabulary: *predator, prey*

Materials: page 51; photos of animals listed in the passage (optional)

Ask students if they can think of any examples in literature, TV, or movies of lions portrayed as kings or rulers. (*The Lion, the Witch, and the Wardrobe; The Lion King;* etc.) Remind students that lions are in the *feline*, or cat, family. Introduce the vocabulary and show students any photos you have of animals that live in the lion's habitat. Then have students read the passage and complete the activities. Review the answers together.

Day Two

Vocabulary: *food chain, savanna*

Materials: page 52; world map

Introduce the vocabulary. Then help students find East Africa on the map, and explain that much of the region is covered in savanna grasslands. After students have read the passage, have them complete the activities. For activity A, explain that the arrows point from the organism that is consumed to the organism that does the consuming. Review the answers together.

Day Three

Vocabulary: *competition, food web*

Materials: page 53

Ask students what they think about when they hear the word *competition*. (e.g., sporting events, spelling bees, reality TV) Point out that animals compete in the wild, but for very different reasons. Introduce the vocabulary. After students have finished reading, have them complete the activities. Review the answers together.

Day Four

Materials: page 54

After students have read the passage, have them complete the activities. For activity B, you may want to work as a group and inform students that the rabbit population in Australia is now completely out of control. The rabbits are suspected of being responsible for the loss of many other plant and animal species.

Day Five

Materials: page 55

Have students complete the page independently. Then review the answers together.

Name _____

Weekly Question

Day 1 Is the lion really the king of the jungle?

In literature, art, and folklore, lions have long been the symbol of kings and royalty. Their very appearance suggests strength and power. They are the second largest of all felines and are one of the top **predators** in their ecosystem. Adult lions generally weigh 300 to 400 pounds and stand about 3½ feet tall from their shoulders to the ground. With powerful legs, a strong jaw, and sharp teeth and claws, lions can kill **prey** even bigger than themselves.

In fact, lions can hunt and kill nearly any species they encounter. But they prefer to eat hoofed animals, such as zebras, impalas, wildebeests, and water buffalos. They have also been known to feast on smaller mammals, such as wart hogs and hares. However, lions will generally avoid animals that can fight back or injure them, such as hippos and porcupines.

Vocabulary

predator
PRED-ih-ter
an animal that kills and eats other animals

prey
pray
an animal hunted or caught for food by another animal

A. Complete the analogy, using the vocabulary words.

Lion is to _____ as **zebra** is to _____.

B. Name four characteristics that make lions good predators.

1. _____   3. _____

2. _____   4. _____

C. Write *true* or *false*.

1. Lions are capable of killing every species
they encounter.   _____

2. Lions are in the feline family.   _____

3. Hippos and porcupines can injure lions.   _____

Name _____

Day 2

Weekly Question

Is the lion really the king of the jungle?

Despite being known as the "king of the jungle," lions do not actually live in a jungle. They are found mostly in the **savannas** of East Africa. The savannas are wide grasslands dotted with scattered shrubs and trees. This habitat is very warm and usually dry, except for a short rainy season.

In the savanna ecosystem, lions are at the top of the **food chain**. They eat the zebras, wildebeests, impalas, and other animals that in turn eat the grasses and shrubs. Although the idea of a food chain may seem simple enough, the relationship between predators and prey in an ecosystem can be complex. For example, lions can kill and eat crocodiles, but crocodiles have been known to eat lions, too.

A. Write a caption explaining the diagram below. Use the terms *food chain* and *savanna* in your caption.

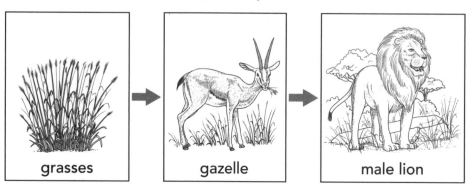

grasses   gazelle   male lion

_____

_____

Vocabulary

food chain
FOOD chayn
a sequence of organisms in a community in which each member feeds on the one below it

savanna
suh-VAN-uh
hot, often dry grassland with scattered trees

B. List three characteristics of a lion's habitat.

1. _____

2. _____

3. _____

Name _____

Day 3

Weekly Question

Is the lion really the king of the jungle?

Lions are at the top of more than one food chain. They eat not just the hoofed animals that eat the grass, but they may also eat small mammals that in turn feed on trees, seeds, or insects. In addition, lions are in **competition** with other predators, such as hyenas and cheetahs, who are at the top of their own food chains. These overlapping and interconnected food chains all make up a giant **food web**.

Although the lions compete with other top predators, they have advantages. One advantage is their size. Often, it is the largest carnivore that wins a battle over food. Also, lions hunt their prey in groups called *prides*. Teamwork helps the lions defend their kill from other carnivores.

Vocabulary

competition
KOM-peh-TISH-un
a struggle between two or more organisms for a limited resource

food web
FOOD web
a network of interconnected food chains

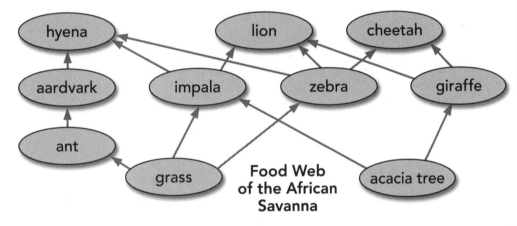

Food Web of the African Savanna

A. What are three food chains you see in the food web above? Fill in the blanks below to show three different chains. (There may be more than one way to complete each chain.)

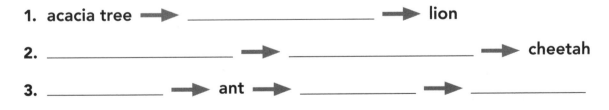

1. acacia tree ➡️ _____ ➡️ lion

2. _____ ➡️ _____ ➡️ cheetah

3. _____ ➡️ ant ➡️ _____ ➡️ _____

B. Cheetahs might be smaller than lions, but they have another competitive advantage. What do you think it is? How does it help them?

_____

Name _____

Day 4

Weekly Question

Is the lion really the king of the jungle?

Every ecosystem has its own particular food web. In Alaska, the grizzly bear and the wolf are top predators that compete for salmon, elk, rabbits, and other prey. The rabbits and elk eat plants found on land, while the salmon feed on plankton and small fish.

The grizzlies in Alaska, the lions in East Africa, and in fact, all the top predators in any ecosystem play the important role of controlling the number of animals below them in the food web. Without predators, other animal populations could greatly increase. And with so many populations competing for limited food and water, these animals could perish from starvation. So every organism, no matter where it is in the food web, helps every other one.

grizzly bear

A. Complete two Alaskan food chains, using information from the passage. Write the names of the organisms in the spaces provided.

1. [ ] ➔ [ ] ➔ [ ]

2. [ ] ➔ [ ] ➔ [ ]

B. Humans introduced rabbits to Australia in the 1700s. However, there are not many predators in the Australian food web. What do you think happened to the rabbits? What impact do you think this had on vegetation?

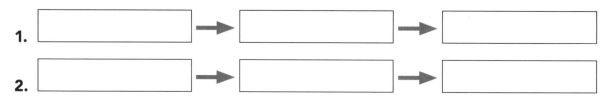

_____

_____

Name _____

Day 5

Weekly Question

Is the lion really the king of the jungle?

Big Idea 2

WEEK 3

A. Use the words in the box to complete the paragraph.

> food chain   food web   prey
>
> competition   predators   savanna

Lions are part of the ecosystem of the African _____,

where they act as top _____. They hunt _____

such as zebras and antelope. Lions are in _____ with other

carnivores, but they still sit at the top of their own _____.

Lions belong to more than one food chain, so they are part of a

_____.

B. Explain the difference between a food chain and a food web.

_____

_____

C. Check the box next to the phrase that completes each analogy.

1. Lion is to **zebra** as _____.

☐ **cheetah** is to **savanna**   ☐ **hyena** is to **gazelle**

☐ **mouse** is to **lizard**   ☐ **grass** is to **seeds**

2. East Africa is to **lion** as _____.

☐ **grizzly bear** is to **salmon**   ☐ **gazelle** is to **East Africa**

☐ **Alaska** is to **grizzly bear**   ☐ **Alaska** is to **hyena**

An ecosystem is a community in which every living thing fills a role.

How can so many different plants live in the rainforest?

Almost 100 years ago, American naturalist William Beebe saw the rainforest as "another continent of life [yet] to be discovered, not upon the Earth, but one to two hundred feet above it." This week students learn that the rainforest contains hundreds of thousands of plant species, the vast majority of which are located high above the forest floor. Each of these rainforest plant species, like all plants, plays the role of producer in its ecosystem.

The conditions of the rainforest—12 hours of sunlight every day and abundant rainfall—support a rich diversity of plant life. And those plants support a wide variety of animal life as well. In fact, it is estimated that nearly 50 percent of all plant and animal species on Earth are contained within the rainforest. Nonetheless, scientists are only beginning to unlock the secrets of this complex ecosystem.

Day One

Vocabulary: *producer, rainforest*

Materials: page 57

After introducing the vocabulary, you may want to review the process of photosynthesis with students before they read the passage. (Plants convert water and carbon dioxide into food using sunlight, and release oxygen as a byproduct.) Instruct students to read the passage and complete the activities. After they have finished, review the answers together.

Day Two

Vocabulary: *canopy, overstory, understory*

Materials: page 58

Ask students what they think of when they hear the word *canopy*. (cover over a bed, tent, etc.) Tell them that rainforest trees create a canopy of leaves that shades plants below. Then introduce the vocabulary. After students have read the passage, have them complete the activities. Review the answers together.

Day Three

Vocabulary: *epiphyte*

Materials: page 59; pictures of epiphytes (optional)

Introduce the vocabulary word and show students the pictures of various species of epiphytes (e.g., ferns, orchids, and mosses) if you have them. After students have finished reading the passage, have them complete the activities. Review the answers together.

Day Four

Vocabulary: *diversity*

Materials: page 60

Introduce the vocabulary word. Ask students if they can think of applications of the word *diversity* outside of the rainforest. (people, cultures, etc.) Have students read the passage and complete the activities. Review the answers together.

Day Five

Materials: page 61

Have students complete the page independently. Then review the answers together.

Name _____

Weekly Question

Day 1

How can so many different plants live in the rainforest?

When you think of a **rainforest**, you might imagine tangles of tall trees and exotic plants showered in rain. This rain is, in fact, what gives rainforests their name. An average rainforest can receive more than 100 inches of rain in a year. By comparison, a desert gets 10 or fewer inches of rain annually.

The majority of the world's rainforests are near the equator, so they are always warm and humid. Being near the equator also means that they get about 12 hours of sunlight every day of the year. These tropical conditions of regular sun and rain are ideal for plant growth.

Plants of the rainforest ecosystem, like all plants, are **producers**. They make their own food through the process of photosynthesis. With so much sun and rain available, hundreds of thousands of plant species are able to thrive in the rainforest.

Vocabulary

producer
pro-DOO-sur
an organism that makes its own food

rainforest
RANE-for-ist
a forest with at least 80 inches of rainfall every year

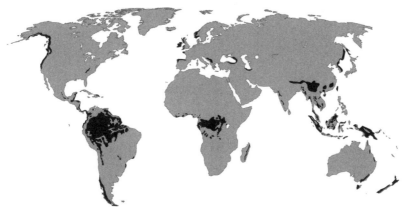

The dark areas on the map show where the world's rainforests are.

A. List three physical characteristics of a tropical rainforest.

1. _____   3. _____

2. _____

B. Which of these inhabitants of the rainforest is *not* a producer? Fill in the correct bubble.

Ⓐ fern   Ⓑ banana tree   Ⓒ monkey   Ⓓ passionflower

Name _____

Weekly Question

Day 2

How can so many different plants live in the rainforest?

Although water is readily available in a rainforest, sunlight is harder to find. Plants must compete for sunlight, literally climbing over one another to reach it. Plants that grow the tallest reach the most light, while those that are on the ground receive very little.

The rainforest is divided into four layers of plants that have adapted to different levels of sunlight. At the top, rising more than 200 feet into the air, are the scattered giant trees that make up the forest **overstory**. While the overstory gets direct sun, its trees can also be subjected to hot, drying wind. The next layer is the forest **canopy**. The canopy is a dense ceiling of closely-spaced trees and plants. This layer traps humidity, and it also captures most of the sunlight.

Only 5% of sunlight reaches the third layer, which is called the **understory**. The understory includes shorter trees and shrubs with large leaves that help catch the available light. Below the understory is the forest floor. You would need a flashlight to explore this layer! Yet there are still a few plants that are able to grow here.

Vocabulary

canopy
KAN-uh-pee
dense upper layer of rainforest foliage

overstory
OH-ver-STOR-ee
tallest layer of rainforest trees

understory
UN-der-STOR-ee
layer of rainforest plants that grow beneath the canopy

A. Label the four layers of the rainforest.

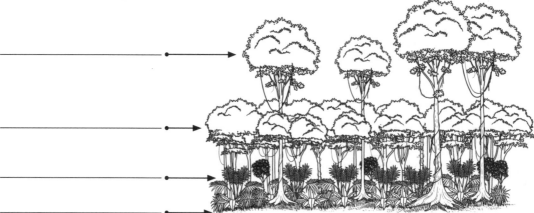

B. Based on the information in the passage, which layer do you think has the largest amount of trees and plants? Explain your answer.

_____

_____

Name _____

Day 3

Weekly Question

How can so many different plants live in the rainforest?

The heart of the rainforest community lies far above the ground, in the canopy. This is where the greatest concentration of plant life is, because of the many plants that have evolved adaptations in order to grow closer to the sunlight.

Some plants, called **epiphytes**, grow on the trunks and branches of trees in the canopy. These rootless plants include species of ferns, mosses, and orchids. Instead of reaching down into the soil for nutrients, most epiphytes rely on dead organic matter that falls from above. Other plants called *lianas* (lee-AH-nuhs) have roots on the forest floor. These woody vines grow up the sides of trees in order to reach the sun.

Vocabulary

epiphyte
EH-pih-fite
a plant that grows above the ground, supported by another plant

liana

epiphyte

A. Write *true* or *false*.

1. Orchids get most of their nutrients from the soil. _____

2. Epiphytes are a type of woody vine. _____

3. The canopy of the rainforest contains more plants than the understory does. _____

4. Lianas grow up the sides of trees to get sunlight. _____

B. Describe two ways that plants in the canopy find nutrients.

1. _____

2. _____

Name _____

Day 4

Weekly Question

How can so many different plants live in the rainforest?

The rainforest is home not only to many thousands of plant species but also to an abundance of animal life, including monkeys, snakes, lizards, birds, and insects. In the rainforest ecosystem, these animals act as consumers, feeding on plants and other animals. But the animals also help the plants survive. They pollinate flowers, help scatter seeds, and provide nutrients to plants when the animals die or produce waste.

Probably no other environment on Earth houses the richness and **diversity** of life as the rainforest does. According to some estimates, the rainforest is home to about 50% of all living things on Earth! Yet we are only beginning to explore this amazingly complex ecosystem. In fact, some scientists believe that there could be millions of species in the rainforest that we have yet to discover.

Vocabulary

diversity
dy-VER-sih-tee
variety

A. Write a caption to go with the picture below. Use the word *diversity*.

fern

butterfly

bromeliad

tree frog

_____

_____

B. List three ways that the animals of the rainforest help plants survive.

1. _____   3. _____

2. _____

Weekly Question

Day 5

How can so many different plants live in the rainforest?

A. Use the words in the box to complete the paragraph.

> epiphytes   producers   understory   canopy
>
> rainforest   diversity   overstory

With so much sunlight and rain, the _____ ecosystem

supports a wide _____ of life. Plants play the role of

_____ within the rainforest. Since it is too hot and dry in

the _____, and too dark in the _____,

most of the rainforest plant species live in the _____.

Here, plants called _____ reach sunlight by growing

on the branches and trunks of trees.

B. Use the picture of the rainforest to answer the questions.

1. In which layer do the decomposers live?

_____

2. In which layer are most of the epiphytes?

_____

3. Which layer gets the most direct sunlight?

_____

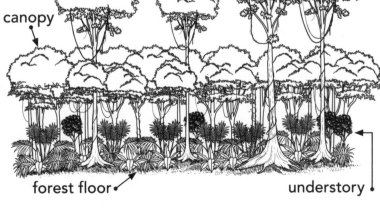

overstory

canopy

forest floor

understory

Name _____

Unit Review

Comprehension

Ecosystems

A. Fill in the bubble next to the correct answer.

1. The savanna habitat is characterized by _____.
   - Ⓐ seasonal ice covering a cold ocean
   - Ⓑ lush forest with an understory of bamboo
   - Ⓒ open grasslands with scattered trees
   - Ⓓ dense, humid jungle

2. Polar bears are _____, while pandas are _____.
   - Ⓐ predators, prey
   - Ⓑ carnivores, herbivores
   - Ⓒ omnivores, carnivores
   - Ⓓ producers, decomposers

3. The relationship between a predator and its prey is an example of _____.
   - Ⓐ a food chain
   - Ⓑ an ecosystem
   - Ⓒ competition
   - Ⓓ diversity

4. Which rainforest layer has the most diversity of life?
   - Ⓐ overstory
   - Ⓑ forest floor
   - Ⓒ understory
   - Ⓓ canopy

5. The polar bear's webbed feet are an example of an _____.
   - Ⓐ environment
   - Ⓑ adaptation
   - Ⓒ ecosystem
   - Ⓓ omnivore

6. Earthworms are _____.
   - Ⓐ producers
   - Ⓑ consumers
   - Ⓒ decomposers
   - Ⓓ epiphytes

B. List two ways in which earthworms are good for soil.

1. _____   2. _____

Name _____

Unit Review

Vocabulary

Word Connections

Write the word from the box that matches or completes each clue.

diversity	predator	aerate	herbivore	competition
carnivore	epiphyte	canopy	producer	decomposer
omnivore	hydrated	savanna	consumer	
exposure	food web	castings	adaptation	

1. a synonym for *variety* _____

2. These are made by worms. _____

3. This organism lives on dead plants or animals. _____

4. A panda's molars are an example of this. _____

5. an ecosystem found in East Africa _____

6. You need water to stay this way. _____

7. You'll find the _____ between the overstory and the understory.

8. This animal eats both plants and meat. _____

9. This animal would never eat bamboo. _____

10. This rainforest plant doesn't have roots. _____

11. When earthworms burrow through soil, they _____ it.

12. being unprotected from harsh weather _____

13. This organism relies on other organisms for food. _____

14. A _____ is made up of interconnected food chains.

15. This organism makes its own food. _____

16. the opposite of *prey* _____

17. Grizzly bears are in _____ with wolves.

18. A _____ would never eat another animal.

Name _____

Unit Review

Visual Literacy

Rainforest Role Call

This illustration shows just a few of the organisms in the rainforest ecosystem. In the circle next to each plant or animal, write the letter of the description that best matches the role of that organism.

a. a decomposer living in the soil

b. a rootless producer that grows on trees

c. a six-legged decomposer that ingests rotting wood

d. a consumer that is a large carnivore and lives on the ground

e. a small carnivore that breeds in water gathered on plants

f. a winged herbivore that flits through the canopy

g. a large-billed omnivore that flies and perches in the canopy

h. an omnivore that swings from branches in the canopy

i. a predator that slithers through the understory and canopy

j. a producer that obtains nutrients from the soil

Name _____

Unit Review | *Hands-on Activity*
Movers and Shakers

Here's how to make a mini-ecosystem for earthworms, using a soda bottle and a little creativity.

What You Need

- 4 earthworms (available in bait and tackle shops, pet stores, or most gardens)
- dark, moistened potting soil
- dampened sand
- moist, light-colored mulch
- 2 2-liter soda bottles with the top third of each bottle cut off (Save the tops.)
- shredded lettuce
- tape and aluminum foil

1. Pour the sand, then the mulch, and then the potting soil into each bottle.

2. Place the shredded lettuce on top of the soil.

3. Put earthworms into only one of the bottles.

4. Tape the top portion back onto each bottle.

5. Cover both bottles with aluminum foil and keep them in a cool place away from sunlight.

6. Check your bottle ecosystems every day over the next week. Keep the soil moist and add more lettuce as needed.

What Did You Discover?

1. Compare what happened to the lettuce in the two ecosystems.

_____

2. Compare what happened to the soil layers.

_____

3. Based on your observations, how do earthworms benefit the soil?

_____

Big Idea 3

Water covers most of Earth's surface. It circulates between oceans and land in a process called the water cycle.

Key Concept
The Water Cycle

National Standard
Water, which covers the majority of the Earth's surface, circulates through the crust, oceans, and atmosphere in what is known as the "water cycle." Water evaporates from the Earth's surface, rises and cools as it moves to higher elevations, condenses as rain or snow, and falls to the surface where it collects in lakes, oceans, soil, and rocks underground.

By fifth grade, students have learned about the water cycle but may not understand how the processes of the water cycle affect the water we use. This Big Idea teaches students:

→ how water is continuously recycled;

→ that fresh water is stored beneath Earth's surface as groundwater;

→ how the forces of weather and the shape of the land determine where precipitation falls; and

→ that fresh water is a limited resource we must conserve.

Teacher Background

The amount of water on Earth is constant. The water we have now is the water we had 350 million years ago, and it is the same water we will have millions of years from now. This is because of the vital process of the water cycle. The sun's rays evaporate surface water, the water vapor cools and condenses into clouds, those clouds release precipitation back to the surface, and the cycle continues.

There is concern, however, that we may be experiencing what some call a water crisis. While the amount of water is constant, the human population keeps growing. And usable fresh water from lakes, rivers, and groundwater, which is limited to begin with, is becoming more and more polluted due to human activities. Fortunately, new water cleansing and conservation techniques are now being developed to ensure the quality and availability of this most valuable resource.

For specific background information on each week's concepts, refer to the notes on pp. 68, 74, 80, and 86.

Unit Overview

WEEK 1: Do we really drink the same water that dinosaurs did?

Connection to the Big Idea: Water moves from ocean to atmosphere to land by way of the water cycle. Students learn that through the processes of evaporation, condensation, and precipitation, water is constantly being recycled on Earth.

Content Vocabulary: *condensation, evaporate, humidity, precipitation, water cycle, water vapor*

WEEK 2: Why don't rivers and lakes soak into the ground?

Connection to the Big Idea: Precipitation can penetrate Earth's surface and collect underground as groundwater. Students learn that, in fact, water in rivers and lakes does soak into the ground. When the ground is fully saturated with water, the water then collects above the ground.

Content Vocabulary: *aquifer, groundwater, irrigation, porous, surface water, water table*

WEEK 3: What makes deserts so dry?

Connection to the Big Idea: Patterns of wind and topography determine how much rain a particular region gets. Students learn that prevailing winds blow moisture inland, but mountains often block precipitation, creating a rain shadow where deserts form. Students also discover the ways in which people survive and even thrive in deserts by using reservoirs and groundwater.

Content Vocabulary: *monsoon, oasis, prevailing winds, rain shadow, reservoir, watershed*

WEEK 4: Can we run out of water?

Connection to the Big Idea: Fresh water is a limited resource that needs to be conserved. Students learn that human populations are growing and contaminating water supplies. However, through processes of reclamation, desalination, and conservation, people can restore usable water supplies.

Content Vocabulary: *conservation, contaminate, desalination, drought, reclamation*

WEEK 5: Unit Review

You may choose to do these activities to review concepts about Earth's water supply.

p. 92: Comprehension Students answer multiple-choice questions about key concepts in the unit.

p. 93: Vocabulary Students write vocabulary words from the unit to match clues.

p. 94: Visual Literacy Students label a diagram to reinforce their understanding of the water cycle.

p. 95: Hands-on Activity Students create their own water cycle in a plastic container. Instructions and materials needed for the activity are listed on the student page.

Daily Science

Big Idea 3

Water covers most of Earth's surface. It circulates between oceans and land in a process called the water cycle.

Week 1
Do we really drink the same water that dinosaurs did?

Seen from space, Earth is a bright blue planet capped by polar ice and marbled by swirls of white clouds. Liquid water covers 71% of Earth's surface, and although most of Earth's water is in the oceans, water is also present in the atmosphere, on land, and in the ground. This week students learn that water moves between land, sea, and air through a process called the water cycle. Sun heats the liquid water, which evaporates and mixes with the atmosphere. As water vapor rises and cools, it condenses into a liquid and eventually falls back to the ground as precipitation.

For the most part, all the water on Earth today is the same water that has been here for billions of years. We drink the same water as the dinosaurs did, and, more importantly, the same—and only—water that future generations will drink.

Day One Vocabulary: *water cycle* Materials: page 69; globe	Introduce the vocabulary word. Ask students to name the three different states of matter that water can form. (solid, liquid, gas) Point out that water moves through the water cycle in all three of these states. After students have read the passage, use the globe to help them visualize the large percentage of Earth's surface that is ocean water. Then have students complete the activities and review the answers together.
Day Two Vocabulary: *evaporate, humidity, water vapor* Materials: page 70	Introduce the vocabulary. Ask students to describe what the air feels like on a humid day. (warm, wet, heavy, etc.) Have them read the passage and complete the activities. Review the answers together.
Day Three Vocabulary: *condensation, precipitation* Materials: page 71; hand mirrors	Introduce the vocabulary. Distribute hand mirrors and have students "fog" the mirror with their breath. Ask them to describe what is happening. (Water vapor from their warm breath is condensing on the cooler glass.) After students have read the passage, have them complete the activities. Review the answers together.
Day Four Materials: page 72	Inform students that plants and animals are part of the water cycle because they drink, retain, and excrete water from their systems. After students have finished reading, have them complete the activities and review the answers together.
Day Five Materials: page 73	Have students complete the page independently. Then review the answers together.

Name _____

Day 1

Weekly Question

Do we really drink the same water that dinosaurs did?

Earth is often called the Blue Planet. That's because almost three fourths of Earth's surface is covered by water. Most of that water is salt water found in the world's oceans. Salt water contains dissolved minerals and is not drinkable. Less than 3% of all the water on Earth is fresh water, the kind we drink.

Although you might think that most of the fresh water on Earth is found in lakes and rivers, in fact, only a small fraction can be found in these places. Most of the fresh water is frozen in polar ice caps and glaciers. The rest exists in the atmosphere as gas or clouds, or is located underground. Even though water is found in different places and in different forms, all of the water on Earth is constantly interacting. Water travels from oceans to air to land and back to sea in a continuous process called the **water cycle**.

Vocabulary

water cycle
WAH-ter SY-kul
the continuous movement of water on, above, and below Earth's surface

A. Fill in the two circles below to create pie charts, one showing the percentage of water on Earth, and one showing the percentages of salt water and fresh water.

Percentage of Earth's surface covered by water

Percentage of salt water vs. fresh water

B. Write *true* or *false*.

1. Fresh water can occur as a gas, liquid, or solid. _____

2. A small fraction of fresh water is frozen in polar ice caps. _____

3. Water from the ocean can end up in the air or on land. _____

4. Three quarters of Earth's water is salt water. _____

C. If all of Earth's water was represented by 100 milliliters, how many milliliters of fresh water would there be? _____

Name _____

Day 2

Weekly Question

Do we really drink the same water that dinosaurs did?

The movement of water between the ocean, air, and land is powered by the sun. Energy from the sun heats liquid water and causes it to **evaporate**, or change into an invisible gas called **water vapor**. Water vapor enters the atmosphere, where it mixes with other gases. We describe the amount of water vapor in the air in terms of **humidity**. When there is more moisture in the air, the humidity is higher.

Most of the evaporation on Earth is from oceans close to the equator, where heating by the sun is greatest. Warm, humid air from the equator then moves long distances, traveling by wind and weather to anywhere in the world.

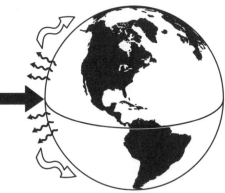

Vocabulary

evaporate
ih-VAP-ur-AYT
to change from a liquid into a gas

humidity
hew-MID-ih-tee
the amount of moisture in the air

water vapor
WAH-ter VAY-per
the gaseous form of water

A. Number the steps below in the correct order to show how water evaporates in the water cycle.

_____ Wind transports water vapor to other parts of the world.

_____ Water evaporates and turns into water vapor.

_____ Sun heats the water.

_____ Water vapor mixes with other gases to become part of the atmosphere.

B. Use the vocabulary words to complete the sentences.

1. Heating by the sun causes water to _____.

2. The more _____ in the air, the higher the

_____.

Name _____

Weekly Question

Do we really drink the same water that dinosaurs did?

When water vapor is transported to cooler regions—either away from the tropics or higher up into the atmosphere—it cools. As water vapor cools, it gives up its heat energy and changes back into a liquid. We call this process **condensation**. In the atmosphere, condensation takes the form of tiny droplets of water. We see condensation as clouds in the sky or fog near the ground.

When water droplets get so big that air currents can no longer support them, they fall to Earth's surface as rain. This rainfall is called **precipitation**. If the air is cold enough, condensation of water vapor results in freezing, and snowflakes form. Snow is another form of precipitation, as are hail and sleet.

Vocabulary

condensation
KON-den-SAY-shun
the change from a gas into a liquid

precipitation
prih-SIP-ih-TAY-shun
water droplets that fall to the ground as rain, hail, sleet, or snow

condensation •

• precipitation

A. What is the difference between *condensation* and *precipitation*? Use both words in your answer.

_____

_____

B. Which one of these scenarios is *not* an example of condensation?

☐ frost on the window   ☐ dew on the grass in the morning

☐ fog forming in a valley at night   ☐ boiling water

Name _____

Day 4

Weekly Question

Do we really drink the same water that dinosaurs did?

Once water returns to Earth's surface as precipitation, some of it soaks into the ground, and the rest may collect in streams, rivers, lakes, and seas. Water runs downhill, and ultimately much of the water that falls as precipitation returns to the ocean. From there, the water is evaporated, and the water cycle starts again. However, if precipitation falls as snow in a cold place, it may remain frozen there until temperatures change and the snow or ice melts.

The processes of evaporation, condensation, and precipitation have recycled the water on our planet for billions of years. In fact, every living thing is composed of water, and is thus a part of the water cycle, too. That means that not only do we drink the same water that dinosaurs drank, we also might be made up of the same water they were!

A. Label the stages of the water cycle in the diagram below, using the words *evaporation*, *condensation*, and *precipitation*.

B. When seawater evaporates, the salt is left behind. You might think this would make the remaining water saltier. But in fact, overall, the ocean is not getting saltier. Why do you think that is?

_____

_____

Name _____

Day 5

Weekly Question

Do we really drink the same water that dinosaurs did?

Daily Science

Big Idea 3

WEEK 1

A. Use the words in the box to complete the paragraph.

> evaporate   condensation   water cycle
> water vapor   precipitation   humidity

All of the water on Earth is constantly recycled in a process

called the _____. First, the sun heats the water

and causes it to _____. This changes the water

from a liquid into gas, or _____, which mixes

with other gases in the atmosphere. You can measure the amount of

moisture in the atmosphere as _____. As the vapor

moves to cooler areas, it cools and changes back into liquid in a process

called _____. When the water droplets get too big,

they fall to the ground as _____.

B. If a dinosaur once lived in Mexico, and you now live in Arkansas,
could you still be drinking the same water as the dinosaur did?
Explain why or why not.

_____

_____

_____

_____

Daily Science

Big Idea 3

Water covers most of Earth's surface. It circulates between oceans and land in a process called the water cycle.

Week 2
Why don't rivers and lakes soak into the ground?

If you were to ask students—and many adults, for that matter—where our supply of fresh water comes from, most would likely answer rivers and lakes. However, what people often don't realize is that the most abundant fresh water resource is groundwater. Groundwater is created when rainfall soaks into the ground and moves downward through porous rock and soil. This downward movement continues until water reaches the water table, the depth at which the rock is fully saturated. In places where the water table meets the surface of the ground, water collects in rivers and lakes as surface water. In this sense, rivers and lakes do soak into the ground—until the ground is saturated, that is.

Because rivers and lakes make up only a tiny percentage of available fresh water, groundwater is an important water source. However, pollution and overuse threaten the health of our groundwater.

Day One

Vocabulary:
groundwater, irrigation

Materials: page 75

Introduce the vocabulary. Before students read the passage, remind them that ocean water contains salt and therefore cannot be used for drinking or for watering plants or crops. Have students read the passage and complete the activities. Then review the answers together.

Day Two

Vocabulary: *aquifer, porous, water table*

Materials: page 76

Ask students where they think groundwater comes from. (rainfall, melted snow, etc.) Then introduce the vocabulary. For *porous*, you might point out that it contains the root word *pore*. After students have read the passage, have them complete the activities. If students have trouble with activity B, give them hints such as, **You use this to wash dishes** (sponge) or, **You put lotion on this so it doesn't dry out** (skin).

Day Three

Vocabulary:
surface water

Materials: page 77;
glass jar, sand, water

Introduce the vocabulary word and have students read the passage. Then, to help students visualize the water table's relationship to surface water, pour water into the sand-filled jar a little at a time until the sand is saturated and water begins to collect at the surface. After each pour, ask students where the water table is. (at the top of the darker sand, or above the sand) Have them complete the activities and review the answers together.

Day Four

Materials: page 78

Have students read the passage. Explain that once groundwater gets polluted, it can take thousands of years to become clean again. Then instruct students to complete the activities. Review the answers together.

Day Five

Materials: page 79

Have students complete the page independently. Then review the answers together.

Name _____

Day 1

Weekly Question

Why don't rivers and lakes soak into the ground?

Remember that less than 3% of all the water on Earth is fresh water, and only a tiny fraction of that is available for us to use. Most of Earth's fresh water occurs as ice in the polar ice caps and in glaciers. These regions are far from where most people live, and water in these areas is not easy to use. Unlike liquid water that can flow through pipelines, frozen water is hard to transport. Because of this, people use fresh water from rivers and lakes near populated areas.

The second-greatest store of fresh water on Earth is in the ground. This type of water is called **groundwater**. Places that don't have access to fresh water from rivers and lakes depend on groundwater for drinking, **irrigation**, manufacturing, and industry.

Vocabulary

groundwater
GROWND-wah-ter
*fresh water
that exists
underground*

irrigation
EER-ih-GAY-shun
*a method of
supplying dry
land with water
artificially*

A. Look at the diagram and answer the questions.

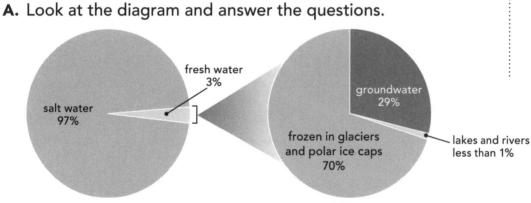

Water on Earth   **Where Fresh Water Is Stored**

1. About what percentage of Earth's fresh water is
   found in groundwater, rivers, and lakes?   _____

2. Why is most of Earth's fresh water difficult to use?

_____

B. Use the vocabulary words to complete the sentences.

1. A farmer uses an _____ system to water his crops.

2. The farmer is not near a river, so he uses _____ instead.

Name _____

Day 2

Weekly Question

Why don't rivers and lakes soak into the ground?

Daily Science

Big Idea 3

WEEK 2

To understand groundwater, it is important to know that some of the rock and soil that covers Earth is **porous**. Ground that is porous contains spaces within soil and inside rocks that allow for movement of water. When it rains, water soaks into the ground by seeping into these tiny spaces. Water moves downward until it reaches a level where all the spaces are filled with water. This depth is referred to as the top of the **water table**. During dry times, the water table may move lower. During wet seasons, the water table can rise.

The rock or sand layer below the water table that holds a lot of groundwater is called an **aquifer**. People obtain groundwater by drilling wells into aquifers and pumping out the water.

A. Label the *aquifer*, *water table*, and *well*.

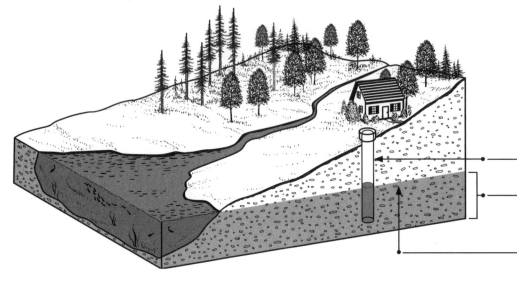

Vocabulary

aquifer
AH-kwih-fur
an underground layer of rock or soil that contains water

porous
POR-us
able to absorb water

water table
WAH-ter TAY-bul
underground level below which the ground is fully saturated with water

B. *Porous* is a word that can apply to other objects or materials besides rock. What are two other things that you think are porous?

1. _____   2. _____

C. During periods of extended dryness, water in wells can completely disappear. Explain why this is so.

_____

Name _____

Day 3

Weekly Question

Why don't rivers and lakes soak into the ground?

Groundwater in the aquifer is replenished by rainfall in a process called *recharge*. But not all rainfall soaks into the ground. Some rain collects in rivers, lakes, and streams as **surface water**.

So why doesn't all surface water soak into the ground? Beneath some rivers and lakes, the rock layer isn't porous. If there are no pores to soak up the water, then the water simply collects above the ground. In places where the rock is porous, the ground beneath rivers, lakes, or streams is already saturated. So when rain falls, the ground cannot hold any more water, and it builds up on the surface.

Vocabulary

surface water
SIR-fiss WAH-ter
water that does not soak into the ground

A. The diagrams below show two ways surface water can form. Underneath each diagram, write a caption that describes what is happening with the water.

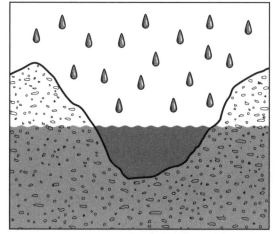

diagram 1

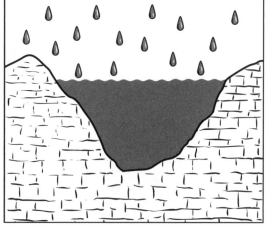

diagram 2

_____   _____

_____   _____

B. Describe the difference between surface water and groundwater.

_____

_____

Name _____

Why don't rivers and lakes soak into the ground?

There is more fresh water available as groundwater than in all the world's rivers and lakes combined. Yet, the fact that groundwater is stored underground does not protect it from pollution. Fertilizers or other chemicals that are used in farming can dissolve in water, which then seeps into the ground during the irrigation process. Also, waste materials that spill or leak from industrial facilities can get carried into an aquifer by rainwater during recharge.

Overuse is another threat to groundwater. When communities use more groundwater than is replaced by rain or other sources, the water table can drop below the reach of wells. This drop can also cause communities near the ocean to experience saltwater intrusion, or the flow of seawater into an aquifer to replace the fresh water that has been pumped out. The result is groundwater that has become too salty to use.

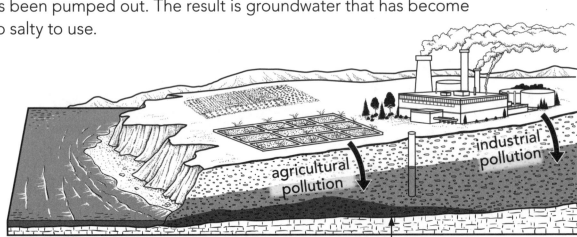

A. What are the two main threats to the availability of usable groundwater?

1. _____   2. _____

B. What are two results of overuse of groundwater?

1. _____

2. _____

Name _____

Day 5

Weekly Question

Why don't rivers and lakes soak into the ground?

A. Next to each word, write the letter of its definition.

1. ____ aquifer   **a.** water under Earth's surface

2. ____ groundwater   **b.** artificially watering dry land

3. ____ porous   **c.** a level below which the ground is full of water

4. ____ irrigation   **d.** water in rivers and lakes

5. ____ surface water   **e.** a layer of saturated rock

6. ____ water table   **f.** filled with tiny holes

B. Label the *groundwater, surface water, porous rock, nonporous rock,* and *water table.*

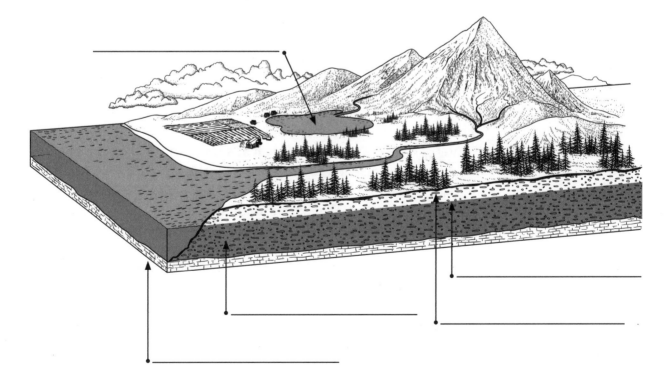

Week 3
What makes deserts so dry?

Water covers most of Earth's surface. It circulates between oceans and land in a process called the water cycle.

This week students learn that a desert is not defined by hot sun and blowing sand, but by how little rainfall it receives. In fact, the largest desert on Earth is not the Sahara Desert in Africa, as many people assume, but the cold ice fields of Antarctica.

The extent and distribution of deserts around the world is related to patterns of precipitation. Those patterns are determined by prevailing winds, humidity, and proximity to the ocean, as well as topographical features such as mountains. Some deserts do receive heavy rainfall for short periods when the prevailing winds switch directions. These events are called monsoons. Other deserts feature small, fertile oases as a result of natural deposits of groundwater or water pumped from reservoirs.

Day One

Materials: page 81

After students have read the passage, explain that polar deserts are found in Antarctica and the Arctic Circle, which includes northern Canada, Alaska, Greenland, and Russia. Then instruct students to complete the activities. For activity A, you may want to review the seven continents. (North America, South America, Europe, Asia, Africa, Antarctica, and Australia)

Day Two

Vocabulary: *prevailing winds, rain shadow, watershed*

Materials: page 82; regional physical map (optional)

Introduce the vocabulary and, if necessary, clarify that a watershed is an area that sheds, not collects, water. Using the physical map, help students identify your community's watershed. Then explain to students what the word *prevailing* means. (widespread or most usual) Have students read the passage and complete the activities. Review the answers together.

Day Three

Vocabulary: *monsoon*

Materials: page 83

Introduce the vocabulary word and explain that *monsoon* is derived from the Arabic word *mausim*, which means "season" or "wind shift." Ask students if they know the country that is most associated with monsoons. (India) Tell them that monsoons can bring heavy rains that cause flash flooding in the deserts. Then have students read the passage and complete the activities. Review the answers together.

Day Four

Vocabulary: *oasis, reservoir*

Materials: page 84

Introduce the vocabulary. Ask students why they think oases were, in the past, important for trade routes through the desert. (They provided points where travelers could stop for water.) After students have read the passage, have them complete the activities. For activity B, if students need help, point out that the word contains *reserv*, which includes the root *serve*.

Day Five

Materials: page 85

Have students complete the page independently. Then review the answers together.

Name _____

Day 1

Weekly Question

What makes deserts so dry?

Deserts can be found anywhere in the world, from the Mojave (moh-HAH-vee) Desert in California to the Gobi (GOH-bee) Desert in Asia. When you picture these places, you probably imagine long stretches of barren sand dunes with a burning sun overhead. But did you know that the largest desert on Earth isn't the famous Sahara in Africa, but the frigid ice fields of Antarctica?

The fact is that deserts are determined by how much water they receive, not how hot they are. On average, a desert gets less than 10 inches of rainfall per year. Since the North and South Poles receive very little precipitation, these places are considered to be deserts.

A. The shaded areas on the map below represent the world's deserts. Use the map to answer the questions.

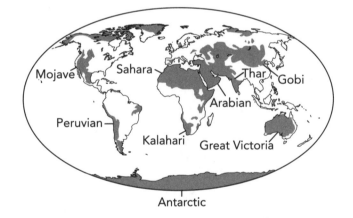

1. On how many continents are there deserts? _____

2. Besides Antarctica, which continent is made up almost entirely of desert? _____

B. Check the box next to each word or phrase that correctly completes the sentence.

Deserts are found in places that are _____.

☐ hot   ☐ near the ocean

☐ cold   ☐ far from the ocean

Name _____

Day 2

Weekly Question

What makes deserts so dry?

To understand why deserts have so little rainfall, it's important to know how wind, along with the shape of the land, determines where precipitation falls. **Prevailing winds** carry moisture from the oceans inland. The water vapor typically condenses over areas of high elevation, such as a mountain. As the clouds rise in elevation, they release their moisture as rain. By the time they reach the top of the mountain, however, there is very little moisture left.

The rain that is released drains down one side of the mountain through a **watershed** that distributes moisture throughout the area. The other side of the mountain, however, is in a **rain shadow**, meaning that little rain reaches it because the mountain itself is in the way. Many deserts are the result of rain shadows. These deserts are dry because the wind that finally passes over them doesn't contain a lot of moisture.

Vocabulary

prevailing winds
prih-VAY-ling WINDZ
winds that blow in one direction for most of the time

rain shadow
RAYN SHA-doh
an area that has little rain due to the effect of a barrier

watershed
WAH-ter-shed
the area drained by a river or river system

A. Label the *prevailing winds*, *watershed*, and *rain shadow*.

B. Fill in the bubble next to the word or phrase that completes each sentence.

1. In a rain shadow, there is very little _____.

   Ⓐ sunlight   Ⓑ soil   Ⓒ precipitation   Ⓓ elevation

2. Deserts are *not* located in a _____.

   Ⓐ watershed   Ⓑ windy area   Ⓒ rain shadow   Ⓓ cold climate

Name _____

Day 3

Weekly Question

What makes deserts so dry?

Not all deserts are formed by a rain shadow behind a mountain. Some regions, such as the Sahara Desert, have very low moisture because the air is too warm for water to condense. The sun shines directly on the ground and heats up the land, evaporating any moisture. Other regions, such as the Tengger Desert in China, are impacted by dry prevailing winds that blow over land instead of water. The winds have already dropped all their moisture by the time they reach these regions.

Some deserts do receive seasonal rainfall, however. This happens when the prevailing winds reverse direction. A wind that changes direction with the seasons is called a **monsoon**. Monsoons bring rainfall for a certain period of time to areas that are otherwise dry. The Thar Desert in India is a monsoon desert that receives some rainfall from June to September, during India's monsoon season.

Vocabulary

monsoon
mon-SOON
a wind that reverses direction when the seasons change

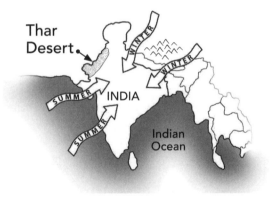

A. During winter in the Thar Desert, the winds blow from the dry Himalaya Mountains and Siberia. Why do you think it rains so much when the winds switch direction in the summer? Use the map above to help you.

_____

B. Name two reasons that deserts form, besides rain shadows.

1. _____

2. _____

Name _____

Day 4

Weekly Question

What makes deserts so dry?

Even though deserts contain very little water, people are still able to live in them. That's because many desert communities are formed near an **oasis**. An oasis is a small, isolated area where vegetation grows because there is an underground water source. Oases (oh-AY-seez, the plural of *oasis*) usually form where the water table is just below the surface. Water bubbles up through the ground in natural springs, or can easily be reached by wells.

People in desert communities also survive dry seasons by pumping water from sources that are farther away, such as **reservoirs**. The water is transported from the reservoirs to desert towns in canals called *aqueducts*. Even in the driest desert climates, reservoirs can provide enough fresh water to build thriving cities. In fact, Phoenix, Arizona, is one of the United States' biggest cities, and it is located in the middle of the Sonoran Desert!

oasis

Vocabulary

oasis
oh-AY-siss
a fertile place in the desert

reservoir
REH-zih-vwar
an artificial body of water stored for future use

A. Which of the following statements do you think are true based on what you just read? Check all that apply.

☐ Desert animals can often be found near an oasis.

☐ Phoenix, Arizona, does not get a lot of rain.

☐ A reservoir must be built someplace dry and warm.

☐ Natural springs are common throughout the desert.

B. Look at the word *reservoir*. What other words do you know that might be related to it, based on their spellings and meanings? Write two related words and their definitions.

1. _____

2. _____

Name _____

Day 5 | **Weekly Question**

What makes deserts so dry?

A. Use the words in the box to complete the paragraphs.

> reservoir   watershed   prevailing winds
>
> oasis   monsoons   rain shadow

Many deserts are formed by a _____, an area behind a mountain that receives very little rain. _____ bring moisture from the ocean inland, but that moisture is deposited only on the ocean side of the mountain, resulting in a _____. Still, some deserts do receive rain when the winds change and bring seasonal _____.

Water is also present in deserts under the ground. In some spots, an _____ forms, allowing vegetation to grow and people and animals to live there. People also live in deserts by bringing water from a _____ into the region, using an aqueduct.

B. Name two ways that deserts form.

1. _____

2. _____

C. Describe what happens during a monsoon.

_____

_____

Water covers most of Earth's surface. It circulates between oceans and land in a process called the water cycle.

Week 4
Can we run out of water?

Fresh water is our most valuable resource. We rely on water for a wide variety of important uses, from drinking to agriculture to sanitation. But water is also a limited resource. With a finite amount of fresh water available and a growing human population, there is concern that we may eventually run out of usable water. This concern is compounded by the fact that people often contaminate water with waste materials and chemicals. Some regions have already experienced the strain of dwindling water supplies when they have undergone periods of drought.

This week students will learn that while it is possible for us to run out of water, we are making efforts to make sure this doesn't happen. Although there is no way to create new water, we have begun to conserve our existing supply. Processes of desalination and reclamation are allowing us to use water supplies that would otherwise be unavailable. And new irrigation techniques are saving even more water, as are increased conservation and awareness of the limited nature of our usable water.

Day One
Materials: page 87

Before students read the passage, refresh their memory about the amount of salt water on the planet (97%) and how the majority of fresh water is trapped in ice. Then have them complete the activities. You may want to model how to read the graph before students complete activity A.

Day Two
Vocabulary:
contaminate, drought

Materials: page 88

After introducing the vocabulary, have students read the passage and complete the activities. If students have trouble with activity B, ask them what they think having no water would do to a farmer's crops (agricultural effect), or someone running a business that uses a lot of water (economic effect). Review the answers together.

Day Three
Vocabulary: *desalination, reclamation*

Materials: page 89

Before students read the passage, explain that Earth's water came from massive volcanic eruptions and comets, the "dirty snowballs" of the solar system that crashed billions of years ago. Today, there is no substantial amount of water that is produced this way on Earth. Introduce the vocabulary and have students complete the activities. Review the answers together.

Day Four
Vocabulary: *conservation*

Materials: page 90

After introducing the vocabulary word, ask students: **What are some other things besides water that people conserve?** (food, gas, money, etc.) Have students read the passage and complete the activities. For the oral activity, pair students or work as a group to brainstorm ways to conserve water at home or at school.

Day Five
Materials: page 91

Have students complete the page independently. Then review the answers together.

Name _____

Can we run out of water?

A quick glance at a map of Earth reminds you how much more water there is than land on our planet. You would think, therefore, that we have more water than we could ever use. But Earth has a limited supply of usable water. Remember that only about 3% of Earth's water is fresh water. And of that fresh water, less than 30% is freely available in rivers, lakes, and groundwater.

While the amount of water on Earth doesn't change, the human population is growing. There are now nearly 7 billion people in the world. On average, each of us uses about 12 gallons of water per day for drinking, cleaning, and growing and preparing food. Plants and animals also rely on water. Some scientists think we are using an amount of water that we cannot sustain, which will lead to a global water shortage.

A. This graph shows Earth's population from 1950 to today, and how much it is likely to grow by 2050. Use the graph to answer the questions.

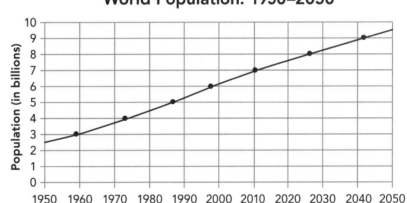

World Population: 1950–2050

1. About how many billion people will there be on the planet by the year 2050? _____

2. About how many more people were on Earth in the year 2000 than in 1960? _____

3. About how many more people will there be in 2050 than there were in 2000? _____

B. If a person uses about 12 gallons of water per day, how many gallons of water does that person use per year, on average? _____

Name _____

Day 2

Weekly Question

Can we run out of water?

Daily Science

Big Idea 3

WEEK 4

Some areas of the world have less water available to them than others. Changes in the water cycle can impact the amount of water that certain regions receive. When a region receives less precipitation than normal for an extended period of time, the area experiences a **drought**. Droughts can negatively affect agriculture, availability of drinking water, and even a community's economy.

In some places, the concern is not drought or a limited supply of water, but lack of clean water. This is because the water supply in some areas is **contaminated**, meaning it has become polluted and is harmful to use. Water can be contaminated by cleaning products, oils, and other waste that is washed down the drain. Chemicals and disease-causing bacteria can also make their way into water. By some estimates, as much as 20% of Earth's population has no access to water clean enough to drink.

Vocabulary

contaminate
kun-TAM-ih-NAYT
to pollute or make impure

drought
drowt
a long period of unusually low rainfall

A. Cross out the word or phrase in each sentence that makes the statement false. Then rewrite the sentence correctly.

1. A drought is caused by less sunlight than usual.

_____

2. In some places, water is too clean to drink.

_____

B. In what ways do you think a drought could negatively impact agriculture, drinking water, and the economy? Write one example for each.

Agriculture: _____

Drinking water: _____

Economy: _____

Name _____

Day 3

Weekly Question

Can we run out of water?

Unfortunately, there is no way to create new water on Earth. But we can make better use of the water we have. Some communities recycle their used water through the process of **reclamation**. Water that has been contaminated can be cleaned up for reuse at treatment plants. At these plants, the heaviest waste material is separated from the water. Then the water is filtered to remove smaller particles, and chemicals are added to kill off any remaining microorganisms. Reclaimed water is not as clean as fresh water, so it cannot be used for drinking. But it can be used for things such as watering crops, fighting fires, and cleaning.

People have also found a way to tap into our largest water supply—the ocean. **Desalination** plants remove salt from seawater, turning it into fresh water. This makes the sea a great source of potential fresh water, but there are drawbacks. For one thing, desalination is an expensive process. Also, desalinated water is only easily available to people who live near the coast.

Vocabulary

desalination
dee-SAL-ih-NAY-shun
the removal of salt from seawater

reclamation
REH-kluh-MAY-shun
the recovery of useful substances from waste products

A. Number the events in the correct order to show how reclamation works.

____ Waste materials are separated from the water.

____ Chemicals are added to the water to kill off microorganisms.

____ Waste water is collected at a treatment plant.

____ Recycled water is returned to a community's water system.

____ Small particles are filtered from the water.

B. What are two reasons why desalination alone can't solve our water shortage problem, even though there is plenty of water in the ocean?

1. _____

2. _____

Name _____

Day 4

Weekly Question

Can we run out of water?

One of the best ways to address the problem of shrinking water supplies is to practice **conservation** of water. This is especially true in agriculture, which is our biggest use of water. Unfortunately, when crops are irrigated, more than 40% of that water can be wasted due to evaporation. But today, more farmers are conserving water by using a method called drip irrigation, which distributes the water slowly so that more of it soaks into the ground instead of evaporating.

Many people are also starting to conserve water in their everyday lives, such as by taking shorter showers or turning off the water while brushing their teeth. Some homeowners are cutting back on watering their lawns. Yes, it is possible that we may one day run out of drinkable water. But if we can conserve water and cut back on pollution, we will have a better chance of surviving with the water we've got.

Vocabulary

conservation
KON-sir-VAY-shun
the careful use of something to preserve it or keep it from running out

This pie chart shows the daily percentage of water that is typically used by various appliances or activities in American homes. Use the chart to answer the questions.

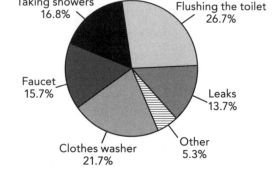

Taking showers 16.8%
Flushing the toilet 26.7%
Faucet 15.7%
Leaks 13.7%
Clothes washer 21.7%
Other 5.3%

1. In which room of the house do people use the most water? _____

2. According to the chart, "other" activities account for more than 5% of people's home water use. What might these be? Name two other ways you use water besides the ways noted in the chart.

_____

🔊 **Talk**

What are some things you might do to conserve water? Work with a partner to make a list of the ways you can cut back on water usage.

Name _____

Day 5 *Weekly Question*

Can we run out of water?

A. Write the word from the box that could replace the underlined word or phrase in each sentence.

> conservation   reclamation   drought
> desalination   contaminate

1. In order to protect our water supply, people have practiced the <u>preservation</u> of water.

    _____

2. The process of <u>water recovery</u> allows people to recycle used water.

    _____

3. People can <u>pollute</u> water by dumping waste materials or chemicals into it.

    _____

4. The process of <u>salt removal</u> allows people to use seawater for drinking.

    _____

5. Many farmers' businesses suffer during a <u>rain shortage</u>.

    _____

B. Write *true* or *false*.

1. Earth has a limited supply of usable water.

    _____

2. If a region has no rainfall for one week, it is experiencing a drought.

    _____

3. Reclaimed water can be used for drinking.

    _____

4. Contaminated water can carry disease.

    _____

5. The biggest use of water is for agriculture.

    _____

Name _____

Unit Review · *Comprehension*

Earth's Water Supply

Fill in the bubble next to the correct answer.

1. The three elements of the water cycle are _____.
   Ⓐ conservation, desalination, reclamation
   Ⓑ evaporation, condensation, precipitation
   Ⓒ groundwater, rainwater, surface water
   Ⓓ water vapor, water table, watershed

2. People store water for future use in a(n) _____.
   Ⓐ reservoir   Ⓒ aquifer
   Ⓑ oasis   Ⓓ aqueduct

3. Which of these does *not* reduce our water supply?
   Ⓐ growing population   Ⓒ drought
   Ⓑ contamination   Ⓓ desalination

4. We measure the amount of water vapor in the air as _____.
   Ⓐ gas   Ⓒ clouds
   Ⓑ humidity   Ⓓ fog ·

5. Where is the most fresh water found on Earth?
   Ⓐ rivers   Ⓒ ice
   Ⓑ oceans   Ⓓ groundwater

6. Many deserts are formed by a(n) _____.
   Ⓐ aquifer   Ⓒ oasis
   Ⓑ watershed   Ⓓ rain shadow

7. Which of these is *not* an example of precipitation?
   Ⓐ rain   Ⓒ hail
   Ⓑ snow   Ⓓ fog

Name _____

Unit Review

Vocabulary
Water Words

Write the vocabulary word that answers or completes each clue.

1. Evaporated water turns into this. _____

2. rain that has soaked into the ground _____

3. When prevailing winds change direction, they
   bring _____.

4. The side of a mountain that receives little rainfall
   is in the _____.

5. the measure of moisture in the air _____

6. a natural water source in the desert _____

7. a long period without rainfall _____

8. If a rock has many small holes, it is _____.

9. rivers, lakes, and streams _____

10. the recycling of used water _____

11. a way to water plants or crops _____

12. a region drained by river systems _____

13. a synonym for *pollute* _____

14. the act of saving something for later _____

15. When all the ground below you is saturated, you have
    reached the top of the _____.

16. People drill into the _____ to make a well.

17. Removing salt from seawater is called _____.

18. evaporation, condensation, and precipitation _____

aquifer
conservation
contaminate
desalination
drought
groundwater
humidity
irrigation
monsoons
oasis
porous
rain shadow
reclamation
surface water
water cycle
watershed
water table
water vapor

Unit Review

Visual Literacy

From Ocean to Land

This diagram shows how water from the ocean affects the land nearby. Label each element, using the words in the box. Then write a caption describing what happens to the land on each side of the mountain.

> condensation   evaporation   watershed   desert
> precipitation   rain shadow   prevailing winds

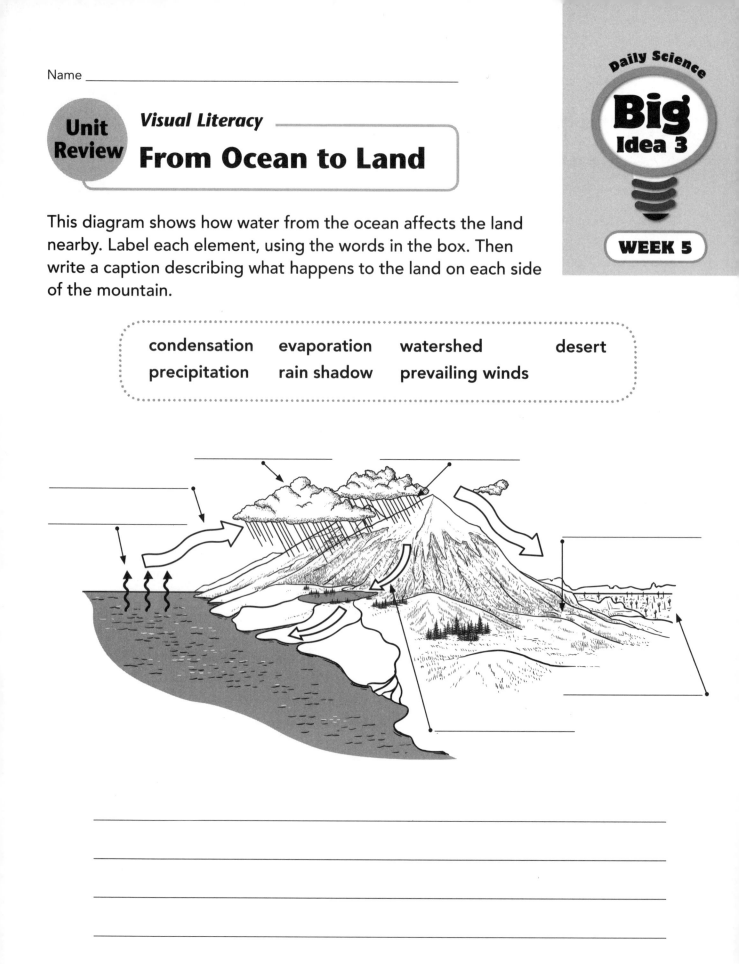

_____

_____

_____

_____

Name _____

Unit Review

Hands-on Activity

Create Your Own Water Cycle

See the water cycle at work in this simple experiment using water, soil, and the power of the sun.

What You Need

- 1 plastic container
- 1 plastic cup
- small rock
- plastic wrap
- wide tape
- 4 cups of soil or sand
- ½ cup water

1. Pour the soil into the plastic container and spread it around evenly. Then place the plastic cup in the middle of the container, partially in the soil for stability.

2. Pour the water evenly over the soil, but not in the cup.

3. Cover the container with plastic wrap and seal it around the edges with tape. Place the rock on top of the wrap, centered directly over the cup.

4. Place the container in a sunny location. Check on it the following day.

What Did You Discover?

1. What happened to the water?

_____

2. How much water did you end up with in the cup?

_____

3. Why do you think you put the rock over the cup?

_____

4. Do you think this experiment would work on a cloudy day? Explain your answer.

_____

Big Idea 4

Gravity is the force that keeps planets in orbit around the sun, and the moon in orbit around Earth.

Key Concept
Gravity

National Standard
Gravity is the force that keeps planets in orbit around the sun and governs the rest of the motion in the solar system. Gravity alone holds us to the Earth's surface and explains the phenomena of the tides.

Most fifth-grade students have some familiarity with the effect of gravity, whether it is rain falling from the sky or a vase knocked from a table. However, they may not understand gravity's greater role in our solar system. In this Big Idea, students learn that:

→ gravity exerted by an object increases as its mass increases, and decreases with distance from the object;

→ the gravitational attraction of the moon and sun combine to create ocean tides;

→ planets are round because the gravity of massive objects pulls all matter toward a center; and

→ planets move in elliptical orbits in which the forces of gravity and inertia balance exactly.

Teacher Background

Gravity is a force of mutual attraction that guides the motion of all objects in the universe. This includes everything from the orbits of space stations and planets to the arcing trajectory of a baseball hit into the air. By understanding the relationship between mass and gravity, it is also possible to understand gravity's role in the formation and shape of our planets, moons, asteroids, and other objects in space.

Big or little, all objects that have mass have gravity, and as an object becomes more massive, it exerts more gravity. Objects that have mass also have inertia, the property of matter that keeps an object moving in a straight line and at a constant speed until it is pushed or pulled by a force. Planets are constrained to precise and predictable orbits around the sun because the forces of gravity and inertia are exactly balanced.

For specific background information on each week's concepts, refer to the notes on pp. 98, 104, 110, and 116.

Unit Overview

WEEK 1: Why do we weigh more on Earth than on the moon?

Connection to the Big Idea: Mass and distance are the two factors required for determining the gravitational force exerted by an object. Students learn that the amount of mass an object has determines how strong its gravity is and, in turn, how much you would weigh if you stood on that object in space.

Content Vocabulary: *gravitational force, mass, weight*

WEEK 2: What causes ocean tides?

Connection to the Big Idea: Ocean tides are created by the gravitational pull of the moon and sun. Students learn that the location of the moon and sun relative to one another determines whether an area on Earth experiences spring tides or neap tides, and that the tides change with the phases of the moon.

Content Vocabulary: *navigate, neap tide, spring tide, tidal range, tide*

WEEK 3: Why are planets round?

Connection to the Big Idea: Gravity acts from a center of mass. Students learn that when the planets first formed, they gathered mass through the process of accretion. Eventually, planets became spherical because they became sufficiently massive, and thus had sufficient gravity, for all their matter to be pulled toward their center.

Content Vocabulary: *accretion, centrifugal force, coalesce, spherical*

WEEK 4: Why don't planets crash into each other?

Connection to the Big Idea: Gravity and inertia are the two forces that constrain the motion of the planets into precise, predictable orbits. Students learn that, absent of outside forces such as friction or air resistance, inertia would cause an object to move in a straight line forever. However, since gravitational force is present in space, gravity and inertia balance each other out. Because of this, the planets move in stable orbits and will not crash into each other.

Content Vocabulary: *comet, elliptical, free fall, inertia, trajectory*

WEEK 5: Unit Review

You may choose to do these activities to review the concept of gravitational force.

p. 122: Comprehension Students answer multiple-choice questions about key concepts in the unit.

p. 123: Vocabulary Students write vocabulary words from the unit to match clues.

p. 124: Visual Literacy Students write whether gravity, inertia, or both are being demonstrated in various pictures.

p. 125: Hands-on Activity Students drop different objects off the side of a desk to see forces of gravity and air resistance at work. Instructions and materials needed for the activity are listed on the student page.

Gravity is the force that keeps planets in orbit around the sun, and the moon in orbit around Earth.

Week 1
Why do we weigh more on Earth than on the moon?

When Neil Armstrong first walked on the moon, he uttered the famous phrase, "That's one small step for [a] man, one giant leap for mankind." In fact, on the moon, Armstrong himself was able to move in giant leaps, nearly floating between footsteps. He could do this because on the moon, he weighed only a sixth of what he weighed on Earth.

This week students are introduced to the difference between weight and mass and discover that an object's weight fluctuates depending on the amount of gravitational force that another object exerts. Gravitational force increases as an object's mass increases and decreases with distance from the object. The moon has less mass—and thus less gravitational force—than Earth. If Armstrong had stood on Phobos, one of the tiny moons of Mars that exerts very little gravitational force, he'd have been able to take giant leaps indeed.

Day One

Vocabulary: *gravitational force*

Materials: page 99

Introduce the vocabulary word and explain to students that the words *gravitational force* and *gravity* mean essentially the same thing. Have students read the passage and complete the activities. Review the answers together.

Day Two

Vocabulary: *mass*

Materials: page 100; baseball, large inflated balloon

Before introducing the vocabulary word, make sure students have an understanding of the word *matter* (the substance that an object is made of). To demonstrate the concept of mass, pass around a baseball and a balloon and ask how the baseball could have more mass even though the balloon is larger. (A baseball is solid and has more matter, whereas a balloon is filled with air and has less matter.) Have students read the passage and complete the activities. Review the answers together.

Day Three

Vocabulary: *weight*

Materials: page 101

Introduce the vocabulary word and have students read the passage. Then explain that in the United States, we generally measure weight in pounds, but scientists measure mass in grams or kilograms. Have students complete the activities and review the answers together.

Day Four

Materials: page 102

Have students read the passage and complete the activities. If students have trouble with activity A, go over the chart together and remind students of the relationship between weight and gravitational force.

Day Five

Materials: page 103

Have students complete the page independently. Then review the answers together.

Name _____

Day 1

Weekly Question

Why do we weigh more on Earth than on the moon?

If you've ever seen videos of astronauts walking on the moon, then you've probably noticed the way they seemed to float from footstep to footstep. That's because everything weighs less on the moon than it does on Earth. The reason for this has to do with gravity. Gravity is the force of attraction that exists between all objects in the universe, including Earth and the moon. It's what makes all things that go up come down. And it's the reason we stay on Earth's surface instead of floating off into space.

Not all objects, however, have the same amount of gravity. Earth pulls us and all the things on the planet toward its center with a strong **gravitational force**. The gravitational force on the moon is not as strong as it is on Earth.

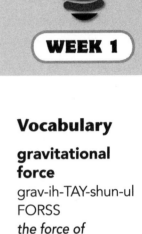

Vocabulary

gravitational force
grav-ih-TAY-shun-ul
FORSS
the force of attraction between any two bodies in the universe

A. Write *true* or *false*.

1. Gravity pulls us toward Earth's center. _____

2. The moon's gravitational force is stronger than Earth's gravitational force. _____

3. Gravitational force is what keeps us from floating off the planet. _____

4. All bodies in the universe have gravity. _____

B. Explain in your own words why astronauts appear to float when they walk on the moon. Use the term *gravitational force* in your answer.

_____

_____

Name _____

Weekly Question

Day 2

Why do we weigh more on Earth than on the moon?

What makes one object have a stronger gravitational force than another? There are two factors that determine gravitational force. The first is an object's **mass**. An object with a large amount of mass will exert more gravitational force than an object with a small amount of mass. Since Earth has more mass than the moon—about six times as much—it exerts more gravitational force.

Gravitational force also depends on the distance between objects. If we were standing on the moon, we'd be pulled by Earth's gravitational force. Even though Earth has a greater mass than the moon, the moon's gravity would be stronger than Earth's because we would be so much closer to the moon. Similarly, while standing on Earth, we are being pulled by the moon's gravity. However, it doesn't have much effect on us because the moon is so far away.

Vocabulary

mass
mass
the amount of matter in an object

Earth

moon

A. Check the box next to the object in each pair that has more mass.

1. ☐ bowling ball ☐ basketball | 3. ☐ toothpick ☐ nail
2. ☐ paper towel ☐ washcloth | 4. ☐ leaf ☐ quarter

B. All objects have gravitational force, including people. We pull on Earth just as it pulls on us. Why, then, doesn't Earth fall toward us when we jump? Use the word *mass* in your answer.

_____

C. The sun has 300,000 times more mass than Earth, yet we don't get pulled off Earth and into the sun by its gravitational force. Explain why.

_____

Name _____

Day 3

Weekly Question

Why do we weigh more on Earth than on the moon?

Mass and **weight** are not the same thing. Mass measures how much matter something has. It doesn't make a difference whether you are on the moon or on Earth—your mass doesn't change. Your weight, on the other hand, is measured by the pull of gravity on your mass. With less gravity on the moon, you weigh less. With more gravity on Earth, you weigh more.

We don't generally notice the difference between mass and weight when we weigh ourselves on Earth, however. That's because the gravitational force is nearly the same no matter where you go on Earth, so your weight doesn't vary.

Vocabulary

weight
wayt
measurement of the effect of gravity on a given mass

A. Use the chart to answer the questions.

	Weight on Earth	Weight on the Moon
Child	65 lbs	10.8 lbs
Adult	150 lbs	25 lbs

1. How many fewer pounds does the child weigh on the moon than on Earth? _____

2. Which is greater, the adult's weight on the moon, or the child's weight on Earth? What is the difference between them in pounds?

_____

3. Who has more mass on the moon, the child or the adult? Explain.

_____

B. If you go on a diet, do you change your weight or your mass? Explain.

_____

_____

Name _____

Day 4

Weekly Question

Why do we weigh more on Earth than on the moon?

Remember that all objects in the universe have gravity. Every object's gravitational force is different, depending on its mass. That means that your weight would be different on any planet or star.

If a person who weighed 150 pounds on Earth stepped onto a neutron star, he would weigh 21 trillion pounds! A neutron star is a star that has about the same mass as our sun, but is much smaller. All of its mass is concentrated into an area the size of San Francisco. If the 150-pound person were to set foot on Phobos, a tiny moon of Mars, his weight would barely register. That's because Phobos has very little mass, although it, too, is about the size of San Francisco.

A. The chart below shows approximately how much a 150-pound person on Earth would weigh on each planet in our solar system. Use the chart to answer the questions.

Mercury	57 lbs	Jupiter	381 lbs
Venus	137 lbs	Saturn	140 lbs
Earth	150 lbs	Uranus	120 lbs
Mars	57 lbs	Neptune	180 lbs

1. On which planet would you weigh the closest to what you weigh on Earth? _____

2. Which planet exerts the strongest gravitational force? _____

3. On which two planets is gravity the weakest? _____

B. Which of the following statements are true? Check all that apply.

☐ The size of an object determines how much mass it has.

☐ An object's mass determines its gravitational force.

☐ The farther a planet is from the sun, the less gravity the planet has.

☐ The gravitational force of Phobos is weaker than the gravitational force of a neutron star.

Name ____________________

Daily Science Big Idea 4

WEEK 1

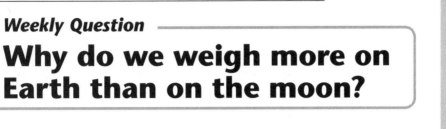

Day 5

Weekly Question

Why do we weigh more on Earth than on the moon?

A. Use the words in the box to complete the sentences.

gravitational force	**mass**	**weight**

1. The ____________ exerted by Earth keeps the moon in orbit around us.

2. An object's ____________ would be different on Mars than it would be on Jupiter.

3. A feather is bigger than a marble but has less ____________.

B. Answer the questions.

1. What is the difference between mass and weight?

____

____

2. Why don't we notice a difference between mass and weight on Earth?

____

____

C. What are two factors that determine an object's gravitational force on another object?

1. ______________________________

2. ______________________________

Gravity is the force that keeps planets in orbit around the sun, and the moon in orbit around Earth.

Week 2
What causes ocean tides?

The daily ebb and flow of ocean tides has been observed by humans for millennia, but not until Sir Isaac Newton proposed his theory of gravity in 1687 did we understand what caused the cyclic rise and fall of sea level. This week students learn that the moon exerts gravitational force on the world's oceans, resulting in a high tide, or "bulge" in the sea's surface that follows the moon as Earth rotates. The sun also contributes to the tidal bulge in the ocean, but because the sun is so far away, its contribution is only half that of the moon's. When the sun and moon are aligned, as happens twice each month, they produce higher high tides and lower low tides than when they are not aligned.

Over the course of a month, the relative positions of the moon and sun change as the moon completes its orbit around Earth. This means that the tides are also correlated with phases of the moon, a relationship that ancient people observed and students can now understand.

Day One

Vocabulary: *tidal range, tide*

Materials: page 105

Introduce the vocabulary and explain to students that *tidal range* is a change in sea level height, as might be measured along a pier piling. It is not the distance that the edge of the water advances or retreats along a beach. After students have read the passage, have them complete the activities. For activity A, you may want to review how to add positive and negative integers.

Day Two

Materials: page 106

After students read the passage, point out that the "bulge" in sea level always faces the moon, even as Earth rotates. Explain to students that, although a tide can be thought of as a gigantic wave, this is not the same as a "tidal wave," or tsunami, which is caused by earthquakes. Have students complete the activities and review the answers together.

Day Three

Vocabulary: *neap tide, spring tide*

Materials: page 107; beach ball, globe, tennis ball

Introduce the vocabulary and inform students that it takes the moon 29½ days to complete one orbit around Earth. After students read the passage, have volunteers demonstrate the positions of the sun (beach ball), moon (tennis ball), and Earth (globe) during the course of the month to reinforce the concept that spring tides don't occur only in the spring. Have students complete the activity and review the answers together.

Day Four

Vocabulary: *navigate*

Materials: page 108; diagram of complete moon phases (optional)

Have students read the passage and look at the diagram. You may want to review additional phases of the moon, including waning crescent (between last quarter and new moon), waxing crescent (between new moon and first quarter), waxing gibbous (between first quarter and full moon), and waning gibbous (between full moon and third quarter). Then have students complete the activities. For the oral activity, have students talk in pairs or small groups.

Day Five

Materials: page 109

Have students complete the page independently. Then review the answers together.

Name _____

Day 1

Weekly Question

What causes ocean tides?

The daily rise and fall of the sea can be seen at beaches around the world. These changes in sea level are called **tides**. A high tide occurs when the sea level is at its highest point of the day. At low tide, the water level is at its lowest. These regular cycles of changing sea levels are caused by the gravitational pull of the moon and sun.

The difference between high and low tide is called the **tidal range**. The tidal range varies between locations, depending on the shape of the coastline. The most extreme tidal range in the world is in the Bay of Fundy in eastern Canada. Here, water is funneled from a wide bay into a narrowing river, causing dramatic sea level changes. In fact, the difference between high and low tide can exceed 55 feet!

Vocabulary

tide
tyde
the rise and fall of sea level

tidal range
TY-dul raynj
the difference in height between high and low tide

high tide

low tide

A. The average height of the ocean's surface at a particular location is measured as 0 feet. Use this information to answer the questions.

   1. If the water measures ⁻5 feet at low tide and 3 feet at high tide, what is the tidal range?   _____

   2. What is the tidal range if the water measures 2 feet at high tide and ⁻1 foot at low tide?   _____

B. It usually takes about 6 hours to go from high tide to low tide. If you were in a boat out in the middle of the ocean, do you think you would notice the change in sea level? Explain your answer.

_____

Name _____

To understand the effect of gravity on ocean tides, the first thing to remember is that every object with mass exerts gravitational force. Simply put, the moon has mass, so its gravity pulls on Earth. Earth's oceans respond to the tug of the moon by bulging up toward it. This bulge is what we experience as high tide. The bulge actually forms on both sides of Earth—one directly under the moon, and one on the opposite side. In between the bulges, the ocean dips. These dips are the low tides.

As Earth rotates, the giant bulges in the ocean move so that one bulge always stays directly under the moon, while the other stays on the opposite side. You might think of the tide as a giant wave that follows the moon across the ocean. In one 24-hour period, two high tides and two low tides sweep across the planet.

A. Write an "H" next to the city experiencing high tide and an "L" next to the city experiencing low tide.

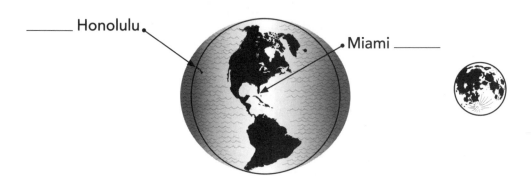

_____ Honolulu

Miami _____

B. Answer the questions.

1. How many high tides does the planet experience each day? _____

2. If the moon had more mass, what effect do you think this would have on Earth's tides? Explain what would happen to the bulges and dips in the ocean.

_____

_____

Name _____

Day 3

Weekly Question

What causes ocean tides?

The moon is not the only thing that affects Earth's tides. The sun's gravity also has an effect, but it is less than the moon's. This is because, although the sun is much more massive than the moon, it is much farther away. The sun is so distant that its gravitational effect on our tides is only half that of the moon's.

The fact that the moon orbits Earth means that sometimes the sun, moon, and Earth are aligned. When the sun and moon are aligned, their gravitational effects combine to produce the highest high tides and the lowest low tides. These tides are called **spring tides**, and they occur twice a month, every month of the year. When the sun and moon are at right angles to each other, however, their gravitational effects work against each other. High tides are not very high and low tides are not very low. These tides are called **neap tides**. Like spring tides, neap tides also happen twice a month.

Vocabulary

neap tide
NEEP tyde
a tide that occurs twice a month and results in the smallest change in sea level

spring tide
SPRING tyde
a tide that occurs twice a month and results in the greatest change in sea level

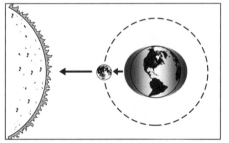

spring tide

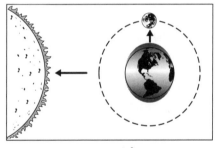

neap tide

Answer the questions.

1. About how many spring tides occur each year? _____

2. Why does the moon have a stronger pull on the tides than the sun does?

_____

3. When is there a greater tidal range, during spring tides or neap tides? Explain your answer.

_____

_____

Day 4

Weekly Question

What causes ocean tides?

Daily Science

Big Idea 4

WEEK 2

Predicting tides is important for many reasons, especially because low tides sometimes expose dangerous rocks or shallow areas that are difficult for ships to **navigate** around. In the past, sailors used the phases of the moon to predict tides. Sailors discovered that spring tides happened at the same time as the full or new moon. And the neap tides occurred during the first or third quarters of the moon.

It wasn't until Sir Isaac Newton produced his theory of gravity in 1687 that people understood why there was a relationship between the height of a tide and the phase of the moon. Newton knew that the sun and moon exerted gravity on Earth. He theorized that when these bodies aligned, as happened during a full or new moon, their gravitational forces combined to make the tides more extreme.

Vocabulary

navigate
NAV-ih-gayt
to steer or follow a planned course

first quarter

full moon

new moon

third quarter

A. Explain how Isaac Newton's theory of gravity accounted for the occurrence of spring tides when the moon was full or new.

_____

_____

B. Even though the tides are the same during a full moon and a new moon, one of these moon phases helps sailors navigate better at night. Which one? Explain your answer.

_____

Talk

What other reasons might there be for predicting the tides? When and where would it be important to know how high or low the tide will be?

Name _____

Day 5

Weekly Question

What causes ocean tides?

A. Use the words in the box to complete the paragraph.

> tidal range   neap tides
>
> spring tides   navigate

Tides are caused by the gravitational pull of the moon and the sun.

When the moon and sun are aligned, they produce _____,

or tides with the biggest _____. When the sun and the moon

are at right angles to each other, they produce _____. Sailors

predicted these tides so they could better _____ through

dangerous waters.

B. The chart below shows the early morning low tides and evening high tides
for Monterey Bay, California, in June of 2009. Use it to answer the questions.

	Low Tide		High Tide		Phase	
June 16	12:08 AM	2.0 feet	6:08 PM	4.8 feet	third quarter	◑
June 17	1:11 AM	1.3 feet	6:42 PM	5.2 feet		
June 18	2:04 AM	0.6 feet	7:20 PM	5.6 feet		
June 19	2:52 AM	−0.2 feet	8:01 PM	6.0 feet	crescent	◐
June 20	3:38 AM	−0.9 feet	8:46 PM	6.4 feet		
June 21	4:24 AM	−1.4 feet	9:33 PM	6.7 feet		
June 22	5:10 AM	−1.9 feet	10:22 PM	6.8 feet	new moon	●
June 23	5:57 AM	−1.7 feet	11:13 PM	6.7 feet		

1. The lowest tides occurred during which phase of the moon? _____

2. On which date did the spring tides occur? _____

3. On which date was the tidal range the least? _____

Gravity is the force that keeps planets in orbit around the sun, and the moon in orbit around Earth.

Week 3
Why are planets round?

This week students learn that planets are round due to the amount of mass, and thus gravity, they have. Gravity acts from a center of mass, pulling all matter in toward it. When an object becomes big enough, the only way for all its matter to be as close to the center of mass as possible is to form a sphere.

While all planets must be round, not all round objects are planets. For example, Pluto is round but is no longer considered a planet because scientists discovered that it does not exert enough gravitational force to control all the objects around it in space. Students also learn that while all planets look round, not all of them have a perfectly spherical shape. In fact, Earth itself bulges slightly at the equator due to the centrifugal force of its rotation.

Day One

Vocabulary: *spherical*

Materials: page 111

Introduce the vocabulary word and point out its relationship to the word *sphere*. Before students read the passage, discuss the names and descriptions of the planets of the solar system and the order of their distance from the sun. After students have finished reading, have them complete the activities. For the oral activity, point out to students that a planet's gravity can control both man-made objects, such as satellites, and natural objects, such as moons or rings.

Day Two

Vocabulary: *accretion, coalesce*

Materials: page 112

Introduce the vocabulary. Then ask students to give examples of things that get bigger because they "stick together," or accrete. (e.g., dust balls under the bed, wads of sticky tape, rain droplets in a cloud, etc.) After students read the passage, have them complete the activities. Review the answers together.

Day Three

Materials: page 113

After students read the passage, invite them to try to balance their pencils across the end of one finger. Explain that if you want to balance an object, you have to find its center of mass. Have students complete the activities. Review the answers together.

Day Four

Vocabulary: *centrifugal force*

Materials: page 114

Introduce the vocabulary word and, to confirm students' understanding, draw a circle and an arrow pointing away from its center to show the direction of centrifugal force. After students read the passage, have them complete the activity. For question 3, you may want to review with students the effects of gravity on weight (Week 1), and how distance from an object's center of mass decreases gravitational force.

Day Five

Materials: page 115

Have students complete the page independently. Then review the answers together.

Name _____

Day 1 **Weekly Question**

Why are planets round?

There are eight planets in our solar system: Mercury, Venus, Earth, Mars, Jupiter, Saturn, Uranus, and Neptune. Some planets are much larger than others, and some are surrounded by rings or moons. But all planets have three things in common. They orbit the sun, they are massive enough that their gravity controls all the objects in the area around them, and they are **spherical**.

Although you might not think of "roundness" as a particularly special or unusual quality, most objects in the solar system are not round. Millions of asteroids between the orbits of Mars and Jupiter are irregularly shaped chunks of rock. Planets are round because of their large mass and gravitational force.

Vocabulary

spherical
SFEER-ih-kul
round, ball-shaped; having a surface equally distant from the center at all points

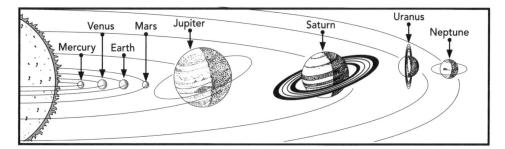

A. Check the box next to the object that is *spherical*.

☐ paper tube ☐ egg ☐ football ☐ basketball

B. What are three things that all planets have in common?

1. _____   3. _____

2. _____

Talk

Pluto would be classified as the ninth planet if it were not for the fact that there are millions of other space rocks within its orbit that its gravity doesn't control. What are two examples of objects that are controlled by a planet's gravity?

Name _____

Day 2

Weekly Question

Why are planets round?

Most scientists today believe that the solar system formed when a giant cloud of gas and dust contracted into a rotating disk of matter. Most of this material **coalesced** in the center of the disk and became our sun. The rest formed small, rocky bodies or balls of gas. Over time, gravitational force allowed these objects to attract and collect other chunks of rock or molecules of gas in their regions of space. As these objects grew in size, their gravity increased. This allowed them to attract and gather even more material. This process, called **accretion**, is believed to have formed the planets, asteroids, comets, and other bodies in our solar system.

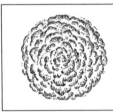   

Formation of the Solar System

Vocabulary

accretion
uh-CREE-shun
the process of becoming larger by adding more material

coalesce
koh-uh-LESS
to unite; to grow together

A. Write *true* or *false*.

1. Our solar system began as a rotating disk of gas and dust.

_____

2. As the gravity of objects in the solar system increased, the objects became bigger.

_____

3. Most of the gas and dust in the early solar system became the planets.

_____

B. Use the vocabulary words to complete the sentences.

1. Dust and other particles of matter can _____ to form the beginning of a planet.

2. Through the process of _____, an object grows in size and increases its gravitational force.

Name _____

Day 3

Weekly Question

Why are planets round?

Gravity acts to pull everything toward an object's *center of mass*. The center of mass is a single imaginary point inside an object from which gravity seems to act. As an object acquires more mass, its gravity increases and more matter is pulled toward the object's center. When an object is massive enough, gravity forces it into a round shape. This is because the only way to get all of the object's matter as close to its center of mass as possible is to form a sphere. Every point on the surface of a sphere is equally distant from its center.

Objects such as asteroids or small moons are irregularly shaped because they have much less mass than planets. Therefore their gravitational force is not strong enough to form a sphere. Unlike planets, whose center of mass is also the center of the sphere, asteroids have a center of mass that may actually be located off-center, depending on where the most mass has accumulated.

center of mass  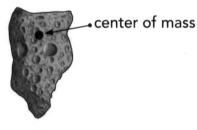 center of mass

planet   asteroid

A. Check the box next to the analogy that is *not* correct.

☐ **Center** is to **sphere** as **center of mass** is to **planet**.

☐ **Asteroid** is to **irregular-shaped** as **planet** is to **spherical**.

☐ **Center of mass** is to **planet** as **axis** is to **Earth**.

☐ **Planet** is to **asteroid** as **round** is to **irregular**.

B. Explain in your own words why an object with a lot of mass takes the shape of a sphere.

_____

_____

Name _____

Day 4 *Weekly Question*

Why are planets round?

Even though Earth's gravity is strong enough to pull all of the planet's matter evenly toward its center, Earth is not a perfect sphere. This is because Earth's rotation creates **centrifugal force**. Centrifugal force is the same force that causes you to slide to one side when you go around a curve on a roller coaster. On Earth, centrifugal force pushes out the planet's surface at the equator, causing it to bulge slightly around the middle. In fact, Earth's diameter is 26 miles wider when measured at the equator than when measured from the North Pole to the South Pole. Believe it or not, this means that you weigh slightly less at the equator than you do at the poles! This is because at the equator, you are a little farther away from Earth's center of mass than you are at the poles.

Vocabulary

centrifugal force
sen-TRIF-uh-gul
forss
the force that tends to push an object outward when it rotates around a center

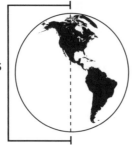

diameter: 7,900 miles

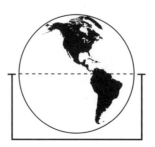

diameter: 7,926 miles

Answer the questions.

1. Why does Earth's surface bulge at the equator? Use the vocabulary word in your answer.

   _____

   _____

2. What would have to happen in order for Earth to become a perfect sphere?

   _____

3. Why does being farther from Earth's center of mass cause you to weigh less?

   _____

Name _____

Day 5

Weekly Question

Why are planets round?

A. Use the words in the box to complete the sentences.

> center of mass   accretion   spherical
> centrifugal force   coalesced

1. Earth is not a perfect sphere because _____ causes the equator to bulge out slightly.

2. Planets are _____ so that all of their matter can be as close to the _____ as possible.

3. Our solar system formed when gas and dust _____ into bodies that grew larger and larger over time through the process of _____.

B. Explain how mass and gravity cause planets to be round.

_____

_____

_____

C. What two qualities, besides roundness, must an object have in order to be considered a planet?

1. _____

2. _____

Gravity is the force that keeps planets in orbit around the sun, and the moon in orbit around Earth.

Week 4
Why don't planets crash into each other?

Except in the plots of science fiction thrillers, we don't expect planets to collide or otherwise smash into each other as they travel through the vast expanses of outer space. Instead, planets move in well-defined and separate paths, orbiting the sun in obedience with the laws of motion and force.

This week students learn that the motions of planets are governed by the opposing influences of gravity and inertia. Planets follow elliptical orbits and, unlike objects in Earth's atmosphere, do not encounter air resistance, friction, or large objects that can impede their path. Early in the history of the solar system, however, small planetary bodies did crash into each other during the process of accretion.

Day One

Vocabulary: *inertia*

Materials: page 117

Remind students that gravity is the force of mutual attraction that exists between any two bodies that have mass. Introduce the vocabulary word and have students read the passage. Then have them complete the activities independently. Review the answers as a group.

Day Two

Vocabulary: *elliptical*

Materials: page 118

Introduce the vocabulary word and point out its relationship to the word *ellipse*. Draw an ellipse and a circle on the board to make sure students understand the difference. Then have students read the passage and complete the activities. Review the answers together.

Day Three

Vocabulary: *free fall, trajectory*

Materials: page 119

Ask students to describe what sensation they imagine astronauts experience when orbiting Earth in a spacecraft. (floating, weightlessness, etc.) Tell students that these astronauts are actually falling in space. Introduce the vocabulary. Then have students read the passage and complete the activity. Review the answers together.

Day Four

Vocabulary: *comet*

Materials: page 120

Review the theory of planetary accretion described in Week 3. Then have students read the passage and complete the activities. For the oral activity, you may want to prompt students by explaining that scientists believe an asteroid collision led to the extinction of the dinosaurs (because dust from the impact blocked out the sun), and this in turn allowed mammals to evolve.

Day Five

Materials: page 121

Have students complete the page independently. Then review the answers together.

Name _____

Day 1

Weekly Question

Why don't planets crash into each other?

Just as we know that the sun will rise every morning, we expect the planets and the moon to stay in their orbits. And rightly so. For 400 years, people have understood that the movements of Earth, the moon, the planets, and all the other bodies in the universe are determined by precise and predictable laws of force and motion. These laws tell us that the path of an object is controlled by two forces: gravity and **inertia**.

Inertia keeps an object moving in a straight line and at a constant speed until it is pushed or pulled on by a force. Everything with mass has inertia, and the more massive something is, the more inertia it has. In the absence of all other forces, such as air resistance or gravity, inertia would allow a baseball that was hit out of the park to travel in a straight line all the way to the edge of the universe!

Vocabulary

inertia
ih-NUR-shuh
a property of matter that keeps an object moving in a straight line and at a constant speed

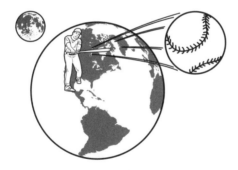

A. What two forces govern the movement of the planets and all other bodies in the universe?

   1. _____   **2.** _____

B. Cross out the incorrect word in each sentence below and write the correct word above it to make the statement true.

   1. Gravity keeps an object moving in a straight line at a constant speed.

   2. The path of a baseball is unaffected by the laws of motion.

   3. The more mass an object has, the less inertia it has.

Name _____

Day 2

Weekly Question

Why don't planets crash into each other?

Planets move in well-defined and separate paths, obeying the laws of force and motion as they orbit the sun. What keeps planets in their orbit is the balance between the opposing forces of gravity and inertia. The sun's gravity pulls planets toward it, and inertia keeps planets moving in a straight line. The combined result is an **elliptical** orbit, meaning that the planets revolve around the sun in oval-shaped paths. The sun is almost, but not quite, at the center of this oval. Similarly, the orbit of the moon around Earth is elliptical.

Unlike a baseball hit through the air, objects in space don't encounter air resistance or other types of friction that could slow their motion. So the planets just keep circling the sun. And in the absence of all other forces, they will continue to do this forever.

Vocabulary

elliptical
ee-LIP-tih-kul
having the shape of an oval or flattened circle

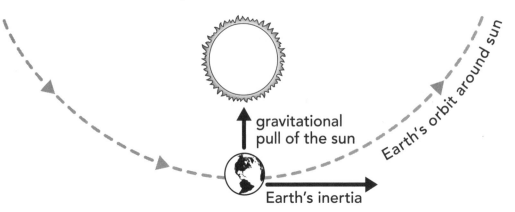

gravitational pull of the sun

Earth's inertia

Earth's orbit around sun

A. Complete the sentences, using words from the passage.

1. The balance between gravity and _____ keeps planets in their orbits.

2. Air resistance is a kind of _____ that slows down an object's motion.

3. Gravity and inertia maintain the moon's _____ around Earth.

B. Complete the analogy.

Circle is to **round** as **oval** is to _____.

Name _____

Day 3

Weekly Question

Why don't planets crash into each other?

Astronauts orbiting Earth in a spacecraft are subject to the same laws of gravity and inertia that control the motions of the moon and planets. When you see astronauts floating inside their spacecraft, they may appear to be weightless, but they are actually still in the grip of Earth's gravity. Astronauts float because they are in **free fall**. During free fall, the gravitational force that causes a spacecraft and its contents to "fall" toward Earth is exactly matched by the forces of inertia that keep the spacecraft traveling in a straight line. The result is a curved **trajectory**—an elliptical orbit around Earth. Because downward fall is balanced by sideways motion, the spacecraft doesn't ever actually hit Earth.

You, too, may have experienced free fall momentarily on an amusement park ride. During a sudden drop, there is a brief sensation of weightlessness as your seat takes the plunge and inertia attempts to keep you in place. But hold on to your belongings, because coins and sunglasses will seem to "float" out of your pockets!

Vocabulary

free fall
FREE fall
the unchecked fall of an object

trajectory
trah-JEK-tuh-ree
the path of an object moving through space

Use the vocabulary words and information from the passage to complete the paragraph below.

Every object that moves through space follows a _____.

Even astronauts who appear to be floating are actually in _____.

This means that the downward force of _____ is exactly

balanced by _____.

Day 4

Weekly Question

Why don't planets crash into each other?

Although the balance between inertia and gravity keeps the planets in stable, predictable trajectories around the sun, this was not the case when the solar system first formed. At that time, small, solid bodies that coalesced early in the solar system's history did not have stable orbits. These bodies crashed into each other, and through the process of accretion, became the large planets orbiting the sun today. Objects such as **comets** and asteroids may be the leftovers.

One of the most spectacular collisions between large bodies in our solar system may have happened right in our own "neighborhood." Scientists hypothesize that very early in Earth's history, an object the size of Mars collided with Earth and punched out a huge mass of material that became our moon. Luckily for us, a similar collision is probably impossible today.

Vocabulary

comet
KAH-mit
an icy chunk of rock from a region of space beyond the orbit of Neptune

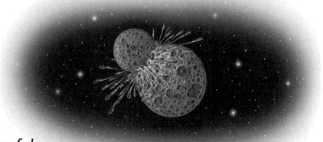

Write *true* or *false*.

1. When the solar system first formed, objects in space moved in predictable trajectories.   _____

2. Comets may be remains from the formation of the solar system.   _____

3. The moon was formed when Earth and Mars crashed into each other.   _____

🔊 **Talk**

In the past, Earth was a planet where collisions with asteroids, meteorites, and comets happened regularly. How do you think these collisions helped shape life on Earth today?

Name _____

Day 5

Weekly Question

Why don't planets crash into each other?

A. Write the word from the box that completes each sentence.

> elliptical   comets   trajectory
>
> free fall   inertia

1. When astronauts float in space, they are really in _____.

2. The orbit of Earth around the sun is _____, instead of completely circular.

3. An object's _____ is the path it takes through space.

4. _____ is the property of matter that keeps it moving in a straight line.

5. Scientists believe that _____ may be leftovers from the solar system's formation.

B. Label *gravity*, *inertia*, and *orbit* in the diagram below.

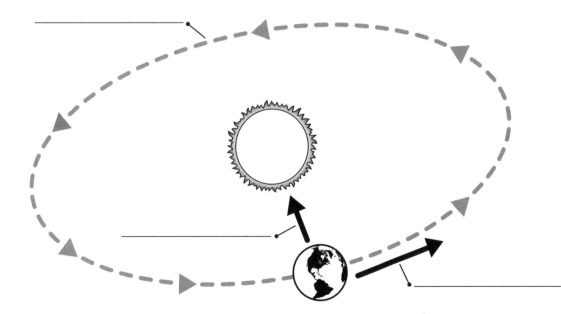

Name _____

Fill in the bubble next to the correct answer.

1. Which statement is true about gravity?

   Ⓐ Gravity doesn't exist on small planets or moons.

   Ⓑ Gravity has nothing to do with an object's mass.

   Ⓒ Gravity decreases as distance from the center of mass increases.

   Ⓓ Gravity only works if you are touching something.

2. Which statement is true about tides?

   Ⓐ Spring tides only happen in the spring.

   Ⓑ The lowest tides happen during a full or a new moon.

   Ⓒ Tides are caused by Earth's orbit around the sun.

   Ⓓ Tides are caused by tsunamis.

3. In order to be a planet, an object must be round, orbit the sun, and _____.

   Ⓐ control other objects in its region   Ⓒ rotate around its axis

   Ⓑ shine at night   Ⓓ have inertia

4. Why don't the planets in our solar system crash into each other?

   Ⓐ Gravity forces them apart.   Ⓒ They move too fast.

   Ⓑ Laws of motion don't apply in space.   Ⓓ Gravity and inertia are balanced.

5. Weight is determined by _____.

   Ⓐ mass alone   Ⓒ gravitational force alone

   Ⓑ mass and gravitational force   Ⓓ gravitational force and inertia

6. The bulge at Earth's equator is due to _____.

   Ⓐ gravitational force   Ⓒ centrifugal force

   Ⓑ an elliptical orbit   Ⓓ a buildup of dust and gas

Name _____

Write the word from the box that matches or completes each clue.

1. Earth has an _____ orbit around the sun.

2. a force of attraction between two bodies _____

3. shaped like a ball _____

4. to come together or unite _____

5. Planets became larger through the process of
_____.

6. measured in pounds _____

7. A feeling of weightlessness happens in a state of
_____.

8. When the sun and moon are aligned, they produce
_____.

9. This property keeps objects moving in a straight line.
_____

10. The difference between high and low tide is called
the _____.

11. a force created by Earth's rotation _____

12. the amount of matter in an object _____

13. When the sun and moon are at right angles, they produce
_____.

14. the path of an object in space _____

15. Low tides may make it difficult for ships to _____.

accretion

centrifugal force

coalesce

elliptical

free fall

gravitational force

inertia

mass

navigate

neap tides

spherical

spring tides

tidal range

trajectory

weight

Name _____

Visual Literacy

It All Falls Together

Look at the pictures below. Write whether the force of *gravity*, *inertia*, or *both* is being demonstrated. Explain your answer.

1.

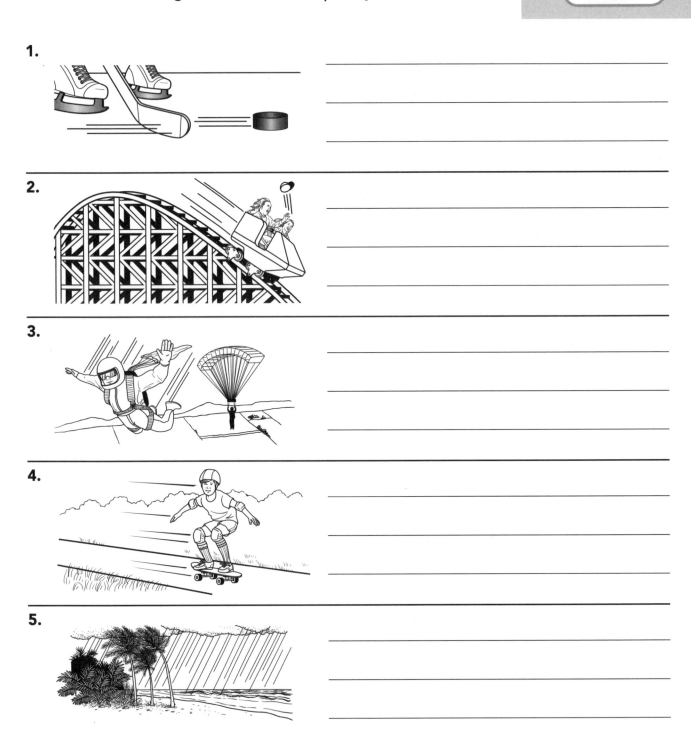

2.

3.

4.

5.

Name _____

Unit Review

Hands-on Activity

Gravity's Pull

The famous thinker Galileo argued that, in the absence of air resistance, two objects of different mass that are dropped at the same moment from the same height should strike the ground at the same time. Legend says he dropped items from the Leaning Tower of Pisa to prove the point. Now you can discover whether Galileo's hypothesis was right.

What You Need

- ball
- small rock
- feather
- wad of cotton

1. Line up the items along the edge of a desk or table.

2. Push all the objects off the table at the same time.

3. Record the order in which the objects hit the floor.

4. Repeat the experiment as often as needed to be sure of your results.

What Did You Discover?

1. Which object(s) hit the floor first?

_____

2. Which object(s) hit the floor last?

_____

3. Which objects do you think encountered air resistance? Why?

_____

4. What do you think would happen if you dropped the items in a vacuum, where there is no air?

_____

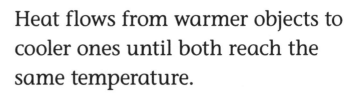

Big Idea 5

Heat flows from warmer objects to cooler ones until both reach the same temperature.

Key Concepts
Conduction, Convection, and Radiation

National Standard
Heat moves in predictable ways, flowing from warmer objects to cooler ones until both reach the same temperature.

While students may intuitively understand the concept of heat flowing from warmer objects to cooler ones, they are not likely to be familiar with the specific ways in which heat is transferred between objects of different temperatures. In this Big Idea, students learn:

→ the difference between heat and temperature;

→ how microwaves heat food by means of radiation and how hot food heats containers by conduction;

→ that hurricanes move heat from the tropics to the poles by means of convection; and

→ that a thermos bottle slows heat transfer by blocking conduction, convection, and radiation.

Teacher Background

Anyone who has ever warmed his or her hands by the fire has experienced the effects of heat transfer: heat from the fire flows to the cold hands and warms them up. Yet the same is true of an ice cube in a bowl of hot soup. Coldness from the ice cube doesn't flow to the soup. It is heat from the soup that flows to the ice cube.

Heat moves between objects of different temperatures in a variety of ways. If you warm your hands on a hot cup of cocoa, heat flows from the cup to your hands by means of conduction, which is the transfer of heat through physical contact. When you warm your hands by a fire, waves of energy from the flames transfer heat to your hands by means of radiation, or movement of energy through matter or empty space. And blowing hot air on your hands warms them by convection, which is the transfer of heat through the movement of a liquid or gas. Understanding these three different processes makes it possible to comprehend everything from how thermoses and microwave ovens work to what causes weather disturbances such as hurricanes.

For specific background information on each week's concepts, refer to the notes on pp. 128, 134, 140, and 146.

Unit Overview

WEEK 1: How does a thermometer work?

Connection to the Big Idea: A thermometer measures temperature, which is not the same thing as heat. Temperature is the measure of the kinetic energy of a substance's molecules. Heat is the transfer of thermal energy between substances. Students learn that outdoor thermometers measure temperature with the help of liquid that expands or contracts in response to gaining or losing kinetic energy.

Content Vocabulary: *heat, kinetic energy, phase change, room temperature, temperature, thermal energy*

WEEK 2: How does a microwave oven cook food?

Connection to the Big Idea: Microwaves transfer thermal energy by means of radiation to cook food, and hot food transfers heat to its container by means of conduction. Students learn that radiation is the movement of energy through empty space and matter, and conduction is heat transfer through physical contact.

Content Vocabulary: *conduction, conventional, electromagnetic, microwaves, radiation, wavelength*

WEEK 3: What causes hurricanes?

Connection to the Big Idea: Hurricanes provide an example of convection, or the transfer of heat through the movement of a liquid or a gas. Students learn that hurricanes are a powerful mechanism for transferring heat from tropical oceans to higher latitudes. Heat mixes into the atmosphere through convection of warm air. As the air cools, more heat is released into the atmosphere when water vapor condenses into raindrops.

Content Vocabulary: *circulating, convection, heat of condensation, hurricane, satellite*

WEEK 4: How does a thermos work?

Connection to the Big Idea: A thermos bottle is designed to slow the flow of heat by conduction, convection, and radiation. Students learn that through its use of insulating materials, mirrored surfaces, and a vacuum, this simple device can keep both hot things hot and cold things cold.

Content Vocabulary: *insulator, vacuum*

WEEK 5: Unit Review

You may choose to do these activities to review concepts about heat transfer.

p. 152: Comprehension Students answer multiple-choice questions about key concepts in the unit.

p. 153: Vocabulary Students write vocabulary words from the unit to match clues.

p. 154: Visual Literacy Students label a picture of a hot grill to show where conduction, convection, and radiation are taking place.

p. 155: Hands-on Activity Students use food coloring to watch how heat moves by means of convection through water of different temperatures. Instructions and materials needed for the activity are listed on the student page.

Week 1
How does a thermometer work?

While it might be common knowledge that thermometers are used to measure temperature, few people realize that temperature is *not* the same thing as heat. Temperature is a measurement of the average kinetic energy, or energy of motion, of a substance's molecules. Heat, on the other hand, refers to the flow of thermal energy between objects of different temperatures.

This week students learn how the jostling and bouncing of molecules results in the exchange of thermal energy between the air and an outdoor thermometer, causing its liquid to expand or contract. When thermal energy stops flowing, the molecules inside the thermometer have reached the same temperature as the air, and the level of the liquid indicates the temperature. Students also discover that the properties of water make it unsuitable for use in a thermometer because water becomes ice at temperatures below 0°C and a gas at temperatures above 100°C.

Day One

Vocabulary: *heat, kinetic energy, temperature*

Materials: page 129

Invite students to imagine themselves stepping outside on a really hot day and to describe what it feels like. Explain that while heat may make them feel slow or sluggish, heat makes the molecules in the air move faster and more energetically. Introduce the vocabulary and direct students to read the passage. Then have them complete the activities.

Day Two

Vocabulary: *thermal energy*

Materials: page 130

Introduce the vocabulary word and have students read the passage. Then explain to students that when they feel heat, they are actually experiencing the transfer of thermal energy. Have students complete the activities and review the answers together.

Day Three

Vocabulary: *phase change*

Materials: page 131

Introduce the vocabulary word and review the three phases of water. (solid, liquid, gas) Then instruct students to read the passage. Have students complete the activities and review the answers together.

Day Four

Vocabulary: *room temperature*

Materials: page 132; different thermometers (optional)

Before students read the passage, you may want to show them different kinds of thermometers, such as a bulb thermometer, spring thermometer, and digital thermometer. Introduce the vocabulary word and have students read the passage. Then have them complete the activities.

Day Five

Materials: page 133

Have students complete the page independently. Then review the answers together.

Name _____

Day 1

Weekly Question

How does a thermometer work?

Check the thermometer on a hot day, and it will tell you that the **temperature** is high. But even though you may "feel the heat" when you step outside, **heat** and temperature are not the same thing.

The best way to understand the difference between heat and temperature is to think about molecules. Molecules are the individual particles that make up a substance. Molecules have both mass and speed, and the hotter a substance is, the faster its molecules move. Temperature is the measure of the energy that this motion generates, which is called **kinetic energy**. Heat, on the other hand, is the *flow* of energy from warm objects to cool ones as the result of their being at different temperatures.

Vocabulary

heat
heet
energy that flows between objects of different temperatures

kinetic energy
kih-NET-ik
EN-ur-jee
energy of motion

temperature
TEM-per-uh-CHUR
the average kinetic energy of the molecules of a substance

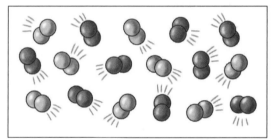

Air molecules on a cool day

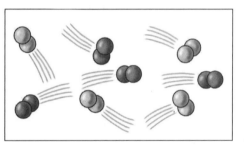

Air molecules on a hot day

A. Cross out the incorrect word in each sentence and write the correct one above it to make the statement true.

1. The hotter a substance is, the slower its molecules move.

2. Heat measures the average kinetic energy of molecules.

3. Energy generated by the movement of molecules is called heat energy.

4. Molecules have both color and speed.

B. Explain in your own words the difference between temperature and heat.

_____

_____

Name _____

A typical outdoor thermometer consists of a thin glass tube filled with a colored liquid. Like most substances, the liquid inside a thermometer expands when it is heated and contracts when it is cooled. The height of the column of liquid, which "tells" you the temperature, is read from a scale along the side of the thermometer.

Knowing that temperature is actually a measure of the kinetic energy of molecules makes it easier to understand how a thermometer works. As molecules of air move, they hit the walls of a thermometer with kinetic energy. Each collision between an air molecule and the wall of the thermometer results in a transfer of **thermal energy** from the air to molecules in the thermometer. This causes the molecules in the liquid to gain kinetic energy and move farther apart, expanding the liquid. When the liquid inside the thermometer reaches the same temperature as the air, thermal energy stops flowing and the liquid stops expanding. Now you can read the temperature.

Vocabulary

thermal energy
THER-mul
EN-ur-jee
energy of a substance expressed as heat

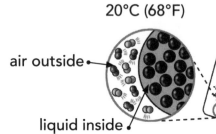

20°C (68°F)

air outside•

liquid inside•

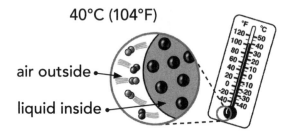

40°C (104°F)

air outside•

liquid inside•

A. If the temperature is 80°F outside, does the air transfer *more* or *less* thermal energy to a thermometer than if it is 60°F? Explain your answer.

_____

_____

B. Explain why, when you have a fever, you have to keep a thermometer in your mouth for a certain length of time in order to read your correct temperature.

_____

_____

Name _____

Day 3

Weekly Question

How does a thermometer work?

Water is the most common liquid on Earth, but it is not used in thermometers. Why not? Water is a liquid only between 0°C (32°F) and 100°C (212°F), which means that when the outside temperature dips below 0°C, the water in the thermometer freezes. And when the temperature is above 100°C, the water turns to gas.

These changes in water's form show that heating or cooling a substance doesn't just affect its temperature. It can also result in a **phase change**. Imagine heating ice cubes in a sauce pan on a stove. First, the ice cubes melt. Then, the water boils. What is happening? The molecules of ice do not have a lot of kinetic energy, so they stay in a fixed place. Heat increases the kinetic energy of the molecules to the point that they leave the solid and begin to flow as liquid water. With enough heat, the molecules move fast enough to leave the liquid and enter the air as a gas.

Vocabulary

phase change
FAZE chaynj
a change from one state of matter into another

Molecules of Water

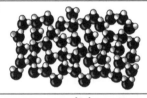

solid

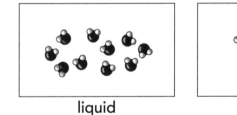

liquid

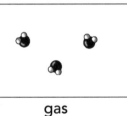

gas

A. Number the steps in the correct order to show how ice changes into gas.

_____ The molecules gain enough kinetic energy to leave their solid form.

_____ The water becomes liquid and gets hotter.

_____ Ice is heated and the molecules speed up.

_____ The molecules leave their liquid form and enter the air as a gas.

_____ Ice molecules vibrate in a fixed place.

B. Which of these is *not* a phase change? Check the correct box.

☐ steam coming out of a kettle   ☐ snow being formed into a snowball

☐ ice cream melting   ☐ clouds forming

Name _____

Day 4

Weekly Question

How does a thermometer work?

The liquid that once filled most thermometers was mercury, a heavy metal that has the unusual property of being a liquid at **room temperature**. Unfortunately, mercury was discovered to be toxic and is no longer commonly used. Instead, most thermometers today are filled with red-colored alcohol.

Some thermometers, however, don't use any liquid. For example, a spring thermometer contains a coiled piece of metal that expands when heated. And a digital thermometer detects temperature by using an electronic sensor. But however they are designed, all thermometers have two things in common. They all measure temperature, and they all work because of one basic law of nature—the properties of substances change when the temperature changes.

Vocabulary

room temperature
room
TEM-per-uh-CHUR
an average temperature of 20–25°C (68–77°F)

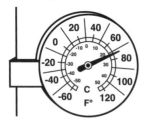

spring thermometer   digital thermometer

A. Since the liquid substance used in most thermometers is alcohol, what does this tell you about the properties of alcohol? Fill in the bubble next to the correct answer.

   Ⓐ It is toxic.

   Ⓑ It is a liquid at room temperature.

   Ⓒ It is a solid at room temperature.

   Ⓓ It becomes a gas at 100°C and a solid at 0°C.

B. Complete the sentences to name two things that all thermometers have in common.

   1. They measure _____.

   2. They work based on the fact that _____

_____.

Name _____

Day 5

Weekly Question

How does a thermometer work?

A. Use the words in the box to complete the sentences.

> phase change   thermal energy   heat
>
> temperature   kinetic energy

1. All molecules move, and the energy of their motion is called

   _____.

2. The measurement of the average amount of kinetic energy in the

   molecules of a substance is _____.

3. _____ is energy expressed as heat.

4. Heating or cooling a substance can result in a _____.

5. _____ is the transfer of thermal energy.

B. Summarize the process of how water changes from ice into a gas.
Use the words *kinetic energy*, *heat*, and *phase change* in your answer.

_____

_____

_____

C. Check the box next to the phrase that completes the analogy.

Thermal energy is to **heat** as _____.

☐ **temperature** is to **phase change**   ☐ **ice** is to **gas**

☐ **thermometer** is to **temperature**   ☐ **kinetic energy** is to **motion**

Heat flows from warmer objects to cooler ones until both reach the same temperature.

Week 2
How does a microwave oven cook food?

One of the most familiar and ubiquitous appliances in kitchens today is the microwave oven. Students may be surprised to learn that the technology behind this popular household device originated in a secret weapons program operated by Allied forces during World War II!

This week students discover that microwave ovens cook food by means of radiation—waves of energy that can pass through matter or empty space. Microwave radiation is absorbed by the water molecules in food or beverages; the molecules "flip" back and forth in response to the oscillating electromagnetic fields of the microwaves. It is this molecular motion that then translates into heat, which cooks the food. Since microwave radiation is only absorbed by water molecules, and not by plastic or glass, the containers generally stay cooler than the food. However, a container can heat up in a microwave oven due to physical contact with the hot food itself, which transfers heat to the plate, cup, or bowl by means of conduction.

Day One

Vocabulary:
microwaves, radiation, wavelength

Materials: page 135

Before students read the passage, draw a wavy line on the board and point out its troughs and peaks. Introduce the vocabulary and, to demonstrate how scientists measure a wavelength, draw a horizontal line between the two peaks you drew on the board. Then have students read the passage and complete the activity. Review the answers together.

Day Two

Materials: page 136

Explain to students that one of the first uses of microwaves was by the British, who used them to detect enemy planes during World War II. This "secret weapon" was known as *radar* (Radio Detection And Ranging). After students have read the passage, have them complete the activities.

Day Three

Vocabulary: *conventional, electromagnetic*

Materials: page 137

After introducing the vocabulary, write *electromagnetic* on the board. Underline *electro* and *magnetic* separately, and explain to students that each underlined phrase stands for the type of energy produced. (electric and magnetic) Then have students read the passage and complete the activities. Review the answers together.

Day Four

Vocabulary: *conduction*

Materials: page 138

Introduce the vocabulary word and have students read the passage and complete the activities. For the oral activity, have students discuss the questions in pairs and then share their answers with the class. If students have trouble coming up with ideas, suggest that they think about things that can be conducted. (an orchestra, a train, an experiment, a meeting, etc.)

Day Five

Materials: page 139

Have students complete the page independently. Then review the answers together.

Name _____

Day 1

Weekly Question

How does a microwave oven cook food?

When you hear the word **radiation**, you might think of x-ray machines or even nuclear weapons. But radiation is also what cooks your food in a microwave oven. Does that mean the food becomes radioactive? Of course not! Radiation is simply the transfer of energy by waves. These waves can move through matter as well as empty space. In fact, radiation from the sun travels 93 million miles through mostly empty space before it reaches Earth.

The sun's energy, or solar radiation, radiates in waves of different **wavelengths**. Waves with the longest wavelengths have the least energy. Waves with the shortest wavelengths have the most energy. **Microwaves** are longer than visible light and have wavelengths measured in centimeters (cm). Microwaves that are about 12 cm in length are the ones used to heat food in microwave ovens.

Use information from the passage and the diagram at the bottom of the page to fix each of the following statements. Cross out the incorrect words and write the correct ones above them.

1. Microwaves are shorter than visible light waves.

2. X-ray radiation is used to heat food.

3. The longest wavelengths have the most energy.

4. Radiation is the transfer of matter by waves.

Vocabulary

microwaves
MY-krow-wayvz
energy waves between 1 meter and 1 millimeter in length

radiation
RAY-dee-AY-shun
transfer of energy by waves that move through matter and space

wavelength
WAYV-lenkth
the distance between one peak and the next in a wave

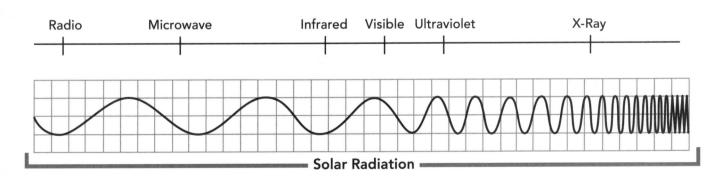

Radio   Microwave   Infrared   Visible   Ultraviolet   X-Ray

Solar Radiation

Name _____

Before microwave ovens were invented, microwave radiation was used by the military to detect enemy aircraft. This system was called *radar*. Then, in 1945, a man named Percy Spencer was experimenting with a device that produced microwaves and discovered that the waves had accidentally melted a candy bar in his pocket! Spencer's discovery helped scientists realize that microwaves could also be used to cook food.

Microwaves have two properties that make them ideal for cooking food. First of all, they are easily absorbed by water molecules, as well as by some fats and sugars—substances commonly found in the food we eat. When these molecules absorb microwaves, the energy is converted directly into thermal energy. The second useful property of microwaves is that they are *not* absorbed by most plastics, glass, paper, or ceramics. This means that food and beverages can be cooked in cups, bowls, and plates without the containers getting too hot. Metal, however, reflects microwaves. Microwaves can generate electric currents in metals and create sparks, which is why you can't put anything metal in microwave ovens.

A. After each word, write whether the material *absorbs*, *reflects*, or *neither* absorbs nor reflects microwaves.

1. coffee _____

2. metal spoon _____

3. plastic spoon _____

4. potato _____

5. empty glass _____

6. paper cup _____

7. silver tray _____

8. pizza _____

B. What are the two properties of microwaves that make them ideal for cooking food?

1. _____

2. _____

Name _____

Weekly Question

Day 3

How does a microwave oven cook food?

The invention of microwave ovens has changed the way people cook. Cooking with microwaves is much, much faster and uses less electricity compared to cooking with **conventional** electric ovens. Electric ovens create heat by passing an electric current through metal wires called *filaments*. The filaments get hot and heat the air inside the oven, which in turn gradually heats the food. In contrast, a microwave oven sends out waves that directly excite the water molecules in food, causing them to heat up almost immediately.

This heating effect is the result of **electromagnetic** fields that microwaves produce. The fields change direction billions of times each second, and water molecules move in tune with these fields. As the water molecules try to align with the constantly changing direction of the electromagnetic fields, the water molecules flip back and forth at a very fast pace. This movement translates into heat.

Vocabulary

conventional
kun-VEN-shun-ul
ordinary, typical

electromagnetic
ee-LEK-troh-mag-NET-ik
having both electric and magnetic energy

A. Write *conventional oven, microwave oven,* or *both* to answer each question.

1. Which kind of oven has metal filaments that get hot when electricity flows through them? _____

2. Which kind of oven uses less electricity than the other? _____

3. Which kind of oven uses heat to cook food? _____

4. Which kind of oven excites the water molecules in food? _____

B. Complete the paragraph.

Microwaves produce _____ that are constantly

changing directions. Water _____ try to move in

tune with these fields.

Name _____

How does a microwave oven cook food?

Although microwaves are not absorbed by the materials in many food containers, you must still be careful when you remove a dish from a microwave oven because it could be hot. But this is not because of microwave radiation. It is from the dish being in contact with hot food. Remember that heat flows from warmer objects to cooler ones until both objects reach the same temperature. In the case of microwaved food, heat is transferred from the food to the dish through the process of **conduction**. In other words, when hot food comes into contact with a cool container, heat flows from the food to the container.

Radiation and conduction work together in other ways to transfer heat. If you have ever walked barefoot in the summer, you know that pavement or sand can feel hot under your feet. The sun's radiation has caused the ground to heat up, and conduction transfers this thermal energy to your feet as soon as they touch the ground.

Vocabulary

conduction
kun-DUK-shun
transfer of energy by physical contact

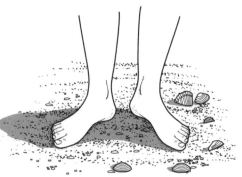

Draw an arrow between the words in each pair to show the direction in which heat is being conducted between the objects.

1. cold floor   bare feet

2. microwaved dinner   plate

3. egg   frying pan

4. ice cream   bowl

🔊 **Talk**

The word *conduction* contains the root word *conduct*. What other meanings of *conduct* can you think of? In what ways, if any, are they related to the meaning of *conduction*? Brainstorm with a partner.

Day 5

Weekly Question

How does a microwave oven cook food?

Daily Science

Big Idea 5

WEEK 2

A. Use the words in the box to complete the paragraph.

> microwave   wavelength   conventional
>
> radiation   conduction   electromagnetic

The first _____ oven was called a Radarange® because it cooked food with a kind of _____ that was used in military radar technology. Microwaves used in cooking have a _____ of about 12 cm. The microwaves are readily absorbed by water molecules in food, and they cook the food much faster than a _____ oven does. The water molecules flip back and forth with the _____ fields. This motion is converted to heat, which flows to cooler parts of the food and container through the process of _____.

B. Write whether each of the following is an example of *radiation*, *conduction*, or *reflection*.

1. sun heating the sand   _____

2. bottle of soda chilling on ice   _____

3. an image being seen in a mirror   _____

4. a pan heating on a stove top   _____

5. microwaves bouncing off metal   _____

Heat flows from warmer objects to cooler ones until both reach the same temperature.

Week 3
What causes hurricanes?

This week students learn that hurricanes are tropical phenomena that are the result of uneven heating of Earth. These massive storm systems transport heat from the equator to higher latitudes, and they accomplish this in two ways: through convection, which relies on the mixing and movement of air molecules to convey heat, and through the heat released when water vapor condenses, delivering thermal energy to the atmosphere.

Although hurricanes can be extremely violent, modern technology allows us to know when they are coming and to prepare for them. Conditions that spawn potentially destructive storms are well understood, and weather satellites constantly monitor the warm ocean waters that are the breeding grounds for tropical storms and hurricanes.

Day One

Vocabulary: *hurricane, satellite*

Materials: page 141; globe, flashlight

After introducing the vocabulary, use the flashlight and globe to demonstrate how the sun heats Earth unevenly. Shine the flashlight first on the equator and then at the poles. Explain that because Earth is a sphere, sunlight hits the equator directly but strikes the poles at an angle, which means that the light reaching the poles is not as strong as the light reaching the equator. Have students read the passage and complete the activities. Review the answers together.

Day Two

Vocabulary: *convection*

Materials: page 142

Invite students to guess why hurricanes and tornadoes spin. Then explain that the movement of water and air on Earth is changed by Earth's rotation. Scientists call this effect the *Coriolis force*. Introduce the vocabulary word and have students read the passage and complete the activities.

Day Three

Vocabulary: *heat of condensation*

Materials: page 143

Before students read the passage, remind them that water molecules must absorb thermal energy in order to evaporate and become a gas. Then, after students have finished reading, reiterate that thermal energy isn't actually "lost" when the vapor condenses. It stays in the atmosphere when water vapor condenses back into a liquid. Have students complete the activities and review the answers together.

Day Four

Vocabulary: *circulating*

Materials: page 144

Point out to students that hurricanes are just one of many convection systems on Earth. Then have them read the passage. If students have trouble understanding how convection happens in the mantle, explain that this process applies to any material that flows. So, even though magma is technically a solid, it flows like taffy in the mantle, and thus transfers heat by convection. Have students complete the activities.

Day Five

Materials: page 145

Have students complete the page independently. Then review the answers together.

Name _____

Day 1

Weekly Question

What causes hurricanes?

A **hurricane**, even one viewed from a weather **satellite** hundreds of miles above Earth, is an awesome sight. Its tightly wound spiral of white clouds can be up to 600 miles wide, forming a massive, rotating storm that can travel thousands of miles and bring strong winds, heavy rains, and high seas along with it.

Hurricanes occur as a result of the sun heating Earth unevenly. The equator gets more direct sunlight, and therefore more thermal energy, than regions at the poles. Because heat flows from warmer places to cooler ones, thermal energy from the equator must eventually end up at the poles. Hurricanes are a very dramatic, sometimes violent way that heat is conveyed from the tropics to higher and cooler latitudes.

Vocabulary

hurricane
HER-ih-kayn
a large, rotating storm system with high winds and heavy rains

satellite
SAT-uh-lite
an unmanned spacecraft that orbits Earth or the moon

Path of a Developing Hurricane

A. List four characteristics of hurricanes.

1. _____   3. _____

2. _____   4. _____

B. Use the vocabulary words to complete the sentence.

Meteorologists can look at images from a _____

to predict whether a _____ will hit the United States.

C. Explain why hurricanes move from the tropics to the poles, and not the other way around.

_____

Name _____

Hurricanes form over tropical oceans in late summer and early fall, when water temperatures are at their warmest. Heating by the sun causes the moisture-filled air to rise high into the atmosphere. The warm air is replaced by cooler, denser air that sinks back down toward the water's surface. This cooler air is then heated by the sun, picks up moisture, and rises, and the cycle continues. In this way, heat is transferred from warm waters to the atmosphere.

Heat transferred by the flow of air or water is called **convection**. Convection is one way heat is transported by hurricanes to higher latitudes. But there's a twist—literally! Earth's rotation puts a spin on the rising and sinking air. Hurricanes spin clockwise in the Southern Hemisphere and counterclockwise in the Northern Hemisphere.

Vocabulary

convection
kun-VEK-shun
the transfer of heat energy through the movement of a gas or a liquid

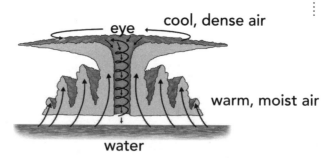

eye — cool, dense air

warm, moist air

water

A. Write *true* or *false*.

1. Earth's rotation is what causes hurricanes to spin. _____

2. Hurricanes form over landmasses in August and September. _____

3. Air heated by the sun sinks toward the water's surface. _____

4. Convection transfers heat from the tropics to higher latitudes. _____

B. There are many examples of convection besides hurricanes. Which of the following is *not* an example of convection? Fill in the correct bubble.

Ⓐ Cold milk poured into coffee cools the hot drink.

Ⓑ An ice cube melts when it touches a warm glass.

Ⓒ Air blowing from an air conditioner cools a room.

Ⓓ A pot of soup heats evenly as it is stirred.

Name _____

Day 3

Weekly Question

What causes hurricanes?

Hurricanes transfer thermal energy not only through the process of convection, but also through the transport of water vapor to higher elevations and new locations. The heat that water molecules absorb during evaporation travels with the gas until the molecules condense back into a liquid. As raindrops form, this heat is released into the atmosphere as **heat of condensation**. The heat released into the atmosphere equals the amount of heat that was absorbed when the water evaporated.

The condensation of water vapor can occur thousands of miles away from where the water first evaporated. Through the heat of condensation, the spinning mass of wet air associated with a hurricane transports thermal energy, and higher temperatures, to places far from the tropical oceans where hurricanes form.

Vocabulary

heat of condensation
HEET uhv
KON-den-SAY-shun
the heat released when water vapor condenses

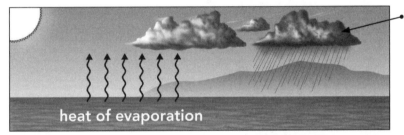

heat of condensation

heat of evaporation

A. Next to each of the following examples of heat transfer, write whether it is occurring through *convection* or *heat of condensation*.

1. clouds forming in the sky   _____

2. steam condensing on a window   _____

3. hurricane winds blowing   _____

B. Use the term *heat of condensation* to explain how water heated by the sun off the coast of Africa could end up putting heat back into the atmosphere in Texas.

_____

_____

Name _____

Day 4

Weekly Question
What causes hurricanes?

Earth has many natural systems in which convection plays a role in the transfer of thermal energy. Like hurricanes, tornadoes and thunderstorms move thermal energy through wind and **circulating** air.

But convection isn't limited to the air. In the ocean, water circulates in currents partly in response to the differences in water temperature that are caused by the sun. These great currents move warm water and heat around the world. And even inside Earth, heat from Earth's core results in huge convection currents of magma. These currents move heat and matter from deep within the mantle to Earth's surface.

Vocabulary

circulating
SER-kyoo-layt-ing
moving about or flowing freely

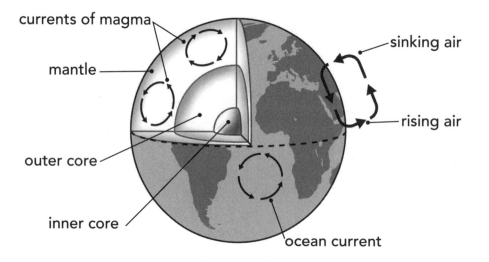

currents of magma

mantle

outer core

inner core

sinking air

rising air

ocean current

A. Name the substance in which convection occurs to complete each sentence.

1. _____ transfers thermal energy in the ocean.

2. Movement of _____ conveys heat within the mantle.

3. _____ transports thermal energy in thunderstorms.

B. Write the source of heat that drives convection in each of these systems.

The ocean: _____   The mantle: _____

Name _____

Day 5

Weekly Question

What causes hurricanes?

A. Use the words in the box to complete the sentences.

> convection   hurricane   condensation
> circulating   satellite

1. The swirling winds of a _____ result from the uneven heating of Earth.

2. Heat travels by _____ in any material that can flow.

3. A _____ can view weather patterns from above Earth.

4. When water vapor forms raindrops, it releases thermal energy back

   into the air in the form of heat of _____.

5. _____ currents of magma move heat from Earth's core to the surface.

B. Cross out the incorrect word in each sentence and write the correct word above it to make the statement true.

1. The amount of heat released when water vapor freezes is equal

   to the amount of heat absorbed when water evaporates.

2. Convection transports heat from the tropics to the equator.

3. Hurricanes are characterized by rotating winds, high seas, and heavy snow.

C. Name the two ways that hurricanes transfer heat.

1. _____   2. _____

Heat flows from warmer objects to cooler ones until both reach the same temperature.

Week 4
How does a thermos work?

If you have ever tried to eat an ice-cream cone before it melts all over your hand, or you've taken a sip of hot tea only to discover it has turned to iced tea, then you've been frustrated by one of the most fundamental principles of the universe: heat flows from warmer objects to cooler ones. For centuries, people have sought creative ways to circumvent this law of nature, and one of the most well-known solutions is the thermos.

This week students learn that the simple thermos bottle is designed to inhibit heat transfer by conduction, convection, and radiation. A thermos has insulators that interfere with conduction; between the walls of the thermos, there is a vacuum, which limits the flow of heat by convection; and inside the thermos, a mirror-like reflective surface blocks heat transfer through radiation. Yet this only works for a little while. The law of heat transfer dictates that eventually, even a hot or a cold beverage stored in a thermos will reach room temperature.

Day One

Materials: page 147; thermos bottle

Before students read the passage, review the three processes by which heat is transferred: *conduction*, *convection*, and *radiation*. Then allow students to examine the thermos bottle and to guess how its design might slow the transfer of heat. Have students read the passage and complete the activities. Review the answers together.

Day Two

Vocabulary: *insulator*

Materials: page 148

Introduce the vocabulary word and ask students if they have ever heard of the walls of a building being lined with insulation, and what it might be used for. (to keep heat from escaping in winter and from entering in summer) Have students read the passage and complete the activities. For activity B, you may want to point out that metal is a good conductor.

Day Three

Vocabulary: *vacuum*

Materials: page 149

Introduce the vocabulary word and have students read the passage. Then explain the diagram by pointing out that the arrows represent heat, which cannot escape the thermos due to the vacuum. Instruct students to complete the activities. Review the answers together.

Day Four

Materials: page 150

Before students read the passage, have them recall why metal objects are not used inside microwave ovens. (Metal reflects microwaves, which are a kind of radiation.) After students finish reading, have them complete the activities. If students have trouble with activity B, prompt them with examples of words containing the root *therm*. (*thermostat*, *thermometer*, *thermal energy*, *hypothermia*, etc.)

Day Five

Materials: page 151

Have students complete the page independently. Then review the answers together.

Name _____

Day 1

Weekly Question
How does a thermos work?

In 1892, a scientist named James Dewar needed a way to store extremely cold liquid oxygen without the heat from his laboratory warming up his samples. So Dewar designed a container that was able to hold liquid oxygen at −300°F. This container, which became known as the Dewar flask, is the ancestor of the modern thermos bottle. The thermos is an amazing container that can not only keep cold things cold but can keep hot things hot. It maintains temperature by slowing the transfer of heat due to conduction, convection, and radiation.

Dewar flask   modern thermos

A. Fill in the blanks to explain the direction in which heat is flowing between the hand and the container in each picture.

picture 1   picture 2

1. In picture 1, heat is flowing from the _____ to the _____.

2. In picture 2, heat is flowing from the _____ to the _____.

B. Cross out the incorrect word in each sentence and write the correct word above it to make the statement true.

1. Heat flows from objects at room temperature to objects that are warmer.

2. James Dewar invented a special flask to keep liquid oxygen warm.

3. A thermos maintains temperature by slowing condensation, convection, and radiation.

Name _____

Day 2

Weekly Question
How does a thermos work?

One way to slow down the transfer of heat between objects is to keep them separated. This stops heat transfer by conduction, which requires that objects physically touch each other for heat to flow from one to the other. A second way to slow conduction is by the use of **insulators**. Materials such as plastic, wood, and fabric are poor conductors of heat and therefore make good insulators. Air can work as an insulator as well. For example, Styrofoam® cups have tiny air pockets in the foam that keep heat from moving out or in.

A thermos is basically a bottle inside a bottle that limits heat conduction in both ways—through the use of insulators and physical separation. The inner bottle, which is where you put your hot or cold drink, has little contact with the outside. The only places where heat can travel are through the thermos cap and at points where the inner and outer walls of the bottles meet. And to further reduce heat conduction, these parts of the thermos are made from insulators.

Vocabulary

insulator
IN-suh-lay-ter
material that is a poor conductor of heat

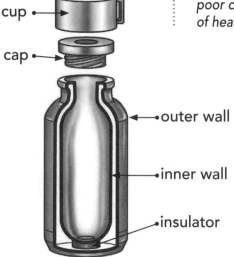

cup

cap

outer wall

inner wall

insulator

A. List the two ways a thermos bottle slows heat transfer by conduction.

1. _____

2. _____

B. If you were designing a pot to cook spaghetti in, which parts would you make from good conductors of heat? Which parts would you make from insulators? Explain your answer.

_____

_____

Name _____

Day 3 · *Weekly Question*
How does a thermos work?

While air is a good insulator, a **vacuum** is even better. That is because in a vacuum, heat cannot be transferred by convection. Remember that convection is the transfer of heat by movement of a gas or a liquid. Since there is no air in the space between the walls of a thermos bottle, convection of heat does not occur. In fact, another name for a thermos is *vacuum bottle*.

Many devices utilize a vacuum. For example, foods that are vacuum-packed are sealed within a vacuum in order to keep air from touching the food and spoiling it. On the other hand, despite its name, a vacuum cleaner doesn't actually contain a vacuum. But it does create one by pulling air through it when it is turned on.

Vocabulary

vacuum
VAK-yoom
a space empty of air or other material

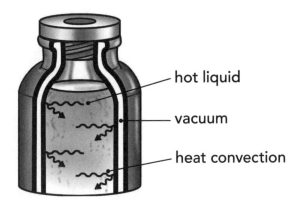

— hot liquid

— vacuum

— heat convection

A. Write *true* or *false*.

1. Convection cannot take place in a vacuum. _____

2. A vacuum cleaner creates conduction when it is turned on. _____

3. The space between the thermos walls contains a vacuum. _____

4. A vacuum is a good conductor. _____

B. Use words from the passage to complete the sentences.

1. Some foods are packed within a _____ to keep air out.

2. _____ requires the movement of a gas or a liquid.

Name _____

The inside surface of the inner bottle of a thermos is shiny, like a mirror. This reflective surface is not just for looks. Shiny surfaces block the loss of heat energy through radiation, which is the movement of energy through matter and space. The shiny surface inside a thermos prevents heat from a hot drink from radiating out of the vessel. Some thermoses even have shiny outer surfaces. These surfaces reflect heat from outside the bottle and keep it from warming up cold drinks.

A thermos bottle is designed to slow the transfer of thermal energy by radiation, convection, and conduction, and it relies on reflective surfaces, a vacuum, and the use of insulators to do this. However, no container can completely stop all types of heat transfer. Even a thermos can only slow the flow of heat. Eventually, a hot or cold liquid in a thermos will reach room temperature.

reflective surfaces

A. Explain in your own words how the shiny surfaces of a thermos help keep hot drinks hot and cold drinks cold.

_____

_____

_____

B. The word *thermos* contains the Greek root *therm*, meaning "heat." List three other words that contain *therm* and write their definitions.

1. _____

2. _____

3. _____

Name _____

Day 5

Weekly Question
How does a thermos work?

A. Use the words in the box to complete the sentences.

> insulator   room temperature
> conductors   vacuum

1. To keep from burning his hand on the hot pan, the chef wore

   an oven mitt as an _____.

2. A _____ limits the flow of heat by convection.

3. Metals are excellent _____ of heat.

4. Although a thermos limits heat transfer, eventually its contents

   will reach _____.

B. Write a caption for this diagram to explain how each labeled part of the thermos helps slow the flow of heat. Use the words *conduction*, *convection*, and *radiation* in your answer.

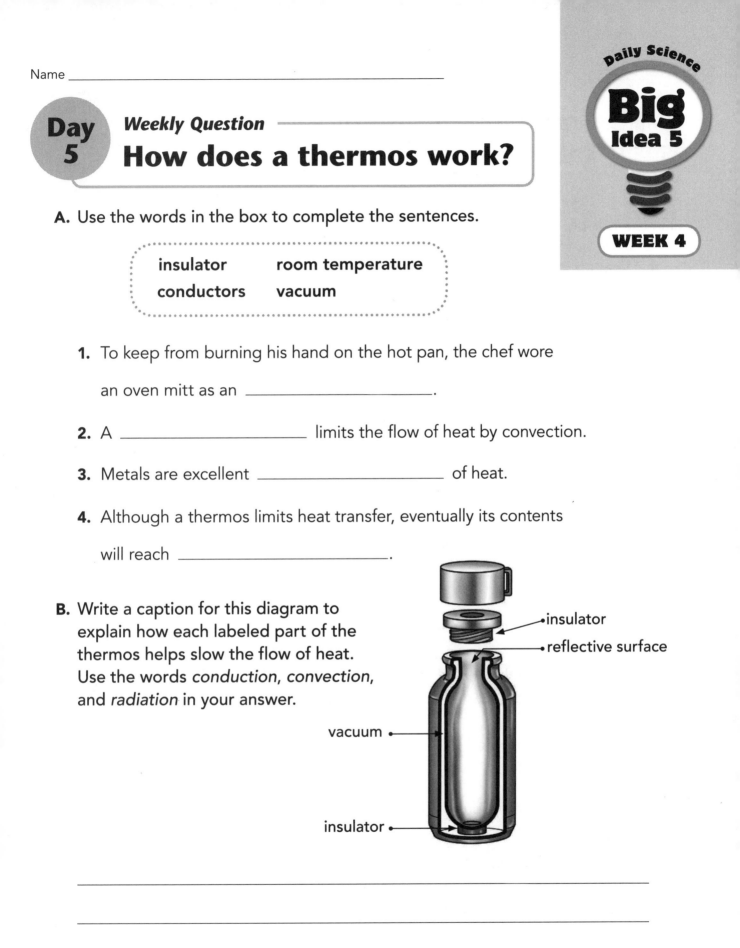

insulator

reflective surface

vacuum

insulator

_____

_____

_____

Name ______________________________

Unit Review

Comprehension

Take the Heat

Daily Science

Big Idea 5

WEEK 5

Fill in the bubble next to the correct answer.

1. What are three ways heat can move between objects?

Ⓐ energy, wavelengths, evaporation

Ⓑ radiation, conduction, convection

Ⓒ insulators, conductors, condensers

Ⓓ absorption, microwaves, condensation

2. ______ is the measure of the kinetic energy of a substance's molecules.

Ⓐ condensation

Ⓑ radiation

Ⓒ temperature

Ⓓ latitude

3. Hurricanes transfer thermal energy by means of ______.

Ⓐ convection and heat of condensation

Ⓑ conduction and convection

Ⓒ radiation and conduction

Ⓓ heat of condensation and radiation

4. Why were the first microwave ovens sometimes referred to as "radar ranges"?

Ⓐ They could detect radio signals.

Ⓑ They were invented by James Radar.

Ⓒ They used radar to cook food.

Ⓓ Microwave ovens and radar systems both use microwaves.

5. Which feature of a thermos does *not* limit heat flow?

Ⓐ its insulators

Ⓑ the vacuum inside it

Ⓒ its shiny surface

Ⓓ its cup

6. The state of matter in which water molecules move the fastest is ______.

Ⓐ solid

Ⓑ ice

Ⓒ gas

Ⓓ liquid

Name _____

Unit Review

Vocabulary

You're Getting Warmer

Write the vocabulary word that matches or completes each clue.

1. the energy of motion _____

2. liquid changing into gas _____

3. the flow of thermal energy _____

4. Microwave ovens use _____ to cook food.

5. the distance between two peaks _____

6. moving about or flowing _____

7. something that slows the flow of heat

   _____

8. For heat transfer to occur by _____, objects must be in physical contact.

9. the measure of the kinetic energy of a substance's

   molecules _____

10. an artificial object orbiting Earth _____

11. typical or ordinary _____

12. a type of radiation that is absorbed by water

    _____

13. This is the heat that is released when raindrops form.

    _____

14. Hurricanes transfer heat by _____.

15. the absence of air _____

circulating

conduction

convection

conventional

heat

heat of condensation

insulator

kinetic energy

microwave

phase change

radiation

satellite

temperature

vacuum

wavelength

Name _____

Unit Review

Visual Literacy
Conduction, Convection, and Radiation

The picture below shows examples of heat being transferred through *conduction*, *convection*, and *radiation*. Label where each of these is taking place. Then write a caption to explain how conduction, convection, and radiation are warming the objects in the picture.

_____

_____

_____

_____

Name _____

Unit Review

Hands-on Activity

Purple Swirl

To see the effects of heat transfer in action, all you need is food coloring and water. You don't even need your hands to make the water swirl—thermal energy does all the work!

What You Need

- clear glass or plastic tray, or other rectangular container
- large Styrofoam® cup containing very hot water
- large Styrofoam® cup containing ice water
- red and blue liquid food coloring

1. Fill the tray with lukewarm water.

2. Set the tray on top of the two cups, with the hot cup under one end and the cold cup under the other.

3. Add several drops of red food coloring to the water above the hot cup, and several drops of blue food coloring to the water above the cold cup.

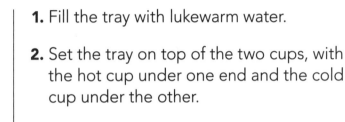

What Did You Discover?

1. Describe the direction(s) the water moves. Why does it move that way?

_____

_____

2. Which forms of heat transfer are you observing?

_____

3. What is the advantage to using foam cups for the hot and cold water?

_____

4. What eventually happened to the color of the water in the tray?

_____

Big Idea 6

When a new substance is made through a chemical reaction, it has properties that are different from the original substances.

Key Concepts
Chemical Reactions and Chemical Reactivity

National Standard
Substances react chemically in characteristic ways with other substances to form new substances (compounds) with different characteristic properties.

W hile students may understand that a substance has observable traits, they might not comprehend that substances have chemical properties that determine how they will react with other substances. In this Big Idea, students learn that:

→ soda is a mixture containing different substances with different physical properties;

→ in the chemical reaction that causes corrosion, iron reacts with oxygen to form rust;

→ a battery produces electricity through a chemical reaction that is reversible; and

→ reactants brought together on a match head combine in a combustion reaction that is not reversible.

Teacher Background

Chemical reactions happen all around us, all the time. When we light a match, a chemical reaction occurs. When a battery provides electricity or metal rusts, chemical reactions are taking place. In this unit, students gain an understanding of the basic principles governing these reactions, and learn that the reactions result in new substances with different characteristic properties.

Before students are introduced to chemical reactions, they learn that all substances have physical properties. When substances undergo a physical change, their chemical makeup does not alter. This is in contrast to a chemical change, in which a substance's chemical makeup *is* altered. Understanding the concepts of physical and chemical changes helps students understand the various types of chemical reactions, including oxidation, reduction, electrochemical reactions, and combustion, that students observe around them every day.

For specific background information on each week's concepts, refer to the notes on pp. 158, 164, 170, and 176.

Unit Overview

WEEK 1: What puts the fizz in soda?

Connection to the Big Idea: Soda is a mixture of different substances that have different physical properties. By studying the components of a soft drink solution, students learn about physical properties such as boiling point, freezing point, and solubility.

Content Vocabulary: *boiling point, carbonated, freezing point, mixture, soluble, solution*

WEEK 2: Why does metal rust?

Connection to the Big Idea: Corrosion is the result of a chemical reaction that creates rust. Students learn that when iron and oxygen react with one another, the new compound iron oxide is formed. Iron oxide has properties that are different from the original metal.

Content Vocabulary: *chemical reaction, compound, corrosion, oxidized, product, reactant, reduced*

WEEK 3: Why do batteries die?

Connection to the Big Idea: Substances have chemical properties that determine how they will react with other substances to form compounds. Students learn that the reactants in an electrochemical reaction combine to generate electrons. A battery "dies" when the chemical reactants are used up. When the battery is connected to a source of electricity, the electrochemical reaction is reversed and the battery is recharged.

Content Vocabulary: *acid, chemical properties, current, electrode*

WEEK 4: Why can't you light a match more than once?

Connection to the Big Idea: Combustion is a type of chemical reaction that creates heat and light. While learning about the invention of the match, students learn about the concepts of chemical stability, reactivity, and irreversible reactions.

Content Vocabulary: *combustion, friction, ignite, irreversible, reactive, stable*

WEEK 5: Unit Review

You may choose to do these activities to review the concept of chemical reactions.

p. 182: Comprehension Students answer multiple-choice questions about key concepts in the unit.

p. 183: Vocabulary Students write vocabulary words from the unit to match clues.

p. 184: Visual Literacy Students study diagrams of a match being lit and answer questions about the physical and chemical changes taking place.

p. 185: Hands-on Activity Students reverse the oxidation process by cleaning dirty pennies in an acid solution. Instructions and materials needed for the activity are listed on the student page.

Daily Science

Big Idea 6

When a new substance is made through a chemical reaction, it has properties that are different from the original substances.

Week 1
What puts the fizz in soda?

This week students are introduced to mixtures and solutions in the context of a familiar drink. Mixtures, students learn, can have physical properties that are different from those of the pure substances they are made up of. A carbonated soft drink is a mixture of sweet, flavored water and carbon dioxide gas. This gas, which is put under pressure during the bottling process, escapes into the air in the form of bubbles and fizz as soon as the soda is opened.

The example of soda provides an opportunity to learn about three physical properties of substances: boiling point, freezing point, and solubility. The fizz in soda is actually carbon dioxide gas that is boiling out of the liquid because carbon dioxide's boiling point is much lower than room temperature. However, the sugar-water solution of soda freezes at a lower temperature than pure water does because the solution has a lower freezing point. And the fact that soda contains dissolved carbon dioxide and sugar demonstrates the solubility of these substances.

Day One

Vocabulary: *carbonated, mixture*

Materials: page 159

Introduce the vocabulary and have students read the passage. Then point out that mixtures can be solids, liquids, or gases. Invite students to name solids, liquids, and gases that they think are mixtures. (e.g., sand, cake batter, iced tea, air) Have students complete the activities and review the answers together.

Day Two

Vocabulary: *boiling point, freezing point*

Materials: page 160

Introduce the vocabulary and point out that *boiling point* and *freezing point* indicate changing states of matter, from liquid to gas and from liquid to solid, respectively. After students have read the passage, explain that water is the only substance on Earth that can exist in all three states of matter under normal atmospheric conditions. Carbon dioxide, on the other hand, is a gas under normal conditions. It can only liquefy under intense pressure or turn to dry ice in extreme cold. Have students complete the activity. Review the answers as a group.

Day Three

Vocabulary: *soluble, solution*

Materials: page 161

Introduce the vocabulary. Then explain that a substance's ability to be dissolved in a liquid is called its *solubility*. Point out that the words *solution, soluble, solubility,* and *dissolve* are derived from the word root *solv,* which means "to loosen." Have students read the passage and complete the activities. Review the answers together.

Day Four

Materials: page 162

Have students read the passage and complete the activities. If students need help with activity C, remind them that the ocean contains salt water, while a pond contains fresh water.

Day Five

Materials: page 163

Have students complete the page independently. Then review the answers together.

Name _____

Day 1

Weekly Question

What puts the fizz in soda?

Have you ever popped open a can or bottle of soda, only to be sprayed with a wet burst of bubbles? That rush of liquid and fizz is propelled by carbon dioxide (CO_2) gas in your drink. In fact, this presence of carbon dioxide is why soft drinks are called **carbonated** beverages. Carbonation occurs during the manufacturing and bottling process, when large amounts of carbon dioxide gas are added to flavored water. The **mixture** of liquid and gas is put under pressure before the can or bottle is sealed.

As soon as you open your soda, the pressure is released and CO_2 escapes into the air. The gas will continue to leave your soda until the amount of CO_2 in the liquid is equal to the amount of CO_2 in the air. That's why, if you don't finish your soft drink right away, your drink goes "flat."

Vocabulary

carbonated
KAR-buh-nay-tid
containing carbon dioxide gas

mixture
MIKS-chur
a combination of two or more different substances

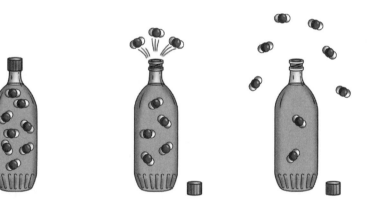

A. Use the vocabulary words to complete the sentences.

1. Club soda is a _____ beverage.

2. Chocolate milk is a _____ of chocolate syrup and milk.

B. Mixtures can usually be separated into their individual substances. Explain how, in a carbonated liquid, the gas separates from the liquid.

_____

_____

Name _____

When you think of a boiling mixture, you probably don't picture an ice-cold soda. But, in fact, that's just what is happening when you see bubbles in your soft drink. Carbon dioxide gas is, in effect, "boiling" out of your cold soda. Unlike water, which has a **boiling point** of 100°C (212°F), carbon dioxide changes from liquid to gas at −57°C (−70°F). So even at the temperature of a chilled soda, CO_2 is still a gas, and it bubbles out of the liquid.

Boiling point and **freezing point** are physical properties of a substance. Physical properties may include color, hardness, texture, or many other characteristics of matter that can be measured or seen. The freezing point of carbon dioxide gas is −78°C (−109°F). At this temperature, CO_2 becomes a solid, taking the form of dry ice. But in the same way that the boiling point of a substance doesn't have to be terribly hot, the freezing point doesn't have to be very cold, either. Liquid gold, for example, "freezes" at 1,064°C (1,947°F).

Vocabulary

boiling point
BOY-ling POYNT
the temperature at which a liquid changes into a gas

freezing point
FREE-zing POYNT
the temperature at which a liquid changes into a solid

Room temperature is approximately 20°C (68°F). Use the information in the table below to answer the questions.

	Freezing Point	**Boiling Point**
Water	0°C	100°C
Nitrogen	−210°C	−196°C
Mercury	−39°C	357°C
Gold	1,064°C	2,856°C

1. Which substance has the highest boiling point?   _____

2. Which substance has the lowest freezing point?   _____

3. Which substance is a solid at room temperature?   _____

4. Which two substances are liquids at room temperature?   _____

Name _____

Soda is more than just a mixture of liquid and gas. It is also a **solution**, meaning it is a liquid that contains substances that have been dissolved. Soda is made mostly of water, which can dissolve many substances. Carbon dioxide gas, for instance, is **soluble** in water. Soft drinks also contain dissolved solids, such as sugar.

Not all substances are soluble in water. For example, oil does not dissolve well in water. So when you shake a bottle of salad dressing that contains oil, water, and vinegar, the liquids mix together only temporarily. After a while, the oil separates from the vinegar and water and floats to the top of the liquid mixture.

A. *Solubility* is a physical property. The table below shows the solubility of various substances in water. The higher the number, the more soluble the substance is. Use this information to answer the questions.

Vocabulary

soluble
SOL-yoo-bul
able to be dissolved

solution
suh-LOO-shun
a mixture, usually liquid, in which all the components are mixed evenly

	Solubility (per gram of water)
Oxygen	0.0000434 gram
Carbon dioxide	0.00145 gram
Sugar	2.0 grams
Salt	0.36 gram

1. Which substance dissolves best in water? _____

2. Which gas dissolves more easily in water— oxygen or carbon dioxide? _____

3. Which substance is the least soluble in water? _____

B. If you mixed peanut butter with water, do you think it would make a solution? Explain why or why not.

_____

Daily Science
Big Idea 6
WEEK 1

Name ____________________

Day 4

Weekly Question

What puts the fizz in soda?

If you've ever tried to make a Popsicle® out of soda, you've probably noticed that soda doesn't freeze very well. That's because, although soft drinks are mostly water, the physical properties of water change when other ingredients are dissolved into it. In fact, most mixtures and solutions have physical properties that are different from the pure substances they are made of. Adding carbon dioxide and sugar to water lowers the freezing point of the solution as compared to that of pure water. So it takes colder temperatures to freeze soda than it does to freeze pure water.

The same thing is true when you add salt to water. Pure water freezes at 0°C, but a solution that is 20% salt freezes at −16°C. This is why salt is spread on snowy highways in winter. The salt dissolves into the ice and snow and causes it to melt. Until temperatures dip below −16°C, salt can help keep roads from icing up.

A. Answer the questions.

1. Which freezes at a warmer temperature, pure water or soda? ____________________

2. Which has a higher freezing point, a 20% salt solution or pure water? ____________________

B. A liquid called "antifreeze" is sometimes added to water to keep it from freezing. How do you think antifreeze works? Fill in the bubble next to the correct answer.

Ⓐ It lowers the boiling point of water.

Ⓑ It lowers the freezing point of water.

Ⓒ It dissolves water.

Ⓓ It carbonates the water.

C. Which do you think would freeze first, a pond or the ocean? Use the word *freezing point* in your answer.

____

____

Day 5

Weekly Question

What puts the fizz in soda?

Daily Science

Big Idea 6

WEEK 1

A. Use the words in the box to complete the sentences.

> boiling point   solution   carbonated
> freezing point   mixture

1. A soft drink is a _____ of gas, sugar, and water,

   but it is also a _____ because the gas and sugar

   are dissolved in the water.

2. Carbon dioxide's _____ is very low, which is why

   it is a gas at room temperature.

3. Carbon dioxide gas is what makes a soft drink _____.

4. The _____ of soda is lower than that of pure water.

B. Cross out the incorrect word in each sentence and write the correct word
or words above it to make the statement true.

1. Water is a solid at room temperature.

2. Carbonation involves mixing oxygen gas into a beverage.

3. The freezing point of water increases when salt is added.

4. Oil forms a solution with the water and vinegar in salad dressing.

C. Fill in the bubble next to the words that complete the analogy.

Boiling point is to **gas** as _____.

    Ⓐ **freezing point** is to **liquid**   Ⓒ **liquid** is to **solid**

    Ⓑ **freezing point** is to **solid**   Ⓓ **solid** is to **liquid**

When a new substance is made through a chemical reaction, it has properties that are different from the original substances.

Week 2
Why does metal rust?

This week students learn about chemical reactions by studying one of the most commonly observed reactions occurring in nature: the rusting of metal. Unlike physical changes, which do not alter the chemical makeup of substances, a chemical reaction produces a change that transforms the substances into a brand-new material. Rust, for example, is created when iron reacts with oxygen and forms a new compound called iron oxide.

The chemical reaction that produces rust happens when electrons move from iron atoms to oxygen atoms. A substance's loss of electrons is known as *oxidation*, while a gaining of electrons is called *reduction*. In the formation of rust, iron is oxidized and oxygen is reduced. For every oxidation that occurs in a chemical reaction, a reduction must also take place.

Day One

Vocabulary: *chemical reaction, corrosion*

Materials: page 165

Invite students to recall times they have seen rust on something, such as a car, a metal fence, or a pipe, and to describe what the rust looked like. Then introduce the vocabulary and point out that *corrosion* is the result of the chemical reaction that creates rust. Have students read the passage and complete the activities. Review the answers together.

Day Two

Vocabulary: *compound, product, reactant*

Materials: page 166

Introduce the vocabulary and have students read the passage. Then explain that iron and oxygen are elements, which are pure chemical substances that cannot be separated into simpler substances. However, rust (iron oxide) is a compound consisting of the elements iron and oxygen. Instruct students to complete the activities. Then review the answers as a group.

Day Three

Vocabulary: *oxidized, reduced*

Materials: page 167; apple or avocado, plastic knife

Cut the avocado or apple into pieces and ask students to predict what will happen to them within a few minutes. (The cut surfaces will turn brown.) Then introduce the vocabulary and have students read the passage. After they have completed the activities, have students look at the cut-up fruit and note any changes. Explain that substances in the fruit react with oxygen in the air and that, like metal, fruit also oxidizes.

Day Four

Materials: page 168

Have students read the passage. Then point out that the Golden Gate Bridge in San Francisco is painted orange not only to protect it from corrosion, but to provide visibility to passing ships and airplanes as well. Have students complete the activities and review the answers together.

Day Five

Materials: page 169

Have students complete the page independently. Then review the answers together.

Name _____

Day 1

Weekly Question

Why does metal rust?

You know what rusty metal looks like, but have you ever wondered why you've never seen rust on a piece of wood or plastic? Rust is a sign of **corrosion**, which occurs when metal is exposed to air and moisture. Metal that is rusted may be crumbly, have holes in it, or have rough, reddish-brown patches on it.

Corrosion in metals arises from a **chemical reaction**, which is a process in which substances react to form new substances. A chemical reaction is different from a physical change. When you scratch metal, the chemical makeup of metal stays the same, even if its appearance changes. But when metal rusts, a chemical reaction takes place between water, oxygen, and iron that changes the metal into a whole new substance.

Vocabulary

chemical reaction
KEM-ih-kul ree-AK-shun
a change in which one or more new substances are formed

corrosion
kuh-ROH-zhun
a chemical wearing away of a material

A. Use the vocabulary words to complete the sentences.

1. One way to protect a car from _____ is to keep it inside a garage.

2. A _____ can occur when substances are exposed to air and moisture.

B. Explain in your own words how a chemical reaction is different from a physical change.

_____

_____

Name _____

Day 2 **Weekly Question**

Why does metal rust?

During a chemical reaction, substances called **reactants** recombine to form new substances called **products**. In the chemical reaction that forms rust, the reactants are iron and oxygen. The product they form when they recombine is a **compound** called iron oxide. Adding water speeds up the corrosion process.

Iron oxide, like all products of a chemical reaction, has properties that are different from its original substances. One difference between pure iron and iron oxide is that iron oxide takes up more space. That means that if a metal structure starts to rust, the rusted area may push apart the areas that are not rusted. This can result in cracks in the structure. The compounds that form rust are also weaker than iron, which means they crumble more easily. So you can see why a lot of rust can be bad for structures and machinery made of metal, such as bridges and cars!

A. What are two properties of iron oxide that are different from iron?

1. _____

2. _____

B. Cross out the incorrect word or phrase in each sentence and write the correct one above it to make the statement true.

1. Rust is the product of the chemical reaction between iron and oxide.

2. A compound is made from a single element.

3. The properties of reactants are the same as the properties of products.

C. Check the box next to the word that completes the analogy.

Iron is to **iron oxide** as **reactant** is to _____.

☐ product   ☐ rust   ☐ oxygen   ☐ substance

Vocabulary

compound
KOM-pownd
a substance made of two or more elements that are chemically combined

product
PRAH-dukt
a new substance that is formed during a chemical reaction

reactant
ree-AK-tent
a substance that changes during a chemical reaction

Name _____

As with any chemical reaction, the formation of rust involves the transfer of electrons. When iron reacts with oxygen and forms the new compound iron oxide, the reaction occurs because electrons move from the metal atoms to the oxygen atoms. In other words, the iron that loses electrons is **oxidized**. In the same reaction, oxygen gains electrons from the iron and is **reduced**. For every electron that is lost by a substance in a chemical reaction, an electron is gained by another substance.

The oxidation and reduction process happens all around us, all the time. In fact, many cleaning products contain substances that oxidize. Household bleach, for example, removes stains by oxidizing them.

In other situations, oxidation isn't such a positive thing. For instance, air can oxidize food, causing it to spoil or go stale. This is why some foods include substances called *antioxidants*. Antioxidants give up their electrons very easily, so they satisfy the appetite of "electron-hungry" oxygen atoms and protect the food.

Vocabulary

oxidized
OX-ih-dyzd
to have lost electrons

reduced
ree-DOOST
to have gained electrons

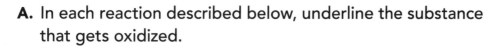

A. In each reaction described below, underline the substance that gets oxidized.

1. An apple turns brown after reacting with air.

2. Bleach removes a stain.

3. Oxygen picks up electrons found in food.

4. An iron key rusts in the rain.

B. Fill in the bubble next to the activity that slows down oxidation.

Ⓐ removing the lid from a jar of food　　Ⓒ peeling an apple

Ⓑ keeping a car in a dry garage　　Ⓓ adding bleach to a stain

Name _____

Day 4

Weekly Question

Why does metal rust?

Metal is used to build many types of structures, appliances, and other everyday items because it is strong, easy to shape, and relatively cheap and plentiful. But most metals react with water and oxygen, which is present in almost every environment on Earth. So how do people use metal and keep it from rusting?

One way to keep metal from rusting is to paint it. Paint forms a protective barrier between metal and the oxygen and moisture in the air. Another way to keep metal from oxidizing is to add a substance to it that makes the metal less able to give away its electrons. For example, stainless steel is made from iron that has carbon and chromium added to it. Stainless steel doesn't oxidize or corrode as quickly as ordinary iron. That is why knives are often made of stainless steel. Their blades stay sharp longer.

The Golden Gate Bridge in San Francisco is actually painted orange, not gold.

A. What are two ways to keep metal from rusting?

1. _____

2. _____

B. Name two ways stainless steel is different from ordinary iron.

1. _____

2. _____

C. Check the object that is the *least* likely to be made of stainless steel.

☐ sauce pan   ☐ plate   ☐ scissors   ☐ refrigerator door

Name _____

Day 5

Weekly Question

Why does metal rust?

A. Use the words in the box to complete the paragraph.

> oxidized   reactants   compound   reduced
> product   corrosion   chemical reaction

New substances created through a _____

have properties that are different from the starting materials, and one

example of this is rust. In the reaction that creates rust, iron and oxygen are

the _____, and a _____ called iron

oxide is the _____. During the reaction, electrons move

from the metal atoms to the oxygen atoms. When the metal atoms lose

electrons, they are _____. When the oxygen atoms

gain electrons, they are _____. The result of this process

is the _____ of metal.

B. Write *true* or *false*.

1. One way to keep metal from rusting is to paint it.   _____

2. Exposure to air and water can cause iron to break down.   _____

3. Electrons can't be shared or moved between atoms.   _____

4. Rust is created by the oxidation of iron.   _____

5. Antioxidants cause food to spoil faster.   _____

Week 3
Why do batteries die?

This week, by studying the chemical reactions that take place inside a battery, students learn that a substance's chemical properties determine how it reacts with other substances. When the substances in a battery undergo a reaction, they form new substances and, in the process, produce electrons. This chemical reaction, called an electrochemical reaction, converts the chemical energy available in a battery into the electrical energy needed to power our electronic devices.

A battery's "life" refers to the length of time it is able to supply electricity. When all the reactants in a battery have been used up, the battery stops producing electricity and "dies." For many batteries, however, the electrochemical reaction is reversible and batteries can be recharged.

When a new substance is made through a chemical reaction, it has properties that are different from the original substances.

Day One

Vocabulary: *current*

Materials: page 171; different types of batteries

Show students the different types of batteries you brought in. Allow students to examine the batteries and observe how they are distinguished according to voltage and type. Then have students read the passage. You may want to point out that many electricity-related words are derived from Count Volta's name, including *volts*, *voltage*, and *voltmeter*. Finally, have students complete the activities and review the answers together.

Day Two

Vocabulary: *acid, chemical properties*

Materials: page 172

After introducing the vocabulary, tell students that many acidic substances, such as lemon juice, have a sour taste, and that taste is an example of a *physical property*. An acid's ability to produce hydrogen when dissolved in water is an example of a *chemical property*. Have students read the passage and complete the activities. Review the answers together.

Day Three

Vocabulary: *electrode*

Materials: page 173

Point out to students that electrons are negatively charged particles. Then introduce the vocabulary word and have students read the passage and complete the activities. Review the answers together.

Day Four

Materials: page 174

Have students read the passage. Then invite them to list any devices they use that have chargers. (cell phones, MP3 players, laptops, etc.) Have students discuss the benefits of using batteries that can be recharged. (better for the environment, costs less than buying new batteries, etc.) Then instruct students to complete the activities. Go over the answers as a group.

Day Five

Materials: page 175

Have students complete the activities independently. Then review the answers together.

Name _____

Day 1

Weekly Question

Why do batteries die?

Many materials—from potatoes and lemons to stacks of metal coins—can be used to make a battery. All you need is a material that has the ability to produce a flow of electrons. The first battery, demonstrated by Count Alessandro Volta in 1800, was a stack of discs made of alternating kinds of metal separated by paper soaked with salt water. It was that simple.

Today, batteries come in a variety of materials with different properties. Batteries can be disposable or rechargeable, and they can be made of various compounds such as lithium ion, nickel cadmium, or metal hydride. The different materials used to construct batteries result in differences in the amount of electric **current** produced, the size and cost of the battery, and the lifetime of the battery. But no matter what material is used, eventually every battery "dies" and stops producing electricity.

Vocabulary

current
KUR-int
the flow of electricity through a conductor

voltaic pile

alkaline batteries

car battery

lemon battery

Different Kinds of Batteries

A. Write *true* or *false*.

   1. Only metals can be used to make a battery.   _____

   2. Eventually, a battery stops producing electricity.   _____

   3. Batteries have the ability to generate a flow of electrons.   _____

B. Name four ways that batteries can differ from one another, depending on the different materials used to construct them.

   1. _____   **3.** _____

   2. _____   **4.** _____

Name _____

Day 2

Weekly Question

Why do batteries die?

Batteries generate electricity through a type of chemical reaction called an *electrochemical* reaction. During this particular kind of reaction, the reactants combine to create new substances and, in the process, produce electrons.

Whether or not a reaction produces electrons depends on the **chemical properties** of the reactants. Chemical properties are determined by the chemical composition of a substance and, in turn, control a substance's ability to undergo a particular chemical change. For example, a substance might have the tendency to rust, to catch on fire, to form an **acid**, or to explode. Unlike a physical property, which can be observed without changing a substance's composition or structure, a chemical property can be observed or measured only when a substance undergoes a chemical change.

Vocabulary

acid
AS-sid
a chemical compound that, when dissolved in water, produces hydrogen that is missing its electron

chemical properties
KEM-ih-kul
PRAH-per-teez
characteristics that determine the chemical changes that a substance can undergo

A. Next to each example of a substance's property, write whether the property is *physical* or *chemical.*

1. Hydrogen explodes when ignited.   _____

2. Copper is a reddish-orange,
       shiny metal.   _____

3. Silver reacts with moisture to
       form tarnish.   _____

4. Metal corrodes when exposed to air.   _____

5. Water freezes at 32°F.   _____

B. Explain in your own words the difference between physical and chemical properties.

_____

_____

Name _____

Day 3

Weekly Question

Why do batteries die?

Think of a battery as a reaction chamber filled with chemicals. For example, a typical car battery consists of a series of compartments, each containing a pair of **electrodes** immersed in a kind of acid called sulfuric acid. One electrode is made of lead, and the other electrode is made of lead oxide. Electrodes are where a battery's electrochemical reactions take place, and different reactions take place on different electrodes.

On the lead electrode of a car battery, the lead reacts with sulfuric acid to form a new compound called lead sulfate. This reaction produces electrons, and negative charges build up on the lead electrode.

On the lead oxide electrode, the material also reacts with sulfuric acid to produce lead sulfate. However, this reaction removes electrons from the electrode. As a result, positive charges collect on the lead oxide electrode. When the two electrodes are connected in an electrical circuit, electrons flow from the negatively charged electrode to the positively charged electrode, and electricity is produced.

Vocabulary

electrode
ee-LEK-trohd
a metal rod or plate that can conduct electricity into or out of a battery

lead oxide

lead

sulfuric acid

lead-acid battery

A. Complete the analogy.

Sulfuric acid is to **reactant** as **lead sulfate** is to _____.

B. Use words from the passage to complete the paragraph.

The lead electrode in a car battery reacts with the acid solution to form

_____, and this reaction _____ electrons.

The lead oxide electrode reacts with the solution to form the same compound,

but this reaction _____ electrons.

© Evan-Moor Corp. • EMC 5015 • Daily Science

Big Idea 6 • Week 3 **173**

Name _____

Weekly Question

Why do batteries die?

A battery contains only a fixed amount of reactants, so as soon as these reactants have been used up, the reaction stops and the battery goes dead. A dead battery produces no more electrons and no more electricity.

However, some batteries can be recharged by connecting them to a source of electricity such as a wall outlet. This is possible because the electrochemical reactions that create electricity are reversible. When a battery is recharging, electricity flows in the opposite direction. In a car battery, this allows the lead sulfate that coats both of the electrodes to dissolve back into the acid solution. Lead and lead oxide re-form on each of the electrodes. This process of recharging uses energy itself, but when the battery is reconnected to the car, the electrochemical reaction that produces electricity can start all over again.

A. Number the steps in the correct order to show how a battery is recharged.

_____ Lead sulfate dissolves into the acid solution.

_____ The battery is connected to a source of electricity.

_____ Lead and lead oxide re-form on the electrodes.

_____ The battery produces electrons.

B. Name two devices you have used or seen that have rechargeable batteries. Then name the source of the energy that you would use to recharge them.

1. _____

2. _____

Name _____

Day 5

Weekly Question
Why do batteries die?

A. Use the words in the box to complete the sentences.

> chemical properties   electrodes   acid
> electrochemical   current

1. Batteries generate electricity through _____

reactions that take place on _____.

2. An _____ is a substance that generates a form

of hydrogen when it dissolves in water.

3. The way a substance reacts or combines with other substances to

create new substances is determined by its _____.

4. Different kinds of materials used in batteries result in different amounts

of electric _____ produced.

B. Write *true* or *false*.

1. The chemical properties of a substance are determined
by its chemical composition.   _____

2. The chemical reactions that power a car battery are
irreversible.   _____

3. All batteries have the ability to produce a flow of electrons. _____

4. When a battery's reactants are used up, it no longer
produces electricity.   _____

5. All electrochemical reactions produce light.   _____

When a new substance is made through a chemical reaction, it has properties that are different from the original substances.

Week 4
Why can't you light a match more than once?

This week students explore the chemistry of how a match burns. They learn that when a match is lit, it undergoes the chemical reaction of combustion and produces energy in the form of heat and light. Inventors of the first matches had to contend with chemical mixtures that tended to spontaneously combust or explode upon lighting. Finding the balance between the stability of substances and chemical reactivity proved to be challenging.

The modern match is a testimony to experimentation and persistence. Inventors finally discovered the proper reactants to produce the desired chemical reaction. Thus, the flash of light and heat that accompanies the strike of a match is a one-time event: the reactants that initiate combustion are limited, and the products of the reaction don't burn again. No matter how hard you rub a burned match against a striking surface, it will not relight.

Day One

Vocabulary: *combustion, ignite*

Materials: page 177

Before students read the passage, explain that people once relied on fire as their only source of heat and light. Then ask: **Why do you think fire was so important? What happened if a person couldn't light a fire?** (He or she might freeze, couldn't see in the dark, couldn't cook food, etc.) Introduce the vocabulary and have students read the passage. Then have them complete the activities and review the answers together.

Day Two

Vocabulary: *friction, stable*

Materials: page 178

Introduce the vocabulary and invite students to list situations in which friction occurs. (e.g., using an eraser or sandpaper, sliding down a slide, dragging a box across the floor) Then have students read the passage and complete the activities. If students need help with the oral activity, prompt them with examples of how friction can be helpful (walking without slipping) or harmful (skinning your knee).

Day Three

Vocabulary: *reactive*

Materials: page 179

Introduce the vocabulary word and have students read the passage. Point out to students that a chemical reaction doesn't start until the reactants are physically brought together. Direct them to complete the activities. Then go over the answers as a group.

Day Four

Vocabulary: *irreversible*

Materials: page 180

Before students read the passage, have them describe what a burned match looks like. (black, misshapen, crumbly, etc.) Then ask students why they think a match can be lit only once. Revisit their hypotheses after they have read the passage. Then instruct students to complete the activities.

Day Five

Materials: page 181

Have students complete the page independently. Then review the answers together.

Name _____

Weekly Question

Why can't you light a match more than once?

Daily Science

Big Idea 6

WEEK 4

Imagine trying to start a campfire without a match—it's very hard to do! In fact, before matches were invented, it was often difficult to get a fire going or even light a candle. But by the 1800s, people knew that mixing certain substances together could produce a flame. They applied these chemicals to the ends of sticks to create some of the first matches.

A match produces a flame through a chemical reaction called **combustion**. During combustion, substances combine with oxygen in the air to make new substances and, in the process, produce energy in the form of heat and light.

The first matches that were made could produce a flame, but they had one problem. The chemicals that were put on the match tips sometimes reacted too easily! Early matches could unexpectedly **ignite**, bursting into flames or exploding.

flame

chemical coated tip

wood

Vocabulary

combustion
kum-BUSS-chun
the oxidation or burning of a substance

ignite
ig-NYT
to catch on fire

A. Use the vocabulary words to complete the sentences.

1. Chemical substances applied to the ends of sticks

cause them to _____.

2. A kind of reaction called _____ results in the oxidation of a substance.

B. The first matches were stored in airtight boxes to keep them from igniting suddenly on their own. Why do you think this worked?

_____

_____

Name _____

Day 2

Why can't you light a match more than once?

Daily Science

Big Idea 6

WEEK 4

In 1826, the English chemist John Walker developed a new kind of match. He realized that, in order for a match to work safely, its reactants had to react less easily. In other words, the match had to be a little hard to light. Walker came up with the idea of creating a match that would ignite only when it was rubbed against a surface. He put two substances—potassium chlorate and antimony sulfide—on a match tip. He knew that these substances were relatively **stable** and wouldn't accidentally ignite like some other chemicals. However, he also knew that heat would cause the two substances to react. And this heat could be generated by **friction**.

Friction is a force that resists movement between objects that touch. In the same way that rubbing your hands together causes them to get warm, heat is produced when a match tip is struck against a surface. The heat lasts only a second, but it provides enough energy to start the reaction between chemicals on the match.

Vocabulary

friction
FRIK-shun
a force between two surfaces that resists movement and produces heat

stable
STAY-bul
having the ability to resist a chemical change

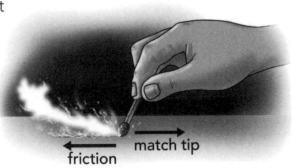

friction ← → match tip

Check the boxes next to the statements that are true.

☐ John Walker did not think a chemical reaction was required to light a match.

☐ Potassium chlorate and antimony sulfide are relatively stable substances.

☐ Friction is a force that resists chemical change.

☐ Rubbing your hands together is an example of friction.

◀))Talk

In some situations friction is helpful, and in other situations it can hurt. Discuss with a partner two ways friction can be helpful and two ways it may not be.

Name _____

Day 3

Weekly Question

Why can't you light a match more than once?

The friction match invented by John Walker was a kind of "strike-anywhere" match. It was called this because the match would ignite after being struck on almost any surface. But the match had a bad smell, so a few years later a new type of match was developed by a chemist who put an odorless chemical called phosphorus into the reaction mix. These matches became popular, but they were dangerous because the phosphorus was very **reactive**.

Finally, in 1844, the "safety match" was created by Swedish inventors. They put a chemical called potassium chlorate on the tip of the match and moved the phosphorus to a strip alongside the matchbox. In this way, the reactants didn't come together until the match was struck against the strip. And the match didn't smell as bad.

Vocabulary

reactive
ree-AK-tiv
able to easily enter into a chemical reaction

Strike-anywhere matches have a white tip.

Safety matches can be made of either wood or cardboard.

A. Explain the difference between a strike-anywhere match and a safety match.

_____

_____

B. Complete the analogy.

Match tip is to **potassium chlorate** as **matchbox strip** is to _____.

C. Cross out the incorrect word and write the correct one above it to make the statement true.

Phosphorus matches were popular, but they were too stable.

Name _____

Day 4

Weekly Question

Why can't you light a match more than once?

Daily Science

Big Idea 6

WEEK 4

A lit match looks very different from an unused match. Fire, smoke, and soot are the most obvious signs of combustion. There are, however, other substances produced from the reaction that are not visible to the eye. These include potassium chloride and compounds called phosphorus oxides. These new substances have properties that are different from the original substances. Most importantly, the new compounds are not very reactive. This is a good thing if you don't want a match to relight accidentally after you have blown it out!

Furthermore, a match contains only a limited amount of reactive material. So after all the reactants have been used up, no amount of friction will cause the match to relight. And unlike a battery that can be recharged, the chemical reaction that ignites a match is **irreversible**.

Vocabulary

irreversible
eer-ih-VERS-ih-bul
unable to go in the opposite direction

unused match   lit match   burned match

A. Give three reasons why a match lights only once.

1. _____

2. _____

3. _____

B. What are two obvious products of combustion? What are two products that are *not* obvious?

Obvious: _____

Not obvious: _____

Day 5

Weekly Question

Why can't you light a match more than once?

Daily Science

Big Idea 6

WEEK 4

A. Use the words in the box to complete the paragraph.

> combustion   friction   ignites
>
> irreversible   reactive   stable

A match _____ when substances on the match tip combine with oxygen in the air. Early matches used substances that were too _____, which resulted in sudden, unexpected _____ of the matches. In order to create a safe and effective match, inventors needed to find reactants that were more _____. But these reactants didn't light as easily, so one inventor had the idea of using _____ to momentarily heat the substances and start the reaction. To this day, however, no one has invented a match that can be used more than once. This is because the reaction is _____. Once all of the reactants on a match have been used up, it can't light again.

B. Name two ways that people tried to make matches safer.

1. _____

2. _____

Unit Review

Comprehension

Ignite Your Curiosity

Fill in the bubble next to the correct answer.

1. Which of these is a chemical property of metal?

   Ⓐ It reacts with oxygen to form rust.

   Ⓑ It is hard and shiny.

   Ⓒ It can conduct electricity.

   Ⓓ It has a very high boiling point.

2. Which of these is *not* a way to keep food from oxidizing?

   Ⓐ storing it in an airtight container

   Ⓑ adding antioxidants

   Ⓒ adding carbonation

   Ⓓ sealing it securely in plastic wrap

3. In a chemical reaction, _____.

   Ⓐ reactants form mixtures   Ⓒ new substances are formed

   Ⓑ CO_2 gas dissolves   Ⓓ the freezing point is lowered

4. Which of these is *not* a product of combustion?

   Ⓐ heat   Ⓒ smoke

   Ⓑ light   Ⓓ wood

5. The electrochemical reaction in a car battery _____.

   Ⓐ produces rust   Ⓒ stops electric current

   Ⓑ is reversible   Ⓓ is irreversible

6. Which of these is *not* true about soda?

   Ⓐ It is a compound.   Ⓒ It is a sugar-water solution.

   Ⓑ It has a lower freezing   Ⓓ It is carbonated.
   point than water.

Name _____

Unit Review

Vocabulary

React to This!

Write the vocabulary word that matches or completes each clue.

1. When a material is _____,
it enters easily into a chemical reaction.

2. able to be dissolved _____

3. cannot be reversed _____

4. to catch on fire _____

5. end material in a chemical reaction _____

6. qualities that determine how a substance reacts
with other substances _____

7. This chemical reaction produces a flame.

_____

8. This generates heat by rubbing. _____

9. a mixture that is a liquid _____

10. The temperature at which liquid changes into a gas

is a substance's _____.

11. Substances in a _____ can be separated.

12. not very reactive _____

13. The temperature at which liquid changes into a solid

is a substance's _____.

14. starting material in a chemical reaction _____

15. Rusting metal is a sign of this. _____

boiling point

chemical properties

combustion

corrosion

freezing point

friction

ignite

irreversible

mixture

product

reactant

reactive

soluble

solution

stable

Name _____

A. Look at the pictures showing a candle as it is lit and after it has been blown out. Then answers the questions below.

1.   2.   3.   4.

1. Name a physical property of the unlit candle in picture 1.

_____

2. Name a physical property of the candle that has been blown out in picture 4.

_____

3. What starts the chemical reaction of the wick burning in picture 2?

_____

4. Which product of combustion is visible in picture 3?

_____

B. Write whether each statement below describes a *physical* or a *chemical* change.

1. The solid wax melts into liquid.   _____

2. Chemicals on the match tip ignite.   _____

3. Substances in the wax combine with oxygen in the air.   _____

Name _____

Unit Review

Hands-on Activity

Penny for Your Thoughts

When copper pennies are first made, they look shiny and new. But after a while, the copper becomes oxidized. Complete the experiment to see what happens when an oxidized penny is placed in an acidic solution. The results are priceless!

What You Need

- ½ cup white vinegar
- 2 teaspoons salt
- 1 shallow clear glass or plastic bowl
- 1 spoon (not metal)
- 20 dull pennies
- 1 clean steel nail
- paper towels

1. Pour the salt and vinegar into the bowl and stir until the salt dissolves.

2. Dump 15 of the copper pennies into the bowl so that they are fully covered in solution.

3. After 10 minutes, remove five pennies from the solution. Rinse them in water and put them on the paper towels to dry.

4. While the rest of the pennies are reacting with the vinegar and salt solution, place the nail halfway into the solution.

5. After 30 minutes, remove the pennies and the nail from the solution. Rinse them and place them on the paper towels to dry.

What Did You Discover?

1. What did you observe when you placed the pennies in the solution?

   _____

2. What did the first batch of pennies look like when you removed them from the solution and dried them off? How did they compare to the untreated pennies?

   _____

3. What did the nail look like when you removed it from the solution?

   _____

Answer Key

Big Idea 1: Week 1 • Day 1

A.

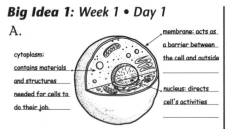

B. Muscle cells help you move, and bone cells give your body its shape.

Big Idea 1: Week 1 • Day 2

1. connective tissue
2. connective tissue
3. muscle tissue
4. connective tissue
5. muscle tissue
6. muscle tissue

Big Idea 1: Week 1 • Day 3

A. 1. The muscle tissue attached to your skeleton is made from long, thin cells.
   2. Skeletal muscle cells have more than one nucleus and a cell membrane.
   3. When you flex your arm, the muscle tissue becomes shorter and thicker.
B. Answers will vary—e.g.,
   Voluntary: hand, neck, tongue
   Involuntary: heart, digestive muscles, lungs

Big Idea 1: Week 1 • Day 4

A. *Alike*: Both have cytoplasm and both perform special functions. *Different*: Bone cells are star-shaped and surrounded by calcium, while muscle cells are long and thin and have more than one nucleus.
B. Answers will vary—e.g., As your bones grow, calcium makes them hard, which also makes them stronger.

Big Idea 1: Week 1 • Day 5

A. cell, nucleus, membrane, cytoplasm, tissue, Connective tissue, Muscle tissue

B.

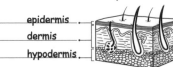

Big Idea 1: Week 2 • Day 1

A. 1. epithelial tissue
   2. connective tissue
B. It protects the body from the outside world, moves materials in and out of the body, and secretes sweat.
C. *cell* is to *tissue*

Big Idea 1: Week 2 • Day 2

A.

B. 1. dermis
   2. epidermis
   3. hypodermis
C. the dermis, because this is the layer where hair roots are located and where sensations of temperature are registered

Big Idea 1: Week 2 • Day 3

1. callus   3. sebum
2. sebum   4. callus
TALK: Answers will vary—e.g., Water and soap wash off sebum, which can clog your pores.

Big Idea 1: Week 2 • Day 4

A. 1. The fingers have the most callus cells.
   2. because you aren't soaking in water for more than 20 minutes
   3. because there aren't many callus cells on your stomach
B. The substance is like sebum because it acts like a waterproof seal. It is different because it comes from a gland near the tail, and ducks have to spread it themselves.

Big Idea 1: Week 2 • Day 5

A. organ, epithelial, hypodermis, dermis, epidermis, sebum, callus

B. 1. false   2. true   3. true

C. First degree burns happen in the epidermis, second degree in the dermis, and third degree in the hypodermis. The more serious the burn, the deeper layer it affects.

Big Idea 1: Week 3 • Day 1

1. esophagus
2. small intestine
3. break down food, absorb nutrients, expel waste

Big Idea 1: Week 3 • Day 2

A. When food is in your mouth, your salivary glands secrete saliva, which, along with chewing, helps break down nutrients for your body to absorb.
B. 1. Both help break down food. Chewing breaks food into smaller pieces but enzymes break down food's nutrients.
   2. Answers will vary—e.g., You might choke on food pieces that are too big; you might not break down food enough to get all its nutrients.

Big Idea 1: Week 3 • Day 3

A. 1. acids
   2. villi
   3. small intestine
B. Strong muscles in the stomach contract to force out spoiled food.

Big Idea 1: Week 3 • Day 4

A. 1. absorb water from waste
   2. compact the waste
   3. expel waste from the body
B. digestive, excretory

Big Idea 1: Week 3 • Day 5

A. digestive system, salivary glands, enzymes, esophagus, intestine, villi

B.

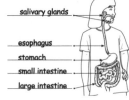

Big Idea 1: Week 4 • Day 1

A.

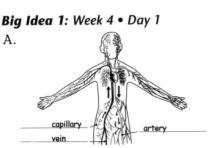

B. 1. Blood moves oxygen and nutrients throughout the body.
2. Blood carries waste away so it can be eliminated.

Big Idea 1: Week 4 • Day 2

1. plasma
2. white blood cells
3. platelets
4. from red blood cells
5. If that person got a cut, the blood would not clot. He or she would not stop bleeding.

Big Idea 1: Week 4 • Day 3

A. 1. false   2. false   3. true
B. 4.2 billion
C. marrow, stem, blood

Big Idea 1: Week 4 • Day 4

1. red blood cells
2. accident
3. 40–95 units
4. 5 units

Big Idea 1: Week 4 • Day 5

A. circulatory system, blood vessels, plasma, platelets, marrow, stem cells
B.

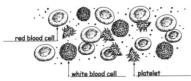

C. Answers will vary—e.g., People should donate blood to help those who need it after an accident, during surgery, or when fighting a disease.

Big Idea 1: Week 5 • Unit Review 1

1. A   5. B
2. C   6. C
3. D   7. D
4. B

Big Idea 1: Week 5 • Unit Review 2

ACROSS
1. cytoplasm
5. tissue
7. marrow
9. esophagus
12. villi
14. enzymes

DOWN
2. plasma
3. dermis
4. hypodermis
6. organ
8. membrane
10. platelets
11. nucleus
13. cell

Big Idea 1: Week 5 • Unit Review 3

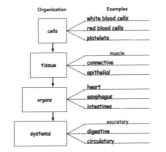

Big Idea 1: Week 5 • Unit Review 4

1. The bread broke down into a wet, mushy substance.
2. The gum remained as a wad.
3. The bread is digestible but the gum is not.

Big Idea 2: Week 1 • Day 1

A. *habitat* is to *ecosystem*
B. microorganisms, habitat, ecosystem, decomposers

Big Idea 2: Week 1 • Day 2

A. 1. contains earthworms' food
2. shields earthworms from exposure
3. helps earthworms stay cool and hydrated
B. Earthworms burrow into soil to avoid exposure to the sun and to remain hydrated.

Big Idea 2: Week 1 • Day 3

A. 1. false   2. true   3. false
B. 1. They add nutrients and minerals to the soil with their castings.
2. They aerate soil when they burrow.
3. They help water drain through the soil.

Big Idea 2: Week 1 • Day 4

A. 3, 2, 1, 5, 4
B. Answers will vary—e.g., Soil wouldn't have as many nutrients, so plants might not grow and provide food for animals.

Big Idea 2: Week 1 • Day 5

A. ecosystem, decomposers, castings, aerate, exposure, hydrated
B. 1. As decomposers, earthworms break down kitchen waste and add nutrients to the soil.
2. Not all trash is organic. Some of it is plastic, glass, or other things that don't decay.

Big Idea 2: Week 2 • Day 1

A. *Pandas*: live in China, eat bamboo
Polar Bears: live in the Arctic Circle, eat seals
Both: members of the bear family, consumers, have special adaptations
B. 1. allows a dolphin to breathe underwater
2. keeps sand out of a camel's eyes
3. allows a monkey to grab branches and balance itself

Big Idea 2: Week 2 • Day 2

A. 1. Pandas have flat teeth to help them grind their food.
2. Pandas have a bone that extends from their wrist to help them grasp bamboo.
B. 1. Most bears are omnivores.
2. Pandas cannot easily digest bamboo.
3. A panda's habitat is mild.

Big Idea 2: Week 2 • Day 3

A. 1. helps polar bear swim
2. helps polar bear grip ice and catch prey
3. helps polar bear walk on ice
B. 1. because no plants grow where they live
2. Fur and fat keep the polar bear warm in the cold climate.

Big Idea 2: Week 2 • Day 4

1. false   3. true
2. false   4. true

TALK: Answers will vary—e.g., fight climate change, set aside land for animals, breed them in captivity, stop hunting them, etc.

Big Idea 2: Week 2 • Day 5

A. consumers, omnivores, herbivores, carnivores, adaptations, habitats
B. A polar bear would not survive in a panda's habitat because the polar bear would not have the right food, and the climate would be too warm.
C. Answers will vary—e.g.,
Panda ecosystem: bamboo, rain, cool weather, mountains
Polar bear ecosystem: ice, seals, ocean, frigid temperatures

Big Idea 2: Week 3 • Day 1

A. predator, prey
B. 1. powerful legs
   2. sharp teeth
   3 strong jaw
   4. sharp claws
C. 1. false   2. true   3. true

Big Idea 2: Week 3 • Day 2

A. Answers will vary—e.g., In the savanna food chain, grasses are eaten by gazelles, which in turn are eaten by lions.
B. 1. wide grasslands
   2. warm and usually dry
   3. scattered shrubs and trees

Big Idea 2: Week 3 • Day 3

A. Answers will vary—e.g.,
   1. impala/giraffe
   2. acacia tree/grass, giraffe/zebra
   3. grass, aardvark, hyena
B. Cheetahs are fast and can outrun prey and lions.

Big Idea 2: Week 3 • Day 4

A. Answers will vary—e.g.,
   1. plankton/fish, salmon, grizzly bear/wolf
   2. plants, elk/rabbits, wolf/grizzly bear
B. Answers will vary—e.g., The rabbits spread without being eaten. The rabbits hurt the vegetation by eating too much of it.

Big Idea 2: Week 3 • Day 5

A. savanna, predators, prey, competition, food chain, food web
B. A food chain is a sequence of organisms in which each member feeds on the one below it. A food web includes many overlapping food chains.
C. 1. *hyena* is to *gazelle*
   2. *Alaska* is to *grizzly bear*

Big Idea 2: Week 4 • Day 1

A. Answers will vary—e.g.,
   1. warm, humid
   2. rainy
   3. thousands of plants
B. monkey

Big Idea 2: Week 4 • Day 2

A.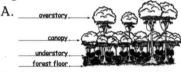

B. the canopy, because it traps humidity and captures most of the sunlight, which makes it easy for plants to grow

Big Idea 2: Week 4 • Day 3

A. 1. false   3. true
   2. false   4. true
B. 1. from dead organic matter that falls from above
   2. from the soil

Big Idea 2: Week 4 • Day 4

A. Answers will vary—e.g., The rainforest is home to a wide diversity of life, including insects, frogs, and many types of plants.
B. 1. pollinate flowers
   2. help scatter seeds
   3. provide nutrients

Big Idea 2: Week 4 • Day 5

A. rainforest, diversity, producers, overstory, understory, canopy, epiphytes
B. 1. forest floor
   2. canopy
   3. overstory

Big Idea 2: Week 5 • Unit Review 1

A. 1. C   3. A   5. B
   2. B   4. D   6. C
B. 1. They aerate it.
   2. They provide nutrients with their castings.

Big Idea 2: Week 5 • Unit Review 2

1. diversity   10. epiphyte
2. castings   11. aerate
3. decomposer   12. exposure
4. adaptation   13. consumer
5. savanna   14. food web
6. hydrated   15. producer
7. canopy   16. predator
8. omnivore   17. competition
9. carnivore   18. herbivore

Big Idea 2: Week 5 • Unit Review 3

Big Idea 2: Week 5 • Unit Review 4

1. Earthworms ate the lettuce and mixed it into the soil; the other lettuce rotted and didn't move.
2. Earthworms mixed the layers; the other layers stayed in place.
3. Earthworms burrow and bring nutrients deep into the soil, mixing the soil around.

Big Idea 3: Week 1 • Day 1

A.

Percentage of Earth's surface covered by water   Percentage of salt water vs. fresh water

B. 1. true   3. true
   2. false   4. false
C. 3 milliliters

Big Idea 3: Week 1 • Day 2

A. 4, 2, 1, 3
B. 1. evaporate
   2. water vapor, humidity

Big Idea 3: Week 1 • Day 3

A. Condensation is when water vapor condenses into a liquid, and precipitation is when that liquid falls to the ground as droplets or ice.
B. boiling water

Big Idea 3: Week 1 • Day 4

A.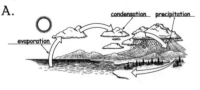

B. Answers will vary—e.g., Because fresh water returns to the ocean through precipitation or by rivers and balances out the salt.

Big Idea 3: Week 1 • Day 5
A. water cycle, evaporate, water vapor, humidity, condensation, precipitation
B. Answers will vary—e.g., Yes, because water can be blown to a different location on Earth by the wind. It has also been constantly recycled over millions of years in the water cycle.

Big Idea 3: Week 2 • Day 1
A. 1. 30%
   2. It is frozen in glaciers and polar ice caps.
B. 1. irrigation
   2. groundwater

Big Idea 3: Week 2 • Day 2
A.

B. Answers will vary—e.g.,
   1. sponge   2. skin
C. The water table gets so low that it drops below the reach of the well.

Big Idea 3: Week 2 • Day 3
A. *Diagram 1:* The rain is soaking into porous rock, which gets saturated, so the water starts collecting on the surface.
Diagram 2: The rain is falling on nonporous rock, so all the water collects on the surface.
B. Surface water is water you can see above the ground, and groundwater is water that has soaked into the ground.

Big Idea 3: Week 2 • Day 4
A. 1. pollution   2. overuse
B. 1. The water table can drop below the reach of wells.
   2. Saltwater intrusion makes groundwater too salty to use.

Big Idea 3: Week 2 • Day 5
A. 1. e   3. f   5. d
   2. a   4. b   6. c
B.
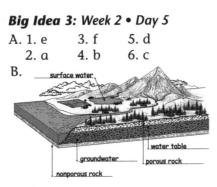

Big Idea 3: Week 3 • Day 1
A. 1. seven
   2. Australia
B. All boxes should be checked.

Big Idea 3: Week 3 • Day 2
A.

B. 1. c   2. a

Big Idea 3: Week 3 • Day 3
A. When the winds blow from the Indian Ocean, they bring water vapor with them.
B. 1. The air is too warm for water to condense.
   2. Dry prevailing winds blow over land instead of water.

Big Idea 3: Week 3 • Day 4
A. The first two boxes should be checked.
B. Answers will vary—e.g.,
   1. *reserve:* to keep for future use
   2. *serve:* to assist or help

Big Idea 3: Week 3 • Day 5
A. rain shadow, Prevailing winds, watershed, monsoons, oasis, reservoir
B. Answers should include two of the following: The area is in a rain shadow; Prevailing winds come from over dry land instead of water; The air is too warm for water to condense.
C. Prevailing winds change direction and blow from the ocean, bringing heavy rain.

Big Idea 3: Week 4 • Day 1
A. 1. 9.5 billion   3. 3.5 billion
   2. 3 billion
B. 4,380 gallons

Big Idea 3: Week 4 • Day 2
A. 1. A drought is caused by less rainfall than usual.
   2. In some places, water is too contaminated to drink.
B. Answers will vary—e.g.,
Agriculture: The crops might not grow.
Drinking water: There might not be enough water to drink.
Economy: Businesses such as restaurants might not be able to operate.

Big Idea 3: Week 4 • Day 3
A. 2, 4, 1, 5, 3
B. 1. It is an expensive process.
   2. It can provide water easily only to people who live near the ocean.

Big Idea 3: Week 4 • Day 4
1. bathroom
2. Answers will vary—e.g., dishwasher, sprinkler system
TALK: Answers will vary—e.g., only water the lawn once a week, don't take long showers, don't leave the faucet running, etc.

Big Idea 3: Week 4 • Day 5
A. 1. conservation
   2. reclamation
   3. contaminate
   4. desalination
   5. drought
B. 1. true   3. false   5. true
   2. false   4. true

Big Idea 3: Week 5 • Unit Review 1
1. B   3. D   5. C   7. D
2. A   4. B   6. D

Big Idea 3: Week 5 • Unit Review 2
1. water vapor   10. reclamation
2. groundwater   11. irrigation
3. monsoons   12. watershed
4. rain shadow   13. contaminate
5. humidity   14. conservation
6. oasis   15. water table
7. drought   16. aquifer
8. porous   17. desalination
9. surface water   18. water cycle

Big Idea 3: Week 5 • Unit Review 3

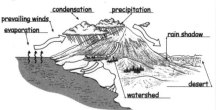

Answers will vary—e.g., On one side of the mountain, where there is precipitation and a watershed, the land is fertile and has more trees. On the other side, or the rain shadow, the land is dry and becomes a desert.

Big Idea 3: Week 5 • Unit Review 4

1. It evaporated, condensed on the plastic, and then ended up in the cup.
2. ½ cup—about the same amount we started with
3. This made the condensed water gather over the cup so it could fall there, instead of back into the soil.
4. It could work, but it would be slower. There would need to be some sunlight in order for the water to evaporate.

Big Idea 4: Week 1 • Day 1

A. 1. true   3. true
   2. false   4. true
B. The gravitational force on the moon is not as strong as the gravitational force on Earth, so the astronaut weighs less.

Big Idea 4: Week 1 • Day 2

A. 1. bowling ball   3. nail
   2. washcloth   4. quarter
B. Earth has much more mass than we do.
C. Because the sun is so much farther away, its gravity doesn't have as much of an effect.

Big Idea 4: Week 1 • Day 3

A. 1. 54.2
   2. child's weight on Earth; 40 lbs
   3. the adult, because he or she has more mass in general, and mass doesn't change between Earth and the moon

---

B. Both, because when you change the size of your body, you are losing mass. With less mass, the pull of gravity is less, and so you weigh less as well.

Big Idea 4: Week 1 • Day 4

A. 1. Saturn
   2. Jupiter
   3. Mercury and Mars
B. An object's mass determines its gravitational force. The gravitational force of Phobos is weaker than the gravitational force of a neutron star.

Big Idea 4: Week 1 • Day 5

A. 1. gravitational force
   2. weight
   3. mass
B. 1. Mass is the amount of matter in an object, and weight is measured by the pull of gravity on a given mass.
   2. because the gravitational force is nearly the same everywhere on Earth
C. 1. an object's mass
   2. the distance between the objects

Big Idea 4: Week 2 • Day 1

A. 1. 8 feet
   2. 3 feet
B. Answers will vary—e.g., No, because you are so far out to sea that you won't notice the change of the water rising a couple of feet. It also happens too slowly to see the small change.

Big Idea 4: Week 2 • Day 2

A.

B. 1. 2
   2. The tides would be even more exaggerated, with bigger bulges and lower dips in the ocean.

Big Idea 4: Week 2 • Day 3

1. 24
2. because it is so much closer to Earth
3. spring tides, because when the sun, moon, and Earth are aligned, there are higher high tides and lower low tides

Big Idea 4: Week 2 • Day 4

A. Answers will vary—e.g., Newton realized that both the sun and the moon exert gravitational force on the tides, and these forces combine during full or new moons, which is when the sun, Earth, and moon are aligned.
B. Answers will vary—e.g., full moon, because it provides more light

TALK: Answers will vary—e.g., when you want to launch a boat in the harbor, so you will know if there will be enough water for safe passage

Big Idea 4: Week 2 • Day 5

A. spring tides, tidal range, neap tides, navigate
B. 1. new moon
   2. June 22
   3. June 16

Big Idea 4: Week 3 • Day 1

A. basketball
B. 1. They are spherical.
   2. They orbit the sun.
   3. Their gravity controls all objects in the area around them.

TALK: Answers will vary—e.g., moons and rings

Big Idea 4: Week 3 • Day 2

A. 1. true   2. false   3. false
B. 1. coalesce   2. accretion

Big Idea 4: Week 3 • Day 3

A. Center of mass is to planet as axis is to Earth.
B. Answers will vary—e.g., As the mass of an object increases, gravity pulls more matter to the center. Finally, when the object becomes very massive, gravity forces it into a round shape so that all the mass is as close to the center of mass as possible.